新 국제통상의 이해

Understanding of International Economics,Business & Commerce

노택환 · 김진삼
조현정 · 서민교

박영사

제2판 머리말

① 지난 1985년에 출판된 「무역학개론」에 대한 후속작업으로 2004년 「국제통상의 이해」를 출판하였고 이후 전국의 많은 대학에서 본서를 교재로 채택하여 1만여 명 이상으로 추정되는 대학생들이 이 책을 통하여 국제무역학 또는 국제통상학을 배우고 학습하였다. 이 자리를 빌려 감사드린다.

지난 1판이 출판 된 이후 10여 년이 지나는 동안 국제통상과 관련되는 국제환경에도 많은 변화가 있었다. WTO 출범 이후 최초이자 GATT 출범 이후 9번째 라운드라고 할 수 있는 도하개발아젠다(DDA) 협상이 우여곡절 끝에 2001년 출범하였지만 당초의 목표와는 달리 이후 협상이 지지부진하여 앞날이 불투명한 상태로 표류하고 있다. 이처럼 다자주의(multilateralism)를 통한 무역자유화노력이 부진한 가운데 자유무역협정(FTA)을 중심으로 하는 지역주의(regionalism) 경향이 전 세계적으로 확산되고 있는바 최근에 이르러서는 거대경제권들이 경쟁적으로 거대FTA를 추진하면서 주요국 간 FTA를 둘러싼 합종연횡이 시도되고 있다.

이러한 무역자유화의 움직임과 더불어 금융 및 자본의 세계화가 급격히 확대되면서 일국의 국제경제거래를 체계적으로 기록하기 위한 국제수지(balance of payment)의 개념과 측정기준에 대한 새로운 문제제기가 일어나고 있음은 물론, 금융세계화로 인한 경제적 영향에 대한 뜨거운 논쟁과 더불어 세계적인 수준의 글로벌 금융위기(global financial crisis)로 인하여 세계경제의 기본 틀마저 흔들리는 상황에 이르고 있다.

이러한 경제세계화(economic globalization) 흐름 속에서 국제상거래를 행하는 기업들의 대외무역활동이 종래에는 직접수출을 행하는 특정기업들만의 과제였다면 이제는 모든 거의 모든 기업들이 공통적으로 직면하게 되는 보편적 기업활동으로 자리매김하였고, 1980년대 UN의 주도로 무역절차 간소화 및 전자문서 표준화로부터 시작된 전자무역시스템이 기술의 급격한 발전과 전자무역인프라의 확충으로 눈부시게 발전하고 있다. 이와 더불어 기업의 해외진출 역시 그 규모와 수준이 급격히 확대되어 일부 선진국 거대기업들만의 과제였던 국제경영 내지 글로벌경영의 문제가 거의 모든 기업들이 직면하는 현안과제로 부상하였다.

② 제2판은 이러한 변화들을 최대한 수용하면서 제1판에서 부족하였던 부분들을 보완하는 동시에 제1판에서 다소 방만했던 부분을 좀 더 간결하게 만들기 위하여 노력하였다. 따라서 모든 각론의 내용을 수정·보완하는 수준의 전면 개정을 행하였다.

그럼에도 불구하고, 지난 제1판에서 별도의 섹션으로 구성한 제5편 국제경제관계론(WTO와 국제통상규범, IMF와 국제통화체제, 국제지역경제통합)의 내용을 약간 축소하여 제3편(무역정책론)과 제4편(국제금융 및 국제투자)에 편입함으로써 전체 포맷이 7편 19장(chapter)에서 6편 15장(chapter)으로 전환되었을 뿐, 국제통상을 국제무역·국제금융·무역상무·국제경영을 포괄하는 가장 넓은 개념으로 규정하여 각각의 분야에서 기초가 되는 핵심개념들을 포괄적으로 논의하는 기본 틀을 그대로 유지하였다.

이렇게 전체 편제를 19장에서 15장으로 축소하였음에도 불구하고 한 학기에 본서의 모든 내용을 강의하기에는 어려운 것이 사실이다. 그럼에 불구하고 이렇게 다소 방대한 내용으로 편집한 것은, 국제통상을 처음 접하는 초학자들이 국제통상학의 전체 영역(숲)을 개관할 수 있도록 하여 이후 학습하게 될 각론(나무)의 내용을 체계적으로 이해하는 데 도움이 되도록 하는 동시에 강의담당 교수님들이 각 대학의 교과과정 여건이나 자신의 강의목표에 따라 합목적적으로 신축 운용할 수 있도록, 전체 내용을 균형적으로 다루기 위함이었음은 제1편의 경우와 다르지 않다.

또한 오늘날 모든 학문분야에서 그러하지만, 학문의 발전과 지식의 분화가 눈부시게 이루어지고 있음에도 불구하고 대학의 강의교재들은 오히려 그 내용이 단순해지고 얇아지고 있다. 이러한 경향이 오늘날 대학교육의 현주소를 나타내는 트렌드이기는 하지만 한편으로는 이러한 경향이 가져올 부정적 영향에 대하여 걱정스러운 점 역시 없지 않음을 우리는 잘 알고 있다. 이러한 점 역시 본서의 출판에 고려되었음을 말씀드린다.

3 오늘날 모든 출판업계가 겪고 있는 어려움, 특히 대학교재를 출판하는 출판사의 구조적 어려움이 있음에도 불구하고 본서의 전면개정을 결정해 준 ㈜박영사에 감사드린다. 본서의 개정에 힘을 쏟아준 박영사 박세기 과장과 탁월한 능력을 발휘하여 제1판과 마찬가지로 제2판의 편집도 담당해준 우석진 부장께도 감사드린다. 또한 본서의 개정 방향과 내용에 대하여 흔쾌히 동의해 준 공저자 김진삼·조현정·서민교 교수 제위께도 감사드린다. 지난 여름 더운 날씨 속에서도 마지막 교정에 도움을 준 영남대학교 강사 최경규 박사, 국제통상학부 재학생 최용준·김광민·박미정의 노고에도 감사한다.

끝으로 대학에서 무역학 또는 국제통상학을 전공하는 학생들이나 다른 학문을 전공하면서도 글로벌경제와 글로벌경영을 이해하기 위하여 노력하는 학생들이 국제통상·국제경제·국제경영과 관련되는 이해와 지식을 체계적으로 높이는 데 본서가 조금이나마 도움이 되기를 기대하면서, 아울러 본서의 부족한 부분은 이후 계속 보완해갈 것을 약속드린다.

2014년 가을의 끝자락에

지난 30여 년을 늘 함께 한 연구실에서

대표저자 盧宅煥 드림

머리말

지난 20여 년 동안 국제통상(국제무역·국제금융·국제투자)을 둘러싼 세계경제환경이 급속히 변화되었다. 우선 세계경제질서를 지배하는 기본 축은 여전히 무차별주의를 기본이념으로 하는 다자주의(multilateralism)에 의해 규율되면서도, 이해관계를 같이 하는 국가들이 지역공동체결성을 통하여 역내국간의 차별적 이익을 극대화하려는 지역주의(regionalism)의 파고 역시 높았으며, 1970년대 신보호무역주의 이후 팽배해 온 쌍무주의(bilateralism) 역시 사라지지 않고 있다.

또한 급속한 국제화(internationalization) 및 세계화(globalization)의 진전으로 국제경제거래가 양적으로 급속히 팽창되었을 뿐만 아니라 거래의 대상과 범위 역시 급속히 확대되고 고도화되었다. 따라서 전통적인 국제경제거래는 상품교역(유형무역)이 중심을 이루었으나 최근에는 서비스·기술·지적재산권 등의 교역(무형무역)이 날로 확대되고 있고, 상품의 이동(국제무역)뿐만 아니라 화폐 및 금융자산의 이동(국제금융)이나 자본·기술·인력 등 생산요소의 이동(국제투자)이 더욱 활발해져 국제경제에 차지하는 이들의 비중과 중요성이 날로 확대되고 있다.

이러한 변화를 반영하여 전후 45년 동안 세계무역의 자유화를 규율하던 GATT체제가 WTO체제로 전환되었다. WTO체제는 상품무역뿐만 아니라 서비스와 지적재산권의 거래·무역관련 투자까지를 규율의 대상으로 확대하였고 이후 자유화의 대상을 더욱 확대하기 위한 노력을 계속하고 있다. 뿐만 아니라 GATT체제에서 추구하던 '자유로운 무역'을 '보다 자유롭고 공정한 무역'으로 그 기본이념을 높이고 있다.

돌이켜 보면, 1960년대의 대외지향적 경제발전전략의 도입과 더불어 우리나라 대학에 '무역학과'가 새로이 설립된 이래 70년대 이후에는 거의 대부분의 대학들이 무역학과를 설치·운영하게 되었다. 이 후 무역학과는 대외무역·국제금융·해외투자분야에 대한 유능한 인재를 배출하여 우리의 대외무역신장과 경제발전에 크게 이바지 하여 왔으며, 또한 학과의 비약적인 확장과 발전이 이루어져 경영학과·영문학과와 더불어 이른바 우리나라 대학의 3대학과(big-3) 중의 하나로 자리매김하여 왔다.

그러나 1990년대 중반 이후 무역학과의 체계 및 조직에 대한 일련의 변화들이 일어나게 되었다. 이러한 여러 가지 변화 중에서 가장 뚜렷한 변화는 종전의 '무역'이라는 명칭이 '국제통상'으로 대체되었다는 점이다. 물론, 이러한 변화는 경제의 세계화에 따른 국제통상환경의 변화나 새로운 WTO체제출범에 대응하는 국제통상전문인력의 양성이라는 목표를 추구하기 위한 전략적 변신이었다고 할 수 있다.

그러나 정작 '무역학'과 '국제통상학'또는 '무역학과'와 '국제통상학과'에 대한 개념과 범위에 대한 합의된 정론이 존재하고 있지 못한 것이 사실이다. 그럼에도 불구하고 국제통상과 관련되는 개론서(槪論書)들이 나름대로의 특성을 구가하며 이미 다수 출판되어 왔다.

이 같이 국제통상과 관련되는 다양한 개론서들이 출판되어 있음에도 불구하고 또 다시 이에 대한 새로운 책을 출판한다는 것이 여간 부담스럽지 않으며 또한 '또 하나의 옥상옥(屋上屋)을 만드는 것은 아닐까'하는 걱정마저 앞선다. 그럼에도 불구하고 여기 새로운 개론서를 출판하는 것은 다음과 같은 이유, 다음과 같은 목표들을 나름대로 추구하기 위함이다.

(1) 국제통상 또는 국제통상학에 대한 표준적이고 종합적이며 균형 있는 개론서의 모델을 나름대로 제시해 보고자 함이다. 지금까지 많은 서적들이 나름대로의 목표를 가지고 훌륭한 성과를 나타내기도 하였지만, 여전히 저자들의 자의적인 목표와 범위설정으로 표준적이고 보편적인 개론서로서의 모델을 보여주지 못하기도 하였고, 어떤 분야에 대해서는 지나치게 자세히 접근하고 있지만 또 다른 분야에 대해서는 너무 소홀히 취급하고 있어 균형적인 접근이 이루어지지 못하기도 하였다. 본서는 가능한 이러한 점들을 고려하여 기획하였다.

(2) 이를 위하여 본서는, 국제통상의 개념을 최광의로 설정하여 국제무역·국제금융·국제투자를 모두 그 대상으로 하였고, 또한 이들에 대한 국민경제적(거시적) 관점·개별기업적(미시적) 관점·세계경제적(글로벌) 관점에서의 접근을 모색하였다. 따라서 국제통상학의 학문적 범위와 구성을 기존의 학문분야인 국제경제학(국제무역론·국제금융론·국제투자론), 국제상학(무역상무), 국제경영학을 포괄하는 종합학문으로 설정하였다. 이러한 접근방법은 국제통상학의 독자성·특수성을 강조함으로써 정체성을 확립하려는 목표를 훼손하는 점이 있을지 모르지만, 편협한 자기중심적 오류로 인해 국제통상학의 일반성·보편성이 훼손되는 잘못을 범하지 않기 위해서이다.

(3) 본서는 국제통상과 관련되는 기초이론과 지식을 강의하기 위한 교재로서 집필되었다. 따라서 국제통상을 처음 접하는 초학자들에 대한 입문서인 동시에 이후 더 구체적인 과목들을 학습하는데 기초를 제공해 주는 학습지침서로서 활용하도록 하였다. 그러나 학생 스스로 학습하는 기본서로서보다 강의교재로서의 기능에 더 역점을 두었다. 다만 전체 제7편 제19장으로 한 학기에 강의하기에는 많은 분량을 수록하고 있다. 이것은 모든 영역을 커버하되 실제 강의시 각 대학의 여건이나 강의하는 교수님들의 학문적 접근방법에 따라 신축적인 운영이 가능하도록 하기 위함이다.

(4) 본서는 기초적인 개념과 의의를 중심으로 접근하되 분야에 따라서는 좀더 깊이 있는 내용까지를 다룰 수 있도록 기획하였다. 최근에 이르러 학문의 발전은 더욱 고도화되고 있음에도 불구하고 대학교재의 수준은 점점 더 얕아지는 경향이 없지 않다. 이것은 전공교

육보다는 교양교육, 깊이 있고 아카데믹한 지식보다는 다양한 저널리즘적 지식을 원하는 수요자(학생)들의 특성과 무관하지 않지만 대학강의가 지녀야 할 일정한 심오함과 아카데미즘(academism)마저 포기되어서는 안 될 것이다. 이러한 점들을 조화하기 위하여 본서는 다양한 '보충학습'들을 제시하려고 노력하였다.

이러한 목표와 노력에도 불구하고 여전히 미흡하고 부족한 점들이 많음을 스스로 느낀다. "이만하면 되었다"라는 최소한의 만족도 못한 채 바쁘게 출판함을 송구스럽게 생각한다. 이후 부족한 점들을 더욱 보완해갈 것을 약속드린다.

사실 본인은 일찍이 고 申鉉種 교수님과 공저로 貿易學槪論(박영사, 1985)을 출판하였다. 당시 많은 교수님들이 따듯하게 격려해 주시고 이 책을 사랑해 주셨음에도 불구하고 이후 개정판을 발간하지 못한 채 미루고 있다가 신 교수님은 이제 고인이 되셨다. 살아 계실 때 개정을 원하시는 교수님의 뜻을 제대로 받들지 못하였던 점이 지금도 죄송스럽다. 이런 죄송한 심정 때문에 이번에 이 책을 출판함에 있어 신 교수님의 제자들이 함께 집필하도록 하였다.

집필에 동참해 주시고 자신의 옥고에 대한 편집권을 전적으로 본인에게 일임해 준 金鎭三(제5편)·曺賢正(제6편)·徐敏敎(제7편) 교수께 진심으로 감사드린다. 아울러 본서의 출간을 위하여 애쓰신 박영사 李龜萬 부장님·禹錫鎭 차장님께도 감사드린다. 또한 교정과 본문의 그림 작성에 도움을 준 영남대학교 강사 李明浩 박사와 대학원 무역학과 김귀옥·박종국·박억두·김현수를 비롯한 재학생 모두에게도 감사한다. 더운 여름 내내 휴가 한번 못가고 인내해 준 아내와 俊謀·俊衡 남매에게도 고맙다고 전하고 싶다.

2004년 8월 25일

연구실 창밖으로 멀리 가을이 다가오는 압량벌에서

盧宅煥 씀

차례

제 1 편 총　　설

제 2 편 국제무역이론

제 4 편 국제금융 및 국제투자

제 6 편 국제경영론

제 1 편

총 설

General Introduction

제 1 장 국제통상과 국제통상학

제 1 절 국제통상의 개념과 특성

제 2 절 국제통상의 주요 형태

제 3 절 국제통상학의 학문적 체계와 성격

전통적인 국제경제거래는 국가 간 상품의 이동(국제무역)이 주종을 이루었으나, 최근에는 화폐 및 금융자산의 이동(국제금융거래) 또는 노동·자본·기술·경영능력 등 생산요소 내지 경영자원의 이동(국제투자)이 활발히 이루어짐으로써 이들의 중요성이 날로 증대되고 있다. 또한 국제무역에 있어서도 눈에 보이는 상품의 무역(유형무역)이 주류를 이루었으나, 통신·금융·보험·운송·유통·관광·컨설팅 등과 같은 서비스나 기술·노하우·지적재산권 등 보이지 않는 상품의 무역(무형무역)이 날로 확대되고 있다.

이와 같은 유무형의 국제무역·국제금융·국제투자와 같은 모든 국제경제거래를 '국제통상'이라는 개념으로 포괄할 수 있다. 제1편 제1장에서는 이와 같은「국제통상」과 이러한 국제통상을 연구대상으로 하는「국제통상학」에 대하여 다음과 같은 총론적 논의를 행한다.

(1) 국제무역·국제금융·국제투자 등 국가와 국가 간에 국경을 넘어 이루어지는 모든 경제거래, 이러한 거래를 행하는 경제행위 및 경제활동, 이들을 둘러싼 국가와 국가 간의 상호작용 등을 포괄적으로 총칭하는 하나의 개념으로서「국제통상」을 어떻게 정의할 수 있는가를 논의하고, 이러한 국제통상은 일국 내에서 이루어지는 국내경제거래에 비하여 어떠한 차별성을 가지는가를 논의한다. (제1절 국제통상의 개념과 특성)

(2) 국제통상을 광의의 개념으로 정의할 때 국제통상의 대상이 되는 거래는 국가와 국가 간에 이루어지는 상품 및 서비스의 이동으로서의 '국제무역'과 자본 및 기술 등 생산요소의 이동으로서의 '국제투자'인데, 이들 국제무역과 국제투자는 주요 형태는 어떠한 것들이 있는가를 소개한다. (제2절 국제통상의 주요형태)

(3) 끝으로 이러한 국제통상을 연구와 교육의 대상으로 삼는「국제통상학」은 어떠한 학문적 범위와 체계를 갖고 있는가에 대하여 설명한다. 그런데 이러한 '국제통상의 개념적 정의'나 '국제통상학의 학문적 체계' 또는 '국제통상학 교육의 체계' 등에 대해서는 학자에 따라 또는 대학에 따라 서로 다른 견해와 접근방법이 있을 수 있으므로 그러한 부분들은 보충학습으로 처리하였다. (제3절 국제통상학의 학문적 체계와 성격)

제 1 장 General Introduction

국제통상과 국제통상학

제 1 절 국제통상의 개념과 특성

1. 국제통상의 개념

Ⅰ 일반적으로 통상(通商)이란 '다른 나라와 교통하여 서로 상업행위를 행함'을 의미한다. 따라서 국제통상(國際通商)은 국가와 국가 간에 이루어지는 상업적 거래·매매 등을 의미한다는 점에서 국제무역(國際貿易)이라는 개념과 근본적인 차이가 없다고 할 수 있고, 이 때문에 전통적으로 양자는 동일한 개념으로 사용되어 왔다. 그러나 최근에 이르러 국가와 국가 간에 이루어지는 경제적 거래의 내용이 보다 다양해지고 고도화됨에 따라 국제통상의 개념을 단순한 상업적 거래에 국한시키지 않고 보다 넓은 개념으로 확장하여 사용하려는 경향이 높아졌다.

이에 따라 국제통상이 무엇을 지칭하는가에 대해서는 그 대상과 범위를 어떻게 설정하느냐에 따라 서로 다른 개념정의들이 제시될 수 있고 실제로 국제통상이라는 용어의 사용례를 보면 서로 다른 범위로 사용되고 있다. 이러한 점들을 종합적으로 고려할 때 국제통상은 크게 다음과 같은 3가지 개념으로 정의될 수 있다.

협의의 국제통상 국제통상을 가장 '좁은 의미'로 해석하는 경우로서 국가와 국가 간에 일어나는 상품(재화)의 거래, 즉 국제무역(International trade)과 같은 의미로 정의하는 개념이다. 그런데 이러한 국제무역도, 우리의 육안으로 볼 수 있는 상품거래인 유형무역(有形貿易, visible trade)과 우리의 육안으로 보이지 않는 상품(통신·금융·보험·운송·유통·관광·컨설팅 등의 서비스나 지적재산권)의 거래인 무형무역(無形貿易, invisible trade)으로 나눌 수 있다. 전통적으로 국제무역이라고 하면 유형무역을 지칭하는 것으로 이해하였지만 오늘날 국제적 상품거래의 범위가 무형무역으로까지 확장되고 있는 만큼, 이러한 협의의 국제통상에는 유형무역·무형무역 모두가 포함한다.

광의의 국제통상 국제통상의 개념을 좀 더 '넓은 의미'로 사용하는 경우로서 국가와 국가 간에 이루어지는 상품의 이동(국제무역)뿐만 아니라 노동·실물자본·기술·경영능력 등과 같은 생산요소의 이동, 즉 국제투자(international investment)까지를 포함하는 개념정의이다. 국제통상 문제를 다루는 많은 사람들이 이러한 개념으로 국제통상을 정의하고 있고 국가 간의 통상문제에 있어서도 양자가 통합적으로 논의되는 경우가 많으며, 또한 서구의 많은 국제무역 관련 서적들이 국제무역과 국제투자를 통합하여 논의하기도 한다.

최광의의 국제통상 국제통상의 개념을 '가장 넓은 의미'로 정의하는 경우로서 '국가와 국가 간에 일어나는 모든 경제거래'(all economic transactions among nations)를 의미한다. 따라서 이러한 국제통상의 개념에는 국가와 국가 간에 일어나는 국제무역거래나 국제투자뿐만 아니라 국제금융(international finance)까지 포함된다고 할 수 있다. 국제경제거래는 전통적으로 국가 간에 이루어지는 상품의 이동(국제무역)이 주종을 이루었으나 최근에는 화폐 및 금융자산의 이동이나 자본·기술·경영능력 등 생산요소의 이동이 활발히 이루어짐으로써 국제금융이나 국제투자의 중요성이 날로 증대되고 있음을 반영하여, 국제통상의 개념을 보다 광범위하게 정의하려는 경우이다.

2 이같이 국제통상의 개념은 다양하게 정의될 수 있으므로 현실적으로 사용되는 국제통상이라는 용어가 이러한 개념들 중 어떤 의미로 사용되고 있는가는 보다 구체적으로 파악할 필요가 있다. 그런데 최근에 이르러 국제통상의 개념을 보다 확대하여 보다 넓은 개념으로 정의하려는 보편적 경향이 있는 것이 사실이다.

이렇게 국제통상의 개념을 보다 넓은 의미로 정의하는 사람들은, 급속한 경제의 개방화·국제화·세계화의 진전에 따라 국제경제거래가 양적으로 급속히 팽창되었을 뿐만 아니라 거래의 대상과 범위 역시 급속히 확대되고 고도화되고 있기 때문에, 국제무역과 함께 국제투자 또는 국제금융까지를 국제통상의 범주로 정의하는 것이 오늘날의 국제경제 현실에 더 적합하다고 주장한다.

말하자면 국가 간 경제활동이 단순한 상품거래에 머물렀던 시절과 오늘날처럼 서비스 교역의 비중이 급격히 증대되고 해외직접투자로 인하여 생산과 판매의 글로벌화가 일반화되고 있는 시점에서 국제통상의 범위가 동일할 수 없는 만큼 이러한 변화를 국제통상의 개념에 포함시키는 것이 마땅하다는 것이다.[1] 이렇게 국제통상의 개념을 보다 넓게 확장하여 개념화하려는 사람들의 주장과 논거에 대해서는 「보충학습 1-1」에서 설명하고 있다.

본서에서도 이러한 여러 가지 개념들 중 가장 넓은 의미의 개념으로 국제통상을 정의하

1 동지 강인수 외 국제통상론(박영사, 1998) p. 3 및 박종수, 국제통상론(박영사, 2000.6) p.4.

기로 한다. 따라서 국제통상은 국가와 국가 간에 이루어지는 모든 경제적 거래, 이러한 경제적 거래를 행하는 경제행위 내지 경영활동, 이들을 둘러싼 국가와 국가 간의 상호작용 등을 포괄적으로 총칭하는 개념이다. 국제통상을 이렇게 최광의의 개념으로 설정하는 것은 이러한 개념화가 오늘날의 국제경제 현실에 더 적합할 뿐만 아니라, 오늘날 국가 간에 이루어지는 무역·금융·투자의 상호관련성이 더욱 심화되고 있음을 고려할 때 이들에 대한 이론·정책·전략 등을 종합적으로 논의하여야 할 학문적 관점에서도 이들을 하나의 범주로 통합하여 논의하는 것이 바람직하기 때문이다.

보충학습 1-1

국제통상의 개념정의에 대한 논의

1. 국제무역과 국제통상의 어휘적 논의

위에서 설명한바와 같이 국제통상을 좁은 의미로 정의할 때는 국제무역만을 지칭하나 넓은 의미로 사용할 때는 국제투자까지를 포함하는 것으로 정의된다. 이러한 개념정의와 관련하여 국제무역과 국제통상의 관계에 대한 논란들이 제기되고 있다. 이 문제에 답하기 위하여 우선 국제무역과 국제통상에 대한 사전(辭典)상의 의미가 어떠한가를 살펴보면 다음과 같다.

(1) 우리말 사전에 무역(貿易)은 교역과 같은 뜻으로 '각지의 물품을 교환함', '국제 간 재물의 교환', '국제 간 상품의 수출입거래', '국제 간 상업거래' 등으로 풀이된다. 또한 통상(通商)은 '다른 나라와 교통하여 서로 상업행위를 행함', '외국과의 거래', '외국과의 무역' 등으로 풀이된다. 따라서 양자는 모두 교환·거래·매매 등을 의미한다는 점에서 근본적인 개념의 차이는 존재하지 않는다고 할 수 있다.

(2) 한편 우리말의 무역과 통상의 영문표기 역시 통일적으로 이루어지고 있지 못하지만 보편적인 경향은 '무역'을 'trade'로, '통상'을 'commerce'로 사용하는 것이다. 영어사전의 경우 'trade'와 'commerce'를 정의함에 있어 약간의 차이(규모의 대규모성, 운송의 포함 등)를 두고 있어[2] 'trade'를 '무역'으로, 'commerce'를 '통상'으로 번역하여 사용하는 것이 나름대로의 의미를 지닌다고 할 수 있다. 그러나 실제의 사용에는 이 양자가 혼용되고 있다.[3]

이같이 '무역'과 '통상'이라는 용어는 어휘적인 관점에서 큰 차이를 지니고 있지 않음에도 불구하고 양자의 개념화에 대한 논의가 우리나라에서 활발히 이루어지고 있는 것은, 국제통상학의 학문적 범위와 관련하여 뒤에서 설명하듯이, 최근 우리나라 대학에서 '무역학과'와 '국제통상학과'가 동시에 존립함으로써 이 양자의 관계를 어떻게 정립하는가 하는 문제와도 관련된다.

---

2 'trade'는 'the business of buying and selling or bartering commodities'로 정의한 반면, 'commerce'는 'the exchange or buying and selling of commodities on a large scale involving transportation from place to place'로 정의하고 있음(Webster New College Dictionary, 1990)

3 예컨대 우리나라의 외교통상부(Ministry of Foreign Affairs and Trade)의 경우 '통상'이라는 용어를 'trade'로 사용하여 조직 내에 통상교섭본부장(Miniser of Trade)을 두고 있는 반면, 지식경제부의 경우 '무역'이라는 용어를 'trade'로 사용하면서 무역과 투자를 통괄하는 무역투자실(Office of International Trade and Investment)을 두고 있다. 또한 무역마찰과 통상마찰(trade friction), 무역사절단과 통상사절단(trade delegation), 무역협정과 통상협정(trade agreement) 경우에도 양자를 함께 사용하고 있다.

2. 넓은 의미(광의)의 개념화가 필요한 이유

그러나 이 문제와 별도로 국제통상의 범위와 대상을 어디까지로 설정하느냐에 따라서 국제무역만을 지칭하는 것으로 정의하는 협의의 개념과 국제무역·국제투자까지를 포함하는 것으로 정의하는 광의의 개념 중에서 후자의 개념으로 사용하는 것이 바람직하다는 주장들이 있다. 이렇게 국제통상의 개념을 넓은 의미로 설정하는 것이 바람직하다는 주장의 주요한 논거는 다음과 같다.

(1) 국제무역과 국제통상이라는 용어는 사전적인 개념상의 차이는 없다고 하더라도 실제의 언어사용에 있어서는 약간의 어휘적 뉘앙스(semantic nuance)차이를 지니고 있다. 예컨대 '국제무역분쟁·국제무역협상·국제무역협력' 등과 '국제통상분쟁·국제통상협상·국제통상협력' 등의 경우, 전자가 주로 국가와 국가 간에 이루어지는 재화의 수출입(무역)과 관련되는 문제로 인식되는 반면 후자는 그러한 무역문제뿐만 아니라 서비스·지적소유권·기술·외환과 금융·투자·경제정책 등과 관련되는 문제로 인식되고 있기 때문이다. 따라서 이러한 뉘앙스의 차이가 존중되는 것이 바람직하다.

(2) 역사적으로 국가의 국제경제거래활동 또는 기업의 국제상거래활동이 재화의 수출입형태의 무역(유형무역)으로부터 점차 서비스무역(무형무역), 더 나아가 해외직접투자형태로 확장되었다. 이처럼 국제통상의 범위가 확장됨에 따라 국제통상 이슈의 범위도 그만큼 넓어지고 있다. 예컨대 국가 간에 일어나는 경제적 마찰 역시 종래에는 상품교역에 대한 무역마찰에 머물렀으나 점차 기술마찰·투자마찰·구조마찰의 시대로 확대되고 있다. 이것은 각국 경제의 상호의존성이 더욱 높아져 무역의 세계화·금융의 세계화·생산의 세계화가 급속히 진전됨에 따라 국제경제거래의 내용과 성격이 변화하고 있기 때문이다.

따라서 이렇게 확대된 국제경제거래 형태 등을 통칭하는 하나의 광의적 개념화로서 국제통상이라는 용어가 사용될 수 있다. 또한 구미의 국제무역 관련 교과서들 중에는 'International Trade and Investment'라는 제목들이 많은데 이는 국제무역에 못지않게 국제투자의 비중과 중요성이 커지고 있음을 나타내는 것이며 또한 양자의 관계가 종전에는 상호 대체적인 성격을 띠고 있었지만 점차 상호보완적인 성격으로 변화되고 있기 때문이다.

(3) 미국의 통상법 301조에서 '국제통상'은 '특정 물품의 국제무역과 관련된 서비스·정보의 이전 및 해외투자로서 재화 및 서비스교역과 관련이 있는 것'으로 정의되어 있으며, 또한 미국의 통합법전(United States Code; USC) 역시 통상(commerce)이란 용어를 이같이 정의하고 있고, 전자상거래에 관한 UNCITRAL모델법의 총칙에서도 '물품과 용역의 무역거래·판매계약·대리점·팩토링·리스·공장건설·컨설팅·엔지니어링·라이선싱·투자·금융·은행업·보험·채광계약·합작투자 또는 이와 유사한 협력형태, 승객 및 물품의 운송을 포함하는 상업적 성격 가지는 모든 관계에서 발생되는 일들'을 포괄하도록 규정하고 있다.

(4) 이러한 변화를 반영하여 GATT를 대신하는 WTO체제의 규범은 그 범위를 지적재산권, 서비스(금융·보험·건설 등)교역, 무역 관련 투자(TRIMs)까지를 포함하였고 UR협상의 후속협상인 DDA협상의 아젠다로서 서비스무역·환경·투자·경쟁정책 등이 논의되어 왔다. 이러한 국제통상규범의 변화를 수용하는 동시에 이러한 변화를 포괄하고 있는 용어로서 국제통상이라는 용어의 개념화가 바람직하다.

말하자면, 현실적인 언어사용의 뉘앙스를 존중하는 동시에 경제의 개방화·국제화·세계화의 급속한 진전에 따른 국제경제의 환경변화를 더 잘 수용하기 위하여, 국제무역과 함께 국제투자, 더 나아가 국제금융까지를 국제통상의 범주로 포함시켜 개념화하는 것이 더욱 바람직하다는 것이다.

2. 국제통상의 특성

2.1 국제교역의 특성(국내교역과의 차이점)

1 국제통상은, 국가와 국가 간에 이루어지는 국제교역(international transactions)이라는 점에서 일국 내에서 이루어지는 국내교역(domestic transactions)과는 다른 여러 가지 특성들을 지니고 있다. 양자 간의 가장 근본적인 차이점은 국제교역의 경우 필연적으로 '국가'(國家)라는 개념을 수반하고 있다는 것인데, 이러한 차이점 때문에 국제통상은 국내교역에서는 나타나지 않는 여러 가지 차별적 특성들이 나타나게 된다.

상이한 화폐의 사용 국내경제거래에서는 동일한 화폐단위와 통화제도 하에서 이루어지지만 국제경제거래는 서로 다른 화폐단위와 통화제도 하에서 이루어진다. 따라서 국제통상에 있어서는 자국 화폐와 타국 화폐를 서로 교환하는 외환(foreign exchange)거래가 발생하게 되어 이와 관련되는 새로운 문제들이 추가된다. 우선 이러한 외환거래가 이루어지는 외환시장(foreign exchange market)이 성립되고 이러한 외환시장에서 서로 다른 통화 간의 교환비율인 환율(foreign exchange rate)이 결정되는데 이러한 환율은 계속 변동하므로 이러한 환율변동으로 인하여 국내거래에서는 존재하지 않는 새로운 문제들이 발생된다. 예컨대 환율변동으로 인하여 동일한 상품의 가격이 국제적으로 다르게 나타날 수 있고 환율변동으로 인한 환위험(foreign exchange risk) 때문에 불확실성이 커지게 된다.

상이한 경제 환경과 정책 국내경제거래가 동일한 경제 환경과 정책 하에서 이루어지는 일국 내에서의 경제행위임에 비하여 국제경제거래는 서로 다른 경제 환경과 정책을 수행하는 서로 다른 국가 간에 이루어지는 경제행위이다. 모든 국가들은 각국 나름대로의 서로 다른 독자적인 경제 제도와 환경을 형성하고 있을 뿐 아니라 그들의 경제정책을 추진함에 있어서도 1차적으로는 자국의 국익을 우선시하는 목표를 두고 있다. 이를 위하여서 자국의 경제주체들이 행하는 대외경제거래를 통제·관리하기도 하고 외국으로부터 국내로 유입되는 경제거래에 대한 차별적인 간섭과 제한을 두기도 하며,[4] 반대로 대외경제거래를 촉진시키기 위하여 국내경제거래에는 적용하지 않는 지원과 특혜를 주거나 외국자본의 유입을 촉진시키기 위하여 다양한 혜택과 인센티브를 제공하기도 한다.

거래장벽과 이동의 제약성 국경을 넘어 이루어지는 국제통상은 일국 내에서 이루어지

4 때문에 외국과의 경제적 거래를 행하는 기업들은 상이한 경제제도 등에서 야기되는 이질성을 극복해야 할 뿐 아니라 상대국의 외국기업에 대한 관세·재정·조세 등의 차별적인 경제정책의 장벽도 넘어야만 한다.

는 국내경제거래에서는 찾아볼 수 없는 여러 가지 거래장벽(barrier)들이 나타나게 되고 이러한 장벽으로 인하여 국내거래에서는 존재하지 않는 거래의 제약성 내지 불이동성(immobility)이 나타나게 된다. 우선 국내거래에서보다 거리적으로 더 먼 격지자 간의 거래인만큼 물품의 수송에 있어 추가적 시간과 비용이 따르게 될 뿐만 아니라, 언어·종교·관습 등 사회문화적 환경과 법률·정치·제도·화폐 등 제도적 환경의 차이에 따른 거래의 위험성이 나타나고, 국가마다 서로 다른 정책이 개재됨으로써 발생되는 추가적인 경제적 장벽(economic barrier)도 존재하기 때문이다.[5]

국경을 넘어 이루어지는 국제경제거래에는 국내거래에서는 찾아볼 수 없는 이러한 장벽들로 인한 거래의 제약성이나 불이동성이 일반적으로 나타나지만 이러한 특성은 재화의 이동(국제무역)에서보다는 노동·자본·기술·경영능력 등과 같은 생산요소의 국제적 이동에서 상대적으로 더 크게 나타난다. 재화의 국제적 이동에서 보다 생산요소의 국제적 이동에서 불이동성(international factor immobility)이 더 현저하게 나타나는 것은, 국가 간에는 언어·종교·관습 등의 사회적·문화적 환경과 경제적 여건의 상이가 생산요소의 자유로운 이동을 억제하고 있기 때문이기도 하지만, 국내적으로는 생산요소의 자유로운 이동을 보장하고 이를 적극적으로 촉진시키기 위한 정책이 수행되지만 국제적으로는 자국의 이익을 추구하기 위한 법적 규제나 정책적 장벽들이 더 많이 존재하기 때문이다.[6]

2 이처럼 국제통상은 국내통상과는 다른 특성들을 지니고 있지만 오늘날 경제의 세계화가 진전되고 교통통신기술이 발달됨에 따라 이러한 차별적 특성들이 상당 부분 완화되어 가고 있는 것이 사실이다. 그럼에도 불구하고 국경을 넘어 이루어지는 국제통상에는 여전히 이상과 같은 근본적인 특성들이 존재하고 있다.

국제통상의 이와 같은 특성 때문에 국제통상을 연구하는 국제경제학이나 국제경영학이 경제학이나 경영학 일반과는 다른 학문적 특성과 연구대상을 지니게 되며, 또한 국제무역이나 국제투자를 행하는 기업들 역시 국내시장을 대상으로 영업행위를 행하는 국내기업들과는 다른 문제들에 직면하게 되는바, 이러한 점들이 국제통상학의 학문적 특성이자 존재이유이기도 하다.

5 예컨대 국제무역거래에서는 관세(tariff)와 같이 국내거래에서는 부과되지 않는 추가적인 과세가 이루어지기도 하고 다양한 형태의 비관세장벽들이 개재되기도 하여 이러한 장벽들이 자유로운 무역을 제한하거나 자유로운 재화의 이동에 제약을 가하기도 한다.

6 이러한 사실은 국제금융이나 국제투자 등 생산요소의 이동에 대한 자유화가 국제무역과 같은 재화의 이동에 대한 자유화보다 더 늦게 실현되고 있다는 점에서도 확인되며, 또한 자본과 같은 생산요소는 상대적으로 자유롭게 이동하지만 노동은 자기가 태어난 곳을 벗어나 국경을 넘어 이동하려 할 때 마주치는 장벽이 너무 높아 임금 등과 같은 경제적 요인에 의해서만 이루어지지 못하여 노동의 세계적 이동이 여전히 낮은 수준에 머물러 있음에서도 확인된다.

2.2 국제통상의 복합적 성격

국제통상은 국가와 국가 간에 이루어지는 모든 경제적 거래를 의미하는 만큼 다음과 같이 개인과 개별기업·국민경제·세계경제의 이해관계가 상호 교차하는 「복합적 성격」을 지닌다. 국제통상을 행하는 행위주체는 개인이나 기업과 같은 개별경제주체이지만 국제통상은 국민경제적 성격과 세계경제적 성격을 동시에 지니기 때문에 때때로 국가 차원의 일정한 제한과 장려를 받기도 할 뿐만 아니라 세계 전체의 다자주의적 규범이나 쌍무적·지역적 차원의 제약을 받기도 한다.

개별경제적 성격 국제통상에 관여하는 주요 경제주체로서는 ① 개인, ② 기업, ③ 정부, ④ 국제기구 등이 존재하지만 자유주의 개방경제체제 하에서 상품과 서비스의 거래 및 국제투자를 행하는 가장 기본적인 행위주체(行爲主體)는 개인 또는 기업이다. 이들 개별 경제주체들이 행하는 경제행위 자체가 국제통상을 형성하는 것이므로 국제통상은 기본적으로 개별경제적인 성격을 지닌다. 그런데 이들 개별경제주체들의 국제통상 행위나 활동은 어디까지나 영리를 목적으로 하는 만큼 이들의 입장에서는 아무런 장벽과 장애가 존재하지 않고 자유롭게 활동하는 경우에 그 기능이 극대화 될 수 있다.

국민경제적 성격 국제통상을 행하는 행위주체는 이렇게 개인이나 개별기업이라고 하더라도 국제통상은 국경을 넘는 거래행위이며 이로 인한 결과가 국민경제 전체에 영향을 미치기 때문에 국제통상의 기본주체(基本主體)는 오히려 국민경제라고 할 수 있다. 따라서 국제통상은 각각의 국민국가를 기본단위로 하는 국민경제적인 성격을 지니고 있다. 이 때문에 국제통상을 행하는 개별기업의 이익도 그 국가의 산업발전·국제수지균형 등과 같은 국민경제적인 이익을 위하여 불가피하게 제약을 받지 않을 수 없으며, 또한 국가 전체 이익의 극대화를 위하여 개별기업의 통상을 국가가 진흥시키는 정책을 펼치기도 한다.

세계경제적 성격 오늘날 어떤 나라도 다른 나라와의 상호의존관계 없이 자급자족하는 나라는 없는 만큼 이러한 각각의 국민경제는 복잡한 이해관계의 연쇄 속에서 하나의 세계경제를 형성하고 있다. 따라서 국가와 국가 간에 이루어지는 통상관계나 개별기업들의 국제통상행위들은 모두 세계경제의 테두리 속에서 이루어지며, 또한 국제통상은 각각의 국민경제를 중개하고 연결시키고 상호의존성을 증대시켜 세계경제를 하나의 유기체로 발전시키고 있다. 따라서 국제통상은 그 자체 세계경제적인 성격을 내포하고 있으며, 오늘날 국제통상과 관련되는 다자주의적 노력들이 강화되고 있다는 사실이 이러한 국제통상의 세계경제적인 성격을 대변하고 있다.

이와 같은 국제통상의 복합적 성격을 [그림 1-1]이 상징적으로 나타내고 있다. 이러한 국제통상의 복합적 성격 때문에 국제통상학의 연구에 있어서도 그 연구관점이 무엇이냐에 따라 ① 개별경제적 관점, ② 국민경제적 관점, ③ 세계경제적(국제관계적) 관점으로 구분하여 볼 수 있다.

그림 1-1 국제통상의 복합적 성격

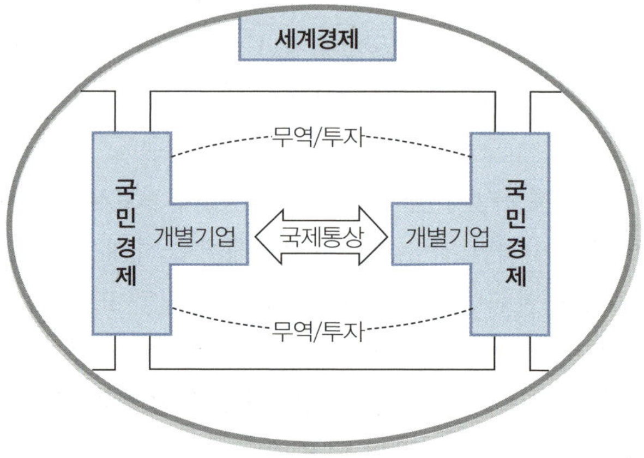

제 2 절 국제통상의 주요 형태

국제통상을 최광의의 개념으로 정의하였을 때 국제통상의 대상이 되는 거래형태는 국가 간에 이동될 수 있는 모든 자원이 대상이 될 수 있고 따라서 모든 경제적 거래형태가 모두 포함된다. 일반적으로 국가와 국가 간에 이동될 수 있는 자원의 거래형태로서는 ① 상품거래, ② 서비스거래, ③ 노동력거래, ④ 자본거래, ⑤ 기술 등 지적재산권거래 등으로 구분할 수 있다. 이하에서는 이러한 여러 가지 경제적 거래들 중 노동의 국제적 이동을 제외하고 상품 및 서비스거래를 「국제무역」의 관점에서, 자본 및 기술 등의 거래를 「국제투자」의 관점에서 그 주요 형태를 소개하기로 한다.

1. 국제무역의 주요 형태

국제무역의 형태와 종류는 매우 다양하여 분류기준에 따라 여러 가지 형태로 분류될 수 있다. 이러한 국제무역의 유형을 〈표 1-1〉이 보여주고 있는데 이들 중 주요한 몇 가지 무역형태에 대해서 설명하면 다음과 같다.

표 1-1 국제무역의 여러 가지 형태

교역 주체	거래 주체	• 민간무역 • 공무역 • 국영무역
	국가간섭정도	• 자유무역 • 보호무역 • 관리무역 • 협정무역
	교역국 관계	• 남북무역 • 동서무역
교역 대상	교역대상 상품	• 유형무역 • 무형무역(서비스무역, 기술무역)
	상품 생산단계	• 수평적 무역 • 수직적 무역
	교역대상 산업	• 산업간무역 • 산업내무역
교역 방향, 방법	상품이동 방향	• 수출무역 • 수입무역
	무역담당자	• 직접무역 • 간접무역
	제3국 경유	• 중개무역 • 중계무역 • 통과무역 • 우회무역
	운송 경로	• 육상무역 • 해상무역 • 항공무역
	연계무역 형태	• 구상무역 • 삼각무역 • 링크제무역
특수 형태의 무역		• OEM수출 • 녹다운방식 수출 • 턴키방식 수출

유형무역 · 무형무역 유형무역(有形貿易, visible trade)은 우리의 육안으로 볼 수 있는 상품(재화)의 무역을 말하고 무형무역(無形貿易, invisible trade)이란 우리의 육안으로 보이지 않는 통신·금융·보험·운송·유통·관광·컨설팅 등의 서비스 및 기술·노하우·지적재산권 등과 같은 무형의 상품거래를 의미한다. 따라서 유형무역은 통관절차를 거치게 되고 무역통계(상품수지)로 나타나는 반면, 무형무역은 통관절차를 거치지 않으므로 무역통계상에 기록되지 않는 대신 국제수지표상의 자본수지 또는 서비스수지 등에 계상된다. 전통적으로 국제무역은 유형무역이 주요한 비중을 차지하였고 지금도 여전히 중요하지만 최근에 이르러 무형무역의 상대적 중요성이 급격히 증대되고 있다.

이러한 무형무역 중 국제간 서비스거래를 '서비스무역'이라고 하는데 최근 이러한 국제적 서비스무역이 크게 증대되고 있다. 서비스무역이 이렇게 증대되는 것은 근본적으로는 경제발전·소득증대·서비스산업발전으로 새로운 서비스상품이 출현하고 서비스에 대한 수요가 증대되었기 때문이지만 정보통신·운송수단의 발전에 따라 서비스무역의 기능이 높아지고 서비스거래에 대한 장벽이 완화되었기 때문이다. 이에 따라 WTO도 이에 대한 무역자유화규범을 제정하고 이를 강화시키기 위한 노력을 기울이고 있다.[7]

남북무역 · 동서무역 남북무역(north-south trade)이란 선진국과 저개발국 간에 이루어지는 무역을 말한다. 이것은 지리적으로 선진국이 주로 적도 이북에 위치하고 있는 반면 동

7 1993년 합의된 우루과이라운드(UR)협정에서는 새로운 무역협정으로서 「서비스무역에 관한 일반협정」(GATs: General Agreement on Trade in Services)을 체결하고 서비스의 구체적인 범위로 ① 업무서비스, ② 통신, ③ 건설·엔지니어링, ④ 유통, ⑤ 교육, ⑥ 환경, ⑦ 금융, ⑧ 보험, ⑨ 관광·여행, ⑩ 오락·문화·스포츠, ⑪ 운수 등 11개 항목을 예시하여 이들에 대한 무역자유화를 진행시키고 있다. 또한 WTO의 후속협상인 DDA협상에서도 이에 대한 추가적인 개방문제를 다루고 있다.

남아·중근동·아프리카·중남미 등의 저개발국들은 대체로 적도 이남에 위치하고 있다는 점을 고려하여 붙여진 이름으로 이러한 선후진국 간의 정치적·경제적 관계 일반을 남북문제(north-south problem)라고 한다. 동서무역(east-west trade)이란 자본주의 국가와 사회주의 국가들 간의 국제무역을 지칭한다. 이것 역시 유럽을 중심으로 동쪽에 사회주의국가들이 위치하고 있고 서쪽에 자본주의국가들이 위치하고 있음에서 비롯된 것으로서 이들 간의 정치경제적 관계를 동서문제(east-west problem)라고 한다.

그러나 오늘날 남북 간의 경제적 격차가 여전히 확대되고 있음에도 불구하고 남북문제에 대한 논의 자체가 정체됨에 따라 남북무역 역시 세계경제의 주요한 이슈로서 주목받고 있지 못하고, 또한 1990년대 이후 구 사회주의국가들의 시장경제체제로의 전환으로 인하여 동서무역은 그 의미가 실종되고 있다.

수평적 무역 · 수직적 무역 수평적 무역(horizontal trade)이란 생산단계가 같거나 유사한 상품 간의 무역을 말하는 것으로 예컨대 공산품 상호간의 무역 또는 1차산품 상호간의 경쟁적인 무역을 의미한다. 반면 수직적 무역(vertical trade)이란 생산단계가 서로 상이한 상품, 즉 공산품과 1차산품 또는 제품(최종재)과 원료·중간재 간의 교역처럼 상호 보완적인 무역을 의미한다. 따라서 수평적 무역은 자연히 소득수준·기술·산업구조 등이 유사한 동질적 국가들 간의 무역임에 대하여 수직적 무역은 그 경제구조가 이질적인 선진국과 후진국 간의 무역형태가 된다.[8]

세계무역은 제2차 세계대전 이전까지는 공업제품과 1차산품을 서로 교역하는 선진국과 저개발국 또는 종주국과 식민지 간의 수직적 무역형태가 주종을 이루었으나, 2차대전 이후에는 이러한 수직적 무역이 상대적으로 감소하고 공업국 간의 수평적 무역이 크게 증대되고 있다. 이 같은 현상은 ① 선진공업국 간 신제품의 출현 및 생산의 다양화, ② 기술의 개발과 대체로 인한 1차 산품에 대한 수요의 상대적 감소, ③ 저개발국의 공업화로 인한 세계 경제 구조의 동질화 등이 주요한 원인이 되고 있다.

산업간무역 · 산업내무역 산업간무역(inter-industry trade)이란 우리나라 섬유제품이 미국으로 수출되고 미국의 자동차가 우리나라로 수입되는 교역형태처럼 서로 다른 산업 제품 간의 무역거래를 말하고, 산업내무역(intra-industry trade)이란 미국의 자동차가 한국으로 수입되는 동시에 한국의 자동차도 미국으로 수출되는 교역형태처럼 동일한 산업 내 제품이 상호수출(two way trade, cross trade)되는 무역형태를 말한다.

따라서 산업내무역이란 어떤 국가가 특정 산업의 상품을 수출하고 있으면서 동시에 동일한 산업의 상품을 수입도 하는 경우 발생되는 무역형태이다. 그런데 이러한 산업내무역은

---

8 이러한 교역관계를 국제적 분업 또는 국가 간 특화구조라는 측면에서 '수직적 분업'과 '수평적 분업'이라고 한다.

동일산업의 범위를 어떻게 설정하느냐에 따라 그 범위가 달라질 수 있고 또한 동일산업 내 제품(최종재)과 중간재 간의 교역을 포함하느냐 아니면 동일산업 내 제품(최종재) 간의 교역만을 포함하느냐에 따라 그 범위가 달라질 수 있다.[9] 오늘날 국제무역에 있어서는 이러한 산업내무역의 비중이 계속 증대되고 있는데 이러한 현상은 전통적인 무역이론으로 설명하기가 어려워짐에 따라 이러한 산업내무역을 설명하기 위한 새로운 무역이론이 등장하기 시작하였고 아울러 이러한 무역을 보다 체계적으로 측정하고 그 효과를 검증하려는 노력들도 계속 되어 왔다.

제3국 개입형태 · 수출입연계 · 특수형태의 무역 무역의 유통경로가 어떠한가에 따라 직접무역과 간접무역으로 구분하기도 한다. 직접무역(direct trade)은 무역업무를 거래당사자가 직접 담당하고 수행하는 무역형태임에 대하여 간접무역(indirect trade)은 이를 중간상·수출조합·종합무역상사 등 제3자에게 위임하는 방식의 무역형태이다. 이러한 간접무역의 형태 중 제3국이 개입되는 경우 그러한 제3국의 역할이 어떠하냐에 따라 중개무역·중계무역·통과무역·우회무역 등으로 구분된다.

한편 무역당사국 간 수출입균형을 이룩하기 위하여 또는 무역대금결제를 서로 상계시키기 위하여 행하는 연계무역의 형태로서 구상무역·3각무역·링크제무역 등의 형태가 있다. 이밖에도 다양한 무역형태가 있지만 특히 소개할 만한 특수한 무역형태로서 OEM수출·녹다운방식의 수출·턴키방식의 수출 등이 있다. (보충학습 1-2 참조)

보충학습 1-2

제3국 개입형태 · 수출입 연계형태 · 특수형태의 무역

1. 제3국 개입형태의 무역

위에서 설명한 바와 같이 국제무역의 진행과정에 제3국이 개입되는 경우 그 제3국의 역할이 무엇이냐에 따라 중개무역·중계무역·통과무역·스위치무역·우회무역 등으로 구분되는데 이러한 무역형태는 다음과 같은 특성을 가진다.

중개무역(merchandising trade) 실제의 거래당사자 간에 매매계약이 직접 체결되지 않고 제3자인 중개업자가 개입하여 계약이 체결되는 무역형태이다. 이 경우 A국의 중개업자가 B국에서 생산된 제품을 판매하는 거래형태이지만 이에 따른 소유권 이전은 이루어지지 않고 중개업자가 중간에서 거래를 단순히 중개하는 형태이다. 이 경우 중개업자가 직접 매매당사자가 되어 반대 방향의 두 개의 매매계약을 동시에 체결하여 그 매매차익을 얻는 경우도 있고 단순히

9 따라서 산업내무역에 있어서도 수직적 무역과 수평적 무역이 있을 수 있다. 예컨대 미국의 GM자동차와 독일의 벤츠자동차의 교역이나 프랑스의 '구찌' 브랜드 가방상품과 이태리의 '샤넬' 브랜드 가방상품의 교역은 산업내무역 중에서 수평적인 무역형태이지만, 선진국의 자동차와 개도국의 자동차부품의 교역이나 선진국의 고급의류상품과 개도국의 저렴한 의류상품 간의 교역은 산업내무역 중에서도 수직적 무역의 성격을 나타낸다.

중개수수료를 받는데 그치는 경우도 있다.

중계무역(intermediary trade) 처음부터 판매할 것을 목적으로 외국에서 물품을 수입하여 그것을 다시 판매하여 차익을 얻는 무역형태이다. A국의 중계업자가 B국에서 생산된 제품을 판매한다는 점에서 상술한 중개무역과 유사한 측면이 있지만, ① 중개무역과는 달리 무역대상 물품을 중계업자가 매입함으로써 이에 따른 소유권의 이전이 이루어지는 점, ② 무역대상 물품이 반드시 A국에 양육될 필요는 없는 중개무역과는 달리 반드시 A국에 양육된다는 점, ③ 중개무역과는 달리 최종구매자가 미리 정해져 있지 않기 때문에 실제의 거래당사자가 수입 당시 연계되어 있지는 않다는 점 등이 서로 다르다.

중계무역의 전통적인 개념은 이와 같지만 오늘날처럼 글로벌한 생산·판매가 이루어지고 글로벌기업들이 부품·중간재·완제품의 생산을 여러 나라에 분산시키는 국제적 공정분업시대에는 중계무역의 형태도 크게 변화되고 있다. 예컨대 A국의 글로벌기업이 B국에 현지법인을 세워 완제품을 생산한 후 이 제품에 자사브랜드를 달아 판매하거나 B국의 생산업체에 중간재나 부품을 판매하고 그곳에서 생산된 완제품을 되사서 제3국이나 현지에 되파는 형태, 즉 생산품을 국내로 반입하지 않고 해외에서 바로 판매하는 형태의 중계무역이 크게 증가되고 있다. 이러한 형태의 중계무역이 증가하게 되면 그에 따른 수출증대로 자국의 경상수지가 개선되는 효과는 있지만 수출증대에 따른 국내고용의 창출이 이루어지지 않는다는 점에서 우려가 제기되기도 한다.

통과무역(transit trade) 수출물품이 수출국으로부터 수입국으로 이송되어 가는 도중 부득이 제3국을 통과하는 경우에 제3국의 입장에서 본 무역이다. 이 경우 일단 제 3국인 자국의 영토를 거친다는 점에서는 상술한 중계무역과 유사하나 제3국의 어떤 자주적인 개입이 없다는 점에서 이와는 구별된다.

우회무역(round-about trade) 어떤 국가가 자국에 대한 외환통제를 심하게 할 경우 이러한 외환통제를 회피하기 위하여 외환통제를 받지 않는 제3국을 통하여 행해지는 무역을 말한다. 최근에는 수입국이 자국의 수출품에 대하여 높은 무역장벽을 설치하고 있지만 제3국의 수출품에 대해서는 무역장벽이 완화되어 있을 경우 제3국에서 생산하여 수출함으로써 수입국의 높은 무역장벽을 우회하게 되는데 이러한 무역을 우회무역이라고도 한다.

2. 수출입 연계형태의 무역

무역당사국 간의 무역균형을 이룩하기 위하여 또는 무역대금결제를 서로 상계시키기 위하여 행하는 연계무역형태로서 구상무역·3각무역·링크제무역 등의 형태가 있는데 이들의 특성은 다음과 같다.

구상무역(求償貿易, compensation trade, barter trade) 수출입물품의 대금을 그에 상응되는 수입 또는 수출로 상계하는 방식의 수출입거래로서, 실질적인 외화의 흐름이 없게 되어 무역대금결제를 용이하게 하는 동시에 양국 간의 수출입의 균형도 도모하게 되는 방식의 무역형태이다. 이러한 구상무역은 다시 대금결제 시 화폐의 개입이 있느냐 없느냐에 따라 무환구상무역과 유환구상무역으로 구분된다. 무환(無換)구상무역이란 국가 간 화폐의 흐름이 없는 순수한 의미의 물물교환형태의 무역방식을 말하고, 유환(有換)구상무역이란 수출입대금을 실제로 지급하나 이 경우 특정의 수출과 수입을 서로 이행조건으로 함으로써 결과적으로 동액의 무역이 이루어지도록 하는 방식이다.

3각무역(triangular trade) 무역거래를 행하는 당사국 중 어느 일방이 수입초과가 되어 상대방국가에 대한 대금결제상 어려운 문제가 발생하는 경우 이러한 수입초과국과 반대관계 또는 어떤 특수한 관계에 있는 제3국을 개입시켜 3국간 국제수지의 균형을 이루어 가는 일종의 계획적인 무역방식이다. 예컨대 A국이 B국에 대한 수입초과일 경우 A국에 대한 수입초과국인 C국을 개입시켜 C국이 A국에 일정한 액수의 수출을 하게 함으로써 A·B 양국만 보면 무역이 불균형상태이지만 3국 전체를 보면 무역이 균형을 이루는 방식의 무역이다.

링크제 무역(link system trade)　일국의 수출을 촉진시키거나 무역균형을 유지하기 위하여 수출과 연계시켜 일정액의 수입을 인정해 주는 무역통제수단의 하나이다. 이러한 링크제 무역은 다시 수입상품을 지정하느냐 않느냐에 따라 ① 수입상품을 지정함이 없이 단지 일정액의 수출에 대해 일정액의 수입을 허가하는 종합링크제(일반링크제), ② 일정 상품의 수출에 대하여 그 원료수입을 링크시키는 것과 같은 상품별 링크제로 구분한다. 또한 링크시키는 방법과 내용에 따라 수량링크제와 금액링크제로 구분하며, 출혈수출에 의해 국내가격보다 저렴하게 수출한 손실을 보상해 주기 위하여 유리한 외국제품을 수입할 수 있는 권한을 부여하는 특수한 형태로서의 보상링크제도 있다.

3. 기타 특수형태의 무역

이 밖에도 다양한 무역형태가 있지만 특히 소개할 만한 특수한 무역형태로서 OEM수출·녹다운방식의 수출·턴키방식의 수출 등이 있는데 그 특성은 다음과 같다.

OEM(Original Equipment Manufacturing)수출　외국의 수입업자로부터 생산을 주문받아 생산된 제품에 수입업자의 상표를 부착하여 수출하는 방식으로 '주문자상표 부착방식 수출'이라고 한다. 이러한 방식의 수출경우 수출업자는 작은 위험과 비용으로 수출을 증대시킬 수 있고 이를 통하여 기술축적의 계기가 될 수 있다는 장점이 있지만 자신의 고유 브랜드를 개발하지 못하게 되고 해외시장에 대한 정보를 축적할 수 없어 독자적인 수출시장개척이 어려워진다. 따라서 개도국의 기업들이 초기에는 이러한 형태의 수출을 많이 행하지만 점차 자신의 브랜드를 통하여 수출하는 방법으로 변화해간다.

녹다운(knock-down)방식 수출　수출업자가 완제품을 수출하는 것이 아니라 중요부품·반제품을 해외로 수출하여 자신의 해외공장에서 최종 조립하여 현지시장에 판매하는 형태의 수출이다. 이러한 방식의 수출은 공정간분업을 통하여 생산원가를 절약할 수 있고 수송비나 관세를 절약할 수 있으며 또한 상대국이 완제품에 대한 무역장벽이 높을 경우 이를 우회하는 효과도 있다. 그러나 최근에는 선진국들이 원산지규정이나 현지부품조달의무 등을 엄격히 적용하여 이러한 방식의 수출이 어려워지고 있다.

턴키(turn-key)방식 수출　공장이나 기타 산업시설을 설치하기 위한 기계·장치 등의 하드웨어와 그 설치에 필요한 엔지니어링·노하우·건설시공 등의 소프트웨어를 결합시켜 종합적으로 수출하는 형태를 플랜트수출(plant exporting)이라 한다. 그런데 이러한 플랜트수출은 주로 수출업자가 설계·건설·기자재공급을 행하고 기술제공 및 기술지도를 행하여 시운전을 행하는 초기운영까지가 끝난 단계에서 그것을 현지인이 직접 담당 운영할 수 있도록 넘겨주고 때로는 사후 기술지도까지 제공하는 형태로 이루어지게 된다.

따라서 이러한 방식의 수출을 턴키(turn-key)방식의 수출이라고 하는데 이러한 수출은 단위당 수출금액이 크고 부가가치도 높아 외화가득률이 높기 때문에, 기술수준이 높고 산업구조가 고도화된 선진국들이 중진국이나 개도국으로 이러한 수출을 행하게 된다.

2. 국제투자의 주요 형태

국제투자는 국가와 국가 간에 국경을 넘어 이루어지는 투자를 의미하는데 이러한 국제투자를 정의함에 있어서는 대체로 2가지의 방법이 있다. 첫째로는 경제학자들의 전통적인 견해로서 국제투자를 국제자본이동으로 파악하여 정의하는 방법이고, 둘째로는 기업이 해외진출(투자)함에 있어서의 여러 가지 경영활동형태 또는 진출형태라는 관점에서 정의하는 방법이다. 여기서는 이 2가지 정의방법 모두를 간략히 소개하고 이후, 전자에 대해서는 제9장(국제투자와 국제자본이동)에서 재론하고 후자에 대해서는 제14장(해외시장진출전략)의 해외시장 진입형태와 관련하여 재론하기로 한다.

2.1 국제자본이동의 형태

국제경제거래는 크게 재화 및 서비스의 거래와 자본거래로 구분되는데 이때 국제적으로 이루어지는 이러한 자본거래를 국제자본이동(international capital movement)이라고 한다. 국제자본이동이란, 일국의 거주자와 비주거자 간에 채권채무의 변화를 가져오는 거래로서 결국 일국의 화폐적 구매력이 타국의 지배에 들어가는 것을 말한다. 이러한 국제자본이동은 자본수출(capital export)·국제투자(international investment)·해외투자(foreign investment) 등으로 불리어진다. 그런데 자본이동 가운데는 투자로서의 성격이 희박한 경우도 있으므로 이들은 엄밀한 의미에서는 차이가 있다고 할 수 있지만, 국제자본이동의 형태를 투자의 관점에서 분류하면 다음과 같다.

민간투자와 공공투자 투자의 주체가 누구인가에 따라서 민간투자와 공공투자로 분류된다. 민간투자(private investment)란 투자주체가 개인 또는 사기업인 경우이고, 공공투자(public investment)란 투자의 주체가 일국의 정부·정부기관 또는 국제기구와 같은 공공기관인 투자이다.

장기투자와 단기투자 투자기간에 따라서 장기투자(long-term investment)와 단기투자(short-term investment)로 나누는데 이때 보통은 국제수지작성의 관행에 따라 상환기간이 1년 이상이면 장기투자이고 1년 미만이면 단기투자로 구분된다.

간접투자와 직접투자 민간장기투자는 다시 경영권지배를 목적으로 하느냐 않느냐에 따라 국제간접투자(international indirect investment)와 해외직접투자(foreign direct investment)로 구분된다. 간접투자란 기업경영에 참가하지 않고 배당이나 이자 등 자본수익을 추구하기 위한 투자로서 '국제증권투자' 또는 '국제포트폴리오투자'(international portfolio investment)라고도 한다. 반면 직접투자란 단지 자산의 유리한 운용에만 목적이 있지 않고 기업경영상의 운영권, 즉 기업경영상의 통제(control)를 목적으로 하는 투자이다.

2.2 기업의 해외진출 형태

이러한 국제투자를 자본의 국제적 이동이라는 측면에서 파악하지 않고 기업이 해외로 진출하는 측면에서 살펴보면 다양한 해외진출방식들이 나타난다. 기업이 해외진출을 기획하고 실행하는데 있어 선택할 수 있는 대안적 형태는 크게 ① 수출방식, ② 국제계약형태의 진출방식, ③ 해외투자방식 등 3 가지 범주로 나누어 볼 수 있고 이들 각각의 진출방식은 다시 〈표 1-2〉와 같이 구체적 형태로 구분할 수 있다. 이들 각각의 진출형태에 대한 자세한 설명은 제18장(국제경영전략)에서 다시 논의하고 있으므로 여기서는 이들에 대해 개괄적으로 살펴보면 다음과 같다.

표 1-2 기업의 해외진출 형태

구 분	구체적 진출 형태
수 출	• 간접수출(indirect exporting) / 직접수출(direct exporting)
국 제 계 약	• 라이선싱(licensing) • 프랜차이징(franchising) • 경영관리계약(management contracts) • 턴키계약(turnkey projects) • 계약생산(contract manufacturing) 등
해 외 직접투자	• 단독투자(sole investment) / 합작투자 (joint venture) • 그린필드투자(greenfield start-up) / M&A(merger & acquisition)투자

수 출 기업이 해외에 진출하는 가장 초보적인 단계로서 국내에서 생산된 상품을 해외로 판매하는 방식이다. 이러한 수출방식은 다시 간접수출과 직접수출로 나눌 수 있다. 간접수출(indirect exporting)이란 제조업체의 입장에서 다른 수출업자나 수출대리인을 통해 상품수출을 하는 방법으로서 투자비용과 위험이 작다는 장점이 있다. 반면 직접수출(direct exporting)은 제조업체나 무역회사가 해외 바이어(buyer)에 직접 수출을 하는 경우로서 초기에는 본사의 수출전담부서나 계열 무역회사를 통하여 수출하는 방식을 취하지만 수출물량이 많아지고 해외수요가 증대하게 되면 한 걸음 더 나아가서 외국에 판매를 담당할 지사나 현지법인을 설립하여 직접 판매하게 된다.

국제계약 수출방식이 주로 눈에 보이는 유형무역을 중심으로 하는 해외진출방식인데 비하여 눈에 보이지 않는 무형자산의 해외진출방식으로서 국제계약에 입각한 각종 해외진출방식이 있다. 이러한 활동들은 기업이 외국의 영업파트너와 일정한 계약을 체결하고 그 계약조건과 내용에 따라 국제적인 사업활동을 수행하는 것으로서 수출방식보다 성숙·진화된 형태라고 할 수 있다. 이러한 국제계약방식에 ① 라이선싱(licensing), ② 프랜차이징(franchising), ③ 경영관리계약(management contracts), ④ 플랜트/턴키계약(plant/turn-key projects),

⑤ 계약생산(contract manufacturing) 등 다양한 형태의 진출방식이 활용된다.

해외직접투자 기업의 해외진출이 더욱 확대되면 해외직접투자를 행하게 된다. 위에서 설명한 바와 같이 해외직접투자(FDI : foreign direct investment)란 해외에 자신의 경영자원들을 이전시켜 직접 생산과 판매 등의 경영활동을 전개하는 투자방식이다. 이러한 해외직접투자는 그 소유지분이 100%인가 아니면 그 미만인가에 따라 단독투자(sole investment)와 합작투자(joint venture)로 나누어지고, 투자방식에 있어서 기존의 기업이나 공장을 매입하는 M&A(merger & acquisition)방식과 그린필드투자(greenfield start-up)로 나누어진다.

일반적으로 기업의 해외진출이 수출이나 계약방식보다 더욱 확대되고 고도화되면 해외직접투자를 행하게 되는데 결국 해외직접투자는 자본수출인 동시에 경영자원의 수출, 더 나아가서는 기업수출이다. 따라서 해외진출방식 중에 자원의 투입이 가장 많아 이익기회가 가장 큰 반면 그에 따른 위험도 가장 큰 방식이라고 할 수 있다.

제 3 절 국제통상학의 학문적 체계와 성격

1. 국제통상학의 학문적 체계

국제통상학은 '모든 국제경제거래 행위 및 활동에 대한 이론적·실천적 문제들을 실증적·규범적 측면에서 연구하는 사회과학'이라고 정의할 수 있다. 이러한 국제통상학의 학문적 범위와 체계는 국제통상학의 '연구대상'이 무엇인가라는 측면과 국제통상학의 '연구관점(시각)'이 무엇이냐에 따라 정의될 수 있다.

연구 대상 국제통상학의 연구대상이 무엇인가라는 점에서 보면, 이는 국제통상의 개념을 어떻게 정의하느냐에 따라 달라진다. 전술한 대로 국제통상을 협의의 개념으로 정의하는 경우 국제통상학의 학문적 대상과 범위는 '국제무역'으로 한정되지만, 광의의 개념으로 정의하는 경우 '국제무역과 국제투자'로 확장되며 최광의의 개념으로 정의하는 경우 '모든 국제경제거래'로 정의되어 그것의 주요 형태는 국제무역·국제금융·국제투자로 구분해 볼 수 있다.

연구 관점 이러한 연구대상에 대하여 '어떠한 연구관점(시각)이 요구되는가'라는 관점에서 보면, 국제통상의 복합적 성격과 관련하여 설명한 대로, 국제통상은 국민경제적 관점(경제학적·macro 관점)·개별경제적 관점(경영학적· micro 관점)·국제관계적 관점(학제적·global관점)을 동시에 지니고 있다.

이처럼 국제통상을 최광의의 개념으로 정의하여 그 연구대상을 모든 국제경제거래(국제무역·국제금융·국제투자)로 설정하고 그에 대한 연구관점을 국민경제적·개별경제적·국제관계적 관점으로 설정하는 경우, 국제통상학의 학문적 내용·대상·영역은 〈표 1-3〉과 같이 모델링 할 수 있다.

표 1-3 국제통상학의 학문적 대상과 범위

<table>
<tr><th colspan="2">연구관점
연구대상</th><th colspan="2">국민경제적 관점
(경제학적 · macro관점)</th><th>개별경제적 관점
(경영학적 · micro관점)</th><th>국제관계적 관점
(학제적 · global관점)</th></tr>
<tr><td rowspan="3">국제통상</td><td>국제무역
(재화 및 서비스)</td><td rowspan="3">국제경제학</td><td>• 국제무역론</td><td rowspan="2">국제상학
(무역상무론)</td><td rowspan="3">〈 관련학문〉
• 국제정치학·
국제정치경제
• 국제법학
국제통상규범
• 국제지역학
• 국제정치외교·
국제협상학</td></tr>
<tr><td>국제금융
(화폐자본 금융자산)</td><td>• 국제금융론</td></tr>
<tr><td>국제투자
(실물자본 생산요소)</td><td>• 국제투자론</td><td>국제경영학</td></tr>
</table>

이러한 전제 위에서 국제통상학의 학문적 영역을 기존의 학문분야와 관련하여 정의하면, 국제경제학(국제무역론·국제금융론·국제투자론)·국제경영학·국제상학(무역상무론)이 중심을 이룬다. 이들 3개 학문분야는 그 연구대상(무역·금융·투자) 자체가 서로 밀접한 연관성을 지니고 있기 때문에 상호연관성을 지니고 있을 뿐만 아니라 동일한 대상을 서로 다른 관점(시각)에서 분석하는 관련 분야이므로 상호 밀접한 관련성을 지니고 있다.

국제통상의 연구에 있어서는 이들 3개 분야 이외에도 다양한 분야의 연구들이 상호 관련성을 지닌다. 오늘날 국제통상의 특징적 추세로서 나타고 있는 국제통상환경의 변화, 즉 글로벌경제의 심화와 무한경쟁·새로운 통상의제와 다자간 규범의 확대·국제통상협상 분야의 중요성 증대 등에 적절히 조응하기 위해서는 인접 관련 학문분야와의 연계와 통섭(統攝, consilience)도 필요하기 때문이다.[10]

이러한 관점에서 국제통상학을 정의하면 국제경제학·국제경영학·국제상학 등 3대 학문에 기초를 두면서 국제정치(국제정치경제)·국제법(국제통상규범)·국제지역연구·국제정치외교 내지 국제협상 등 관련 학문과의 학제적(inter-disciplinary)이고 포괄적(comprehensive)인 접근이 요구되는 종합학문이라고 할 수 있다.

10 통섭(統攝)이란 '사물에 널리 통하는 원리로 학문의 큰 줄기를 잡는다'는 뜻으로서 본래 에드워드 윌슨(Edward Osborne Wilson) 하버드대 생물학과 교수가 새로이 만든 개념어(consilience)로서 인문·사회·자연과학 지식이 자유롭게 상호 교류해 학문 간의 경계가 사라지고 궁극적으로는 통일성을 이룸을 뜻한다. 이러한 점에서 통섭이란 지식의 대통합을 말하는 것으로 자연과학·인문학·사회과학 연구자들이 서로 협력해야 함을 강조하는 통합 학문 이론이다.

2. 국제통상학의 학문적 성격

국제통상학은 그 학문적 대상이 되는 국제통상의 특성은 물론 국제통상 관련 분야의 연구가 내포하고 있는 학문적 특성상 다음과 같은 학문적 성격을 가진다.

독립적 성격 국제통상학은 국제경제거래에서 야기되는 독자적인 문제를 그 대상으로 하는 만큼 하나의 학문적 독자성을 지닌다. 국내거래에 대한 국제거래의 특성과 관련하여 전술한 바와 같이 국경을 넘는 경제적 거래는 일국 내에서의 경제거래에서는 야기되지 않는 새롭고 독특한 문제들을 야기한다. 이러한 국제거래의 특성 때문에 봉쇄경제체제 하에서의 국내경제 원리나 정책이 그대로 개방경제체제 하에서의 경제 원리나 정책이 될 수는 없으며 또한 일국 내에서의 활동을 목표로 하는 내국기업 활동의 원리와 전략이 그대로 세계시장을 대상으로 하는 기업 활동에 적용될 수는 없는 것이다. 이와 같은 학문대상의 독자성이나 그 원리의 독자성 때문에 국제통상학 역시 하나의 독립적 성격을 지니고 있다.

응용적 성격 이러한 독립성과 함께 국제통상학은 강한 응용성을 동시에 가지는 학문이다. 왜냐하면 국제적인 재화와 용역 및 생산요소의 이동에 대한 국민경제적 분석에서는 경제학의 기초를 이루는 가격이론이나 소득이론들이 이용되고 있으며, 또한 국경을 넘어 이행되는 기업의 국제적 경영활동을 분석의 대상으로 하는 개별기업적 분석에서는 기업의 내국활동을 대상으로 하는 경영학의 원리나 방법론들이 활용되기 때문이다. 이같이 국제통상학이 강한 응용성을 가지는 것은 사실이나 단순한 응용에 머무는 것은 아니며, 또한 국제통상학의 학문적 체계 속에는 경제학이나 경영학과는 상이한 원리와 체계로써 발전되어 온 '국제상학'이라는 고유한 학문적 영역을 포괄하고 있으므로 이러한 점에서도 학문적 정체성(identity)을 나타내고 있다.

종합적 성격 국제통상은 우선 각각의 국민경제를 주축으로 하므로 본질적으로는 국민경제적 성격을 가지지만 이러한 각각의 국민경제는 복잡한 이해관계의 연쇄 속에서 하나의 세계경제를 형성하고 있으며 또한 이러한 국제통상의 실제적 행위주체는 개별기업인 만큼 이러한 성격들이 상호 교차하는 복합적 실체를 형성한다. 따라서 국제통상학은 다른 학문에 비하여 포괄적이고 종합적인 성격을 지니게 되며 어떤 다른 분야에서보다 더 많은 변수들을 취급해야 하는 복합성을 가지게 된다.[11]

11 국제통상학의 이러한 종합적·복합적 성격 때문에 국제통상에 대한 학문적 접근방법이나 관련 교재들의 체제구성이 다소 방만한 느낌을 주거나 상호 통일성이 부족한 것 같은 느낌을 주는 것이 사실이지만 국제통상의 이러한 특성상 일정 부분 어쩔 수 없는 측면이 있기도 하다.

보충학습 1-3

국제통상학의 교육체계

국제통상의 개념정의와 관련하여 앞에서 설명한 바와 같이, '무역'과 '통상'이라는 용어는 어휘적인 관점에서 큰 차이를 지니고 있지 않음에도 불구하고 양자의 개념에 대한 논의가 우리나라에서 활발히 이루어지고 있는 것은, 우리나라 대학에서 '무역학과'와 '국제통상학과'가 동시에 존립함으로써 이 양자의 관계를 어떻게 정립하는가 하는 문제와도 관련된다.

주지하는 대로, 우리나라 대학에 「무역학과」가 독립학과로서 보편화된 것은 1960년대였다. 이후 무역학과는 기업과 국가가 필요로 하는 대외무역·외환과 국제금융·해외투자와 국제경영 분야의 전문인력을 양성함으로써 우리의 대외무역 신장·수출주도적 성장·대외지향적 국민경제발전에 지대한 역할을 담당해 왔으며, 또한 이러한 과정에서 무역학과는 전국대학의 학과들 중 경영학과·영문학과와 더불어 3대 대형학과(Big 3) 중의 하나로 자리 잡아왔다.

그러나 1990년대 중반에 이르러 많은 대학들이 종전의 무역학과를 국제통상학과로 개칭하거나 새로이 국제통상학과를 신설하였고 심지어는 기존의 무역학과와 병존하여 국제통상학과를 설치하는 대학 역시 없지 않았다. 이후 양자의 관계정립에 대한 문제가 제기되었다.

이와 관련하여 국제무역과 국제통상 그 자체에 대한 '개념정의'에 대한 서로 다른 의견들이 제시되었고 이것은 결국 '국제통상학의 학문적 범위', '국제통상학과(학부)의 교육체계의 설정' 과도 연결되어 여전히 쟁점이 되고 있다. 물론 종래 무역학과 체제 하에서도 이와 같은 논쟁이 이루어져 무역학의 학문적 범위를 '협의의 무역'(상품의 수출입거래 및 그와 불가분적으로 부수되는 용역·기술 등의 거래)과 '광의의 무역'(국제적인 모든 경제거래)으로 구분하여 논의하기도 하였다.[12]

그런데 하나의 학문으로서 국제통상학의 학문적 범위와 하나의 교육기관으로서 국제통상학과(학부)의 교육체계는 서로 다른 관점에서 접근할 수 있다. 예컨대 위에서 전제한 바대로 국제통상학의 학문적 범위는 광범위하게 설정할 수 있지만 국제통상학의 교육체계는 각 대학의 특성과 목표에 따라 얼마든지 다른 형태로의 설정이 가능할 수 있고 오히려 이것이 바람직하기도 하기 때문이다. 이러한 관점에서 〈표 1-4〉는 국제통상학교육의 대상과 범위를 어떻게 설정하느냐에 따라 가능할 수 있는 대표적인 3가지 기본적인 교육체계 유형을 예시하고 있다.

A유형(최광의) 최광의의 국제통상(모든 국제경제거래)을 국제통상학교육의 주요대상으로 하여 그 학문적 주요영역을 국제경제학·국제경영학·국제상학 등 기존의 학문분야들의 통합으로 설정한 모델이다.

B유형(광의) 광의의 국제통상(국제무역과 국제투자)을 국제통상학 교육의 주요 대상으로 설정한 모델로서 A유형의 교육체계의 국제경제학 분야 중 국제금융부분을 제외하고 국제무역과 투자만을 중심으로 설정한 모델이다.

C유형(협의) '협의의 국제통상' 즉 국제무역과 관련된 문제를 교육대상으로 설정하는 모델로서 이에 대한 국민경제 측면의 연구로서 국제무역이론·정책 및 기업 측면의 실천적·실용적 문제로서 국제상학(무역상무론)을 통상학교육의 대상으로 설정하는 모델이다. 이러한 경우에도 '기업통상 측면'의 실천적·실용적 문제들만을 국제통상 교육의 대상으로 설정하는 경우도 있을 수 있고, '국가통상 측면'을 통상교육의 대상으로 삼아 국제협상·통상외교·통상정책 등에

12 신현종·노택환, 무역학개론(박영사, 1985), p.5, 61.

표 1-4 국제통상학교육의 범위와 체계에 대한 유형

유형	대 상	주요 학문영역	학과(부) 영문 명칭
A유형 (최광의)	모든 국제 경제거래 (무역·금융·투자)	• 국제경제학 (국제무역론·국제금융론·국제투자론) • 국제경영학 • 국제상학(무역상무)	Department (Division) of International Economics, Business & Commerce
B유형 (광의)	국제무역, 국제투자	• 무역이론 및 정책 • 국제경영론/무역경영론 • 국제상학(무역상무론)	Department (Division) of International Commerce / International Trade and Investment
C유형 (협의)	국제무역	• 무역이론 및 정책 • 국제상학(무역상무론)	Department of International Trade

비중을 두면서 국제통상문제 해결을 위한 국제기구·정책·법·제도·통상환경 등을 통상교육의 대상으로 설정하는 경우도 있을 수 있다.

3. 본서의 구성

이상에서 전제한 국제통상학의 학문적 체계를 바탕으로 본서의 내용은 다음과 같이 구성하였다.[13]

국제무역이론(제2편) 다양한 국제무역이론이 존재하지만 이들 중 국제무역이 발생되는 원리와 패턴결정이론으로서 고전적 무역이론, 근대적 무역이론, 새로운 무역이론을 개괄적으로 소개한다.

무역정책론(제3편) 자유무역과 보호무역의 이론적 논거가 무엇이며 역사적으로 세계의 무역정책기조는 어떻게 변동되어 왔는가를 살펴보고, 관세 및 비관세장벽의 정책수단들은 어떠한 경제적 효과를 지니고 있는가를 논의하며 세계무역기구(WTO) 및 국제경제통합 문제에 대하여 소개한다.

국제금융 및 국제투자(제4편) 먼저 국가와 국가 간의 경제적 거래를 체계적으로 기록한 국제수지에 대하여 소개하고, 외환과 환율 및 이를 둘러싼 외환시장과 국제파생상품시장에 대해 논의하고 국제통화체제에 대하여 소개한다. 끝으로 국제투자(국제자본이동)의 유형과 해외직접투자 및 다국적기업의 경제적 원인·영향·정책에 대해 논의한다.

13 이같이 본서는 제6편 15장(chapter)으로 구성되어 있는데 한 학기 동안 실제로 이 모든 내용을 모두 강의하기가 어려운 만큼, 강의담당교수의 학문적 접근방법에 따라 분야별로 기초가 되는 내용을 중심으로 하여 본서 내용의 2/3정도를 한 학기에 강의하는 것이 1차적 목표가 된다고 할 수 있다.

그림 1-2 본서의 구성

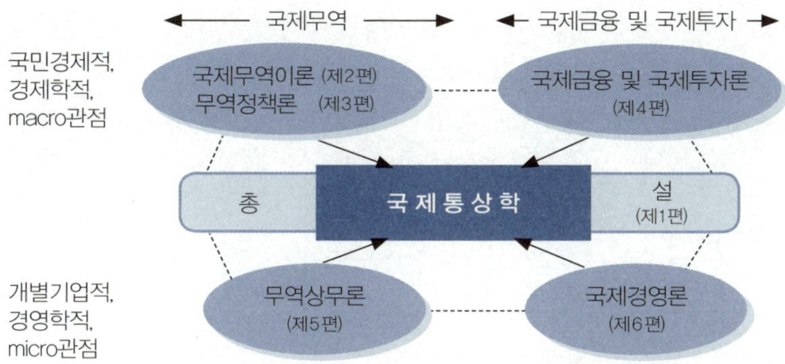

무역상무론(제5편) 국제무역을 행하는 무역기업이 무역계약을 체결하고 이러한 계약내용에 따라 무역업무를 수행한 후 계약이행 후에 발생될 수 있는 절차에 대하여 소개한다. 아울러 최근의 무역상무에서 널리 활용되고 있는 전자무역의 매커니즘에 대해서도 알아본다.

국제경영론(제6편) 국제경영에 대한 기본 개념과 기업글로벌화의 주요한 주체가 되는 다국적기업을 소개하고 국제경영학의 학문적 의의와 체계에 대하여 소개한다. 이후 국내와는 다른 사업 환경 하에서 경영활동을 행함에 있어서 요구되는 국제경영전략의 문제 중 해외시장 진출전략에 대하여 소개하고, 해외진출을 통하여 세계적인 규모와 조직을 갖춘 글로벌기업의 국제경경영관리 중 조직 및 인적자원관리·국제마케팅관리·국제재무관리의 기초적 개념들을 소개한다.

제 2 편

국제무역이론

International Trade Theory

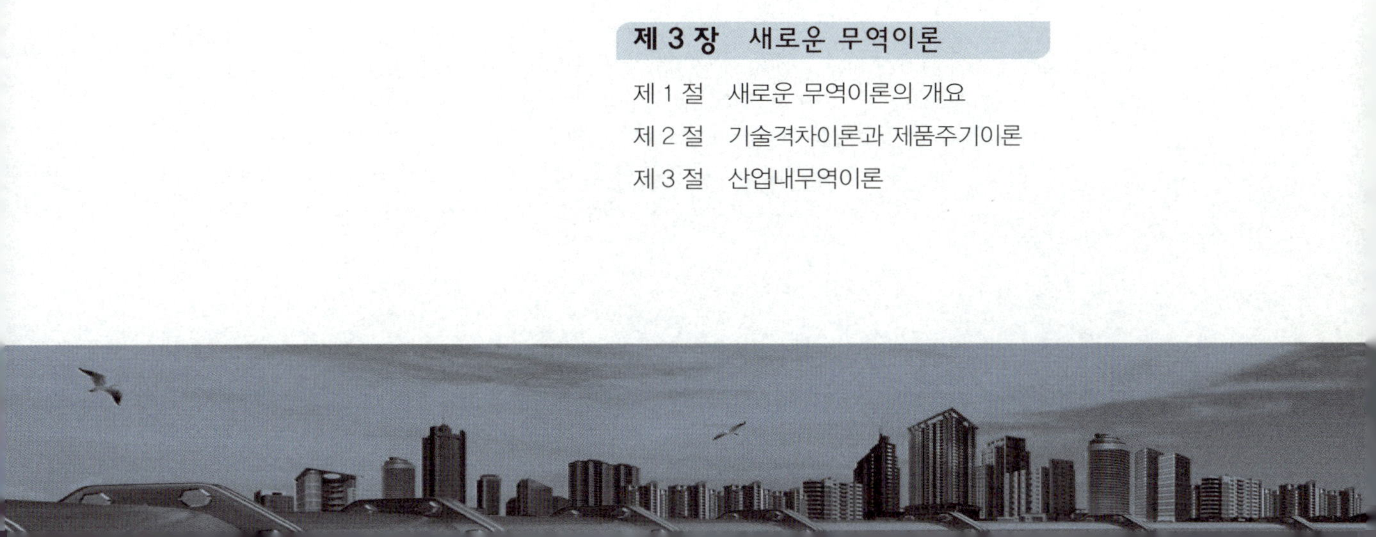

국제무역이론 연구의 학문적 의의

국제경제거래에서 발생되는 경제관계 및 상호의존성을 연구하는 국제경제학(international economics)은, 일반 경제학에서와 마찬가지로 실물부문과 화폐부문 나누어져, 실물분석인「국제무역론」과 화폐분석인「국제금융론」으로 구성된다. 이 중 국제무역론은 다시 무역이 이루어지는 원리를 설명하는 무역이론(trade theory)과 무역을 통하여 발생되는 이익을 극대화하기 위한 수단과 정책을 논의하는 무역정책(trade policy)으로 나눌 수 있다.

이들 중 국제무역이론이 해명하여야 할 이론적 과제는 ① 국제무역의 발생원인(causes of trade) 내지 성립근거(basis for trade)문제, ② 무역의 패턴(pattern of trade) 내지 방향(direction of trade)문제, ③ 교역조건(terms of trade)문제, ④ 무역균형(trade equilibrium)문제, ⑤ 국제무역의 동태적 문제 내지 경제성장과 무역(economic growth and trade)문제, ⑥ 무역으로부터 발생되는 경제적 이익(gains from trade)·효과(effects)·후생(welfare)의 발생과 배분 문제 등이다.

국제무역이론 연구의 학설사적 발전과정

이처럼 국제무역이론이 해명하여야 할 이론적 과제는 다양하지만 이러한 과제들 중 가장 핵심이 되는 주제는「무역의 성립근거」와「무역패턴의 결정원리」문제이다. 따라서 별다른 수식어 없이 일반적으로 말하는 국제무역이론, 즉 '좁은 의미의 국제무역이론'은 무역의 발생근거와 무역패턴의 결정원리를 설명하는 이론을 지칭한다. 그런데 이러한 근거와 패턴을 설명해주는 이론체계가 비교우위론(doctrine/law of comparative advantage)인데, 이러한 비교우위론은 다음과 같은 역사적 과정을 거치며 발전되어 왔다.

고전적 무역이론 고전파 경제학자 리카도(D. Ricardo)는 비교생산비 차에 의한 무역의 성립과 패턴을 설명하는 비교우위론을 체계화하였고 비교생산비 차가 발생하는 원인을, 스스로 규명하지 않았지만 그의 이론이 노동가치설적 전제 위에 정립되어 있음으로써, 노동생산성의 상대적 차이로써 설명하였다

근대적 무역이론 헥셔-오린이론(Heckscher-Ohlin theorem) 내지 헥셔-오린-사무엘슨 모델(H-O-S model)로 지칭되는 신고전파이론이다. 이들은 리카도와는 달리, 각국은 상대적으로 풍부한 요소를 집약적으로 투입하는 재화에 비교우위를 갖는다고 이론화함으로써, 비교생산비 차가 발생하는 원인을 국가 간 요소부존도(degree of factor endowment)의 상대적 차이로써 설명하였다.

새로운 무역이론 1960년대 이후 전통적 무역이론의 이론적 한계를 극복하고 보다 현실에 적합한 이론을 정립하려는 노력이 1960년대 이후 이루어졌다. 이들은 다시 리카도 이론의 연장선상에 있는 신기술이론(neo-technology theory)과 헥셔-오린이론의 연장선상에 있는 신요소이론(neo-factor theory)으로 구분할 수 있으며. 1980년대 이후에는 산업내무역(intra-industry trade)을 설명하는 산업내무역이론 등이 새로이 나타나게 되었다.

제2편의 주요 내용

이같이 무역이 발생되는 근거 및 무역패턴이 결정되는 원리를 설명하는 좁은 의미의 국제무역이론은 고전적 이론·근대적 이론·새로운 이론으로 구분할 수 있는데, 이들 중 고전적 이론과 근대적 이론을 '전통적 무역이론'이라고 지칭한다. 이하 제2편에서는 국제무역이론의 연구과제 들 중 핵심이 되는 무역성립의 근거와 무역패턴의 결정원리를 설명하는 이른바 좁은 의미의 무역이론만을 소개하기로 한다. 이를 위하여 제2장(전통적 무역이론)에서는 고전적 이론과 근대적 이론을 소개하고 제3장에서는 새로운 국제무역이론의 주요 내용을 논의한다.

제 2 장 International Trade Theory

전통적 무역이론

무역성립의 근거와 무역패턴의 결정원리를 설명하는 고전적 이론과 근대적 이론이 국제무역에 대한 전통적 이론으로서 양대 축을 형성하고 있는 만큼 제2장에서는 국제무역에 대한 이들 고전파이론과 신고전파이론을 소개한다.

(1) 영국의 고전학파 애덤스미스(A. Smith)의 절대우위론을 확장하여 일반화시킨 리카도(D. Ricardo)는 무역의 성립과 패턴을 설명하는 비교생산비설을 체계화하였고 이러한 비교생산비 차이가 발생되는 원인을 스스로 규명하지는 않았지만 그 이론체계 속에 노동가치설적 전제를 둠으로써 결국 「노동생산성의 상대적 차이」로써 설명하였다. 제1절에서는 이러한 리카도의 무역이론을 소개한다. (제1절 고전적 무역이론)

(2) 이후 신고전학파 경제학자 헥셔(F. Heckscher)와 오린(B. Ohlin)은, 각국은 상대적으로 풍부한 요소를 집약적으로 투입하는 재화에 비교우위를 갖는다고 이론화함으로써, 무역패턴의 결정원인을 국가 간 「요소부존도(degree of factor endowment)의 차이」로써 설명하였다. 따라서 이러한 무역이론을 '요소부존도이론' 또는 '근대적 무역이론'으로 부르는데 이 이론은 국제무역의 패턴이 결정되는 원리를 설명해주는 동시에 국제무역으로 인한 요소가격 변화와 이에 따른 소득분배의 변화에 대한 함의를 제공해주고 있는데 이러한 내용을 소개한다. (제2절 근대적 무역이론)

제 1 절 고전적 무역이론

1. A. Smith의 사상과 절대생산비설

1.1 국제무역에 대한 A. Smith의 사상

고전학파의 경제정책 및 자유무역 정책사상을 처음으로 전개한 사람은 경제학의 아버지로 칭송받는 애덤 스미스(A. Smith)였고 이러한 그의 사상과 철학이 집대성되어 출간된 책이 경제학 최고의 고전인 국부론(國富論, The Wealth of Nations)이다. 애덤 스미스의 국부론은 근대사회의 여명기·산업혁명에 의한 산업자본주의의 태동기라고 할 수 있는 1776년에 출간되었다. 따라서 국부론은 이전의 중상주의에 대한 비판으로서, 또한 18세기 중엽부터 본격적으로 대두된 영국의 자유주의(liberalism)와 계몽주의(enlightenment)를 그 사상적 배경으로 하여 출발하고 있다.

이러한 스미스의 사상체계는 19세기 자유무역사상의 이론적 바탕이 되는 것으로서 국제무역과 관련된 그의 주요 사상은 다음과 같이 국제분업론·자유경쟁론·소비자이익론으로 대표된다.

국제분업론 스미스는 국부론을 통하여 국부(國富, wealth of nations)란, 종전의 중상주의자들이 주장하는 것처럼 금·은 등과 같은 귀금속(화폐) 그 자체가 아니라, 그 국민경제가 생산할 수 있는 '매년의 생산물'(annual products)이라고 규정하였다. 또한 그는 이러한 부(富)의 원천은 토지 그 자체가 아니라 노동임을 강조하였다. 따라서 국부의 증대는 노동량의 증가나 노동생산성의 증대에 의해 이루어지게 되는데 후자를 이룩하기 위해서는 분업(division of labor)이 필요함을 역설하였다.

그에 의하면, 경제적 의미에 있어서의 분업이란 생산비 관점에서 절대적으로 유리한 업종에 종사하는 것을 말하는 것으로, 절대적 생산비의 차이에 따른 이러한 분업이 이루어지면 각자가 모든 재화를 자급자족하는 것보다 훨씬 능률적이므로 노동생산성이 제고될 뿐 아니라 이기심에 의한 자유경쟁이 촉진됨으로써 생산물의 교환가치가 증대된다는 것이다. 스미스는 이러한 국내분업의 원리를 국제무역에 적용시켜 이러한 원리에 따른 국제분업의 원리와 이익을 설명하였는바 그것이 그의 절대생산비설이다

자유경쟁론 스미스는 개인의 이익과 사회전체의 이익의 관계를 신의 섭리에 의해 예정적으로 조화된다는 예정조화설의 관점에서 파악하였다. 따라서 인간은 각자의 이기심(利己心)에 따라 자기이익을 추구하면 결국 '보이지 않는 손'(invisible hands)에 따라 사회전체의 이익과 행복이 추구된다고 설명하였다.

이러한 그의 자연법적 사상은 자유방임주의 및 경제적 자유주의의 사상적 기초가 되는 것으로서 국가의 간섭을 최소한으로 축소하고 자유경쟁의 원리에 따라 개인의 활동을 자유방임하는 것이 국가전체의 이익을 가져온다는 것을 강조하고 있다. 스미스는 이러한 원리를 확장하여 일국 내에서 자유경쟁이 유익하듯이 외국과의 무역에서도 자유무역이 유익함을 주장하였다.

소비자이익론 스미스는 경제행위의 최종적인 목표는 소비이므로 최종적으로는 소비자의 이익이 어떠한가가 중요한 문제임을 전제하고 이러한 관점에서도 자유무역이 유익함을 주장하였다. 즉 국가가 보호관세를 부과할 경우 소비자들은 품질이나 가격 면에서 불리한 국산품의 소비를 강요당함으로써 그 후생이 감소될 수 있으며, 또한 국가가 수출장려금

을 지급할 경우 이는 결국 소비자들의 조세부담을 높이고 이에 따른 물가등귀로 인하여 소비자의 후생감소가 있게 된다는 것이다.

이러한 애덤 스미스의 사상 중 국제분업론은 국제무역의 발생원인과 이익을 설명하는 절대생산비설로 구체화되었고, 자유경쟁론과 소비자이익론은 자유무역정책론의 논거가 되었다.

보충학습 2-1

국제무역에 대한 중상주의사상과 A. Smith사상의 평가

1. 국제무역에 대한 중상주의사상

제3편(무역정책론)에서 설명하고 있듯이, 중상주의(mercantilism)는 근세 이전 중세의 봉건주의 시대가 막을 내리고 근대적인 민족국가와 근대적인 산업체제의 구축이 필요하였던 16C부터 18C 중엽까지의 근세시대에 유럽의 절대왕정국가들이 일반적으로 채택되었던 국가본위의 경제정책 및 경제사상을 지칭한다.

따라서 당시의 경제정책은 부국강병(富國强兵)을 이룩하기 위한 국가본위의 간섭정책을 근간으로 하였던 만큼 대외무역 역시 이러한 부국강병을 이룩하기 위한 수단으로 간주되었다. 이들은 금·은과 같은 귀금속을 국부(國富)의 원천으로 간주하여 금은의 유입을 장려하는 대신 이의 유출을 엄격히 통제하려 는 중금주의(bullionism)를 신봉하면서 대외무역 역시 이러한 중금주의를 실현하기 위하여 수출을 장려하고 수입을 억제함으로써 대외무역으로부터 차익을 남기는 것이 국부를 증진시키는 길이라고 하는 무역차액론을 전개하였다.

이처럼 중상주의는 부국강병을 이룩하기 위한 국가본위의 간섭주의·중금주의·무역차액론 등을 사상적 기반으로 하였던 만큼 대외무역에 대하여 국가가 간섭과 통제를 행하는 강력한 보호무역정책을 전개하였다. 이러한 중상주의적 보호무역정책론은 어떤 한 나라가 대외무역으로부터 이득을 보아 부강해진다면 그로 인해 어떤 나라는 수입이 증대되고 손해를 보아야 한다는 것으로서, 어느 한 국가의 이득과 부강은 어느 다른 국가의 손실과 희생 위에서만 가능한 것으로 파악하는 이른바 제로섬게임(zero-sum game)이었다.

이후 애덤 스미스(A. Smith), 리카도(D. Ricardo), 밀(J. S. Mill), 흄(D. Hume) 등으로 대표되는 영국 고전학파(classical school) 경제학자들은 이러한 중상주의의 국가본위적 정책사상과 보호무역정책론을 비판하면서 시장을 기반으로 하는 자유주의 경제사상 및 자유로운 분업에 의한 자유무역정책론을 주장하였다.

이들은 금·은 과 같은 귀금속을 국부로 인식하여 귀금속의 축적이 국가를 부강하게 한다는 중상주의자들의 중금주의는 국부의 개념을 잘못 이해하고 있고, 국제무역에 있어 어떤 한 나라의 이득이 어느 다른 나라의 희생 위에서만 가능한 것이 아니라 부존자원의 효율적 배분과 이용을 통하여 거래당사국 모두가 동시에 이득을 있다고 주장하여 국제무역이 포지티브 썸 게임(positive-sum game)으로 작용할 수 있음을 주장하였으며, 설사 어떤 한 나라가 보호무역을 통하여 수입보다 수출이 많아지는 무역차액을 남겼다 하더라도 이러한 무역차액이 계속적으로 이루어질 수 없음을 주장하였다.[1]

2. 국제무역에 대한 A. Smith사상에 대한 평가

위에서 설명한 바와 같이 자유경쟁론·소비자이익론 등을 근거로 하는 스미스의 자유무역정책론은 그의 자유주의 경제사상의 이론적 귀결로서 의당히 주장되어야 할 것이었지만, 자유무역정책에 대한 그의 이러한 이론적 논거는 이후 다음과 같은 관점에서 비판되어지기도 하였다.

(1) 영국이라는 선진국경제를 전제로 주창된 스미스의 자유무역론은 각국의 경제발전단계에 따라 외국무역의 형태나 이익이 다를 수 있다는 역사적 관점을 결여하고 있다.

(2) 자유경쟁론 역시 약자에게 불리한 강자의 논리일 수 있다. 이러한 관점에서 이해한다면 스미스의 논리는 당시 산업혁명을 거쳐 세계의 공장으로 발전되어 판매시장의 확대가 요구되는 영국의 입장을 대변하고 있는 제한적인 것으로 해석될 수도 있다.

(3) 소비자이익론 역시 장기적·동태적 관점을 결여하고 있다고 할 수 있다. 수입억제를 위한 관세부과나 수출장려를 위한 장려금지급 등이 단기적으로 소비자후생을 감소시키는 결과가 되겠지만, 장기적으로는 이러한 정책에 의해 국내산업 발전·생산력 증대·국제경쟁력 증대가 이루어지면 생산비 인하·소득 증대를 가져와 소비자후생을 증대시킬 수 있기 때문이다.

1.2 A. Smith의 절대생산비설

(1) 절대생산비설의 내용

위에서 살펴본 바와 같이 애덤 스미스는 분업의 효율성을 강조한 것으로 유명한데, 생산비의 절대적 차이에 의해 이루어지는 국내분업의 원리를 국제무역으로 확장하여 국제무역도 이러한 분업의 원리에 따라 이루어짐을 주장하였다. 그는 스코트랜드의 포도주를 예로 들어 스코트랜드도 포도주를 생산할 수 있으나 그 생산비가 너무 높으므로 오히려 생산비가 낮은 다른 상품을 생산하여 이를 수출하고 이와 교환으로 외국에서 생산된 포도주를 수입하려는 것이 유리함을 설명하였다.

이러한 논리를 일반화하면, 국제무역은 결국 그 상품의 절대생산비에 의해 발생되고 또한 그 방향이 결정된다는 것이다. 따라서 일국이 타국에 비하여 그 생산비가 절대적으로 낮은 상품 즉 절대우위(absolute advantage)의 상품생산에만 특화(specialization)하여 이를 수출하고, 생산비가 절대적으로 높은 상품 즉 절대열위(absolute disadvantage)의 상품을 이와 교환으로 수입한다면 무역에 참가한 국가들은 모두 이익을 얻게 된다는 것이다.

이와 같이 절대생산비차를 통해 무역발생원인과 무역이익을 설명하는 이러한 이론체계를 국제무역의 절대우위론(theory of absolute advantage) 또는 절대생산비설(theory of absolute cost)이라고 부른다. 〈표 2-1〉은 2국(영국·포르투갈) 2재(양복지·포도주)의 모델 하에서 절대생산비

1 이것이 이른바 흄(David Hume)의 물가-정화 플로우 메커니즘(prices-specie flow mechanism)으로서 물가와 금의 상호관계(수출증대 → 금유입증대 → 물가상승 → 경쟁력약화 → 수출감소 ·수입증가 → 금유출증가)를 통하여 어느 한라의 무역차액은 자동적으로 조정된다는 이론이다.

차가 존재하는 경우의 무역패턴과 무역이익을 설명하고 있다.

표 2-1 절대생산비 차에 의한 무역과 무역이익

구 분	단위당 노동투입량		무역(특화)전 생산량		무역(특화)후 생산량		생산량 변화	
	양복지	포도주	양복지	포도주	양복지	포도주	양복지	포도주
영 국	100명	120명	1	1	2.2	0	+ 1.2	− 1.0
포르투갈	110명	80명	1	1	0	2.375	− 1	+ 1.375
전 체			2	2	2.2	2.375	+ 0.2	+ 0.375

무역이 발생하기 전 영국과 포르투갈 두 나라에서는 각각 100명·110명의 노동이 투입되어 양복지 1단위를 생산하고 120명·80명의 노동이 투입되어 포도주 1단위를 생산하고 있어, 영국은 양복지 그리고 포르투갈은 포도주의 생산비가 절대적으로 낮다. 이제 이러한 절대생산비 차에 따른 국제분업이 이루어지면, 영국은 절대열위재인 포도주의 생산을 포기하고 절대우위재인 양복지의 생산에만 특화하게 되고, 포르투갈은 절대열위재인 양복지의 생산을 포기하고 절대우위재인 포도주의 생산에만 특화하게 된다.

이와 같은 특화가 이루어지면 영국이 이제 총 220명이 2.2단위의 양복지를 생산하고 반면 포르투갈은 총 190명이 2.375단위의 포도를 생산하여 무역을 통하여 상호 이를 교환하게 된다. 따라서 무역이 있기 전 즉 양국이 양 재화 모두를 생산하여 자급하던 경우보다 양복지 0.2단위와 포도주 0.375단위의 생산량 증가가 이루어졌고 이는 무역당사국 간에 배분될 것이므로 각국의 소비후생도 증가하게 되었다.

⑵ 절대생산비설의 한계

국제무역에 대한 스미스의 국제분업론은 그 이전 시대의 중상주의 무역정책에 대한 비판에서부터 출발하여, 이론적으로 절대생산비설에 의한 국제분업의 원리를 제공하였고 정책적으로 자유무역정책의 이론적 기초를 제공하여 주었다. 그러나 애덤 스미스의 이러한 이론체계는 다음과 같은 이론적 한계를 가진 것으로 평가되어진다.

무역의 발생과 이익에 관한 스미스의 절대우위론의 논리는 일응 타당하다. 그러나 이 이론은 국내분업의 원리나 이익을 '국제'라는 무대로 확장한 것에 지나지 않으므로 절대우위 개념만으로 실제의 국제무역을 충분히 설명할 수 없다.

왜냐하면, 〈표 2-1〉에서와 같이 무역당사국이 각각의 재화에 절대우위를 나누어 가지는 경우에는 문제가 없지만, 어느 일 당사국이 2재화 모두에 절대우위를 가지는 경우 그 나라는 2재화 모두를 수출하는 반면 상대방 국가는 2재화 모두를 수입하는 불합리한 결론에 도달되기 때문이다. 이러한 논리대로라면 절대우위에 있는 경제대국이나 강국만이 수출을 독점하고 절대열위에 있는 경제소국이나 약소국은 모든 상품을 수입할 수밖에 없게 될 것

이다.

따라서 이러한 스미스의 절대생산비설은 모든 국제무역의 유형이나 모든 국제분업구조를 설명하는 일반적 이론(general theory)으로서는 미흡하고 실제의 국제무역 발생원리의 극히 좁은 부분만을 제한적으로 설명해주는 이론이라고 할 수 있다. 이러한 절대생산비설의 이론적 제한성은 약 40여 년 뒤 리카도(D. Ricardo)의 비교생산비설에 의해 이론적 일반화가 이루어졌다.

2. D. Ricardo의 비교생산비설

2.1 비교생산비설의 주요 내용

(1) 비교우위론의 이론적 의의

애덤 스미스가 생산비의 절대적 우위에 의하여 국제무역이 이루어짐을 설명하였음에 비하여, 리카도(D. Ricardo)는 생산비의 절대적 우위가 존재하지 않는 경우에도 그 상대적 우위에 의한 무역이 일어날 수 있음을 설명하였다. 어떤 나라가 다른 나라에 비하여 모든 생산물의 생산에 절대열위에 있다고 하더라도, 그 절대열위의 정도가 낮은(비교우위에 있는) 재화의 생산에 특화하여 이를 수출하고, 이와 교환으로 절대열위의 정도가 큰(비교열위에 있는) 재화를 수입하게 된다면 각국은 공히 무역으로부터의 이익을 얻을 수 있다는 것이다.

이러한 논리를 일반화 하면, 각국은 타국에 비하여 비교우위(comparative advantage)에 있는 재화를 수출하고 이와 교환으로 비교열위(comparative disadvantage)에 있는 재화를 수입하게 된다면 각국은 총생산량의 증가·생산요소의 절약·소비후생의 증대를 이룩할 수 있다는 것이다. 이와 같이 비교우위와 비교열위의 개념을 통해 무역의 성립근거·무역패턴·무역이익 등을 논증하는 이론을 비교우위론(theory/law of comparative advantage)이라 이며 이때 이러한 비교우위와 비교열위를 생산비로써 설명하므로 이를 비교생산비설(theory/law of comparative cost)이라고 한다.

이와 같은 비교우위론은 영국의 고전파 경제학자인 리카도(D. Ricardo)의 「경제 및 과세의 원리」(On the Principle of Political Economy and Taxation, 1817)에 최초로 체계화되었다. 그 후 이 이론은 국제무역이론의 중심을 이루고 있을 뿐만 아니라 경제학 가운데서도 가장 오랜 원리의 하나로서 많은 도전 속에서도 여전히 그 본질은 변치 않는 진리로 존재하고 있다.

(2) 비교생산비 차에 의한 국제무역

〈표 2-2〉는 2국(영국·포르투갈) 2재화(양복지·포도주) 모델에서 비교생산비차가 존재하는 경우의 국제무역을 설명한 리카도의 논리를 보여주고 있다.

표 2-2 비교생산비 차에 의한 무역과 무역이익

구 분	단위당 노동투입량		무역(특화)전 생산량		무역(특화)후 생산량		생산량 변화	
	양복지	포도주	양복지	포도주	양복지	포도주	양복지	포도주
영 국	100명	120명	1	1	2.2	0	+ 1.2	− 1.0
포르투갈	90명	80명	1	1	0	2.125	− 1	+ 1.125
전 체			2	2	2.2	2.125	+ 0.2	+ 0.125

무역이 발생하기 전, 영국과 포르투갈 두 나라에서 양복지 1단위를 생산하는데 각각 100명·90명의 노동량이 투입되고, 포도주 1단위를 생산하는데 각각 120명·80명의 노동량이 투입되고 있다. 따라서 포르투갈은 영국에 대하여 두 재화 모두에 절대우위에 있고 영국은 두 재화 모두에 절대열위에 있다. 이러한 경우 애덤 스미스의 절대생산비설에 따르면 상호 유익한 무역은 성립될 수 없지만 이러한 경우에도 비교생산비설에 따르면 여전히 상호 유익한 무역은 성립될 수 있다.

포르투갈은 두 재화 모두의 생산에 절대우위에 있지만 그 우위의 정도는 포도주의 경우(80/120 = 0.667)가 양복지의 경우(90/100 = 0.9)보다 더 크므로 포도주 생산에 비교우위를 가지고 양복지 생산에 비교열위를 가진다. 반면 영국은 두 재화 모두에 절대열위에 있지만 그 열위의 정도는 양복지의 경우(100/90 = 1.11)가 포도주의 경우(120/80 = 1.5)보다 작으므로 양복지 생산에 비교우위를 가지고 포도주 생산에 비교열위를 가진다.

이 경우 비교생산비 차에 따라 영국은 양복지 생산에 특화하여 이를 수출하고 포르투갈은 포도주 생산에 특화하여 이를 수출하면, 무역이 발생하기 전 양국이 2재화 모두를 생산하여 자급하던 경우보다 양복지 0.2단위와 포도주 0.125단위의 생산이 증대되었다. 또한 이러한 생산의 증대는 무역당사국의 경제적 후생확대로 귀결되어진다.

(3) 비교생산비 차의 원인(노동생산성 격차이론)

이같이 리카도는 비교우위원리 그 자체는 설명하였지만 그러한 비교우위가 발생되는 원인이 무엇인가에 대해서는 경제적 환경(economic climate)의 차이라는 막연한 이유로 설명하였다. 따라서 그는 이러한 비교우위의 차, 즉 비교생산비의 차이가 어디에서 발생하는가를 명시적으로 설명하고 있지 않다. 그런데 리카도의 비교우위론의 설명은 '재화의 가치 또는 가격은 그 생산에 투입된 노동의 량과 같다'는 노동가치설(the labor theory of value)적인 전제 위에 서 있다. 왜냐하면, 포르투갈과 영국에 있어서 양복지와 포도주의 생산비를 그 생산에 투입된 노동의 량으로 설명하고 있기 때문이다.

이러한 노동가치설적인 전제 위에서 비교생산비 차이의 원인을 찾을 경우, 1단위의 노

동이 생산할 수 있는 노동생산성의 격차에서 차이가 발생된다고 할 수 있다. 즉 일국의 생산비가 상대적으로 저렴하여 비교우위에 있는 산업은 그 산업의 노동생산성이 상대적으로 높기 때문이고, 비교열위에 있는 산업은 그 산업의 노동생산성이 상대적으로 낮기 때문이다.

따라서 우리는 리카도의 비교생산비설을 국제무역의 '노동생산성격차이론'으로 이해하기도 한다. 이러한 전제에서 보면, 고전적 리카도이론은 국가와 국가 간의 무역이 발생되는 이유 및 무역패턴이 결정되는 요인을 노동생산성의 상대적 격차를 통하여 설명하고 있는 고전적 이론으로서, 결국 '국제무역 ← 비교우위 ← 가격의 상대적 차이(비교가격) ← 생산비의 상대적 차이(비교생산비) ← 노동생산성의 상대적 차이'라는 논리적 구조를 지닌다고 할 수 있다.

보충학습 2-2

비교우위 개념의 이해

1. 일상생활에 있어서의 비교우위 개념

절대우위와 비교우위의 개념을 우리의 일상생활과 관련지어 설명해 보면 더 쉽게 이해할 수 있다. 어떤 변호사가 문서처리업무를 위하여 비서를 고용하고 있는데 그 변호사는 문서처리능력도 그 비서에 비하여 2배 정도의 속도를 가지고 있다고 가정하자. 이 경우 변호사는 비서를 고용하는 것이 바람직한가 아니면 비서를 고용하는 대신에 스스로 문서처리를 하는 것이 바람직한가?

이러한 경우를 비교우위의 논리에 따라 분석해보면, 변호사는 비서보다 문서처리능력이 더 높음에도 불구하고, 또한 비서는 변호사보다 문서처리능력이 상대적으로 뒤떨어짐에도 불구하고, 변호사는 비서를 고용하는 것이 더 효율적이고 또한 사회 전체적으로도 새로운 일자리가 창출된다는 점에서 더 바람직하다.

이 경우, 변호사는 법률사무를 행함에 있어서 변호사자격이 없는 비서에 비하여 절대우위에 있음은 물론 문서처리업무에 있어서도 2배의 효율을 지니고 있어 절대우위에 있다. 반면 비서는, 법률업무를 취급할 자격이 없으므로 법률사무에 있어 절대열위에 있음은 물론 문서처리능력도 변호사의 1/2수준이어서 절대열위에 있다. 이같이 변호사는 2가지 업무에 대해 모두 절대우위에 있고 비서는 2가지 업무 모두에 대하여 절대열위에 있다.

그러나 이러한 경우에도 변호사와 비서는 상호 업무를 분담하여 처리하는 것이 더 효율적이고 바람직하다. 왜냐하면, 변호사의 경우 2가지 업무 모두에 절대우위에 있지만 그 우위의 정도가 문서처리업무(2배)보다 법률사무에서 상대적으로 더 높고, 비서의 경우 2가지 업무 모두에 대해 절대열위에 있지만 그 열위의 정도는 문서처리업무가 상대적으로 덜하기 때문이다. 말하자면 변호사는 법률사무에 비교우위를 가지고 있고 비서는 문서처리업무에 비교우위를 지니고 있기 때문이다.

이 경우 변호사는 법률사무로 시간당 100달러의 수익을 얻고 비서에게 문서처리업무를 시키는데 시간당 10달러를 지불하는 경우, 만약 변호사가 법률사무 대신 문서처리를 스스로 행한다면 시간당 20달러를 벌 수 있지만 그 시간만큼 법률사무를 행하지 못함으로써 시간당 100달러를 포기해야 하는 기회비용(opportunity cost)이 발생하여 결국 시간당 80달러를 손해 보게 된다. 따라서 변호사는 시간당 10달러의 임금을 지불하고라도 비서를 채용하는 것이 더 효율적이다.

이러한 사례를 다른 경제학 교과서에서는 '아인슈타인과 실험조수' 또는 '마이클 조단과 잔디 깎는 인부' 등의 우화로서 설명하기도 한다. 이 경우 아인슈타인은 좀 더 창조적인 연구활동에 전념하고 실험이나 계산 등은 실험실 조수를 고용하여 하게하는 것이 바람직하며, 마이클 조단 같은 위대한 운동선수는 이벤트나 광고행사에 참석하여 더 많은 수익을 올리고 자신의 정원의 잔디를 깎는 일은 일당을 지불하고 잔디 깎는 인부에게 일임하는 것이 더 효율적이다.

국제무역 역시 절대우위에 따라서만 무역이 발생한다면 강대국(선진국)은 모두를 수출하고 약소국(개도국)은 모두를 수입해야 하는 결과가 도출될 수도 있지만, 비교우위에 따른 자유무역이 이루어지면 강대국(선진국)은 강대국 대로 약소국(개도국)은 약소국 대로 각각의 비교우위에 입각하여 상호 유익한 무역이 발생될 수 있다는 것이다. 이것이 비교우위가 내포하고 있는 진정한 함의이다.

2. 비교우위개념에 대한 그릇된 오해

이상에서 설명한 비교우위의 개념은 매우 단순한 듯하지만 실제로 이것의 진정한 개념을 올바르게 이해하지 못하여 그릇된 오해나 오류를 불러일으키는 경우가 많다. 비교우위의 개념과 관련하여 오해를 가져오는 몇 가지 대표적인 경우를 검토해보기로 한다.

(1) 국제경쟁에서 이길 수 있는 나라만이 국제무역으로부터의 이득을 얻을 수 있다는 주장이다. 이러한 주장은 주로 개도국들이 어떠한 산업에서도 비교우위를 가질 수 없으므로 국제경쟁력이 강화될 때까지는 무역을 자유화해서는 안 된다는 주장으로 이어지고, 때로는 선진국의 경우에도 타국에 비하여 경쟁력이 뒤떨어지는 산업의 경우 외국과의 무역으로 인하여 피해를 입을 것이라는 주장으로 연결된다. 이러한 주장들은 한결같이 절대우위와 비교우위의 개념을 혼동하고 있는 것이다.

(2) 생산성이나 임금의 고저만으로 경쟁력을 판단하는 오류를 범하는 경우가 있다. 선진국들은 종종 개도국들이 낮은 임금을 무기로 자신들과 경쟁하는 것은 불공정한 경쟁이며 이로 인하여 자신의 산업이 피해를 입게 되므로 개도국으로부터의 저임금무역을 규제하여야 한다고 주장한다. 반면 개도국들은 자신의 산업은 생산성이 낮기 때문에 선진국들과 경쟁할 수 없다고 주장한다. 그러나 비교우위론은, 선진국의 경우 임금은 높지만 생산성이 높아 생산단가가 낮기 때문에 임금이 낮은 저개발국과 경쟁할 수 있으며, 또한 개도국의 경우 생산성은 낮지만 임금이 낮아 생산단가가 낮기 때문에 생산성이 높은 선진국과 경쟁할 수 있음을 보여준다. 말하자면 비교우위의 원리는 임금이나 생산성의 고저 여부만으로 결정되지 않는다.

(3) 일반적으로 개도국은 노동집약재(X재)를 선진국으로 수출하고 선진국은 자본집약재(Y재)를 개도국으로 수출한다. 이때 개도국의 수출품(X재) 1단위에 투입되는 노동의 양과 이러한 개도국의 수출품에 대응하는 선진국 수출품(Y재) 1단위에 투입되는 노동의 양을 비교해보면 개도국의 수출품 경우가 훨씬 많다. 따라서 개도국은 선진국으로부터 수입하는 제품(Y재)과 동일한 가치를 지닌 자신의 수출품(X재) 생산에 더 많은 노동을 투입하고 있는 만큼 개도국의 입장에서 무역은 노동착취적이라고 할 수 있고, 더 나아가 국제무역에 있어 동일한 가치가 교환되지 않고 다른 가치가 1:1로 교환되는 부등가교환(unequal exchange)이라고 주장하기도 한다.

이러한 주장은 주로 노동만이 가치(value)를 창출한다는 노동가치설 내지는 이를 주요한 전제로 삼는 마르크스주의적 사고에 기반을 둔 주장으로서 노동가치설이 내포하고 있는 기본적 문제점을 지니고 있을 뿐만 아니라, 비교우위론의 원리를 오해하고 있는 주장이다. 왜냐하면 비교우위론은 자국의 수출품을 생산하기 위하여 투입한 노동과 수입품을 국내에서 생산할 경우에 투입해야 할 노동의 투입량을 비교할 뿐, 한 나라가 수출품을 생산하기 위하여 투입한 노동의 양과 다른 나라가 자신의 수출품을 생산하기 위하여 투입된 노동의 양을 상호 비교하는 것은 아무런 상관이 없기 때문이다.

2.2 리카도이론의 이론적 평가

(1) 리카도이론의 이론적 공헌과 한계

리카도는 스미스의 절대우위 대신에 비교우위의 개념을 통해 절대생산비설이 갖는 이론적 한계성을 극복하고 그 이론적 일반화를 이룩함으로써, 국제무역의 발생근거·무역패턴·무역이익에 대한 분석의 이론적 기초를 제공함과 동시에 정책적으로는 자유무역정책의 근거를 확립하였다.

또한 리카도가 주장한 바와 같이 현실 세계의 무역에 있어서도 과연 단위당 노동생산성이 높은 제품이 그 나라의 수출품이 되고 있는지에 대한 실증적 검증이 이루어졌다.[2] 리카도 이론이 출현한지 134년이 지난 1951년 맥두걸(G. D. A. MacDougall)은 1937년도 영국과 미국의 제3국에 대한 무역자료를 가지고 검증한 결과 현실세계에 있어서도 이 이론이 적용되고 있음을 뒷받침하는 결과를 발견하였고,[3] 이후 1950년도 자료를 가지고 동일한 방법으로 검증한 발라사(B. Balassa)나 스턴(R. M. Stern)의 연구에서도 맥두걸의 실증분석 결과를 대체로 뒷받침하는 결과를 얻었다.

물론 이러한 실증적 검증결과에 대해서는 이후 여러 가지 논의들이 이루어지기도 하였지만, 이러한 비교생산비설은 국제무역이론의 중심적 위치를 차지하고 있을 뿐 아니라 경제학 가운데서도 가장 오랜 원리의 하나가 되고 있음은 앞서 설명한 바와 같다. 그럼에도 불구하고 그의 비교생산비설은 다음과 같은 측면에서 이론적 한계를 가지는 것으로 평가되었다.

비현실적 가정 리카도의 비교생산비설은 너무 지나치게 비현실적이고 제한적인 가정(restrictive assumptions) 위에 기초하고 있다.[4] 이렇게 지나치게 제한적인 가정들이 모두 리카

2 어떤 이론이 더 가치 있는 이론인가는 그 이론 자체가 얼마나 논리적으로 일관성이 있고 설득력이 강한가에 따라서 평가되기도 하지만 그 이론이 얼마나 현실을 잘 설명하고 예측할 수 있는 능력이 있는가에 대한 평가가 중요한데 이를 위하여 경제학자들이 흔히 채택하는 방식이 실제의 현실적 통계를 가지고 그 이론의 타당성을 검증해 보는 실증적 검증이다.

3 G.D.A. MacDougall. "British and American Exports : A Study Suggested by the Theory of Comparative Cost, Part I" *Economic Journal* vol.61 (1951) pp.697-724

4 리카도의 비교생산비설은 국제무역이론에서 일반적으로 전제되는 ① 2국 2재, ② 생산요소의 국내적 완전이동성과 국제적 불이동성, ③ 재화만의 이동으로 이루어지는 물물교환거래, ④ 무역에 의한 소득분배효과의 무시, ⑤ 요소의 부존량과 기술수준의 변화가 없는 정태, ⑥ 수송비와 무역장벽이 존재하지 않는 자유무역 등의 가정

도이론의 현실적 한계성의 원인이 될 수 있지만 여러 가지 가정들 중 대부분의 가정들은 이론전개를 위한 기본적이고 필수적인 가정이라고 하더라도 특히 그의 노동가치설적 전제는 극히 비현실적이고 제한적이다. 이러한 노동가치설은 ① 노동이 유일한 생산요소이거나 노동이 모든 재화의 생산에 동일한 고정비율로 투입되고, ② 노동은 동질적임을 전제로 하고 있다. 그러나 노동은 유일한 생산요소도 아니고 모든 재화의 생산에 동일한 고정비율로 투입되지도 않으며 또한 노동은 실제로 동질적이지 않고 이질적이므로 노동가치설은 그 자체 한계를 가진다.

국제무역의 수요 측면 무시 리카도의 비교생산비설은 재화의 가격이 생산비만으로 결정되는 것으로 전제하여 재화가격의 생산(공급)면을 고려할 뿐 수요 측면을 고려하고 있지 못하다. 따라서 무역발생의 원인·무역패턴·무역전체의 이익에 대한 고전적 질문에 대한 해답을 제공하고 있지만 그러한 무역패턴 하에서 재화의 교환비율 즉 교역조건(terms of trade)이 어떻게 결정되는가, 무역이익의 국가 간 배분이 어떻게 이루어지는가 등에 대한 해답은 내려주고 있지 못하다.

비교생산비차의 원인규명 없음 리카도는 비교우위의 원리 그 자체는 설명하였으나 최초로 비교우위를 가지게 되는 원인이 무엇인가를 명시적으로 설명하지 않았고, 다만 그의 이론체계가 노동가치설적인 전제 위에 있으므로 비교생산비 차의 원인을 '노동생산성'으로 해석할 수 있음은 앞서 설명한 바와 같다. 이같이 비교생산비 차의 원인을 노동생산성의 격차라고 파악했을 때 이러한 노동생산성 격차는 생산함수의 차이 또는 기술의 격차라고 해석될 수 있는데 그렇다면 다시 이러한 차이가 발생되는 원인은 무엇인가에 대해 리카도이론은 충분한 이론적 설명을 제공하고 있지 못하다.

(2) 리카도이론의 확장과 발전

이상과 같은 리카도이론의 이론적 제한점을 극복하고 보다 현실적인 접근을 행하기 위한 여러 방면에서 이론적 확장과, 리카도이론이 도달하지 못하였던 새로운 문제들을 규명하기 위한 많은 이론적 발전들이 이후 다음과 같이 이루어졌다.

비현실적 가정의 완화 리카도 이후 근대적 이론까지의 무역이론의 연구는 사실상 리카도이론의 가정들의 제한성을 완화하고 확장하는데 그 중심이 주어졌다. 이에 따라 리카도이론의 테두리 내에서 리카도이론의 여러 가지 비현실적 가정들을 제거하고 보다 현실에 접근된 모형들을 제시하려는 노력이 이루어졌다. 예컨대 리카도의 '2국·2재 모델'을 '다국·다

들을 전제로 하고 있음은 물론, ① 재화의 가치 또는 가격은 그 생산에 투입된 노동의 양과 같다.(노동가치설) ② 각 재화의 생산에 필요한 노동투입량은 각국 간에 상이하다.(생산함수의 상이) ③ 규모에 대한 수확불변(constant returns to scale)과 불변생산비(constant cost)의 특성을 지닌다. ④ 완전고용과 완전경쟁하의 일반균형이 성립된다는 등의 가정들을 전제로 한다.

재 모델'로 확장한다든지 또는 수요조건을 포함한 무역이론의 개발 등이 그것이다.

노동가치설적 전제의 극복 리카도이론이 전제하는 노동가치설적 전제를 극복하기 위한 이론적 노력이 이후의 학자들에 의해 이루어졌다.[5] 신고전파인 하벌러(G. Harberler, 1936)는 비교생산비설의 원리를 고전학파의 노동가치설이 아닌 기회비용(opportunity cost)의 개념을 도입하여 설명하였고,[6] 이후 이러한 기회비용의 개념을 전제로 하는 생산가능곡선(production possibility curve)을 통해 리카도의 비교우위론을 설명하였다. 이로써 리카도적인 노동가치설적인 전제가 가지는 한계는 극복되었고 신고전파 이후 비교우위론은 노동가치설적 전제 없이도 비교생산비의 원리를 설명할 수 있게 되었다.

국제무역의 수요 측면 보완 수요 측면을 무시함으로써 리카도가 규명하지 못한 교역조건의 결정과 이에 따른 무역이익의 국가적 배분에 관한 문제는 그 후 또 다른 고전학파 경제학자인 밀(J. S. Mill)의 '상호수요이론'에 의해 그 이론적 설명이 시도되었는데 그는 리카도가 무시한 수요의 관점에서 그에 대한 해답을 구하였다. 그 후 이러한 밀의 상호수요이론은 다시 신고전파 경제학자인 마샬(A. Marshall)과 에지워쓰(F. Y. Edgeworth) 등에 의한 '상호수요곡선' 내지 '오퍼곡선'(offer curve) 분석을 통해 보완되었다.

제 2 절 근대적 무역이론

1. 헥셔-오린의 요소부존도이론

1.1 헥셔-오린이론의 이론적 의의

무역의 발생원인 및 패턴결정원리를 노동생산성의 상대적 차이에서 찾은 리카도(D. Ricardo)의 고전파이론과는 달리, 국가와 국가 간 생산요소 부존도 차이에서 찾은 요소부존이론(theory of factor endowment)을 근대적 무역이론이라고 하는데 고전적 리카도이론과 함께 전통적 무역이론의 2대 지주가 되고 있다.

이러한 근대적 이론은 스웨덴의 경제학자 헥셔(E. F. Heckscher,1919)에 제창된 후 그의 제

5 밀(J. S. Mill)은 일 단위 생산에 투입되는 노동의 량을 비교하는 리카도의 방식과는 달리 1단위노동의 생산량(노동생산성)을 비교하는 방법을 채택하였다. 그러나 이것 역시 노동가치설적 범주를 벗어나지 못하였다. 그 후 신고전파학자들은 생산물의 가치를 단순한 노동비용만으로 측정하려는 노동가치설을 배격하고 생산물의 가치를 실질비용으로 측정하려는 실질비용설을 주장하였다. 마샬(A. Marshall)은 이를 위해 하나의 공통적인 단위(representative bale)를 통한 비용의 측정을 시도하기도 하였다.

6 기회비용이론(opportunity cost theory)은 어떤 재화의 비용을 그 재화를 한 단위 추가 생산함으로써 포기되어져야 하는 다른 재화의 양으로 나타낸다. 따라서 기회비용이론은 노동을 유일한 생산요소로 보지 않으며, 재화의 가치나 가격을 투입된 노동량으로 추론하지도 않으며, 또한 노동을 동질적이라고 가정하지도 않는다.

자인 오린(B. Ohlin,1933)에 의해 보완되었으므로 이를 헥셔-오린이론(H-O이론)이라고 하며[7], 미국의 경제학자 사무엘슨(P. A. Samuelson)에 의해 이후 더욱 엄밀하게 완성되었다고 하여 '헥셔-오린-사무엘슨모델'(H-O-S model)이라고도 한다.

이러한 근대적 이론은 국제무역의 발생과 패턴의 결정원리를 각 국가 간 요소부존도(factor endowment proportions)의 차이와 각 재화 간의 요소집약도(factor intensity)의 차이로써 설명한다. 예컨대 노동풍부국은 노동의 가격이 상대적으로 저렴하므로 노동집약재(labor intensive commodity)에 비교우위를 가지는 반면 자본풍부국은 자본이 가격이 상대적으로 저렴하므로 자본집약재(capital intensive commodity)에 비교우위를 가지게 되므로, 결국 그 나라의 무역패턴은 그 나라가 노동풍부국인가 자본풍부국인가에 따라 결정된다는 것이다.

이를 보다 일반적으로 말하면, 각국은 상대적으로 풍부한 요소를 집약적으로 투입하는 재화의 생산에 비교우위를 가지고 상대적으로 희소한 요소를 집약적으로 투입하는 재화의 생산에 비교열위를 가지므로, 결국 비교생산비 차의 원인을 요소부존의 상대적 차이(difference in factor endowment)에서 구하는 이론이다.

따라서 이 이론은 현실세계의 국제무역에 대한 직관적 설득력을 제공해주는 측면이 강하다. 예컨대 1960년대 한국이 왜 섬유·신발·가발 등과 같은 제조품을 수출하였고 아르헨티나나 오스트레일리아가 왜 농축산물을 수출하는지에 대하여, 당시 한국은 노동이 풍부하고 저렴한 나라였으므로 섬유·신발·가발 등과 같은 노동집약재에 비교우위를 가졌고 아르헨티나나 오스트레일리아는 토지가 풍부한 나라이므로 토지집약적 제품인 농축산물에 비교우위를 가지기 때문이라는 설명을 제공해주기 때문이다.

1.2 헥셔-오린 무역모형의 산술적 예

H-O이론을 보다 쉽게 이해하기 위하여 다음과 같은 가정 하에서 1960~70년대 한국과 미국 간의 국제무역패턴이 결정되는 산술적 예를 보기로 한다.

(1) 2국(한국, 미국), 2재(TV, 자동차), 2요소(노동 L, 자본 K)

(2) 국가별 요소부존도가 서로 상이하다. (한국: 노동풍부국, 미국 : 자본풍부국)

(3) 재화별 요소집약도가 서로 상이하다. (TV : 노동집약재, 자동차 : 자본집약재)

(4) 각재화의 생산함수는 양국 모두 동일하다. (TV : 2L+1K, 자동차: 30L+60K)

(5) 요소는 국제적으로 불이동하지만 국내적으로 자유롭게 이동하므로
국가 간 요소가격이 서로 상이하다. (한국 : 노동1단위 10만원, 자본1단위 조달비용 20만원,
미국 : 노동1단위 200＄, 자본1단위 조달비용 100＄)

7 헥셔와 오린은 스웨덴경제학자로서 스승과 제자사이였다. 헥셔의 논문이 스웨덴어로 발표되어 세계적인 주목을 받지 못하다가 스승의 이론을 발전시킨 오린이 영어로 논문을 발표한 뒤 세상에 널리 알려지게 되어 이를 「헥셔-오린의 정리」라고 한다.

이와 같은 조건 하에서 양국의 생산비관계는 〈표 2-3〉과 같이 나타나는데, 이 경우 자동차생산비에 대한 TV생산비의 상대적 비율이 미국의 경우(300＄/9,000＄) 보다 한국의 경우(40만원/1,500만원)가 작으므로, 한국은 TV제품에 비교우위가 있고 미국은 자동차에 비교우위가 있음을 알 수 있다. 이러한 결과는, 노동이 상대적으로 저렴한 한국은 노동집약재인 TV생산에 비교우위가 있고 자본이 상대적으로 풍부한 미국은 자본집약재인 자동차생산에 비교우위가 있음을 나타내어 H-O이론과 일치하고 있음을 보여준다.

표 2-3 한국과 미국의 생산비 관계

	한 국	미 국
TV생산	40만원 (10만 × 2L + 20만 × 1K)	500＄ (200＄ × 2L+ 100＄ × 1K)
자동차생산	1,500만원 (10만 × 30L + 20만 × 60K)	12,000＄ (200＄ × 30L + 100＄ × 60K)

주 : 단위당 생산비 = 요소가격 × 요소투입량 (임금 × 노동량 + 이자 × 자본투입량)

보충학습 2-3

헥셔-오린이론과 리카도이론의 비교

위에서 설명한 바와 같이, 고전적 리카도이론과 근대적 H-O이론은 국제무역의 발생근거와 무역패턴의 결정원리를 설명하는 전통적 무역이론의 2대 지주로 평가 될 수 있는데 이들의 기본적 차이점을 [표 2-4]가 보여주고 있다.

표 2-4 리카도이론과 헥셔-오린 이론의 비교

구 분	리카도의 고전적 이론	헥셔-오린의 근대적 이론
기본적 가정과 모델 비교	• 2국·2재·1요소(노동) 모델 • 불변생산비 하의 완전특화 • 동일재화 생산함수 국별 상이 요소가격의 국제적 차이 없음	• 2·2·2(노동, 자본)모델 • 체증생산비 하의 불완전특화 • 동일재화 생산함수의 동일성 요소가격의 국제적 차이 있음
비교생산비 차의 원인 (이론 성격)	• 명시적으로 설명하지 않았지만 노동생산성의 격차로 해석 • 무역의 기술(technology)이론	• 국가간 요소가격(요소부존도) 차이 따른 비교생산비 차이 • 국제무역의 요소(factor)이론
이론적 설명력	• 무역의 발생근거·패턴설명	• 무역의 발생근거·패턴설명 • 요소가격·소득배분효과 설명

이처럼 리카도이론과 H-O이론은 기본적 가정이 서로 다른 만큼 국제무역의 원인과 패턴을 결정하는 원리 역시 당연히 서로 다르게 설명한다. 결국, 리카도이론은 요소가격의 국제적 동일성을 전제로 노동생산성의 상대적 격차로부터 비교생산비 차의 원인을 찾는데 비하여, H-O이론은 생산함수의 국제적 동일성을 전제로 요소가격의 상대적 격차로부터 비교생산비 차의

원인을 찾는다는 점이 서로 다르다.

이러한 점에서 리카도이론은 노동생산성·생산함수·기술수준의 차이로써 국제무역을 설명하는 기술이론(technology theory)이라면, H-O이론은 요소가격·요소부존도의 차이로써 국제무역을 설명하는 요소이론(factor theory)이라고 할 수 있다.

그림 2-1 리카도이론과 H-O이론의 이론적 체계비교

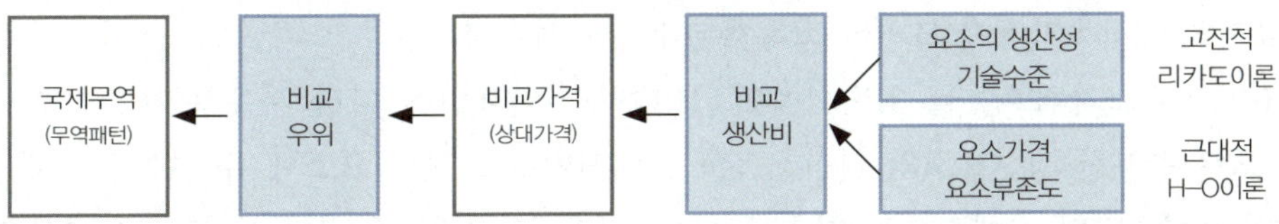

2. 헥셔-오린모형의 요소가격효과

한편, 리카도이론과 H-O이론 모두 무역이 발생되는 근거와 무역패턴의 결정원인을 설명하는 이론이지만 H-O이론은 더 나아가 자유무역이 요소가격(factor price)에 미치는 경제적 효과와 이로 인한 소득분배효과에 대한 설명력을 제공함으로써 이에 대한 국제경제학의 새로운 길을 개척하였다고 할 수 있다.

리카도이론은 노동만을 유일한 요소로 전제하고 있을 뿐만 아니라 생산특화에 따라 노동이 자유롭게 이동하는 경우를 상정함으로써 소득분배문제에 대해서는 아무런 설명력을 가지지 못하는 데 비하여, H-O이론은 복수의 생산요소를 전제로 요소가격·요소부존도의 상대적 차이를 통하여 국제무역을 설명하고 있기 때문이다. 따라서 국제무역패턴을 설명하는 이론모형으로서의 H-O이론의 의의 못지않게 국제무역의 소득재분배효과를 설명하는 이론모형으로서의 이론적 의의를 중시하는 견해마저 없지 않다.

어쨌든 이러한 자유무역의 요소가격효과는 ① 일국 내 요소가격의 변화를 통한 국내소득재분배효과와 ② 무역당사국의 요소가격 변동에 따른 국제적 요소가격균등화효과로 설명할 수 있다.

2.1 국내소득 재분배효과

자유무역에 의해 비교우위산업에 대한 생산의 특화가 이루어지면 이 산업에 집약적으로 투입되는 생산요소에 유리한 소득재배분이 일어난다. 이것은 무역에 따라 비교우위산업의 생산이 증가하면 그 산업에 집약적으로 투입되는 생산요소에 대한 수요가 증가함으로써 그러한 생산요소의 가격이 상승하기 때문이다.

예컨대 노동풍부국(A국)이 국제무역 이후 노동집약재(X재)의 생산에 특화하면 이로 인한 추가적인 생산에 따른 노동의 수요증대가 일어나게 되고 이것은 노동가격(임금)의 상승을 초래하는 반면 자본가격(이자)의 하락을 가져온다. 무역이전과 이후에 완전고용을 가정하는 한 이러한 요소가격의 변화는 노동자의 실질소득을 증가시키는 반면 자본가의 실질소득을 감소시킴으로써, 노동자에게 유리하고 자본가에게 불리한 소득재분배를 가져온다. 똑같은 논리로 자본풍부국(B국)이 국제무역 이후 자본집약재(Y재)의 생산에 특화하면 결국 자본가에게 유리하고 노동자에게 불리한 소득재분배를 가져온다.

이러한 요소가격효과를 일반화하면, H-O의 무역패턴에 따라 자유무역이 이루어지면 상대적으로 풍부한 생산요소의 실질소득을 증대시키고 그 생산요소에 유리한 소득재분배효과가 나타나는 반면 상대적으로 희소한 생산요소의 실질소득을 저하시키고 그 생산요소에 불리한 소득재분배효과가 나타나게 된다.

현실적으로 과연 이러한 방향의 소득재분배효과가 나타나는가에 대해서는 논쟁의 여지가 있지만[8] 이러한 자유무역의 소득재분배효과는 일국의 대외무역정책수립과 관련된 정치적 갈등의 원인이 되기도 한다. 예컨대 자본집약재에 비교열위가 있고 노동집약재에 비교우위를 가진 노동풍부국의 경우 자본가들은 보호무역을 원하지만 노동자들은 자유무역을 선호하는 반면, 자본집약재에 비교우위가 있고 노동집약재에 비교열위를 가진 자본풍부국의 경우 자본가들은 자유무역을 원하지만 노동자들은 보호무역을 선호하는 것과 같은 정치적 갈등이 발생될 수 있기 때문이다.[9]

2.2 요소가격 국제적 균등화효과

자유무역에 의한 요소가격의 변동효과가 국제적 차원에서는 요소가격의 국제적 균등화효과로 나타나게 된다. 앞서 설명한 바와 같이, 노동풍부국(A국)은 노동집약재(X재)에 비교우위를 가지므로 이의 생산에 특화하여 수출하는 경우 무역이 발생하기 전 상대적으로 저렴하였던 노동의 가격이 상승하는 반면, 자본풍부국(B국) 역시 자본집약재(Y재)생산에 특화하여 수출하게 되면 무역이 발생하기 전 상대적으로 저렴하였던 자본의 가격이 상승하게 된다.

이러한 과정이 양국에서 동시에 진행되면 무역 후 양국의 노동가격이나 자본가격이 국제적으로 균등화되는 방향으로 작용하게 된다. 이렇게 H-O의 무역패턴에 따른 자유무역이 생산요소가격의 국제적 균등화를 가져온다는 이론을 '요소가격의 국제적 균등화정리'(factor

8 예컨대 자유무역으로 인한 소득재분배의 현실적 경험이 반드시 이러한 방향으로 이루어지느냐에 대한 논쟁은 물론, 무역으로 인한 소득재배분의 갈등이 생산요소 간에 일어나느냐 아니면 각 산업 간에 일어나느냐의 문제에 대한 논쟁들이 그것이다.

9 이러한 관점에서 상대적으로 자본이 풍부한 미국이 노동이 풍부한 개도국들과 자유무역을 통하여 노동집약재를 수입하면 미국 노동자의 실질소득이 훼손될 수 있다는 주장이 스톨퍼-사무엘슨정리(Stolper-Samuelson theorem)이다.

price equalization theorem)라고 부르며, 사무엘슨(P. Samuelson)에 의해 체계화 되었다고 하여 이를 '사무엘슨의 정리'(Smuelson's theorem)라고도 한다.[10]

일반적으로 정의한다면, H-O의 무역패턴에 따른 자유무역은 무역당사국 생산요소의 가격을 절대적으로나 상대적으로 균등화시킴으로써 국제적으로 균등화되는 경향이 있다는 명제이다. 이러한 요소가격의 균등화정리는 결국 국제무역이 생산요소가격에 미치는 효과 측면에서 생산요소가 직접적으로 국제이동되는 것과 동일한 결과를 가져온다는 것으로서, 재화의 자유로운 국제적 이동이 요소의 국제적 이동을 대체할 수 있다는 것을 말해준다.[11]

여기서 한 가지 유의해 둘 점은 이러한 요소가격의 균등화효과는 H-O적인 가정 하에서만 타당하다는 것이다. 현실적으로는 요소가격이 국제적으로 균등화된다는 증거보다는 오히려 많은 격차가 있다는 사실을 알 수 있는데 이것은 H-O이론모형이 가정하고 있는 전제들이 현실적으로 성립되지 않는 경우가 있기 때문이다. 그럼에도 불구하고, 국제무역이 무역당사국의 요소가격을 절대적으로 균등화시키지는 않는다고 하더라도 그 차이를 좁히는 경향이 있음을 시사함으로써 요소가격균등화의 원리가 나름 작용한다고 할 수 있으며, 또한 이 정리는 H-O이론모형의 일반균형적 성격을 가장 대표적으로 부각시키고 있다는 점에서 국제무역이론연구에 있어 중요한 위치를 차지하여 왔다.

3. 헥셔-오린이론의 경험적 검증과 평가

3.1 헥셔-오린이론의 경험적 검증

[1] H-O의 요소부존이론이 과연 현실의 무역을 올바르게 설명하고 있는가에 대한 실증적 검증이 여러 학자들에 의해 시도되었지만 가장 대표적인 연구가 하버드대학의 레온티에프(W. W. Leontief)에 의해 이루어졌다.[12] 그의 검증방법과 결과는 다음과 같았다.

(1) 미국의 투입산출입표를 통하여 미국의 수출산업과 수입대체산업의 생산에 투입된 자본/노동의 비율을 측정하였다. 실제로 수입되고 있는 수입품에 대한 외국산업의 자본/노동의 비율 대신에 미국 내 수입대체산업의 그것을 측정한 것은 실제의 수입품에 대한 조사가 불가능하였기 때문이다. 따라서 실제로 수입되고 있지만 미국 내에 그 산업이 존재하지

10 이와 관련되는 원천적 문헌은 W. F. Stolper and P. A. Samuelson, "Protectional and Real Wage," Review of Economic Studies 9 (Nov. 1941) 및 P. A. Samuelson, "International Factor-Price Equalization Once Again," Economic Journal 59(June 1949).

11 이런 점에서 제품의 자유로운 무역은 두 나라 사이의 요소가격을 접근시킴으로서 임금격차라는 단순한 경제적 동기에 따른 국제적 이민의 필요성이 상대적으로 감소될 수 있음을 보여준다고 할 수 있다.

12 W. W. Leontief, "Domestic Production and Foreign Trade : the American Capital Position Reexamined," *Economia Internazionale* 7 (Feb. 1954) 및 "Factor Proportions and Structure of American Trade : Further Theoretical and Empirical Analysis," *Review of Economics and Statistics* 38 (Nov. 1956).

않는 경우(예컨대 커피·차 산업 등)는 조사대상에서 제외하였다.

(2) 1947년 미국의 수출품과 수입대체품 100만$의 생산에 투입되는 자본/노동의 비율을 산출하여 비교한 결과 수출산업 : 수입대체산업의 노동/자본비율이 1947년의 경우 1 : 1.29로서 미국의 수출산업이 보다 노동집약적이었고 수입대체산업이 오히려 자본집약적이었다.

(3) 레온티에프는 1951년 자료를 이용하여 동일한 방법의 검증을 행해본 결과 동일한 패턴을 보여 주었다. 즉 수출산업 : 수입대체산업의 노동/자본비율이 1 : 1.05로서 1947년에 대한 조사결과와 그 비율은 다소 변화되었지만 여전히 노동집약재를 수출하고 자본집약재를 수입하는 것으로 나타났다.

미국은 어떠한 기준으로 보더라도 분명히 여타제국에 비하여 자본이 풍부한 국가였으므로 H-O의 이론대로라면 자본집약재를 수출하고 노동집약재를 수입하는 무역패턴을 보여줄 것으로 기대하였는데 결과는 그 반대로 나타났다. 따라서 이러한 레온티에프의 검정결과를 우리는 '레온티에프의 역설'(Leontief's paradox)이라고 부른다.

2 레온티에프의 이러한 역설적 검증결과는 국제경제학계에 상당한 파문을 일으켰고 따라서 미국 이외의 여러 학자들이 자국의 수출입에 대한 레온티에프방식의 검증을 행하였는데 그 결과 역시 때로는 H-O이론의 무역패턴과 일치하였지만 또 다른 연구결과는 레온티에프의 역설과 같은 결과를 보여주어 일의적이지 못하였다.[13]

레온티에프 검증 이후 이러한 결과가 왜 일어나게 되었으며 또한 이러한 결과는 무엇을 의미하는가에 대한 많은 논의들이 활발하게 이루어졌다. 이러한 논의들의 내용을 크게 대별하면 ① 검증방법이나 통계적 처리가 잘못되어 역설적인 결과 나왔다는 검증방법 내지 통계상의 문제에 대한 논의와, ② H-O이론의 비현실적인 가정에 대한 근본적인 검토를 행함으로써 검증결과에 대한 새로운 해석가능성을 제시하는 동시에 H-O모형과 레온티에프역설이 양립할 수 있는 이론적 근거를 제시하려는 논의들로 대별할 수 있다. 어쨌든 이러한 여러 가지 논의들은 H-O이론의 의의와 한계를 밝혀주는 동시에 1960년대 이후에 나타난 새로운 국제무역이론의 발전과 개발에 크게 기여하게 되었다.

3.2 헥셔-오린이론의 이론적 평가

H-O이론은 무역의 발생근거와 무역패턴의 결정요인을 요소부존도의 차이로써 설명함

13 우리나라의 대외무역에 대한 주요 검증결과를 보면, 우리나라 수출품과 수입품의 K/L투입비율을 보면 1960년도(0.6와 1.25)로부터 1968년도(1.12와 1.52)까지는 노동집약재를 수출하고 자본집약재를 수입하는 것으로 나타났지만 1973년도(1.67과 1.62)에는 오히려 자본집약재를 수출하고 노동집약재를 수입하는 것으로 나타났다. (홍원탁, Factor Supply and Factor Intensity of Trade in Korea, KDI, 1976)

으로써 새로운 시각을 제공하였고, 실제로 노동풍부국이 노동집약재를 수출하고 자본풍부국이 자본집약재를 수출한다는 직관적인 설득력을 제공해준다. 또한 고전적 이론들이 설명하지 못하였던 국제무역의 요소가격에 대한 효과와 이에 따른 소득재분배효과에 대해서도 이론적 함의(implications)를 제공해준다는 것은 앞서 설명한 바와 같다.

또한 H-O이론은 신고전파적 일반균형이론을 국제무역에 적용하여 국제무역이론을 일반균형체계로 발전시키는 데에도 크게 기여하였다. 이러한 점에서 H-O이론모형이 국제무역이론에서 차지하는 비중을 결코 가볍게 볼 수 없다.[14] 또한 현실적인 국제무역의 설명에 있어서도 상당히 폭넓은 설명력을 제시해주고 있음을 부정할 수 없다.

그러나 H-O이론 역시 현실과 일치하지 않은 많은 비현실적 가정들을 전제로 하고 있으며 실증적 검증에서도 역설적인 결과가 나타나기도 하였다. H-O이론은 특히 모든 국제무역의 발생과 패턴을 설명해주는 일반적 이론으로서의 성격을 지니고 있다고 할 수 없다. 이러한 이유 때문에 이후 H-O이론의 이론적 한계를 극복하고 오늘날과 같은 복잡한 무역을 설명하는 포괄적이고 일반적인 무역이론을 정립하려는 노력들이 이루어져 왔다.

이를 위해서 H-O이론의 기본적 모형의 테두리 하에서 그것이 가지고 있는 제한적 가정들을 보다 현실적으로 수정하여 설명력을 높이려는 '이론적 확장'과 함께, H-O의 이론적 체계를 넘어서 그와는 또 다른 시각에서 새로운 무역이론을 정립하려는 '이론적 발전'이 이루어졌다. 이들 중 후자가 다음 제3장에서 다루어지는「새로운 국제무역이론」이다.

그럼에도 불구하고 국제무역에 대하여 H-O의 이론체계에 필적할 만한 새로운 무역이론의 확립이 이루어지고 있지는 못하다는 것이 오늘날의 일반적 견해이다. 이런 점에서 국제무역이론연구에 있어 H-O이론이 차지하는 비중과 중요성은 결코 과소평가 할 수 없으며, 오늘날의 국제관계를 이해함에 있어서도 여전히 매우 유용한 시각과 분석도구를 제공해주고 있으므로 그 이론적 유용성을 결코 평가절하 하지 말아야 한다.

14 따라서 H-O이론은 그 후 ① 요소가격의 국제적 균등화명제 (사무엘슨의 정리), ② 미국 노동자들의 실질임금을 보장하기 위해서는 보호관세의 부과가 필요하다는 '스톨퍼-사무엘슨의 정리', ③ 스톨퍼-사무엘슨의 정리에 대한 '메츨러의 역설명제', ④ 요소의 변동(경제성장)에 따른 무역패턴의 변동을 설명하는 '립친스키의 정리' 등과 같은 중요한 국제무역의 이론적 명제들을 파생시켰다.

제 3 장 International Trade Theory

새로운 무역이론

제2장에서 살펴 본 전통적 무역이론들은 너무 지나치게 비현실적인 가정들을 전제로 하고 있고 또한 현실의 국제무역에서 나타나고 있는 새로운 변화들을 수용하지 못한다는 한계를 나타내게 되었다. 이에 따라 1960년대에 들어와 전통적 무역이론의 한계를 극복하고 보다 현실에 적합한 이론들을 정립하려는 노력이 이루어졌고, 또한 1980년대 이후 국제무역에 있어서의 불완전경쟁적 요인을 강조하는 산업내무역이론이나 미시적 요인을 강조하거나 미시적 요인을 통합적으로 설명하려는 새로운 이론적 시도가 등장하였다.

제3장에서는 이러한 새로운 국제무역이론들이 지향하는 바가 무엇이고 이들은 전통적 이론과 어떤 차이를 가지고 있는가를 전체적으로 개관하고, 여러 가지 새로운 국제무역이론들 중 1960년대 이후 나타난 「기술격차이론」과 「제품주기이론」, 1980년대 이후 나타난 「산업내무역이론」의 기초적 개념을 소개한다.

제 1 절 새로운 무역이론의 개요

1. 이론적 배경과 성격

앞에서 살펴본 바와 같이 전통적 무역이론(리카도의 고전적 비교생산비설과 H-O의 근대적 요소부존이론)은 무역의 성립과 패턴에 관한 이론적 발전에 크게 기여하였다. 그러나 ① 너무 지나치게 비현실적 가정 위에 정립되어 있으며 따라서 이에 대한 실증적 연구의 결과도 상반된 결과들을 보여주었을 뿐만 아니라, ② 전후 국제무역의 현실적 특성이 크게 변화됨으로써 이러한 새로운 무역의 특성을 설명할 수 있는 새로운 이론의 출현이 요구되었다.[1]

1 예컨대 1960년대 이후 세계무역의 중심이 종전의 부존자원이 다르고 경제적 격차가 큰 선후진국 간의 수직적 무역(vertical trade)으로부터 점차 부존자원 및 경제적 격차가 크지 않는 선진국들 간의 수평적 무역(horizontal trade)으로 전환되었고, 또한 1970년대 후반 이후 종전의 산업간무역(inter-industry trade)이 산업내무역(intra-industry trade)형태로 전환됨에 따라 이러한 무역을 설명해줄 수 있는 새로운 이론이 요구

이에 전통적 무역이론의 이러한 한계들을 극복하고 보다 현실에 적합한 이론들을 정립하려는 노력이 1960년대 이후 여러 각도에서 제시되었는데 이러한 일련의 학문적 내용들을 우리는 「새로운 무역이론」으로 지칭한다. 1960년대 이후 제시되어진 이러한 이론들 중 어떠한 이론도 정설로서의 어떤 확고한 위치를 정립하고 있지는 못하였지만 이들 새로운 무역이론들의 공통적인 특성을 전통적 이론과 대비하여 살펴보면 〈표 3-1〉과 같다.

표 3-1 전통적 무역이론과 새로운 무역이론의 성격 비교

구 분	전통적 무역이론	새로운 무역이론
무역의 발생원인 설명체계	• 가격적 요인 설명(가격이론) • 공급(생산) 측면 이론 • 정태적 이론	• 비가격적 요인 설명 • 수요측면 고려하는 이론 • 동태적 이론
시장조건 분석관점	• 완전경쟁시장 전제 • 거시적·국가적 관점과 특성	• 불완전경쟁시장 요인 포함 • 미시적·기업적 관점과 특성 고려
분석의 주요 대상	• 표준화재·최종재의 교역을 대상으로 하는 일반적 설명이론 • 수직적 무역·산업간무역 설명 (상이한 경제구조 간의 교역)	• 신제품·중간재·차별화재 등 특정상품에 대한 부분적 설명이론 • 수평적 무역·산업내무역 설명 (유사한 경제구조 간의 교역)

(1) 전통적 이론이 비교생산비 → 비교가격 → 비교우위라는 이론체계 위에 서있는 가격적 이론이었음에 대하여 새로운 이론들은 「비가격적 요인」을 추가하고 있다. 또한 전통적 이론이 공급적(생산적) 측면의 분석이었음에 대하여 새로운 이론들은 「수요적 요인」을 강조하거나 「공급과 수요의 종합적 분석」을 시도하고 있으며, 전통적 이론이 정태적 이론이었음에 대해 새로운 이론들 중에는 시간의 변화를 고려하는 「동태적 분석」을 시도하고 있다.

(2) 전통적 이론이 완전경쟁을 전제로 하였음에 대하여 새로운 이론들은 「불완전경쟁적 요소」들을 포함하고 있는 경우가 많고, 또한 전통적 이론이 거시적·경제적 관점에서 무역당사국의 국가적 특성을 통하여 무역발생의 근거와 패턴의 결정원리를 찾으려고 하는데 비하여 새로운 이론들은 그러한 국가적 특성들보다는 해당 산업의 특성이나 생산기업의 특성 등 「미시적·기업적 요인」들에 주목하는 경우가 많다.

(3) 전통적 이론이 주로 표준화된 최종재의 교역을 대상으로 하는 일반적 설명이론이었음에 대하여 새로운 이론들은 신제품·중간재·차별화재 등 특정 상품을 분석대상으로 하는 「부분적 설명이론」으로서의 성격을 띠고 있다. 또한 이러한 차이 때문에 전통적 이론이 주로 서로 다른 경제구조를 가진 국가들 간의 수직적 무역·산업간무역의 설명에 적합한 이론이었다면 새로운 이론들은 유사한 경제구조를 가진 나라들 간의 「수평적 무역」이나 「산업내무

되게 되었다.

역」을 설명할 수 있는 무역이론들이 많다.

2. 새로운 무역이론의 주요 내용

이상과 같은 성격을 지닌 새로운 국제무역이론이 〈표 3-2〉에 나타나 있는데, 이들 새로운 국제무역이론들이 제기된 시기를 기준으로 나누어보면 대체로 1960년대 이후에 나타난 신이론과 1980년대 이후에 나타난 신이론으로 대별해 볼 수 있다.

표 3-2 새로운 무역이론의 이론적 분류와 주요 내용

시대	무역이론		주 요 내 용
1960년대 이후	신요소 무역이론	숙련노동설 (인적자본설)	생산입지와 무역패턴의 결정요인을 숙련노동의 상대적 이용가능성으로 설명(숙련노동이란 결국 자본을 체화하고 있는 것이므로 이를 확장한 이론이 인적 자본설)
1960년대 이후	신요소 무역이론	특수적 요소이론	무역패턴의 결정을 특정산업(부문)에서만 사용되어져 다른 산업(부문)으로 이동될 수 없는 특정요소로써 설명
1960년대 이후	신기술 무역이론	R&D이론	무역패턴 원리를 연구개발(R&D)요소로써 설명
1960년대 이후	신기술 무역이론	기술격차론 (기술갭설)	무역패턴 결정원인을 특정 상품에 있어서의 각국 간의 기술격차(기술갭)로써 설명하는 동태적 이론
1960년대 이후	신기술 무역이론	제품주기 이론	생산품의 제품주기(product life cycle) 변화를 통하여 무역패턴 변화를 설명하는 동태적 이론
1960년대 이후	기타 신이론	입수가능성 이론	무역의 원인과 패턴이 그 상품의 입수가능성(availability)에 따라 결정된다고 설명하는 이론
1960년대 이후	기타 신이론	대표적 수요이론	제조업부문의 비교우위가 그 국가의 대표적 수요에 의해 결정된다는 이론(1960년대 이후 발생된 수평적 무역의 원인을 수요 측면에서 설명하려는 이론)
1960년대 이후	기타 신이론	잉여분출설	유휴자원이 존재하는 개도국의 경우 무역이 발생하면 경제 내 잉여자원이 대외무역을 통하여 분출한다는 이론
1980년대 이후	불완전경쟁이론 (산업내무역이론)		무역의 발생과 패턴결정의 원리를 불완전경쟁 요인(규모의 경제· 제품차별화·독점적 경쟁 등)을 통하여 설명하려는 이론 (대체로 산업내무역의 발생원인 설명하는 이론)
1980년대 이후	미시적 · 기업적 이론 / 통합적 이론		거시적·국가적 특성보다 미시적·기업적 특성을 강조하거나 양 측면을 통합하여 설명하려는 이론

2.1 1960년대 이후의 새로운 무역이론

1960년대 이후 제기된 새로운 무역이론들을 그 이론적 성격과 특성에 따라 다시 구분해보면 ① 생산요소에 주목하여 헥셔-오린이론의 이론적 확장이라고 볼 수 있는 「신요소무역이론」, ② 노동생산성이나 기술의 격차에 주목하여 리카도이론의 확장이론이라고 할 수

있는「신기술무역이론」, ③ 리카도나 헥셔-오린의 이론적 시각과는 다른 요인들에 주목하여 리카도나 헥셔-오린적 확장이론으로 분류하기 곤란한「기타의 신이론」으로 크게 대별해 볼 수 있다.

신요소이론(neo-factor theory) H-O이론체계의 연장선상에서 생산요소에 대한 가정들을 수정하거나 확장함으로써 그 이론적 설명력을 개선시키려는 이론들이다. 따라서 이러한 이론들은 그 성격상 'H-O적 확장이론'이라고 할 수 있는데 숙련노동설(theory of skilled labor) 내지는 인적 자본설(theory of human capital)·특수적 요소이론(specific factor theory) 등이 있다.

신기술이론(neo-technology theory) 생산함수(기술수준)의 동일성을 전제함으로써 H-O 이론이 간과했던 기술의 역할을 강조하려는 이론들이다. 비교우위의 원인을 노동생산성·생산함수·기술의 차이 등에서 구하고 있으므로 '리카도적 확장이론'이라고 할 수 있는데 이러한 이론으로서 R&D이론(theory of research and development)·기술격차론 또는 기술갭설(technological gap theory)·제품주기이론(product life cycle theory) 등을 들 수 있다.[2]

기타의 신이론 그 밖에 리카도적 확장이론이나 헥셔-오린적 확장이론으로 분류하기 곤란한 기타의 이론들이 있는데 그러한 이론들로서는 입수가능성이론(availability theory)·대표적 수요이론(representative demand theory)·잉여분출설(vent- for surplus approach) 등이 있다.

2.2 1980년대 이후의 새로운 무역이론

한편 1980년을 전후하여 전통적 무역이론으로는 설명하기 어려운 무역현상을 설명하려는 새로운 접근들이 등장하게 되었다. 이에 따라 경제구조가 유사한 국가들 간의 국제무역, 동일한 산업부문 내의 제품들이 교역되는 산업내무역, 불완전경쟁 하에서 이루어지는 국제무역 등의 원인과 패턴을 설명하려는 새로운 시도가 이루어졌다. 이러한 시도는 다양한 측면에서 이루어졌지만 이러한 이론적 조류들을 크게 분류하면 다음과 같은 2가지 접근으로 나누어볼 수 있다.

불완전경쟁이론(산업내무역이론) 전통적 무역이론이 완전경쟁을 전제로 하고 있는데 현실의 세계에서는 다양한 불완전경쟁 요소들이 작용하고 있는 만큼 현실의 무역현상을 설명함에 있어 이러한 시장불완전성 요인들을 주요한 원인으로 설명하려는 이론적 접근들로서 규모의 경제론·제품차별화론·독점적 경쟁이론 등이 있다. 그런데 이러한 특성들을 포괄하고 있는 가장 대표적인 무역형태가 산업내무역인 만큼 이들 대부분의 이론이 산업내무역을 설명하는 이론들이었다.

2 신기술무역이론들은 ① 기술의 격차를 조장시키는 독점적 지식(proprietory knowledge)의 존재 때문에 시장의 불완전성(market imperfection)을 강조하는 경향이 있고, ② 공급 이외에 수요 측면을 고려하는 경향과 미시적·기업적 측면에서 접근하려는 경향이 높으며, ③ 보다 동태적 설명을 시도하고 있으며, ④ 특정상품 또는 신제품 등을 고려하는 부분 분석적한 분석을 행하고 있다는 특성을 지니고 있다.

미시적 · 기업적 이론(통합적 이론) 전통적 무역이론이 무역당사국의 기술수준·요소부존도 등 거시적·국가적 특성만을 고려할 뿐 개별 생산자의 구체적인 특성을 고려하지 않거나 중시하지 않는데 대하여, 새로운 무역이론들 중에는 기술수준이나 요소부존도 등과 같은 국가적 특성보다는 무역상품의 기업적 특성이나 산업적 특성 등 보다 미시적·기업적·산업적 요인을 중시하려는 접근방법이 있다. 이러한 이론들 중에는 기업적 요인이나 산업적 요인만으로 국제무역을 설명하려는 이론도 있고 이러한 미시적 요인들을 거시적·국가적 요인들과 통합하여 설명하려는 이론도 있다.

이상과 같은 새로운 무역이론들 중, 그 자체 종합적인 성격을 띠고 있을 뿐만 아니라 현실적으로도 가장 널리 인용되는 이론이 기술격차이론과 제품주기이론이고, 최근에 국제무역이론분야에서 새롭게 연구대상이 되어온 주제가 산업내무역이론이다. 이하에서는 이 두 가지 무역이론에 대하여 설명하기로 한다.

제 2 절 기술격차이론과 제품주기이론

앞에서 살펴본 대로 헥셔-오린의 무역이론이 생산함수(기술)의 국제적 동일성을 전제로 요소부존도의 상대적 차이에만 주목하여 기술이 무역에 미치는 영향을 고려하지 않았음에 비하여 1960년대 이후 나타난 새로운 무역이론으로서 신기술이론은 국가 간 기술의 격차가 무역에 미치는 영향을 중시한다. 이러한 점에서 신기술이론은 헥셔-오린이론의 연장선상에 있지 않고 생산성(기술)의 격차가 무역에 미치는 영향을 중시한 리카도이론의 연장선상에 있다고 할 수 있다.

다만 리카도이론은 기술수준이 변화되지 않는 정태적(static) 상황을 전제로 하였음에 비하여, 신기술이론은 새로운 기술이 끊임없이 개발되고 이렇게 개발된 기술은 시간의 변화와 함께 다른 나라로 이전되는 변화가 일어나고 이러한 기술변화에 따라 비교우위구조 역시 변화됨을 강조하는 동태적(dynamic) 이론으로서의 성격을 가진다. 이러한 이론들 중 가장 대표적인 이론이 「기술격차이론」과 「제품주기이론」이다.

1. 기술격차이론(기술갭설)

기술격차이론(technological gap theory)이란 기술변화라는 동태적 요인이 국제무역에 미치는 효과를 규명한 이론으로서 특정 상품에 있어 국가 간에 존재하는 기술격차(기술갭)가 무역발생과 무역패턴결정의 원인이 된다는 이론이다. 이 이론은 1960년대 포스너(V. Posner, 1961)와 후퍼바우어(G. C. Hufbauer, 1966) 등에 의하여 제창되었다.[3] 이들은, 선진국들의 공산품무역에 있어 생산기술혁신으로 인하여 발생된 기술적 우위가 기술혁신국의 비교우위를 창출하여 타국이 이러한 기술을 모방할 때까지 그 나라의 수출품이 됨을 이론화 하여, 기술격차가 무역패턴의 결정요인임을 설명하는 기술격차모형을 제시하고 이러한 변화를 가져오는 요인에 대한 실증분석을 행한 바 있다.

이렇게 국가 간 기술의 격차와 변화가 무역의 성립근거와 무역패턴의 결정원리라고 설명하는 기술격차이론은 국제무역이론서 다음과 같은 이론적 유용성을 보여주었다.

(1) 전통적 무역이론이 명시적으로 취급하지 않던 기술의 측면을 강조하여 기술의 격차가 무역패턴의 결정요인임을 제시하여 기술적 요인을 통하여 국제무역을 설명하는 신기술무역이론의 선구적 역할을 하였다.

(2) 전통적 무역이론은 정태적 관점에 머물러 있어 한번 주어진 기술격차가 장기간 계속 된다고 전제하는 데 비하여 시간의 경과와 함께 기술격차가 변화됨을 전제하여 기술의 개발과 혁신 → 기술격차 무역 → 기술격차 소멸 → 저임금무역이 이루어지는 과정을 동태적으로 설명하는 동태적 무역이론이다.

(3) 기술격차이론은 또 다른 신무역이론으로서 연구개발(R&D)이론을 그 이론체계 속에 포함할 수 있다. R&D이론은, 선진국들의 제조업 가운데 비교우위가 있는 산업은 그 산업에서 연구개발에 종사하고 있는 과학자나 기술자가 많고 또한 거액의 연구개발비를 지출하고 있는 R&D집약적 산업이므로, 무역의 발생과 패턴을 결정하는 주요 요인이 R&D라는 이론이다. 기술격차이론에서 말하는 기술의 개발과 혁신의 주된 원천이 R&D인 만큼 이러한 R&D를 강조하는 무역이론이 기술격차이론 속에 포함될 수 있기 때문이다.

이상과 같은 기술격차이론의 이론적 유용성에도 불구하고 이 이론은 특정한 제품의 무역패턴을 설명하는 부분적 분석에 머물고 있을 뿐만 아니라, 시간의 경과와 더불어 기술의 격차가 소멸되어가는 각 단계마다의 구체적인 특징에 대한 분석이 미흡하였다. 따라서 이 이론은 그 이론적 아이디어가 이후 제시된 제품주기이론의 발전에 기초를 제공함과 동시에 그 이론체계 속으로 통합되었다고도 할 수 있다.

---

3 M. V. Posner, "International Trade and Technical Change," *Oxford Economic Papers* (Oct. 1961) G. C. Hufbauer, *Synthetic Materials and the Theory of International Trade* (Gerald Duckworth & Co. Ltd., 1966).

2. 제품주기이론

2.1. 제품주기이론의 이론적 의의

이 이론의 기본적 전제는, 생물이 태생하여 성장·성숙·쇠퇴하는 과정의 라이프사이클(life cycle)을 가지듯이 제품 역시 연구개발에 의해 시장에 등장하여 성장·성숙기를 거쳐 쇠퇴해 가는 제품주기(product life cycle)를 가진다는 것이다. 이때 이러한 제품주기가 변화함에 따라 그 제품의 수요 및 공급 요인이 변화하고 또 이들 요인이 변함에 따라 그 제품의 판매 및 생산과 관련되는 기업행동양식도 달라진다.

이 이론은 이러한 점에 주목하여 종래 경영학(특히 마케팅 분야)에서 발전된 개념을 국제경제학에 도입하여 무역패턴을 설명하는 국제무역이론인 동시에 해외직접투자이론으로서도 인용되고 있다. 이와 같이 제품주기(life cycle)의 변화를 통하여 국제무역의 패턴변화를 설명하고 있는 이론이 제품주기이론(product life cycle theory)인데 학자에 따라서는 '제품수명주기이론'·'제품사이클론' 등으로 번역하기도 한다.

이 이론의 연원은 더 일찍 시작되었으나 이론적 일반화가 이루어진 것은 허쉬(S. Hirsh)·버어논(R. Vernon)·웰즈(L. T. Wells)·스토보우(R. B. Stobaugh) 등으로 대표되는 이른바 '하버드비즈니스스쿨'(Harvard Business School)에 의해서였다. 특히 버어논 교수는 1966년 이에 대한 자신의 논문을 통하여 이 이론의 이론적 기초를 이룩하였다.[4]

2.2 제품주기에 따른 생산입지와 무역

제품주기란 하나의 제품이 신제품으로 연구·개발(R&D)되어 처음으로 시장에 출현하여 알려지고 판매되기 시작하여 그 판매량이 급속히 성장하였다가 어느 기간 이후에는 그 제품에 대한 수요가 둔화되어 결국은 사양산업이 되고 시장성이 없어지는 시기까지의 시간변화에 따른 단계별 변화과정을 의미한다.

그런데 이와 같은 변화과정을 이론화함에 있어 제품주기단계의 분류방법이나 구체적 명칭은 다양하다. 어떠한 분류방법을 채택하더라도 그 기본적인 내용은 거의 동일한데 제품주기의 단계가 변화함에 따라 그 제품과 관련되는 기술·자본집약도·수요구조·산업구조 등의 특성이 어떻게 변화되는가를 설명한 내용이 〈표 3-3〉에 요약되어 있다.

버어논(R. Vernon)은 제품주기를 신제품기(new product stage)·성숙기(maturing stage)·표준화기(standardized stage)의 3단계로 구분하고 이러한 제품주기변화에 따라 국제무역과 국제투자의 패턴이 어떻게 변화하는가를 신제품의 혁신국인 미국·여타 선진국·개발도상국이라는

4 R. Vernon, "International Investment and International Trade in the Product Life Cycle," *Quarterly Journal of Economics* vol. 80 (May 1966).

표 3-3 제품주기의 단계별 특성

구분	신제품기	성숙기	표준화기
기술	• 기술적 연구의 계속, 잦은 기술변화로 매우 불안정함 • 외부경제의존도 높음	• 기술변화 진행되지만 보다 안정적임. • 제품·공정 표준화로 대량생산방법 도입됨.	• 기술변화가 완성, 생산기술 안정됨. • 외부경제 의존도 매우 낮아짐.
자본 집약도	• 기술·수요의 불안정, 수작업적인 생산방법, 자본집약도 낮음	• 기술안정과 표준화로 점차 제품생산의 자본집약도 높아짐	• 전문화·대형화에 따라 자본집약도 더욱 높아짐
수요 구조	• 생산기업의 독점성 수요의 가격탄력성 낮고 소득탄력성 높음	• 대량생산·경쟁격화·제품정보의 확산으로 수요의 가격탄력성이 점차 증가함	• 제품정보 확산으로 수요의 가격탄력성 높고 소득탄력성 낮아짐
산업 구조	• 기술 보유하고 있는 소수의 기업들만이 제품생산에 참여함.	• 생산기업의 수 증가 • 경쟁격화로 수직적·수평적 통합이 증가	• 생산기업의 수가 오히려 감소함.

3국 모델을 통하여 설명하였다.

신제품기에는 기술혁신국인 미국에서 생산하여 미국 내에서 판매되다가 성숙기에 들어가면 여타선진국으로의 수출이 이루어지는데 이때의 무역은 미국과 여타선진국간의 기술갭에 의한 무역(technological gap trade)이다. 이후 제품주기가 변화함에 따라 이 제품의 생산입지가 미국에서 여타 선진국으로 이동되게 되고 이 제품에 대한 기술상의 우위가 없어지는 표준화기에 이르면 더 저렴한 생산비로 생산할 수 있는 개도국으로 생산입지가 이전되어 개도국으로부터 미국 및 여타선진국에 대한 저임금무역(low wage trade)이 발생되게 된다.

그림 3-1 제품주기변화와 국제무역

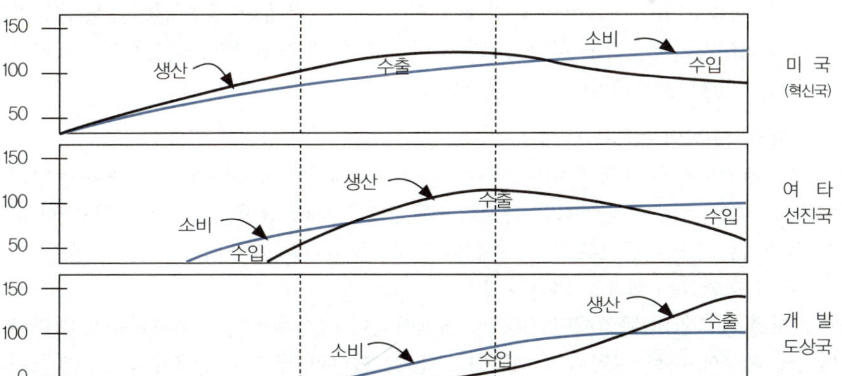

결국 기술혁신국인 미국은 제품주기변화에 따라 이 제품에 대한 연구개발 → 국내생산·판매 → 여타선진국에 대한 수출 → 개도국으로부터의 역수입의 과정을 겪게 되고, 세계무역의 패턴은 동 제품의 주기가 변화함에 따라 기술갭무역 → 저임금무역의 형태로 변화하게 된다. 이러한 내용을 단순화시켜 흥미 있게 보여주는 모델이 [그림 3-1]이다.

보충학습 3-1

제품주기이론의 이론적 평가

1. 제품주기이론의 이론적 의의

제품주기이론은 제품주기가 변화함에 따라 제품의 생산과 마케팅상의 특성이 어떻게 변화하고 이에 따라 국제무역패턴이 어떻게 변화하는 가를 동태적으로 설명해줌으로써 나름대로 설득력 있는 논리를 제공하고 있다. 또한 다음과 같은 점에서 여타의 무역이론들이 제시하지 못하는 점들을 포함하고 있다는 이론적 평가를 받는다.

(1) 이 이론은 H-O이론 이외에 R&D이론·기술갭이론·대표적수요이론·규모의 경제론·제품차별화론 등을 제품의 주기와 유기적으로 관련시켜 교묘히 융합시켰다. 즉 신제품의 개발과 관련된 제품주기이론의 내용은 R&D이론과, 이후 시간의 경과에 따른 기술적 우위의 소진과정은 기술갭이론과, 또한 성숙기에 있어서의 생산입지의 이전과정은 대표적 수요이론 및 규모의 경제론과 관련되고, 또한 표준화기 이후에는 생산비에 따라 비교우위가 결정되므로 결국 H-O모델로 귀결된다. 이런 점에서 제품주기이론은 나름대로 여러 가지 국제무역이론의 일반화·종합화의 방향을 제시하고 있다고 할 수 있다.

(2) 제품주기이론은 또한 시장의 불완전성을 고려하며 시장에 있어서의 수요와 공급의 상호작용을 고려하고 있다. 뿐만 아니라 전통적 무역이론에서의 비교우위문제는 본질적으로 거시적·국가적 차원에서 논의되어지지만, 이 이론은 생산비의 비교나 생산입지의 선택을 기업이 행한다는 전제에 기초하고 있으므로 미시적·기업적인 시각을 포함하고 있다. 이러한 점에서 일반적 무역이론과 다른 특성을 보여준다.

(3) 이 이론은 한편으로는 무역의 발생원인과 패턴변화를 설명하는 국제무역이론이지만, 다른 한편으로는 제품주기가 변화함에 따라 해외직접투자가 언제 어떻게 일어나게 되는가를 설명하는 해외직접투자이론이기도 하다. 따라서 이 이론은 여타의 무역이론들과는 달리 무역과 투자를 동시에 설명하는 이론이라고 할 수 있다.

2. 제품주기이론의 이론적 한계

이같이 제품주기이론은 제품주기의 변화를 통하여 국제무역과 국제투자에 대한 종합적 설명력을 제공하고 있는 것이 사실이지만 특정한 제품들의 국제무역만을 설명하는데 그쳐 모든 국제무역을 설명하는 일반이론으로서의 성격을 가지지 못한다고 지적되고 있다. 제품주기이론이 이 같은 이론적 제한성은 대체로 다음과 같다.

(1) 이 이론은 제조업의 무역패턴, 그것도 신제품이나 성장제품의 무역패턴문제를 다루고 있어 그 이외의 제품에 대한 설명력이 부족하다. 또한 이러한 제조업 중에서도 전자제품이나 섬유류와 같은 경우에는 설명력을 가지지만 기계류와 같이 그 기능적 특성이 무단히 변화하는

제품의 경우에는 이론적인 한계성이 있다. 또한 이 이론은 본질적으로 선진국 대기업의 행동양식에 입각하여 전개된 이론이므로 모든 국가·모든 기업의 무역을 설명하는 이론으로서도 적합하지 않다.

(2) 제품주기이론은 특정 상품의 제품주기 변화에 따른 생산입지이전과 무역 및 투자의 이동 등을 기업의 입장에서 설명한 미시적 관점의 이론이다. 따라서 국제무역이 일국의 경제발전·국제수지·자원의 효율적 이용에 미치는 효과 등 거시적 문제를 해명함에 있어서는 설명력이 없다. 더욱이 한 나라의 무역상품은 수많은 종류로 구성되어 있으며 또 이들 모든 상품이 모두 동일한 제품주기단계에 있다고 볼 수는 없으므로 이 이론을 국가별 무역패턴을 설명하는 이론으로 파악하기도 곤란하다.

제 3 절 산업내무역이론

1. 산업내무역이론의 이론적 의의

[1] 1960년대 이후 새로운 무역이론이 나타나게 된 이론적 배경과 관련하여 논의하였듯이 국제무역의 현실적 구조와 내용이 시대에 따라 변화되면 이를 설명하는 무역이론 역시 변화되어야 한다. 실제로 1970년대 이후 국제무역의 현실을 보면 전통적 무역이론으로서는 설명하기 어려운 새로운 구조와 특성이 나타나게 되었고, 따라서 이러한 새로운 구조와 특성을 설명하는 이론들을 제시하려는 노력이 1980년대 이후 등장하게 되었다.

1970년대를 기점으로 나타난 국제무역의 새로운 특성으로서는 ① 경제구조가 유사한 나라들 간의 교역, ② 불완전경쟁 하에서의 교역, ③ 국제무역으로 인한 생산요소 간의 갈등이 심화되지 않는 교역의 비중이 높아졌다는 것으로 요약할 수 있다. 국제무역의 이러한 특성이 높아짐에 따라 이후의 무역이론연구 역시 이러한 형태의 무역이 발생하는 원인과 패턴을 설명하려는 노력으로 나타나게 되었다.

그런데 이러한 세 가지 특성들을 동시에 포괄하고 있는 교역형태가 산업내무역이다. 이런 점에서 1980년대 이후 나타난 새로운 무역이론을 대표하고 포괄하는 이론이 곧 '산업내무역이론'이라고도 할 수 있다.

산업내무역이란 산업간무역과 대칭되는 개념이다. 산업간무역(inter-industry trade)이 개도국의 섬유제품이 선진국으로 수출되고 선진국의 자동차가 개도국으로 수출되는 교역형태처럼 서로 다른 산업의 제품들이 서로 교환되는 무역거래인데 비하여, 산업내무역(intra-industry trade)이란 미국의 자동차가 한국으로 수출되는 동시에 한국의 자동차도 미국으로 수출되는 교역형태처럼 동일 산업 내 제품들이 상호교환(two way trade, cross trade)되는 무역형태를 말한다.

2 오늘날의 국제무역에 있어서는 산업간무역보다도 산업내무역의 비중이 더 크고 이러한 추세가 점점 더 심화되어 가고 있다. 이미 1990년대 초반의 통계에 따르면 전 세계교역량의 25% 정도만이 산업간무역이었고 나머지는 산업내무역이어서 대부분의 무역이 산업내무역의 형태를 취하고 있다. 더욱이 최근으로 올수록 경제구조가 유사한 선진국 간의 교역량이 경제구조가 서로 다른 선후진국 간의 교역량을 초과는 추세가 계속되고 있기 때문에 이러한 산업내무역의 비중은 앞으로 더욱 커질 것으로 예상되고 있다.

현실의 국제무역에 있어 산업내무역의 비중이 이렇게 증대되고 있지만 이러한 산업내무역의 원인과 특성을 전통적인 무역이론으로서는 제대로 설명하기 어렵다. 리카도이론이나 헥셔-오린이론 등 전통적 무역이론은 서로 다른 산업제품 간의 교역(산업간무역)을 설명하기에 적합한 이론인 만큼 동일 산업 내 제품 간의 교역(산업내무역)의 원인과 패턴을 설명하기 어렵기 때문이다. 이처럼 전체 무역 중의 비중이 높아지고 있는 산업내무역을 전통적 무역이론체계로써 설명하기가 어려워지자 산업내무역에 대한 학자들의 관심이 크게 높아졌다. 이에 따라 한편으로는 산업내무역이 전체 무역 중 어느 정도의 비중을 차지하고 있는가에 대한 실증적 분석이 여러 각도에서 시도되었고, 다른 한편으로는 산업내무역이 발생하는 원인과 패턴결정의 원리를 설명하는 새로운 무역이론을 제시하려는 노력이 활발히 전개되었다.

산업내무역이 발생하는 원인과 패턴을 설명할 수 있는 새로운 이론을 제시하려는 이러한 노력은 초기에는 전통적 이론의 기본가정을 완화하거나 수정하는 차원에서 시도되기도 하였다. 그러나 이후에는 산업내무역의 특성을 설명할 수 있는 독자적 이론을 새로이 정립하려는 시도로 전환되었다. 이러한 이론적 시도들을 다시, ① 동일한 재화가 서로 교환되는 산업내무역을 설명하려는 이론과, ② 동일 산업 내 제품이지만 동일한(same) 제품이라기보다는 유사한(similar) 제품(차별화 제품 differentiated goods)이 서로 교환되는 산업내무역을 설명하려는 이론들로 구분해 볼 수 있다.

이러한 두 가지 유형 중 동일 재화가 상호 교환되는 경우는 어떤 특수적 상황으로 인하여 산업내무역이 발생되는 예외적인 경우라고 할 수 있고[5] 보다 일반적이고 보편적인 산업내무역의 형태는 후자의 경우라고 할 수 있다. 따라서 '산업내무역이론'이라고 할 때는 대체로 동일 산업 내 유사한 제품들이 서로 교환되는 형태의 무역을 설명하는 이론이라고 할 수 있다. 그동안 이러한 형태의 산업내무역의 발생 원인과 패턴 결정을 설명하려는 이론들이 다양하게 제시되었다.[6]

---

5 이러한 동일 재화의 상호무역이 이루어지는 원인에 대해서는 [보충학습 2-1]에서 소개한다.

6 이러한 다양한 이론적 시도들을 살펴보면 ① 규모의 경제효과를 더욱 확장하여 산업내무역을 설명하는 이론(외부적 규모의 경제론), ② 제품의 생산과 관련된 기술요인이나 기업전략 등 생산적 측면에서 원인을 찾는 이론(선도기업우위론, 제품주기론, 다국적기업의 기업내무역이론 등), ③ 개별국가 소비자들의 다양한 수요구조 및

그러나 지금까지 제시된 이러한 시도들 중 가장 중심이 되는 이론은 완전경쟁보다는 규모의 경제·제품차별화·독점적 경쟁 등 불완전경쟁을 전제로 하여 산업내무역의 발생 원인을 설명하려는 이론들이었다. 이하에서는 이렇게 불완전경쟁을 전제로 하는 산업내무역이론에 대하여 소개한다. 그러나 이러한 이론들도 하나의 단일 이론체계로서 모든 산업내무역을 설명하는 수준에 도달되지는 못하고 산업내무역을 발생시키는 주요 요인들이 무엇인가를 설명하는 수준의 이론화에 머물러 있는 것이 사실이다.

2. 산업내무역을 설명하는 불완전경쟁이론

동일산업 내의 제품들이 상호 교환되는 산업내무역의 발생원인을 완전경쟁보다는 불완전경쟁 요인을 통하여 찾으려는 불완전경쟁이론으로서 가장 중심적인 위치를 차지하고 있는 대표적인 이론이 「규모의 경제론」과 「독점적 경쟁모델」이다.

2.1 산업내무역과 규모의 경제

어떤 제품의 생산규모가 커질수록 그 제품의 생산비가 감소하여 경제적 효율이 높아지는 규모의 경제(economy of scale)가 존재하는 경우 이러한 규모의 경제가 비교우위를 발생시켜 그 제품이 해외로 수출되게 된다. 전통적 무역이론은 규모에 대한 수확불변(constant returns to scale)을 가정하여 생산량이 증가하더라도 평균생산비는 불변이라고 가정하였지만, 선진국의 많은 제조업에서 생산규모가 커질수록 효율성이 증가하는 규모의 경제가 작동하고 있고 이러한 규모의 경제가 국제무역을 통하여 더욱 활발히 촉진될 수 있다. 이렇게 생산규모가 증가할수록 평균생산비가 감소하는 '내부적 규모의 경제'가 존재하는 경우[7] 특정 재화의 생산에 특화한 나라가 대량생산을 통하여 생산비면에서 비교우위를 가질 수 있게 되어 이에 따른 무역이 발생될 수 있다.

이러한 관점에서 규모의 경제가 국제무역의 발생원인과 패턴을 설명하는 일반적인 원리가 될 수 있지만 규모의 경제에 의하여 발생되는 이러한 무역은 동일 산업 내에서도 발생할 수 있다. 예컨대 어떤 나라는 소형자동차 생산에서 규모의 경제를 실현하지만 다른 나라는 대형자동차 생산에서 규모의 경제를 실현할 경우 동일한 자동차산업 내에서의 산업내무역이 발생할 수 있기 때문이다.

선호도의 차이 등 수요 측면에서 원인을 찾는 이론(대표적 수요이론 등), ④ 개별국가의 정책선택과 정부지원 등 전략적 측면에서 원인을 찾는 이론(외부적 규모의 경제론, 전략적 무역정책론) 등 다양하다.

7 생산규모가 커질수록 효율성이 증가하는 규모의 경제는 내부적 규모의 경제와 외부적 규모의 경제로 구분할 수 있는데, 내부적 규모의 경제(internal economy of scale)란 개별기업의 생산규모가 커짐에 따라 제품의 단위당 평균생산비가 낮아지는 경우로서 생산량증가에 따라 그 기업의 평균비용곡선이 우하향하는 구간에서 나타나는 효율성이다.

이 경우 규모의 경제가 산업내무역을 발생시키는 원인이 되지만, 이러한 규모의 경제가 어떤 나라에서는 대형자동차에서 발생하고 또 다른 나라는 소형자동차에서 발생하는 이유가 무엇인가에 대해서는 여러 가지 경제적·비경제적 요인들이 작용할 수 있다. 예컨대 그 제품의 생산과 관련된 기술요인이나 기업의 판매전략 등 생산 측면의 차이가 그 원인이 될 수도 있고 수요구조 및 소비자선호도 등 수요 측면의 차이가 그 원인이 될 수도 있다.[8]

2.2 규모의 경제와 불완전경쟁시장

어떤 산업에서 규모의 경제가 작용하는 경우 기업규모가 크면 클수록 그들이 누리는 규모의 경제효과가 더 커져서 그 만큼 경쟁에서 유리해진다. 따라서 이러한 규모의 경제가 작용하는 산업은 몇몇 거대기업에 의해 지배되기 쉬워져 시장은 불완전경쟁시장의 형태가 되기 쉽다. 따라서 규모의 경제를 통하여 산업내무역을 설명하려는 이론은 대체로 불완전경쟁시장을 전제로 하는 이론들이다. 불완전경쟁시장은 독점·과점·독점적 경쟁 등으로 나눌 수 있지만 산업내무역이 발생될 수 있는 불완전경쟁의 형태는 주로 과점시장과 독점적 경쟁시장이다.[9]

과 점 과점(oligopoly)이란 소수의 공급자가 유사하거나 동일한 제품을 공급하는 시장구조로서 세계적인 원유시장이나 테니스공이 이러한 과점적 구조를 지니고 있다. 이러한 과점시장에서는 소수의 공급자만이 존재하기 때문에 이들 간의 이기적 경쟁에 의하여 시장의 균형이 이루어지기도 하고 상호간의 협조(담합)에 의하여 시장의 균형이 이루어지기도 한다. 이러한 과점적 구조가 국제적으로 형성되면 다른 나라의 과점적 경쟁기업이 상대국시장에 진출하는 상호침투의 과정을 통한 산업내무역이 발생될 수 있다.

독점적 경쟁 독점적 경쟁(monopolistic competition)이란 다수의 공급자들이 각기 차별화된 제품을 생산하여 경쟁하는 시장구조이다. 이러한 시장구조 하에서는 다수의 경쟁자가 존재하므로 어떤 기업도 시장지배력을 가지기가 불가능하므로 모든 경쟁자들이 시장에서 결정된 시장가격을 받아들이게 되고 또한 시장의 진입과 퇴출이 자유로운 구조이므로 모든 경쟁기업들이 동일한 비용곡선과 동일한 수요에 직면하여 있다고 가정한다. 이러한 경우 어떤 기업이 동종의 재화이지만 차별화된 특정 상품을 생산하는데 규모의 경제를 누리게 되면 그 제품에 대해서는 어느 정도의 독점력을 가질 수 있게 된다. 따라서 독점적 경쟁은 경쟁적 성격과 독점적 성격을 동시에 가지는 시장형태라고 할 수 있다.

8 예컨대 미국의 자동차가 독일로 수출되는 것은 값비싼 독일자동차를 구입하지 못하는 독일서민층의 욕구를 미국자동차가 충족시켜주기 때문이고, 미국으로 수출되는 독일자동차는 대형의 고가품이 주류를 이루는데 이것은 안전성·품위를 중요시 여기는 미국 부유층의 구매욕구를 독일자동차가 충족시켜 주기 때문이다.

9 이들 중 독점의 경우 이론적으로 다루기가 매우 쉽고 유용하지만 현실적으로 국제무역에 있어서 독점적 기업이 존재하기 어렵기 때문에 산업내무역의 발생원인으로서 논의되지 않는다.

국내적으로는 도서출판·영화·컴퓨터게임·식당·제과·가구 등이 이러한 독점적 경쟁의 성격을 나타내고 있고 국제적으로는 각기 차별화된 자동차를 생산하여 경쟁하는 세계적인 자동차 메이커들(Ford, GM, Volkswagen, Renault, Peugeot, Fiat, Volvo 등)의 경쟁구조가 이러한 성격을 띠고 있다. 이러한 독점적 경쟁 하에서 두 나라 기업들이 서로 차별화된 동종 상품을 생산하여 서로 상대방국가로 수출하게 되면 독점적 경쟁으로 인한 산업내무역이 발생하게 된다.

2.3 독점적 경쟁모델(독점적 경쟁 하의 제품차별화와 규모의 경제)

이렇게 산업내무역이 발생될 수 있는 불완전경쟁시장은 과점과 독점적 경쟁이지만,[10] 특히 독점적 경쟁구조 하에서 발생되는 규모의 경제와 제품차별화를 결합시켜 산업내무역을 설명하려는 이론이 크루그만(P. A. Krugman) 등에 의한「독점적 경쟁모델」이다.[11]

위에서 설명한 바와 같이 독점적 경쟁을 특징짓는 주요 특성이 제품차별화인데, 제품차별화(product differentiation)란 동일한 수요를 충족시키는 동종의 상품이지만 기능적으로나 질적으로 조금씩 차이가 있는 대체재를 생산·공급하는 것을 말한다. 이러한 제품차별화가 국가와 국가 간에 이루어지면 동일한 산업 내 제품 간의 상호교역이 가능해진다. 예컨대 동일한 자동차라고 하더라도 소형승용차와 대형승용차 간의 상호교역이 발생할 수 있음은 물론 고급승용차라고 하더라도 독일의 벤츠는 미국으로 수출되고 미국의 캐딜락은 독일로 수출되는 상호교역이 가능해지기 때문이다.

이러한 시장구조 하에서 각 회사는 각기 차별화된 특정 제품을 판매하게 되는데 이러한 제품의 생산에 규모의 경제(economy of scale)가 작용하게 되면 그 제품의 평균생산비가 낮아져 더 저렴하게 소비자에게 공급해줄 수 있다. 예컨대 여성의류라고 하더라도 천차만별이어서 다수의 경쟁사 중 어떤 회사 제품인가에 따라 품질·디자인·가격 등이 서로 다르고 소비자가 느끼는 만족도도 달라지는 제품차별화가 이루어진다. 이러한 제품차별화에 의하여 외국과의 무역이 이루어지면 동 제품을 판매할 수 있는 시장이 확대됨으로써 동 제품의 생산에서 규모의 경제가 촉진되게 되는데 이러한 규모의 경제로 인하여 무역이 발생될 수 있는 여지가 더욱 커지가 된다.

이렇게 여성의류산업 내에 존재하는 제품차별화로 인하여 동일산업 내에서 수출과 수

10 과점의 경우 가격의 결정이 상호의존적이기 때문에 여러 가지 조건에 따른 전략적 변수(담합이나 전략적 대응 등)가 많아 그러한 시장구조 하에서의 일반화된 무역모형을 논의하기 어렵기 때문에, 완전경쟁과 독점의 중간 형태로서 분석이 비교적 쉬운 독점적 경쟁모형을 주로 논의하는 경향이 있다.

11 P. K. Krugman, "Increasing Returns, Monopolistic competition and International Trade," *Journal of International Economics*, vol. 9 no. 4 (Nov. 1979) pp. 469-79; E. Helpman and P. Krugman, *Market Structure and Foreign Trade : Increasing Returns, Imperfect Competition and the International Economy* (MIT Press, 1985).

입이 동시에 이루어지는 산업내무역이 발생되고 이러한 무역이 동 제품의 생산에 규모의 경제를 촉진시킴으로써 산업내무역이 발생될 수 있는 여지가 더욱 커지게 된다. 말하자면 독점적 경쟁구조 하에서 제품차별화가 산업내무역을 발생시키고 이러한 무역으로 인하여 차별화된 상품 생산에 규모의 경제가 작용하면 이로 인해 산업내무역이 더욱 촉진되는 만큼, 독점적 경쟁구조 하에서의 '제품차별화'와 '규모의 경제'가 산업내무역의 발생원인을 설명하는 이론적 근거가 되는 것이다.

이렇게 독점적 경쟁구조 하에서의 규모의 경제와 제품차별화로 인한 산업내무역이 발생하게 되면 기술수준이나 요소부존도 등 경제구조가 동일하거나 유사한 국가 간에도 상호 유익한 무역이 발생할 수 있다. 각 기업은 종전보다 더 낮은 비용으로 생산할 수 있기 때문에 생산자의 효율이 증대되고, 양국의 소비자들 역시 무역이전 보다 더 낮은 가격으로 소비할 수 있을 뿐만 아니라 다양한 종류의 차별화된 제품에 대한 선택의 폭이 넓어짐으로써 소비자후생이 증가되기 때문이다.

2.4 독점적 경쟁모델의 한계

이상에서 살펴본 바와 같이 1980년대 이후 경제구조가 유사한 나라들 간에 동일한 산업 내에서 수출과 수입이 동시에 이루어지는 산업내무역의 발생원인을 설명해주는 새로운 무역이론으로서 중심적 위치에 있는 이론이 규모의 경제와 제품차별화를 전제로 하는 독점적 경쟁모델이다. 그러나 이러한 독점적 경쟁모델은 불완전경쟁적 시장구조 하에서 산업내무역이 발생할 수 있는 원인은 설명해주지만, 이러한 구조 속에서 '어떠한 국가가 어떠한 제품을 수출하고 수입하는가'라는 산업내무역의 패턴결정에 대해서는 어떠한 해답을 제시하지 못한다.

예컨대 자동차산업 내에서 대형자동차와 소형자동차 간에 교역이 이루어지는 산업내무역이 발생하는 이유는 규모의 경제를 통하여 설명하지만 '이러한 규모의 경제가 왜 어떤 나라는 대형자동차에서 실현되는 반면 다른 나라는 소형자동차에서 실현되는가'에 대해서는 어떠한 설명도 제공해주지 못한다. 따라서 이러한 이론적 모델을 통하여 우리가 알 수 있는 것은 '각국은 각기 차별화된 상품을 생산하여 서로 수출한다는 것' 뿐이다.

왜 어떤 나라는 대형자동차에서 규모의 경제가 실현되고 또 다른 나라는 소형자동차에서 규모의 경제가 실현되는가에 대해서 여러 가지 경제적·비경제적(역사적·사회문화적)요인들이 작용하여 그것의 무역패턴은 다분히 어떤 '역사적 우연'(historical accidents)에 의해서 이루어진다고 밖에 말할 수 없는 경우가 많다. 물론 이러한 논리는 산업내무역에 대해서만 국한되지 않고 국제무역 일반에 대해서도 동일하게 확장될 수도 있다. 예컨대 한국은 왜 김치생산에 비교우위를 가지고 일본은 왜 애니메이션산업이 발전하여 전 세계를 휘어잡고 있는가,

스위스는 왜 고도의 정밀사업인 시계산업에 세계적인 경쟁력을 갖게 되었고, 미국 캘리포니아주 실리콘밸리에서는 왜 컴퓨터산업이 발전하였고 뉴욕은 왜 의류산업의 수출지역으로 부상하게 되었는가, 지난 날 한국의 대구지역은 왜 섬유산업의 수출중심지가 될 수 있었는가 등과 같은 질문이 그것이다.

이러한 질문들에 대하여서는 나름대로의 여러 가지 역사적·사회문화적 배경을 바탕으로 하는 상식적인 설명을 할 수 있겠지만 이를 이론적으로 체계성 있게 설명하기는 매우 어려운 것이 사실이다. 오히려 더 보편적인 대답은 '이유는 잘 모르겠지만 원래 이러한 산업들이 그곳에 입지하여 발전하였기 때문에 그것이 국제무역에서 비교우위를 갖게 되었다'는 것일 것이다.[12]

요컨대 산업내무역을 설명하는 독점적 경쟁모델은 산업내무역이 발생하는 원인에 대하여 독점적 경쟁 하에서의 규모의 경제와 제품차별화를 제시하여 나름의 해답을 제공해주지만 '그렇다면 어떤 나라가 어떤 제품을 차별화하고 수출하게 되는가'라는 무역패턴의 결정에 대해서는 충분한 설명을 제공해주지 못한다. 이러한 점이 독점적 경쟁모델의 한계이기도 하고 전통적 무역이론과 다른 점이기도 하다. 전통적 무역이론은 무역당사국의 기술수준이나 요소부존도 등의 차이로써 국제무역이 발생되는 원인과 근거를 설명해주는 동시에 '어떤 나라가 어떤 재화에 비교우위를 가지는가'라는 무역패턴의 결정문제에 대해서도 나름의 해답을 제공해주기 때문이다.

3. 산업내무역이론과 전통적 무역이론의 함의

앞에서 논의한 바와 같이 1980년대 이후 새로운 무역이론(특히 산업내무역이론)이 대두된 것은 새로운 무역의 형태와 현상을 기존의 무역이론으로 제대로 설명할 수 없기 때문이었다. 그렇다면 '전통적 무역이론은 오늘날의 무역을 설명하는 이론으로서의 이론적 의의가 없어졌는가'라는 물음이 제기될 수 있다. 이러한 질문에 대한 올바른 대답은 양쪽 모두 유용한 이론이며 전통적 무역이론 역시 오늘날에도 여전히 유용하다는 것이다.

우선 현실의 무역에서 산업간무역과 산업내무역이 동시에 병존하고 있는 만큼 양쪽 이론을 적절히 결합시키는 것이 국제무역의 다양한 패턴을 이해하는 데에도 도움이 되기 때문이다. 1980년대 이후에 나타난 새로운 무역이론은 독점적 경쟁시장 구조 하에서 이루어지는 산업내무역을 설명하는데 유용한 반면, 지금도 국제무역의 상당한 부분을 차지하는 산업간무역의 경우에 대해서는 기술수준이나 요소부존도의 차이를 통하여 설명하는 전통적 무역이론이 여전히 유용하다.

12 강인수 외, 국제경제학 제2개정판 (박영사, 2012) p.130 참조.

이러한 관점에서 주로 산업간무역을 설명하는데 유용한 전통적 무역이론과 1980년대 이후 제시된 산업내무역이론은 상호배척적인 것이 아니라 상호보완적이라고 할 수 있고, 따라서 헥셔-오린이론 등 전통적 무역이론의 이론적 의의와 유용성이 평가절하 되어서는 안 될 것이다. 이러한 점을 전제하면서 산업간무역과 산업내무역 간의 관계 또는 전통적 무역이론과 산업내무역이론 간의 관계에 대한 몇 가지 주요한 함의(implications)를 정리하면 다음과 같다.[13]

(1) 전체 무역 중 산업내무역의 비중이 점차 커지고 있고 경제구조가 서로 다른 선후진국 간의 무역보다는 경제구조가 서로 비슷한 선진국 간의 무역비중이 커지고 있다. 따라서 국제무역이론으로서 전통적 이론과 산업내무역이론은 모두 유용한 이론체계이지만, 현실적으로 산업내무역이론의 중요성이 점점 더 커지고 있는 것이 사실이다.

(2) 산업간무역과 산업내무역 중 어느 쪽이 상대적으로 더 중요해질 것인가는 무역당사국 간의 경제구조가 얼마나 유사성을 가지는가에 따라 달라질 수 있다. 두 국가의 요소부존비율 등 경제구조가 유사한 경우 산업간무역보다는 산업내무역이 지배적이 될 것이고, 반대로 두 나라의 경제구조가 서로 상이할수록 산업간무역이 지배적이 될 것이다.

(3) 산업간무역은 기술수준이나 요소부존도 등의 차이에 따라 발생하는 비교우위를 반영하므로 전통적 무역이론을 통한 무역패턴의 예측이 가능해지지만, 산업내무역의 경우 양국의 경제구조가 동일하더라도 규모의 경제·제품차별화 등에 의해 무역이 발생하므로 무역의 방향을 정확하게 예측할 수 없다. 다만 우리는 차별화된 제품 중 특정 품목을 특정 국가가 수출하게 될 것이라고 말할 수 있을 뿐 최종적인 무역패턴은 역사적 우연이나 무역당사국의 정책적 노력에 의하여 결정된다는 정도의 주장만이 가능해진다.[14]

(4) 동종 산업 내에서 이루어지는 산업내무역은 서로 다른 산업 간에 이루어지는 산업간무역과는 서로 다른 경제적 효과를 발생시킬 수 있다. 우선, 산업내무역을 통하여 동일산업에 대한 시장이 확대되면 동 제품에 대한 생산량증가·생산성향상이 초래되어 소비자가 더 저렴한 가격으로 소비하게 되어 소비자의 후생수준이 증대될 뿐만 아니라 동일산업 내 다양한 차별화제품을 선택할 수 있는 선택폭이 넓어짐으로써 다양성선호의 소비함수 역시 개선될 수 있다. 또한 산업내무역은 비록 차별화된 제품이지만 동일 산업에 속하는 상품들이 서로 교역되는 것이므로 국제무역으로 인한 요소 간 소득배분변화에 따른 갈등문제가 산

---

13 P. A. Krugman & M. Obstfeld, *International Economics* (Prentis Hall 2009) Ch. 6 및 Dominik Salvatore, International Economics Vol.1 Trade Theory and Policy (John Willey and Sons, 2004) Ch.6의 내용 수정 및 보완.

14 이러한 점에서 전통적 무역이론은 부존자원이나 여건 등 자연적(natural) 우위요인을 중시하는 데 비하여 산업내무역이론은 후천적(acquired) 우위요인 내지는 창조된 자산(created asset)을 더 중시한다고 할 수 있다.

업간무역의 경우보다는 완화된 형태로 나타날 수 있다.[15]

보충 학습 3-2

동질적 재화의 산업내무역 발생원인

1970년대 후반 산업내무역에 대한 최초의 체계화를 시도한 그루벨과 로이드(H. G. Grubel and P. J. Llyod)는 동질적인 재화일 경우라도 산업내무역이 발생할 수 있음을 전제하고 이러한 동질적 재화 간에 산업내무역이 발생할 수 있는 요인들을 다음과 같이 제시하였다.[16]

장소차별화(국경무역) 동질적 상품이라도 수송비가 상대적으로 큰 상품이거나 부패하기 쉬운 상품들의 경우 수송비의 크기·상품의 입수가능성·소비자의 지리적 분포 등 장소적 요인이 무역에 강한 영향을 미치게 된다. 이러한 경우 국경 근처의 어떤 소비자는 자국 내에서 생산되지만 더 먼 수송거리를 요하는 자국 상품을 구입하는 것보다 지리적으로 더 가까운 인접국가의 상품을 구입하는 것이 더 용이하고 저렴하게 된다. 예컨대 캐나다 국경근처에 거주하는 미국인들은 미국상품 대신 캐나다상품을 구입하는 것이 더 유리할 수 있다. 이와 같은 경우 서로 동질적인 제품이 장소적 차별화에 따라 국가 간에 교역될 수 있게 되는데 이러한 이유 때문에 발생되는 산업내무역이 국경무역(border trade)이다.

시간차별화(계절무역) 동질적 상품이지만 생산시기와 소비시기의 차이에 따라 별개의 상품으로 차별화되는 상품들이 있고 시간경과에 따라 소비행태가 달라지는 상품도 있다. 예컨대 농산품과 같은 경우 수확기인 여름에는 수출하지만 비수기인 겨울에는 수입하게 되고 에어컨과 같은 냉방기의 경우 비수기에는 외국에 수출하지만 성수기에는 외국으로부터 수입하게 되는 경우이다. 이러한 경우 연간 무역통계에는 동일한 상품이지만 수출과 수입이 동시에 나타나게 되어 산업내무역이 발생하게 된다. 이 같은 산업내무역은 시간에 의해 차별화되기 때문에 이를 계절무역 또는 주기성무역(periodic trade)이라고 한다.

중계무역과 재수출무역 처음부터 재수출할 것을 목적으로 외국에서 물품을 수입하여 그것을 다시 수출하여 그 차익을 얻기 위한 무역형태가 중계무역(intermediary trade)인데 이러한 중계무역은 일반적으로 중계무역항(intermediary trade port)을 통하여 이루어진다.[17] 그런데 이러한 중계무역항은 ① 관세가 부과되지 않는 자유항(free port)일 것, ② 외환자유화에 따른 국제금융시장이 형성되어 있을 것, ③ 지리적으로 무역의 요충지가 되는 상품의 집산지일 것, ④ 국제물류시설이 완비되어 있을 것 등의 요건이 필요하다. 또한 수입한 상품을 조립·포장·혼합 등 가공한 후 다시 재수출하는 무역이 재수출무역이다. 이와 같은 무역이 이루어지면 동일한 산업에 속하는 상품들이 동시에 수출되고 수입되는 산업내무역이 발생될 수 있다.

15 헥셔-오린이론의 원리에 따라 이루어지는 산업간무역은 상대적으로 희소한 요소 또는 그러한 요소를 집약적으로 투입하는 수입대체산업에 대한 소득분배가 불리하게 되어 국제무역으로 인한 요소 간·산업 간 갈등이 커지는데 비하여, 산업내무역은 일국의 수출증가와 수입증가가 동시에 이루어져 모든 생산요소가 무역으로부터의 이득을 얻을 수 있음을 의미하므로 소득재분배로 인한 갈등이 상대적으로 크지 않을 수 있기 때문이다.

16 H. G. Grubel and P. J. Llyod, *Intra-Industry* (The Macmillian Press Ltd., 1975).

17 이러한 중계무역항은 ① 관세가 부과되지 않는 자유항(free port)일 것, ② 외환자유화에 따른 국제금융시장이 형성되어 있을 것, ③ 지리적으로 무역의 요충지가 되는 상품의 집산지일 것, ④ 국제물류시설이 완비되어 있을 것 등의 요건이 필요하다.

제 3 편

무역정책론

International Trade Policy

무역정책의 개념과 의의

앞에서 논의한 국제무역이론에서는 무역에 대한 아무런 장애가 존재하지 않는 자유로운 상태를 가정하고 있지만 현실의 국제무역에는 많은 제약요인들이 작용하고 있다. 많은 국가들이 자국의 국익극대화를 위하여 대외무역을 제한하거나 촉진하기도 하고 경제거래를 조정하거나 관리도 하기 때문이다. 대외무역에 대하여 제한·촉진·조정·관리하는 이러한 일련의 조치들이 무역정책이고 이를 다루는 학문분야가 무역정책론이다.

경제정책(economic policy)이란, 경제 현실(現實)과 이상(理想) 사이에 존재하는 괴리와 모순을 극복하기 위하여 어떤 목표를 세우고 그 목표를 위하여 인위적인 정책수단을 활용하여 이상적인 상태를 이룩하는 경제행위나 조치를 말한다. 따라서 무역정책(trade policy)이란, 대외무역에서 발생되는 여러 가지 모순을 극복하고 지양하기 위하여 정책목표를 세우고 개입하는 경제행위나 조치를 말한다. 이러한 정책의 수행과정에서 국가는 개별 경제주체들의 행위를 직접 또는 간접으로 규제(regulate)하고 조정(adjust)하며 촉진(promote)시킨다.

이러한 무역정책이 필요한 이유는, 일국 내에서 이루어지는 경제거래와 국가와 국가 간에 이루어지는 국제경제거래는 다음과 같이 그 원리와 목표가 서로 다르므로 이렇게 서로 상충되는 원리와 목표를 조화시키기 위해서는 일정한 규제·조정·촉진이 필요하기 때문이다.

(1) 국제경제거래는 서로 다른 경제제도·화폐·법체계하에서 서로 다른 국민들 간에 이루어지므로, 이러한 국제거래를 국내거래와 같이 시장에만 맡겨둘 경우 여러 가지 경제적 불이익이 발생하게 된다. 예컨대 아직 경제발전수준이 유치하여 선진국과의 자유경쟁이 불가능한 후진국이 시장메커니즘에 따른 자유무역만을 하는 경우 자신의 산업을 육성하고 국제경쟁력을 갖출 기회를 잃게 될 것이다.

(2) 국내경제거래를 지배하는 경제메커니즘은 절대적 경쟁원리(절대우위원리)이지만 국제경제거래는 상대적 경쟁원리(비교우위원리)에 의해 이루어진다. 따라서 국제거래를 국내거래에서와 같은 절대적 경쟁원리에 의해 이루어지도록 방치해두면 개별 국민경제에 여러 가지 불리한 결과가 초래될 수 있다.

(3) 국제경제거래를 실제로 행하는 주체는 개인이나 기업이지만 이의 원인과 영향을 논의함에 있어서 기본이 되는 단위는 국민경제이다. 따라서 무역을 행하는 개인이나 기업의 목표와 행위는 국민경제의 이익이라는 국익의 테두리 내에서 제약을 받지 않을 수 없다.

이와 같이 국제경제거래에 있어서는 국제거래의 차별적 성격 때문에 발생되는 부작용이나 문제점들을 최소화하기 위하여, 국제경제거래가 절대적 경쟁원리가 아닌 상대적 경쟁원리에 의해 이루어지도록 하기 위하여, 또한 개인이나 개별기업의 이익과 국가전체의 이익이 조화되도록 하기 위하여 일정한 정책적 개입이 필요해지게 된다. 이것이 무역정책이 필요한 근본적인 이유이다.

무역정책의 목표와 수단

무역정책도 경제정책의 일부에 지나지 않으며 또한 무역정책이 종합적 성격을 지니므로 일반적 경제정책의 목표가 곧 무역정책의 목표이기도 하다. 다만, 무역정책이 대외경제정책이라는 이유 때문에 국내경제정책보다 더 추가되거나 강조되는 정책목표들이 있게 된다. 이러한 관점에서 국제통상정책의 정책적 목표(policy aims/ objectives/ goals)를 열거하면, ① 자원의 효율적 배분, ② 국민후생과 복지 증진, ③ 국민소득증대(경제성장)와 경제발전, ④ 국내산업의 보호와 육성, ⑤ 고용의 증대, ⑥ 물가의 안정, ⑦ 국제수지의 개선, ⑧ 소득분배개선, ⑨ 교역조건개선, ⑩ 국제협조체제 달성, ⑪ 국가의 위신 및 안보 강화 등을 들 수 있다. (표 4-1 참조)

표 4-1 통상정책의 일반적 목표

경제정책 일반의 목표	자원의 효율적 배분과 후생증대	• 자원의 효율적 배분 • 국민후생복지증진
	국민경제의 성장과 발전	• 경제성장과 발전 • 국내산업의 육성·강화 • 국내 산업구조/경제구조의 고도화
	국민경제의 균형과 안정	• 완전고용·물가안정 (대내균형의 달성) • 국제수지균형 (대외균형의 달성)
	소득분배의 형평성 제고	• 무역을 통한 소득재분배
무역정책 고유의 목표	무역을 통한 국익극대화	• 특정산업(사양산업·전략산업)의 보호 • 대외교역조건의 개선
	국제협력체제의 달성	• 대외환경변화에 대한 대응과 조정 • 국제협력체제의 유지와 달성
	비경제적 목표의 달성	• 국가의 위신유지 • 국방력(안보)의 강화

한편 이상과 같은 통상정책의 목표가 책정되면 그러한 목표들을 달성하기 위한 「정책수단」(policy instruments)이 채택되어야 한다. 이러한 통상정책수단으로서는 수입을 제한하기 위한 정책수단과 수출을 촉진하기 위한 정책수단으로 구분할 수 있다. 이러한 정책수단으로서 관세(tariff)가 가장 전통적인 수단이지만 오늘날에 있어서는 비관세장벽(NTB: non-tariff barrier)의 중요성이 더욱 커졌고, 자국 산업을 보호하여 수입을 억제하거나 수출을 촉진하기 위한 보조금 등 수출촉진정책(export promotion policy)도 그 중요성을 더해가고 있다.

제3편의 주요 내용

따라서 본편에서는 이러한 무역정책과 무역정책론에 대한 다음과 같은 3가지의 총론적 고찰을 통하여 무역정책에 대한 기초적 개념과 식견을 제공한다.

(1) 자유무역정책론과 보호무역정책론이 각각 어떠한 이론적 논거 위에서 주장되어 왔고 그에 대한 비판내용은 무엇인가를 논의하고 종합적 평가를 내려 본다. 또한 무역정책이 역사적으로 어떠한 과정을 거치며 변천되어 왔는가를 살펴보고 이러한 역사적 과정이 어떠한 배경에서 어떠한 내용으로 전개되어 왔는가를 살펴보고 평가한다. (제4장 자유무역정책과 보호무역정책)

(2) 무역정책의 정책목표를 달성하기 위한 정책수단(policy instruments)으로서 어떠한 것들이 있고 그 경제적 효과는 어떠한가를 논의한다. 무역정책수단을 관세(tariff)와 비관세장벽(NTB: non-tariff barrier)으로 나누어 이들의 경제적 의의와 효과를 논의한다. (제5장 무역정책수단과 경제적 효과)

(3) 국가와 국가 간의 경제적 관계에 대한 접근방법에는 2개국 간의 자유화와 협력을 추구하는 쌍무주의(bilateralism) 이외에도 세계의 모든 국가들이 참여하는 다자주의(multilateralism)와 일부국가들끼리 자유화를 추구하는 지역주의(regionalism)가 있다. 이에 무역자유화를 위한 다자주의적 성과로서 기능하고 있는 세계무역기구(WTO)와 지역주의적 관점에서 추구하고 있는 자유무역협정(FTA) 등 국제지역경제통합에 대하여 논의한다. (제6장 국제무역기구와 국제지역경제통합)

제 4 장 International Trade Policy

자유무역정책과 보호무역정책

제4장에서는 무역정책의 가장 핵심적 논쟁점이 되는 자유무역정책과 보호무역정책에 대하여 논의한다. 우선 제1절에서는 자유무역과 보호무역을 주장하는 무역정책론의 논거가 무엇이고 이러한 각각의 주장에 대한 비판점은 무엇인가를 살펴본 뒤 이러한 논의들을 종합적으로 평가해보는 이론적 논의를 행한다. 이어서 제2절에서는 역사적으로 자유무역과 보호무역이 어떠한 역사적 배경과 내용으로 교차되며 전개되어 왔는가를 살펴보고 역사적으로 평가해본다.

제 1 절 자유무역정책론과 보호무역정책론

1. 자유무역정책론

1.1 자유무역정책론의 이론적 논거

'왜 자유무역이 더 바람직한 정책인가'에 대한 논의는 스미스(A. Smith)와 리카도(D. Ricardo) 등 고전학파의 무역정책론에서 이미 체계화되어 왔음은 제2장에서 살펴보았다. 또한 이러한 자유무역정책론은 고전학파 이전에도, 농업만이 부를 축적할 수 있다고 생각한 중농주의(重農主義, physiocracy) 사상 속에서도 발견된다.

물론 이러한 고전적 자유무역정책론은, 16C부터 유럽을 지배하던 중상주의(重商主義, mercantilism)체제의 지나친 보호정책이 가져온 폐해를 지적하고 이를 비판하는 것으로부터 출발하였다. 그러나 자유무역정책론이 주창된 보다 근본적인 이유는, 무역이 발생하지 않거나 보호무역이 실시되는 경우에 비하여 자유무역이 이루어졌을 때 무역당사국이 얻을 수 있는 경제적 이익이 더 크기 때문이다. 이러한 관점에서 무역당사국이 자유무역을 통하여 얻을 수 있는 경제적 효과와 그것을 바탕으로 한 자유무역정책의 이론적 논거들을 정리한 것이 〈표 4-2〉이다.

표 4-2 자유무역의 경제적 효과와 자유무역정책론

구 분		자유무역의 경제적 효과	자유무역정책론
정태적 효 과	자원의 효율적 배분효과 후생증대효과	• 비교생산비에 따른 생산특화와 교환에 의한 자원의 효율적 배분 • 자유무역을 통한 국민후생증대	• 자원의 효율적 배분론 • 후생증대론(소비자이익론)
	소득재분배 효과	• 요소가격 변화에 의한 소득배분 변화 (생산자-소비자, 수출산업-수입대체산업)	• 소득분배개선론
자유경쟁의 효과		• 자유경쟁을 통한 효율증대 및 경쟁력향상	• 자유경쟁론
동태적 (경제 발전) 효과	수출의 동태적 (경제발전)효과	• 수출을 통한 필요외화의 조달 • 수출을 통한 국민소득의 증대 • 시장규모 확대와 생산성증대 • 국내저축증대와 자본축적	• 대외무역 통한 경제발전론
	수입의 동태적 (경제발전)효과	• 필요물자조달 (소비후생증대, 발전위한 원자재·자본재조달) • 경쟁력 향상효과 (국내경쟁촉진, 산업효율화, 기술개발촉진) • 새로운 수요의 확대 (새로운 투자의 유발, 개발의지의 확대)	
대외적 효과		• 자유무역을 통한 국제협력 증진 및 세계평화에 기여	• 국제협력론 / 세계평화론

이 표를 통하여 보듯이 자유무역은 자원의 효율적 배분·국민소득과 소비후생 증대·소득재분배·국제경쟁력 향상·경제성장과 발전·국제적 협조와 평화에 기여하는 긍정적 효과를 나타낸다. 따라서 '자유무역정책이 왜 더 바람직한가'에 대한 자유무역정책의 경제적 논거 역시 이러한 각각의 경제적 효과를 바탕으로 출발한다.

이러한 관점에서 자유무역정책의 경제적 논거를 요약하면 일찍이 스미스가 국부론을 통하여 제시하였듯이 ① 국제분업에 의한 자원의 효율적 배분론, ② 후생증대론(소비자이익론), ③ 자유경쟁론으로 대표될 수 있고 이에 추가하여 ④ 소득분배개선론, ⑤ 대외무역을 통한 경제발전론, ⑥ 국제협력론/세계평화론 등을 들 수 있다.

1.2 자유무역정책론에 대한 비판

고전학파 이래 근대경제학의 가장 강력한 명제로서 자리매김하여 온 이상과 같은 자유무역정책론은 정교한 이론과 기준에 의해 뒷받침되어 왔고 또한 자유무역의 우월성이 역사적·경험적으로도 입증되어 왔다고도 할 수 있다. 그럼에도 불구하고 현실적으로는 자유무역보다는 보호무역이 지배적인 정책기조가 되어 왔을 뿐만 아니라 자유무역정책의 이론적 논거에 대한 비판과 반론 역시 여러 측면에서 끊임없이 제기되어 왔다.

표 4-3 자유무역정책론의 논거에 대한 비판

자유무역론의 논거	자유무역정책론에 대한 비판 내용
자원의 효율적 배분론	자원의 효율적 배분을 위한 전제조건(완전경쟁·완전고용 등)이 충족되지 않는 경우 보호무역이 오히려 더 바람직할 수 있음.
소비자이익론 사회후생증대론 소득재분배론	단기적·정태적 관점에 서 있는 소비자이익론의 한계가 있음 보상의 원리·소득재배분장치의 원활한 작동 경우에만 의미 있음 자유무역으로 인한 피해 집단·계층의 보호를 위한 조치 필요함
자유경쟁론	경제의 역사성을 무시한 강자의 논리임 • 소득의 역류효과론(强益强·弱益弱) • 자유무역에 의한 무역이익배분의 불균형 우려 (1차 산품 교역조건의 장기적 악화, 궁핍화성장) • 자유무역으로 인한 대외적 착취와 종속의 심화 우려
대외무역을 통한 경제발전론	• 산업구조 및 무역패턴의 정태성·불균형성 발생 우려 • 경제발전을 위한 자본축적의 저해 우려

물론 자유무역정책론에 대한 이러한 비판과 반론들이 후술하는 보호무역정책론의 논거가 되기도 하지만, 자유무역정책을 옹호하는 주요한 논거들에 대한 일반적인 비판 내용을 개관하면 다음과 같다.

(1) 자원의 효율적 배분론 비판

자유무역정책론은, 국내에서의 분업이 바람직하듯이 국제적으로도 비교생산비에 따른 국제적 분업(생산특화)과 교환이 자원의 합리적 배분을 향상시키는 효과가 있기 때문에 바람직하다고 주장한다. 이러한 주장에 대하여 비판론자들은, 자유무역정책론이 주장하는 바와 같은 경제적 효과가 나타나기 위해서는 이들이 기초하고 있는 가정과 전제가 충족되어야 하는데 현실적으로 이러한 가정과 전제들이 충족되지 않는다고 비판한다.

예컨대, 완전경쟁·완전고용의 전제가 충족되지 않거나 생산물시장·요소시장에 왜곡이 있는 경우 자유무역론자들이 주장하는 바와 같은 무역이익이 실현되지 못한다. 특히 생산요소 이동이 자유롭지 못하여 산업간 임금 및 생산성의 격차가 존재하는 개도국의 경우 자유무역에 따른 생산 및 소비의 최적배분이 실현되지 못하여 자유무역보다 오히려 보호무역을 통하여 이를 실현하는 것이 필요할 수도 있다. 또한 자유무역정책론은 모든 자원이 완전고용상태에 있음을 전제하지만 구조적 요인으로 불완전고용 상태가 계속되는 상황에서는 보호무역정책을 통한 고용보호가 더 나은 결과를 만들 수도 있다.

(2) 소비자이익론·사회후생증대론·소득분배개선론 비판

자유무역을 통하여 소비자후생이 극대화되고 이를 통하여 사회전체 후생이 증대되며 또한 자유무역은 요소가격 변화를 통하여 국내소득분배를 개선한다는 주장에 대해서도 다음과 같은 비판들이 가해진다.

소비자이익론 단기적·정태적 관점에서는 타당할 수 있지만 장기적·동태적인 관점에서 보면 반드시 타당하다고 말할 수 없다. 오히려 보호무역을 통한 국내산업 발전이 국내생산량을 증대시키고 이러한 과정에서 국내산업경쟁력이 강화되어 생산비가 인하되면 이를 통한 국내소비자의 후생증대가 가능해진다. 말하자면 자유무역이 국내소비자의 후생을 향상시킨다는 논거는 장기적·동태적 관점을 결여하고 있다.

사회후생증대론 자유무역론자들은 자유무역에 의하여 이득을 보는 집단도 있고 손실을 입는 집단도 있지만 전체 이득이 전체 손실을 초과한다면 사회 전체의 후생이 증대되는 것이므로 자유무역이 바람직하다고 주장하지만, 무역으로부터 발생되는 이득이 무역으로부터 발생되는 손실을 충분히 보상해주는 보상의 원리(principle of compensation)가 제대로 작동할 경우에만 타당할 수 있다.

소득분배개선론 자유무역은 국내요소가격의 변화를 가져와 자유무역 이후 소득증대가 이루어지는 집단·계층과 자유무역으로 인한 소득감소가 이루어지는 집단·계층이 존재하게 되는데 후자의 경우 자유무역으로 인하여 오히려 소득수준의 악화나 불평등에 직면하게 된다. 이 같은 경우 때로는 보호무역을 통하여 이러한 손실집단을 보호해주어야 할 필요성마저 존재하게 된다.

(3) 자유경쟁론 비판

일국 내에서 자유경쟁이 바람직한 것처럼 국제간의 교역에서도 자유경쟁이 바람직하다는 고전학파적 논리는, 영국이라는 선진국을 배경으로 한 논리로서 대외무역의 형태나 기능이 그 국민경제의 경제발전단계에 따라 서로 다를 수 있다는 역사성(歷史性)을 무시하고 있으며, 또한 당시 산업혁명을 거쳐 세계의 공장으로 군림하면서 새로운 판매시장의 확보가 필요한 영국의 입장을 대변하는 강자(强者)의 논리로서의 성격을 지닌다는 비판이 제기되었다. 그들은, 역사적 경험에 비추어 볼 때 국제무역이 오히려 저개발국의 발전을 저해하도록 작용하였다고 할 수 있으며 특히 강자와 약자 간의 거래에 있어서는 시장력이 올바르게 작용하지 못하여 경제적 약자인 개도국들에게 다음과 같은 문제점들을 초래한다고 비판한다.

소득의 역류효과론 어떤 사람과 사람·지역과 지역·국가와 국가 간 경제적 교류가 이루어질 때 한쪽의 발전이 다른 쪽의 발전으로 연결되는 확산효과(spread effect)와 한쪽의 발전이 다른 쪽의 정체로 연결되는 역류효과(backwash effect)가 발생되는데, 이러한 효과의 크기는 구성원의 힘의 차이가 작을수록 전자의 효과가 크고 구성원의 힘의 차이가 클수록 후자의 효과가 크다. 따라서 선진국과 개도국이 자유무역을 하는 경우 무역으로 인한 전체 이익은 증가되지만 소득의 확산효과 대신에 소득의 역류효과가 발생되어 강익강·약익약(强益强·

弱益弱)의 결과를 가져온다.[1]

무역이익 배분의 불균형 자유무역에 의해 선진공업국에서 생산되는 2차산품의 교역조건은 개선되지만 1차산품 생산에 특화하여 이를 수출하는 개도국의 교역조건은 장기적으로 악화된다는 주장이 '1차산품 교역조건의 장기적 악화론'이다. 이에 따르면 선진국과 개도국 간의 교역에서 발생되는 무역이익이 점차 선진국에 유리하고 개도국에 불리하도록 배분되어 양자 간의 격차가 더욱 확대되는 역사적 과정을 밟아 왔다. 따라서 1차산품을 수출하는 개도국의 경우, 수출이 증가하여도 교역조건이 악화됨으로써 실질소득이 저하되는 이른바 '궁핍화성장'(immerserizing growth)에 직면할 수 있다.

대외적 착취와 종속의 심화 급진주의 경제학자들은 또 다른 관점에서 자유무역에 따른 국가간 무역이익의 배분문제를 제기하는데 그것이 이른바 부등가교환론(theory of unequal exchange)이다. 그들은 선후진국 간의 수직적 분업구조가 형성되고 부등가교환이 강요되어 저개발국의 경제적 잉여가 선진국으로 유출되며 성장의 잠재력이 훼손됨으로써 대내외적 불균등이 심화될 것이라고 주장한다. 따라서 자유무역을 통하여 모든 나라가 혜택을 입는다는 전통적 경제이론은 이미 죽은 이론이라고 전제하고, 무역과 같은 국제거래의 실제 역사는 중심부에 의한 주변부의 착취로 얼룩져 중심부국가들에게는 자유무역이 성장의 원동력(engine of growth)이었지만 주변부국가들에게는 착취의 도구(instrument of exploitation)이므로, 선진국과 저개발국 간의 국제거래는 종속 및 착취관계를 면할 수 없다고 주장한다.

(4) 대외무역을 통한 경제발전론 비판

자유무역정책을 주장하는 옹호론자들은 자유무역이 그 나라의 경제성장과 발전의 원동력이 될 수 있다고 주장하지만 전통적 비교우위론을 바탕으로 하는 자유무역정책론은, 비록 자원의 합리적 배분이나 국민후생증대의 측면에서는 바람직하다고 하더라도, 그 나라의 경제성장이나 발전이라는 동태적 관점에서는 오히려 바람직하지 않거나 일정한 한계를 가져올 수 있다. 이처럼 자유무역정책이 경제발전의 관점에서는 오히려 바람하지 않을 수 있는 것은 자유무역정책론이 정태적인 비교우위론을 전제로 하고 있으므로 다음과 같은 점에서 경제발전이라는 동태적 목표를 달성하는 데에 한계가 있기 때문이다.

산업구조 및 무역패턴의 문제 전통적 비교우위론이 제시하고 있는 산업·무역의 유형과 경제발전의 입장에서 요구되는 산업·무역 유형이 반드시 일치된다고 할 수 없다. 예컨대 극단적인 모노컬쳐(mono-culture)적 산업구조를 가진 나라의 경우[2] 이들의 산업구조는 그들의

---

1 이러한 소득의 역류효과론을 제기한 사람은 스웨덴의 제도학파 경제학자인 뮈르달(G. Myrdal)이다. 그는 일국 내에서의 이러한 작용은 어느 정도 정부의 정책을 통하여 시정될 수 있지만 국제경제거래의 경우 이를 규제할 세계정부가 없으므로 이러한 역류효과는 더욱 더 커진다고 주장하였다.

2 예컨대 중동 아랍제국의 석유, 브라질 및 살바돌의 커피, 온두라스의 바나나, 잠비아의 땅콩 등의 경우가 그러하다.

비교우위성에 충실하였다고 할 수 있다. 그러나 그들의 경제현실을 보면, 중동산유국을 제외한 거의 대부분의 국가들은 저소득수준을 면치 못하고 있으며 소득수준이 다소 높은 국가라고 하더라도 산업구조의 파행성과 불균형성으로 국민경제의 취약성 및 불안정성에 직면하고 있다. 또한 전통적 비교우위론에 따른 산업구조가 이루어질 경우, 선진국은 자본·기술집약적인 공업화를 통하여 무역의 동태적 효과를 충분히 향유하는 반면 저개발국은 1차산업에만 특화함으로써 공업화의 기회를 박탈당한 채 영원히 저개발국으로 남을 우려도 안고 있다.

자본축적의 문제　전통적 비교우위론이 제시하는 저개발국의 자원배분 및 무역유형은 일반적으로 노동집약적 산업에 특화하여 이를 수출해야 한다는 것이다. 이러한 논리는 높은 실업률을 특징으로 하는 저개발국에 대하여 단기적이고 정태적인 관점에서는 분명히 타당한 일면을 지니고 있다. 그러나 자본부족을 특징으로 하는 저개발국의 경제발전을 위하여 가장 우선시 되어야 할 자본축적이라는 측면에서 보면 반드시 그렇지 않을 수도 있다. 일반적으로 자본가의 저축성향이 노동자의 저축성향보다 높으면 경제발전을 위한 자본축적을 위해서는 자본가에 분배되는 소득의 몫이 커지는 소득분배정책이 더 바람직하다고 할 수 있기 때문이다.

2. 보호무역정책론

2.1 보호무역정책론의 이론적 논거

앞에서 설명한 바와 같이 이론적으로는 자유무역이 가장 바람직한 정책이라고 주장되지만, 자유무역이 과연 최선의 정책(the best policy)이라고 할 수 있는가에 대한 의문을 던져주는 특별한 상황이 존재하였다. 따라서 현실적으로는 자유무역이 반드시 지배적인 정책기조가 되지 못하였고 이러한 현실을 정당화 해주는 많은 보호무역정책론들이 제시되었다. 이러한 보호무역정책을 옹호하는 논거는 매우 다양하여 국가와 시대에 따라 수많은 보호무역정책론들이 제시되어 왔고 오늘날에도 여전히 보호무역을 정당화하려는 새로운 논리들이 개발되고 있어 매우 다양하다. 이러한 여러 가지 보호무역정책론의 논거들을 〈표 4-4〉에 요약하고 있다.

이같이 보호무역정책을 옹호하는 논거들은 다양할 수 있지만 보호의 기본목적이 무엇인가에 따라 분류하면 다음과 같다.

거시경제목표의 달성　모든 국가들은 정도의 차이는 있지만 수입을 제한하고 수출을 장려하는 무역정책을 통하여 자국의 고용·재정수입·국제수지·경제성장·물가안정 등과 같은 거시경제목표를 달성하려는 노력을 행한다. 이러한 목표를 달성하기 위한 보호무역정책

표 4-4 보호무역정책론의 주요 논거

보호 목적	보호무역정책론	주요논거내용
거시경제적 목표	고용보호(증대)론	국내산업의 고용안정과 고용증대 위한 보호
	재정수입증대론	관세 등을 통한 정부재정수입 확보를 위한 보호
	국제수지개선론	일국의 국제수지개선을 이룩하기 위한 보호
	경제성장/물가안정론	경제성장/물가안정의 달성을 위한 보호무역
국내산업 보호론	유치산업보호론	일정한 기간 보호·육성을 통하여 비교우위를 가질 수 있는 유망산업의 보호
	사양산업보호론	경쟁력이 약화되어 도산위기에 있는 산업의 지원을 위한 보호 (정체산업보호론)
	산업분화론 (산업고도화론)	농업·공업, 전통산업·신산업의 균형발전, 산업구조고도화를 이룩하기 위한 보호
	전략적 무역정책론 (첨단산업보호론)	과점적 첨단산업 등에 대한 지원 통해 국내기업의 세계시장 점유율을 높이기 위한 보호
후생증진, 소득분배 개선론	시장왜곡개선론	생산물시장과 요소시장의 파레토 최적조건을 저해하는 시장왜곡을 시정하기 위한 보호
	교역조건개선론	교역조건개선과 후생증대를 위한 보호
	소득분배개선론	자유무역에 의한 소득배분왜곡 방지 위한 보호 (저임금노동론, 선진국생활수준 유지론)
비경제적 (정치경제적) 목표	공정무역론	덤핑·보조금지급 등 불공정경쟁에 의한 상대국 수출을 제한하고 시정하기 위한 보호
	국민경제자립론	과도한 해외의존도의 경감, 국민경제안정, 건전한 자급자족체제 구축을 위한 보호
	생산/소비목표론	일정한 생산량(증대)/소비량(억제) 목표 달성
	선호산업보호론 산업선택론	특수이익집단의 이익을 위한 산업의 보호 국가적으로 중요한 특수산업의 육성·보호
	국가안보론(국방론)	국가안보·국방 관련 산업에 대한 보호
	협상전략적 보호론	상대국과의 무역협상에서 유리한 조건을 미리 확보하기 위하여 수입제한을 높여두는 보호

론이 고용보호(증대)론·재정수입증대론·국제수지개선론·경제성장론·물가안정론 등이다. 자국의 거시경제목표를 달성하기 위한 이러한 보호무역정책을 취하면 단기적으로 일정한 성과를 나타낼 수 있고 국민정서에도 호응하기 쉽다.

그러나 수입국이 보호무역정책을 통하여 이러한 거시경제목표를 달성하는 경우 이는 상대방 수출국의 이익을 침해하거나 희생시킴으로써 자국의 이익을 얻게 되는 전형적인 근린궁핍화정책(beggar thy neighbour policy)이 되어 국제적 비난을 받거나 상대국의 보복을 초래할 수 있다. 따라서 보호무역을 통하여 이러한 거시경제목표를 추구하는 것은 그 효과가 장기적으로 보장되지 않을 뿐만 아니라 이러한 목표를 달성함에 있어서 가장 적합하고 효율적인 정책도 아니라는 비판을 받는다.

국내산업의 육성 · 보호 역사적으로 어떠한 국가도 자국의 산업발전을 포기한 나라는 없었던 만큼 모든 나라들이 외국으로부터의 수입을 제한함으로서 국내산업을 보호하고 육성하려는 목표를 주요한 정책목표로 삼아왔다. 다만 이러한 산업보호정책은 그 시대 그 국가의 특성에 따라 보호대상이 되는 산업이 무엇인가에 따라 서로 다른 이름으로 이론화되었을 뿐이다. 예컨대, 후발산업국들이 국내산업의 균형적 발전이나 유망산업의 경쟁력향상을 위한 산업분화론·산업고도화론·유치산업보호론, 경쟁력을 잃게 된 국내산업의 도산을 막기 위한 사양산업보호론·정체산업보호론, 새로운 첨단산업의 육성을 위한 첨단산업보호론·전략적 무역정책론 등이 그것이다.

이렇게 다양한 산업보호론 중 가장 전통적이고 대표적인 보호무역정책론이 이른바 유치산업보호론이다. 이 이론은, 현재는 비록 비교열위산업이지만 일정기간 보호와 육성을 통하여 비교우위를 가질 수 있는 유망산업을 보호·육성하기 위한 보호무역정책론으로서 보다 자세한 내용을 [보충학습 4-1]에서 논의한다.

후생증진 및 소득분배개선 일반적으로 자유무역이 무역참가국의 후생을 증대시키는 반면 보호무역정책은 후생을 감소시키지만 때때로 보호무역을 통하여 오히려 그 나라의 후생을 증대시킬 수 있다는 주장이 있다. 예컨대, 자유무역정책론이 전제하고 있는 가정이 충족되지 못하고 시장이 왜곡되어 있는 경우 오히려 보호무역을 통하여 그러한 왜곡을 시정함으로써 후생을 증진시킬 수 있다는 시장왜곡개선론, 경제적 대국(大國)의 경우 관세를 부과하여 자국의 교역조건을 개선시키면 이로 인한 후생증대를 이룩할 수 있다는 교역조건개선론 등이 그것이다. 또한 자유무역정책과 관련하여 설명하였듯이 국제무역은 무역당사국 내 소득분배의 변화를 가져오게 되는데, 자유무역으로 인하여 실질소득의 저하를 가져오는 집단을 보호하고 그에 따른 소득불평등을 개선하기 위하여 일정한 보호가 필요하다는 주장 역시 제기되었는데 그것이 소득분배개선론이다.

비경제적(정치경제적) 목표 이상과 같은 보호무역정책론과 함께 여러 가지 비경제적·정치경제적 관점에서 보호무역을 주장하는 다양한 논거들이 제시되어 왔다. 이러한 형태의 보호무역정책론은 경제적 관점에서 이루어진 논의가 아니라 비경제적·정치경제적인 가치판단에 바탕을 둔 보호론으로서 경제학적 판단을 내리기가 어렵지만 그럼에도 불구하고 이러한 보호정책으로 인한 비효율성과 후생손실을 최소화하는 노력이 필요하다.

이러한 보호무역정책론 속에는 상대국의 불공정한 경쟁행위와 관행을 제거하거나 예방하기 위한 보호무역을 주장하는 공정무역론, 자국의 안보 및 경제자립을 확보하기 위하여 일정한 보호무역이 필요하다는 국가안보론·국민경제자립론으로부터 특정 상품의 국내생산을 일정 수준 이상으로 증대시키거나 국내소비를 일정 수준 이하로 감소시키기 위한 생산목표론·소비목표론, 어떤 특정집단의 이익과 관련되는 특정 산업 또는 그 국가나 국민들이 일반적으로 중요하다고 여기는 특정 산업을 보호·육성하기 위한 선호산업보호론·산업선택론, 상대국과의 무역협상에서 유리한 조건을 확보하기 위하여 수입제한조치를 일정한 수준까지 높여야 한다는 협상전략적 차원의 보호론에 이르기까지 매우 다양하다.

2.2 보호무역정책론에 대한 비판

이같이 다양한 보호무역정책론에 대해서는 다양한 관점에서의 비판과 반론들이 제시되어 왔다. 이러한 비판과 반론들의 내용을 보면, 여전히 자유무역정책이 가장 바람직하다는 측면에서 보호무역의 폐단과 문제점을 지적하거나 보호무역정책론이 말하는 당초의 목적을 제대로 달성할 수 없다는 점을 비판하기도 한다. 또한 보호무역에 대한 일반론적인 비판뿐만 아니라 개개의 보호무역정책론이 가지는 한계와 문제점들을 지적하는 비판 역시 다양하게 제시되어 왔다.

이러한 비판들 중 개개의 보호무역정책론에 대한 비판은 제외하고 보호무역정책론 전반에 대해 제기되는 일반적 비판들을 요약하면 다음과 같다.

정책의 편익과 비용 자유무역론자들은, 정부의 간섭과 규제에 의한 인위적인 보호무역정책은 자유무역이 가져다줄 수 있는 경제적 이익을 훼손하거나 포기하게 된다는 점을 지적한다. 따라서 보호무역정책은 ① 자원의 비합리적 배분을 초래하고, ② 소비자의 후생수준을 저하시키며, ③ 자유경쟁도입을 통한 생산효율의 증대나 국제경쟁력강화를 이룩할 수 없다고 비판한다.

또한 보호정책의 개별적인 목표가 단기적·일시적·부분적으로는 성취된다고 하더라도 장기적·경제전체적으로는 비효율성을 초래하며, 또한 보호로 인한 단기적 편익(benefit)이 발생하였다고 하더라도 이로 인한 손실(cost)을 보상하고도 남음이 있다는 보장이 없다고 비판한다. 따라서 보호무역정책은 그로 인한 편익보다 더 큰 비용만을 초래하게 되는데, 특히 사양산업이나 독과점산업에 대한 보호의 경우 이같이 나쁜 결과를 초래할 가능성이 더욱 커진다.

정책수단으로서의 열등성 고용증대·소득분배개선 등과 같은 거시적 목표를 달성하기 위한 보호무역정책은 그 자체를 위한 직접적인 정책수단에 비하여 열등한 정책이다. 또한 국내시장에 왜곡이 있는 경우 보조금지급이나 조세정책 등을 통하여 그 왜곡 자체를 시정하는 것이 관세를 부과하는 것보다 효율적이며, 관세의 부과는 국내가격과 국제가격의 차이를 발생시켜 또 다른 왜곡을 초래하게 되며, 시장왜곡을 개선하기 위한 인위적인 정책개입은 새로운 시장실패(market failure)를 초래하게 된다. 이러한 점에서 보호무역정책을 통하여 이러한 거시경제목표를 추구하는 것은 바람직하지 않다.

더욱이 어떤 정책개입이 이루어질 경우 그 목표가 달성되면 그 정책은 바로 철회되어야 하지만 일단 이루어진 보호무역정책은 영속화되는 속성을 가지고 있다. 또한 보호무역정책은 국내의 다양한 집단이나 계층에 차별적인 결과를 파생시켜 갈등과 마찰을 유발하는 동시에 보호무역을 통한 지대(rent)의 발생으로 부패가 조장될 우려도 크다.

정책효과의 비현실성과 무력성 상술한 바와 같이 국내고용증대·재정수입증대·국제수지개선·교역조건개선과 같은 보호무역의 이기적 정책목표는 결국 타국의 희생 위에서 자국의 이익을 확보하려는 근린궁핍화정책(beggar thy neighbour policy)으로서의 성격을 나타낸다. 따라서 이러한 중상주의적 정책은 결국 상대방국가의 보복(retaliation)을 불러와 당초의 정책목표를 달성하지 못할 뿐만 아니라 세계전체 무역의 축소를 가져와 그 손실이 자신에게로 돌아온다. 또한 일국의 보호무역정책이 채택되면 상대국의 보복이 이루어지지 않더라도, 그에 따른 수출국기업이나 국내생산자들이 이에 대한 적절한 대응을 행함으로써 당초 기대했던 보호무역의 목표는 달성되지 않는다.[3]

보충학습 4-1

유치산업보호론(고전적 보호무역정책론)

1. 유치산업보호론의 의의

어떤 산업이 현재는 비록 미발전된 상태여서 국내생산보다 수입하는 것이 자국의 후생이라는 관점에서 유리하지만 일정기간 적정한 보호정책을 수행할 경우 예측가능한 장래에 비교우위산업이 되어 국민경제발전에 공헌할 가능성이 클 경우, 그 국가는 후생의 저하라는 단기적인 비용에도 부구하고 그 산업을 보호육성하여야 한다는 주장이 유치산업보호론(infant industry arguments for protection)이다.

역사적으로 이 이론은 18세기 후반 미국의 재무장관 해밀톤(A. Hamailton)에 의해 '산업분화론'이라는 이름의 소박한 형태의 공업보호론으로 제시되었다. 그 후 19세기 중엽 독일의 역사학파인 리스트(F. List)의 저서 「정치경제학의 국민적 체계」(*Das Nationale System der Politischen Ökenomie*)에 의해 체계화되었다.

이러한 유치산업보호론은 선진국경제에 대한 저개발국경제의 입장을 가장 최초로 명확하고 광범위하게 논의한 것으로서 오늘날까지도 보호무역정책론의 가장 전통적이고 유력한 이론적 근거가 되고 있다. 따라서 자유무역정책론이 리카도(D. Ricardo) 중심의 비교우위론에 기초하고 있는 것이라면 보호무역정책론은 이러한 유치산업보호론에 기초하고 있다는 점에서 이들은 국

3 예컨대 보호무역에 대하여 수출국기업들이, 수입규제 받지 않는 상품으로 대체수출하거나 수량적 제한조치 취할 경우 품질고급화로 대처하며, 수출 대신에 해외직접투자(FDI)를 통하여 국내에 진출하는 대응을 할 경우 당초의 수입제한효과는 소멸된다. 또한 국내생산자들이, 보호무역정책으로 나타나게 된 추가이윤을 기술개발이나 신제품개발 등 국제경쟁력향상을 위하여 재투자하지 않고 보호의 이익만을 향유하는 경우, 단기적인 후생감소에도 불구하고 장기적인 경쟁력향상을 도모하려는 보호무역의 목표는 달성되지 않는다.

제무역정책론에 있어서의 양대 산맥을 형성하고 있다 할 것이다.

또한 이러한 유치산업보호론은 역사적으로 미국 및 유럽제국으로 하여금 19세기 보호주의적 수입정책을 강화하는데 이론적인 뒷받침을 제공하였으며 또한 이들이 선진공업국으로 발전할 수 있는 터전을 마련하는 바탕이 되었다. 오늘날에 있어서도 이러한 논리는 이른바 신흥공업국의 공업화전략으로 재발견되어 저개발국의 산업 및 무역정책에 중요한 의미를 시사해주고 있을 뿐 아니라 선진국의 신흥공업 및 쇠퇴산업의 보호를 위한 방어논리로서도 원용되고 있다.

2. 유치산업보호론의 특성

이러한 유치산업보호론은 다음과 같은 이론적 배경과 특성을 지니고 있다.

국민경제사상　애덤 스미스 등의 고전학파적 경제사상에 대비되는 국민경제사상을 그 이론적 바탕으로 하고 있다. 리스트의 유치산업보호론은 ① 고전학파의 만민주의경제학에 대비되는 국민주의경제학 ② 국가마다의 경제력의 차이를 고려치 않는 고전학파적 경제학을 비판하고 역사적 방법론에 입각한 경제발전단계설, ③ 고전학파적 교환가치이론에 대립되는 생산력이론이 그 사상적 배경이 되고 있다.

후진국의 입장　19세기 중엽 독일의 경제적 상황을 전제로 한 후진국 입장에서의 경제논리이다. 당시의 독일로서는 이미 패권적 지위를 확보하고 독점력을 행사하고 있는 영국산업과 경쟁하기 위해서, 또한 영국의 공산품시장으로 전락한 채 공업화의 기회를 상실하는 일이 없기 위해서는 적절한 보호정책을 통해 국내산업의 경쟁력을 배양하여야 했기 때문이다. 이러한 점에서 애덤 스미스의 자유무역론이 선두주자로서의 선진공업국인 영국의 이익을 대변한 것이었다면, 리스트의 유치산업보호론은 아직 경쟁력을 갖추지 못한 당시의 후진국인 독일의 이익을 대변한 것이었다고 할 수 있다.

공업보호론　리스트의 유치산업보호론은, 농업생산에만 의존할 경우 외국으로부터의 나쁜 영향을 받기 쉬우며 또한 생산력을 형성함에 있어서는 농업보다는 공업이 유리함을 역설하는 공업보호론의 성격을 지닌다. 또한 리스트는 경제성장을 위해서는 농공업의 균형적 발전이 반드시 필요함을 주장하고 있어 이러한 범위 내에서 균형성장론과 그 맥을 같이하고 있으며, 또한 비교우위의 원리에 배치된 공업화를 주장한다는 점에서 수입대체적 성장론과 중복된다고 할 수 있다.

장기적 · 동태적 관점　리스트의 유치산업보호론은, 고전학파적 자유무역정책론이 정태적 개념을 전제로 함에 비하여, 현재로서는 비교열위에 있지만 적절한 보호를 통하여 비교우위산업이 될 수 있음을 전제로 하는 동태적 관점의 이론이다. 또한 유치산업보호에 의해 현재의 국민후생은 저하되지만 산업이 발전되면 장래의 국민후생은 오히려 증대됨을 고려하는 장기적 관점의 이론이다.

일시적 · 교육적 보호　리스트의 유치산업보호론은, 대상산업의 선정이나 보호의 정도 등에 있어 장래발전성이 없는 산업부문까지를 유치산업보호라는 미명하에 지나치게 과보호하는 정책적 오류를 경고하고 잠재적 비교우위의 산업을 선택적으로 보호해야 한다는 제한적 보호를 전제로 하고 있다. 또한 유치산업보호론은, 보호정책이 영구히 계속되는 것이 아니라 외국산업과의 경쟁이 가능할 때까지만 보호해주는 일시적·잠정적 보호로서 보호된 산업이 경쟁력을 갖게 되면 자유경쟁의 원칙에 따른다는교육적·육성적 보호의 성격을 지닌다. 이에 리스트는 '보호는 수단에 지나지 않으며 자유야말로 목표'라고 역설하였고 이러한 점에서 유치산업보호론은 비교우위의 자유무역정책론과 타협할 수 있는 여지를 가지며 또한 이론적으로 모순되지 않는 성격을 지니고 있다.

보호관세에 의한 보호　리스트의 유치산업보호론은 국내공업의 보호와 육성에 있어서도 이를 위한 모든 정책수단을 대상으로 하여 논의하는 것이 아니라 생산력을 증대시키기 위한 정책수단으로서의 '보호관세'만을 논의하고 있다.

3. 무역정책론에 대한 종합적 평가

이상에서 살펴 본바와 같이 자유무역정책론과 보호무역정책론은 서로 상반된 주장과 목표를 추구하며 오랜 기간 동안 대립되어 왔는데 오늘날에 있어서도 여전히 어느 한쪽만이 타당하다고 할 수 있는 일방적인 설득력을 확보하지는 못하고 있다. 또한 현실적으로 어떤 나라도 자유무역과 보호무역 중 어느 한쪽만을 일방적으로 추구하는 경우는 없이 어떤 분야는 자유화하지만 또 다른 분야는 보호화 하는 형태를 취하기도 한다.

이러한 점에서 자유무역론과 보호무역론은 상대적인 구분이라고 할 수 있으며 또한 자유무역과 보호무역 중 어느 것이 옳고 그르다는 일방적인 평가도 어렵다. 그러나 이론적인 측면에서 자유무역론과 보호무역론은 현격히 서로 대비되는 논리구조와 성격을 지니고 있다. 이러한 내용을 〈표 4-5〉가 요약하고 있는데 좀더 구체적으로 살펴보면 다음과 같다.

이론의 역사　자유무역정책론과 보호무역정책론 중 오늘날 지배적인 패러다임으로 자리 잡고 있는 것은 자유무역정책론이지만, 그 사상의 역사적 연원을 보면 오히려 보호무역정책론의 역사가 더 길다. 자유무역정책론은 18C 중엽 애덤 스미스(A. Smith)로부터 시작

표 4-5 자유무역정책론과 보호무역정책론의 비교

구 분	자유무역정책론	보호무역정책론
역 사	• 영국 고전학파 이후 체계화	• 더 오랜 역사(중상주의정책 등)
목표와 가 치	• 추상적 성격(많은 가정 전제) • 단기적·정태적 이익추구	• 구체적·경험적·역사적 성격 • 장기적·동태적 이익 강조
이론의 성 격	• 일반균형론적 성격, • 보편적 논리구조에 입각 • 이론적 정밀성 바탕	• 부분균형론적 성격, • 단편적·특정적 논리구조에 입각 • 현실적·정치적 정서에 부합
지지자	• 경제이론가들의 지지 • 고전학파 및 자유주의 경제학자 (근대경제학의 주요명제) • 전통적으로 선진국 지지	• 정책담당자들의 선호 • 역사학파 및 급진주의 경제학자 (정치경제학적 명제) • 전통적으로 후진국 지지, 때로는 선진국이 주도함

되는 고전파 경제학자들에 의하여 그 이론적 논거가 정립되었지만, 보호무역정책론은 더 일찍이 근대 이전의 중상주의시대부터 하나의 정책적 이데올로기로서 자리 잡고 있었기 때문이다.

목표와 가치 자유무역정책의 이론적 논거는 엄격한 전제조건과 많은 가정 위에 정립되어 있고 따라서 추상적인 동시에 논리적 엄밀성을 띠고 있는 반면, 보호무역정책론은 구체적이고 경험적이며 역사적인 성격을 띠고 있다. 자유무역정책론은 자유무역을 통한 소비자후생증대론이 말해주듯이 단기적·정태적인 성격을 띠고 있는 데 반해, 보호무역정책론은 유치산업보호론과 같이 장기적·동태적 성격을 띠고 있다.

이론의 전제와 성격 자유무역의 논거가 정교한 일반균형적 경제이론과 기준에 의해 뒷받침되고 있고 보편적 논리구조에 입각해 있는 반면, 보호무역의 논거는 대체로 특정산업·특정부문을 분석대상으로 하는 부분균형적 분석에 기초하고 있고 따라서 단편적·특정적 논리에 입각하여 있다.

지지자 이같이 자유무역정책의 논거가 이론적 정밀성에 바탕하고 있으므로 경제이론가들로부터 지지받는 대신 보호무역정책론은 현실적·정치적 정서에 더 잘 부합되므로 정책담당자들에 의해 더 잘 옹호된다. 이 때문에 자유무역이 최선의 정책(the best policy)이라는 이론적 처방은 현실적으로 무수히 외면되어 왔다. 따라서 실제 세계무역의 역사를 보면 보호무역은 '원칙'이었고 자유무역은 오히려 '예외'이었다. 또한 경제학의 학문적 경향에 따라서도 주장이 달라진다. 고전학파나 자유주의경제학자들이 자유무역정책을 지지하는 반면 역사학파나 급진주의 경제학자들은 보호무역을 옹호한다. 말하자면 자유무역론이 근대경제학의 주요 명제라면 보호무역론은 정치경제학의 주요명제였다고 할 수 있다.

정책의 주체 역사적으로 자유무역체제가 강요되던 시기에는 대체로 자유무역론이 강자의 논리였고 보호무역론은 약자의 방어였던 만큼 선진국은 자유무역을 강제하고 후진국은 보호무역을 주장하였다. 그러나 보호무역체제가 지배적인 시대에는 오히려 이러한 공격적 보호주의의 흐름을 선진국들이 주도하였다.

제 2 절 자유무역과 보호무역의 역사

1. 세계무역체제의 역사적 전개

1.1 세계 무역정책기조 변화 개관

제1절에서 살펴본 바와 같이, 자유무역정책론과 보호무역정책론은 오랜 역사를 통하여

끊임없는 논쟁의 대상이 되어왔고 또한 오늘날에 있어서도 여전히 계속 논쟁의 중심이 되고 있는 실로 '오래고도 여전히 새로운'(old and new) 하나의 갈등이다.

자유무역과 보호무역에 대한 이론적 논쟁이 이처럼 통일적인 결론을 도출하지 못하였듯이 실제 무역정책의 현실 역시 모순적이고 역설적인 결과를 보여 왔다. 이론적으로는 자유무역이 옳다고 주장하면서도 실제의 정책은 보호무역을 실시하는 이율배반의 경향을 띄면서 전개되어 왔고, 전통적으로 자유무역을 주장해온 국가들도 자국의 이익을 추구해야 할 필요성이 있을 때는 과감하게 보호무역의 실시하였던 것이 엄연한 역사적 현실이었다.

따라서 자유무역정책론이나 보호무역정책론 역시 하나의 과학적 설명방법으로 제시되고 있지만 사실은 하나의 이데올로기적 도구로서의 성격을 지니고 있다고 할 수 있다. 실제로 자유무역과 보호무역이 전개되어온 역사적 과정을 보면, 이에 대한 이론적 논거들이 서로 대립되고 교차되면서 발전되어 왔듯이 실제의 무역정책 역시 그 시대와 국가가 처해 있는 자본주의발전의 정도·세계경제환경의 변화·각 국민경제가 처해 있는 경제적 상황과 전제의 차이에 따라 그 정책의 목표나 수단들을 달리하면서, 서로 대립되고 교차되는 역사적 과정을 거치며 진행되어 왔기 때문이다.

자유무역과 보호무역이 역사적으로 실행되어온 이상과 같은 과정을 단순화시켜 보면, 중상주의적 상업자본주의시대에서부터 산업자본주의를 거쳐 오늘에 이르기까지 자본주의의 발전단계에 따라 자유무역과 보호무역이 서로 교차되며 진행되는 모습을 보여 왔다고 할 수 있다. 이러한 역사적 흐름을 극히 단순화시켜 요약하고 있는 것이 〈표 4-6〉이다.[4]

표 4-6 세계 무역정책기조의 변화

시 대	16C~18C중엽	18C말~1870년대	19C 중엽이후	1870년대~제2차 세계대전	제2차 세계대전~1960년대	1970년대 이후
자본주의 단계	상업자본 주의시대	산업자본 주의시대	산업자본 주의 후기	독점자본 주의 시대	(수정자본 주의시대)	(복지자본 주의시대)
무역정책 기조	중상주의적 보호무역		고전적 보호무역	제국주의적 보호무역		신보호 무역주의
		고전적 자유무역			전후의 자유무역	

이하에서는 이러한 각 단계에서 자유무역과 보호무역이 역사적으로 어떻게 전개되어 왔으며 그러한 체제를 있게 한 역사적 배경이 무엇인가를, 제2차 세계대전 이전과 제2차 세

4 일찍이 근세 이전에 있어서도 원시공동사회로부터 로마시대까지에 이르는 고대무역(BC 12세기~AD 5세기)으로서 페니키아·그리스·로마제국 등 주로 조선·항해술이 우위인 국가들이 지중해를 중심으로 하는 무역이 이루어졌고, 중세(AD5세기~15세기)에 있어서도 실크로드를 중심으로 하는 동서양무역과 샹파뉴를 중심으로 하는 원격지무역이 성행하였다.

계대전 이후로 나누어 고찰한다.

1.2 제2차 세계대전 이전의 세계무역체제

(1) 중상주의적 보호무역정책(16C-18C중엽)

중상주의(mercantilism)란 대체로 15C말 또는 16C부터 18C 중엽까지 약 300여 년간 근대국민국가와 근대산업체제의 확립을 위하여 유럽제국에서 채택되었던 국가본위의 간섭정책을 근간으로 하는 경제정책 및 이를 기초로 하는 경제사상에 대한 총칭이다. 따라서 중상주의시대의 대외무역정책의 기본은 강력한 보호무역이었고 이 시대의 전제군주는 외국무역을 규제함에 있어 절대왕권을 행사하였다.

애덤 스미스(A. Smith)는 이러한 정책과 사상에 중상주의라는 명칭을 붙였는데 이러한 중상주의는 ① 금·은과 같은 귀금속과 부(富)를 동일시하여 금은의 획득은 국익 증대이고 그것의 상실은 국익 손실로 생각하여 금은의 유출을 금지하고 유입을 장려하는 중금주의(bullionism), ② 수출을 장려하고 수입을 억제하는 대외정책을 통하여 무역에서 이익을 얻으려는 무역차액론(balance of trade theory), ③ 이러한 중금주의와 무역차액을 실현하기 위한 국내산업보호론, ④ 해외식민지를 통하여 원료와 시장을 확보하려는 식민지제도를 특성으로 하는 체제였다.

이와 같이 중상주의정책은 16세기 포르투갈·스페인에서 처음으로 실시되어 17세기에는 네덜란드·영국·프랑스 등으로 전파되었고 18세기에는 영국과 프랑스에서 꽃을 피우는 유럽 열강들의 패권쟁탈과정으로 전개되었다. 그러나 18세기 후반에 이르러 이론적으로나 역사적으로 그 종말을 맞이하게 되었다. 이론적으로는 애덤 스미스의 국부론이 출간됨으로써 중상주의의 근본적인 사상기반이 무너졌고 역사적으로는 미국과의 식민지전쟁이 영국의 패배로 귀결되고 1789년 프랑스대혁명으로 절대왕정체제가 빛을 잃게 되었기 때문이다.

(2) 고전적 자유무역정책(1860년대 전후)

18세기 중엽 이후 중상주의가 쇠퇴하게 됨에 따라 이후의 세계무역은 양적인 면에서나 질적인 면에서 비약적인 발전을 거듭하게 되었고 무역기조도 기본적으로는 자유주의적 성격을 띠게 되었다. 이 같은 세계무역의 확장과 무역자유화가 이루어진 역사적 배경으로서는 ① 18C 말부터 19C 초기 영국의 섬유공업을 중심으로 발흥한 산업혁명(industrial revolution)과 산업자본주의 진전, ② 애덤 스미스(A. Smith)·리카도(D. Ricardo) 등 영국고전학파에 의한 자유무역사상의 진전, ③ 수송의 애로를 크게 완화시켜 주어 용적이 크고 중량이 큰 제품의 국제적 진출을 가능하게 해준 운송혁명 등을 들 수 있다.

이러한 시대에 자유무역정책을 주도한 나라는 영국이었다. 일찍이 애덤 스미스 등의 자유무역사상이 영국에서 나타났지만 그 시대는 아직 곡물법·항해조례·수입관세·수입금지조치 등의 잔재가 그대로 남아있어 정책기조는 여전히 중상주의였던 만큼 이러한 자유무역사상이 현실에서 실현되기는 결코 쉬운 일이 아니었다. 따라서 실제로 영국의 무역정책기조가 자유무역으로 전환된 것은 산업혁명 이후였고 자유무역이 전성기를 맞은 것은 국부론이 출간된 지 80여 년이 지난 뒤였다.

19세기 초기 이후 자유무역운동은 점차 승리를 거두기 시작하여 몇 차례의 관세법개정이 이루어졌고 이어서 곡물법(Corn Law)과 항해조례마저 폐지되어 자유무역주의를 더욱 강하게 추진할 수 있게 되었다. 이러한 일련의 조치로 말미암아 1860년대에 이르러 영국의 자유무역은 현저하게 진전되었는데, 특히 1860년에 프랑스와 맺은 영불통상조약을 필두로 자유무역시대가 활짝 열리게 되었다. 그 후 20여 년 동안 세계는 이른바 '자유무역의 황금기'를 맞이하게 되었다.

이같이 세계에서 가장 먼저 자유무역체계를 확립한 영국은 자국의 무역을 자유화하는데 그치지 않고 여러 외국에 대해서도 같은 조치를 취할 것을 요구함으로써 국제적인 무역자유화의 물결을 가져오는 계기가 되었다. 이렇게 영국의 주도 하에 자유무역이 활발하게 전개되었던 시기를 이후의 사람들은 '자유무역주의시대' 또는 '팩스 브리태니카(Pax Britannica)시대'라고 일컫게 되었다.

(3) 고전적 보호무역정책(19C후반)

이처럼 산업혁명 이후 영국뿐만 아니라 유럽제국들도 자유무역의 길을 걷게 됨에 따라 자유무역체제가 형성되었지만, 19세기 후반 영국보다 늦게 산업혁명을 맞이하여 상대적으로 후발국의 입장에 있던 미국과 독일 등은 선진국과의 자유무역을 통한 경쟁이 불리함을 인식하고 국내산업을 보호하기 위한 보호무역정책을 실시하게 되었다.

당시 이러한 고전적 보호무역주의가 나타나게 된 역사적 배경으로서는 ① 자국보다 앞서있는 영국공업의 압도적 경쟁력으로부터 국내공업을 보호하고 육성하기 위해서는 국가적 보호가 필요함을 역설하는 미국 해밀톤(Alexander Hamilton)의 산업분화론이나 독일 리스트(Friedrich List) 유치산업보호론 등과 같은 새로운 보호무역사상의 등장, ② 산업혁명과 교통의 발달로 인하여 산업과 무역에 대한 국가 간 경쟁이 치열해졌고, ③ 이 시기 미국에서는 남북전쟁을 치루었고 유럽에서는 독일통일(1871)·보불전쟁(1870~71) 등을 거치면서 경제적 민족주의가 더욱 높아졌던 점을 들 수 있다. 따라서 당시 이러한 고전적 보호주의정책은 주로 미국과 독일에서 특징적으로 나타났다.

미국의 경우, 영국과의 독립전쟁 승리 이후에도 유럽으로 농업제품을 수출하고 유럽의 공업제품을 수입하는 자유무역구조를 유지하고 있었지만 18C말~19C초 유럽에서 나폴레옹전쟁이 일어나면서 유럽으로부터 공업제품의 수입이 현저히 감소되게 되자 국내 산업발전의 계기를 마련하고자 1816년 관세법개정을 통하여 새로운 보호무역시대에 들어갔다. 이후 남북전쟁(1861~65)에서 북부의 승리로 끝나자 미국의 무역정책은 보호주의적 성격을 더욱 강하게 띠게 되었다.[5]

독일의 경우, 당시 수출무역의 중심은 융커(Junker)경영으로 생산되는 농산물과 가내수공업품이었던 만큼 지주계급들은 농산물의 자유로운 수출과 저렴한 원료·제조품 수입을 위하여 자유무역을 환영하였다. 이러한 시대적 배경 위에서 리스트가 보호무역을 원하는 신흥 산업자본의 주장에 대한 이론적 근거를 제공하였지만 이러한 정책적 주장은 독일의 내부사정 때문에 실현되어지지는 못하였다. 그러나 1870~71년의 보불전쟁의 승리 후 국가주의 사상이 고취된 위에 프랑스로부터 취득한 알자스로렌의 철·석탄자원과 배상금을 토대로 독일의 공업이 급속히 발전되게 되자 정치적 힘이 커진 공업자본들이 보호무역으로의 정책전환을 요구하기에 이르렀다. 이후 1879년 비스마르크(Edward von Bismark)는 관세개혁을 통해 철·섬유·화학·곡물 등에 대한 보호관세법을 성립시키고 본격적인 보호무역주의로 전환하였다.

(4) 독점자본주의 하의 보호무역정책(19c말~제2차 세계대전)

1870년대 후반 영국·미국·독일·프랑스 등 주요국들을 무대로 하였던 세계적 공황을 계기로 선진자본주의국들은 산업자본주의시대의 자유경쟁적 자본주의로부터 독점자본주의 단계로 이행되게 되었다. 이같이 자본주의체제가 독점자본주의단계로 이행됨에 따라 열강의 무역정책에도 변화가 수반되었는데, 가장 중요한 변화는 자본의 독점지향에 조응하는 강력한 보호무역주의의 강화와 확산이었다. 이러한 보호주의는 국내시장을 방어하기 위한 고전적 보호주의와는 달리 열강들의 독점적 진출수단·제국주의적 지배수단으로서 세계시장분할을 위한 공격적인 보호주의, 이른바 '제국주의적 보호주의'였다.

이 시대의 가장 대표적인 보호무역정책수단으로서 카르텔관세와 수출덤핑이 활용되었다. 일반적인 보호관세(육성관세)가 외국에 비하여 상대적으로 경쟁력이 약한 자국의 국내산업을 보호하기 위한 시장제한수단이라면 카르텔관세는 강력한 경쟁력을 지니고 있는 독점산업들이 보다 높은 이윤을 확보하기 위한 시장확대수단이었다. 말하자면 전자가 약자의 보호무역수단이었다면 후자는 강자의 무기로서 기능하는 보호무역수단이었다. 또 다른 시장확대수단으로서 공격적인 덤핑(dumping)이 활용되었는데 이러한 수출덤핑은 결국 덤핑과 보복적 덤핑의 악순환으로 이어져 국제적인 덤핑전쟁을 유발시킴으로써 세계시장 쟁탈전이 더욱 격화되고 보호무역을 둘러싼 첨예한 국제적 대항관계가 형성되었다.

이러한 제국주의단계에서 발생한 제1차 세계대전은 세계자본주의의 내부적 모순이 극단적으로 격화되어 그 결과 세계적 규모로 폭발하였던 세계전쟁이었고 모든 제국주의국가

5 관세율은 계속 인상되어 1890년의 맥킨리 관세법(Mckinley Tariff Act)과 1897년의 딩그리 관세법(Dingley Tariff Act) 등의 실시로 보호주의는 더욱 강화되었다.

들이 참전하여 세계분할을 기도한 제국주의전쟁이었다. 따라서 이러한 제1차 세계대전을 계기로 세계자본주의의 생산과 경제체제에 본질적 변화가 초래되었고 세계무역체제의 성격과 내용에도 중요한 변화가 수반되었다. 즉 세계무역의 주도권이 영국으로부터 미국으로 이전됨과 동시에 세계무역의 증대추세와 세계무역량이 현저히 감소되었다.[6] 이 같은 혼란 중에 거의 모든 나라들이 관세전쟁·덤핑·외환 및 무역 통제·경제블록화 등이 진행되어 19세기의 자유무역체제는 막을 내리고 세계의 무역정책기조는 극단적 보호주의체제로 전환되었다.

이후 1920년대 중반 유럽의 경기가 다소 회복되자 유럽의 국가들 간에 새로운 통상조약을 체결하려는 움직임이 나타나기도 하였지만 1929년 세계대공황은 자유무역체제의 복원에 대한 기대와 희망을 일순간 물거품으로 만들어 모든 국가들이 각기 자국의 단기적 이익을 추구하는 경쟁적 보호주의가 성행하게 되었고 이러한 경향은 이후 제제2차 세계대전의 종전이 이루어진 전간기 내내 계속되었다.

이처럼 제1차 세계대전·세계대공황·제2차 세계대전에 이르는 전간기의 보호무역정책의 기본적인 정책수단은 고관세로서 1930년대에는 상호경쟁적 관세인상으로 인한 관세전쟁이 전개되었다. 또한 이 기간 동안 전통적 보호수단으로서의 관세 이외에 수입허가제·수입금지제·수입할당제·외환관리 등 비관세장벽(NTB: non-tariff barrier)이 이때부터 등장한 것 역시 무역정책수단 면에서 특기할 만한 변화였다.

1.3 전후의 자유무역체제(제2차 세계대전~1960년대)

1 제2차 세계대전의 종전과 더불어 전후 세계체제의 재편성에 대한 구상이 싹트고 있었는데 이러한 구상은 상품과 자본이 자유롭게 이동될 수 있는 자유경제체제를 확립하는 것이었다. 이에 미국은 새로운 국제무역체제의 확립을 논의할 다자간 통상회의(multilateral commerce convention)를 제창하고 국제무역에 대한 규칙제정과 운영을 위한 국제무역기구(ITO: International Trade Organization) 설립을 제안하였다.

이처럼 제2차 세계대전 종전과 더불어 새로운 자유무역체제를 확립하기 위한 국제협력이 진행되게 된 데에는 다음과 같은 요인들이 역사적 배경으로 작용하였다.

국제적 공감대 제2차 세계대전 종전과 더불어 지난 독점자본주의시대, 특히 1930년대 세계공황을 겪으면서 개별국가들이 취하였던 근린궁핍화정책의 수행과 국제협조상실에 대한 반성이 일어나게 되었고 전후 사회주의체제의 성립을 목전에 둔 자본주의진영들의 위기의식도 높아지고 있었다. 또한 주요국들의 완전고용을 달성하기 위해서 국제무역의 확대

6 당시의 세계무역상황을 보면 공황 후 세계무역규모가 가장 축소되었던 1932년의 경우 1929년보다 식량무역이 10%, 원료무역이 20%, 공업제품무역은 40%가 감소되었고. 총 금액 면에서는 겨우 1/3에 불과하였다. 그 후에도 블록경제권의 강화 및 무역제한정책의 강화 등으로 1930년대의 세계무역은 1929년 이전의 수준으로 회복되지 못하였다.

가 절대적으로 필요한 과제였음은 물론 장래의 전쟁재발을 방지하는 국제안보체제의 기초를 확립하기 위해서도 무역자유화가 필요하다는 신념이 높아졌다.

미국의 역할과 이익 제2차 세계대전을 계기로 종전의 패권국 영국을 대신하여 새로운 패권국으로 부상하여 이른바 팩스 아메리카나(Pax Americana)시대를 향한 깃발을 나부끼고 있었던 미국의 역할이나 이익과 관련하여서도 자유로운 세계무역체제가 중요한 의미를 지니고 있었다. 특히 미국은 종래와는 달리 다자주의(multilateralism)를 기반으로 하는 자유무역협정을 이룩하기 위한 노력을 추진함으로써 새로운 자유무역체제를 탄생시키는데 주도적인 역할을 행하였다.

신자유주의사상 세계대전으로 심각한 경제적 타격을 받았음은 물론 국제경제관계 역시 매우 악화됨에 따라 시장개입이나 보호정책에 대한 반성이 패전국 독일에서도 나타났다. 1920년대 독일 프라이부르크(Freiburg)대학의 오이켄(W, Euken)을 중심으로 하여 빼앗긴 시장기능을 다시 찾자는 이른바 신자유주의(neo-liberlism) 경제사조가 나타났다. 이러한 사상은 미국에서도 프리드만(M. Friedman)을 중심으로 한 시카고학파를 등장시켜 뉴딜정책 이후 주류적 위치를 차지하던 케인즈적 개입주의를 지양하면서 미국경제를 활성화시키는 데에도 일조하였다. 이러한 신자유주의 사조 역시 전후에 성립된 자유무역체제의 사상적 배경이 되었다.

2 이처럼 1930년대의 독선적이고 이기적인 정책대결에 대한 반성, 자유무역체제가 세계경제의 번영과 평화에 긴요하다는 신념, 미국의 국가이익이 갖는 중요성 등과 같은 시대적 상황을 배경으로 1947년 관세 및 무역에 관한 일반협정(GATT: General Agreement on Trade and Tariff)이 이루어졌다. 이것은 상술한 국제무역기구(ITO)가 정식으로 창설될 때까지의 공백을 위하여 잠정적으로 채택된 하나의 협정으로 시작되지만, ITO가 유산됨에 따라 이후 GATT는 국제무역을 감시하고 협상하는 상설기구와 같은 역할을 대행하게 되었다.

이러한 GATT의 기본정신은, 호혜원칙(principle of reciprocity)과 최혜국대우(MFN: most favoured nation)원칙에 입각하여 비차별(nondiscrimination)적인 방법으로 관세 및 기타의 무역장벽을 제거하여 세계무역의 성장을 극대화함으로써 세계경제의 번영과 세계평화에 이바지한다는 것이었다. 이러한 GATT는 당초부터 통일성이 미비한 하나의 국제협정에 불과하여 국제법상의 구속력을 갖지도 못하였고, 엄격하게 원칙을 내세우는 반면 많은 예외도 동시에 허용하고 있어 그 본래의 목적에 저해되는 사례도 있었으며, 저개발국보다는 선진공업국의 이익을 대변하는 결과를 가져왔다는 비판도 받았다.

그러나 GATT가 자유화를 위한 국제규칙의 확립과 감시기능을 수행하게 되었고, 또한 전후 무역자유화를 증진시키기 위한 다자간무역협상(MTN)방식을 정립함으로써 훌륭한 성과를 나타내었다. 이에 따라 제2차 세계대전 이후에는 세계무역이 급속히 회복되어 1960년대 말까지 세계경제가 자유주의경제체제 위에서 공전의 번영을 구가하였는데 이는 전후 세계무역의 자유화를 위한 모색이 GATT를 중심으로 강력히 추진된 결과였다고 할 것이다. 이처럼 전후 1960년대까지는 자유무역정책이 세계무역체제의 기조를 형성하였던 시기였다.

1.4 신보호무역주의 (1970년대 이후)

1 이와 같이 1960년대까지의 세계경제는 GATT를 통한 자유무역체제 확립과 IMF를 중심으로 한 환율안정에 힘입어 전성시대를 구가하였다. 그러나 1970년대 이후 GATT체제가 서서히 무너지게 되었고 IMF체제 역시 변동환율제의 채택 이후 동요되기 시작하였다. 이러한 전후경제체제의 붕괴과정 속에서 1960년대 말부터 보호주의적 경향이 서서히 나타나기 시작하여 1970년대 이후 각국은 앞 다투어 보호주의적 대외무역정책을 추구하였다. 1970년대 이후에 나타난 이러한 경향을 신보호무역주의(new-protectionism)라고 불렀는데 이러한 신보호무역주의가 나타나게 된 역사적 배경은 다음과 같다.

세계경제체제의 변화 1970년대 이후 세계경제체제는 1960년대의 상황과는 다른 새로운 구조적 변화를 겪게 되었는데 이러한 세계경제구조변화가 보호무역주의의 강화를 초래하였다.

① 우선 전후 팩스 아메리카나(Pax Americana)를 구가하던 미국의 경제력이 상대적으로 약화되어 세계경제체제의 다극화현상이 나타남과 동시에 미국이 주도하던 자유무역주의가 미국을 비롯한 선진국들에 의해 훼손되게 되었고, ② 1970년대 두 차례의 석유위기를 겪으면서 세계경제가 장기적인 경제침체와 불황을 맞이함으로써 보호무역에 대한 요구가 높아졌으며, ③ 전후 국제경제체제의 기초를 형성하여 무역자유화에 중심적 기능을 해주었던 GATT와 IMF체제가 약화되거나 변질된 것 역시 신보호무역주의의 또 다른 배경으로 작용하였다.

무역구조 및 산업구조 변화 이러한 세계경제구조의 변화과정에서 세계무역구조 및 산업구조 역시 변화하게 되었고 이러한 변화과정에서 일어나는 국가 간 비대칭성, 국내적 이해관계의 조정문제가 보호주의를 강화시키는 요인이 되었다.

① 우선 제2차 세계대전 이전까지의 세계무역은 수직적 무역(vertical trade) 이 주종을 이루었으나 전후에는 수평적 무역(horizontal trade)이 크게 증대되어 세계의 산업구조가 보다 동질적·경쟁적 성격을 띠게 됨에 따라 보호무역이 강화되는 원인이 되었고, ② 이러한 과정에서 1970년대 중반 이후 미국의 무역적자가 누적되는 반면 일본·독일·산유국·신흥공업국의 무역흑자가 크게 증가하는 등 지역별 무역수지구조의 비대칭성이 확대됨에 따라 구조적인 국제수지적자를 겪는 나라들이 자신의 적자를 방어하기 위한 수단으로서 보호정책을 강화하였으며, ③ 이러한 과정에서 선진국들의 산업구조조정이 지연되면서 사양산업의 고용보호를 위한 보호무역 요구가 더욱 높아졌다.

정치경제적 요인 1970년대 이후 선진국들의 이러한 보호무역강화에 따른 여러 가지 경제적 손실들이 초래되지만 이러한 경제적 손실이 있음에도 불구하고 보호주의장벽을 강화한 것은 경제적 요인들을 넘는 보다 광범위한 정치경제적 요인들이 그 배경으로 작용하였다.

① 경제의 해외의존성과 상호의존성이 심화되어 외국으로부터 수입되는 제품과 경쟁해야하는 수입경쟁산업이 점차 확대되었고 그 결과 개별 국민경제가 외부환경변화에 지나치게 민감하게 반응하게 되어 수입에 의해 피해를 입는 기업이나 노동조합 등 압력단체가 더욱 증가되어 보호무역에 대한 목소리가 더 커졌고, ② 대외무역정책에 대한 이해관계집단간의 정치적 갈등이 높아지는 가운데 자유무역을 선호하는 다수의 소비자보다는 보호무역을 요구하는 소수의 생산자나 노동조합 등의 정치적 결속력이 더 강하고 따라서 보호무역을 요구하는 집단의 목소리가 현실의 정책에 더 강하게 반영되는 정치적 속성을 지니고 있었기 때문이다.[7]

[2] 이러한 시대적 상황을 배경으로 하여 나타난 1970년대 이후의 보호주의 경향을 신호무역주의라고 부르는 것은 전후에 형성된 자유무역체제에 대한 새로운 현상이기 때문이기도 하지만 그것의 보호대상과 보호수단 등이 전통적인 고전적 보호주의와는 다르다는 점 때문이었다.

고전적 보호무역주의가 당시 독일·미국 등 후발국들이 자신의 국내산업(유치산업)을 육성하고 발전시키기 위하여 외국으로부터의 수입을 일시적으로 제한하기 위한 보호정책론이었던 반면, 신보호무역주의는 미국 등 선진국들이 상대적으로 경쟁력을 잃고 있는 사양산업이나 새로이 경쟁력을 창출하는 첨단산업을 독점적으로 육성하기 위한 보호론이었던 만큼, 보호의 대상·목적·수단·기간 등이 고전적 보호주의와는 서로 상이하였기 때문이다. 보다 자세한 내용은 [보충학습 4-2]에서 논의한다.

보충학습 4-2

신보호무역주의의 특성

1970년대 이후 나타난 신보호주의는 이전의 보호무역주의와는 서로 다른 내용과 수단을 통하여 전개되었다. 이러한 비교는 특히 전통적인 보호주의, 즉 19C중엽 이후 당시 후발국이었

---

7 보호무역조치를 취하게 될 경우 이로 인한 가격상승과 후생손실을 입게 되어 보호무역을 원하지 않는 소비자계층은 넓게 존재하지만 그들이 정치세력화 되기에는 너무도 분산되어 있는 반면, 외국으로부터의 자유로운 수입이 이루어지게 될 경우 피해를 입게 되는 기업과 노동자 및 노동조합들은 산업적·지역적·조직적으로 집중되고 결집되어 있어 이들은 정치적 세력으로서의 힘을 가질 수 있다. 따라서 각국의 정부와 정치가들은 이러한 정치적 이해관계에 따라, 자유무역을 선호하는 다수의 소비자보다는 보호무역을 주장하는 소수의 결집된 여론을 받아들여, 결국 자유무역이 가져올 수 있는 장기적 이익과 편익보다는 보호주의라는 임시적인 방편과 수단을 선택하게 된다.

던 미국과 독일을 중심으로 전개된 고전적 보호주의와 비교할 때 더욱 뚜렷하게 이 나타나는 데 그 주요한 내용은 〈표 4-7〉과 같다.

표 4-7 고전적 보호주의와 신보호주의의 비교

구 분	고전적 보호무역주의	신보호무역주의
시대적 배경	18C말-19C중엽(산업자본주의 후기)	1970년대 중반이후(복지자본주의시대)
보호의 주체	후진국(당시 미국·독일)	선진국 주도(미국)
보호의 대상	유치산업보호, 후발신생산업육성	사양·정체산업보호, 첨단신산업육성
보호의 성격	특정산업 보호(미시적 목표)	고용보호·국제수지개선(거시적 목표)
보호의 기간	잠정적·일시적 보호 전제	장기적·영구적 보호 필요
보호의 수단	보호관세 중심의 보호	비관세장벽(NTB) 중심
보호의 성격	차별적 요소 없음, 방어적 상호주의	차별성·선별성, 공격적 상호주의

시대적 배경　　고전적 보호주의가 18C말 이후 19C 중엽의 산업자본주의시대를 역사적 배경으로 하고 있음에 비해, 1970년대의 신보호주의는 복지국가(welfare state)로 이행된 수정자본주의를 그 시대적 배경으로 하고 있다. 또한 고전적 보호주의가 후진국의 보호주의였다면 신보호주의는 선진국 중심의 보호주의였다.

보호의 대상　　고전적 보호주의가 아직 국제경쟁력을 갖추지 못한 유치산업(infant industries) 내지는 신생산업의 육성을 위한 것이었지만 신보호주의는 이미 국제경쟁력을 잃은 사양산업·정체산업(declining or senescent industries)의 보호에 그 목적을 두고 있다. 이같이 1970년대 이후의 신보호주의는 사양산업·정체산업의 보호에 기초를 두는 첨단기술산업의 전략적 보호를 동시에 추구하였다. 이처럼 사양산업보호·첨단산업육성이라는 중상주의적 경향을 보인다고 하여 이를 신중상주의(neo-mercantilism)라고도 하였다.

보호의 목적과 성격　　고전적 보호주의와 신보호주의는 모두 수동적·방어적 성격을 띠고 있다는 점에서 양자는 유사하다. 그러나 그 구체적인 목적에 있어서, 전자는 유치산업을 보호하여 산업구조를 보다 고도화한다는 구조변화의 성취에 목적을 두고 있는 반면 후자는 시장교란(market disruption)의 방지라는 이유로 구조변화의 저지를 목적으로 하고 있어 양자는 구별된다. 또한 고전적 보호주의가 특정산업의 지원과 같은 미시적 목표에서 출발된 것이었다면 신보호주의는 고용보호·국제수지개선 등과 같은 거시적 목표를 추구하는 수단으로 존재한다는 점에서도 구별된다.

보호의 기간　　이러한 보호목적의 상이로 인하여 고전적 보호주의가 잠정적·일시적 성격을 띠는 것이었다면 신보호주의는 장기적·영구적 성격을 띠게 된다. 리스트의 유치산업보호론은 결국 교육적 보호(educational protection)·일시적 보호(temporary protection)였으며 또한 장래 발전가능성과 확실성이 있는 산업만을 선택하여 보호하여야한다는 제한적 보호론(restricted protectionism)이었다. 그러나 신보호주의란 이미 경쟁력을 상실하여 국가에 의한 보호가 있더라도 경쟁력을 회복할 전망이 없는 사양산업에 대한 보호이므로 이것은 장기적 내지 영구적 성격의 보호로 귀결된다.

보호의 정책수단　　고전적 보호주의 하에서는 보호관세가 가장 중요한 수입규제수단이었지만 70년대 이후의 신보호주의는 보호수단으로서 대부분 비관세장벽(NTB: non-tariff barrier)이 동원되었다는 점에서도 구별된다. 아울러 신보호무역주의는 여러 가지의 수입규제조치가 GATT의 테두리 밖에서 비공식적이고 비제도적인 형태로 이루어졌다는 점을 특징으로 하고 있다.

보호의 원칙 고전적 보호주의하의 보호관세는 무차별적이었지만 신보호주의의 정책수단으로서의 비관세장벽은 외견상으로는 무차별적인 것처럼 보이지만 실질적으로는 개도국들에게 크게 불리하게 작용하기 때문에 개도국에 대해 사실상 차별적인 성격을 지녔다. 또한 신보호주의는 GATT의 무차별원칙을 위배하는 상품별·국별 선별주의를 채택하고 있었다. 또한 신보호주의는 특정산업의 보호라는 종전의 수동적·방어적 성격에서 자국과 상당할 정도로 상응하는 시장개방을 요구하는 공격적·보복적·쌍무적 상호주의를 나타내었다.

2. 자유무역과 보호무역 역사적 평가

2.1 세계무역체제 변화의 역사적 개관

이상에서 설명한 바와 같이 자유무역과 보호무역의 정책이 역사적으로 실행되어온 세계무역정책의 기조변화과정을 단순화시켜 보면, 중상주의적 상업자본주의시대에서부터 오늘에 이르기까지 자본주의의 발전단계에 따라 자유무역과 보호무역이 서로 교차되는 모습을 보여 왔다.

이러한 역사적 과정에서 각 시대마다의 고유한 역사적 배경을 바탕으로 하는 무역정책사상 역시 변화되어 왔다. 이러한 역사적 흐름과 배경 등을 단순화시켜 요약하고 있는 것이 〈표 4-8〉인데 이는 앞서 보았던 〈표 4-6〉의 내용을 좀 더 구체적으로 보완한 것이다.

자유무역과 보호무역에 대한 이러한 역사적 전개과정을 통하여 무역정책과 무역정책사상이 내포하고 있는 많은 이론적·정책적 함의(implications)들을 발견할 수 있지만 여기서는 그들 중 몇 가지만 지적해둔다.

우선, 근대 이후 오늘날까지 세계무역의 정책기조는 자유무역과 보호무역이 서로 교차되는 모습을 보여 왔다. 즉 세계무역체제의 역사적 변화를 아주 단순화시킨다면, 중상주의시대의 강력한 보호체제 → 산업자본주의시대의 자유무역체제 → 19C중엽 이후 제2차 세계대전까지의 보호무역체제 → 전후 GATT를 중심으로 하는 자유무역체제 → 1970년대 이후의 신보호주의체제로의 변화로 요약할 수 있다.

이같이 자유무역과 보호무역은 서로 교차되며 전개되어 왔다고 할 수 있지만 그 내용을 보다 면밀히 관찰하면 세계무역의 보편적 역사는 보호무역의 역사였고 오히려 예외적으로 자유무역체제가 존재하였다. 즉, 16C 이후 500여 년의 역사 속에서 진정한 의미에서의 세계적 자유무역체제가 지배한 것은 1860년대와 1960년대 전후 짧게는 15여 년, 길게는 20여 년

표 4-8 국제무역체제 및 무역정책사상의 전개

시 대	정책기조	역사적 배경	이론적 배경	주 도 국
16C~18C중엽 (상업자본주의)	중상주의적 보호무역	• 근대국가의 성립 • 절대왕정시대의 부국강병노력	• 중금주의 • 무역차액론 • 산업보호론	스페인, 포르투갈 네덜란드, 영국 프랑스
18C말~1870년대 (산업자본주의)	고 전 적 자유무역	• 산업혁명과 산업 자본주의의 출현 • 교통의 혁명	• 중농주의 • 고전파의 자유사상	Pax-Britannica (영국 주도의 자유무역체제)
19C중엽이후 (산업자본주의)	고 전 적 보호무역	• 국가간 경쟁격화 • 후발국의 산업화	• 산업분화론 • 유치산업보호론	당시 후발국인 미국·독일
1870년대~제2차 세계대전 (독점자본주의)	제국주의적 보호무역	• 제국주의적 경쟁 • 세계대공황 • 양차 세계대전		제국주의 열강
제2차 세계대전~1960년대 (수정자본주의)	전후의 자유무역	• 국제협력 상실에 대한 반성 • GATT-IMF체제	• 신자유주의	Pax-Americana (미국 주도의 자유무역체제)
1970년대 이후 (복지자본주의)	신보호무역	• 세계경제구조변화 • 비교우위구조변화 • 세계적 경기침체 • 정치경제적 요인	• 공정무역론 • 상호주의 • 신중상주의	선진국 중심의 보호주의

간에 불과하였다. 나머지 대부분의 기간은 전체적으로 보호무역주의가 지배하거나 아니면 일부제국들이 자유무역을 추구하였지만 다른 나라들은 각기 자국의 국익을 앞세워 보호정책수단들을 활용함으로써, 세계적인 차원에서의 진정한 자유무역체제가 이룩되지 못하였기 때문이다.

2.2 무역체제의 역사적 결정요인

다음으로, 자유무역체제와 보호무역체제가 부침하는 이러한 역사적 과정에서, 이러한 체제가 형성되고 소멸되는 데는 다음과 같은 몇 가지의 공통된 정치경제적 여건과 상황이 존재하였다.

세계패권국의 존재 근대 이후 500여 년의 역사 속에서 예외적으로 자유무역체제가 성립되었던 1860년대와 1960년대는 세계정치경제의 지배적인 패권국(hegemonic country)이 존재하였던 시기였다. 1860년대의 자유무역체제는 대영제국이 세계의 공장으로 군림하던 팩스 브리태니카(Pax Britannica)의 산물이었다고 할 수 있고, 또한 1960년대의 자유무역체제는 전후 새로운 패권국으로 부상한 미국의 주도하에 이루어진 팩스 아메리카나(Pax Americana)의 산물이었다. 똑같은 논리에서, 1870년대 이후의 보호주의는 영국의 쇠퇴와 관련이 있고 1970년대 이후의 신보호주의는 미국의 쇠퇴와 관련된다고 할 수 있다.

세계의 산업구조 어떤 국가이든 자국의 산업을 포기하는 나라는 없는 만큼, 자유무역과 보호무역체제의 채택은 일국의 산업발전 및 그것의 성쇠와 관련된다. 우선 신생산업을 육성해야하는 입장에 있는 나라는 이를 보호·육성하기 위한 보호정책을 추구하였다. 반대로 이러한 신생산업이 충분히 발전하여 자국의 국제경쟁력의 확보가 이루어진 이후에는 생산물의 시장확보를 위하여 자유무역을 선호하는 속성을 나타내었으며, 그러한 전통산업이 사양화되는 과정에서는 이를 보호하기 위한 보호주의로의 선회를 나타내었다. 이러한 사실을 세계적 관점에서 일반화하면, 세계의 산업구조와 이에 따른 비교우위구조와 무역구조가 이질적·보완적 구조를 나타내고 있는 시대에는 자유무역체제가 가능하였지만, 동질적·경쟁적 구조로 전환하는 과정에서는 보호주의가 성행하게 되는 속성을 나타낸다.

세계경기와 민족주의 세계적으로 장기적인 경기침체나 경제공황 등 경제위기가 발생하였을 경우 보호주의가 크게 확산되는 경향을 나타낸다. 예컨대 1980년대 말(1876~1890) 유럽제국의 경기침체, 1930년대 전후(1929~1939)의 세계적 대공황, 1970년대 선진국들의 장기적 경기침체시기가 보호주의가 팽배하던 시기와 일치하는 것은 결코 우연이 아니다. 또한 국제적으로 특히 보호주의가 심화되고 확산되는 시기는 신생국의 독립이나 국제전쟁과 같은 역사적 사건이 존재하였다. 이러한 역사적 사건들은 경제적 민족주의와 경쟁적 국가주의를 고취함으로써 보호주의적 경향을 더 높이게 되었기 때문이다.

국제무역체제 1860년대와 1960년대처럼 자유무역체제가 이룩되었던 시기는, 이러한 자유무역체제를 가능케 하였던 어떤 국제적 체제(system/regime) 내지 국제적 기구(organization)가 일정한 제도적 기능과 역할을 담당하였다. 예컨대 19C 영국을 중심으로 하는 자유무역체제가 성립되었던 것은 1860년 1월 체결된 영불통상협정 이후 우연히 형성된 다수의 쌍무협정망형태의 구조가 국제무역을 규율하는 무역체제로서의 기능을 하였기 때문이고, 또한 1960년대 자유무역체제의 성립은 다자간 무역협정에 의한 국제기구로서의 GATT의 제도적 기능에 기초하고 있었음은 물론이다.

국제통화체제 한편 세계적으로 국제무역이 자유화를 통하여 안정적으로 발전했던 시기는 국제통화제도 역시 안정적인 고정환율체제를 유지하였던 반면 보호무역주의 강화되고 무역에 대한 제한이 심화되었던 시기는 환율의 변동이 심한 변동환율체제가 형성되었다. 예컨대 1860년대의 세계적 자유무역체제의 성립과 쇠퇴는 당시 금본위제 하의 고정환율체제의 성쇠와 관련되고, 또한 1960년대의 세계적 자유무역체제의 성립과 쇠퇴 역시 브레튼우즈체제 하의 고정환율체제의 성쇠와 관련된다고 할 수 있다. 동시에 19C 후반과 1970년대 후반 이후 보호무역체제가 형성되었던 것은 안정된 국제통화체제제로서의 고전적 금본위제나 브레튼우즈체제의 붕괴와 관련된다.

제 5 장 International Trade Policy

무역정책수단과 경제적 효과

어떤 경제정책이든 어떠한 정책목표가 세워지면 그러한 목표들을 달성하기 위한 정책수단(policy instruments)이 채택되어야 하는바, 무역정책의 경우 수입을 제한하기 위한 정책수단과 수출을 촉진하기 위한 정책수단이 있다. 수입을 제한하기 위한 정책수단으로서는 관세(tariff)가 전통적인 수단이지만 오늘날에 있어서는 비관세장벽(NTB: non-tariff barrier)의 중요성이 커졌고, 수출을 촉진하기 위한 보조금 등 수출촉진정책(export promotion policy)도 그 중요성을 더해가고 있다.

제5장에서는 전통적인 무역정책수단으로서 관세는 어떤 의의와 효과를 나타내고 있는가, 1970년대 이후 널리 활용되고 있는 비관세장벽(NTB)의 특성은 무엇이고 어떤 유형들이 있으며 이들의 경제적 효과는 어떠한가를 살펴본다.

제 1 절 관세정책

1. 관세의 의의와 종류

1.1 관세의 의의

관세(tariff, customs, customs duties)[1]란 법정의 관세구역을 통과하는 수출입화물에 부과되는 일종의 조세를 의미한다. 관세구역은 정치상의 국가영역과 반드시 일치하는 것은 아니므로 관세경계와 국경이 동일한 것은 아니다.[2] 이때 수출입화물에 관세를 부과할 수 있는 이러한 법정의 관세구역을 관세선이라고 한다.

관세는 일종의 조세이므로 다음과 같은 특성을 지니고 있다. 우선 조세로서의 일반적

1 customs 또는 customs duties라는 용어에 대해서는 '아주 오래 전부터 행해져 온 관습적 지불'(customary payment)이라는 문구에서 그 어원을 찾을 수 있다는 견해도 있고 보관료(custodium))에 근거를 두고 있다는 견해도 있다.

2 예컨대 관세동맹의 경우 독자적인 국경이 설정되어 있으나 단일관세구역이 되는 반면, 자유항의 경우 일국의 국경 내에 있으나 관세가 부과되지 않는다.

특성으로서 ① 관세는 국가에 의하여 징수되는 국세(國稅)로서 법률이나 조약에 의하여 강제적 징수된다. ② 관세는 물품세이고 수시세이며 관세의 궁극적인 대상은 소비행위이므로 일종의 소비세이다. ③ 관세에는 반대급부가 없으며 관세의 부담은 다른 경제주체에 전가되는 특성을 지닌다.

또한 관세는 일반내국세에 대하여 ① 관세영역을 전제로 하여 이러한 영역을 넘는 수출입화물에 대하여 부과된다. ② 필수품에 대하여는 낮고 불요불급품·사치품에 대해서는 높게 부과되며 또한 원자재·중간재에 대하여는 낮고 완제품·최종재에 대해서는 높게 부과된다. ③ 정부의 재정수입증대 및 국내산업의 보호를 위한 여러 가지 경제적 효과를 지닌다는 특성을 지닌다.

1.2 관세의 역사적 발전단계

관세는 역사적으로 여러 가지 형태를 거치며 변천되어 왔다. 오늘날에는 보통 국가영역을 단일관세영역으로 하지만 이전에는 일국 내에서도 여러 관세영역이 설정되는 국내관세가 일반적 관례였다. 관세는 경제사회의 발전에 대응하여 대체로 다음과 같은 3단계로 발전되어 왔다.

수수료관세시대(제1기) 도로·교량·항만시설·창고 등의 사용료 또는 운송물품·운송여객의 보호 등에 대한 반대급부로서의 수수료형태로 부과되었다. 애덤 스미스(A. Smith)는 기록 이전 시대부터 부과되었던 관습적 지불(customary payment)이라고 하여 관세를 customs라고 하였다.

내국관세시대(제2기) 수수료는 점차 반대급부가 없는 강제징수의 형태가 되고 또 봉건시대에 이르러 관세구역의 개념이 출현하여 각 봉건영주는 자기의 세력범위에 출입하는 물품에 관세를 부과하였다. 이것은 조세이기는 하지만 법률에 의거하지 않고 전적으로 통치자의 자의에 의한 사적 수입에 불과하였다는 점에서 근대적 조세와는 성격을 달리하는 것이었다.

국경관세시대(제3기) 근대국가가 형성됨에 따라 지역적인 관세영역은 정리되어 국가영역전체가 단일관세영역으로 통합되었다. 그리고 오늘날의 관세는 단순한 국가재정수입을 확보하는 수단일 뿐만 아니라 대외무역의 일반적인 정책수단으로 사용되는 중요한 조세형태가 되었다.

다자간 관세시대(제4기) 모든 나라들이 국내산업보호를 위한 수입제한수단으로 관세를 활용되게 되자 이로 인해 세계무역의 발전이 저해됨은 물론 국제마찰의 원인이 되기도 하였다. 이에 대한 반성으로 제2차 세계대전 후 발족된 GATT는 다자간 협상을 통한 관세의 일괄인하를 추진함으로써 관세율과 관세제도에 대한 결정과 운용권한이 세계 각국의 다자간 협력체제로 전환되었다. GATT는 8차례에 걸친 다자간 무역협상을 통하여 관세의 일괄인하를 추진하였고 이후 새로운 국제무역기구로서 WTO를 발족시켰다.

1.3 관세의 종류

무역정책수단으로서의 이와 같은 관세는 다음과 같은 여러 가지 기준에 따라 여러 가지로 분류되어지는데 주요한 내용은 〈표 5-1〉과 같다.

표 5-1 관세의 종류

분류기준	관세의 종류
과세대상	• 수출관세 • 수입관세 • 통과관세
과세목적	• 재정관세 • 보호관세(육성관세, 금지관세, 방지관세 등)
과세방법	• 종가세 • 종량세 • 선택관세 • 복합관세
과세율 수	• 단일관세 • 복수관세
제정방법	• 국정관세 • 협정관세
차별여부	• 차별관세(특혜관세, 공통관세, 탄력관세 등)

(1) 관세의 일반적 종류

수출관세 · 수입관세 · 통과관세 수출품에 대한 수출관세(export duties), 수입품에 대한 수입관세(import duties), 수출입화물이 운송되는 과정에서 자국의 영토를 통과할 경우에 부과되는 통과관세(transit duties)로 구분된다. 그러나 오늘날 일반적으로 관세라고 할 경우 수입관세를 지칭함이 일반적이다.

재정관세 · 보호관세 정부재정수입을 목적으로 부과되는 재정관세(financial duties)와 국내산업 보호를 목적으로 하는 보호관세(protective duties)로 구분된다.[3] 역사적으로 고대의 관세는 재정관세적 성격이 강하였으나 오늘날에 있어서는 더 이상 보호가 필요 없는 산업이나 커피·차·향료 등 기호품에 대한 관세의 경우에만 재정관세적 성격을 가지고 있다고 할 수 있다.

종가세 · 종량세 · 선택관세 · 복합관세 과세기준이 금액인 종가세(ad valorem duties), 수량인 종량세(specific duties), 양자 중 어느 하나를 선택하는 선택관세(alternative duties), 양자를 동시에 복합적으로 적용하는 복합관세(compound duties)로 구분된다. 과세기준으로서의 종가세는 과세의 형평성을 기할 수 있는 장점이 있는 반면 과세대상이 되는 적정가격을 결정하기 어려워 분쟁이 따르고 이로 인한 절차와 비용이 소요된다는 단점이 있다. 종량세는 그 반

3 보호관세의 경우 구체적인 보호목적이 무엇인가에 따라 국내 유치산업보호를 위한 '육성관세', 외국상품의 수입을 완전히 금지시키기 위한 '금지관세', 외국으로부터 국내산업의 압박을 방지하기 위한 '방위관세' 등으로 구분하기도 한다.

대의 장단점을 나타내므로 이러한 장단점을 잘 고려하여 과세하려는 노력을 행하게 된다.

단일관세 · 복수관세 동일상품에 대하여 동일세율을 적용하는 단일관세(single tariff)와 동일제품에 대해서도 국가에 따라 다른 세율을 적용하는 복수관세(double tariff)로 구분되는데, 이러한 복수관세는 결국 차별관세적 성격을 지니게 된다.

국정관세 · 협정관세 과세가 국가의 자주적 결정에 의해서 이루어지는 국정관세(national duties)와 국제협정에 의해 이루어지는 협정관세(conventional duties)로 구분된다. 이러한 협정관세에도 두 국가 간의 쌍무적 협정에 의해 이루어지는 경우도 있고 다수국간의 협정에 의해 이루어지는 경우도 있다.

(2) 차별관세의 종류

관세를 부과함에 있어 차별을 두지 않는 일반적인 관세와 달리, 어떤 특정국으로부터의 수입품에 대하여 타국 제품보다 더 높은 관세율 또는 더 낮은 관세율을 적용하는 관세제도로서 차별관세(differential duties)가 있다.

이러한 차별관세는 중상주의시대나 제2차 세계대전 이전의 무역정책에서는 빈번히 적용되어 주요한 보호무역수단으로 채택되었지만, 상호주의·무차별주의·최혜국조항 등이 채택된 GATT체제 이후에는 빈번하게 채택되지 않았다. 그럼에도 불구하고 여전히 여러 가지 형태로 잔존하고 있는데 이러한 차별관세에는 다음과 같은 형태가 있다.

특혜관세(preferential duties) 특별 관계에 있는 상대국과의 통상관계를 강화하기 위하여 낮은 관세율을 적용하는 관세제도로서 국제특혜관세·식민지특혜관세·일반특혜관세제도가 있다. 역사적으로 국제특허관세가 스칸디나비아국가들 간 또는 스페인·포르투갈 간에 적용된 적이 있었고 식민지특혜관세도 영연방국가·프랑스연방·미국과 필리핀 간에 시행된 바 있었지만, GATT는 이러한 특혜관세제도가 차별적 성격을 지니는 만큼 이의 확대나 신설을 금지하였다. 일반특혜관세제도(GSP: Generalized System of Preference)는 남북문제 해결을 위한 방안으로서 개도국으로부터 수입되는 제품에 대하여 선진국들이 관세 상의 특혜를 부여하는 제도로서, 1970년 UNCTAD의 합의에 따라 1971년 7월부터 시행되어 왔다.

공통관세(common duties) 관세동맹형태의 경제통합이 이루어지는 경우 역내국 상호간에는 관세의 철폐 또는 감면과 같은 특혜를 공여하는 반면 역외국에게는 공통으로 설정한 관세를 부과하게 되는데 이를 공통관세라고 한다. 이같이 관세동맹의 경우에는 관세를 통한 역내외 차별화를 행하지만, 자유무역협정 등과 같은 경제통합의 경우에는 역내국가 상호 간에는 관세의 철폐나 감면 같은 조치를 취하지만 역외국에 대한 차별적인 공통관세를 부과하지 않고 회원국별로 독자적인 관세자주권을 부여한다.

탄력관세(flexible duties) 조세법률주의에 따라 관세 역시 본래는 입법부에 의한 관세율의 제정·조정에 의해 실행되어야하지만 급변하는 국제통상환경에서 신속하고 탄력적으로 대응하기 위해서는 일정한 범위 내에서의 관세율조정권을 행정부에 위임하는 것이 바람직하다. 이러한 이유 때문에 입법부로부터 일정한 범위 내에서의 관세조정권을 위임받아 행정부가 신축적이고 탄력적으로 운영하는 관세제도가 탄력관세이다.

이러한 탄력관세제도에는 〈표 5-2〉가 보여 주듯이, 보복관세(retaliatory duties)·덤핑방지관세(anti-dumping duties)·상계관세(compensation duties)·긴급관세(emergency duties)·편익관세(convenient/beneficial duties)·수입할당관세(import quota duties)·조정관세(adjustment duties)·물가평형관세(price stabilization duties) 등이 있다.

표 5-2 탄력관세의 종류와 내용

종 류	내 용	국제협약
보복관세	자국 상품에 대한 상대국의 불이익 조치에 대한 보복으로서 부과되는 할증관세	
덤핑방지관세	외국의 덤핑수출행위를 방지하기 위하여 부과되는 할증 관세	덤핑방지 관세협정
상계관세	보조금 등 정부지원을 통해 이루어진 외국수출품에 대하여 부과되는 할증관세	보조금·상계관세협정
긴급관세	특정 제품의 수입급증으로 국내산업에 심각한 타격 주거나 줄 우려 있는 경우 수입의 긴급한 억제 위한 할증관세[4]	세이프가드 협정
편익관세	조약·협정으로 관세상 혜택을 약속하지 않은 나라이지만 정치·외교·경제적 우호관계 고려해 특전 부여하는 제도	
수입할당관세	일정범위 내에서는 낮은 관세율 적용, 초과하는 부분에 대해서는 높은 관세율 적용(일종의 이중적 관세율제도)	
조정관세	수입자유화조치로 일부 품목의 수입이 일시에 너무 급격히 증대되어 국내산업 피해 또는 국민소비생활에 교란발생시 피해제거를 위한 관세율 조정 관세	
물가평형관세	물가안정·특정물품 원활한 수급·특정물품 가격등귀방지 등 위해 관세율 조정하거나 계절 따라 변동시키는 관세제도	

2. 관세의 경제적 효과

2.1 관세의 경제적 효과 개관

□ 관세의 경제적 효과는 관세부과국의 국민경제에 어떠한 효과를 가지는가라는 국민경제적 관점에서 논의될 수 있다. 외국물품의 수입에 대하여 관세를 부과하는 수입국이 누리게 되는 경제적 효과는 다음과 같이 요약될 수 있다.

가격효과 · 소비효과 일국이 관세를 부과하면 그 재화의 국내가격이 상승되는 가격효과(price effect)가 발생된다. 이러한 가격효과로 인하여 이 재화에 대한 총수요, 즉 국내소비가

4 우리나라는 농림축산물에 대한 특별 긴급관세제도를 도입하고 있음.

감소되는 소비효과(consumption effect)가 발생되고 이에 따른 소비자의 후생이 감소되는 효과가 발생한다.

보호효과 · 경쟁효과 이러한 가격효과로 인하여 수입경쟁(대체)재의 국내생산이 증대되는 생산효과(production effect)가 발생된다. 이러한 생산효과는 결국 관세를 통한 국내산업 보호를 의미하므로 보호효과(Protection effect)라고 하며 관세의 경제적 타당성을 인정하는 가장 강력한 논거가 된다. 이러한 보호효과를 통하여 관세는 국내산업의 경쟁효과(competition effect)를 가진다. 즉 관세를 부과하면 외국과의 자유경쟁을 제한 또는 차단함으로써 대내적으로는 외국 수입품과의 경쟁에서 유리한 경쟁효과를 가지기 때문이다.

재정수입효과 · 후생효과 관세부과는 정부의 재정수입을 증가시키는 재정수입효과(revenue effect)를 발생시킨다. 따라서 관세의 부과는 소비자의 후생감소·생산자의 후생증대·정부의 재정수입증대를 동시에 가져오는데 이러한 후생의 전체 변화를 보면 관세의 부과는 관세부과국의 경제적 후생을 전체적으로 감소시키는 후생효과를 발생시킨다.

소득재분배효과 관세부과는 국내소득집단 간의 소득을 재분배시키는 소득재분배효과(income redistribution effect)를 발생시킨다. 관세로 인한 소득재분배효과는 두 가지 측면에서 고찰할 수 있다. 하나는, 관세의 소비효과와 생산효과를 통하여 소비자잉여의 일부가 생산자잉여로 전환됨으로써 생산자의 실질소득을 증가시키고 소비자의 실질소득을 감소시키는 측면이고, 다른 하나는 생산요소의 상대가격변화를 통하여 수입대체산업에 집약적으로 투입되는 생산요소에 유리하고 보호를 받지 못하는 수출산업에 집약적으로 투입되는 생산요소에 불리하게 소득이 재분배되는 측면이다.[5]

거시경제적 효과 관세가 부과되면 관세의 보호효과를 통하여 국내산업의 생산량이 증가함으로써 고용이 증대되고 소득이 증대되는 고용효과(employment effect)와 소득효과(income effect)가 발생되는데 이것은 상술한 보호효과의 거시적 표현이라고 할 수 있다. 또한 관세가 부과되면 국내생산 증대와 국내소비 감소를 통하여 수입이 감소되는 무역효과(trade effect)가 발생되고 이를 통하여 일국의 국제수지를 개선시키는 국제수지효과(balance of payment effect)를 발생된다.

교역조건개선효과 관세가 부과되면 위에서 설명한 가격효과를 통하여 수입수요가 감퇴되므로 상대방 수출국의 수출업자는 수출량 감소를 막기 위하여 수출가격을 인하시키는 경향이 있으므로, 관세의 부과는 관세부과국의 교역조건을 개선시키는 교역조건효과(terms of trade effect)를 발생시킨다. 그러나 이러한 관세의 교역조건효과는 관세부과국이 국제시장에서의 가격지배력·독점력을 지닌 대국(大國)이라는 가정이 전제되어야 하고 상대국이 보복관세로 대항하지 않아야 한다.

5 이들 중 후자의 측면이 앞서 제2장에서 설명한 이른바 '스톨퍼-사무엘슨의 정리'이다.

2 이 같이 관세의 부과는 여러 가지의 경제적 효과를 발생시키지만 이러한 효과들 중에서 가장 기대되는 관세의 경제적 효과는 보호효과(생산효과)라고 할 수 있다. 왜냐하면 소비효과·후생효과 등은 관세부과로 인한 마이너스(-)적인 효과들이고 보호효과 이외의 기타 효과들은 플러스(+)적 효과들이기는 하지만 그 효과가 별로 크지 않거나 일정한 조건하에서만 나타날 수 있는 것이기 때문이다.

예컨대 관세부과로 인한 소비감소효과나 국제수지개선효과 등의 경우 수입수요의 가격탄력성이 충분히 큰 사치품 등의 경우에만 그 억제효과를 기대할 수 있으며 또한 모든 수입상품에 대해 관세인상을 행하지 않는 한 뚜렷한 개선효과를 기대하기 어렵다. 또한 재정수입효과가 현저히 발생하기 위해서는 수입품과 유사한 상품이 국내에서는 생산되지 않아 관세가 부과되더라도 수입량이 감소되지 않아야 한다.

소득재분배효과의 경우에도 엄밀한 가정이 충족되는 경우에만 성립되는 만큼 현실적이지 못하며 교역조건효과의 경우 관세부과국이 국제시장에서 어느 정도의 독점력을 행사할 수 있는 대국이라는 전제와 상대국이 보복관세로 대항하지 않는다는 전제가 있어야만 한다. 따라서 관세를 부과하는 가장 중요한 목적은 결국 관세부과를 통한 국내산업보호라고 할 수 있다.

보충학습 5-1

관세의 경제적 효과 분석방법

관세의 경제적 효과분석과 관련하여 부분균형분석과 일반균형분석, 소국(小國)의 경우와 대국(大國)의 경우로 나누어 분석한다. 여기서 이러한 분석방법의 차이가 무엇이며 왜 이러한 구분이 필요한가를 간략히 설명하기로 한다.

1. 부분균형분석과 일반균형분석

경제의 분석에 있어서, 어떤 특정한 개별부문·개별경제변수만을 따로 떼어 분석하는 것을 부분균형분석(partial equilibrium analysis), 여러 경제부문·경제변수 간의 상호관계를 분석하는 것을 일반균형분석(general equilibrium analysis)이라고 한다.

부분균형분석은 '다른 여건이 일정하거나 불변'이라는 전제 하에서 특정부문·특정경제변수만을 개별적으로 분석한다. 이러한 분석의 단순화(simplifications of analysis)로 인하여 분석이 간편해진다는 장점을 지니지만 여러 부문이나 경제변수 간의 현실적 상호작용을 무시하므로 불완전하거나 때로는 그릇된 결론에 도달할 수도 있다. 반면, 일반균형분석은 개별부문의 수요·공급·가격 등을 따로 보지 않고 다른 부문과의 상호의존성을 감안하여 모든 시장을 동시에 분석하므로 보다 올바른 결론을 얻을 수 있지만 분석이 지나치게 복잡해지는 단점을 지닌다.

관세의 경제적 효과에 대한 부분균형분석은, 관세부과국(A국)이 자신의 수입재(Y재)에 관세를 부과하는 경우 이와 관련되는 다른 제품(X재)의 시장이나 상대국(B국)에는 아무런 변화가 없다고 가정하고, '관세부과국의 해당 수입제품(Y재)시장에 어떤 변화가 나타나는가' 만을 한

정시켜 분석하는 방법이다. 반면 관세의 일반균형분석은, 관세부과국(A국)이 수입재(Y재)에 관세부과시 수입재(Y재)시장은 물론 자신의 수출산업인 수출재(X재)시장에 미치는 영향 또는 상대국(B국)에 미치는 영향 등을 동시에 분석하는 것이다.

따라서 관세의 일반균형분석에서는, 1국에 대한 2부문분석을 위해서는 생산가능곡선·사회무차별곡선 등을 통하여 설명하고 2국에 대한 2부문분석에서는 오퍼곡선(offer curve)을 통하여 설명하는데, 여기에서는 부분균형분석을 통한 관세의 경제적 효과만을 설명해둔다.

2. 소국과 대국의 분석

관세의 경제적 효과를 분석함에 있어서는 관세부과국이 소국(小國)인 경우와 대국(大國)인 경우를 나누어서 설명하기도 한다.

여기서 소국(small country)이란 그 나라의 경제적 규모가 별로 크지 않아 국제시장가격(국제교역조건)에 영향을 주지 못하는 경우를 말한다. 말하자면 세계전체시장의 입장에서 보면 해당재화에 대한 그 나라의 수요·공급규모가 작아서 어떤 시장지배력이나 가격결정력을 가지지 못하고 세계시장에서 결정되는 가격에 순응하는 일종의 가격 순응자(price taker)적 입장에 있는 경우를 말한다. 반면, 대국(large country)이란, 그 나라 경제규모가 매우 크고 당해제품의 세계수요·공급에 영향을 미칠 수 있어 세계시장에서의 국제가격결정에 영향을 미칠 수 있는 가격결정자(price maker)적 입장에 있는 경우를 말한다.

관세의 경제적 효과와 관련하여 이러한 소국과 대국의 구분은 관세의 교역조건효과(terms of trade effects)와 관련된다. 즉 경제규모가 작은 소국이 자신의 수입품에 관세를 부과하더라도 이것이 국제시장에 미치는 영향이 없어 국제가격의 변동이 발생되지 않지만, 경제규모가 큰 대국이 관세를 부과하면 국내가격의 상승 → 국내수요량감소 → 세계시장의 수요량감소 → 국제가격의 하락 → 수입가격의 하락을 통하여 관세부과국의 교역조건이 개선될 수 있기 때문이다.

따라서 관세의 교역조건개선효과는 대국에서 나타나게 되고 소국의 경우에는 발생되지 않는다. 대국에 의한 관세부과가 관세부과국의 교역조건을 개선시키는 효과는 일반균형분석방법을 통하여 더 잘 설명되는데 여기에 대해서도 설명을 생략한다.

2.2 관세효과의 부분균형 분석

위에서 설명한 관세의 경제적 효과를, 소국(小國)의 경우로 가정하고 부분균형분석방법에 의해 보여주고 있는 것이 [그림 5-1]이다. 여기서 D와 S는 이 나라의 수입대체재에 대한 국내수요곡선과 국내공급곡선이다. P_0는 무역이 발생하기 전 국내균형가격이고 P_1은 역이 발생한 후 세계시장에서 결정된 국제가격이다.

따라서 이 나라는 국제시장가격 P_1 하에서 OQ_1을 생산하고 OQ_4를 소비하여 초과수요분 Q_1Q_4를 수입으로 충당하고 있다. 이제 이 나라가 수입품에 대한 t%의 관세를 부과하여 국내가격이 $P_1(1+t)=P_2$로 상승하면 이에 따른 여러 가지 경제적 효과가 발생되는데 이러한 경제적 관세부과 이전과 이후의 변화로써 요약하면 〈표 5-3〉과 같다.

그림 5-1 관세의 경제적 효과(소국, 부분균형분석)

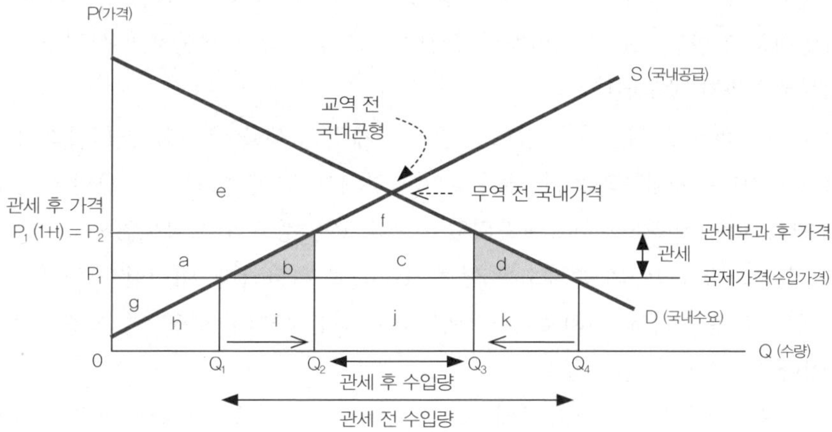

표 5-3 관세의 경제적 효과(소국의 경우)

구 분	관세 전		→	관세 후	변화 내용	
가격효과	국내가격	P_1	→	$P_2=P_1(1+t)$	$+\ P_1P_2$	상승
소비효과	국내소비	OQ_4	→	OQ_3	$-\ Q_3Q_4$	감소
보호효과	국내생산	OQ_1	→	OQ_2	$+\ Q_1Q_2$	증대
무역효과 국제수지효과	수입량 수입액	Q_1Q_4 i+j+k	→ →	Q_3Q_4 j	$-\ (Q_1Q_2 + Q_3Q_4)$ − (i+k)	감소 개선
재정수입효과			→	c	+ (c)	증대
소득재분배효과	소비자잉여 생산자잉여	a+b+c+d+e+f g	→ →	e+f a+g	− (a+b+c+d) + (a)	감소 증대
전체 후생효과		a+b+c+d+e+f+g	→	a+c+e+f+g	− (b+d)	감소

가격효과 일국이 국제시장가격 P_1에 단위당 t%의 종가관세를 부과하면 수입대체재의 국내가격이 관세분 만큼 상승하여[6] $P_1(1+t)$, 즉 P_2로 상승하는 가격효과가 발생된다.

소비효과 · 생산효과 이러한 가격효과로 인하여 가격이 P_2로 상승함에 따라, 재화이 소비량이 OQ_4에서 OQ_3로 감소하는 소비효과가 발생되는 동시에, 그 생산량이 OQ_1에서 OQ_2로 증가되는 생산효과 내지 보호효과가 발생된다.

국제수지효과 · 재정수입효과 관세부과로 이 나라의 수입량이 Q_1Q_4에서 Q_2Q_3로 감소되는 무역효과를 통하여 일국의 국제수지가 면적 (i+k)만큼 개선되는 국제수지효과가 발생

6 이렇게 말할 수 있는 것은 이 나라가 소국(小國)이어서 주어진 가격 P_1에서 수입품을 무한히 구입할 수 있으며 이 나라의 수입량의 증감이 국제시장가격에 아무런 영향을 미칠 수 없다고 가정하였기 때문이다. 따라서 이 나라가 직면하는 세계시장의 수출수요곡선은 탄력성이 무한대가 되어 P_1을 지나는 수평선(Sf)이 되므로 관세의 교역조건개선효과가 발생되지 않는다.

된다. 또한 관세액(P_1P_2)에 수입량(Q_2Q_3)을 곱한 면적 c만큼의 재정수입효과도 발생된다.

소득재분배효과 관세부과로 소비자잉여가 면적 (a+b+c+d)만큼 감소하고 이들 중 a는 생산자잉여로 전환됨으로써 소비자의 실질소득은 감소되고 생산자의 실질소득은 증가되는 소득재분배효과가 발생된다.

후생효과 관세부과는 단기적으로 일국 전체의 후생을 (b+d)만큼 감소시키는 후생효과를 발생시킨다. 관세부과로 인하여 소비자잉여는 면적 (a+b+c+d)만큼 감소되었는데, 이 중 면적 a는 생산자잉여로 전환되었고 면적 c는 정부의 재정수입으로 전환되었으므로 관세에 의한 소비자잉여의 순감소는 면적 (b+d)로 나타난다. 이러한 후생감소는 관세부과로 인한 일국의 순손실(net loss)로서[7] 관세부과로 인한 사회적 비용, 즉 보호의 비용(cost of protection)이다.

이상과 같은 여러 가지 관세효과의 크기는 결국 ① 관세율, ② 공급 및 수요의 탄력성에 따라 달라진다. 즉 관세율이 높으면 높을수록 모든 효과는 커지며, 또한 수요 및 공급의 탄력성이 크면 클수록(국내 수요공급곡선의 기울기 낮을수록) 모든 효과는 커진다. 다만 재정수입효과만은 관세부과 후 수입량의 여하에 따라 결정된다.[8]

보충학습 5-2

관세의 후생효과 재론

관세가 일국의 후생에 미치는 효과는 생산과 소비의 2가지 측면에서 파악될 수 있다. 우선 생산측면에서 관세는, 국내의 자원을 보다 효율적인 수출산업으로부터 비효율적인 수입대체산업으로 이전시킴으로써 자원의 비효율적 배분을 가져오고 이 같은 생산자원의 낭비와 후생감소를 가져온다. 또한 소비 측면에서 관세는 수입품의 소비자가격을 상승시킴으로써 국내소비 감소와 이에 따른 후생감소를 야기 시킨다.

[그림 5-1]을 통하여 설명하였듯이 관세부과로 의한 소비자잉여의 순감소는 면적 (b+d)으로 나타나는데, 이러한 전체 후생감소 중 면적 b는 '보호의 생산비용'(production cost of protection)을 나타낸다. 즉 이 나라가 Q_1Q_2만큼의 재화를 자국에서 생산하지 않고 수입한다면 그 비용이 면적 i일 것이나 관세부과 후 그것을 국내에서 생산함으로써 그 생산비용이 면적 (i +b)가 되었기 때문이다.

따라서 양자의 차이 b는 관세를 부과함으로써 더 효율적인 외국의 생산이 덜 효율적인 국내생산으로 대체됨으로써 발생되는 자원의 비효율적 배분으로 인한 생산의 사회적 비용이다. 이 추가비용이란 결국 관세를 통하여 국내산업의 생산을 보호하기 위한 '보호의 생산비용'이라고

7 킨들버거(C. P. Kindleberger)는 이를 관세의 사중손실(死重損失, deadweight loss)이라고 지칭한다.

8 이러한 재정수입은 관세 폭의 인상으로 어느 정도까지는 증가하나 어느 수준을 넘어가면 감소하게 되고 관세율이 더욱 인상되어 무역전 국내가격 P_0 수준까지 인상되면 수입이 전혀 이루어지지 않아 재정수입이 0(零)이 된다. 이렇게 재정수입이 없어지게 되는 관세를 금지관세(prohibitive tariff)라고 한다.

한다. 반면 면적 d는 수입품의 국내가격을 인위적으로 상승시킴으로써 야기되는 소비의 왜곡, 즉 소비자가 좀 더 비싼 값을 지불하고 수입함으로써 발생되는 소비면의 손실을 의미하므로 '보호의 소비비용'(consumption cost of protection)이라고 한다.

이같이 관세부과는 자유무역을 하였을 때보다 일국의 후생이 저하된다. 그럼에도 불구하고 거의 모든 나라들이 수입품에 대한 관세를 부과하는 것은 일정한 기간동안 관세부과를 통하여 국내생산을 보호하고 그에 따라 국내 산업이 경쟁력을 갖추어 더 저렴하고 품질 높은 제품을 국내소비자에게 공급하게 되면 그동안의 후생손실을 보상하게 된다는 것이다. 말하자면 단기적이고 정태적인 측면에서의 후생감소와 보호비용을 장기적이고 동태적인 관점에서의 산업발전이익을 통하여 보상받는다는 것이다.

이것이 관세부과의 정당성으로서 유치산업보호론 등 보호무역정책론이 주장하는 보호무역의 주요한 논거이다. 그러나, 유치산업의 선정기준과 관련하여 설명하였듯이, 관세를 통하여 보호받는 국내산업이 일정한 기간 동안의 보호 후에 충분한 경쟁력을 갖추지 못하거나 보호를 통하여 이룩된 산업발전의 경제적 이익이 보호기간 중 발생된 보호비용을 보상하지 못한다면 이러한 관세부과의 정당성은 훼손되게 될 것이다.

제 2 절 비관세장벽

1. 비관세장벽의 특성과 유형

1.1 비관세장벽의 의의

[1] 비관세장벽(NTB: non-tariff barrier)이 무엇을 의미하는가에 대해서는 이것의 형태나 성격 및 영향이 매우 다양하고 복잡하여 어떤 통일적이고 명확한 정의가 내려지고 있지는 못하다. 따라서 이제까지 이에 대한 여러 학자나 단체들에 의해 많은 의견들이 제시되어 왔다.[9] 일반적으로 비관세장벽이란 ① 외국의 수출업자와 국내수입업자에게 어떤 비용을 증가시키거나, ② 수입량을 양적으로 제한시키거나, ③ 외국의 수출업자와 국내수입업자에게 고도의 위험을 부담시킴으로써, 국내의 수입가격을 올리고 수입량을 감소시킬 목적으로 실시되는 관세 이외의 모든 무역장벽이라고 할 수 있다.

앞에서 설명한 바와 같이, 관세는 수세기 동안 무역정책의 중심적 역할을 담당하여 20세기 초까지만 하여도 거의 유일한 수단이었다고 할 수 있다. 양차 세계대전기에 접어들면

9 대표적인 정의들을 보면, ① 국제간에 거래되는 재화와 용역, 또는 이들의 생산에 사용되는 자원이 세계의 잠재적 실질소득을 감소시키도록 배분되게 하는 일체의 수단(R. E. Boldwin), ② 국제무역의 규모·방향·상품구성을 왜곡시키는 정부의 모든 정책과 관행(Ingo walter), ③ 세계의 자유로운 무역을 저해하거나 교란하는 관세 이외의 방법으로 정부가 국산품과 외국상품을 차별하는 직간접의 선별적인 규제(小島清·小宮隆太郎) 등이 있다.

서 전시경제의 수행을 위하여 수량제한효과를 비롯한 다양한 형태의 비관세장벽이 실시되기 시작하여 국제무역에 있어서 제한적이며 차별적인 요인으로 작용하였다.

[2] 비관세장벽이 하나의 세계적 현상으로서 본격적으로 채택되고 이에 따른 경제적 영향이 보편화된 것은 1970년대 이후의 신보호무역주의의 대두와 함께였다. 이렇게 비관세장벽이 신보호주의의 중요한 정책수단으로 채택된 것은 다음과 같은 이유 때문이다.

GATT통한 관세의 일괄 인하 전후 GATT에 의한 무역자유화의 추진으로 케네디라운드(kennedy round)를 비롯한 7차에 걸친 관세의 일괄인하가 이루어졌고[10] 개도국에 대한 선진국의 일반특혜관세제도가 실시됨으로써 무역장벽으로서의 관세의 비중이 크게 약화되었기 때문에 각국은 관세장벽을 대체한 비관세장벽을 주요한 무역정책수단으로 채택하게 되었다.

GATT 밖의 규율수단 GATT는 발족 당시부터 관세 이외의 일체의 무역제한조치를 불법화하고 있으나 구체적인 GATT 규정 자체에는 각종의 비관세장벽을 합법화시키는 예외규정들이 너무 많아 그 실행면에서 관세에 관한 규정에 비하여 엄격한 구속력을 가지지 못하였다. 따라서 많은 비관세장벽들이 GATT의 규율 밖에 존재하였다.

비관세장벽의 특성 아래에서 설명하듯이, 비관세장벽은 관세장벽보다 더 신속하고 강력하며 탄력적으로 운용될 수 있는 특성을 지녔으며 또한 그 속성상 개발도상국에 대하여 보다 차별적이므로 최근에 이르러 선진국들이 개도국의 농산품이나 노동집약적 상품에 이를 강화시키는 사례가 증가되었다.

1.2 비관세장벽의 특성

비관세장벽은 관세와는 달리 극히 다양한 내용과 다양한 성격을 갖고 있어 그 특성을 통일적으로 논의하기 곤란하지만 대체로 다음과 같은 일반적 특성을 지니고 있는 것으로 요약할 수 있다.

복잡성 · 다양성 19801년대 초 GATT의 자료에 따르면 비관세장벽은 유형은 무려 500여 종에 달하여 그 내용이 다양하다. 또한 비관세장벽은 관세 이외의 모든 정책수단들을 통칭하는 것이므로 그 내용이 매우 이질적이고 복합적이며 그 적용 및 운영도 매우 복잡하다. 따라서 이러한 비관세장벽의 경우 적절한 형태와 운영의 방법을 마음대로 선택하여 본래의 목적을 달성하기가 쉽고 또한 이의 부과에 따른 논란과 엄격한 조사들을 피할 수 있는 이점을 가진다.

---

10 19세기 초 미국의 평균관세율은 60%수준이었고 이후 20%수준으로까지 떨어졌다가 1930년대에는 다시 50%수준까지 상승하여 세계무역을 급격히 위축시키는 결과를 가져왔다. 그러나 GATT가 성립된 이후 지속적인 관세인하협상으로 관세가 평균 3%수준으로까지 하락하였는데 EU와 일본 역시 이와 유사한 수준의 낮은 평균관세율을 유지하게 되었다.

불확실성 · 융통성 관련 정보가 불충분한 상태에서 수출업자는 수입국의 여러 가지 비관세장벽이 자기의 수출에 어떻게 어느 정도 제한적인가를 확실히 판단할 수 없게 되는 불확실성을 지닌다. 또한 수입국의 정책은 어느 시점에서나 아무런 통고 없이 변경될 소지를 갖고 있으므로 고도의 융통성을 가진다. 때문에 수출업자는 이러한 불확실성과 융통성 때문에 더 큰 위험부담을 받게 된다.

효과측정의 곤란성 비관세장벽의 이와 같은 복잡성·불확실성·융통성 때문에 그러한 무역정책수단의 효과를 종합적으로나 개별품목별로나 측정하는 것이 매우 어렵다. 더욱이 비관세장벽의 어떤 것은 아주 유동적이어서 그 실시가 관계당국의 전적인 재량에 의존되거나 은밀히 적용되어 이러한 효과측정의 곤란성은 더욱 커진다.

협상곤란성 이와 같은 비관세장벽의 특성 때문에 관세와는 달리 그 완화 및 철폐를 위한 협상이 매우 곤란해진다. 왜냐하면 비관세장벽의 경우 그것의 복잡성·불확실성·효과측정의 곤란성 때문에 상호간의 정도를 비교하여 이를 균일화할 어떤 지표의 설정이 불가능하며 또한 설사 정부간에 어떤 협상이 성립되었다 하더라도 그것이 바로 비관세장벽의 철폐를 보장해 줄 수 없기 때문이다.

선별성 · 차별성 비관세장벽은 어떤 수출국에 대하여 선별적·차별적으로 부과될 수 있다. 예컨대 수입할당제나 수출자율규제와 같은 조치들은 어떤 특정국에 대하여 부과될 수 있기 때문이다. 또한 비관세장벽은 명목상으로는 선진국과 개발도상국 모두에 무차별적인 것 같지만 실제로는 개발도상국에 대하여 차별적인 성격을 지닌다.[11]

1.3 비관세장벽의 유형

상술한 바와 같은 비관세장벽의 복잡성 때문에 이러한 정책수단의 유형과 내용의 분류 역시 용이하지 않다. 지금까지 여러 학자나 국제기구들에 의한 분류가 이루어져 왔는데 대체로 경제학자들에 의한 분류가 원칙적이고 이론적임에 대하여 GATT나 UNCTAD와 같은 국제기구들에 의한 분류는 정책적이고 실무적인 입장을 반영하여 매우 상세하고 복잡한 성격을 띠고 있다. 이와 같이 다양한 비관세장벽의 형태가 있으나 대표적인 비관세장벽의 유형만을 정리한 것이 〈표 5-4〉이다.

여기서 '직접적 수단'이란 수입을 제한하거나 수출을 장려하기 위한 목적으로 부과되는 무역정책수단을 말하고 '간접적 수단'이란 다른 경제적 목표를 위한 정책이 결과적으로 대

11 이것은 대체로 ① 비관세장벽의 대상품목이 주로 개발도상국이 비교우위를 가지고 있거나 또는 미래에 이를 가질 전망이 있는 품목이고, ② 또한 선진국의 경우보다 개발도상국에 대하여 특히 까다로운 실시를 하고 있다는 점에서도 그러하지만, ③ 개발도상국의 경제가 체질적으로 그에 대한 적응능력이 약하고 대체생산의 가능성도 적으며, ④ 또한 정보수집능력 및 국제협상능력이 약하다는 점에서 동일한 비관세장벽이라도 그것이 개발도상국의 무역에 미치는 효과가 보다 커지기 때문이다.

표 5-4 비관세장벽의 여러 가지 유형

구분			대표적무역정책수단
직접적 수단	수입	수량 제한	수입할당제(수입쿼터제), 관세할당제, 수입금지/승인제 등
		가격 제한	최저/최고가격제, 가변부과금, 반덤핑조치, 상계조치 등
		기타 제한	세이프가드(safeguard, 긴급수입제한조치) 수입과징금, 수입예치금, 수입업허가, 기타 행정규제 등
	수출	장려 수단	보조금제도, 수출금융, 수출신용제도, 수출보험제도
		규제 수단	수출세, 수출금지제도
간접적 수 단	수입제한수단		내국소비세, 외환관리, 기타 행정규제조치(광고규제, 운송규제, 영업규제, 규격·안전·식품위생·환경기준, 원산지규정, 차별적 정부조달 등)
	수출장려수단		공기업보호, 특정산업지원, 환율정책 등
관리무역정책수단			수출자율규제(VERs), 시장질서협정(OMA), 수입자율확대조치(VIEs)

외무역에 반사적·파생적 영향을 주는 무역정책수단을 말한다. 또한 '관리무역정책수단'이란 관련 국가들의 공식적·비공식적 합의와 조정을 통하여 관리되어지는 정책수단을 뜻한다.

이하에서는 이러한 여러 가지 비관세장벽들 중 수입제한 정책수단으로서 수입할당제와 관세할당제, 수출장려 정책수단으로서 보조금제도, 덤핑과 긴급수입제한제도에 대해 설명한다.

2. 수입할당제와 관세할당제

2.1 수입할당제

수입할당제 또는 수입쿼터제(import quota system)란, 상품의 수입은 원칙적으로 인정하되 수입되는 상품을 일정기간 동안 총수량이나 총금액으로 규제하기 위하여 이를 지역별·국가별·업자별로 할당하는 수입제한제도이다. 이러한 수입할당제는 역사적으로 관세 못지않게 중요한 무역정책수단으로 채택되어 왔으며 또한 오늘날에 있어서도 여러 가지 비관세장벽 중 가장 강력하고도 대표적인 정책수단으로 간주되고 있다.[12]

이러한 수입할당제의 역사적 연원은 1930년대 초 프랑스의 보호무역에서부터 찾을 수 있다. 당시 아직 불황에 직면하지 않았던 프랑스시장에 외국상품, 특히 농산물수입이 덤핑방식으로 쇄도하여 일정한 보호가 불가피하였지만 외국의 공급이 비탄력적이었으므로 관세를 통한 수입제한의 효과가 매우 제한적이었고, 또한 당시 프랑스는 세계 각국과 통상조약을 맺고 최혜국대우를 베풀고 있었기 때문에 타국의 동의 없는 관세율인상은 불가능하였으며, 또한 계속되는 수입초과가 프랑스의 화폐제도 및 국민경제의 파탄을 가져옴으로써 프랑

12 선진공업국들이 채택하고 있는 비관세장벽의 유형 중 수입할당제가 50~60%를 차지하고 있다.

스 수출품의 해외수요가 격감하고 있었다.

이에 프랑스는 자기의 국내시장을 확보하기 위한 새로운 긴급조치가 불가피하였는데 이를 위해 프랑스는 관세 대신 수입할당제를 실시하기에 이르렀다. 이렇게 수입할당제는 유치산업보호가 아닌 기성산업의 보호를 위한 보호조치로서 시작되었는데 프랑스로부터 시작된 이러한 수입할당제는 양차 세계대전시기에 이르러 보다 보편적으로 많은 나라들에 의해 채택되기에 이르렀다.

그 이후 이 같은 수입할당제는 시대에 따라 그 방법과 내용 등도 다양하게 이루어졌지만, 수입할당제를 수입국 자신이 독자적으로 부과하느냐 아니면 상대국과의 협정을 통하여 부과하느냐에 따라 자주적 할당제(unilateral import quota)와 협정할당제(bilateral import quota)로 구분한다. 역사적으로 초기에는 주로 자주적 할당제가 실시되었으나 점차 국가 간 협정할당제가 나타나게 되었고 1960년대부터는 이러한 협정할당제가 다자간협정(multilateral agreement)의 형태로 발전되었다. 이러한 다자간협정의 가장 대표적 형태로서는 1961년 제네바에서 체결된 단기면직물협정(STA)을 들 수 있는데 이는 그 후 장기면직물협정(LTA)·다섬유협정(MFA)으로 연장 확대되어 왔다.

2.2 관세할당제

수입할당제와 유사하면서 빈번히 채택되는 비관세장벽의 하나가 관세할당제(TQ: tariff quota)이다. 이것은 수입되는 상품의 일정량까지는 특별히 낮은 관세를 부과하고 이것을 초과하는 수입에 대해서는 보다 높은 관세를 부과함으로써 결국 수입제한의 효과를 얻는 제도이다.

따라서 관세할당제는 관세와 수입할당제의 기술적인 특성을 혼합하여 이 두 가지 정책수단이 개별적으로 실시될 때의 결함을 보완하려는 제도이다. 그러나 이러한 관세할당제는 ① 이를 운용함에 있어 한층 더 복잡하여 행정비용이 많이 들며, ② 할당량 이내에서의 낮은 관세로 생긴 이득이 모두 해외의 공급자의 손에 들어가게 되며, ③ 관세할당량이 결정된 초기에 수입이 쇄도함으로써 가격폭락이 유발될 수 있다는 단점을 지닌다.

이러한 단점에도 불구하고 관세할당제가 오늘날 선진국에서 많이 채택되는 주요한 이유는 개발도상국들에 대한 일반특혜관세제도(GSP: Generalized System of preference)에 대한 대응 때문이다. 즉 개도국으로부터 수입되는 일정량에 대해서는 특혜관세를 적용해주되 그 이상의 수입에 대해서는 보다 높은 관세를 부과함으로써 이 상품이 무한정 수입되어 국내시장을 교란시키지는 못하게 할 필요성이 있기 때문이다. 또한 관세할당제는 다른 정책수단에 비하여 덜 제한적이어서 상대국의 보복우려가 작다는 것도 이러한 정책을 선호하는 중요한 이유이다.

보충 학습 5-3

수입할당제의 경제적 효과

수입할당제는 수입억제를 목적으로 한다는 점에서 관세와 유사한 경제적 효과를 나타내지만 양자 간에는 그 본질적 성격의 차이에 따라 몇 가지의 주요한 차이점을 나타낸다. 이러한 수입할당제의 특성을 관세와 비교하여 정리하면 다음과 같다.

표 5-5 수입할당제와 관세의 비교

구 분		관 세	수 입 할 당 제(Quota)
보호효과	정책효과 메커니즘	• 가격메커니즘 의한 간접적 수입량제한효과 (수요의 가격 탄력성 따라 효과 달라짐)	• 직접적 수량제한으로 보다 강력한 수입제한효과 (쿼터한도로 수입량 확정)
	국내가격 변동효과	• 국내가격 외생적으로 확정됨 (국내가격=국제가격+관세)	• 국내가격변화가 불안정함 (수입수량변화의 결과)
정책운용	정책운용 탄력성	• 조세법률주의·국제협약·국제기구 등 제약요인 있음	• 행정부 재량 의한 자의적·신축적·탄력적 운용가능
	차별성과 투명성	• 무차별원칙(MFN) 적용됨 • 정책의 투명성 높음	• 차별적·선별적 운용가능 • 불투명성(쿼터관련 부패)
기타효과	자원배분 효과	• 상대적으로 효율적인 생산지(외국)에서 생산함	• 비효율적 생산지에서 생산, 자원배분 더욱 악화시킴
	경제적 지대	• 관세부과 인한 수입국정부 재정수입효과 발생됨	• 수입업자의 쿼터지대발생 (쿼터운영방식에 따라 다름)

정책효과의 메커니즘 양자 모두 수입제한을 위한 정책수단이지만, 관세는 관세부과 → 국내소비자가격 상승 → 수요 감소 → 수입 감소라는 가격메커니즘(price mechanism)을 통한 간접적인 제한수단임에 대하여, 수입할당제는 직접적으로 수입량을 할당하여 일정량 이상의 수입이 이루어지지 못하도록 제한하는 비관세장벽이다. 따라서 수입량을 제한하는 효과는 관세의 경우보다 수입할당제의 경우가 더 강력하다.

정책운용의 신축성 관세는 원칙적으로 조세법률주의에 따라 입법부에 의한 관세율결정이 이루어져야하므로 그 신축성이 약하고[13] 국제기구나 국제협약 등에 의해 독자적이고 즉각적인 조치를 행하기가 어려운 경우가 많다, 반면 수입할당제는 행정부의 재량에 의해 결정되어지기 때문에 정책운용의 자의성·신축성·탄력성이 관세보다 강력하다.

정책의 실효성 따라서 관세는 수입상태가 안정적이며 가격메커니즘을 통한 수입억제가 가능한 경우에 실효성이 있는 반면, 수입할당제는 외국의 공급탄력성이 비탄력적이고 불확실하거나 국제물가폭락 및 덤핑 등으로 가격메커니즘을 통한 수입억제가 효과를 갖지 못하거나

13 장기면직물무역협정(LTA: Long-Term Arrangement on Cotton Textiles)은 종전의 단기면직물협정(STA: Short-Term Arrangement on Cotton Textiles)을 대신하여 1962년에 체결된 다자간 쿼터협약이었고, 1974년부터는 면직물뿐만 아니라 인조섬유·모직물까지를 포함하는 다섬유협정(MFA: Multi-Fiber Arrangement)으로 대체되었다. 이후 WTO의 섬유 및 의류무역협정에서 이러한 MFA쿼터를 10년간에 걸쳐 단계적으로 폐지하기로 하였다.

일국의 관세주권의 자주성이 약한 경우에 실효성이 있게 된다.

정책의 차별성 관세는 무차별적임에 대하여 수입할당제는 차별적으로 운용할 수 있다. 따라서 대외적으로는 최저비용공급자에 의해 공급되지 않을 수 있으며 대내적으로는 수입할당에 따르는 부당이윤이나 부패와 같은 부작용을 초래할 수 있어 할당의 관리방식이 중요한 의의를 갖게 된다. 또한 수입할당제는 주로 과거실적에 따라 쿼터가 배정되므로 기존의 수출업자(수출국가)가 신규수출업자(신규수출국가)에 비하여 상대적으로 유리하다는 차별성도 존재한다.

자원배분효과 동태적으로 볼 때 관세는 상대적으로 효율적인 생산지(해외)에서 공급을 하는데 반해 수입할당제는 상대적으로 비효율적인 생산지(국내)에서 생산하게 되는 만큼 수입할당제가 자원배분을 더욱 악화시킨다.

재정수입효과 관세는 정부의 세입을 증대시키는 재정수입효과를 가지지만 수입할당제는 이러한 세입증대는 없고 오히려 허가된 수입업자(quota holder)들에게 독점적 이윤을 보장해주는 비합리성을 가진다. 따라서 수입할당제의 경우 국내시장에서의 경쟁을 감소시키는 동시에 수입재의 희소가치를 높여 일종의 경제적 지대(economic rent)를 발생시킴으로써 관세정책과는 상이한 소득분배를 야기할 수 있게 된다.

국내가격 변동효과 국내가격의 변동은 수입할당제가 관세의 경우보다 불안정적인 것이 일반적이다. 왜냐하면, 관세를 부과하면 국제가격에 관세를 가산한 수준에서 가격이 안정되지만, 수입할당제의 경우 그러한 할당으로 어느 정도의 독점가격이 실현됨으로써 관세부과의 경우보다 가격변동정도가 클 수 있으며 또한 할당기간의 초기에 수입이 쇄도할 경우 국내가격이 폭락하는 등 가격변동이 심할 수 있기 때문이다. 또한 국내수요증가가 있을 때 관세의 경우는 국내가격의 변화가 없으므로 더 이상의 추가적인 손실이 발생되지 않지만 수입할당제의 경우 국내가격이 관세부과 경우보다 더욱 인상됨으로써 추가적인 손실이 발생된다.

3. 보조금과 상계관세조치

3.1 보조금제도의 의의

보조금제도는 정부나 공공단체가 국내생산자에게 일정한 재정적·금융적 지원을 행하여 국제경쟁력을 강화시킴으로써[14] 수출촉진·수입경쟁촉진·수입억제를 도모하는 무역정책수단이다. 따라서 이 제도는 직접적으로 수입을 억제하는 여타의 비관세장벽과는 다소 성격을 달리하지만 결과적으로 국제적인 교역량에 영향을 미친다는 점에서 하나의 중요한 보호무역정책수단이 되고 있다.

이러한 보조금제도는, 경제전체를 대상으로 하는 '일반보조금'과 특정산업·특정지역·특정기업·특정행위(예컨대 R&D보조금)를 대상으로 하는 '특정보조금'으로 구분될 수 있다. 이들 중 후자가 더 큰 비중을 차지하고 있고 국제무역에서 주로 논란의 대상이 되는 것도 특정

14 좀 더 구체적으로 보면 ① 직접적 지불 또는 국고보조, ② 조세의 감면·유예·환불, ③ 유리한 조건의 융자, ④ 정부보증, ⑤ 정부출자 등의 형태를 취한다.

산업(부문)보조금이다. GATT협약에서는 보조금을 다음과 같이 생산보조금과 수출보조금으로 구분하였다.

생산보조금(production subsidy) 수입경쟁(대체)산업의 생산비 중 일부를 지원하여 국내생산을 촉진함으로써 수입을 제한하는 무역정책수단이다. 일반적으로 생산보조금은 독립된 정책수단으로서 보다 관세에 대한 보완적 정책수단으로 이용되어 정부가 수입관세에서 얻어진 재정수입을 다시 생산보조금으로 지급함으로써 산업의 보호효과를 한층 더 강화시키기도 한다. 그러나 현실적으로 이러한 생산보조금은, 직접적으로 생산비를 보조해주는 방식보다는 조세감면혜택을 부여하거나 낮은 금리로 기술개발자금을 제공하는 등 생산비를 간접적으로 보조해주는 방식을 취한다.

수출보조금(export subsidy) 수출을 촉진시키기 위한 목적으로 수출산업에 지급되는 보조금을 말한다. 예컨대 우리나라에서 수출용원자재에 대해 관세를 환급해준다든지 수출금융을 저금리로 제공한다든지 하는 것도 간접적인 수출보조금정책의 일종이라고 할 수 있다. 이러한 수출보조금제도는 1차적으로 생산비인하를 통한 국내산업보호효과가 나타나지만 2차적으로 수출품의 국제경쟁력을 강화시켜 수출을 증가시키는 효과를 발생시킨다.

3.2 보조금과 상계관세조치

위에서 설명한 대로 보조금지급은 보조금을 지급하는 수출국입장에서 여러 가지 비효율성과 부작용이 나타날 수 있음은 물론, 보조금지급을 통한 국제경쟁력의 인위적 개선이 수입국 또는 교역경쟁국의 입장에서 불공정무역(unfair trade)이라는 비난의 대상이 된다. 따라서 이렇게 보조금을 지급받은 상품의 수입을 억제하고 보조금지급효과를 상쇄시키기 위한 보호무역정책이 나타나게 되었는데 그 대표적인 형태가 상계관세이다.

상계관세(compensation duties)란, 제품의 제조·생산·수출에 직간접적으로 제공한 보조금으로 인해 수입국산업에 피해가 발생되는 경우 이러한 보조금지급의 효과를 봉쇄하고 상쇄시키기 위하여 부과되는 특별관세이다. 이러한 상계관세의 경제적 논거는, 보조금지급으로 인한 수입국 경쟁산업이 받게 되는 악영향을 배제하고 상쇄함으로써 공정경쟁을 확보한다는 것과 이를 통하여 외국정부로 하여금 보조금정책을 자제하도록 유도한다는 것이다.

이러한 상계관세는 GATT체제 하의 동경라운드(TR)에서 체결된 이후 우루과이라운드(UR)의 '보조금 및 상계관세협약'(Subsidiaries-Countervailing Duties Code)을 통하여 보다 강화되었다. 이 협약은 상계관세부과와 관련하여 보조금의 범위를 ① 원칙적으로 새로운 보조금을 제공하거나 기존의 보조금을 유지할 수 없는 금지보조금(prohibited subsidies), ② 보조금이 지급되면 일정한 요건 하에서 상계관세조치를 취할 수 있는 조치가능보조금(actionable subsidies), ③ 보조금지원이 허용되어 이것을 이유로 상계관세조치를 취하지 못하도록 규정한 조치불능보조금(non-actionable subsidies) 또는 허용보조금으로 구분하여 규정하고 있다.

동 협약은 수입국이 상계관세를 부과하기 위한 요건으로서 ① 해당제품에 직간접적으로 보조금이나 장려금이 지급되었을 것, ② 이러한 보조금을 지급받은 제품이 수입됨으로써 수입국의 기존산업에 중대한 피해를 입히거나 입힐 우려가 있는 경우 또는 새로운 국내산업의 확립이 실질적으로 지연되는 경우일 것, ③ 이러한 수입국에 수출하고 있던 제3국의 산업이 실질적인 피해를 입거나 입을 우려가 있을 경우로 규정하고 있다.

보충학습 5-4

보조금제도와 관세의 비교

수입할당제는 수입억제를 목적으로 한다는 점에서 관세와 유사한 경제적 효과를 나타내지만 양자 간에는 그 본질적 성격의 차이에 따라 몇 가지의 주요한 차이점을 나타낸다. 이러한 수입할당제의 특성을 관세와 비교하여 정리하면 다음과 같다.

표 5-6 보조금제도와 관세의 비교

구분	관 세	보조금 제도
수 입 억제효과	관세 → 국내가격상승 → (국내생산 증대 + 국내소비 감소) → 수입 감소	생산보조금 → 국내생산증대 (국내공급곡선이동) → 수입 감소 (수출보조금은 수출증대효과 수반)
후생효과 (시장왜곡)	생산면·소비면의 후생감소 (생산왜곡·소비왜곡 동시발생)	생산면의 후생감소효과 (생산왜곡만 발생)
귀속경로	소비자 → 국고	(국민) → 국고 → 생산자
정치경제적 이해관계	수입경쟁산업 전체에 대한 일반적·공공재적 편익제공	보조금 대상기업에 대한 기업 특정적 편익제공

(1) 관세는 국내생산량을 증대시키는 동시에 국내소비량을 감소시킴으로써 수입을 억제시키는 반면 (생산)보조금의 경우 국내생산량증대를 통해서만 수입을 억제하는 효과를 나타낸다. 또한 (수출)보조금의 경우 수입억제뿐만 아니라 수출증대를 위한 노력이 주요한 목표로 추가된다.

(2) 관세를 부과하면 국내소비자가격이 상승하고 따라서 국내생산자들의 생산이 증대되므로 소비 측면에서 뿐만 아니라 생산 측면에서도 비효율이 발생되므로 소비 및 생산 측면의 왜곡과 비효율이 동시에 발생되는 반면, 보조금제도는 국산품과 수입품의 상대가격을 왜곡시키지 않으므로 소비 측면에서의 후생감소는 발생되지 않고 생산 측면에서의 비효율만 발생된다.

(3) 관세를 부과하면 정부의 재정수입이 증대되고 국내생산자들이 보호이익을 향유하므로 관세부과이익의 귀속자가 정부와 국내생산자이고 이를 위한 비용의 실제부담자는 국내소비자이다. 반면, 보조금지급은 정부재정(국고)을 통하여 국내생산(수출)업자들을 보조하는 것이므로 이익의 귀속자는 국내생산업자들이고 이를 위한 비용의 실제부담자는 세금을 납부하는 일반 국민이다.

(4) 이상과 같은 이유 때문에 어떤 형태로든지 수입품에 대한 정부의 개입이 불가피하다면 보조금정책이 관세보다 더 바람직한 형태라고 평가하기도 한다. 그러나 보조금지급으로 경제자원이 과도하게 보조금이 지급되는 산업부문으로 이동하여 자원의 합리적 배분이 훼손되고 이로 인한 사회전체의 후생감소가 초래될 수 있을 뿐만 아니라 이로 인해서 자국의 국제교역조건이 악화될 수도 있다. 또한 이러한 보조금지급은 단기적인 수출증대효과를 나타낼 수는 있지만 장기적으로 보조금에 의한 보호가 지속될수록 그러한 보호에 안주하여 진정한 산업경쟁력향상이 지연되는 부작용을 초래할 수도 있으며, 보조금수혜를 노리는 이익집단의 지대추구활동이 촉구될 수도 있다.

4. 덤핑과 반덤핑조치

4.1 덤핑의 경제적 의의

덤핑(dumping)이란 자국시장에서 통상적으로 거래되는 정상가격(fair/normal price)보다 낮은 가격으로 해외시장에 판매하는 행위로서,[15] 내국시장과 해외시장에 대한 가격차별화전략의 일환이라고 할 수 있다.

이러한 해외덤핑 역시 국내에서의 덤핑과 마찬가지로, 과잉생산품 처분·국내의 조업 및 가격유지·특정시장의 신규개척 및 확보·경쟁배제·타업자의 기존시장탈취·시장의 독점적 지배와 독점이윤 확보·타업자의 덤핑행위에 대한 보복 등과 같은 이유로 실행된다. 이러한 덤핑은 그 동기와 형태에 따라 다음과 같이 유형화하기도 한다.

간헐적 덤핑(sporadic dumping) 계절적 요인에 따른 수급의 불일치, 일시적인 경기침체나 과잉생산 등의 문제 때문에 일어나는 덤핑으로서 기업이 자기의 정상적 시장을 교란시키지 않으면서 해외시장에 산발적으로 행하는 덤핑이다.

지속적 덤핑(persistent dumping) 수출기업이 이윤극대화를 위하여 국내시장판매가격과 해외수출가격의 차별화를 시도하는 덤핑으로서, 국내시장과 해외시장이 격리되어 있고 수요의 탄력성이 서로 다를 경우 시도되는 전형적인 가격차별화(price discrimination)행위이다.

약탈적 덤핑(predatory dumping) 해외시장에서 경쟁자를 도태시킨 후 보다 독점적 지위를 누리기 위하여 일시적으로 행하는 덤핑행위로서, 이렇게 경쟁자를 도태시킨 이후에는 더 높은 판매가격을 적용하여 독점적 이익을 누리려고 한다.

이와 같은 덤핑은 독점적 지위에 있는 수출기업에게는 추가적인 독점적 이윤을 가져다 주지만 모두에게 바람직하지 못한 결과를 초래한다. 우선 수출국의 귀중한 자원을 낭비시키

15 따라서 덤핑의 개념정의와 관련하여 등장하는 가장 큰 문제점은 수출가격과 국내정상가격의 산정문제이다. 서로 다른 시점·지역에 판매되는 수출가격이 동일하지 않고 무수한 변수의 영향을 받는 국내시장가격 역시 정확히 파악하기는 매우 어렵기 때문이다. 따라서 얼마든지 덤핑마진을 임의적으로 조작할 수 있게 된다.

는 결과를 가져오게 되고, 수입국의 수입경쟁산업의 발전을 저해하거나 파괴하고 시장질서를 교란시킬 뿐만 아니라, 세계적으로도 비교우위에 입각한 자유무역 및 자원의 효율적 배분을 왜곡시킨다. 이같이 덤핑은 여러 가지 폐단을 발생시키므로 수출국에서나 수입국에서 이를 규제하여 왔고 GATT나 WTO협정에서도 이를 제제하기 위한 반덤핑관세의 부과를 규정하고 있다.

4.2 반덤핑조치

위에서 설명한 바와 같이 덤핑행위는 수출국·수입국·세계전체의 입장에서 모두 바람직하지 않은 행위인 만큼 GATT에서도 이러한 덤핑행위를 불공정무역으로 간주하여 그에 대한 제제로서 반덤핑조치를 허용하였다. 수출국기업의 덤핑으로 인하여 경쟁관계에 있는 수입국의 국내산업이 실질적인 피해(material injury)를 입거나 그럴 위험이 존재할 경우, 덤핑마진(dumping margin)의 상당분을 상쇄시키는 반덤핑관세(anti-dumping duties)를 부과할 수 있도록 규정하였다. 이후 1967년에 타결된 케네디라운드에서는 이의 실행을 위한 덤핑방지협약(Anti-Dumping Code)을 마련하였다.

이러한 GATT의 반덤핑규정은, 원칙적인 규칙을 정하고 있었을 뿐 원인이나 합법적 기준 등을 명확히 하지 못하여, 실제로는 불공정무역을 시정한다는 그럴듯한 미명 하에 보호주의적 수단으로 남용되는 사례가 많았다. 실제로 1980년대 이후 이러한 반덤핑조치가 다른 정책수단에 비하여 급격히 증대되어 가장 선호되는 보호정책수단으로서 자리 잡았는데 이러한 조치가 특히 선호된 이유는 다음과 같다.

국제적 비난 회피 여타의 보호무역정책수단을 활용할 경우 세계적인 비난과 보복조치를 당할 가능성이 높은데 비하여 반덤핑조치의 경우 불공정무역이라는 명분으로 그 책임을 수출국에게 전가시킴으로써 이러한 비난을 회피할 수 있다.

정책운용의 편의성 덤핑판정 그 자체의 복잡성·모호성과 관련하여 실제로 많은 선진국들이 자국에 유리한 방향으로 덤핑의 개념을 확대하는 입법을 행하였고 반덤핑조사기관 역시 국내산업에 유리한 방향으로 법규정을 해석하고 운용하는 경향이 많았다.

덤핑제소 자체의 효과 최종적인 덤핑판정 여부와 관계없이 덤핑제소만으로도 수출기업은 큰 불확실성에 빠지게 되므로 이러한 반덤핑조치는 상대국 수출활동의 급격한 위축효과를 가져온다. 또한 때때로 수입국내 해당산업관련 단체나 노동조합이 덤핑제소를 추진하고 정부가 이를 적극적으로 지원하는 양태로 덤핑문제가 진행되는 경우가 많으므로 이러한 경우 해당상품의 수입은 감소될 수밖에 없다.

선별성과 차별성 반덤핑조치는 그 성격상 특정국의 특정 상품만을 선별하여 선별적·차별적으로 반덤핑관세를 부과할 수 있다. 따라서 수입국입장에서는 여타의 수입억제수단

보다 쉽게 이 조치를 취할 수 있고 그 효과 역시 뚜렷하게 나타난다.

따라서 우루과이라운드(UR)협상을 통하여 개정된 WTO의 반덤핑협정은 반덤핑조치를 취함에 있어 보다 높은 투명성을 요구하는 동시에 방법론적·절차적 규칙을 새로이 수립하여 그동안 보호주의적으로 악용되던 종전의 관행이나 절차들을 다소 시정한 것으로 평가되고 있다. 그러나 여전히 이러한 반덤핑조치가 부당한 보호주의적 수단으로 악용될 여지를 지니고 있어 이에 대한 비판과 논쟁이 계속되고 있다. 특히 반덤핑조치의 주요대상국이 되고 있는 한국·일본 및 일부 개도국들이 반덤핑조치의 남용을 방지하기 위한 반덤핑협정의 개정필요성을 지속적으로 제기하여 새로운 무역협상의 의제가 되고 있다.

5. 세이프가드(safeguard, 긴급수입제한조치)

5.1 세이프가드의 경제적 의의

세이프가드(SG: safeguard)란 외국으로부터의 수입이 급증하여 수입국의 경제나 산업이 심각한 피해를 받거나 받을 우려가 있는 경우 그 수입을 일시적으로 제한할 수 있는 긴급수입제한조치를 말한다. 세이프가드를 넓게 해석하여 수입국이 취할 수 있는 모든 수입제한조치를 지칭하는 경우도 있으나 일반적으로는 GATT 제19조에서 규정하고 있는 수입제한조치, 즉 정부가 무역자유화 이행과정에서 발생되는 수입급증의 피해를 막기 위하여 일시적으로 부과하는 수입제한조치를 지칭한다.

따라서 이러한 세이프가드를 긴급수입제한조치(emergency action)라고 부르기도 하고, 예외적으로 GATT상의 의무로부터 도피할 수 있는 조항이라고 하여 일반적 이탈조항(general escape clause) 등으로 부르기도 한다. 이러한 세이프가드는 산업피해구제제도(counter-measures against industrial damage) 또는 무역구제조치(trade remedy measures)의 전형적인 수단 중의 하나이다. 산업피해구제제도란 특정한 물품의 수입급증으로 국내 산업이 피해를 입거나 입을 우려가 있을 경우 이를 조사해 국제규범이 허용하는 범위 내에서 국내산업의 피해를 없애기 위한 합당한 조치를 실시하는 제도로서, 앞에서 설명한 반덤핑관세·상계관세·긴급관세 등과 함께 이러한 세이프가드도 포함된다.

그러나 세이프가드는 또 다른 무역구제조치인 반덤핑관세(AD)나 상계관세(CVD)와는 그 기본적 성격이 서로 다르다. ① 우선 덤핑관세나 상계관세는 덤핑행위·보조금지급 등 불공정행위를 전제로 하지만 세이프가드의 경우 불공정행위와 무관하다. ② 따라서 세이프가드의 경우 국내산업에 대한 피해의 심각성이 반덤핑관세나 상계관세의 경우보다 더 커야한다. ③ 세이프가드조치를 발동할 경우 반덤핑관세나 상계관세와는 달리 이해관계국에 일정한 보상을 제공해야 한다.

세이프가드에 대해서는 GATT 제19조에서 규정하고 있었지만 규정이 불명료하고 발동요건이 지나치게 엄격하여 실제로는 이러한 조치 대신에 회색지대조치(gray area measures) 등 다른 관리무역수단들을 활용하여 수입을 제한하는 사례가 많았다. 이러한 점을 시정하기 위하여 제7차 다자간협상인 도쿄라운드(TR)에서 세이프가드제도에 대한 논의가 이루어졌으나 선후진국 간의 의견차이로 합의에 이르지 못하였다가 그 후 UR협상과정에서 WTO의 세이프가드협정(Agreement on Safeguards)이 체결되었다.

5.2 세이프가드의 발동요건

수입국이 세이프가드를 발동하기 위해서는 ① 특정품목의 수입이 급증하고, ② 그러한 수입급증이 다자간협정에 따른 무역자유화의 결과이거나 예견치 못한 사태발생의 결과(unforeseen development)이며, ③ 이로 인해 심각한 피해(serious injury) 또는 피해우려(threat of serious injury)가 있어야 하고, ④ 이러한 수입급증과 피해 간의 인과관계가 입증되어야 한다.

한편 세이프가드조치는 덤핑이나 보조금지급 등과 같은 불공정(unfair)한 무역행위에 대하여 이루어지는 무역구제와는 달리 상대수출국의 공정한(fair) 무역행위에 대하여 부득이하게 취하는 긴급조치인 만큼 그 발동요건·절차·구제내용에 있어서도 엄격한 통제가 요구된다. 따라서 수입국이 세이프가드를 발동하기 위해서는 수출국과 협의하여야 하며 원칙적으로 그들에게 적절한 보상(compensation)을 제공하도록 노력하여야 한다. 수입국이 취할 수 있는 보상적 구제조치는 다른 물품에 대한 관세인하나 시장접근의 확대 등이 포함된다.

이와 같이 세이프가드협정은 나름대로 수출국과 수입국 간 이익의 균형을 이룩하려고 노력하였지만 수입국의 경우 이를 사양산업보호를 위한 수단으로 악용할 여지가 없지 않다. 따라서 세이프가드가 지나치게 보호주의적 수단으로 남용되는 제도적 편향성을 근본적으로 교정해 줄 필요가 있다. 이를 위하여 세이프가드협정은 ① 수입국의 국내산업 구조조정 노력을 촉구하는 동시에, ② 무역정책결정과정의 객관성·투명성을 높이려는 노력을 병행하도록 하였다.

제 6 장 International Trade Policy

세계무역기구와 국제지역경제통합

국가와 국가 간의 경제적 거래의 자유화와 협력을 이룩하기 위하여 취할 수 있는 접근방법에는 ① 2개 국가가 양국 간의 자유화와 협력을 추구하는 쌍무주의(bilateralism), ② 세계의 거의 모든 국가들이 참여하여 자유화와 협력을 추구하는 다자주의(multilateralism), ③ 특정 지역의 일부 국가들끼리 특혜를 공유하며 자유화를 추구하는 지역주의(regionalism)가 있다. 제6장에서는 무역의 자유화를 위한 다자주의적 성과로서 기능하고 있는 세계무역기구(WTO)와 무역의 자유화를 지역주의적 관점에서 추구하고 있는 자유무역협정(FTA) 등 국제지역경제통합에 대하여 논의한다.

제 1 절 세계무역기구

1. GATT체제

1.1 GATT체제의 성립배경

제4장 제2절(자유무역과 보호무역의 역사)을 통하여 소개하였듯이, 제2차 세계대전의 종전과 더불어 1930년대를 전후하여 극심하게 나타났던 보호주의에 대한 반성, 사회주의체제의 성립을 목전에 둔 자본주의진영의 위기의식, 시장기능의 활성화가 바람직하다는 신자유주의(neo-liberalism)사상의 확산 등을 배경으로 하여 세계의 강국으로 부상한 미국은 종전과 더불어 새로운 국제무역체제의 확립을 논의할 다자간 통상회의를 제창하고 무역자유화를 추진하고 관리할 국제기구로서 국제무역기구(ITO: International Trade Organization)를 UN 내에 설립할 것을 제안하였다.

이후 두 차례의 예비회담 끝에 1948년 53개국이 모인 하바나회담에서 '국제무역기구의 설립에 관한 헌장'(하바나헌장)에 최종서명됨으로써 ITO 설립안이 채택되었지만 결국 발효되지 못하게 되었다. 이렇게 ITO 설립이 무산되자 당초 ITO헌장에 흡수될 잠정협정이었던

GATT(관세와 무역에 관한 일반협정, General Agreement on Tariffs and Trade)가 ITO헌장이 추구하는 본래의 임무를 이어 받게 되었다. 따라서 이러한 GATT협정은 당연히 국제기구로서의 제도적·행정적 기반을 전혀 갖추고 있지 못하였고[1] 그 체제에 있어서도 하나의 단일협정으로 이루어진 것이 아니라 수많은 협정·양허약속의정서·특별 부수협정·절차조항들로 구성되게 되었다.

이러한 태생적 한계에도 불구하고 GATT는 이후 관세·비관세장벽을 줄이기 위한 국제협상을 주도함으로써 전후의 세계자유무역을 주도하는 견인차역할을 훌륭히 수행하였다. GATT 회원국은 처음 24개국으로 시작되었으나 그 이후 참가국수가 계속 증가하여 1994년에는 123개국에 이르게 되었으며 우리나라는 1967년 3월에 정식 가입하였다.

1.2 GATT체제의 기본원리

GATT는 그 전문(前文)에 '무역장벽의 감축과 차별적 대우의 제거를 통하여 무역과 생산의 확대 속에서 개별국가의 경제발전과 번영을 이룩한다'는 협정체결의 취지를 천명하고 있다. 이러한 목표를 실현하기 위하여 GATT는 ① 기본목표로서 무역자유화, ② 지도원리로서 무차별주의, ③ 기본적 절차규범으로서 다자주의를 기본적인 전제로 하였다.

무역자유화 GATT는 무역자유화를 위하여 원칙적으로 관세만을 허용하고 수량제한에 의한 무역장벽을 금지하여 GATT 제11조는 특별한 예외를 제외하고는 비관세장벽을 사용하지 않는 것을 원칙으로 삼았다.[2] 또한 GATT는 무역제한수단으로서 관세를 인정하되 관세율인하를 통한 무역자유화를 규정하였으며, 개별국가의 관세인하가 GATT의 관세인하 교섭과정을 통해서 이루어지도록 하였다.

무차별주의 GATT는 무역장벽감축과 국제거래의 차별적 대우를 제거함을 목표로 하는 무차별주의(principle of discrimination)를 지도이념으로 삼았다. 자유로운 무역이 이루어지기 위해서는 상품거래 및 경제활동에 대한 차별이 배제되어야 하기 때문이다. GATT가 전제하고 있는 이러한 무차별주의는 다음과 같은 최혜국대우 및 내국민대우 원칙으로 표현된다.

(1) 최혜국대우(MFN: most favored nation)란 GATT회원국 중 어느 나라가 다른 회원국에 부여한 통상 상의 어떤 특혜나 면제를 모든 회원국에게도 무차별적으로 동등하게 부여하는 대우를 말한다. 이러한 원칙은 국제통상관계에서 일반화된 기본원칙으로서 통상조약이

---

1 초기에는 정식 사무국도 없었으며 나중에 국제무역기구 설립을 위해 구성된 임시위원회가 GATT사무국 역할을 담당하게 되었다.

2 수량제한조치가 가능한 예외조항으로서 ① 특정산업에 대한 일시적 긴급수입제한조치(19조), ② 회원국의 동의(2/3 이상 찬성) 의한 의무면제승인을 얻은 수입제한(25조), ③ 국제수지방어 위한 일시적 수입제한(12조), ④ 농산물에 대한 예외적 수입제한, ⑤ 개도국의 산업보호 및 국제수지방어 위한 수입제한(제18조), ⑥ 생필품 부족방지를 위한 일시적 수출제한(제11조 2항), ⑦ 상대국의 무역이익 침해에 대한 대응조치로서의 수입제한(제23조) 등을 규정하였다

나 통상협약에서 이러한 내용을 포함하는 것이 상례였는데 이러한 조항을 최혜국조항(most favored nation clause, MFN조항)이라고 한다.

(2) 내국민대우(NT: National Treatment)란 GATT회원국들이 국내조세나 규제 등을 취함에 있어서 외국상품과 국내물품을 동등하게 대우함을 의미한다. GATT 제3조는 이러한 내국민대우원칙을 규정하여 국내 상품보다 수입상품에 불리한 대우를 할 수 없도록 하였다. 최혜국대우가 국가와 국가 간의 차별(discrimination among countries)을 배제하기 위한 것이라면, 내국민대우는 자국과 외국 간의 차별(discrimination between self and other countries)을 배제함으로써 회원국에게 보장된 권리와 기회가 어떤 특정국의 제도와 정책운영으로 침해 받는 것을 방지하기 위한 것이다.

다자주의　GATT는 세계무역의 자유화를 실현하기 위하여 이상과 같은 자유주의·무차별주의와 더불어 기본적 절차규범으로서 다자주의를 표방하여 왔다. 다자주의(multilateralism)란, 어떤 일반화된 행동원리에 기초하여 셋 이상의 국가 간의 관계를 규율하고 조정하는 제도적 형태라고 할 수 있는데, GATT는 이러한 다자주의를 실현하기 위하여 몇 차례의 다자간무역협상을 추진하여 왔다. 다자간무역협상(MTN: Multilateral Trade Negotiation)이란 GATT 회원국들이 국제무역전반에 관한 현안을 해결하기 위하여 일정기간 동안 국제무역기구의 주재 하에서 관세율인하와 철폐 또는 기타 무역정책 등에 대해 결정하는 다국 간 베이스로 추진되는 무역협상을 말한다. GATT는 이러한 다자간무역협상방식을 통하여 세계무역의 양적 확대와 자유화에 크게 기여할 수 있었다.

1.3 GATT체제의 성과

1948년 창설 이후 1994년까지 종말을 고할 때까지 45년간의 GATT활동을 대표하는 성과는 8차례의 다자간무역협상이다. 제4차 라운드까지는 별도의 명칭이 부여되지 않았으나 5차 라운드부터는 주창자(딜론라운드, 캐네디라운드)와 첫 개최지(도쿄라운드, 우루과이라운드)의 이름을 따서 명명하게 되었다. 이와 같은 8차례의 다자간협상 내용을 〈표 6-1〉이 요약하고 있는데 이러한 8차례의 협상 가운데서도 특히 1960년대의 케네디라운드, 1970년의 도쿄라운드(TR) 그리고 1986년 9월부터 1994년 4월 15일까지 7년 7개월의 시간이 소요된 우루과이라운드(UR)가 상당한 성과를 거두었다.

〈표 6-1〉을 통하여 알 수 있듯이 모든 라운드에서 관세인하를 위한 협상이 이루어졌고 비관세장벽(NTB)와 관련하여서는 제6차 케네디라운드(KR)에서부터 논의가 시작되어 점차 그 범위를 늘려 왔다. GATT의 제8차 다자간 무역협상인 우루과이라운드는, 1986년 9월 남미의 우루과이에서 개최된 GATT각료선언에 따라 추진된 무역협상이었다. 당초 우루과이라운드는 협상개시 후 4년 이내에 협상을 종결하기로 하였으나 주요 의제에 대한 각국 간의

표 6-1 GATT에 의한 다자간무역협상의 주요 내용

라운드	연도(참가국)	주요 의제	주요결과 및 특성
제1차(제네바)	1947(23국)	• 관세인하	45,000품목 인하
제2차(아네시)	1949(29국)	• 관세인하	5,000품목 소폭 인하
제3차(토퀘이)	1950-1(32국)	• 관세인하	8,700품목양허
제4차(제네바)	1955-6(33국)	• 관세인하	3,700품목 소폭 인하
제5차(딜론)	1960-1(39국)	• 관세인하	4,400품목(평균 7%인하)
제6차(KR, 케네디라운드)	1963-67(74국)	• 관세인하 • NTB(2개 협정)	• 3만 품목 양허(평균 35%인하) • NTB협정(반덤핑, 관세평가) 최초 논의
제7차(TR, 도쿄라운드)	1973-79(99국)	• 관세인하 • NTB(9개 협정)	• 25만 품목 양허(평균 33%인하) • 9개 NTB(2개 + 보조금, 정부조달, 수입허가, 기술장벽, 세이프가드)
제8차(UR, 우루과이라운드)	1986-93 (116국 → 123국)	• 관세인하 • NTB(11개 협정) • 뉴이슈 협정 • WTO창설 합의	• 253,735품목 양허(평균 33%인하) • NTB(9개+선적전검사, 무역관련투자 등) • 뉴이슈 협정(서비스무역, 지적재산권, 분쟁절차, 무역정책검토제도)

첨예한 대립으로 협상이 지연되어 1993년 말 123개국이 참가하여 협상 종결을 선언함으로써 7년 7개월 만에 극적으로 타결되었다.

우루과이라운드는 새로운 시장개방 확대·GATT체계 및 규율 강화·새로운 분야에 대한 다자간 규범을 통한 국제무역질서를 강화시키고자 하여 253,735품목에 대한 평균 33%의 관세인하를 가져왔을 뿐만 아니라 17개 다자간 무역협정을 타결하였으며, 종국적으로는 GATT를 대체하는 새로운 무역기구로서 WTO를 탄생시키게 되었다.

이처럼 GATT가 주도한 다자간 무역협상이 무역자유화에 결정적 공헌을 하면서 당초 새로운 국제무역기구(ITO)설립을 전제로 한 잠정협정이었던 GATT가 ITO를 대체하게 된 1948년부터 새로운 세계무역기구(WTO)가 출범하게 된 1994년까지 약 45년 동안 GATT는 사실상의 국제무역기구로서의 기능과 역할을 수행하였다. 그동안 GATT는 관세장벽의 대폭적 경감·비관세장벽에 대한 규범제정·개도국에 대한 우대조치의 합법화 등을 통하여 자유롭고 공정한 세계무역의 획기적인 확대와 발전에 기여하였다.

이에 따라 GATT가 설립된 1948년 이후 1990년 까지 세계무역량은 평균 8.2%라는 괄목할 만한 성장을 기록할 수 있었다. 또한 당초 22개 GATT회원국이 1994년 123개국으로 확대되어 세계무역의 90% 이상을 GATT체제로 편입시킴으로써 사실상 전 세계를 대상으로 하는 최초의 다자간 무역기구로서 기능하였다.

1.4 GATT의 기본성격과 한계

이와 같이 GATT는 국제무역의 성장과 자유화에 대한 큰 성과를 나타내었지만 다음과 같은 국제기구로서의 내부적·구조적 한계점 때문에 출발시점부터 태생적 한계를 나타내고 있었다.

법적 구속력 미약 GATT규정은 최혜국대우·관세인하와 관세교섭·가맹 및 탈퇴 등의 절차에는 어느 정도 구속력을 가지고 있었다. 그러나 수량제한금지 등 무역확대규정이나 개도국문제 등의 경우에는 가맹시점에서 국내범위 내에서만 그 행위의무가 부여되었기 때문에 이에 대한 법적 구속력이 미약하였다.

통일성과 체계성 미비 GATT규정은 관세인하와 기타의 무역장벽을 제거하기 위한 협정이며 하바나헌장의 조항 중에서 각국의 합의가 이루어진 부분을 발췌하여 집대성한 것이다. 따라서 GATT규정은 각국의 주장이 복잡하게 반영되어 있어서 통일성과 체계성이 미비하고 그 해석에 있어서도 많은 어려움이 있었다. 또한 기본원칙에 대한 너무 많은 예외조항과 비현실적인 조항들이 규범의 효력을 약화시켰다.

국제협정으로서의 미흡 GATT규정은 가맹국의 대표들이 서명한 후 국내법에 따라 국내비준 절차를 거쳐야 정식 발효되도록 되어 있었으나, 미국을 위시한 각국 의회는 그 협정문에 대하여 비준을 하지 않았기 때문에 국제협정으로써의 조건이 충족되지 못하였다.

국제경제기구의 성격 미비 국제무역의 원칙을 규정한 협정인 GATT는 관세인하와 비관세장벽의 철폐를 통한 무역자유화를 추구하기 위해 각국의 합의를 규정한 하나의 잠정적 협정에 그쳤기 때문에 국제경제기구로서의 성격을 갖추지 못했다. 따라서 의사결정권한·집행력·분쟁해결능력 등을 갖추지 못하였다.

2. 우루과이라운드(UR)협상

2.1 UR협상의 배경

1986년 9월 남미 우루과이의 푼타델에스테에서 개최된 GATT각료회의로부터 시작된 GATT의 제8차 다자간무역협상인 우루과이라운드(UR)협상은 1993년 12월 제네바에서 협정문을 채택함으로써 WTO체제의 탄생을 위한 법적 근거가 마련되었다. 그리하여 UR협상은 1994년 4월 모로코 마라케쉬(Marrakesh) 각료회의를 끝으로 7년 7개월간의 진통 끝에 일괄타결되었다.

세계 123개 회원국이 참가한 UR각료회의는 GATT의 한계를 극복하고 향후의 새로운 국제무역질서를 효과적으로 규율하기 위한 세계무역기구 WTO(World Trade Organization)의 신설을 합의하였다. 이로써 1948년 이후 45년간 유지되어온 GATT체제는 막을 내리고 1995년 1월1일부터 WTO체제가 새로이 출범하게 되었다. 이같이 새로운 세계무역기구 WTO를 탄생시킨 우루과이라운드(UR)는 당초 다음과 같은 배경 위에서 출범하였다. 이러한 요인들은 UR협상의 배경인 동시에 WTO설립의 배경이기도한 것이다.

신보호무역주의 및 GATT기능약화 1970년대 이후 나타난 신보호무역주의(new-protectionism)로 인하여 세계무역이 위축되고 보호주의가 만연되었고 1980년대 이후에도 이러한 보호무역주의 경향을 강화시키는 새로운 지역주의(regionalism)마저 탄생되었다. 이러한 과정에서 GATT의 기본정신과 배치되는 보호조치 및 GATT 밖의 보호무역수단들이 남용되었고, 국제무역협상에 있어서도 GATT를 통한 다자주의적 협상보다 쌍무주의적·지역주의적 협상을 통한 무역규제조치가 남발되었다. 또한 지금까지 GATT를 통한 무역자유화의 리더였던 미국의 경제력약화로 GATT체제의 지위 역시 동반 하락하였다. 이에 따라 위축된 세계무역의 활성화를 위한 새로운 다자주의적 노력이 필요하게 되었다.

무역자유화대상 확대 필요성 GATT의 규율대상은 주로 상품(제조품)이었고 상품의 경우에도 농산품·석유 등 1차산품은 GATT 밖의 예외로서 거래되고 있었으며, 2차산품의 경우에도 섬유류교역은 별도의 다자간협정에 의해 규율되고 있었다. 또한 과학기술발전과 소득수준향상으로 인해 서비스·지적재산권·국제투자 등과 관련된 새로운 무역이 증대되고 있음에도 이러한 새로운 부문을 규율하는 국제규범이 존재하지 않았다. 따라서 이러한 모든 무역거래를 포괄하는 무역자유화가 새로이 필요하였다.

새로운 무역자유화규범 필요성 GATT는 일괄적 관세인하를 목표로 하고 수량적 제한조치의 금지를 선언적으로 규정하였으나 이에 대한 규정의 비통일성·너무 많은 예외조치·비현실적 규정들로 인하여 실효성이 없었다. 따라서 관세보다는 비관세장벽이 더 중요한 무역정책수단으로 기능하였으며 또한 새로운 관리무역수단(VERs·OMAs) 등 GATT 밖의 회색지대조치(gray area measures)들이 범람하였다. 뿐만 아니라 GATT의 반덤핑조치(AD)나 상계관세조치(CVD) 등에 대한 남용으로 인한 보호무역이 심화되어 있었다. 이러한 비관세장벽·GATT 밖의 회색지대조치·GATT규정의 남용을 규제하고 규율할 수 있는 새로운 무역자유화규범의 제정이나 기존규범의 강화를 위한 필요성이 증대되었다.

개도국의 불만과 욕구 증대 여러 가지 국제적 노력에도 불구하고 개도국들의 수출증대와 경제성장 욕구는 오랜 동안 충족되지 못하였다. 또한 GATT체제는 그동안 미국을 비롯한 선진국들에 의해 주도되고 그들의 이해관계를 반영하는 규범을 운용하여 왔다는 불만도 높아졌다. 따라서 개도국들의 대선진국시장 접근을 확대하고 개도국의 자조적 노력을 지원하며 그들의 이해관계를 반영하는 어떤 다자적 기구가 필요하다는 목소리가 높아졌다.

새로운 국제기구의 필요성 GATT는 하나의 국제협정으로서의 법적 구속력이 약한 태생적 한계를 지니고 있어 GATT의 기능적 한계가 노출되었고 GATT에 대한 가맹국들의 신뢰도도 저하되었다. 따라서 단순히 GATT기능을 강화하는 것만으로는 부족하고 그 기능을 강화하는 동시에 신뢰도를 높일 수 있는 어떤 새로운 다자간 무역기구를 설립하는 것이 더 바람직하다는 인식이 증대되었다.

2.2 UR협상의 특성

이러한 배경 위에서 출발하게 된 GATT의 제8차 다자간협상인 UR은 그 이전에 있었던 7차례의 다자간협상에 비하여 다음과 같은 특성을 지니고 있었다.

광범위한 협상의제 설정 UR 이전의 다자간무역협상은 관세인하를 1차적 목표로 하면서 일부 비관세장벽(NTB)을 주요 협상의제로 하였음에 비하여 UR은 광범위하고 포괄적인 대상을 의제로 함으로써 거의 모든 현안이 의제가 되었다. 그 내용들은 〈표 6-2〉가 보여주고 있듯이 ① 시장개방분야, ② 무역규범분야, ③ 신무역분야로 구분해 볼 수 있다. 특기할 것은, 시장개방분야와 관련하여 지금까지 GATT 밖에 있던 농산물교역·섬유류교역이 새로운 의제로 포함되었고, 무역규범분야에 있어 개도국의 주요 관심사항이었던 반덤핑조치·세이프가드(safeguards)가 협상의제가 되었으며, 지금까지 협상의제가 되지 않았던 지적재산권·무역관련투자·서비스교역이 새로운 의제가 되었다는 점이다.

표 6-2 UR협상의 주요 분야 의제

분 야	구체적 협상 의제
시장개방분야 (market access)	① 관세 ② 비관세 ③ 농산물 ④ 섬유류 ⑤ 열대산품 ⑥ 천연자원
무역규범분야 (rule making)	⑦ 반덤핑 ⑧ 보조금 및 상계관세 ⑨ 긴급수입제한(Safeguard) ⑩ GATT기능강화 ⑪ GATT조문개선 ⑫ 분쟁해결절차
신무역분야 (new issues)	⑬ 지적재산권(TRIPs) ⑭ 무역관련투자(TRIMs) ⑮ 서비스교역(GATs)

새로운 교역질서 창출 UR의 역사적 배경과 관련하여 앞에서 설명하였듯이, UR은 신보호무역주의 확산에 따른 GATT기능 약화, 경제사회환경의 변화에 따른 새로운 교역 등장, 미국경제력의 상대적 약화에 따른 국제경제구조 변화 등으로 인하여 GATT를 중심으로 한 세계교역질서가 크게 위협받고 있는 상황에서 출범하였다. 따라서 이와 같은 새로운 구조변화에 대응하는 새로운 교역질서를 창출하기 위한 노력이 이루어졌고 그러한 노력의 결과가 WTO라는 새로운 무역기구의 출범으로 나타나게 되었다.

이러한 WTO체제의 출범은 국제경제질서에 대한 커다란 의미를 지닌다. 국제통화기금

(IMF)·세계은행(IBRD)과 더불어 전후 국제경제의 세 지주였던 국제무역기구(ITO)의 설립구상이 반세기만에 현실화된 역사적 사건이었으며, 또한 WTO는 종전의 GATT와는 달리 확고한 국제법적 지위와 강력한 권한을 가진 명실상부한 국제무역기구였기 때문이다.

3. WTO체제

3.1 WTO의 목적과 기본원칙

WTO는 1994년 4월 15일 마라케쉬각료회의에서 서명된 UR최종협정의 전문(前文)에 WTO의 설립목적을 기술하고 있다.[3] WTO는 GATT체제의 한계를 극복하기 위하여 새로이 설립된 체제이지만 기존의 GATT나 다자간무역체제를 전면적으로 부정하는 협정이 아니라 과거 GATT체제의 기존원칙을 유지하면서 그 내용을 보완·발전시킨 협정이다.

따라서 WTO는 GATT체제의 기본원칙을 계승하면서 몇 가지 추가적인 원칙과 목표를 전제로 하고 있다. UR최종협정문과 WTO협정내용에서 나타나고 있는 WTO의 목적과 기본원칙을 정리하면 다음과 같다.

차별 없는 무역(무차별주의) WTO 역시 GATT의 무차별주의를 기초로 하는데 무차별주의는 최혜국대우(MFN: Most Favored Nation Treatment)와 내국민대우(NT: National Treatment)로 대표된다. 다만 WTO의 경우 서비스교역에 관한 일반협정에서 최혜국대우에 대한 예외를 추가하고 있고 또한 WTO는 서비스무역이나 무역관련투자에 대한 협정을 새로이 제정함으로써 내국민대우원칙의 의미가 더 커졌다고 할 수 있다.

보다 더 자유로운 무역 GATT나 WTO 모두 세계무역의 자유화를 목표로 하고 있지만 WTO체제는 농산물·섬유류는 물론 서비스무역·지적재산권·무역 관련 투자 등에 대한 시장개방을 추가로 포함시킴으로써 GATT에서 보다 더 넓은 분야의 무역자유화를 대상으로 하였다. 또한 관세가 수입물품 간에 차별적으로 부과될 수 없음은 물론 관세 수준도 WTO에 약속한 양허수준 이상으로 인상할 수 없고 서비스무역 및 투자 관련 무역에 대하여 WTO에 미리 약속한 규제조치 이상의 규제를 행할 수 없도록 하여 보다 예측가능한 무역(predictable trade)을 통한 자유화를 목표로 하였다.

보다 투명하고 공정한 무역 WTO는 각국 행정기관이나 사법기관의 의사결정 또는 법령적용·제도운용 및 모든 법령 및 자료 공개, 서비스무역이나 투자관련 무역의 경우 회

3 그 내용을 요약하면, ① WTO회원국들의 생활수준향상·완전고용달성·실질소득과 유효수효의 지속적이고 양적인 확대와 상품과 서비스의 생산 및 교역의 증진, ② 지속가능한 개발과 부합되는 자원의 효율적 이용과 각국의 경제수준에 상응하는 환경보전노력과 보호수단의 허용, ③ 개발도상국, 특히 최빈개도국의 국제무역증대, ④ 상호 호혜주의 바탕 위에서 관세 및 기타 무역장벽의 실질적인 삭감과 국제무역상의 차별대우 폐지, ⑤ GATT 및 과거의 무역자유화노력 및 다자간 협상의 결과 전체를 포괄하는 통합되고 영속성이 있는 다자간 무역체제의 구축, ⑥ 다자간 무역체제의 기초가 되는 기본원칙의 보존과 목표증진 등이다

원국들의 모든 무역관계법과 규제사항 공표, WTO 부속협정이나 복수국간협정의 통보(notifications)의무, 회원국들의 무역정책과 관행에 대하여 정기적 검사를 행하는 무역정책검토제도(TPRM) 등을 규정하여 무역에 대한 투명성(transparency) 원칙을 전제로 한다. 또한 GATT체제 역시 무차별주의를 천명하여 공정무역을 기본목표로 하고 있었지만 WTO체제는 특별히 기본목표로서 '보다 공정한 무역'을 추가하여 1980년대 이후부터 새로이 제기된 공정무역(fair trade)의 개념을 더욱 강조하고 강화시켰다.

경제개발과 경제개혁의 촉진 UR협상의 배경과 관련하여 설명하였듯이 그동안의 GATT체제에 대한 개도국들의 불만이 높아짐에 따라 WTO에서는 개도국들의 경제개발 및 경제개혁을 촉진하고자 하는 기본목표와 원칙을 천명하였다.

UR최종협정문 전문에서 WTO는 상품과 서비스의 생산 및 교역의 증진과 이를 통한 회원국들의 생활수준향상·완전고용달성·실질소득과 유효수효의 지속적이고 양적인 확대를 목표로 함을 명시하고 있고, 개발도상국(특히 최빈개도국)은 자신의 경제를 발전시키는 데 필요한 만큼의 국제무역증대의 몫을 확보하기 위하여 적극적인 노력을 기울여야 할 필요성이 있음을 명시하고 있다. 또한 개도국들 역시 선진국과 같은 무역자유화를 이행하지만 그들에게 새로운 WTO규정에 적응할 수 있는 유예기간을 허용하고 선진국들이 최빈개도국들의 수출품에 대한 시장접근약속의 신속한 이행과 개도국에 대한 각종 경제지원과 특혜조치들을 규정하였다.

3.2 WTO의 조직과 기능

WTO는 ① WTO협정 및 기타의 모든 다자간협정(MTA)·복수국간협정(PTA)의 집행·관리·운영, ② 모든 협정과 관련된 기존의 이슈 및 새로운 이슈에 대한 협상 추진, ③ 분쟁해결절차 관장, ④ 무역정책검토제도(TPRM) 등을 통한 회원국의 무역정책 감독, ⑤ IMF·세계은행 및 기타 산하기관과의 적절한 협력 등과 같은 5가지 기능을 수행한다. (WTO 설립협정 제3조)

이러한 WTO기능의 올바른 수행을 위하여 WTO는 최고의사결정기구로서 각료회의(ministerial conference)와 실질적 기능수행을 위한 상설기구로서 일반이사회(general council)를 둔다. 일반이사회 산하에 3개의 무역분야별 이사회와 4개의 특별위원회를 두고 있다. 이러한 WTO의 조직구조가 [그림 6-1]으로 요약되어 있는데 이들의 주요 역할과 기능은 다음과 같다.

각료회의(Ministerial Conference) 모든 회원국 각료급 대표로 구성되며 최소 2년에 1회 이상 개최되며, WTO협정하의 모든 문제에 대한 결정권한을 가지는 최고의사결정기관인 동시에 집행기관이다. 각료회의는 비상설기구이기 때문에 WTO의 중심적 역할은 상설기구인 일반이사회가 수행한다.

그림 6-1 WTO의 기본조직도

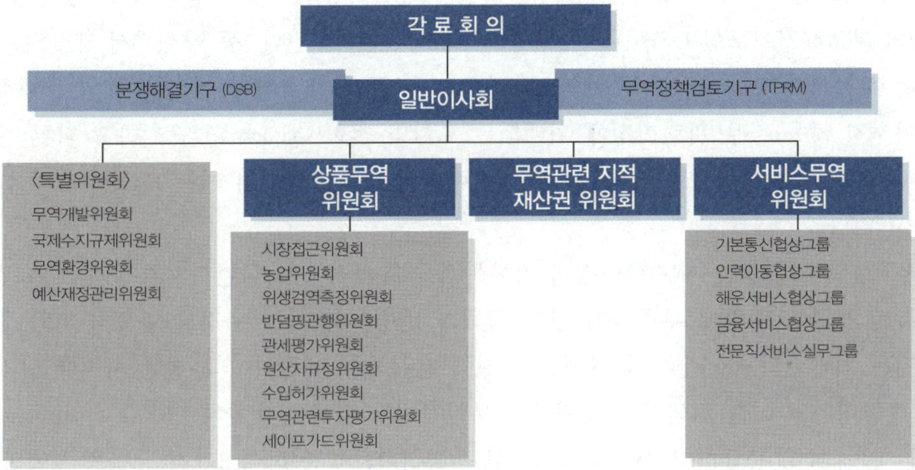

일반이사회(General Council) 모든 회원국 대표로 구성하며 필요에 따라 수시로 개최된다. 이러한 일반이사회 산하에 3개의 무역분야별 이사회를 두고 필요가 발생할 경우 분쟁해결기구(DSB: Dispute Settlement Body)와 무역정책검토기구(TPRM: Trade Policy Review Mechanism)로 전환하여 그 임무를 수행한다. 또한 1994년 WTO각료회의는 일반이사회 산하에 4개의 특별위원회를 두었다

사무국(Secretariat) WTO의 사무국은 WTO의 사무집행 기구이다. WTO는 본부에 사무총장을 최고책임자로 하는 사무국을 설치한다. 각료회의는 사무총장을 임명하고, 또 사무총장의 권한, 의무, 근무조건 및 임기를 명시하는 규정의 채택한다. 사무총장은 각료회의가 채택하는 규정에 따라 사무국의 직원을 임명하고 이들의 직무와 근무조건을 결정한다.

한편 WTO체제의 의사결정방식은, GATT체제에서 관행적으로 수립된 '합의(consensus)에 의한 의사결정'을 지속할 것을 천명하였지만(WTO 설립협정 제9조 1항), 합의가 불가능한 경우 투표로써 의사결정을 하도록 규정하고 사안에 따라 서로 다른 의사결정정족수를 규정함으로써 의사결정의 신속성과 효과성을 추구하였다.

3.3 WTO의 새로운 제도

GATT가 국제무역기구로서의 역할과 기능을 수행하면서 봉착했던 가장 어려운 문제가 분쟁해결을 위한 제도나 절차를 갖추지 못하였고 이를 예방하기 위한 제도적 장치도 마련되어 있지 않았다는 점이었다. 이에 WTO는 다음과 같은 2가지 제도를 새로이 도입하였다.

분쟁해결절차 WTO는 UR최종협정 중 「분쟁해결규칙 및 절차에 관한 양해각서」

(Understanding of Rules and Procedures governing the Settlement of Disputes)를 「부속서2」로 체결하였다. 이에 따르면, WTO의 모든 분쟁은 관련협정에서 특별히 예외규정을 두고 있지 않는 한 WTO의 분쟁해결기구인 DSB(Dispute Settlement Body)가 처리한다. 동 양해각서 제3조는, 분쟁해결은 우선적으로 당사국간의 협의(consultation)를 통해 해결하고 협의를 통해 문제해결이 이루어지지 않을 경우 관련협정에 위배되는 조치의 철회(withdrawal)를 취하고 다른 문제해결책이 없을 때 마지막으로 고려할 수 있는 수단이 보복조치이며 이는 DSB의 승인을 받도록 하고 있다.

무역정책검토제도 WTO협정의 기본목적을 효과적으로 실현시키기 위해서는 분쟁해결절차를 통하여 협정에 부합되지 않는 정책과 관행을 제거하는 것도 중요하지만, 협정에 위반되는 회원국의 무역정책과 관행을 사전에 감시하고 예방하여 분쟁을 사전에 방지하는 것이 바람직하고 이를 위해서는 회원국의 무역정책과 관행에 대한 투명성(transparency)을 확보하는 일이 매우 중요하다. WTO는 이러한 투명성확보를 위하여 2가지 방법을 채택하였다.

첫 번째 방법은 정부가 특정의 무역정책이나 법규 및 조치 등을 WTO당국에 통지(notification)하도록 하는 것이고, 두 번째 방법은 WTO가 개별회원국의 무역정책과 관행에 대한 감시와 검토를 행하여 회원국들이 규칙과 약속을 준수토록 하는 것이다. 두 번째 방법이 이른바 무역정책검토제도(TPRM: Trade Policy Review Mechanism)인데 이를 위하여 「무역정책검토제도에 대한 협정」(부속서3)을 체결하였다. 이에 따르면 무역정책검토를 주관하는 기구로서 무역정책검토기구(TPRB: Trade Policy Review Body)를 두고 이들이 모든 회원국의 무역정책과 관행을 주기적으로 검토한다.

보충학습 6-1

GATT체제와 WTO체제의 비교

이상에서 설명한 바와 같이 WTO체제는 'UR최종협정의 이행기구'인 동시에 '국제무역에 관한 UN'으로서의 역할을 행할 국제기구로서, GATT체제의 기본정신과 기능을 계승하고 있지만 단순한 연장이 아니라 새로운 확장과 발전을 이룩하고 있다. 이러한 점에서 WTO체제의 특성은 GATT체제와의 비교를 통하여 더욱 명확해질 수 있는데, 이러한 비교 내용을 〈표 6-3〉이 요약하고 있다.

기본 목표 GATT와 WTO 모두 무차별주의와 다자주의에 입각한 자유무역을 추구하고 있지만 WTO는 자유무역의 이념 위에 공정무역이라는 새로운 개념을 추가하고 있다.

규율 대상 GATT는 주로 상품(제조품)을 대상으로 하는 자유화를 추구하여 농산품이나 서비스상품에 대한 자유화를 목표로 하지 못하였을 뿐만 아니라 제조품 중에서도 섬유류교역은 GATT 밖에서 규율되었다. 반면 WTO는 GATT 밖에 있던 농산품이나 섬유류 교역을 자유화대상으로 편입하였을 뿐만 아니라 서비스무역·무역관련 지적재산권거래·무역관련 투자까지를

표 6-3 GATT와 WTO의 비교

구분		GATT	WTO
조직 목표 · 규율 대상	목표	• 무역자유화 추구	• 무역자유화 + 공정무역의 추구
	규율 대상	• 상품(주로 제조품) (농산품·섬유 등 제외)	• GATT밖 분야(농산품, 섬유류)추가 • 신분야(GATs, TRIPs, TRIMs)추가
	시장 개방	• 관세인하에 주력 • NTB철폐 선언적 규정	• 관세인하 + 특정부문 무관세화 • NTB 철폐규정 강화
	규범 관련	• 보조금 관련규정 불명확 • 반덤핑규정 남용여지 • Safeguard(GATT제19조) 다자협정 체결 못함(TR)	• 보조금 정의 명료화, 규율 강화 • 반덤핑조치 기준 및 절차 명료화 • Safeguard협정의 체결 • 원산지규정·선적전검사 등 신설
조직 성격 · 의사 결정	형태 가맹국	• 다자간 국제협정(잠정적) • 협정체약국의 지위	• 국제경제기구(영구적 성격) • 국제기구 회원국의 지위
	결정	• 권유적 성격	• 필요시 사법적 기능 가짐
	분쟁 관련	• 분쟁해결 위한 구체적인 제도와 절차의 결여 • 조항 불명확 및 분산 • 감시기능의 취약	• 분쟁해결기구(DSB) 및 절차규정 신설 (신속하고 효율적인 진행) • 조항의 명료화 및 통합적 규정 • 감시기능(무역정책검토기구)
	의사 결정	• 합의 의한 의사결정관행 (비효율적 의사결정)	• 합의 의한 의사결정 존중 + 합의 불가능시 투표(신속 효율적 결정)

그 대상으로 확대하여 거의 모든 거래를 자유화대상으로 확대하였다.

시장개방 GATT는 관세인하에 주력하고 토쿄라운드(TR)에서 비관세장벽의 금지에 대한 선언적 규정만을 행함으로써 실효성을 가지지 못하였다. 반면 WTO는 관세인하뿐만 아니라 특정부문의 무관세화까지를 선언하고 있으며 또한 비관세장벽의 철폐에 대한 규정을 보다 실질적으로 강화하였다.

규범 관련 GATT체제하에서는 보조금과 관련된 규정이 불명확하고 반덤핑에 대한 규정이 있었지만 불명확한 점이 많아 상계관세나 반덤핑방지관세가 남용될 여지가 많아 개도국들의 불만이 높았다. 또한 세이프가드에 대한 GATT규정이 있었으나 이를 다자간협정으로 체결하는 데는 실패하였다. 그러나 WTO는 보조금의 정의·반덤핑조치의 기준 및 절차의 명료화를 통하여 규범을 강화하고 세이프가드에 대한 독립된 협정을 체결함으로써 이와 관련되는 규범을 더욱 강화시켰다.

성격과 조직 GATT는 단순한 국제협정으로서 법적 권한을 지닌 국제기구로서의 역할을 수행하지 못하고 회원국에 대한 강제력을 행사할 수 없었다. 따라서 GATT참여국은 협정의 체약국(contracting parties)으로서 지위를 누리게 되며 GATT의 결정 역시 권유적 성격을 지녔을 뿐 국제법상 구속력을 갖지 못하였다. 반면 WTO는 법인격을 지닌 국제기구로서 가맹국들은 국제기구의 회원국(members)으로서의 자격을 지니게 되며 만약 이들이 WTO규정을 준수하지 않을 경우 사법적 권능을 가지고 제제조치를 취할 수 있게 되었다.

분쟁 관련 GATT의 경우 분쟁해결을 위한 구체적인 제도와 절차를 결여하고 있었고 분쟁해결조항이 불명확하였을 뿐만 아니라 관련규정들이 분산되어 있었고 감시기능 역시 취약하였다. 반면 WTO는 분쟁해결기구(DSB) 및 절차규정을 신설하고 분쟁해결조항의 명료화 및 통합을 이룩함으로써 신속하고 효율적인 분쟁해결절차가 진행되도록 하였다. 또한 회원국들의 무역정책과 관행을 감시할 수 있는 기능을 제고시키기 위한 무역정책검토기구(TPRM)를 신설하였다.

의사결정 GATT는 합의(consensus) 의한 의사결정 관행으로 비효율적 의사결정이 이루어졌으나, WTO는 합의에 의한 의사결정관행을 존중하면서도 합의가 불가능할 경우 투표를 통하여 의사결정할 수 있는 요건과 절차를 명확히 함으로써 신속하고 효율적인 의사결정이 이루어질 수 있도록 하였다.

4. WTO의 국제통상규범

1 WTO협정문은 우선 WTO의 제도적 운영·회원국의 권리와 의무·의사결정절차·기구가맹 등과 관련되는 사항을 담고 있는「설립협정」과 국제통상규범과 관련되는 내용을 담은「실체적 협정」으로 구분해 볼 수 있다. 이러한 실체적 협정(substantive agreements)은 모두 4개의 부속서(annex)로 구성되어 있는데「부속서1」은 다시 1A·1B·1C로 나누어져 있다. 따라서 WTO협정은 전문과 함께 16개 조항으로 구성된 'WTO설립협정', 17개 다자간무역협정(MTA)과 4개의 복수국간 무역협정(PTA)을 담고 있는 부속서로 구성된다. 이러한 WTO협정의 체계를 보여주는 것이 〈표 6-4〉이다.

부속서1A 'GATT-1994'로 명명되어 있는 상품무역에 관한 다자협정으로서, 1947년 10월에 제정된 이래 수차례 수정된 원래의 GATT협정문(GATT-1947)을 강화시킨 내용이다. 국제기구로서의 GATT는 이미 존재하지 않지만 GATT협정문은 더욱 강화되어 채택되고 있다. 여기에는 GATT협정문 외에 UR에서 합의된 6개의 양해각서(Understanding)와 12개의 부수협정이 포함되어 있다.

부속서1B · 부속서1C 부속서1B는 WTO에서 새로이 체결된 서비스무역에 관한 일반협정(GATs: General Agreement on Trade in Services) 이다. 부속서1C 역시 새로이 체결된 무역관련 지적재산권협정(TRIPs: Agreement of Trade Related aspects of Intellectual Property Rights)인데 이들은 모두 GATT에서는 존재하지 않았던 신분야 협정이다.

부속서2 · 부속서3 이는 WTO 분쟁해결절차와 운영사항을 규정한 분쟁해결 및 절차협정(DSU: Understanding on Rules and Procedures governing the Settlement of Disputes)이고, 부속서3은 회원국의 무역정책과 관행을 감시하기 위해 새로 도입한 무역정책검토제도(TPRM: Trade Policy Review Mechanism)에 대한 협정이다.

부속서4 부속서4는 복수국간무역협정(PTA: Plurilateral Trade Agreement)으로서 ① 민간

표 6-4 WTO 협정문의 전체 체계

구 분			내 용
설립 협정	기구 관련 협정		1조(설립) 2조(임무) 3조(역할) 4조(조직) 5조(여타 기구와의 관계) 6조(사무국) 7조(예산 및 분담금) 8조(WTO의 지위)
	의사결정, 가맹 관련 협정		9조(의사결정) 10조(개정) 11조(원가맹국) 12조(가맹) 13조(특정국간 다각적 무역협정 부적용) 14조(수락, 효력발생, 기타) 15조(탈퇴) 16조(기타조항)
실체적 협정 (부속서)	MTA (17개)	부속서1A (13개)	■ 상품무역협정(MTAs): GATT 1994
			• 농산물협정 • 섬유 및 의류협정
			• WTO 반덤핑협정(GATT16조) • 보조금 및 상계관세협정(GATT6조, 16조) • 무역에 대한 기술장벽협정 • WTO 관세평가 이행협정(GATT7조) • 수입허가절차협정(GATT8조)
			• 위생 및 동식물 검역기준협정(GATT20조) • 무역 관련 투자조치협정(TRIMs) • 선적 전 검사협정 • 원산지규정협정(GATT9조)
			• 세이프가드(safeguard)협정(GATT19조)
		부속서1B 부속서1C 부속서 2 부속서 3	■ 서비스무역협정(GATs) ■ 무역관련 지적재산권협정(TRIPs) ■ 분쟁해결절차협정(DSU)(GATT22, 23조) ■ 무역정책검토제도(TPRM)
	PTA (4개)	부속서 4	■ 복수국간 무역협정(PTA) (민간항공기교역·국제낙농·우육·정부조달협정)

항공기교역에 관한협정, ② 정부조달협정, ③ 국제낙농협정, ④ 국제육류협정 들이다. 부속서1부터 부속서3까지는 모든 회원국들에게 일반적으로 동일하게 적용되는 다자간무역협정(MTA: Multilateral Trade Agreement)인데 비하여, 복수국간 무역협정은 각각의 개별협정을 수용한 국가들 내에서만 적용되는 협정이다.

[2] 이상에서 우리는 WTO협정문 체계를 부속서 체계 및 역사적 과정에 따라 구분하여 개관하였지만 이러한 WTO의 통상협정을 그 내용에 따라 보면 ① 관세 및 비관세협정, ② 새로운 상품협정, ③ 새로운 분야협정, ④ 국제무역규범협정으로 구분할 수 있는데 그 주요 내용을 〈표 6-5〉가 요약하고 있다.

표 6-5 WTO통상협정의 분야별 내용 개관

<table>
<tr><th colspan="2">분 야 및 협정</th><th>협 정 의 주 요 내 용</th><th>비고</th></tr>
<tr><td rowspan="2">관세,
비관세
협정</td><td>관세협정</td><td>관세율 인하, 관세양허품목 확대, 무관세화 등 규정</td><td rowspan="2">개정/
추가</td></tr>
<tr><td>비관세협정</td><td>NTB로 작용할 수 있는 다양한 기술적·행정적·법적 문제에 대한 기존의 협정 개정 및 새로운 협정 체결</td></tr>
<tr><td rowspan="2">새로운
상품
협정</td><td>농산물협정</td><td>농산물 시장개방 확대, 보조금 제거·감축, 관세화(tariff only) 및 최소시장접근(MMA) 등 규정</td><td>신설</td></tr>
<tr><td>섬유 · 의류협정</td><td>섬유쿼터 10년간 3단계 점진적 철폐(2005년 완전 자유화)</td><td>신설</td></tr>
<tr><td rowspan="3">새로운
분야
협정</td><td>서비스무역
일반협정</td><td>시장개방·MFN조항과 NT조항 보장규정 적용·이후 부문별 후속협상의 약속</td><td>신설</td></tr>
<tr><td>무역 관련
지적재산권협정</td><td>무역 관련 지적재산권의 보호범위·보호기간·보호수준 강화 MFN조항과 NT조항의 적용</td><td>신설</td></tr>
<tr><td>무역 관련
투자협정</td><td>무역 관련된 투자에 국한(상품무역에만 적용) 내국민대우와 수량적 제한의 철폐와 관련된 이슈만을 논의</td><td>신설</td></tr>
<tr><td rowspan="3">무역
규범
협정</td><td>반덤핑협정</td><td>투명성 제고, 방법론적·절차적 규칙 새로 수립함으로써 덤핑규제의 남발을 억제하는 내용으로 개정</td><td>개정</td></tr>
<tr><td>보조금 및
상계관세협정</td><td>보조금의 정의 명확히 하고 보조금의 종류 3가지로 구분해 규율하도록 개정, 개도국에 대한 일정한 우대조항</td><td>개정</td></tr>
<tr><td>세이프가드협정</td><td>긴급수입제한조치의 요건과 내용 제정, 회색지대조치 철폐</td><td>신설</td></tr>
</table>

5. WTO의 새로운 다자간협상

5.1 새로운 다자간협상의 논의배경

1995년 WTO의 출범으로 무역자유화의 폭이 넓어졌을 뿐만 아니라 무역규범의 투명성 강화로 공정무역질서가 확립됨으로써 국제무역질서는 커다란 전환의 계기를 맞이하였다. 그러나 WTO출범만으로 국가 간 통상마찰의 소지가 완전히 해소되거나 국제무역의 자유화가 완성된 것은 아니었다.

우선 UR협상과정에서 타결이 미진한 분야에 대한 추가협상이 필요하였다. WTO회원국들은 1993년 UR협정을 타결하면서 농산물과 서비스분야에 대한 시장개방이 미흡하다고 판단하여 2000년 이후부터 추가적인 후속협상을 설정의제(BIA: built-in agenda)로 미리 정하여 두고 있었다. 그러나 많은 회원국들은 이러한 분야 이외의 공산품분야에 있어서도 상당한 무역장벽이 남아 있고 또한 UR협상결과를 이행하는 과정에서도 여러 가지 문제점이 있다고 인식하였다.

뿐만 아니라, 세계화의 진전에 따른 국제무역환경변화를 반영하기 위해서는 새로운 무역규범이 필요하다고 생각하여 새로운 협상의제들이 계속 대두되었다. 예컨대 환경·노동·국제투자·경쟁정책 등과 관련된 국내정책을 무역정책과 연계시켜 이들을 새로운 다자간협상으로 논의하려는 인식과 시도가 그것이다. 이러한 주제들은 GR(환경라운드), BR(근로조건과 노사관계), TR(기술라운드), CR(경쟁라운드), DR(디자인라운드) 등으로 불리기도 하였다.

이들은 지금까지 논의되지 못한 뉴이슈(new issue)라고 하여 이들을 다룰 새로운 협상을 뉴라운드(new round)라고 부르기도 하였고, 21C 최초로 이루어지는 라운드라고 하여 밀레니엄라운드(millenium round) 라고 부르기도 하였다. 이러한 상황을 배경으로 하여 1994년 이후 WTO각료회의를 통하여 이에 대한 논의의 진전이 계속되다가 1999년 말 시애틀각료회의를 통하여 뉴라운드출범을 공식적으로 선언하기도하였다. 그러나 개발도상국·NGO들의 반발과 주요선진국간의 합의도출실패로 새로운 라운드의 출범이 무산되었다.

이후 2001년 11월 카타르 도하에서 열린 WTO 제4차 각료회의에서 도하개발아젠다(DDA: Doha Development Agenda)를 출범시키게 되었다. 이러한 DDA협상은 GATT 이후 9번째, WTO출범 이후 1번째, 21C 최초의 다자간 무역협상으로서 과거 라운드들이 주로 선진국의 이익을 대변하였다고 보는 개도국의 저항을 감안하여 '라운드'라는 명칭 대신 '개발아젠다'라는 명칭을 사용하였다. 그러나 언론에서는 여전히 '도하라운드'라고 부르기도 한다.

5.2 DDA출범의 의의와 평가

WTO출범 이후 계속된 논의와 첨예한 의견대립 끝에 2001년 11월 드디어 새로운 라운드가 출범하게 되었는데 어려운 가운데서도 이러한 DDA출범하게 된 것은 UR협상의 결과를 이행하면서 더 추가적인 시장개방이 필요하다는 점에 대한 인식뿐만 아니라 동년 9월에 발생된 미국의 9.11테러 이후 글로벌 경기침체에 대한 위기감이 고조되면서 다자간 무역자유화를 통하여 세계경제의 위기를 극복하여야 한다는 공감대가 형성된 것 역시 배경으로 작용하였다고 할 수 있다.[4] 어쨌든 당시 이러한 DDA출범에 대해서는 다음과 같은 평가와 전망이 내려졌다.

WTO위상 재정립 1999년 시애틀각료회의에서의 뉴라운드출범이 실패함으로써 WTO체제에 대한 신뢰성에 타격을 입은 바 있다. 그러나 DDA협상이 출범함에 따라 세계무역의 중심축임을 자임하는 WTO로서는 다자주의적 자유화를 더욱 강화시키는 세계무역기구로서의 위상을 더욱 높이게 되었으며, 동시에 자유무역체제가 세계경제의 유일한 대안임을 재확인한 셈이 되었다.

보호주의 예방 및 무역자유화 확대계기 세계경기침체에 따라 각국이 수입규제조치를 남발하고 보호주의로 회귀할 조짐을 보여 왔고 이에 따라 세계무역이 급격한 위축세를 나타내고 있는 시점에서 이루어진 DDA협상은 보호주의 경향을 예방하고 세계교역의 활성화에 기여하는 동시에 그 자체로서 무역자유화의 모멘텀을 유지하고 강화하는 데 기여하게 될 것

4 대외경제정책연구원(KIEP), DDA협상 지연 요인 분석과 국제적 대응방안, 연구보고서 12-02(2012.12) p.22.

이다.

세계경제회복 및 통합 가속화 DDA협상이 보호주의경향 예방·추가적 시장개방·새로운 무역규범의 제정과 강화를 통하여 다자주의적 자유화를 안정적으로 정착시키게 되면 침체된 세계경제의 회복과 성장에 견인차 역할을 하게 되는 동시에 이를 통한 세계경제의 상호의존성증대와 통합을 가속화시킬 것이다.

개방적 지역협력 유도 WTO에 의한 다자주의적 자유화와 병행하여 지역주의(regionalism)를 바탕으로 하는 자유무역협정(FTA)의 결성이 전 세계적인 추세로 정착되어 가고 있다. DDA의 출범과 이로 인한 다자주의적 자유화의 강화는 지역주의 그 자체의 경향을 예방하고 완화시키는 동시에 배타적 지역주의 대신 개방적 지역협력을 유도함으로써 지역주의가 다자주의체제를 보완하는 방향으로 작용할 수 있게 될 것이다.

5.3 DDA협상의 주요 의제

제4차 WTO각료회의에서 채택된 각료선언문에 나타난 DDA협상의 주요의제는 크게 ① 추가적인 시장개방 협상의제(농업·서비스·공산품 등), ② WTO 규범관련 협상의제(반덤핑·보조금·지역협정, DSU규정·TRIPS 등), ③ 이른바 '싱가포르의제'라고 하는 새로운 무역의제(환경·투자·경쟁정책·정부조달투명성·무역원활화 등)로 나눌 수 있다.[5] 이러한 협상의제를 협상의 성격과 시한에 따라 분류해보면 〈표 6-6〉과 같다. DDA협상의 이러한 의제설정은 다음과 같은 함의를 지니고 있다.

표 6-6 DDA협상의 주요 의제

구 분	성 격	의 제
일괄타결 의제	주로 시장개방과 관련되는 의제	• 농산물교역 • 비농산물(공산품 및 임수산물) • 서비스교역 • 무역과 환경 • WTO규범(반덤핑·보조금·지역무역협정)
조기협상 종결 의제	시장개방과 직접적 관계 적은 이슈	• 분쟁해결절차(DSU)규정 • 지적재산권협정(TRIPS)
협상방식 합의 의제	출범당시 미합의 의제(싱가포르이슈)	• 무역원활화56(무역과 투자, 무역과 경쟁정책, 정부조달 투명성)
개발 관련 의제	주로 개도국들이 제기하는 의제	• UR협상결과의 이행, 개도국 우대 관련 조항검토, 개도국 개발문제 별도 검토

광범위한 의제 설정 DDA협상은 UR협상보다도 더 광범위하고 과감한 논의를 예정하

5 DDA협상 출범 당시 이른바 '싱가포르 이슈'에는 무역과 투자·무역과 경쟁정책·정부조달 투명성·무역원활화 등이 포함되어 있으나 2003년 9월 칸쿤각료회의가 결렬되면서 2004년 8월 기본골격이 도출될 때 다른 의제들은 제외되고 '무역원활화'만 협상하기로 합의되었다.

였다. 우선 UR협상결과가 불완전하였다고 평가되는 농업 및 서비스분야의 추가적인 시장개방은 물론, 환경·투자·경쟁정책·정부조달투명성·무역원활화 등과 같은 새로운 의제를 포함하였고, WTO규범과 관련된 의제들을 망라하였기 때문이다. 협상의제 설정과 관련한 회원국 간의 첨예한 의견대립이 있었으나 이같이 광범위한 의제를 설정한 것은, 특정 분야만을 다루는 협상에서는 각국 간의 이익과 손실의 균형을 맞추기가 어렵기 때문에 가능한 많은 회원국들이 관심을 가지는 모든 분야를 망라함으로써 무역자유화의 혜택이 회원국 간에 균형 있게 배분되도록 가급적 의제의 범위를 넓히는 것이 바람직하였기 때문이다.

균형된 의제 설정 DDA협상에서는 선진국들의 추가적인 시장개방요구와 함께 자신들에 대한 특별배려를 요구하는 개도국의 주장들이 모든 협상분야에서 주요한 고려사항이 되었다는 점에서 나름대로 균형된 의제설정이 이루어졌다고 할 수 있다. 예컨대 새로운 무역협상의 명칭을 '라운드' 대신 '개발아젠다'로 한 상징적 조치는 물론, 그동안 개도국들이 줄기차게 제기해온 반덤핑규정 등의 개정문제를 주요의제로 삼았고, 개도국의 요구에 따라 공중보건강화를 위한 지적재산권 관련 특별선언을 채택하였으며, 결과적으로 WTO협정이행과 관련되는 개도국의 요구(약 100여 개)들 중 절반에 대한 해결방안을 의제로 포괄된 것 등이 그것이다.

5.4 DDA협상의 추진 경과

DDA협상은 이같이 폭넓고 균형된(broad and balanced) 의제설정 하에 당초 2002년 1월부터 2005년 1월 1일까지 3년이라는 기간 내에 협상을 조속히 종료할 것을 목표로 하였다. 이것은 7년 이상이나 걸렸던 지난번 UR협상의 전철을 밟지 않고 가급적 빠른 기간 내에 협상을 종결하여야 한다는데 WTO회원국들이 인식을 같이 하였기 때문이다. 또한 DDA협상을 총괄하기 위한 협상감독기구로서 무역협상위원회(TNC: Negotiations Committee)가 설치되었으며, 그 아래 각 분야의 협상그룹이 설치되어 협상을 실제적으로 진행하기로 하였다. 그러나 협상의제가 광범위하고 회권국 간의 이해관계 역시 복잡하기 때문에 사실상 3년이라는 짧은 기간 내에 이러한 타결이 가능할 것인가에 대한 우려도 없지 않았다.

따라서 DDA의 협상방식에 대해서는, UR에서와 마찬가지로, 모든 의제에 대한 논의를 동시에 진행하고 동시에 종결하여 전체협상결과를 하나의 패케이지(package)로 하여 분야별 양보와 타협이 가능하도록 하는 일괄타결방식(single undertaking, package deal)을 채택하였다. 특정분야의 협상을 미리 끝내게 하거나 일부 분야의 협상결과만을 선별적으로 받아들이게 한다면 협상타결에 필수불가결한 '주고받기'(give and take)가 어렵기 때문이다. 다만, 특정사안에 대한 조기합의가 이루어지고 모든 회원국들이 동의하는 경우 합의결과를 조기에 시행함이 가능하도록 하였다.

그럼에도 불구하고 2001년 11월에 출범한 DDA협상은 많은 우여곡절을 거치면서 10여 년이 훨씬 넘도록 여전히 교착상태에 빠져있다. 이에 따라 매번 새로이 개최되는 WTO각료회의에서 가시적인 새로운 진전이 이루어지기만을 기대하고 있다. DDA가 출범한 이후 지금까지 진행되어온 경과와 협상이 지연되는 배경 및 전망에 대해서는 [보충학습 6-2]에서 논의하고 있다.

보충학습 6-2

DDA협상의 진행과정과 전망

1. DDA협상의 지연 배경

WTO출범 이후 이런 저런 우여곡절을 거친 끝에 2001년 11월 카타르 도하에서 개최된 제4차 WTO각료회의에서 DDA협상이 출범하면서 당초 2005년 초까지 3년 안에 협상의 타결을 목표로 하였지만 10여 년이 훨씬 넘은 지금에 있어서도 아무런 타결을 보지 못한 채 교착상태에 빠져 있어 누구도 DDA협상의 앞날을 전망하기 어렵도록 하고 있다. DDA협상이 그동안 이렇게 지연되고 있는 주요한 배경으로서는 다음과 같은 요인들을 지적할 수 있다.

복잡한 협상의제와 극심한 이견노출　과거 다자간무역협상은 주로 공산품의 관세감축이 중심이었고 UR협상의 경우 농산물과 서비스분야의 자유화가 포함되어 복잡해졌지만 그에 대한 규범 마련에 치중된 나머지 자유화문제는 크게 진전되지 못하였다. 그러나 DDA협상에서는 농업·비농산물(NAMA: Non-Agricultural Market Access)·서비스분야의 시장개방문제는 물론 싱가포르이슈·규범제정·개도국의 개발문제 등 다수의 쟁점들이 광범위하고 복잡하게 얽혀있고 이에 대한 이견대립이 첨예하여 절충점을 찾기가 쉽지 않았다.

개도국의 기대치와 요구의 증폭　과거 다자간협상이 주요 선진국들이 중심이 되었던 것에 비하여 DDA협상에서는 BRICs 등 신흥개도국의 부상으로 개도국들이 협상의 전면에 부각되었고 이에 따라 DDA의 출범부터 개도국의 경제개발에 초점을 맞추고 협상의 명칭에도 개발을 강조함에 따라 개도국의 기대치와 요구가 증폭되어 선진국과 개도국 간 이익의 균형을 맞추기가 더 어려워진 구조적인 문제점이 내재해 있었다. WTO를 무역자유화기구로 인식하기보다 원조기구로 인식하는 개도국들의 인식이 팽배함으로써 선진국들이 수용하기 힘든 상황으로 몰아간 측면이 없지 않았다. 더욱이 WTO출범 이후 주로 비시장경제권 국가들이 대거 신규가입함에 따라 이러한 신규가입국들로 인하여 합의 도출이 더욱 어려워졌다.

주요국들의 낮은 협상타결 의지　DDA협상을 주도해야 할 주요국들이 이런 저런 사정으로 인하여 협상을 조기에 타결할 여건이나 의지가 부족하였다. 미국의 경우 정치적 리더십부족으로 대외통상정책에 대한 정치적 리더십을 제대로 발휘하지 못하고 의회로부터 무역협상권(TPA: Trade Promotion Authority)을 제대로 부여받지도 못하고 있다. 유럽의 경우 재정위기가 심화되면서 WTO다자협상의 구심적 역할을 해오던 EU집행위의 역할을 기대하기가 힘들어졌다. 또한 중국의 부상으로 인해 WTO회원국들 간의 대립구조가 심화되는 상황 역시 합의도출의 장애요소가 되고 있다. 이러한 리더십 표류로 비효율적인 회의운영이 이루어져 주요국들이 '주고받기'(give and take)할 카드가 실질적으로 제한되어 있고 더욱이 2012년의 경우 이들 각 지역의 국내정치일정으로 인하여 협상에 대한 진전이 이루어지지 못하였다.

FTA의 확산 다자적 무역협상의 대안이 되는 FTA가 세계적으로 급속히 확산됨에 따라 WTO를 통한 시장개방의 효용성과 필요성이 크게 손상되었다. 시장개방에 경제적 이해관계가 높은 국가들이 FTA를 통하여 이러한 문제를 해결함으로써 DDA를 통한 시장개방의 필요성이 상당 수준 훼손됨에 따라 국내보조금감축 등 정치적으로 수용하기 어려운 의제들만이 DDA협상에 남게 되어 DDA협상의 합의를 더욱 어렵게 하고 있다. 이처럼 DDA협상이 FTA협상으로 대체됨에 따라 야기되는 문제 중의 하나는 DDA가 당초 의도하였던 개도국의 개발문제가 사라지게 된다는 점이다. FTA협상에서는 개발 관련 의제들이 전혀 논의되지 않고 선진국들의 입장을 전적으로 반영하는 의제들이 오히려 대폭 수용되는 것이 현실이기 때문이다.

2. DDA협상의 진행과정과 전망

상술한 대로 DDA 출범 이후 10여 년이 넘는 기간 동안 협상이 진행되어온 과정과 내용을 아래 〈표 6-7〉이 보여주고 있다. 이를 통하여 알 수 있듯이 DDA협상은 뚜렷한 진전을 나타내지 못한 채 결렬과 재개를 되풀이하면서 교착상태에 머물러 있는데 누구도 명시적으로 DDA협상의 폐기를 주장하지는 않은 채 대부분의 회원국들이 WTO체제의 필요성과 DDA진전에 대한

표 6-7 DDA협상의 진행과정

구 분	일 시	협상 진행 내용과 경과
전단계	1999.11 2001.11	• 제3차 시애틀각료회의: 새로운 라운드 출범 실패 • 제4차 카타르 도하각료회의: DDA협상 출범(2005.1월 타결 시한)
1단계	2002.02- 2003.09	• 협상기구 설치·진행, TNC회의 및 비공식 각료회의 진행 • 제5차 칸쿤 각료회의: 5개 분야 합의 실패(협상 결렬)
2단계	2004.07 2004.8.1	• 농업·비농산물 등 분야의 기본골격에 대한 협상(July Package) • 일반이사회: DDA협상 기본골격에 대한 합의문 채택 (협상시한 2005. 12. 제5차 홍콩 각료회의까지로 연장)
3단계	2005.09- 2005.12.	• 홍콩 각료회의 선언문 초안 작성 위한 협상 진행 • 제6차 홍콩 각료회의: 2006년 말 협상종결 목표 각료선언문 채택
4단계	2006.01- 2006.07	• 홍콩 각료회의 선언문 내용 실현 위한 핵심 쟁점 협상 진행 • 라미 사무총장, 모든 분야 협상 중단 선언(06년 말까지 협상중단 사태)
5단계	2007. 2008.07 2008.09.	• 주요국 간 분야별 자유화(sectoral liberalization) 제안 및 논의 진행 • 소규모 각료회의·G7회의 통한 핵심 쟁점 절충/G7타협안 논의(결렬) • 라미 사무총장 DDA협상 공식 재개선언
6단계	2009.11 2010. 2011.04 2011.12 2012	• 제7차 각료회의: 구체적 성과 없이 2010년 내 타결 위한 협상일정 논의 • 협상상황 점검회의·APEC통상장관회의·G20회의 등에서 협상진전 촉구 • DDA 진행경과에 대한 분야별 의장보고서 공개, 향후 협상방향 논의 • 제8차 제네바 각료회의: 협상의 새로운 접근법(진전 가능한 분야에서 우선적 성과 도출, 복수국간 협정 등)의 필요성 제기·논의를 거쳐 합의 가능한 일부 분야 협상 먼저 진전 - 조기수확(early harvest) 방식 • 주요 회원국의 국내 정치일정으로 인해 뚜렷한 진전 보이지 못함 (2013년 제9차 각료회의에서 가시적 성과 도출하자는 공감대만 유지)
	2013.12.	• 제9차 인도네시아 발리 각료회의: 조기수확 방식으로 3부문 합의 발리패키지: ① 무역원활화 ② 일부 농업부문 ③ 최빈개도국 이슈

총론적 지지만을 표명하여 왔다.

DDA협상이 실패로 돌아가는 경우 서비스무역이나 지적재산권까지를 자유화의 대상으로 추진한 WTO의 무역자유화 노력에 손상이 불가피하고, 개발의제를 직접적으로 논의한다는 점을 전면에 내건 DDA협상이 무산되는 경우 회원국의 대다수가 개도국인 WTO의 신뢰나 정당성에 돌이킬 수 없는 문제가 야기될 것이며, 또한 WTO 출범 이후 최초로 시도한 다자주의적 협상이 실패하는 경우 다자주의보다 지역주의적 협력을 선호하는 경향이 심화됨으로써 WTO 자체의 위상이 저하될 우려마저 없지 않기 때문이다.

이에 따라 최근에는 DDA협상의 기본 틀은 유지하되 협상방식에 대한 새로운 변화를 시도하자는 움직임이 있어왔다. 예컨대 DDA가 출범할 당시 협상의 기본방식으로 전제한 일괄타결방식(single undertaking, package deal) 대신에 조기합의가 가능한 분야를 중심으로 하는 부문별 자유화추진, 국가 간 합의가 용이한 분야에 대해서는 DDA의 틀 내에서 개별적인 협정을 맺도록 하거나 이해관계가 일치하는 국가들 간에 우선적으로 합의를 행하는 복수국간 협정 체결 등이 그것이다.

이러한 논의를 바탕으로 2011년 제8차 제네바 각료회의에서 DDA협상의 일괄적 타결이 사실상 불가능하다고 보고 합의가 가능한 분야의 협상을 먼저 진전하는 방식, 이른바 조기수확(early harvest)방식에 대한 합의가 이루어졌다. 이러한 합의 이후에도 주요 회원국의 국내 정치일정으로 뚜렷한 전진을 보지 못하다가 2013년 12월 제9차 인도네시아 발리에서 개최된 제9차 각료회의에서 ① 무역원활화,[6] ② 일부 농업부문, ③ 최빈개도국 이슈 등 3개 분야 10개 사항에 대한 합의문이 전회원국의 찬성 아래 통과되었다.

이는 WTO출범 후 18년, DDA출범 후 12년만에 이루어진 최초의 합의로서 이를 긍정적으로 평가하는 사람들은 이로 인하여 DDA협상 타결에 대한 자신감 회복과 다자간 무역기구에 대한 신뢰회복이 이루어질 것이라고 전망하였다. 이에 WTO사무총장(호베르트 아제베)도 "역사상 처음으로 WTO가 성과를 이루어낸 것으로서 전 회원국이 힘을 합쳤고 전 세계가 다시 WTO 아래로 돌아왔다"고 기뻐하였다. 그러나 이러한 발리패키지의 성사에도 불구하고 DDA의 포괄적 협상의제에 비하여 극히 협소한 3개 부문만의 합의에 불과할 뿐만 아니라 차기 라운드에 대한 구체적인 비전도 발표되지 못하였음을 지적하면서 여전히 DDA의 미래는 밝지 않다는 회의적 평가 역시 만만치 않다.

따라서 DDA협상의 향후 진전방향에 대해서는 ① 현재방식 고수(business as usual), ② 중단 후 새로운 시작(stopping and starting from scratch), ③ 표류(drifting away) 등 3가지 옵션들이 회자되어 왔는데 이러한 전망은 여전히 유효하다. 다만 DDA협상 자체를 무산시켜서는 안 된다는 전제에서 가능한 시나리오로서 다음과 같은 서로 다른 2가지 전망이 제시되기도 하였다.

낙관적 시나리오 WTO체제에서 시도된 최초의 다자간무역협상인 DDA협상이 성공적으로 타결되어야 한다는 당위성과 필요성에 입각하여 주요 회원국들이 다소간의 정치적인 희생을 감수하고라도 국제공조를 통하여 포괄적이고 심도 있는 협상결과를 도출하는 방안이다.

6 이는 DDA의 정식 의제(싱가포르이슈) 중의 하나로서 주요 내용은 통관절차 간소화·통관규정 및 절차의 인터넷 공표·세관 협력·개도국 특별대우 등에 관한 것이다. 이 합의는 2015년 7월 31일까지 회원국의 2/3가 동의하면 해당회원국에 대해 발효하게 되는데, ICC는 이러한 무역원활화협정의 체결로 인하여 전 세계 1조 달러 이상의 수출증대와 2,000만개 이상의 일자리가 창출될 것이라고 전망하기도 하였다.

비관적 시나리오　현재까지의 협상교착상태를 감안할 때 DDA협상이 사실상 실패하였다는 점을 인정하고 이러한 실패가 초래할 수 있는 피해와 부작용을 최소화하는 방안이다. 각각의 의제에 대하여 현재까지 이루어진 협상의 세부원칙 중 가장 보수적인 안과 현재까지 이루어진 양허수준에서 개방을 추진하는 등 DDA협상의 상징성을 살릴 수 있는 최소한도의 협상안에 대한 합의만을 도출하여 협상을 종결함으로써 'DDA협상 실패'라는 파국적 결과를 회피하는 방안이다.

제 2 절 국제지역경제통합

1. 지역경제통합의 의의와 형태

1.1 지역경제통합과 지역주의의 개념

일반적으로 경제통합(economic integration)이란 서로 다른 경제단위(국가) 간에 존재하는 여러 가지 장벽을 제거하여 차별이 존재하는 않도록 하는 경제협력조직이다. 이러한 경제통합은, 세계 전체를 하나의 조직으로 통합시키는 세계적 통합(worldwide/global integration)이나 인접국가 내 특정지역들이 통합되는 국지적 통합(local integration)도 있을 수 있지만, 대체적으로 지리적으로 인접한 국가들 간의 통합 형태를 띠게 되는데 이러한 통합 형태를 지역경제통합(regional economic integration)이라고 한다.

이러한 지역경제통합을 선호하는 정책적 사조나 경향을 지역주의라고 한다. 지역주의(regionalism)란, 정치적으로 독립되어 있으면서도 지리적 인접성·문화적 공통성·역사적 동질성·경제적 상호의존성이 높은 지역의 국가들이 무역·통화·산업·금융·재정 등에 관한 통합을 체결하여 하나의 경제권을 형성하고, 역내우선주의를 취하여 상호간의 이익을 도모하는 동시에 역외국들에게는 차별적 조치를 공동으로 행하는 지역적 경제공동체를 형성하려는 노력이나 경향들을 지칭한다.

이러한 지역주의 경향이 세계적으로 팽배하였던 것은 1960년대와 1980년대 후반 이후부터였다고 할 수 있다. 따라서 1960년대 이후의 지역주의 경향을 '구지역주의' 또는 '제1차 지역주의'라고 하고 1980년대 후반 이후의 지역주의 경향을 '신지역주의' 또는 '제2차 지역주의'로 구분하기도 한다.[7]

7 J. Bhagwati, "Regionalism versus Multilateralism: An Overview," in J. de Melo and A. Paragariya eds., *New Dimension in Regional Integration*(Cambridge University Press, 1993) pp. 21-51, L. Fawcett and A. Hurrel eds. *Regionalism in World Politics: Regional Organization and International Order*(Oxford University Press, 1995).

1.2 지역경제통합의 일반적 결성동기

국가와 국가 간에 경제통합체가 결성되는 기본적인 동기는, 이를 통하여 경제적 이익을 증대시키려는 경제적 동기에 있지만 이와 보완적으로 정치·외교·사회·문화 등 경제외적 요인에 대한 동기가 작용하기도 하고, 자유와 보호라는 상반된 목표를 조화하는 동시에 GATT·WTO 등 다자주의의 한계점을 보완하기 위한 전략적 동기가 작용하기도 한다.

경제적 동기 경제통합을 선호하는 주된 동기는, 경제통합의 경제적 효과와 관련하여 설명하듯이, 국가와 국가 간의 장벽을 제거하여 시장을 확대함으로써 얻게 되는 경제적 효과를 추구하는 것이다.

경제외적 동기 국가 간에 경제통합이 결성되는 배경에는 경제적 요인뿐만 아니라 정치·외교·사회·문화·역사적 유대관계를 유지하거나 이를 더욱 발전시키려는 비경제적 동기가 작용하고 있다. 예컨대 제2차 세계대전 이후 동서냉전체제 하에서 대립적으로 결성된 EEC나 COMECON은 자본주의권과 사회주의권의 이념적 대립에 대처하려는 정치적 의도가 작용하고 있었고, 1968년에 결성된 ASEAN 역시 초기에는 인도차이나반도의 공산화위협에 공동대처하면서 문화적 공동체를 형성하려는 것이 주요 목표였으며, 제2차 세계대전 이후 결성된 아랍연맹은 아랍민족과 이슬람문화권의 동질성을 강화하고 서방체제로부터 독자적인 민족주의노선을 추구하기 위한 목표가 전제되었다.

경제통합은 또한 회원국 간의 정치·외교·군사적 관계를 더욱 공고히 하는 효과를 얻게 될 뿐만 아니라 대외적 교섭력과 협상능력을 공동체규모로 집단화함으로써 개별국가로서는 누리기 어려운 외교적 교섭력과 협상력을 강화할 수 있다. 또한 공동체가 추구하는 자유화·개방화에 동참하면서 공동체가 추구하는 국제협력질서에 동참함으로써 대외적 신인도를 높이는 효과를 누릴 수도 있다.

전략적 동기 경제통합은 지리적으로 인접하고 경제적 여건이 비슷하거나 공동의 정치경제적 이해관계를 가진 역내국가들 간에 상호간 개방정책을 실현하면서 역외국가들에게는 일정한 보호조치를 유지해갈 수 있는 체제이다. 따라서 경제통합은 제한적이나마 자유무역을 강화하면서 경쟁력이 약한 산업에 대해서는 보호무역을 유지함으로서 경쟁과 보호라는 상반된 목표를 절충하는 전략적 수단으로서의 의미를 가지고 있다. 경쟁력이 약한 산업의 경우 일시에 세계적 경쟁에 노출시키는 것보다 지역통합에 의하여 제한된 범위 내에서의 경쟁을 통하여 산업조정을 행하고 다음 단계에서 세계적 규모의 경쟁에 접근해가는 단계적인 조치가 가능해진다.[8]

다자주의의 보완 1990년대 이후에 나타나는 지역주의경향이 강화된 데에는

8 손병해, 경제통합의 이해(법문사, 2006) p.29.

GATT·WTO가 추구하는 다자주의의 한계점을 보완하기 위한 수단으로서의 의미가 강해진 것이 사실이다. 다자주의는 일시에 세계 전체의 무역자유화를 일시에 이룩할 수 있다는 점에서 가장 이상적인 수단이지만, 현실적으로는 서로 다른 경제환경과 이해관계가 충돌하여 그 목표를 실현하는데 따르는 비용과 어려움이 큰 비효율적인 수단이다. 반면 지리적으로 인접하거나 정치경제적 이해관계를 함께하는 소수의 국가들 간에 체결되는 지역통합은 협상이 용이할 뿐만 아니라 경제외적인 정책목표를 달성하는 데에도 매우 효율적인 수단이 된다. 1990년대 WTO가 출범하면서 다자주의가 더욱 강화되었음에도 불구하고 오히려 WTO 출범 이후 FTA결성 등 지역주의경향이 오히려 강화되고 있는 역설적인 현실이 이를 잘 보여주고 있다.

1.3 지역경제통합의 일반적 형태

이러한 지역주의에 의해 결성되는 경제통합의 형태는 통합의 방법과 내용·협력 정도와 내부결속도 등에 따라 여러 가지 형태로 유형화 될 수 있다.[9] 발라사(B. Balassa)는 경제통합의 진행과정과 발전단계에 따라 ① 자유무역지역, ② 관세동맹, ③ 공동시장, ④ 경제동맹, ⑤ 완전한 경제통합 등 5단계로 유형화하였는데,[10] 이에 대한 기본적 내용을 〈표 6-8〉이 보여주고 있다.[11]

표 6-8 지역경제통합의 단계별 형태와 내용

통합 단계	역내국간 무역자유화	역외국에 공통관세	무역자유화 +투자자유화	역내공동 경제정책	초국가적 기구창설
자유무역지역(FTA)	○	×	×	×	×
관세동맹(CU)	○	○	×	×	×
공동시장(CM)	○	○	○	×	×
경제동맹(EU)	○	○	○	○	×
완전한 경제통합	○	○	○	○	○

9 예컨대 ① 통합 내용에 따라 제도적 통합과 기능적 통합, ② 통합 주체의 구성에 따라 수직적 통합과 수평적 통합 또는 선후진국 간 통합과 선진국 간 통합, ③ 통합의 영역에 따라 전면적 통합과 부문별 통합, ④ 역내국 간의 자유화에만 초점을 두느냐 역외국에 대한 공동정책까지를 목표로 하느냐에 따라 소극적 통합과 적극적 통합, ⑤ 무역자유화만을 추구하느냐 국내정책의 조정과 조화까지를 추구하느냐에 따라 얕은 통합(shallow integration)과 깊은 통합(deep integration) 등으로 구분한다.

10 B. Ballassa, *The Theory of Economic Integration*(G. Allen & Unwin, 1969).

11 이러한 5가지 유형 이외에 가장 낮은 단계의 통합 형태로서 특혜무역협정(preferential trade arrangements)을 포함하기도 하는데 이는 회원국 간의 무역에 대해 비회원국과의 무역에 비하여 더 낮은 무역장벽을 설치하여 특혜를 제공해주는 협정이다. 예컨대 1932년 영국이 대영제국의 회원국들과 협정한 영연방특혜제도(British Commonwealth Preference Scheme)가 이러한 전형적인 형태이다.

자유무역지역/협정(FTA: Free Trade Area/Agreement) 정치적·경제적으로 밀접한 관계에 있는 2개국 이상의 국가가 상호간의 관세를 인하 또는 철폐하고 무역의 수량적 제한조치를 제거함으로써 역내에서는 무역자유화를 실현하지만 역외국에 대해서는 가맹국의 독자적 관세 및 수량제한이 실시되는 경제통합의 가장 초보적인 단계이다.[12]

관세동맹(CU: Customs Union) 관세동맹이란 역내국간 거래에 관세부과 및 수량제한 조치를 철폐하고 대외적으로는 공동관세를 설정하여 역외국에 공동으로 대응하는 경제통합을 의미한다. 대외적인 관세까지도 공동보조를 취한다는 점에서 자유무역지역보다 다소 진전된 형태라고 볼 수 있으며, 이러한 관세동맹을 역사적으로 오래전부터 존재하여 왔다.[13]

공동시장(CM: Common Market) 관세동맹의 다음 단계로서 역내에 있어서 무역자유화뿐만 아니라, 역내의 노동·자본을 비롯한 생산요소들의 자유이동, 즉 국제투자의 자유화를 보장하는 경제통합이 형태이다. 즉, 공동시장이란 역내의 생산물, 생산요소의 자유이동, 역외의 공동통상정책의 실시로 거의 동일 국가와 같은 상태에 놓여 있다고 볼 수 있다.[14]

경제동맹(Economic Union) 공동시장의 형태에서 더욱 발전하여 회원국 상호간에 재정·금융·사회복지 등 모든 경제 정책을 상호 조정하여 운영하는 경제통합의 형태를 의미한다. 이러한 경제동맹의 결성은 역내 각국의 독자적인 대내외 경제정책의 실시로 인한 역내 타국과의 마찰을 방지하기 위해 경제정책 전반에 관하여 협정을 체결하여 각 부분의 경제정책을 상호 조정함으로써 공동보조를 취하고자 하는데 그 목적이 있다. 현재 진행되고 있는 EU는 이 단계로 진입하고 있는 것으로 볼 수 있다.

완전한 경제통합(Complete Economic Integration) 완전한 경제통합은 가맹국 상호간에 초국가적 기구를 설치하여 그 기구로 하여금 각 가맹국의 모든 사회경제정책을 조정·통합·관리하는 형태의 경제통합이다. 경제통합의 형태 중 가장 완벽한 형태의 통합유형으로 재정·통화정책을 위시한 공통의 경제정책을 수행하기 위해서는 국가 고유의 경제적 주권을 초국가적인 기구로 이양되어야 한다.

---

12 최근에 들어와 FTA 대신에 EPA(Economic Partnership Agreement) 또는 CEPA(Comprehensive Economic Partnership Agreement) 등의 명칭을 사용하는 지역협정들이 있다, 명칭 상으로는 시장개방보다는 경제협력에 무게를 두고 있지만 정치적·국민정서적 이유로 이러한 명칭을 사용할 뿐 실제의 내용은 FTA의 범위를 벗어나고 있지 않다.

13 1834년 독일 관세동맹(Zolleverein), 1947년 설립되었다가 1958년에 유럽공동체(EC)에 흡수된 베네룩스관세동맹(Benelux: 벨기에·네델란드·룩셈브르크)과 1960년대의 유럽경제공동체(EEC: European Economic Communites)가 그 대표적인 예이다.

14 이러한 공동시장의 형태로는 유럽공동체(EC: European Community)를 비롯하여 중앙아메리카 공동시장(CACM: Ceneral American Common Market), 안데안 공동시장(ANCOM: Andean Common Market), 카브리 공동시장(CCM: Caribbean Common Market) 등이 있다.

2. 지역주의의 세계적 흐름과 특성

앞에서 언급한 대로, 지역주의경향이 세계적으로 팽배하였던 것은 1960년대와 1980년대 후반 이후여서 1960년대의 지역주의를 구지역주의(제1차 지역주의)라고 하고 1980년대 후반 이후의 지역주의를 신지역주의(제2차 지역주의)로 구분하기도 한다. 이하에서는 1990년대 이후에 나타난 신지역주의의 배경과 특성에 대해 논의하고, 지역주의와 다자주의의 관계에 대하여 설명한다.

2.1 신지역주의의 배경

1980년대 후반 이후 지역주의가 확산된 이유와 배경에 대해서는 다양한 논의가 가능하지만 대체로 다음과 같은 정치경제적 요인들을 그 배경으로 들 수 있다.

유럽의 지역주의 강화 유럽공동체 회원국들은 1980년대 들어오면서 그리스·스페인·포르투갈을 가입시켜 지역적 영역을 확장한 이후 1987년 단일시장을 위한 합의도출, 1991년 마스트리트조약 체결, 1992년 단일유럽시장 완성, 1993년 유럽연합(EU)의 결성, 1999년 단일화폐 유로(Euro)의 창설을 추진하였다. 이러한 유럽 내 지역주의의 강화는 역외국인 다른 지역 국가들에게 위협적인 상황이 되었고 이로 인하여 간접적인 피해를 보는 현상도 발생하였다. 이러한 유럽의 지역주의강화에 자극을 받은 다른 나라들도 지역통합체를 결성하려는 노력을 강화하게 되었다.

냉전의 종식 1980년대 동구권의 몰락과 시장경제로의 전환에 따라 동서간의 관계개선·국제체제의 분권화가 이루어졌다. 따라서 지금까지 이념적으로 경쟁하던 냉전시대에 많은 나라들이 자신의 정치적 세력 확장을 위한 군사적 동맹을 결성하였듯이 이제는 경제적으로 경쟁하는 시대에 국익을 극대화하기 위한 경제적 동맹을 결성하게 되었다. 따라서 각국은 다른 국가들이 결성하는 배타적 경제블록으로부터 자신이 배제되는 최악의 상태를 막기 위하여 되도록 많은 국가들과 지역적 통합을 이룩하려는 노력을 경쟁적으로 하게 되었다.

다자체제의 약화 다자간 무역기구인 WTO에 가입하는 회원국 수가 빠르게 늘어나면서 WTO내에서 어떤 의미 있는 협상결과를 도출하기가 점점 어려워졌다. 도하개발아젠다(DDA)협상에서 볼 수 있듯이 많은 참여국 수와 많은 협상의제들, 선후진국간의 대립은 물론 선진국그룹과 개도국그룹 내의 다양한 이해관계들로 인하여 다자주의적 협상이 성공하기 어렵고 WTO 내의 확고한 거버넌스(governance)도 작동하지 못하게 되었다. 따라서 개별국가들은 상대적으로 더 쉽고 빠르게 타결할 수 있는 지역적 협정을 다자적 체제보다 선호하는 방향으로 선회하고 있다.

이러한 현상을 다른 측면에서 보면, UR과 같은 다자적 협상과정에서 미국과 EU가맹국들은 나름대로 자국의 이익을 대변할 수 있었지만 그렇지 못한 개도국들은 협상과정과 결과에 대하여 엄청난 반감과 위기의식을 가졌다. 이러한 상황에서 그들이 선택할 수 있는 대외통상정책은 당연히 지역적 경제통합이나 무역협력협정으로 귀결될 수밖에 없었다. 또한 이러한 지역주의 경향은 2000년대 초 일종의 밴드웨곤효과(bandwagon effect)와 위기의식을 증폭시키며 폭발적인 지역경제통합이나 협력협정 타결로 이어졌다.

미국통상정책의 기조변화 1980년대 이후 미국은 통상정책에 있어 이른바 다궤도(multi-track)전략을 활용하여 왔다. 이것은 미국이 통상정책을 자국의 이익을 극대화하는 방향으로 하기 위하여 일방적·쌍무적·다자적·지역적 정책을 동시에 혼합하여 사용하였다는 것이다. 1980년대 후반 이후 미국은 다자주의적 무역자유화를 가장 중요한 통상전략으로 사용하던 전통적 정책기조로부터 지역주의를 적극적으로 수용하는 방향으로 전환하였다. 이에 따라 미국은 단순히 지역통합을 지지하는 수준을 넘어 스스로 북미자유무역협정(NAFTA)을 결성하고 더 나아가 남북아메리카(FTAA)와 태평양연안(APEC) 등 광역지역의 통합가능성마저 조심스럽게 타진하고 있으며 최근에는 개별국가들과의 자유무역협정체결에도 앞장서고 있다.

이러한 미국의 태도변화가 1980년대 후반 이후의 지역주의가속화에 결정적 계기를 제공하였다. 이렇게 미국 통상정책의 전환이 이루어진 데에는 몇 가지의 요인들이 작용하고 있다. 우선 1980년대 후반 이후 시장경제체제로 전환된 동구권국가들이 연이어 EU에 가입하였고 ASEAN이 무역자유화를 확대하고 APEC의 결성을 추진함에 따라 많은 나라들이 서둘러 주변국가와의 경제협력과 통합을 모색하게 되자 미국 자신도 이러한 지역주의경향을 가볍게 볼 수 없었고, 또한 지금까지 자신이 누리던 패권적 지배능력이 상대적으로 약화되기 시작하면서 다자간 국제통상체제에 대한 관리능력 이 약화되어 다자주의적 자유화가 정체되고 있었기 때문이다.

2.2 신지역주의의 특성

그런데 이러한 신지역주의는 종래의 지역주의와 다른 시대적 배경과 목표에 따라 전개된 만큼 구지역주의와 구별되는 여러 가지 특성을 보여주고 있다.

(1) 통합의 동기 및 범위가 더욱 확장되는 모습을 보여주고 있다.

경제적 동기의 통합 구 지역주의가 미국과 소련 간의 체제대결 과정에서 촉발된 반면 신지역주의는 서구중심의 자본주의체제 내에서 특정국 그룹 또는 특정지역의 경제적 이익을 극대화하기 위한 목적으로 가속화되고 있다.

자본 및 금융의 통합 경제적 동기를 위한 경제통합을 행함에 있어서도 종래의 경제통합은 무역자유화·관세인하와 밀접한 관련을 가졌지만 새로운 지역통합에서는 국제자본이동이나 다국적기업의 행태가 매우 중요한 역할을 담당함으로써 통합체 내의 자본 및 금융의 통합이 상당한 정도 이루어지고 있어 그 범위가 넓어지고 있다.

정책지향형 통합　또한 전통적 지역통합의의 경제적 동기는 주로 대규모시장을 확보하기 위한 시장지향형 통합이었음에 비하여 신지역주의의 경우에는 시장지향형 통합을 넘는 정책지향형 통합으로 전환되는 특성을 보여준다. 그동안 GATT체제 하의 다자간 관세인하협상을 통하여 이미 상당한 수준의 무역자유화가 실현된 만큼 무역 이외의 투자·환경·노동 분야 등에서 국가 간 정책협조의 필요성이 높아짐에 따라 다양한 정책협조를 도모하기 위한 경제통합이 시도되었기 때문이다.

(2) 통합의 주체 면에서도 구 지역주의와 다른 특성을 보여준다.

원격지 간 경제협력　전통적 지역주의가 지리적 인접성과 지역적 특수성을 기반으로 하는 경제통합을 시도해 온 반면 새로운 지역주의는 지리적 요인과 지역적 요인을 고려하지 않은 원격지 간의 경제협력이 빈번하게 시도되고 있다.

선후진국 간 통합증대　1960년대의 경제통합이 주로 선진국그룹 또는 개도국그룹 간의 통합이었던 것과는 달리 새로운 지역주의는 선진국그룹 또는 개도국그룹의 통합은 물론 선진국과 개도국 간의 통합이 많이 추진되고 있다.

hub & spoke의 출현　이렇게 선후진국 간의 통합이 증대됨에 따라 자유무역협정이나 관세동맹을 체결한 회원국이 역외에 있는 비회원국들과 별개의 특혜협정을 경쟁적으로 체결하여 자전거바퀴의 축(hub)에 해당되는 회원국과 바퀴살(spoke)에 해당되는 여러 비회원국들이 각각의 별개적인 쌍무협상을 맺는 지역경제통합체가 형성되는 모습을 보여주고 있다.[15] 예컨대 미국(hub)이 이스라엘·캐나다·멕시코·카리브해 연안국가 들과 같은 협정국들(spokes)과 각각의 무역협정을 맺으면 자전거바퀴 축과 바퀴살(hub and spoke)형태의 무역협정체계가 출현하게 된다.

(3) 통합의 기본정신과 통합체 간의 관계 면에서도 다른 특성을 보여주고 있다.

개방적 지역주의　종래의 지역주의는 역내우선·역외차별을 내용으로 하는 '역내외 차별주의'를 기본으로 하였지만 새로운 지역주의는 기본적으로 역내우선에 기초를 두고 있지만 역외지역에 대한 협력가능성과 개방성도 병행하는 이른바 '개방적 지역주의'(open regionalism)의 성격을 띠고 있다는 특성을 보여주고 있다.

경제통합체 간 경쟁체제　새로운 지역주의는 주요 통상 현안에 대하여 개별 국가적 차

---

15 이러한 체제는 중심국과 주변국들 사이에만 자유무역협정이 체결되고 주변국들 사이에는 자유무역협정이 체결되지 않아 무역자유화와 투자유치에 있어서의 혜택을 중심국이 거의 독차지하게 된다. 그럼에도 불구하고 많은 나라들이 이러한 체제에 편입하려하는지에 대하여서는 R. J. Wonnacott, "Trade and Investment in a Hub-and-Spoke System vs Free Trade Area" *The World Economy*(1996) pp.237-252 참조. 한편 바그와티는 이러한 형태를 스파게티 그릇(spaghetti bowl)과 같다고 비유하였다.

원보다는 지역경제통합체 간의 집단적 차원의 경쟁적 성격을 나타내고 있다. 1980년대 후반 이후 EC가맹국들이 집단적 차원에서 무역협상에 임하면서 이러한 경향이 나타나기 시작하여 지역경제통합이 확대되면서 더욱 강화되는 모습을 보여주었다. 이에 따라 최근에는 이미 설립된 지역통합체 간의 상호경쟁과 함께 지역통합체 간의 연계와 협력이 모색되는 등 지역통합체 간의 경쟁과 협력이 더욱 증대되고 있다.[16]

2.3 지역주의와 다자주의

국제경제관계에 대한 접근방법은 GATT나 WTO와 같이 세계의 많은 나라들의 관계를 규율하는 다자주의(multilateralism)와 경제적 의존성이나 지역적 인접성 등을 바탕으로 지역경제통합을 이룩하는 지역주의(regionalism)로 대별된다. 그런데 이 양자는 일견 상호 모순되는 측면을 지닌다.

우선, 다자주의는 무차별주의를 기본이념으로 세계적 차원의 자유화를 추구하는 것임에 대하여 지역주의는 일부지역의 국가들끼리 특혜를 공유하며 역외국들에게 차별적인 성격을 나타내기 때문이다. 그러나 다자주의가 세계적인 자유화를 추구하는 것이라면 지역주의는 지역적 자유화를 추구하여 부분적으로나마 자유화를 증대시킴으로써 세계전체의 자유화에 기여할 수 있다는 측면을 지니고 있다.

따라서 다자주의와 지역주의는 상호 모순적이고 경쟁적인 성격을 가질 수도 있고 상호보완적인 성격을 가질 수도 있게 된다. 다시 말하면 지역경제통합체의 결성이 세계무역의 자유화를 저해하는 원인이 될 수도 있고 세계무역의 자유화를 촉진시키는 원인이 될 수도 있다. 이하에서는 이와 관련된 논쟁들을 살펴본다.

(1) 다자주의에 대한 부정적 효과

우선 지역주의가 다자주의적 자유화를 저해하고 모순되는 경우 다자체제의 세분화와 무력화가 이루어질 수 있다. 예컨대 지역주의가 배타적·차별적으로 확산되는 경우 상호경쟁적인 경제블럭이 형성됨으로써 다자체제가 세분화될 수 있고, 만약 이러한 경제통합체가 다자주의적 통합체인 WTO에 위배되는 특혜규정을 경쟁적으로 채택하는 경우 근본적으로 WTO체제가 와해될 수도 있다.

또한 경쟁적인 지역통합이 이루어지면 결국 지역통합체간의 마찰로 인하여 보호주의적

---

16 이러한 경향은 19990년대 후반 이후 ① EU 15개국과 동아시아 10개국이 결성한 아시아·유럽회의(ASEM), ② 북미·유럽 간의 범대서양자유무역지역(TAFTA), ③ 유럽·남미 간의 자유무역지역(EU-MERCOSUR FTA), ④ 남북미 국가들 간의 자유무역지역(FTAA) 등에서 나타났음은 물론, 최근 FTA결성의 경쟁 속에서 ① 미국 중심의 환태평양 경제동반자협정(TPP), ② 세계최대 선진경제권이 될 미국·EU 간의 범대서양 자유무역협정(TAFTA), ③ 범아시아 단일시장을 기도하는 포괄적 경제동반자협정(RCEP) 등 FTA의 광역화 추진움직임에서도 나타나고 있다.

인 경향이 발생할 수도 있다. 이와 더불어 경쟁적인 지역통합경향으로 인해 지역주의와 다자주의의 의사결정 순위에 있어 지역주의에 우선권이 주어져 지역주의적 접근이 먼저 시도되면 이에 따라 다자주의적 접근이 지장을 받게 되고, 주요 협상자들이 지역협정에 몰두할 경우 다자적 자유화에 투입할 여력이 감소될 수 있다.

⑵ 다자주의에 대한 긍정적 효과

이같이 지역주의와 다자주의는 상호모순적인 성격을 지니고 있지만 반면 지역주의가 다자주의적 자유화에 긍정적인 효과를 가질 수 있는 측면도 많은데 이러한 긍정적 측면은 다음과 같다.

보다 효율적 자유화협상 가능 지역주의는 일반적으로 경제수준이 비슷하거나 지역적으로 인접한 소수의 국가들이 참여하므로 경제수준이나 이해관계가 서로 다른 다수의 국가들이 참여하는 다자주의에 비하여 자유화에 대한 양허와 협상이 용이해진다. 따라서 다자주의적 방법으로는 도달되기 어려운 자유화협상을 보다 효율적으로 달성할 수 있고 이러한 과정은 이후 세계전체의 자유화에 대한 디딤돌이 될 수 있다.

보다 효율적 자유화의 이행보장 지역경제통합을 통한 소수의 역내 회원국들이 합의한 각종 의무사항은 다자주의 체제에 비하여 감시와 통제가 용이하기 때문에 보다 강력한 구속력을 갖는다. 따라서 지역경제통합은 그동안 다자주의 체제에서 합의하지 못하였거나 앞으로 논의될 의제들에 대한 도전과 실험의 기회를 제공해 줄 수 있다.

개방적 지역주의 경제통합체가 개방적 지역주의(open regionalism),[17] 즉 가입을 원하는 신규회원국을 배제하지 않고, GATT의 요건을 충족시키며, 역내회원국이 역외국과 자유화를 진전시키는데 아무런 제약을 받지 않는 경우에는 종전과 같은 폐쇄적 지역주의와 달리 다자주의적 자유화에 모순되지 않는다.

⑶ 지역주의의 향후 전망

이상에서 살펴본 바와 같이, 지역주의는 다자주의적 세계무역자유화를 훼손하는 장애물이 될 수 있는 동시에 이를 촉진시키고 보완해주는 역할을 할 수도 있어 무역자유화에 대한 도전이자 기회가 되고 있다. 따라서 양자의 관계를 부정적으로 보는 사람들은 지역주의가 다자주의적 자유화에 걸림돌(stumbling block)이 되어 왔고 앞으로도 그러할 것이라고 주장하는 반면 양자의 관계를 긍정적으로 보는 사람들은 지역주의가 다자주의적 자유화에 디딤돌(building block) 역할을 해왔고 또 앞으로도 그러할 것이라고 주장한다. 이에 따라 오늘날과 같은 세계화시대에 지역주의가 공존하는 이유에 대해서는 두 가지의 상반된 해석이 존재한다.

그 중 하나는, 지역주의가 세계화시대의 다자주의로 가기 위한 징검다리라고 해석하는

17 이 용어는 본디 APEC의 현자그룹(eminent persons group)이 처음으로 만들어낸 용어이다.

견해이다. 소규모의 지역적 자유무역협정을 수행해가면서 국내경제의 구조와 체계를 미리 정비하고 취약한 부문을 미리 고쳐나가는 과정을 통하여 앞으로 전개된 세계 전체의 통합과 단일화에 미리 대비하는 효과가 있기 때문이다. 또한 최근 많은 나라들이 이러한 노력의 일환으로 양자 간 무역협정 체결을 확대해가고 있는데 이는 협상이 이루어지기 어려운 다자간 협상 대신에 상대적으로 협상이 더 쉬운 양자협정부터 해나간다는 취지로 이해할 수 있다는 것이다.

다른 하나는, 지역주의를 세계화현상에 대한 방어수단이라고 해석하는 견해이다. 세계화로 인해 무역경쟁이 더욱 치열해지고 아울러 금융의 자유화·탈규제가 심화됨에 따라 국제금융체제의 위기요인이 더 높아졌다. 그런데 이러한 경쟁압박과 금융위기 등 세계화의 도전에 대하여 개별국가들이 독자적으로 대체하기에는 역부족이고 따라서 지역적 차원에서 협력기반을 마련하기 위하여 지역주의가 확대되고 있다는 것이다.

이처럼 다자주의와 지역주의 간에는 서로 다른 속성이 존재하는데 이 중 어떤 속성이 더 강한가? 여기에 대해서는 아직까지 이론적으로나 경험적으로 명확한 결론이 내려지고 있지 않아 아직 일치된 견해를 발견하기 어렵다. 따라서 오늘날처럼 지역주의와 다자주의가 공존하고 있는 상태에서 보다 중요한 것은 다자주의와 지역주의가 서로 보완적으로 작용할 수 있도록 여건을 만들어주는 작업일 것이다.

이에 대하여 버그스텐(C. F. Bergsten)은 지금까지는 지역주의가 다자주의를 훼손하였다기보다는 오히려 상호보완적인 관계로 작용하였다고 보고 WTO로 상징되는 다자무역체제가 미국·일본·유럽의 3대 강대세력에 의하여 집단적으로 잘 경영될 수 있다면 지역주의가 다자주의에 긍정적 영향을 미칠 수 있다고 전제하면서 범세계적인 자유화를 촉진시킬 수 있도록 지역협정들을 통합하기 위한 대협상을 제안하기도 하였다.[18]

결국 세계적으로 확산되고 있는 지역주의경향 그 자체를 억제하여 다자주의적 메커니즘 속으로 단일화시킬 수 없다면 다자적으로 해결하지 못한 통상이슈들을 이러한 지역협정을 통하여 돌파구를 마련하는 기회를 갖도록 하는 동시에 WTO가 지역적인 경제통합의 차별적 요소를 제한하고 규율하여 이른바 개방적 지역주의로 나아가도록 함으로써 지역주의가 다자주의에 긍정적으로 작용하도록 하는 노력이 더욱 강화되고 보완되어야 할 것이다.

---

18 C. F. Bergsten, *Open Regionalism, IIE Working Paper* 97-3(Institution of International Economics, 1997)

보충학습 6-3

자유무역협정(FTA)

1. 자유무역협정의 추세

위에서 살펴본 바와 같이 오늘날 지역경제통합의 움직임은 선후진국을 막론하고 모든 국가들에게 나타나는 일반적인 경향으로 나타나고 있는데, 이러한 추세는 특히 1990년대 후반 이후 더욱 급속히 이루어져 2012년까지 WTO에 보고된 지역무역협정이 총 250여 건에 이르고 있다. 이들 중 세계의 주요 지역경제통합체의 현황을 〈표 6-9〉가 보여주고 있다.

표 6-9 세계의 주요 지역무역협정

명칭	형태	회원국	규모(2011년 기준)
유럽연합(EU)	경제동맹	초기 15국 + 동구 등 13국 ('04, '07, '13) → 28개국	인구 6억 240만, GDP 17.6조$(25.1%), 무역 8.8조$(24.3%)
북미 자유무역협정(NAFTA)	FTA	미국, 멕시코, 캐나다 3개국	인구 4억 6천만, GDP 11.9조$(25.7%), 무역 5.4조$(15.0%)
아세안자유무역지역(AFTA)	FTA	태국, 말레시아, 인도네시아, 싱가포르 등 동남아 10개국	인구 6억 7백만, GDP 2.2조$(3.1%), 무역 2.4조$(14.9%)
남미공동시장(MERCOSUR)	CM	아르헨티나, 브라질, 우루과이, 파라과이, 베네수엘라 5개국	인구 2억 7천만, GDP 3.3조$(4.7%), 무역 8,300억$(2.3%)

위에서 설명한 지역경제통합 형태 중 어떠한 형태가 가장 널리 활용되는가를 보면 자유무역협정(FTA)형태가 단연코 가장 많다. [그림 6-2]가 보여주듯이 1995년 WTO의 출범과 함께 지역무역협정(RTA: Regional Trade Agreement)이 급격히 증대되었고 이러한 지역무역협정 중 가장 큰 비중을 차지하고 있는 것이 자유무역협정(FTA)이다. 이 또한 1990년대 이후 세계적 지역주의의 한 특징이 되고 있다.

한편 이러한 FTA가 구체적으로 어떤 내용을 포함하고 있는가는 체약국이 누구인가에 따라 상당히 다른 양상을 보이고 있다. 전통적인 FTA와 개도국 간의 FTA의 경우 상품분야의 무역자유화와 관세인하에 중점을 두는 경우가 많지만 최근 WTO의 출범을 전후하여 FTA의 대상이나 적용범위가 점차 확대되고 있다. 따라서 상품무역의 자유화·관세인하 이외에 서비스와 투자의 자유화까지 포괄하는 것이 일반적인 추세이고 더 나아가서는 지적재산권·정부조달·경쟁정책·무역구제제도 등 정책의 조화부문까지로 자유무역협정의 대상이 확대되고 있다.

2. 최근의 세계 3대 FTA 추진동향

이처럼 1990년대 중반 이후 FTA가 전 세계적으로 확산되는 가운데 최근에 이르러 미국·EU·일본·중국 등 거대경제권이 경쟁적으로 거대 FTA협상을 추진하여 이를 통하여 수출시장의 안정적 확보와 경제협력을 도모하려고 하고 있어 FTA를 통한 주요국 간 합종연횡이 시도되고 있다.

미국은 일본 등 아태지역 12개국이 참여하는 환태평양경제동반자협정(TPP: Trans- Pacific Economic Partnership Agreement)을 추진하면서 다른 한편으로는 EU와의 환대서양경제동반자협정(TTIP: Trans-Atlantic Trade and Investment Partnership Agreement)을 동시에 추진하는 움직임을 보이고

그림 6-2 지역무역협정의 체결 추이(출처 : WTO http://www.wto.org)

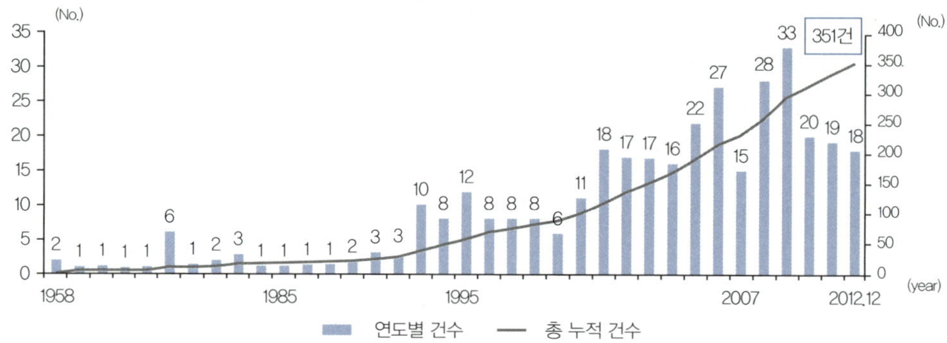

그림 6-3 전통적 FTA와 새로운 FTA의 대상과 적용범위

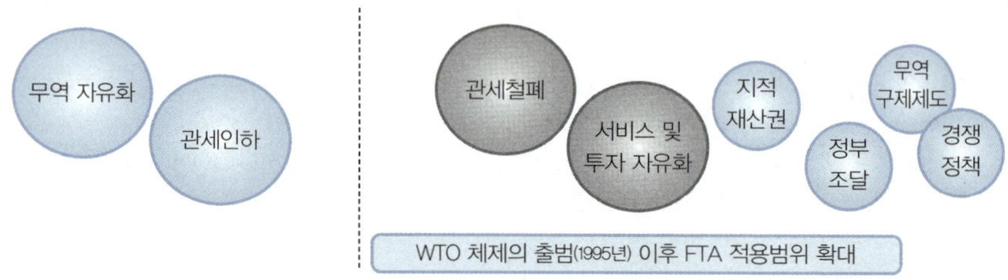

있다. 그동안 FTA체결에 후발주자였던 일본은 한·중·일 FTA와 일·EU 경제동반자협정 등 동시다발적인 FTA를 추진하면서 2013년 3월 TTP참여를 선언하고 이후 4월부터 EU와의 FTA협상을 시작하였다. 이러한 움직임에 맞서 중국은 자신을 비롯하여 아태지역 16개국이 참여하는 다자간 FTA로서 역내포괄적경제동반자협정(RCEP: Regional Comprehensive Economic Partnership)을 추진하는 한편 한·중FTA 및 한·중·일 FTA의 조기체결을 강력하게 희망하고 있다.

이러한 거대 FTA추진 움직임이 서로에 대한 견제의 의미를 담고 있을 뿐만 아니라 이러한 움직임에 자극을 받아 그 이외의 지역에서도 FTA를 중심으로 새로운 경제블록을 형성하려는 움직임들이 계속 나타나고 있다. 예컨대 중남미 국가가운데 태평양연안에 위치하면서 최근 적극적 개방정책을 표방하면서 높은 경제성장률을 보이고 있는 멕시코·칠레·콜롬비아·페루 등 4개국이 추진한 태평양동맹(Pacific Alliance), 러시아가 인접 2개국과 맺은 관세동맹에 연이어 CIS 8개국 간 FTA를 바탕으로 구소련국가들을 대상으로 하여 EU를 모델로 하는 유라시안연합(Eurasian Union)창설이 추진되고 있다.

이러한 다양한 움직임 중에서도 주목받는 거대 FTA로서는 상술한 TPP·TTIP·RCEP 등 3대 FTA인데, 이들은 현존하는 EU나 NAFTA를 능가하는 규모를 지니는 통합체로서 그 구체적인 내용을 〈표 6-10〉이 요약하고 있다.

이들 거대 FTA는 지금 협상이 진행중에 있고 협상과정에서 예상되는 어려움도 있어서 그 미래를 확정적으로 말할 수 없는 점도 있지만, 어떤 형태로든 이러한 3대 FTA가 형성되고 이들

표 6-10 세계 3대 거대 FTA의 추진 현황

구 분		TTP (환태평양 경제동반자협정)	TTIP (환대서양 경제동반자협정)	RCEP (역내 포괄적 경제동반자협정)
개요	논의 과정 주도 세력	2006 미국 주도로 시작 중국 주도 RCEP 견제	2011 논의 시작, 2013.2 공동성명	2011 ASEAN이 제안 중국이 주도
	참여 및 대상국	12국+(P4, 미국, 호주, 페루 베트남, 말레이시아, 캐나다, 멕시코, 일본 등)	미국+EU의 양자간 FTA(TAFTA)	16국(ASEAN 10 + 한중일, 호주, 뉴질랜드, 인도)
	개방 수준	차상위 수준 FTA	최고 수준 FTA	저수준, 점진적 FTA
	타결 목표	2013-14년	2014-15년	2015년 이후
경제 규모 (2012)	인구(비중)	7.9억 명(11.3%)	8.2억 명(11.6%)	33.8억 명(48.2%)
	GDP(비중)	27.6조 $ (38.4%)	32.4조 $ (45.0%)	21.1조 $ (29.4%)
	무역(비중)	9.4조 $ (26.0%)	15.1조 $ (41.5%)	10.4조 $ (28.6%)
	특 징	아태지역 최대 경제블록	세계최대 선진경제권	TTP 대항 범아시아블록

거대 경제블록 간에 경쟁이 심화될 경우 이러한 움직임이 세계경제에 다음과 같은 영향을 초래할 수 있다.[19]

세계경제활성화와 무역확대 세계경제의 80%를 차지하는 3대 FTA가 출범하면 참여국들의 경제성장이 더욱 확대되어 세계경제 활성화에 도움이 될 것이다.

선진국 주도의 신흥국 견제 최근 미국과 EU가 세계경제력의 절반수준을 차지하는 세계 최대 경제권을 형성하려는 시도에는 글로벌 금융위기 및 금융재정위기를 겪으면서 상대적으로 약화된 자신들의 위상을 복원하겠다는 의지가 함께 작용하고 있고 확대일로에 있는 중국·인도·브라질 등 신흥국들의 정치경제적 영향력에 제동을 걸고 선진국 중심의 국제무역질서를 구축하려는 시도가 깔려있다. 실제로 미국과 EU간에 TTIP가 체결되면 그들의 세계최대시장규모를 바탕으로 국제규범 제정자(rule-setter)로서의 입지가 더욱 강화될 수 있다. 이러한 경우 이들 선진국은 중국 등 신흥국을 대상으로 지적재산권·노동·환경·경쟁 등 자신들이 주도적으로 만들어 놓은 국제규범을 준수하도록 압박하고 견제함으로써 분쟁이 심화될 수 있다.

국제통상질서의 변화 이러한 거대 FTA가 결성되어 경쟁적인 관계가 심화되면 국제통상질서에도 상당한 변화를 가져올 수 있다. 우선 미국이 주도하는 TTP와 중국이 주도하는 RCEP가 상호간에 회원국 확대를 위한 치열한 경쟁이 계속되는 가운데 여기에 참여하기 어려운 브라질 등 비참여국들은 독자적 노선을 모색할 가능성이 크다. 한편, 회원국들이 3대 FTA에 중층적으로 가입하는 경우 원산지규정·통관절차 등에서 혼란이 발생할 우려가 크다. 또한 거대한 블록을 중심으로 하는 지역주의가 더욱 심화되어 다자주의적 WTO가 상당기간 위축될 수밖에 없을 것으로 전망되기도 한다.

3. FTA의 선호 배경

이상에서 보듯이 1995년 WTO가 출범한 시기를 기점으로 지역무역협정이 오히려 폭발적으

19 삼성경제연구소, "세계통상질서의 개편 – 3대 FTA의 부상 –", CEO Information(2013.5.15.).

로 증가하였는데 이것은 다자주의체제에 대한 개도국들의 불만이나 다자주의체제의 기능약화와 무관하지 않으며, 이러한 과정에서 미국의 통상정책기조가 지역주의를 허용하고 지역주의를 활용하는 방향으로 전환됨에 따라 모든 나라들이 지역경제통합에 경쟁적으로 뛰어들었기 때문이다. 이와 같이 WTO의 출범과 더불어 지역경제통합이 증가되는 추세 속에서도 여타의 경제통합 유형, 특히 관세동맹(CU)의 형태보다 자유무역협정(FTA)이 더 선호되는 배경은 무엇인가?

주권제한의 최소화 관세동맹과 자유무역협정의 근본적 차이는 여기에 참여하는 회원국들의 경제적 주권에 미치는 영향이 서로 다르다는 점이다. 개별적 FTA에 따라 다소 차이가 있지만 관세동맹이나 공동시장에 비하여 자유무역협정은 자유화의 대상이나 내용 자체가 제한적이어서 시장통합에 따르는 경제적 효과 역시 제한적일 수밖에 없다. 그럼에도 불구하고 FTA가 선호되는 것은 여기에 따른 정치경제적 코스트가 상대적으로 작기 때문이다. 관세동맹은 역내의 관세장벽철폐와 함께 역외국에 대한 공공관세를 부과하여야 하므로 관세부과에 대한 회원국의 자율성이 제한되지만 FTA의 경우 역외국가에 대한 관세를 각 회원국이 자율적으로 결정할 수 있어 경제주권에 대한 제약을 최소화할 수 있기 때문이다.

전략적 도구로서의 기능 최근에 유행처럼 번지고 있는 FTA정책은, 종래와 같이 협소한 국내시장의 한계를 극복하기 위한 목표뿐만 아니라 국제적 차원에서 다자주의적 자유화를 추진하거나 역외 국가들과의 통상현안에 대한 협상권을 제고시키기 위한 수단으로 채택되는 경우가 많다. 따라서 다자주의적 방법으로 성취하지 못하는 시장개방을 FTA라는 전략적 도구를 통하여 달성하거나 국제통상협상 과정에서 자국의 요구를 반영시키기 위한 지렛대로서 FTA를 활용하는 경우가 보편화되었다. 이러한 관점에서 본다면 FTA는 다자주의를 보완하는 일종의 'WTO-Plus기능'을 떠맡게 되었다고 할 수 있다. 반면 FTA에 참여하는 개도국들 역시 국내경제개혁을 추진하기 위한 구실의 하나로서 또는 외국의 자본·기술을 유치하기 위한 외부적인 압력이나 유인책으로서 FTA를 전략적으로 활용하는 경우도 적지 않다.

4. FTA의 단점과 한계

자유무역협정(FTA)은 이렇게 경제통합체 중에서 가장 주권제약이 덜하고 또한 국제통상 현안에 대한 전략적 도구로서 활용될 수 있다는 장점이 있는 반면 경제통합체로서의 한계도 지니고 있다. 상술한 대로 가장 초보적인 통합인 만큼 통합의 효과 역시 가장 낮다는 근본적인 한계는 물론 그동안 자유무역협정이 실행되는 과정에서 나타나는 단점 내지 한계도 있다. 이러한 FTA의 단점 내지 한계로서는 다음과 같은 두 가지 측면이 주로 논의된다.[20]

통합성과의 부진 FTA 자체가 내포하고 있는 내부적 단점으로서, 체결된 FTA 중에서 제대로의 성과를 시현하는 경우가 많지 않다는 것이다. 더욱이 선진국 간의 FTA는 나름대로 성과

20 지역경제통합이 이루어진 후 역외국에 대한 차별화나 보호주의성향이 FTA와 관세동맹(CU) 중 어느 쪽이 더 높을 것인가에 대해서는 서로 의견이 대립된다. 관세동맹(CU)의 경우가 더 높다는 견해가 다수설이지만 FTA의 경우가 역외차별성과 보호성향이 더 높다는 견해도 있다. J. Bhagwati, "Regionalism and Multilateralism: An Overview," in Jamie de Melo and A. Panagaria eds. *New Dimensions in Regional Integration*(Cambridge University Press, 1993) A. Panagaria and R. Findley, "A Political-Economy Analysis of Free Trade Area and Customs Union," in Robert C. Fenstra et. als eds., *The Political Economy of Trade Policy*(MIT Press, 1996) 참조.

를 내는 경우도 없지 않지만 개도국 간 FTA의 경우 그 숫자는 많지만 거의 전부가 부진한 상태를 면치 못하는 경우도 많다는 것이다. 개도국 간의 FTA가 이렇게 부진을 면치 못하는 근본적인 이유는 시장경제체제를 제대로 확립하지 못하였기 때문이다. 경제통합의 진정한 목표는 무엇보다도 자유로운 시장진입을 가로막는 국가 간 무역장벽을 제거함으로써 시장을 확보한다는 데에 있는데 자유무역협정 당사자인 개도국의 국내시장 자유화가 충분히 이루어지지 않는 한 다른 국가들과의 시장통합은 일정한 한계를 가질 수밖에 없기 때문이다.

무역우회와 원산지규정 FTA는 원천적으로 무역우회 문제와 원산지규정 문제를 수반하게 된다. FTA에서는 체약국 각자가 역외국에 대한 자율적인 관세율을 유지하기 때문에 FTA체약국 중 관세율이 낮은 나라의 수입업자가 역외에서 생산된 물품을 관세율이 높은 다른 체약국으로 무관세로 수출하는 무역우회(trade deflection)가 발생할 수 있어 이를 방지하기 위하여 특혜원산지규정을 도입하게 된다. 이러한 특혜원산지규정은 회원국 수가 많을수록 한층 더 복잡하게 되고 원산지규정이 이렇게 복잡해질수록 국제거래의 자유화를 저해할 가능성이 높아 국제거래의 왜곡을 가져올 가능성이 높아진다.[21]

3. 지역경제통합의 경제적 효과

지역경제통합은 〈표 6-11〉이 보여주는 바와 같이 경제통합에 참여하는 역내국에게는 물론 통합에 참여하지 않는 역외국 또는 세계경제에 대해서도 다양한 정치경제적 영

표 6-11 지역경제통합의 경제적 효과

구 분		경제적 효과의 내용
정태적 효과	무역창출효과 무역전환효과	역내 무역장벽철폐 → 역내무역의 증가 → 후생증가 더 효율적 역외국에서 역내국으로의 수입선 전환 → 후생감소
	입지효과 교역조건효과	생산입지 재배치(비교우위국의 입지증대, 비교열위국의 산업이탈) 무역창출이나 무역전환에 따른 대외교역조건의 변화
동태적 효과 (대시장효과)	규모경제효과 경쟁촉진효과 효율증대효과 투자유치효과	무역장벽철폐 → 시장의 통합·확대 → 규모의 경제 달성 무역장벽철폐 → 경쟁의 증가 → 효율성과 생산성 증진 요소의 자유로운 이동으로 인한 자원의 효율성증대 무역장벽철폐 → 역내 직접투자 및 역외국의 직접투자 증대
정치경제적 효과	안전보장효과 협상력효과 개혁개방효과	통합체 내의 정치적 동맹·결속강화로 안전보장 강화 소수국가의 통합·경제공동체결성을 통한 대외협상력 증강 외부적 힘(개혁의 조류)에 의한 국내의 개혁·개방의 성취
역외국에 대한 효과	역외국 효과 세계후생효과	1차적·직접적인 부정적 효과와 2차적·간접적인 긍정적 효과 어떤 지역의 경제통합으로 인한 세계후생의 변화 효과

21 보통 원산지를 평가하는 기준으로서는 역내부가가치의 증가기준과 관세항목(세번, tariff headings)의 변경기준을 사용하는데 부가가치기준이 높을수록 또는 관세항목번호가 세분화되어 있을수록 역외국에 대해서는 보호주의적이라고 할 수 있다.

향을 미치게 된다. 이하에서는 이러한 경제통합의 경제적 효과를 ① 역내국에 대한 정태적 효과와 ② 역내국에 대한 동태적 효과로 나누어 설명하고 ③ 역외국 및 세계무역에 미치는 효과로 나누어 살펴본다. 이때 정태적(static) 효과란 경제통합으로 생산조건이 변화되지 않는다는 조건하에 발생될 수 있는 단기적인 효과를 말하고 동태적(dynamic) 효과란 경제통합으로 생산조건이 변화함에 따라 발생할 수 있는 장기적 효과를 말한다.

3.1 역내국에 대한 정태적 효과

경제통합을 통하여 역내국간에 관세 및 비관세장벽을 철폐하면 역내 회원국 모두가 이익을 얻게 될 것처럼 보이지만 바이너(J. Viner)는 관세동맹의 결성이 역내국에게 반드시 유리하지 않을 수 있음을 무역창출효과와 무역전환효과로써 설명하였다.[22]

(1) 무역창출효과와 무역전환효과

관세동맹으로 동맹국 상호간의 관세가 철폐되면 어떤 역내국이 다른 역내국으로부터 수입하는 상품가격은 하락한다. 따라서 지금까지 국제적으로 교역되지 않았던 상품이 경제통합으로 인해 역내에서 교역되기 시작한다. 이같이 역내무역자유화로 인하여 종전에 발생하지 않았던 새로운 무역이 역내에서 발생되는 효과를 무역창출효과(trade creating effect)라고 한다.

즉 경제통합 전 무역장벽 때문에 비효율적인 국내생산자에 의하여 생산된 제품을 소비하였지만 통합 후 자신보다 더 효율적으로 생산하는 역내 다른 회원국의 제품을 소비함으로써 지금까지 이루어지지 않았던 새로운 무역이 창출되는 효과이다. 이처럼 무역창출효과는 역내의 효율적인 자원배분을 가능하게 하여 소비증가·무역확대로 연결되는데 이는 역내국들의 소득과 후생을 증가시키는 효과를 발생시킨다.

한편 관세동맹이 성립되기 전 역외국으로부터 수입되던 상품이 관세동맹 후 그 제품의 수입선이 역내 타 회원국으로 전환되는 효과가 무역전환효과(trade diverting effect)이다. 관세동맹 후 역내국간에는 관세가 철폐되고 역외국에 대해서는 차별관세가 부과되면 이러한 무역장벽의 차이 때문에 역외수출국에 비하여 오히려 생산비가 더 높은 역내 타 회원국의 제품이 수입될 수 있기 때문이다.

이러한 무역전환효과가 발생하면 상품의 생산지가 더 저렴한 역외국으로부터 상대적으로 생산비가 더 높은 역내 타 회원국으로 이동하여, 더 효율적인 역외생산이 오히려 덜 효율적인 역내생산으로 대체되므로 자원의 비효율적 배분이 초래된다. 이로 인해 이러한 무역전환효과는 역내국들의 후생수준을 감소시킨다.

---

22 J. Viner, *The Customs Union Issue*(Carnegie Endowment for International Peace, 1950) 경제통합의 경제적 효과에 대해서는 이러한 바이너의 연구가 고전이 되어 지금까지도 여전히 이러한 개념의 원용을 통한 논의가 이루어지고 있다.

표 6-12 무역창출효과와 무역전환효과의 비교

구 분	무역창출효과	무역전환효과
역내무역규모변화	증대됨	증대됨
무역발생패턴변화	새로운 무역이 창출됨 (역내 자유화 따른 무역창출)	기존의 수입선이 변경됨 (역외수출국→ 역내회원국)
생산입지의 변동	비효율적인 자국내 생산 → 더 효율적인 역내 타국생산	더 효율적인 역외국 생산 → 덜 효율적인 역내국 생산
비교우위의 원리	비교우위원리 적용됨	비교우위의 원리에 역행됨
자원의 배분효과	효율적인 자원배분 달성됨	비효율적 자원배분 초래됨
국민의 후생수준	역내무역자유화 의한 후생증대	역외차별화 의한 후생감소

이와 같은 경제통합의 무역창출효과와 무역전환효과를 〈표 6-12〉가 비교하고 있다. 따라서 경제통합으로 인한 경제적 후생효과는 결국 무역창출효과(+후생효과)와 무역전환효과(−후생효과)의 크기가 어떠한가에 따라 후생의 순효과(net-effect)가 결정된다. 말하자면 때로는 무역전환효과가 무역창출효과를 능가하여 경제통합이 회원국의 후생을 오히려 감소시킬 수도 있다.

경제통합에 대한 이러한 바이너(J. Viner)의 경제적 효율성평가에 대해서는 ① 정태적인 측면만을 분석하고 있어 경제통합의 동태적인 효과를 무시하고 있다는 비판, ② 생산 측면만을 고려하려 관세동맹 이후 소비패턴과 소비후생의 변화를 고려하고 있지 못하다는 비판,[23] ③ 관세동맹 결성 전 역내국간의 무역장벽이 관세인 경우에는 무역전환으로 인한 후생감소가 발생하지만 그러한 무역장벽이 비관세장벽(NTB)인 경우는 반드시 그렇지 않을 수도 있다는 비판 등이 이루어지고 있다.

⑵ 교역조건 개선효과

경제통합의 회원국들이 역외국에 공동관세를 부과하면 이로 인해 역내상품이 보호받게 된다. 따라서 역내국에서 수입전환효과가 발생하여 역외국에 대한 수입수요가 감소한다. 이때 역내 회원국들의 수입수요가 세계시장에서의 국제가격에 영향을 미칠 정도로 크게 감소되면, 역외국으로부터 공급의 감소를 가져와 경제통합 이전보다 저렴한 가격으로 수입이 가능해진다. 따라서 경제통합은 역외국에 대한 역내국들의 수입수요 감소로 인하여 역내국의 교역조건이 개선된다.

이러한 교역조건개선효과는 역내국의 경제규모가 크면 클수록, 또한 역외국의 수입상품에 대한 공급의 가격탄력성이 비탄력적일수록 더 커진다. 왜냐하면 공급의 가격탄력성이 낮을수록 수요변화에 대한 가격의 변화폭이 크므로 수입전환효과 등으로 인하여 수입수요

23 실제로 이러한 관세동맹의 소비효과에 대한 연구가 J. E. Meade와 R. G. Lipsy 등에 의해 전개되었다.

가 감소하는 경우에 수입가격이 더 크게 하락하기 때문이다. 따라서 역내국의 경제규모가 작아서 세계시장가격에 영향을 주지 못하거나 수출국의 공급에 대한 가격탄력성이 탄력적인 경우 이러한 교역조건개선효과는 나타나지 않거나 때로는 교역조건이 악화될 수도 있게 된다.

3.2 역내국에 대한 동태적 효과

이상에서 살펴본 바와 같이 경제통합은 무역창출효과와 무역전환효과를 통하여 정태적인 자원배분효과나 후생효과를 발생하지만 동시에 경제통합이 역내국의 경제성장과 경제발전을 촉진시키는 여러 가지 동태적인 효과를 발생시킨다. 관세동맹에 대한 많은 실증적 연구들은 관세동맹에 따른 정태적 효과들이 그렇게 크지 않은 것으로 나타나기도 하였다. 따라서 경제학자들 중에는 앞에서 설명한 경제통합의 정태적 효과보다는 경제통합에 의하여 달성될 수 있는 이러한 동태적 효과를 더 강조한다. 여러 가지 동태적 효과를 거론할 수 있지만 대체로 다음과 같은 효과들이 대표적으로 예거된다.

규모의 경제효과 경제통합으로 대규모생산이 가능하게 되어 규모의 경제효과(economies of scale)가 발생한다. 즉 시장규모가 확대됨으로서 생산비용이 낮아져 저가의 상품을 역내시장에 공급할 수 있을 뿐만 아니라 역외시장에서 역내 상품의 가격경쟁력이 강화된다. 경제규모가 크지 않는 소국들의 경제통합의 유력한 근거가 된다.

경쟁촉진 및 효율성증대 경제통합으로 역내기업들은 시장개방을 통한 동종기업 간의 치열한 경쟁을 하게 되어 경쟁이 촉진되고 이로 인해 역내기업의 경쟁력은 강화되고 비효율적인 산업이 도태되어 역내경제의 효율성이 증대된다.

생산효율성 증대와 거래비용 감소 경제통합은 역내국 간의 노동과 자본 등 생산 요소의 자유로운 이동이 이루어져 보다 효율적인 자원의 이용으로 생산효율성 증대효과를 가져온다. 또한 경제통합은 연구개발투자의 활성화를 초래하여 기술혁신과 생산성향상이 촉진된다. 또한 경제통합은 역내국 간에 존재하는 각종 무역장벽을 제거해 주고 역내국 간에 기술·규격 등 표준화가 이루어짐에 따라 제조 및 마케팅 비용을 절감하는 거래비용 감소효과도 발생된다.

자본 및 기술이전 촉진, 대외협상력 제고 경제통합으로 역내국 간 무역장벽이 제거되면 역내국 간의 자본과 기술의 이전은 물론 역외국 기업들이 경제통합으로 인한 역외차별화 장벽을 피하기 위하여 역내국에 생산기지이전과 합작투자를 증가시킴에 따라 역내국에 대한 자본 및 기술이전이 촉진된다. 뿐만 아니라, 경제통합으로 시장규모와 경제력이 확대됨에 따라 무역협상에서도 우위를 점할 수 있어 역내국의 대외협상력이 제고된다.

시토브스키(T. Scitovsky)는 일찍이 경제통합이 결성됨에 따라 '대시장화(大市場化) → 경쟁격화 → 대량생산방식 → 코스트 인하 → 가격하락 → 소비의 증가 → 대시장화'라는 경제순환의 확대과정을 통하여 경제통합의 이익이 발생된다는 대시장이론을 제시하였는데[24] 이상에서 설명한 동태적 효과들을 그 속에 포괄하고 있다.

3.3 역외국에 대한 경제적 효과

지역경제통합체가 결성되는 경우 역내국들은 상호 관세철폐 등으로 특혜를 받지만 역외국은 역내국과 동일한 특혜를 받지 못하여 차별적일 뿐만 아니라 역외국에 대한 공통관세 부과로 차별대우를 받게 된다. 이러한 차별이 비록 역내국간의 경제협력증대에 따른 반사적인 결과라고 하더라도 역외국은 그 만큼 불리해진다. 역내국은 무역전환효과로 인한 손실을 무역창출효과를 통하여 상쇄할 수 있는 기회가 있지만 역외국은 일방적으로 손실을 강요당하게 된다.

역외국이 받게 되는 손실은 역내국이 받게 되는 편익의 반대방향에서 발생된다. 즉 ① 종전까지 역외국에서 수입되던 상품이 경제통합 이후 역내국에서 수입되는 무역전환효과로 인하여 역외국의 수출이 감소되고, ② 경제통합으로 역내국의 교역조건효과가 발생되는 경우 역외국의 교역조건은 악화될 수 있으며, ③ 경제통합으로 역내국 기업의 경쟁력이 강화되면 역외국 기업들은 통합지역 내에서는 물론이고 제3시장에서 역내국 기업들과 치열한 경쟁을 하게 된다.

그러나 경제통합으로 인하여 역내국 간의 시장통합이 이루어지고 이로 인해 실질소득이 증가하고 경제발전이 이루어지면 역외국들 역시 다음과 같은 긍정적 효과를 누릴 수 있게 된다.

무역증대효과 경제통합으로 인하여 역내국의 실질소득이 증대되고 경제가 성장하면 역내국의 수입수요가 증가됨으로서 역외국의 수출기회가 확대된다. 역내국시장의 확대로 발생하는 규모의 경제 효과를 역외국에서도 발생할 수 있다.

비용감소 및 교역촉진효과 경제통합으로 역내국의 기술 및 규격 등이 표준화되고 간소화되면 역외국의 수출비용 감소로 역내국과의 교역이 촉진되는 효과가 발생된다.

투자전환효과 역외생산이 역내생산에 비하여 불리할 경우 역외국의 역내국에 대한 투자가 촉진될 수 있다.

이처럼 지역경제통합체의 출현으로 경제통합에 참여하지 않는 역외국의 경우 부정적 효과와 긍정적 효과를 모두 받게 되지만 부정적 효과는 보다 직접적이고 1차적인 효과임에 비하여 긍정적 효과는 간접적이고 2차적인 성격을 지닌다.

---

24 T. Scitovsky, *Economic Theory and Western European Integration*(Stanford University Press, 1958).

제 4 편

국제금융 및 국제투자

International Fiance & International Investment

국제금융과 국제투자의 의의

제2편과 제3편에서는 재화(상품)의 국제적 이동인 국제무역(international trade)과 관련되는 이론과 정책을 소개하였다. 따라서 실물경제에 초점을 맞추다보니 마치 한나라의 수출품 몇 개를 수입품 몇 개와 물물 교환하는 방식의 거래로 설명하여 국제경제거래에 수반되는 화폐의 흐름이 없는 것처럼 설명하였다. 이러한 논의는 화폐의 지급을 통하여 국제경제거래를 행하는 현실경제와는 동떨어진 설명방법이었다.

이제 제4편에서는 이러한 국제거래와 관련되는 화폐의 흐름, 즉 국제금융에 대하여 논의한다. 오늘날 국경을 넘어 이루어지는 경제거래에는 상품의 이동인 국제무역보다도 화폐 및 금융자산의 이동인 국제금융이나 국제투자가 더 급속히 증대되어 이들이 국제경제에서 차지하는 비중과 중요성이 점차 증대되고 있다. 이에 본편에서는 국가와 국가 간에 이루어지는 화폐·금융자산·자본·경영자원 등의 이동인 국제금융(international finance)과 국제투자(international investment)에 대하여 논의하기로 한다.

제1장에서 설명한 바와 같이 '국제통상'을 좁은 의미(협의)로 해석할 경우 국가와 국가 간에 이루어지는 재화(상품)의 이동인 국제무역으로 국한하여 정의하지만, 보다 넓은 의미(광의 또는 최광의)로 해석할 경우 이러한 국제투자와 국제금융을 모두 포함하는 개념으로 정의된다. 앞에서도 언급하였듯이 국가와 국가 간 경제활동이 단순한 상품거래에 머물렀던 시절에는 국제통상의 개념이 좁은 의미로 해석되었지만, 오늘날처럼 국제금융거래의 규모와 비중이 급격히 증대되고 해외직접투자로 인한 생산과 판매의 글로벌화가 일반화되고 있는 시점에서는 국제통상의 개념과 범위가 국제금융이나 국제투자로까지 확장되는 것이 마땅할 것이다.

제4편의 주요 내용

(1) 오늘날과 같은 개방경제체제 하에서 한 나라와 다른 나라 경제 간의 연결고리가 되는 국제수지와 외환에 대하여 논의한다. 우선 일정한 기간 동안에 이루어진 일국의 대외경제거래를 체계적으로 집계한 국제수지의 의의와 국제수지표의 구성항목에 대하여 살펴보고 국제수지의 균형에 대한 기초적 개념을 살펴본다. 이후 국가 간 자금이동수단 또는 결제수단인 외환과 관련하여 외환시장·외환거래의 기초개념을 살펴보고 환율 및 환율제도와 환율변동의 국민경제적 효과에 대한 기초적 개념을 살펴본다. (제7장 국제수지와 외환)

(2) 전통적으로 국가 간의 자금거래를 원활하게 함으로써 수단적 기능을 담당하였던 국제금융시장이 최근에 이르러 그 규모가 급속히 증대하고 자유화되면서 그 자체 다양하고 광범위한 경제적 효과를 창출하는 역할과 기능을 가지게 되었다. 이렇게 급속히 발전하고 있는 국제금융시장의 의의와 특성을 살펴보고 이러한 국제금융시장의 급속한 규모팽창과 더불어 급속히 진전되고 있는 금융세계화(financial globalization)의 원인과 영향에 대하여 논의한다. 이어 앞에서 살펴본 환율과 국제금융시장의 구조에 지대한 영향을 미치는 국제통화제도에 대한 이론적·역사적으로 고찰과 현 통화체제의 개편논의에 대하여 소개한다. (제8장 국제금융시장과 국제통화제도)

(3) 이상과 같은 국제금융과 더불어 국제투자(international investment) 내지 국제자본이동(international capital movement)에 대하여 논의한다. 우선 국제투자(국제자본이동)에는 어떤 형태가 있고 이러한 국제투자가 이루어지는 원인과 투자유형에 대하여 살펴본다. 다음으로 오늘날 국제자본이동 및 국제투자의 핵심적 주체가 되는 해외직접투자(FDI: Foreign Direct Investment)와 다국적기업(MNE: Multinational Enterprise)에 대하여 이들에 대한 경제이론 및 경제적 영향, 이러한 경제적 효과 중 긍정적 효과를 극대화하고 부정적인 효과를 극소화하기 위한 경제정책 문제에 대한 기초 개념들을 논의한다. (제9장 국제투자와 국제자본이동)

제 7 장 International Fiance

국제수지와 외환

오늘날 경제생활의 두드러진 특징은 경제의 국제화가 급속히 높아지고 각국 간의 경제적 의존도가 점점 심화됨으로써 어떤 경제문제를 분석함에 있어서도 폐쇄경제를 가정하는 데에는 한계가 있다는 것이다. 따라서 일국의 경제를 이해하는데 있어서나 국제경제를 이해하는데 있어서도 개방경제적 시각에서 접근할 필요가 높아졌는데 이러한 개방경제체제 하에서 한 나라와 다른 나라 경제 간의 연결고리가 '국제수지'와 '외환'이다. 제7장에서는 이러한 문제들을 논의하려고 한다.

제1절에서는 일정한 기간 동안에 이루어진 일국의 대외경제거래를 체계적으로 집계한 국제수지가 어떤 의의를 지니고 있고 이러한 국제수지를 종합하고 요약한 국제수지표의 의의와 구성항목에 대하여 살펴보고, 끝으로 국제수지의 균형과 불균형은 어떠한 의미를 지니고 있는가에 대한 기초적 개념을 살펴본다.

이후 제2절에서 국가 간의 자금이동수단 또는 결제수단인 외환과 관련하여 외환시장·외환거래의 기초개념을 살펴보고, 끝으로 제3절에서는 외환시장에서의 교환비율인 환율과 관련하여 환율제도 및 환율변동의 국민경제적 효과에 대한 기초적 개념을 살펴본다.

제 1 절 국제수지

1. 국제수지의 개념

국제수지(balance of payments)란 일정기간 동안 일국의 거주자와 비거주자 사이에 일어난 모든 대외경제거래를 일정한 원칙에 따라 체계적으로 기록한 통계를 말한다.[1] 이러한 개념을 좀 더 구체적으로 살펴보면 다음과 같다.

일정기간 동안 국제수지는 일정기간 동안에 이루어진 대외적 수취와 지불을 집계하

1 A nation's Balance of Payments is systematic record of all the economic transactions between the residents of the nation and the residents of other nations during a specified period of time.

는 플로(flow, 유량, 流量) 개념이다. 일정기간은 통상 1년을 의미하지만 좀 더 세분하여 월별·분기별·반기별로도 작성된다. 따라서 [보충학습 7-1]에서 설명하고 있듯이, 일정한 시점을 기준으로 대차관계를 기록하는 스톡(stock, 저량, 貯量) 통계와는 서로 다르다

거주자와 비거주자 간 국제수지는 한 나라의 국민경제와 여타 경제권 간의 경제적 거래에 대한 기록으로서 일국의 거주자(residents)와 비거주자(non-residents) 간에 일어난 거래를 기록한다. 이때 거주자와 비거주자의 구분은 법률적인 국적이나 지리적인 영토보다는 '경제적 이익의 중심'(center of economic interest) 또는 '경제활동의 본거지'가 어디에 있느냐에 따라 결정된다.[2] 또한 거주자라는 개념에는 자연인뿐만 아니라 법인도 포함된다.

모든 대외경제거래 국제적으로 일어나는 모든 경제거래를 포함하므로 유상·무상, 유형·무형, 민간·공공, 내화거래·외화거래를 불문하고 모두 포함된다. 따라서 물물교환(barter trade) 형태의 무역은 물론 아무런 대가 없이 수취·지불되는 송금이나 무상원조 등과 같은 이전거래도 포함된다. 다만 군사거래는 포함되지 않는다.

체계적 기록 국제수지는 복식부기(double entry book keeping)[3] 원리에 따라 작성되는 동시에 국제적으로 통일된 객관적 기준에 의하여 체계적으로 작성되는 회계기록이다. 우리나라는 IMF의 「국제수지 작성매뉴얼」(Balance of Payment Manual)에 의거하여 한국은행이 이러한 국제수지를 작성한다.

보충학습 7-1

플로와 스톡, 국제수지와 국제대차

1. 플로와 스톡

모든 경제변수는 플로(flow, 유량, 流量)와 스톡(stock, 저량, 貯量)으로 구분된다. 플로란 '일정기간(for a specified period of time)에 유동하는 물량'을 말하는데 비하여 스톡은 '일정시점(at a point of time)에서 포착된 비축량·존재량·저량'을 의미한다.

이러한 플로와 스톡의 관계는 댐(dam)에 들어오고 나가는 물의 유출입량과 댐에 담겨있는 저수량의 관계에 비유된다. 댐을 안전하게 유지하면서 수자원을 효율적으로 운영하기 위해서는 얼마만큼의 물이 어떠한 속도로 유출입 되는지와 함께 현재의 저수량이 얼마나 되는지를 잘 파

2 비록 외국인이라도 그 나라에 영주하면서 경제활동을 행하고 있고 앞으로도 그럴 의사가 있는 자연인이나 법인은 그 나라의 거주자가 되지만, 내국민이라도 외국에 영주하면서 경제활동의 중심이 타국에 있는 경우에는 비거주자(외국의 거주자)가 된다. 따라서 국내에 취업하고 있는 외국인노동자나 국내에 진출한 외국기업은 거주자가 되는 반면 해외에 진출한 내국인 취업자나 해외에 투자한 자국의 기업은 그 나라의 비거주자에 포함된다.

3 복식부기(複式簿記)의 '부기'란 '장부기입'의 약칭이고 '복식'이란 하나의 거래를 차변항목과 대변항목에 이중으로 기록하는 방식을 말한다. 따라서 국제수지는 개개의 국제경제거래를 T자 양식의 왼쪽 차변과 오른쪽 대변에 동시에 기록한다.

악하여 이를 바탕으로 효율적으로 관리하여야 한다. 이처럼 모든 경제단위가 경제를 운용함에 있어서 플로와 스톡은 모두 중요한 변수가 되고 따라서 이 양자를 모두 잘 관리하여야 한다.

이처럼 경제변수는 플로와 스톡으로 구분되지만 경제학연구에 있어서는 플로변수를 중심으로 연구하는 '플로경제학'이 주류를 이루어 왔고 스톡개념을 통한 연구는 극히 제한된 부분에 국한되어 왔다. 따라서 경제학이라고 하면 보통 플로경제학을 일컫는다. 예컨대 미시경제학과 거시경제학의 주요 내용인 수요·공급·국민소득·고용 등은 모두 플로경제학의 대표적 변수들이다. 이처럼 플로경제가 경제학의 주류를 이루는 이유는 플로변수는 포착이 용이하고 통계자료 수집이 용이한 반면 스톡변수는 포착이 어려워 통계자료 수집이 부정확하거나 불가능하므로 그 개념이 추상적이기 쉽고 따라서 분석도 어렵기 때문이다. 따라서 대외경제를 분석함에 있어서도 플로변수인 국제수지에 대한 분석은 다양하게 이루어져 왔지만 스톡변수인 국제대차의 분석은 주로 외채문제를 분석하는 수준에 머물러 있었다.

그러나 경제를 분석할 때에는 플로변수뿐만 아니라 스톡변수도 함께 분석되어야 정확한 분석이 가능해진다. 예를 들어 가계·기업·국민경제·대외경제를 분석한다고 하자. 먼저 가계를 분석하는 경우 가계의 소비는 기본적으로는 일정기간 동안 그 가계가 수취하는 소득(flow)의 크기에 영향을 받지만 그에 못지않게 그 가계가 보유하고 있는 재산규모(stock)에도 영향을 받는다. 기업의 경우 역시 재무상태가 건전한 기업이 되기 위해서는 당기순이익 즉 기업소득(flow)이 많아야 함은 말할 것도 없지만 기업의 재무건전성은 그 기업이 보유하는 기업자산(stock)의 크기나 내용에 의해서도 결정된다. 따라서 기업회계에 있어 플로변수를 계정하는 손익계산서도 중요하지만 스톡변수를 계정하는 대차대조표도 중요하다.

이러한 원리는 국민경제를 분석함에 있어서도 마찬가지이다. 각국의 국민경제를 비교하는 경우 국민소득(flow)이 크고 성장률이 높은 나라가 경제부국이라고 불리는 것이 일반적이지만 그 나라가 보유하고 있는 기초적 자원·자산(stock)이 적은 나라가 경제대국이 되기는 매우 어렵다. 따라서 그 나라가 보유하고 있는 부존자원의 차이가 매우 큰 나라들에 대하여 국민소득이라는 플로(flow) 개념만으로 국민경제를 비교하는 것은 단기적으로는 의미가 있지만 장기적으로는 의미가 달라질 수 있다.

2. 국제수지와 국제대차

이처럼 경제변수를 플로와 스톡으로 구분할 경우 국제수지(balance of payment)는 일정한 기간 동안에 이루어진 모든 경제적 거래를 집계한 플로개념인데 대하여, 국제대차(international indebtedness)는 일정 시점에서의 일국의 채권·채무를 나타내는 스톡개념으로서 대외경제상황에 관한 중요한 자료를 제공한다.[4] 따라서 국제수지가 일반 기업회계에 있어서 손익계산서(income statement: I/S)에 해당된다면 국제대차는 기업회계 상의 대차대조표(balance sheet: B/S)에 해당된다고 할 수 있다.

1990년대 이후 국제자본이동이 빈번하게 이루어짐에 따라 각국의 대외금융자산 및 부채의 변동 상황에 대한 체계적 파악의 필요성이 높아짐에 따라 국제통화기금(IMF)은 국제투자대조

4 이렇게 국제대차는 일정시점의 잔액을 나타내는 스톡(stock)개념이기 때문에 일정기간에 이루어진 거래량을 나타내는 플로(flow) 개념인 국제수지와는 다르고 또한 거래관계를 나타내는 국제수지에서와는 달리 대차관계를 수반하지 않는 증여·원조 등의 이전거래가 포함되지 않는다.

표를 개발하여 각 회원국들에게 작성·공표하도록 권고하였다. 이에 따라 우리나라도 2003년 이후 이를 작성하여 공표하고 있다. 국제투자대조표(IIP: international investment position)란 일정기간 동안 한 나라 거주자의 비거주자에 대한 금융자산(대외투자) 및 금융부채(외국인투자)의 잔액을 체계적으로 기록한 것으로서 국제수지표 중 금융계정항목의 개념 및 포괄범위와 일치한다.

국제수지는 플로를 측정하기 때문에 금융자산의 증감원인 중 거래요인에 의한 변화만을 기록하는데 비하여 국제투자대조표에는 스톡을 측정하기 때문에 환율변동·가격변동·기타조정 등 비거래요인에 의한 기말 잔액이 기록되므로 비거래요인에 의한 금융자산의 증감변화를 파악할 수 있다는 장점이 있게 된다.

따라서 일국의 대외경제를 분석함에 있어서는 플로개념인 국제수지(flow)와 스톡개념인 국제대차(stock)의 분석이 함께 이루어져야 완전한 분석이라 할 수 있다. 그 나라의 국제수지가 균형을 이루고 있어 별다른 문제가 없다고 하더라도 국제대차가 좋지 않아 대외채무가 많다면 그 나라의 대외경제상태를 건전하다고 보기는 어렵기 때문이다. 따라서 일국의 대외경제문제를 분석할 때에는 그 나라의 국제수지와 함께 국제대차에 대해서도 포괄적으로 분석하고 평가하는 노력이 필요하다.

2. 국제수지표

이상에서 설명한 일국의 국제수지를 한눈에 알아볼 수 있도록 다양한 경제주체들의 모든 국제거래를 간단하게 종합하고 요약하여 하나의 표로서 집계한 것이 국제수지표(statement of balance of payments)이다.

2.1 국제수지표의 작성 목적

국제수지표를 작성하는 목적은 일국의 대외경제관계 상황을 일목요연한 방법으로 명확히 하고 외환의 원천과 용도를 파악하여 국제준비자산의 적정한 운용을 이룩하기 위함에 있다. 이러한 의미에서 일국의 국제수지표는 그 나라의 가계부라고 할 수 있다

대외경제거래의 상황 파악 국제수지표는 일국의 대외경제관계의 상황을 일목요연한 방법으로 명확히 파악하기 위하여 작성된다. 이것은 마치 가계와 기업의 수입과 지출이 균형을 이루고 있는가를 파악하기 위하여 가계부나 손익계산서를 기록하는 것과 같이, 국민경제의 대외결제관계가 원활히 이루어지고 있으며 균형을 이루고 있는가를 정확히 파악하여 이에 필요한 대외경제정책을 적절하게 수립하기 위함이다.

외환의 효율적 운용 국제수지표는 외환의 원천과 용도를 파악하고 적정한 국제준비자산의 운용을 이룩하기 위하여 작성된다. 어떤 나라에 있어서도 외환은 한정되어 있기 때문에 그 원천이 어디에 있으며 또한 효율적으로 운용되고 있는가를 파악하여야 하는데 국제수지표는 이러한 자료로서 활용된다. 이러한 목표는 모든 나라에 있어 중요하지만 특히 외

환관리가 실시되고 있거나 외환사정이 어려운 개도국의 경우 더욱 중요해진다.

2.2 국제수지표의 경제적 의의

따라서 모든 경제주체들이나 정책가들이 자국과 외국의 국제수지표에 대해 관심을 가지는데 그 이유는 이러한 국제수지표가 그 나라의 대외지급능력을 평가하거나 그 나라 통화의 대외적 가치, 즉 환율의 변동방향을 예측하는 자료가 되기 때문이다.

대외지급능력의 평가 모든 기업이나 국가의 입장에서 외국과 거래하는 것은 국내거래와는 달리 추가적인 신용위험(credit risk)이 따르기 때문에, 수출대금이나 해외에 빌려준 자금의 원리금을 제대로 받을 수 있을지에 대한 불확실성이 수반된다. 따라서 대외거래에 있어서는 상대국의 대외지급능력이 어떠한가가 중요한데 그 나라의 대외지급능력이나 대외결제능력의 평가에는 그 나라의 국제수지 통계가 중요한 기초가 될 수 있다. 외화의 지불이 수취보다 많은 국제수지의 적자상태가 계속되면 결국 그 나라의 보유외화가 고갈되어 급기야는 수입품에 대한 대금결제나 대외채무에 대한 상환능력이 떨어져서 경제가 파탄에 이를 수 있기 때문이다.

환율변동방향의 예측 환율의 변동은 이에 따른 환위험이나 환차익을 수반하므로 무역계약 후 몇 개월 후에야 대금결제가 이루어지는 국제거래에 있어서는 환율이 어떠한 방향으로 변동될 것인가가 매우 중요한 관심사가 된다. 일국 통화의 대외가치를 나타내는 환율이 어떠한 방향으로 움직일 것인가를 가늠하는데 있어서 그 나라의 국제수지가 중요한 지표가 된다. 국제거래는 외환의 유출입을 수반하는데 이러한 유출입상황이 외환의 수요와 공급의 변화를 초래하여 외환의 가격인 환율을 변동시키는 만큼 외환의 유출입상황을 나타내는 국제수지의 상황이 환율의 변동방향을 예측할 수 있도록 해주기 때문이다.

2.3 국제수지표의 거래항목과 기재방식

이와 같은 이유 때문에 모든 나라가 국제수지표를 작성하고 있는데 각국이 서로 다른 기준을 적용하여 이를 작성할 경우 국가 간 비교에 혼란을 가져올 수 있다. 이에 IMF에서는 국제수지표 작성메뉴얼(balance of payments manual)을 만들어 각국이 이러한 IMF의 통일양식에 따라 국제수지표를 작성하도록 권장하여 왔다.[5]

IMF 국제수지표 작성요람은 모든 국제거래를 ① 경상거래와 ② 자본·금융거래로 구분하여 계정토록 하고 있다. 여기서 경상거래(current transactions)란 직접 소득을 창출하거나 그

5 IMF 국제수지작성 매뉴얼(BPM: Balance of Payment Manual)은 1948, 1950, 1961, 1977, 1993년에 개정된 후 다시 2010(6판)에 개정되었다. 우리나라의 경우 1998년 이후 「BPM 5기준」에 의거 국제수지표를 작성하여 왔으나 2010년 12월 이후부터는 「BPM 6기준」에 따라 단계적으로 이행하여 2013년 이후부터는 이 기준으로 작성하려고 하고 있다.

것을 지출하는 거래로서 이를 계상하는 경상계정(current account)은 국민소득의 순환에 영향을 주기 때문에 소득계정이라고도 한다. 반면 자본 및 금융계정(capital and financial account)은 거주자와 비거주자 간에 발생된 채권·채무관계의 변동과 금융자산의 취득·처분과 관련된 거래를 집계한 항목이다. 이러한 계정방식에 따른 현행 우리나라 국제수지표상 국제거래의 구분은 [그림 7-1]과 같다.[6]

그림 7-1 우리나라 국제수지표상의 거래항목 구분

경상거래	상품거래	① 일반 상품, ② 가공용 재화, ③ 운수조달 재화, ④ 비화폐용 금의 거래
	서비스거래	① 운송, ② 여행(순수여행, 유학 및 연수) ③ 기타서비스(통신, 건설, 보험, 지적재산권 사용료, 유지보수, 사업, 정부, 금융, 컴퓨터정보, 개인·문화·오락, 건설서비스 등) 거래
	소득거래	• 근로소득거래: 외국인노동자, 내국인 해외근로자의 급료·임금 등 • 투자소득거래: 대외투자 자산에 대한 투자소득(배당금, 이윤, 이자 등)
	이전거래	대가없이 이루어지는 송금·배상금·원조·국제기구 분담금 등의 거래 : ① 정부 이전거래, ② 기타 이전거래(증여, 송금 등)
자본금융거래	자본거래	• 자본이전거래(해외이민·투자보조금, 채무면제 등) • 비생산·비금융 자산거래(토지·지하자원 등 비생산 유형자산, 특허권·저작권 상표권 등 비생산 무형자산의 취득과 처분 등)
	금융거래	통화당국의 준비자산을 제외한 금융자산 또는 부채의 변동과 관련된 거래: ① 직접투자 ,② 증권투자, ③ 파생금융상품, ④ 기타투자(현금 및 예금, 대출 및 차입, 무역신용 등) 거래[6]

국제수지의 개념과 관련하여 설명하였듯이 국제수지의 기재방식은 복식부기원리에 입각하고 있다. 즉 모든 대외거래를 외국에 대한 지불(payments)과 외국으로부터의 수취(receipts)로 구분하여 T자 양식의 왼쪽인 차변(借邊, debt)에 지불을 기록하고 오른쪽인 대변(貸邊, credits)에 수취를 기록한다. 이처럼 모든 거래를 급부와 반대급부라는 두 측면에서 파악하여 하나의 거래가 이루어지면 차변과 대변 쌍방에 동일금액을 동시에 기재하며, 반대급부 없이 일방적으로 이루어지는 이전거래의 경우에도 복식부기원칙을 지키고 있다.

국제수지는 또한 위에서 설명한 대로 국제적으로 통일된 기준으로 작성된다. 우리나라의 경우 한국은행이 월별·분기별·반기별·연도별 국제수지표를 작성하여 왔는데 2010년 이후부터는 IMF요람 제6판(2010년 개정)의 방식으로 개편하여 이를 작성하고 있다.

6 기타투자는 직접투자·증권투자·파생금융상품투자에 포함되지 않는 모든 금융거래로서 현금 및 예금, 대출 및 차입, 무역신용 등 모든 금융거래가 포함된다. 따라서 이것은 상품 및 서비스의 수출입이나 생산요소의 이동에 대한 반대급부로서 이루어지는 모든 금융거래를 기록한다.

3. 국제수지표의 구성항목

국제수지표는 위에서 설명한 다양한 거래항목에 따라 계정된다. 이렇게 계정된 국제수지표상 각 계정의 대변과 차변의 차액을 수지(balance)라고 하는데 이는 결국 그 나라의 순수취금액(net receipts)을 의미한다. 예컨대 상품 수출로 인한 수취금액에서 수입으로 인한 지불금액을 뺀 순 수취금액이 상품수지가 되는데 이것이 플러스(+)면 흑자(黑字, surplus)라고 하고 이것이 마이너스(−)면 적자(赤字, deficit)라고 한다. 동일한 방법으로 각각의 국제수지표 구성항목에 대한 수지가 계산되는데 이러한 결과에 따라 다양한 국제수지 개념이 나타나게 된다.

이러한 국제수지의 구성항목과 국제수지 개념을 [그림 7-2]가 보여주고 있다. 이들이 보여주고 있듯이 국제수지표를 구성하는 항목은 크게 '경상수지'와 '자본·금융계정'으로 구분되고 이들은 다시 그 내용에 따라 다양한 국제수지 개념을 내포하고 있으며, 국제수지표상의 통계적 불일치에 대한 기술적 조정항목으로서 '오차 및 누락' 항목이 있다. 이들이 내포하고 있는 의미와 특성을 보다 구체적으로 살펴보면 다음과 같다.

그림 7-2 국제수지표의 구성항목과 국제수지 개념

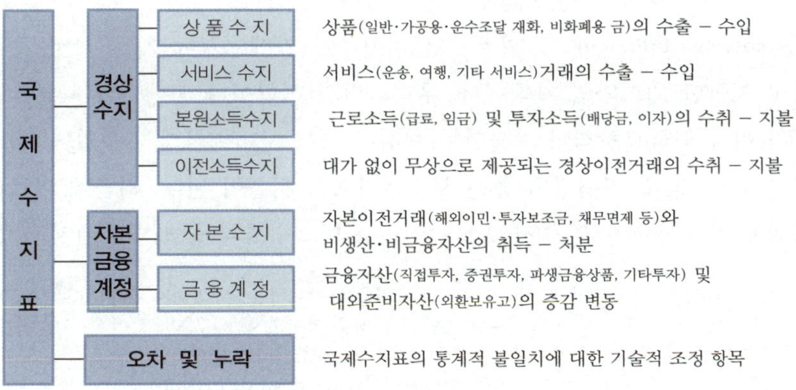

주 : 경상수지 + 자본·금융계정 + 오차 및 누락 = 0

3.1 경상수지

경상수지(current account balance)란 상품이나 서비스의 교역과 같이 거주자와 비거주자간에 일상적으로 행해지는 경상거래(current transactions)를 통하여 발생된 외화의 수취액과 지불액의 차액을 말한다. 따라서 일국의 경상수지는 직접적으로 그 나라의 소득을 창출하거나 지출하도록 하는 대외거래의 손익상황을 나타내는데, 실물경제면에서 그 나라의 비교우위

(국가경제력, 경쟁력)를 반영하면서 통화면에서 그 나라의 대외지불능력(대외적 건전성)을 의미하는 만큼 이에 대한 관심이 매우 높다.

일반적으로 국제수지의 균형과 불균형은 이러한 경상수지의 균형 여부를 의미하는 것이 보통이다. 이러한 경상수지의 균형과 불균형이 어떠한 경제적 영향을 가져오느냐에 대해서는 [보충학습 7-2]가 보다 자세히 설명하고 있지만, 이러한 경상수지는 그것을 구성하는 거래내용에 따라 다시 상품수지·서비스수지·본원소득수지·이전소득수지로 구분된다.

상품수지(goods balance) 우리나라가 반도체·자동차를 수출하고 원유를 수입하는 것과 같이 거주자와 비거주자 간에 이루어지는 상품의 수출과 수입에서 발생되는 수출액과 수입액의 차액이다. 우리나라 국제수지표에서는 이러한 상품거래를 ① 일반 상품, ② 가공용 재화, ③ 운수조달 재화, ④ 비화폐용 금으로 구분하여 계정한다. 이러한 상품수지가 흑자이면 대외무역으로 인하여 그 만큼의 외환이 국내로 순유입되었고 적자이면 그 만큼의 외환이 해외로 순유출 되었음을 뜻한다.

따라서 국제거래가 대부분 상품무역이었던 시대에는 이러한 상품수지가 일국의 대외지불능력을 판단하는 중요한 기준이 되었지만 오늘날에는 국제거래가 다양해짐에 따라 상품수지만으로 그 나라의 대외지급능력을 평가하는 것이 제한적이게 되었다. 그럼에도 불구하고 상품수지는 전통적인 상품무역에서의 손익상황을 나타내는 동시에 경상수지 중에서도 가장 중요한 항목인 만큼 이것의 움직임에 관심이 높다.[7]

서비스수지 (services balance) 거주자와 비거주자 간에 이루어지는 서비스거래에서 벌어들인 외화와 지급한 외화와의 차액이다. 우리나라의 선박이나 비행기가 다른 나라로부터 벌어들인 운임이나 외국관광객이 지불한 여행경비 등이 서비스거래의 수입이 되고, 우리나라가 지급한 운임·보험료·여행경비 등은 서비스거래의 지불이 된다. 최근에 이르러 서비스무역이 확대됨에 따라 상품수지 못지않게 이러한 서비스수지의 중요성이 커지고 있다. 우

---

7 우리나라의 경우 한국은행이 국제수지 작성기준에 따라 집계·발표하는 '상품수지' 이외에 관세청이 발표하는 '무역수지'가 있다. 두 통계 모두 상품의 수출입액의 차액을 의미하지만 다음과 같이 ① 수출입계상 시점, ② 수출입 포괄범위, ③ 수출입가격 평가기준이라는 3가지 점에서 차이가 있다.

(1) 상품수지는 수출입 계상시점을 상품의 소유권이전(change of ownership)을 기준으로 하는데 대하여 무역수지는 관세선을 통과하는 통관시점(수출입신고 수리일)을 기준으로 한다. 대부분의 경우 양자가 일치하지만 일부 품목의 경우 양자가 일치하지 않을 수 있다.

(2) 관세청의 통관기준 수출입에는 상업적 거래뿐만 아니라 관세선을 통과하는 해외전시회의 전시품이나 바이어를 위한 견본품, 유학생이 국내로 들여오는 이사화물, 국제수지기준의 수출입이 아닌 재수출입 등도 모두 포함되지만 상품수지 통계에는 이러한 부분들이 제외되는 대신 밀수출입 실적 등을 포함시키는 조정을 행하여 통계한다.

(3) 수출입금액을 평가함에 있어 상품수지는 수출입 모두 FOB가격으로 평가하지만 무역수지의 경우 수출은 FOB가격으로 평가하고 수입은 운임과 보험까지 포함되는 CIF가격으로 평가한다.

따라서 상품수지와 무역수지가 서로 일치하지 않는 것이 일반적이며 대체로는 상품수지가 무역수지의 흑자(적자)보다 더 크게(작게) 나타나는 것을 볼 수 있다. 또한 무역수지는 실시간으로 통계가 집계될 수 있지만 상품수지는 이러한 조정을 통하여 집계되므로 발표시점이 늦은 것이 일반적이다.

리나라 국제수지표에서는 이러한 서비스수지를 ① 운송, ② 여행(순수여행, 유학 및 연수) ③ 기타서비스(통신, 건설, 보험, 지적재산권 사용료, 유지보수, 사업, 정부, 금융, 컴퓨터 및 정보, 개인·문화·오락, 건설서비스 등)로 구분하여 계정한다.

본원소득수지(primary income account) 우리나라 근로자가 해외에서 급료로 받거나 국내자본이 해외로 투자하여 벌어들인 외화수익과 우리나라가 외국인근로자에게 급료를 지급하거나 외국자본에 대하여 이자나 배당금으로 지불한 외화의 차액을 말한다.[8] 우리나라 국제수지표에서는 ① 급료 및 임금(근로소득), ② 투자소득(직접투자, 간접투자, 기타투자 소득)으로 구분하여 계정한다.

이전소득수지(secondary income account) 거주자와 비거주자 간에 아무런 대가없이 무상으로 주고받은 외화의 차액을 말한다. 거주자가 무상으로 외화를 수취하는 경우는 해외교포로부터의 송금·다른 나라 종교기관이나 자선단체로부터의 기부금·다른 나라 정부로부터의 무상원조 등이 있고, 비거주자에게 무상으로 외화를 보내는 경우는 해외교포에 대한 개인송금·저개발국가에 대한 무상원조 등이 대부분이다. 어떠한 이유에서든 반대급부 없이 무상으로 이전되는 모든 외화거래는 여기에 포함된다.

3.2 자본·금융계정

경상수지가 그 나라 거주자의 소득을 발생시키거나 지출하도록 하는 일상적인 대외거래에서 발생된 외화의 수취와 지불의 차액을 말하는 반면, 자본·금융계정(capital and financial account)은 거주자와 비거주자 간에 발생된 채권·채무관계의 변동과 금융자산의 취득·처분으로 인한 자산과 부채의 변동을 의미한다.[9] 이러한 자본·금융계정은 다음과 같이 자본수지와 금융계정으로 구성된다.

자본수지(capital account) 거주자와 비거주자 간의 자본이전거래와 비생산·비금융자산거래의 취득과 처분에서 발생된 외화의 수취액과 지불액의 차액이다. 자본이전거래란 해외이주자가 외국에 이주할 때 가지고 가는 재산권 처분대금 및 해외이주비용·비거주자에 대한 보조금·채무의 면제 등을 기록하고, 비생산·비금융 자산거래에는 토지·지하자원 등 비생산 유형자산과 특허권·상표권·저작권 등 비생산 무형자산의 취득과 처분 거래를 기록한다.

---

8 1년 미만 체류하는 외국인근로자는 비거주자로 분류되어 그들이 받은 급료를 본국으로 송금할 경우 본원소득수지에 계상되지만 1년 이상 체류하는 외국인근로자는 거주자로 분류되어 그들의 급료를 외국으로 송금할 경우 이전소득으로 간주되어 이전소득수지에 계상된다.

9 경상수지 또는 자본수지 등에서 사용하는 수지(收支, balance)는 부채 증가 없이 자산을 증가시키는 항목으로서 이로 인하여 발생되는 수취와 지불의 차액을 '흑자(+)' 또는 '적자(−)'로 표시하는 반면, 자본·금융계정이나 금융계정 등에서 사용하는 계정(計定, account)은 자산과 부채를 동시에 증가시키는 항목으로서 이로 인한 외화의 유입과 유출의 차액을 '유입 초(+)' 또는 '유출 초(−)'로 표시한다.

금융계정(financial account) 민간기업·금융회사·정부·통화당국 등 모든 거주자의 대외금융자산 및 부채의 변동을 기록하는 계정으로 대외준비자산(외환보유액)도 여기에 포함된다. 우리나라 국제수지표에서는 이러한 금융계정을 ① 직접투자, ② 증권투자, ③ 파생금융상품, ④ 기타투자, ⑤ 준비자산으로 구분하여 계정한다.

(1) 직접투자(direct investment) 항목: 한 경제권의 거주자가 다른 경제권의 거주자기업에 대한 영속적 이득을 취득하기 위한 목적으로 이루어지는 투자의 변동을 기록하는데 투자방향에 따라 해외직접투자와 외국인직접투자, 투자특성에 따라 지분투자·수익재투자·기타자본투자(직접투자와 관련된 차입 및 대출, 현지금융, 무역신용 등의 금융거래)로 구분된다.

(2) 증권투자(portfolio investment) 항목: 경영참여 등 기업에 대한 영속적인 이해관계가 아니라 투자자산의 가치증대로 인한 투자수익을 목적으로 하는 투자의 변동을 기록하고, 파생금융상품(financial derivatives)수지에서는 기초자산(특정 금융상품, 지수 또는 실물상품 등)에 연결되어 거래되는 금융상품들을 기초상품의 일부가 아닌 독립된 금융거래로서 기록한다.

(3) 기타투자(other investment) 항목: 현금 및 예금, 대출 및 차입, 무역신용 등 직접투자·증권투자·파생금융상품투자에 포함되지 않는 모든 대외금융거래가 포함된다. 따라서 이것은 상품 및 서비스의 수출입이나 생산요소의 이동에 대한 반대급부로서 이루어지는 모든 금융거래를 기록한다.

(4) 준비자산(reserve assets) 항목: 중앙은행이 언제든지 사용가능하고 통제가능하도록 보유하고 있는 외화표시 대외자산의 변동을 기록한다. 일국의 중앙은행은 국제수지 불균형의 보전, 외환시장 안정을 위한 시장개입, 자국통화와 자국경제의 대외신인도 유지 등을 위하여 일정한 외화자산을 보유하는데 이러한 외화자산의 증감이 준비자산 항목에 기록된다. 우리나라의 경우 한국은행이 보유하고 있는 외환보유액(foreign exchange reserves)이 이러한 준비자산이 되는데[10] 외환보유액의 증감에는 '외환거래'에 의한 증감과 '환율변동'에 의한 증감이 모두 포함되는데[11] 국제수지표상의 준비자산 항목에는 전자의 경우만 반영된다.

3.3 오차 및 누락

오차 및 누락(errors and omission) 항목은 국제수지표의 작성과정에 발생하는 통계적 오류와 불일치를 조정해주는 항목이다. 국제수지표상의 모든 거래는 복식부기원리에 따라 차변과 대변에 동일한 금액이 기재되므로 이론적으로는 국제수지표상의 모든 거래에 대한 차변과 대변의 합계는 반드시 일치하여 그 차액이 영(zero)이 되어야 하며, 또한 모든 경상수지의

10 대외준비자산으로서는 ① 외환, ② 화폐용 금, ③ 특별인출권(SDR: Special Drawing Rights), ④ IMF리저브 포지션, ⑤ 기타청구권이 여기에 포함된다.

11 환율변동에 의한 증감이란 한국은행이 보유 중인 기타 통화표시 외화자산의 달러표시 가치가 재평가되어 외환보유액이 증감되는 경우를 말한다. 이러한 증감액은 앞에서 설명한 국제투자대조표에는 당연히 반영된다.

차액(경상수지)과 자본·금융계정의 차액이 방향(부호)만 다르고 절대치는 일치하여야 한다.[12] 그러나 현실적으로는 이들 양자는 일치하지 않는 수가 많다. 이러한 현실적 불일치를 일치시키기 위하여 사후적으로 만들어 낸 항목이 오차 및 누락 항목이다.

이와 같은 불일치가 발생되는 것은 국제수지의 단위가 거액일 뿐만 아니라 그 내용이 복잡하기 때문이라고 할 수 있다. 우리나라의 경우 관세청의 수출입통관통계, 외국환은행의 외환수급통계, 그 외 정부·기업체·협회 등의 통계들을 활용하여 국제수지표를 작성하고 있듯이 국제수지표상에 계상되는 자료의 통계출처가 서로 다르다. 따라서 이들 통계 간에는 거주자와 비거주자·거래의 포괄범위·가격산정 등에 대한 기준의 차이가 있을 수 있고, 수출입거래와 대금결제 간의 시차로 인한 계상기점의 차이도 발생할 수 있으며, 이 과정에서 부주의나 과오로 인한 통계적 오류나 누락도 있을 수 있게 된다.[13]

따라서 국제수지의 작성요람을 통하여 국제수지의 국제적 통일화를 권고하고 있는 IMF도 통계편제상 이러한 항목의 불가피성을 인정하고 있으며,[14] 국제수지를 계정하고 있는 모든 나라에서 이러한 항목이 늘 발생하고 있다. 그럼에도 불구하고 이것의 규모가 지나치게 크거나 일정 방향으로 장기간 지속될 경우 이와 관련되는 논란이 있을 수 있다.

우선 이러한 항목의 규모가 너무 클 경우 이를 근거로 그 나라 국제수지 통계가 부정확성을 가지는 것으로 평가하기도 한다. 그러나 이 항목은 방향이 서로 반대인 여러 항목들에 의해 상쇄되기도 하므로 이 항목의 규모 자체가 크다는 사실만으로 그 나라 국제수지 통계가 정확성을 결한다고 판단할 수는 없다. 또한 이 항목이 +(plus)일 경우 비공식적인 외국자본유입이 발생한 것을 나타내고 이 항목이 −(minus)일 경우는 해외자본도피가 발생한 것으로 해석하기도 하여, 지난 1998년 우리나라의 외환위기를 전후하여 우리나라 국제수지표상 오차 및 누락항목의 규모에 대한 논란이 야기된 바도 있다.[15]

오차 및 누락항목이 지나치게 커지는 문제를 해결하기 위해서는 이러한 비공식적인 자

---

12 따라서 경상수지 + 자본·금융계정 + 오차 및 누락 = 0이 된다.

13 국제거래에서 한 국가의 수출은 다른 국가의 수입이므로, 개별국가는 경상수지가 흑자가 되기도 하고 적자가 되기도 하지만, 세계 전체의 경상수지는 항상 균형을 이루어야 한다. 그러나 세계 전체의 경상수지를 모두 합해보면 균형이 되지 않고 대체로 적자로 나타난다. 이 역시 공식적인 통계 측정에 결함이 있기 때문이기도 하고 국가에 따라 수출과 수입의 가격산정기준이 다르다든지, 기업활동의 국제화에 따른 수익이나 중개무역의 수출과 수입이 제대로 계상되지 않는다든지 하는 이유 때문이다.

14 IMF의 국제수지 작성지침에서 이러한 오차 및 누락항목의 크기가 수출입 항목의 5% 이하 규모일 경우 그 나라 국제수지표의 정확도가 높은 것으로 평가하기도 하였다.

15 당시 IMF가 그들의 보고서에서 이러한 오차 및 누락 항목을 근거로, 1997년 한국에서 87억 달러의 자본도피가 이루어졌고 이것이 외환위기의 원인으로 작용하였다고 진단하기도 하였다. 우리 정부는 이에 대해 즉시 반박자료를 내 놓았는데 당시 −87억 달러는 잠정치로서 실제로는 −51억 달러 수준이었고 또한 이 역시 일방적으로 자본도피라고 단정할 근거가 없으며, 외환위기로 인하여 자금의 결제가 제대로 이루어지지 않아 이 항목이 커졌을 수는 있지만 이것이 외환위기의 원인이 될 수는 없다고 반박하였다. 기본적으로 이러한 반론은 타당하다고 할 수 있으면서도 또한 이것이 자본도피와 무관하다는 것을 증명할 마땅한 방법이 없는 것 역시 사실이었다.

본유입이나 해외자본도피와 같은 구조적인 문제가 발생하지 않도록 하는 동시에 외환거래에 대한 보고체계 및 관리체계를 확립하는 제도적 개선도 이루어져야 할 필요가 있을 것이다.

4. 국제수지의 균형

4.1 국제수지균형의 의의

상술한 대로 국제수지표는 일국의 모든 대외경제거래를 복식부기원리에 따라 기록하므로 차변(지불) 합계와 대변(수취) 합계는 사후적으로 항상 일치한다. 이것을 '국제수지의 사후적 항등성'(identity ex post) 또는 '회계적 의미의 국제수지'라고도 한다.[16]

이같이 국제수지표 상의 대변합계와 차변합계가 일치한다고 하여 전체 국제수지 중 어떤 부분항목의 대변과 차변이 항상 일치하는 것은 아니다. 국제수지표 상의 어떤 항목들만을 기준으로 파악해보면 그들의 대변과 차변의 금액은 서로 차이가 있어서 수취 초과(+)가 될 수도 있고 지불 초과(-)가 될 수도 있다. 이때 수취 초과의 경우를 흑자(黑字, surplus)라 하고 지불 초과의 경우를 적자(赤字, deficit)라고 함은 앞서 설명한 바와 같다.

한 나라의 외화 수취와 지불은 균형을 이루는 것이 바람직하다. [보충학습 7-2]에서 설명하고 있듯이 수취가 지불을 초과하여 흑자를 이루거나 반대로 지불이 수취를 초과하여 적자를 이룰 경우 그것의 규모가 지나치게 크지 않고 일시적일 경우에는 별다른 문제가 없지만 그러한 불균형의 규모가 너무 크거나 장기적일 경우 여러 가지 문제점이 발생할 수 있다. 이 때문에 한 나라의 거시경제를 운영하는 정부의 정책목표로서 흔히 경제성장(고용안정)·물가안정·국제수지균형을 3대 목표로서 꼽게 되는데 이것은 국제수지의 균형이 그만큼 국민경제에 있어 중요한 의미를 갖는다는 것을 의미한다.[17]

엄밀한 의미에서 국제수지의 균형이란, 다른 경제목표인 완전고용과 물가안정이 달성되는 동시에 국제거래에 대한 정부의 직접적 규제가 없는 상태 하에서 외화의 수취와 지불이 균형을 이루는 것을 의미한다. 예컨대 정부가 긴축정책을 사용하여 이에 따른 소득감소가 수입의 감소를 초래하여 국제수지가 균형을 이루고 있거나 외국으로부터의 수입을 제한하기 위한 보호무역정책이나 외환통제정책을 행한 결과로서 국제수지가 균형을 이루고 있

---

16 여기서 사후적(ex post)이란 뒤에 본(looking backward), 실제의(actual), 실현된(realized) 등의 의미이고 이와 반대의 의미로 사용되는 사전적(ex ante)이란 예상된(looking forward), 기대된(expected), 의도된(intended), 계획된(planned), 전망적인(prospective) 등의 의미로 사용된다. 국제수지란 말은 일반적으로 사전적 의미의 국제수지를 뜻하고 사후적 의미의 국제수지를 의미할 때에는 국제수지표라는 말을 사용하게 된다.

17 따라서 거시경제정책에 있어서 인플레이션이나 실업이 존재하지 않아 물가안정과 완전고용이 이루어지는 것을 대내적 균형(internal balance, domestic equilibrium)이라고 하고 국제수지의 균형을 대외적 균형(external balance, international equilibrium)이라고 한다.

다면, 이는 표면적으로는 국제수지가 균형을 이루고 있지만 엄밀한 의미에서의 균형이라고 말할 수는 없을 것이다.

4.2 국제수지균형의 판단기준

[1] 그렇다면 일국의 국제수지가 균형(equilibrium)인가 불균형(disequilibrium)인가를 논의할 때 여러 가지 국제수지 항목 중 어떤 것을 평가기준으로 하는가라는 문제에 봉착하게 된다. 여기에 대해서는 크게 다음과 같은 2가지의 기준이 있다.

일국의 모든 대외거래를 자율적 거래와 보정적 거래로 구분하여 자율적 거래항목만의 대차를 통하여 국제수지 균형의 판단 기준으로 삼는 방법이다. 자율적 거래(autonomous transactions)란 경제주체들이 이윤극대화·효용극대화 등과 같은 이기적 동기에 의해 자발적으로 발생되는 거래이고, 보정적 거래(accommodating transactions)란 자율적 거래에서 발생된 불일치를 조정할 목적으로 이루어지는 유발적 거래(induced transactions)를 말한다. 예를 들면 수출은 이윤동기에 의한 자발적 거래이지만 수출대금의 수납은 수출이라는 독립적 거래에 부수적으로 수반된 유발적 거래이다.

그러나 이러한 구분은 이론적으로는 가능하지만 실제로 이를 명확히 구분하는 것은 쉽지 않다. 따라서 국제수지표를 독립적 성격이 강한 거래의 순서대로 나열하고 국제수지표상에 적절한 선을 그은 뒤 '선의 상방'(above the line)은 자율적 거래로 보고 '선의 하방'(below the line)을 보정적 거래로 파악하여, 선의 상방이 균형을 이루면 국제수지가 균형이라고 판단하는 것이다. 그러나 문제는 선을 어디에 그어서 선의 상방과 하방을 구분할 것인가가 분명하지 않다는 것이다.

따라서 국제수지의 균형을 측정하는 유일한 방법이란 존재하지 않는다. 국제수지를 분석하는 목적이나 방향에 따라 가장 적합한 국제수지 균형개념을 이용하면 되고 때로는 서로 다른 균형개념을 병행시켜 보완적으로 사용할 수도 있다.

[2] 국제수지의 균형 여부를 논의하는 가장 주된 이유는 그 나라의 장기적 대외지불능력과 환율의 안정적 유지에 대한 국제적 신뢰를 확보할 수 있는가 하는 것이다. 따라서 특정 국제수지계정의 대차가 균형을 이루고 있다고 하더라도 이러한 대외지불능력이나 자국 통화가치의 안정유지능력이라는 점에서 신뢰를 얻지 못한다면 회계적 의미의 대차균형은 별다른 의미를 가질 수 없다.

따라서 역사적으로 국제수지 균형 여부를 평가하는 판단기준이 되는 국제수지 개념이 점차 상품수지 → 경상수지 → 경상수지를 포함한 자본·금융계정으로 변화되어, 국제수지 균형의 기준이 되는 선(line)이 점차 아래쪽으로 계속 이동하여 왔다. 국제거래의 범위가 점차 넓어지고 국제거래에 대한 규제가 점차 자유화되면서 보정적 거래의 범위가 좁혀져 왔고, 또한 대외지불능력도 상품무역이나 소득이전만으로 파악하는 것이 의미가 없어지게 되었기 때문이다.

예컨대 국제거래가 대부분 상품무역이었던 시절에는 상품수지가 국제수지의 균형을 평가하는 기준이었지만, 국제거래가 보다 다양해져 상품거래뿐만 아니라 서비스거래·이전거래·소득거래 등이 증대되어 상품수지가 적자라고 하더라도 이들 수지가 흑자일 경우 그 나라의 대외지급능력이 있는 것으로 평가하여야 하는 만큼 국제수지의 균형을 평가하는 판단기준이 경상수지로 확대되었고, 이후 경상수지를 포함한 자본·금융계정으로까지 확대되어 왔다.

보충학습 7-2

경상수지의 국민경제적 영향

일반적으로 국제수지라고 하면 경상수지를 의미하는데 이는 경상수지가 국민소득·고용 등 경제 각 분야에 미치는 효과가 클 뿐만 아니라 대외거래 중 수출입 등 가장 중요한 내용을 담고 있기 때문이다. 그래서 일반적으로 국제수지의 적자 또는 흑자라고 말할 때 그것은 경상수지의 흑자 또는 적자를 의미한다.

1. 경상수지의 국민경제적 영향

Ⅰ 그렇다면 이러한 경상수지의 변동이 국민경제의 변동에 미치는 영향은 어떠할까? 우선 그 나라의 경상수지가가 흑자이거나 개선될 경우 나타날 수 있는 긍정적인 경제적 효과는 다음과 같다.

소득 · 고용 · 성장 확대　앞에서 설명한 대로 경상거래는 직접적으로 거주자의 소득을 창출하거나 지출하게 하는 거래항목으로서 이를 집계한 경상수지가 흑자이거나 개선되는 경우 그 나라의 국민소득과 고용이 증대되고 이를 통한 경제성장이 촉진된다. 경상수지는 상품수지·서비스수지·본원소득수지·이전소득수지로 구성되어 이들 모두가 국민소득을 증가시키는 요인이 되지만 이들 중에서도 일국의 경제성장에 직접적인 영향을 미치는 것은 상품수지와 서비스수지이다. 이들이 개선된다는 것은 우리나라에서 만든 상품과 서비스가 이전보다 더 많이 수출되거나 종래 수입되던 상품이나 서비스가 국내에서 생산된 것으로 대체되어 수입이 줄어든다는 것을 의미하는데 이는 곧 그만큼 우리 국내에서 더 많은 상품과 서비스를 생산하였다는 것을 의미한다. 따라서 경상수지가 개선되면 일반적으로 국내생산 및 국민소득이 증가하고 고용이 확대되어 경제성장이 이루어지게 된다.

외화자산 증대　경상수지가 흑자이거나 개선되면 그 국가가 일정한 기간 동안 벌어들인 외화가 지출한 외화보다 많아진다는 것을 의미하므로 그 차액만큼 그 나라의 외화자산이 증가한다. 이렇게 외화자산이 증대되면 그 나라 경제의 대외지불능력이 높아져 경제의 대외적 신인도가 상승하게 되고 우리나라 경제주체들이 해외투자를 더 활발하게 되는 원동력이 된다. 과거 우리나라와 같이 경제개발과정에서 외국에 빚을 진 나라는 이러한 경상수지의 흑자를 통하여 그동안의 외채를 상환할 수 있게 되고 필요한 외자를 더 유리한 조건으로 유치할 수 있으며, 석유와 같은 주요 원자재를 안정적으로 확보하거나 해외에서 더 유익한 사업을 행하기 위한 해외투자도 증대시킬 수 있게 된다. 뿐만 아니라 국내에 공급이 부족하여 가격이 올라갈 염려가 있는 물건을 별 부담 없이 수입할 수 있게 되어 국내물가를 쉽게 안정시킬 수 있고, 국내경기가 위축될 경우 경기를 진작시킬 필요가 있을 때 수입의 증가를 별로 염려하지 않아도 되므로 경제정책수단의 선택폭이 더 넓어져 경제를 더욱 건실하게 운영할 수 있다.

국민생활수준 향상　　경상수지가 적자를 기록하여 외화가 부족할 때는 경제발전에 필요한 원자재나 자본재를 수입하는데 우선적으로 외화를 배정하여 다른 목적으로 외화를 사용하기 어렵다. 그러나 경상수지가 개선되어 외화사정이 좋아지면 외국으로부터 필요한 물건을 더 다양하게 수입할 수 있고 해외여행경비로 쓸 수 있는 한도가 늘어나 더 질 좋은 해외여행을 즐기거나 해외의 유명한 예술단체를 초정하는 문화행사도 더 활발하게 유치할 수 있는 등 국민의 전반적인 생활수준이 높아질 수 있다.

2 이와 같이 일국의 경상수지가 흑자이거나 개선되면 그 나라의 경제성장·대외신인도·국민생활수준에 긍정적인 영향을 미치는 만큼 경상수지가 적자이거나 경상수지가 악화된다는 것은 그 나라의 경제가 어려워질 수 있다는 것을 의미하게 된다. 그 나라의 수출보다 수입이 크게 늘어나거나 해외여행으로 인한 지출이 지나치게 많아 외화의 유출이 크게 증대되어 경상수지가 악화되면 그 나라의 생산 활동이 위축되고 국민소득이 줄고 실업이 늘어나 경제성장이 둔화된다. 이로 인하여 국민생활수준이 저하됨은 물론, 수출로 벌어들인 외화만으로 수입대금이 지급하지 못하여 외채가 증가될 뿐만 아니라 외화자산이 부족하여 만기가 도래한 외채를 상환하지도 못하여 대외적으로 국가경제의 신인도가 떨어져 경제가 파탄에 빠질 수가 있게 되는데 이러한 실제의 예를 남미 등을 통하여 여러 번 경험하였고 1990년대 말 우리나라도 이러한 외환위기를 경험한 바 있다.

이처럼 경상수지의 흑자는 여러 가지 긍정적 효과를 초래하는 반면 경상수지의 적자는 여러 가지 부정적 영향을 초래할 수 있는 만큼 경상수지의 상황이 모든 사람의 관심 대상이 되어왔다. 일반적으로는 '경상수지의 흑자는 좋고 적자는 나쁘다'는 흑백논리로 생각하기 쉽지만 경상수지가 적자라고 하더라도 그 원인이 무엇이냐에 따라 평가가 달라질 수 있으므로 적자일 경우에도 그 원인이 무엇인가를 파악해보는 것이 바람직하다.

왜냐하면 경상수지의 기조는 그 나라의 경제성장 단계와 밀접한 관련성을 가진 것으로 알려져 있기 때문이다. 예컨대 경제개발 초기에는 모든 산업의 대외경쟁력이 취약하여 수출보다는 수입이 많고 경제성장을 위한 자본재의 도입이 이루어지기 때문에 경상수지가 적자로 나타나는데 이러한 적자를 주로 해외차입에 의해 메꾸는 채무국이 된다. 그러나 경제성장이 어느 정도 이루어진 단계가 되면 비교우위산업이 육성된 결과 수출이 이 수입을 능가하여 상품수지가 흑자로 변화되어 경상수지가 균형을 이루고, 이어 경제성장세가 더욱 확대되면 상품수지뿐만이 아니라 서비스수지와 소득수지도 흑자가 커져서 전체 경상수지 흑자가 나타나고 이러한 흑자로 해외자산을 보유하여 채권국으로 변화하게 된다. 나아가 경제가 고도소비사회로 불리는 최고의 성숙단계에 이르면 경상수지는 오히려 적자로 반전되는 경향을 가진다.

이렇게 일국의 경상수지 기조가 그 나라의 경제성장 단계와 일정한 관련성을 가진다는 것을 이론화한 모델이 「국제수지단계론」이다. 이러한 이론적 모델이 실제의 현실에 있어서 모든 나라의 국제수지와 완벽한 정합성을 가지지는 못한다는 한계가 있지만, 경제성장에 따른 경상수지의 변화패턴을 설명해주는 동시에 어떤 나라의 경상수지 상황을 단기적인 관점에서만 평가하는 것보다 장기적인 추세로 이해하는 것이 필요하다는 것을 말해준다.

2. 과도한 경상수지 흑자의 부작용

이처럼 경상수지의 흑자와 적자는 그 나라가 처해있는 경제성장단계에 따라 다를 수 있어 경상수지 적자가 반드시 나쁜 것은 아니지만 일반적으로는 흑자가 적자보다 바람직한 것으로 간주됨으로써 국제수지와 관련된 정부의 정책목표가 경상수지의 흑자규모를 늘리는데 치중되어 오기도 하였다. 이러한 정책적 시각을 신중상주의(neo-mercantilism)라고 하는데 고전적 중상주의가 국제수지의 흑자(무역차액)를 통한 금·은의 획득을 부국강병의 수단으로 간주하는 경제 이념이었기 때문이다.

그러나 일국의 국제수지는 적자일 때뿐만이 아니라 흑자일 때에도 그 규모가 너무 과도하게 큰 경우에는 그 나라 경제에 나쁜 영향을 줄 수 있다. 지나치게 규모가 큰 국제수지의 흑자가 계속될 경우 나타날 수 있는 부작용을 살펴보면 다음과 같다.

인플레이션 유발　　경상수지의 흑자규모가 과도하게 클 경우 국내로 들어온 외화가 은행을 통하여 원화로 바꾸어진 후 사용되므로 이것이 국내통화량을 증대시키어 국내통화의 가치가 떨어지고 물가가 상승하여 인플레이션이 발생될 우려가 커진다.

자국통화의 고평가　　경상수지의 흑자규모가 과대한 현상이 계속될 경우 외화의 공급이 증대되어 외환시장에서의 자국통화의 가치가 고평가되어 환율의 하락이 발생하게 된다. 뒤에서 설명하는 바와 같이 자국통화가 대외적으로 고평가되면 여러 가지 긍정적 측면과 부정적 측면이 동시에 발생하지만 우리나라와 같이 수출을 통하여 경제를 운영하고 있는 나라의 경우 지나친 환율의 하락은 국민경제적 부담으로 작용할 수 있다.

경기불안정 및 내수저하　　경상수지의 흑자를 통한 외화의 유입은 국민소득증대를 통한 총수요를 증가시키고 국내통화량을 증대시키어 국내경기를 활성화시키는 요인이 되지만 이것의 규모가 과대하게 클 경우 경기과열을 초래할 수 있다. 반면 경상수지의 과도한 흑자로 인하여 경기가 과열될 경우 이를 시정하기 위하여 정부가 지출을 대폭 축소하는 정책을 시행할 경우 이러한 지출감소가 생산 활동을 위축시키고 국민소득을 감소시키는 부작용을 초래할 수도 있다. 또 다른 한편 경상수지의 흑자는 그 나라에서 생산된 재화나 서비스를 그 국가에서 소비하지 않고 많은 부분을 해외에서 소비하는 것을 의미하므로 일반 국민들의 국내소비가 낮은 상태임을 말해주는 것이라고도 할 수 있다.

교역상대국과의 마찰증대　　어떤 나라의 경상수지 흑자 규모가 너무 크고 이러한 상태가 지속될 경우 경상수지 흑자국의 수출품에 대한 수입규제를 행하여 무역마찰이 증대되거나 흑자국 통화의 평가절상을 요구하는 압력이 증대되어 국제관계가 악화될 가능성도 커진다.

이상과 같은 이유 때문에 일국의 경상수지 흑자규모가 과대하게 커지는 경우 이것이 반드시 좋다고만 할 수 없고 경상수지가 중장기적으로 균형을 이루는 것이 바람직하다고 할 수 있다. 다만 우리나라와 같이 자원이 부족하고 국내시장이 좁아 경제의 운용을 해외에 크게 의존하고 있는 나라의 경우 국민소득을 증대시키고 고용을 늘리기 위해서는 적정한 수준의 경상수지 흑자가 유지될 수 있도록 노력하는 것이 바람직하다고 할 수 있다. 또한 우리나라가 미국과 같은 기축통화국이 아닌 한 적정한 수준의 외환보유고를 유지하기 위해서도 일정한 경상수지 흑자 유지가 필요할 것이다.

제 2 절 외환의 기초개념

1. 외환의 의의와 종류

1.1 외환의 의의

환(換, exchange)이란 먼 지역 간의 채권채무관계를 현금으로 결제하는 대신 제3자를 중개자로 하는 신용에 의하여 결제하는 수단을 의미한다. 이러한 결제가 국내에서 이루어지면 내국환(domestic exchange)이고 국가 간에 이루어지면 외국환(foreign exchange)인데 이를 줄여서 외환(外換)이라고 한다. 따라서 외환은 '국제적인 대차관계를 결제하는 수단' 또는 '국제적인 자금이동수단'이라고 할 수 있다.[18] 이러한 외환은 기능면에서 내국환과 다를 바 없지만 국경을 넘는 결제수단이라는 점에서 다음과 같은 특성을 지닌다.

환율 · 환위험문제 발생 내국환거래는 단일의 국내통화에 의해 결제되지만 외환거래는 서로 다른 통화간의 결제이므로 이종통화간의 교환비율 즉, 환율(exchange rate)문제가 발생한다. 그런데 이러한 환율은 변동되므로 이에 따르는 환위험(exchange risk)문제가 발생된다.

외환시장의 개입 내국환거래에서 발생되는 현금과부족은 일국의 중앙은행을 통하여 쉽게 조정될 수 있지만 외환거래에는 국내의 중앙은행과 같은 존재가 없으므로 외환시장(foreign exchange market)이나 국제금융시장을 통하여 조정된다. 따라서 국내결제에는 수반되지 않는 외환시장이 필요해지고 이러한 외환시장의 결제구조는 매우 복잡하다.

국제수지문제 발생 내국환거래의 당사자는 모두 내국인(거주자)이지만 외환거래의 당사자는 서로 다른 나라의 국민(비거주자)이므로 외환거래에 따른 국제수지(balance of payment)문제가 발생한다.

외환의 관리 · 제한 이같이 외환거래는 그 나라의 국제수지에 영향을 미칠 뿐만 아니라 외환의 운용이 그 나라의 산업발전이나 경제발전에도 큰 영향을 미치므로, 정도의 차이는 있지만, 거의 모든 나라들이 일정한 외환관리(exchange control)와 외환제한(exchange restrictions)을 가한다.

1.2 외환의 종류

한편 이러한 외환은 결제방식이나 이동방향 등에 따라 여러 가지 종류로 구분하는데 이들 중 기본적인 종류를 살펴보면 다음과 같다.

---

18 정부의 외국환관리 적용을 받는 외환의 대상으로서는 ① 대외지급수단(외국통화로 표시되거나 외국에서 사용할 수 있는 정부지폐·주화·수표·우편환·환어음·약속어음 등), ② 외화증권(외국통화로 표시되거나 외국에서 지급받을 수 있는 채권·주식·기타 예금증서 등 유가증권), ③ 금·유통되지 않는 금화 등 귀금속 같은 3가지 종류가 포함된다. 이들 중 일반적으로 외환이라고 하였을 때는 앞의 2종류를 지칭하고 더 좁은 의미로 사용할 때는 외국통화만을 지칭하기도 한다.

송금환 · 추심환 외환의 결제방식에 따른 구분으로서, 송금환(remittance by draft)은 채무자가 제3자(은행)에게 자신을 대신하여 채권자에게 지급해줄 것을 위탁하는 결제방식이고 추심환(negotiation by draft)은 채권자가 제3자(은행)에게 자신을 대신하여 채무자로부터 채권을 지급받도록 위탁하는 결제방식이다. 이들 중 개인 간의 대금결제에는 주로 송금환방식이 주로 사용되지만 무역거래대금의 결제에는 추심환방식이 주로 사용된다.

매입환 · 매도환 외환의 매매를 외국환은행의 입장에서 본 구분으로서, 매입환(buying exchange)은 고객이 보유하는 외환을 은행이 자국 화폐로 매입하는 경우이고 매도환(selling exchange)은 은행이 보유한 외환을 고객에게 판매하는 경우이다.

현물환 · 선물환 외환의 매매와 인도 간에 시간적 격차가 있는가에 따른 분류로서, 현물환(spot exchange)은 외환의 매매와 인도가 동시에 이루어지는 경우이고 선물환(forward exchange)은 외환의 매매계약이 이루어진 일정기간 뒤 인도가 이루어지는 경우를 말한다. 따라서 외환거래도 이에 따라 현물환거래(spot exchange transactions)와 선물환거래(forward exchange transactions)로 구분한다.

2. 외환시장

외환시장(foreign exchange market)이란 외환거래가 이루어지는 시장으로서, 좁은 의미로는 외환의 매매거래가 이루어지는 특정장소를 의미하지만 넓은 의미로는 이러한 장소적 개념뿐만 아니라 외환거래가 정기적·지속적으로 이루어지는 추상적인 거래메커니즘 및 시장조직까지를 포함하는 개념이다.[19] 다양한 국제금융시장 중에서도 이러한 외환시장에 대한 특별한 이해가 필요한데, 이것은 모든 국제거래가 반드시 외환거래를 수반하기 때문에 이에 대한 이해 없이는 국제거래에 대한 이해가 불가능하기 때문이다

2.1 외환시장의 경제적 기능

대외거래의 청산기능 외환시장의 가장 1차적이고 기본적인 기능은 외환의 수요와 공급이 만날 기회를 제공하고 이를 통하여 국제거래에 대한 결제를 행하여 외환의 수요와 공급을 청산하는 청산기능(clearing function)이다. 외환시장의 이러한 청산기능이 국가 간의 무역

19 원래 시장(market)이란 어떤 종류의 거래가 집단적으로 이루어지는 장소 또는 건물을 지칭하는 것이었지만 경제사회의 발전과 더불어 거래의 내용·방법 등이 발전함에 따라 원래의 장소적 개념은 퇴색하고 수요와 공급을 연결하는 시장조직 및 메커니즘을 뜻하는 추상적인 개념으로 발전하였다.

외환시장 중에서 옵션시장의 일부와 통화선물시장은 특정의 외환거래소(exchange market)를 설치하여 은행의 딜러와 외환브로커들이 정해진 시간에 거래를 하는 구체적인 시장형태를 보여주지만, 대부분의 외환거래는 특정의 거래소를 경우하지 않고 전화·텔렉스 등으로 거래자들이 서로 직접거래 하는 장외시장(over-the-counter market, OTC market)의 형태를 띠고 있다.

및 자본거래를 원활하게 해주는 기능을 한다.[20]

구매력의 국제적 이전기능 외환시장은 이러한 청산기능을 통하여 서로 다른 통화간의 교환이 이루어짐으로써 국제적으로 구매력을 이전시키는 기능을 한다. 국제무역이나 국제투자활동은 서로 다른 통화를 사용하는 국가들 간에 이루어지므로 이에 따른 구매력의 이전기능(transfer function)이 필요하게 되는데 외환시장이 이러한 구매력이전기능을 수행한다. 가령 일국의 수출업자가 수출대금으로 벌어들인 외화를 외환시장을 통하여 국내통화로 환전할 경우 외화로 가지고 있던 구매력이 국내로 이전된 것이다.

재정기능 외환시장은 또한 지역 간의 가격격차를 해소하고 가격을 균등화시키는 재정기능(arbitrage function)을 가진다. 즉, 외환거래는 장소적으로 분리된 여러 외환시장에서 결정되는 환율 사이에 일관된 균형체계를 성립시키는 환재정(exchange arbitrage)과 여러 나라의 금융시장을 효율적으로 연결시킴으로써 국제적인 자금이동을 원활하게 해주는 금리재정(interest arbitrage)을 가능하게 해준다.

국제수지의 조정기능 외환시장은 이러한 재정기능을 통하여 국제수지를 조정하는 기능을 한다. 예컨대 어떤 나라의 국제수지가 적자를 보이면 외환의 초과수요가 발생하여 그 나라의 통화가치가 하락(환율 상승)하는데 이 경우 그 나라 수출품의 가격경쟁력이 개선되어 국제수지 불균형이 개선될 수 있다.

환위험 관리기능 외환거래에는 환율변동으로 인한 환위험(exchange risk)이 개재되는데 외환거래자는 누구도 이러한 위험을 부담하기를 원하지 않으므로 이러한 환위험을 회피하기 위한 노력들을 행하게 된다. 외환시장은 경제주체들에게 이러한 환위험을 사전적·사후적으로 회피할 수 있는 수단을 제공해줌으로써 환위험 관리기능(exchange risk management function)을 발휘하고 있다.

2.2 외환시장의 성격과 특성

24시간 시장 외환시장은 국가별 시장의 거래시간을 연결할 경우 하루 24시간 거래체계가 구축된 범세계적 시장이다. 즉 동경의 외환거래소가 문을 닫으면 런던의 외환거래소가 문을 열고, 런던의 외환거래소가 폐장되면 뉴욕의 외환거래소가 개장된다. 동경·런던·뉴욕의 3대 시장 외에도 싱가포르·홍콩·프랑크푸르트·취리히·바레인 등 많은 국제외환시장이 전 세계적인 외환거래를 수행하고 있다.

---

20 이러한 청산기능 때문에 흔히 외환거래는 무역대금을 결제하는 수단으로만 생각하는 경향이 있다. 그러나 1970년대 초반 이후 변동환율제도가 채택되면서 결제수단이라는 고전적 의미의 외환 개념은 상대적으로 퇴색하고 외환도 주식이나 채권과 같이 하나의 투자대상으로서의 성격으로 변화되었다. 실제로 오늘날 외환시장에서 행해지는 거래 중 무역거래를 위한 외환거래는 지극히 미미한 부분이고 거의 대부분의 외환거래가 금융투자적 동기에 따른 거래이다.

거대한 도매금융시장 외환시장은 하루 거래되는 외환규모가 거대하고 연평균증가율 역시 매우 높은 거대한 대규모시장인 동시에[21] 최소거래단위가 백만 달러로서 보통 수백만 달러가 거래되는 거대한 도매금융시장이다. 따라서 개인이나 기업 등의 실수요자를 대상으로 하는 대고객거래보다는 금융기관 간의 거래인 은행간거래가 훨씬 높은 비중과 중요성을 가지는 시장이다.[22]

제로-섬시장 외환시장의 경우 기본적으로는 어떤 한쪽의 이득이 다른 한쪽의 손실을 기초로 하는 제로-섬시장(zero-sum market)의 성격을 나타낸다. 예컨대 외환시장에 참여한 한 거래자가 외환차익을 실현하였다면 상대방은 그에 상응하는 손실을 입는 것이 원칙이고, 어떤 나라 통화가치가 상승하였다면 이것은 국내통화에 대한 외국통화의 가치가 하락하였음을 의미하기 때문이다.

2.3 외환시장의 주요 참여자

외환시장에 개입하는 주요 참여자는 고객·외국환은행·외환중개인·중앙은행(통화당국) 등으로 구분되는데 이들은 각기 다양한 목적으로 외환시장에 참여하고 있다.

고 객 외국환은행의 입장에서 본 고객(customer)으로서 수출입업자·해운업자·관광객·외국투자가·외환투기자 등은 물론 정부·연기금·기관투자자 등과 같은 비금융기관 참가자들이 모두 이에 포함된다. 순수한 민간인들은 여행경비 환전·송금·대금결제 등의 용도를 위하여 외환거래를 행하지만 연기금이나 기관투자자는 물론 일반 기업들도 그들의 영업이 국제화되어 해외에 보유하고 있는 자산과 부채가 환율의 등락에 따라 손익이 발생되는 만큼 환율변동으로 인한 환위험을 관리하거나 환차익을 실현하기 위한 외환거래를 행하고 있다.

외국환은행 외국환은행(foreign exchange bank)은 외환시장에서 가장 중요한 당사자로서 중추적인 역할을 한다. 이들은 외환을 매입하거나 매각함으로써 외환매매를 원하는 거래자들을 중개시켜주는 동시에 특정한 통화에 대한 장단기 포지션(position)을 취함으로써 스스로 외환의 투자자가 되기도 한다. 이러한 외국환은행 중 규모가 큰 소수의 대형은행들은 시장조성자/주도자(market maker/leader)가 되어 외환시장 내 가격결정을 선도하는 기능을 갖고 나머지 대부분의 외국환은행들은 시장추종자(market follower)로서 기능한다. 또한 이러한 외국환은행을 대표하여 일정한도를 위임받은 외환 딜러(dealer) 또는 트레이더(trader)가 시장에

21 국제결제은행(BIS)에 따르면 2010년 4월 기준으로 하루 거래량은 약 3조 9,810억 달러로 연간 거래규모가 약 995조 달러에 이르는데, 전세계 GDP 총합이 60조 달러를 약간 상회하고 전세계 무역규모가 20조 달러에 약간 미달한다는 점을 고려할 때 엄청난 규모의 거대시장임을 알 수 있다. 또한 1989년부터 2010년까지 약 20여 년간 전세계GDP는 약 3배정도 성장한데 비하여 외환시장규모는 약 6.7배 증가하여 외환시장의 성장률 역시 매우 높음을 알 수 있다.

22 전체 외환거래 중 은행간거래의 비중이 90% 이상을 차지하고 거래단위당 평균금액이 4백만 달러 정도에 이르는 것으로 알려져 있다.

참여한다.

외환중개인(브로커) 외환중개인은 보통 외국환은행 간의 외환거래를 중개하고 중개수수료(brokerage commission)를 받는 업자들이다. 전통적으로 선진국들의 경우 외환중개인을 통한 간접거래가 널리 이용되어 왔지만 1970년대 이후 통신수단의 발달과 세계적 네트워크를 구성한 다국적은행들의 위상강화로 이들의 역할이 상당히 위축되기도 하였으나, 최근 M&A를 통한 대형화 및 주요 금융시장의 직접진출을 통한 다국적기업화를 통해 그 위상이 제고되고 있다.

통화당국(중앙은행) 일반적으로 중앙은행은 외환시장의 안정을 위하여 노력하고 경우에 따라서는 외환시장 참가자의 일원으로서 외국정부·외국중앙은행이나 IMF·IBRD 같은 국제기구들과 외환거래를 수행한다. 중앙은행이 자국의 통화가치안정을 위해서 외환시장거래에 참여하여 외환시장 여건을 조정하거나 환율결정에 개입하는 거래를 공개시장조작 혹은 외환시장개입이라고 하는데, 이러한 개입을 원활히 하기 위하여 외국환평형기금이나 환안정기금 등을 운용한다.

3. 외환거래의 종류

3.1 거래수단에 따른 분류

외환거래는 거래되는 수단이 무엇인가에 따라 현찰거래·여행자수표거래·전신환거래 등으로 구분한다.

현찰(currency)거래 외화를 직접 매매하는 거래로서, 거래에 따른 여러 가지 위험과 비용이 수반되므로 고객이 외환은행으로부터 현찰을 매입할 경우 지불하는 환율이 가장 비싸게 된다.

여행자수표(TC: traveler's check) 발행은행이나 그들의 대행은행 명의의 수표인데 두 군데 서명란이 있어 매입현장에서 한군데 서명한 후 현장에서 나머지 한군데 서명함으로써 본인 일치 여부를 확인하도록 한 수표이다. 분실한 경우에도 다시 발행이 가능하고 다양한 권종이 있어 편리하게 사용할 수 있다.

전신환거래 장거리 통신망을 통하여 외환을 수수하는 거래로서 최근 국제금융기관들이 선호하는 장거리 통신망은 SWIFT(Society for Worldwide Inter-bank Financial Telecommunications)이다. 이는 은행들의 컴퓨터 사이에 송금정보를 보내고 받는 위성금융통신망으로서 현재 전세계 3,000여 개 이상의 금융기관이 이를 이용하고 있고 우리나라 은행들도 1992년 3월부터 거의 모든 국내은행 및 외국은행지점들이 가입하였다.

3.2 거래대상에 따른 분류(대고객거래와 은행간거래)

은행과 고객 간에 이루어지는 외환거래가 대고객거래이고 은행과 은행 간에 이루어지는 외환거래가 은행간거래이다. 외환거래의 더 큰 비중은 은행간거래에서 이루어지므로 대고객거래가 소매시장이라면 은행간거래는 도매시장의 성격을 갖는다. 은행의 대고객거래는 정해진 매입률 및 매도율로 궁극적인 수요자나 공급자와 외환을 거래하는 것을 의미하는데, 고객은 직접 대형은행과 거래하기보다는 소규모은행이나 현지은행과 거래하는 것이 대부분이다.

또한 은행은 외환포지션 조정·거래차익 실현·투기 등을 위하여 항상 일정한 외환재고포지션을 유지하면서 환율변동에 따라 가격이 올라가는 외환을 팔고 가격이 내려가는 외환을 사면서 외환시장에 유동성을 공급하는 한편 외환시장을 안정시키는 역할도 한다. 이처럼 은행은 대고객거래는 물론 은행간거래를 통하여 끊임없이 외환을 매매하므로 그때그때마다 외환의 매도액이 매입액을 초과하기도 하고 거꾸로 매입액이 매도액을 초과하는 경우가 발생한다. 이때 이러한 외국환은행의 거래상황, 즉 외환매매의 차감잔액을 환포지션(exchange position)이라고 한다.

이때 특정 외환의 매입이 매도를 초과한 경우를 매입초과포지션(over-bought position, long position), 그 반대 경우를 매도초과포지션(over-sold position, short position)이라고 한다. 이처럼 매입과 매도 금액이 달라서 환위험에 노출된 경우를 open position이라 하고 매입액과 매도액이 동일하여 환위험에 노출이 없는 경우를 균형포지션(square position 또는 flat position)이라고 한다. 이처럼 외국환은행은 고객과의 외환거래를 원활하게 하기 위하여서나 외환거래에 따르는 환위험을 회피하기 위하여 외환자금의 과부족을 조정하는 행위를 행하게 되는데 이것이 외국환은행의 환포지션조작(exchange position operation)이다.

3.3 거래상품에 따른 분류 (현물환·선물환·외환스왑거래)

외환거래는 거래되는 외환이 무엇인가에 따라 현물환거래·선물환거래·외환스왑거래 등으로 구분한다.

현물환거래(spot exchange transactions) 외환의 거래계약과 인도가 동시에 이루어지는 외환거래이다. 본래의 의미는 그 자리에서 대금을 주고받는 외환의 즉각적 인도(immediate delivery)를 의미하지만 은행간거래의 경우 거래 성사 후 제2영업일까지 결제가 완료되는 거래를 현물환거래로 간주한다. 은행제도를 통하여 외환이 결제되는 경우 계약이 이루어진 당일에 지불하는 당일거래나 다음날 결제하는 익일거래도 있지만 보통 2영업일이 소요되기 때문이다.[23] 모든 외환거래의 기본이 되는 것으로서 가장 빈번히 이루어지는 외환거래이다.

23 오늘날에는 정보처리기술이 발전하여 2일까지 걸리지 않지만 여러 가지 실수를 방지하고 정확성을 기하기

선물환거래(forward exchange transactions) 외환의 매매계약과 인도가 동시에 이루어지지 않고 일정 기일 또는 기간 내에 일정 종류의 외환을 정해진 환율로 주고받을 것을 약정하는 선물환계약(forward exchange contracts)을 통해 이루어지는 환거래이다. 따라서 선물환거래는 선물환거래계약 체결 후 인도일이 2영업일을 초과하는 거래라고 할 수 있는데, 통상적으로 인도 시기는 1개월·2개월·3개월·6개월·1년 등으로 이루어진다. 선물환거래의 만기일 결정에는 계약체결 시 만기일을 특정일로 정해두는 확정일방식(outright forward)과 계약체결 시 일정기간을 정해두고 그 기간 중에 고객이 만기일을 선택하는 선택일방식(option forward)이 있다.

선물환거래는 원래 일반상품거래에서 장래의 가격변동에 따른 손실을 방지하기 위하여 행해지는 상품선물거래방식을 외환거래로 확대된 것이다. 역사적으로 1920년대 이후 환율의 불안정성이 전 세계적으로 확산되자 선물환거래제도가 채택되기 시작하였고 이후 국제금융거래의 중요한 부분이 되었다. 특히 국제통화체제가 변동환율제도로 이행된 이후 그 중요성이 더욱 커지게 되었고 그 동기나 기능도 더욱 다양화되었다. 선물환거래의 기본적 동기와 유형에 대해서는 [보충학습 7-3]에서 구체적으로 설명하고 있다.

외환스왑거래(swap transactions) 외환거래의 양당사자가 계약된 환율에 따라 서로 다른 통화를 교환하고 일정기간 후 최초 계약시점에서 미리 정한 선물환율에 따라 원금을 재교환하는 거래를 말한다. 따라서 외환스왑거래는 동일한 거래상대방 간에 현물환-선물환(spot-forward swap)을 거래하거나 만기가 서로 다른 선물환-선물환(forward- forward swap) 또는 현물환-현물환(spot-spot swap)을 서로 반대방향으로 동시에 매매하는 거래이다. 이처럼 외환스왑거래란, 결제일이 서로 다른 외환의 매각약정과 동시에 매입약정을 행하여 거래방향이 서로 다른 두개의 거래를 하나로 묶는 환거래기법이다. 위에서 설명한 선물환거래는 미래의 일정시점에 일방적인 매도/매입이 발생되지만 스왑거래에서의 선물환거래는 미래의 매도/매입에 상응하는 또 다른 매입/매도가 동시에 발생하게 된다.[24]

외환시장에서 스왑거래가 이루어지는 가장 큰 목적은 업무를 수행하는 과정에서 필수적으로 발생하는 환위험을 회피하기 위한 것이다. 예컨대 현물환 1백만 달러($)를 원화로 매입하면서 동시에 3개월 선물환 1백만 달러($)를 다시 매도하는 현물환-선물환 간의 스왑거래의 경우, 동일한 외환금액을 미리 정해진 환율로 지불하고 수취하기 때문에 이후 환율이 변동되더라도 이에 따른 환위험이 발생되지 않게 된다. 이 밖에도 외환스왑거래는 환위험 부담 없이 특정 통화를 다른 통화로 전환하여 운용할 수 있게 함으로써 일정기간 필요자금

위하여 아직도 2영업일 원칙을 고수하고 있다.

24 이들을 구분하기 위하여 전자의 선물환거래를 forward outright라고 하고 후자의 선물환거래를 forward swap이라고 부른다.

을 조달하는 수단으로 활용되기도 하고, 환위험을 커버하면서 양 통화 간의 금리차익을 확보하고자 하는 금리차익거래를 위해서 활용되기도 한다.

3.4 거래동기에 따른 분류(실수요거래·헤징거래·투기거래·차익거래)

외환거래는 외환시장참가자들이 어떠한 동기와 목적으로 거래에 참가하는가에 따라 실수요거래·헤징거래·투기거래·차익거래 등으로 구분한다.

실수요거래 실수요거래(real demand transaction)란 수출입이나 외화자산의 매매 등을 위한 대금의 결제나 수취 등 실수요에 의하여 이루어지는 외환거래이다. 예컨대 개인들은 해외여행·해외출장·가족송금 등의 목적으로 외환을 매매하게 되고, 기업의 경우 무역대금의 수취와 지불은 물론 해외예금·해외투자 등을 위한 외환거래를 행하게 되며, 정부 역시 외국원조·해외차관도입 등으로 외환시장을 이용하게 되는데 이러한 목적으로 이루어지는 모든 외환거래가 실수요거래이다.

헤징거래 헤징거래(hedging transaction)란 환율변동에 수반되어 발생되는 환위험(exchange risk)을 사전에 회피하기 위한 외환거래를 말한다. 즉, 외환시장참가자가 외화자산이나 외화부채를 가지고 있는 경우 환율변동으로 인한 환위험이 발생할 수 있는데 이러한 경우 반대거래를 통하여 이러한 환위험이 발생하지 않도록 하는 거래이다. 이러한 헤징거래는 여러 가지 수단을 이용하여 행해질 수 있는데 위에서 설명한 선물환거래나 스왑거래의 경우 그러한 거래를 행하는 동기들이 여러 가지 있지만 그 중 가장 중요한 동기가 환위험을 회피하기 위한 목적임은 이미 설명하였다.

투기거래 환투기(exchange speculation)란, 환율의 단기적 변동가능성을 예측하여 현재의 환율과 미래의 환율차이에서 발생되는 이익을 획득할 목적으로 행하는 외환거래행위이다. 말하자면 외환의 오픈포지션(open position)을 의식적으로 택하여 자신의 예측이 맞을 때는 이익을 얻지만 예측이 맞지 않았을 때는 손해를 감수하는 적극적인 위험부담행위이다. 따라서 헤징이 외환시장에서의 위험회피자(risk avoider/averter)의 환거래행위라면 환투기는 위험선호자(risk taker/lover)의 환거래행위라고 할 수 있다.

차익거래 차익거래(arbitrage transaction)란 매매차익을 얻기 위한 거래로서 재정거래라고도 한다. 일반적으로 재정(裁定, arbitrage)이란, 어떤 상품의 가격이 시장 간 격차가 있을 때 가격이 낮은 곳에서 구입하여 가격이 높은 곳에서 매각하여 그 시세차익을 얻는 행위를 말한다. 이때 거래상품이 외환이면 환차익(exchange arbitrage)이 발생하고 자금일 때는 금리차익(interest arbitrage)이 발생한다.

따라서 환차익(exchange arbitrage)이란 어떤 시점의 환율이 지역적으로 상이한 장소적 불균형이 있을 때 환율이 낮은 지역에서 외환을 매입하여 환율이 높은 지역에서 매도함으로써 발생하는 차익으로서 이를 위한 재정거래가 환차익거래이다.[25] 한편 금리차익(interest arbitrage)이란 국가 간에 금리차가 존재할 경우 금리가 낮은 나라로부터 금리가 높은 나라로 자금을 이동시키는 거래를 통하여 얻게 되는 차익으로서, 이를 위한 재정거래가 금리차익거래이다. 그런데 이러한 금리재정거래 과정에서 환위험이 발생되므로 이러한 환위험을 회피하려는 행위를 행하게 되는데, 이처럼 환위험 요소를 커버하는 금리재정을 '커버된 금리재정'(covered interest arbitrage)이라고 한다.

보충학습 7-3

선물환거래의 주요 동기와 유형

선물환거래는 환율변동으로 인하여 발생되는 환위험을 회피하기 위한 무역업자의 동기에서 출발하였으나 차츰 그 용도와 기능이 다양화되어 현재는 외국환은행이 오히려 능동적인 거래 주체가 되어 자금조작 등의 목적으로 이를 행하므로 은행간거래가 주종을 이루고 있다. 선물환거래가 이루어지는 주요한 동기 및 기능을 살펴보면 다음과 같다.

1. 헤징(hedging)거래

선물환거래는 환율변동에 의하여 발생되는 환위험을 사전에 회피하기 위한 수단, 즉 헤징거래(hedging transaction)의 목적으로 이용된다. 이러한 헤징거래는 현물환거래를 통하여서도 이루어지지만 일반적으로 선물환거래를 통하여 이루어지는데 대표적인 거래형태는 다음과 같다.

(1) 상품수출입계약을 맺은 무역업자의 경우 매매계약시점과 대금결제시점까지의 기간 동안 환율변동이 있게 되면 환차손이 발생하므로 이러한 위험을 커버하기 위한 선물환거래를 행할 수 있다. 예컨대 환율이 하락(상승)할 가능성이 있는 경우 수출업자(수입업자)는 미리 예상되는 금액의 외환을 매도(매입)하는 선물환거래를 해두면 결제시점의 환율이 어떠하든 약정된 선물환율 대로의 대금수취(지불)가 이루어져 환차손을 경감시키고 불확정요소를 제거할 수 있다.

(2) 해외에 있는 자신의 대외자산(부채)의 가치가 환율변동으로 인한 환차손을 입게 될 우려가 있을 경우 선물환거래를 통하여 그러한 환위험을 커버할 수 있다. 예컨대 6개월 후 만기가 되는 외국채권(채무)을 보유하고 있는 사람이 그 사이에 환율의 하락(상승)이 예상될 경우 그 채권(채무)과 동일금액의 선물환을 미리 매도(매입)하여 두는 것이다. 이러한 경우 환율이 변동되어도 자국통화로 표시된 대외자산(부채)의 가치는 보장될 수 있게 된다.

(3) 현물환과 선물환을 종합한 종합포지션이 오픈포지션(open position) 상태여서 환위험에 노출되어 있을 때 인위적으로 스퀘어포지션(square position)을 만들면 환위험이 없어지는데 이렇게 외환포지션을 조정하기 위한 선물환거래가 있을 수 있다.

(4) 외화표시의 실물자산이나 금융자산을 취득하였을 경우 이에 따른 환위험을 직접 커버하

25 따라서 이러한 환재정을 통하여 환차익을 얻는 거래가 차익거래인데 이는 위에서 설명한 환투기거래와 같이 환차익을 얻기 위한 거래이지만, 환투기가 환율의 시간적 격차를 활용하는 것이라면 환차익거래는 환율의 장소적 격차를 활용하는 거래라고 할 수 있다. 다만 오늘날에는 통신시스템의 발달로 장소적 차익거래는 거의 사라지게 되어 환차익의 의미도 거의 사라지게 되었다.

지 않고 어떤 또 다른 외환거래를 두어 한 거래에서의 환차손을 다른 거래에서의 환차익으로 상쇄시키는 외환거래방법이 이루어진다.

이와 같은 헤징을 통하여 환위험을 예방하고 제거할 수 있지만 이러한 헤징거래에 전혀 비용이 들지 않는 것은 아니다. 즉 선물환거래를 행함에 있어 수반되는 중개수수료와 같은 직접비용이 발생함은 물론 환율예측의 착오로 인한 손실도 발생될 수 있기 때문이다. 예컨대 환율의 하락(상승)을 예측하고 선물환 매도계약을 맺은 수출업자(수입업자)의 경우, 기간 내에 실제로 환율이 하락(상승)하여 당해시점의 현물환율이 선물환율보다 낮다면(높다면) 환위험이 회피되겠지만, 그 기간 내에 환율이 하락(상승)하지 않아 당해 시점의 현물환율이 선물환율보다 높다면(낮다면) 그 차액만큼의 손실이 발생하기 때문이다.

2. 투기거래

선물환거래는 또한 환율의 단기적 변동가능성을 예측하여 현재의 환율과 미래의 환율차이에서 발생되는 이익을 획득할 목적으로 행하는 외환거래행위, 즉 환투기(exchange speculation) 목적으로 이용된다. 환투기행위는 현물환거래를 통하여서도 이루어지지만 이 경우 환율예측 여하에 따른 위험이 발생됨은 물론 현물환을 매입하여 보유하고 있는 동안의 기회비용 역시 발생되므로, 일반적으로 선물환거래를 통하여 이루어진다. 예컨대 어떤 통화의 미래 환율이 지금 시점에서 결정된 선물환율 보다 높을(낮을)것으로 예상되는 경우 환투기자는 그 통화의 선물환을 매입(매도)하여 두었다가 차후 높아진(낮아진) 환율로 매도(매입)함으로써 그 차익을 얻게 되는 것이다.

예컨대 현재 3개월 선물환율이 1,200원이고 이후 환율이 상승할 것으로 예상할 경우 3개월 만기의 미달러화 선물환을 매입한 후 만기시점에 환율이 1,210원으로 상승하면 1,200원에 매입한 달러를 매도함으로써 달러당 10원의 차익을 얻게 된다. 반대로 환율이 하락할 것으로 예상되는 경우 반대 방향의 선물환거래를 통하여 차익을 얻게 된다. 그러나 두 경우 모두 예상대로 환율이 상승 또는 하락하지 않는 경우 때로는 손실을 입을 수도 있다.

이때 이러한 환투기를 안정적 환투기와 불안정적 환투기로 구분하기도 한다. 안정적 환투기(stabilizing speculation)는 환율이 일정수준 이하로(이상으로) 내려(올라)갈 때 곧 상승(하락)하리라고 예상하여 외환을 매입(매도)하는 투기로서 환율의 변동 폭을 축소시키는 작용을 한다. 반면 불안정적 환투기(de-stabilizing speculation)는 환율이 하락(상승)하고 있을 때 더 하락(상승)하리라고 예상하여 외환을 매도(매입)하는 투기로서 오히려 환율의 변동 폭을 확대시키는 작용을 한다. 이같이 환투기가 환율변동에 미치는 영향은 매우 중요하여 이론적으로나 현실적으로 많은 논쟁이 계속되고 있고, 결국 고정환율제와 변동환율제 간의 장단점 논의에 있어서도 이것이 중요한 하나의 쟁점이 되고 있다.

3. 차익거래(재정거래)

선물환거래는 시장에서의 차익을 확보하기 위한 차익거래(arbitrage transaction)의 목적으로 이루어진다. 차익거래란 어떤 상품의 가격이 시장간 격차가 있을 때 가격이 낮은 곳에서 구입하여 가격이 높은 곳에서 매각하여 그 시세차익을 얻는 행위를 말하는데, 이때 그 상품이 외환이면 환차익(exchange arbitrage)이 발생하고 자금일 때는 금리차익(interest arbitrage)이 발생한다.

이들 중 환차익거래(exchange arbitrage transaction)의 경우 어떤 시점의 환율이 지역적으로 상이하여 장소적 불균형이 있을 때 환율이 낮은 지역에서 외환을 매입하여 환율이 높은 지역에서 외환을 매도하는 거래행위를 말하는데, 오늘날에는 통신시스템의 발달로 장소적 재정거래는 거의 사라지게 되어 환차익의 의미도 거의 사라지게 되었음은 상술한 바와 같다.

한편 금리차익거래(interest arbitrage transaction)이란, 국제간에 금리차가 존재할 경우 금리가 낮은 나라로부터 금리가 높은 나라로 자금을 이동시켜 금리차익을 얻으려는 행위를 말한다. 예컨대 어떤 시점에서 영국에서의 금리가 미국의 금리보다 높을 경우 미국의 투자자들은 $(달러)화를 £(파운드)화로 교환하여 영국의 채권을 구입하고 그 채권의 만기일에 다시 $로 전환하면 그 동안의 금리차익을 얻게 된다.

그런데 이러한 투자기간동안 $로 표시한 £의 환율이 하락하여 환차손이 발생한다면 이것은 그 동안의 금리차익을 감소시키거나 심지어 상쇄시킬 수도 있다. 이 경우 미국 투자자는 이러한 환차손을 방지하기 위하여 £를 현물로 구입하는 동시에 투자의 만기일에 수취할 £를 선물환시장에서 미리 매도해두는 선물환거래를 행하면 이러한 환위험은 커버된다. 이와 같이 커버된 금리재정거래로부터 얻을 수 있는 이익의 크기는 국가 간의 금리 차 이외에 현물환율과 선물환율의 환율 차에 의해 결정된다.

제 3 절 환율과 환율제도

1. 환 율

1.1 환율의 개념과 경제적 의미

환율(換率, exchange rate)은 서로 다른 화폐 간의 교환비율을 말하는데, 어떤 일국의 입장에서 보면 비교대상이 항상 외국통화이므로 자국통화와 외국통화 간의 교환비율이라고 할 수 있다. 이러한 환율은 다음과 같은 「경제적 의미」를 지닌다.

외환의 매매가격 외환거래는 외국환은행이 외환을 매매하는 형태로 이루어지므로, 환율이란 이러한 외환의 시세·매매가격·시장가격이라고 할 수 있다.

자국통화의 대외가치 통화란 상품의 교환가치를 측정하는 척도인 동시에 교환을 매개하는 교환수단이므로 통화의 가치라고 함은 결국 일정단위의 통화가 가지는 구매력을 의미한다. 그런데 일국통화의 대외구매력은 결국 그 나라 통화와 외국통화 간의 환율로써 표현된다. 따라서 환율은 그 나라 통화의 대외가치를 나타내는 지표라고 할 수 있다.

일국의 경제적 위상 환율의 의미를 넓게 해석하면 국제경제에 있어서 그 나라의 경제적 위상을 상징적으로 나타내주는 성격을 띠기도 한다. 예컨대 제2차 세계대전 이후 영국의 파운드(£)화가 약세를 나타내고 일본의 엔(¥)화가 강세를 나타낸 것은 영국경제의 쇠퇴와 일본경제의 부흥을 상징하는 것이었고, 미국 달러($)의 가치변동이 세계경제 중에 미국이 차지하는 경제적 위상변화를 반영한다고 할 수 있다.

1.2 환율의 표시방법

한편, 환율이 자국통화와 외국통화와의 교환비율인 만큼 그것의 표시방법을 자국통화를 기준으로 하느냐 외국통화를 기준으로 하느냐에 따라 그 표시방법이 다음과 같은 방식으로 나누어진다.

자국통화 표시방법(직접표시법) 외국통화 1단위에 대하여 자국통화 몇 단위를 지불하여야 하는가를 나타내는 방법이다. 예컨대 1달러($) : 1,000원(₩)과 같은 방식으로 표시된다. 따라서 이러한 자국통화 환율표시방법을 내화표시(rate in home currency)·지불표시(paying quotation)·직접표시(direct quotation) 방법 등으로 지칭한다. 우리나라를 비롯하여 대부분의 국가들이 이 방법을 채택하고 있다.

외국통화 표시방법(간접표시법) 자국통화 1단위에 대하여 몇 단위의 외국통화를 수취할 수 있는가를 나타내는 방법이다. 예컨대 1원(₩) : 0.001달러($)와 같은 방식의 표시이다. 따라서 이러한 외국통화표시방법을 외화표시(rate in foreign currency)·수취표시(receiving quotation)·간접표시(indirect quotation) 방법 등으로 지칭한다.

프리미엄 디스카운트 표시방법 통화의 단위나 호칭을 동일하게 사용하는 2국간에 채택되는 환율표시방법으로서 프리미엄표시법(premium method) 또는 디스카운트표시법(discount method)이 있다. 예컨대 미국 달러(American $)가 캐나다 달러(Canadian $)에 대하여 5% 프리미엄 또는 5% 디스카운트로 표시하는 방법이다.

이러한 환율표시방법 중 어떤 것을 사용하는가는 각국의 관습상의 문제로서 어떤 이론적 근거나 현실적인 이해득실도 없지만 자국통화 표시방법을 보다 일반적으로 사용한다고 할 수 있다. 따라서 특별한 전제 없이 그냥 환율이라고 할 때는 주로 이러한 자국통화 표시방법으로 나타낸 환율을 지칭한다고 할 수 있다. 다만 이러한 환율의 표시방법 중 어떤 것을 사용하느냐에 따라 환율변동에 의한 자국통화 가치변동의 의미는 서로 상반되게 된다. 〈표 7-1〉이 보여 주고 있듯이 외국통화 표시방법의 경우 환율 변동이 자국통화의 대외가치

표 7-1 환율의 표시방법과 통화의 대외가치변동

환율의 표시방법	환 율	자국통화 가치	외국통화 가치
외국통화 표시 환율 (1₩: 0.001$)	상승 (↑) 하락 (↓)	등귀 (₩가치↑) 하락 (₩가치↓)	하락 ($가치↓) 등귀 ($가치↑)
자국통화 표시 환율 (1$: 1,000₩)	상승 (↑) 하락 (↓)	하락 (₩가치↓) 등귀 (₩가치↑)	등귀 ($가치↑) 하락 ($가치↓)

변동과 일치하지만 자국통화 표시방법의 경우에는 환율의 변동과 자국통화의 대외가치변동이 반대방향으로 나타난다.

일반적으로 자국통화표시방법으로 환율이 상승할 경우 자국통화의 대외적 가치가 하락하였으므로 이를 자국통화의 평가절하(平價切下, depreciation)라고 하고, 반대로 환율이 하락할 경우 자국통화의 대외적 가치가 상승하였으므로 이를 자국통화의 평가절상(平價切上, appreciation)이라고 한다.[26] 따라서 1980년대 중반 이후 또한 2008년 미국발 금융위기 이후 한동안 우리가 자주 들어왔던 엔고(¥高)란 일본의 대미환율이 계속 하락하여 일본 통화의 대외가치가 계속 높아지는 엔화의 평가절상 현상을 지칭하는 용어였다.

1.3 환율의 종류

1 변동환율제도 하에서 외환의 수요와 공급에 의해 결정되는 환율이 시장환율(market rate of exchange)인데 이러한 시장환율은 다시 다음과 같이 분류할 수 있다.

은행간환율 · 대고객환율 외국환은행 간의 외환거래에서 적용되는 환율이 은행 간 환율(inter-bank rate)이고 은행이 대고객거래에 적용하는 환율이 대고객환율(customer rate)이다. 외환거래의 대부분이 은행 간 거래이므로 은행 간 환율은 1일 중에도 시시각각 변동되지만 대고객환율은 이를 기초로 산정하여 하루 동안 변하지 않는 것이 보통이다. 은행간환율은 기본적으로 전신환율밖에 없지만 대고객환율의 경우 구체적 거래상품에 따라 현찰환율·전신환율·여행자수표환율 등 여러 가지 환율이 존재한다.

외환형태별 환율 외국환은행에서 외환을 매매할 때 그 외환의 형태가 무엇인가에 따라 적용되는 환율이 서로 다르다. 예컨대 외환이 현찰·수표(여행자수표)·전신환·어음 등의 형태로 나타나는데 그 형태에 따라 외환매매가격이 달라진다. 일반적으로 외환을 매입할 경우 현찰형태의 외환가격이 가장 높고 전신환형태의 외환가격이 가장 낮으며 어음인 경우 어음의 지급기한에 따라 환율이 달라진다.

매입환율 · 매도환율 외국환은행이 고객에게 외환을 매도하는 경우에 적용하는 환율이 매도환율(ask/offered rate)이고 매입하는 경우에 적용하는 환율이 매입환율(bid rate)이다. 외국환은행은 외환거래를 행함에 있어 sell high·buy low의 법칙을 적용하므로 양자 간에는 일정한 매매가격 차(bid-ask spread)가 있게 된다.[27] 이것은 외국환은행의 입장에서 보면 외환

26 이때의 '평가'를 한자로 '評價'라고 잘못 쓰기 쉬운데 평가절하·평가절상에서 말하는 평가는 등가(等價, parity)를 의미하므로 '平價'라고 써야 한다. 고정환율제도 하에서 환율은 국가가 정책적으로 결정되는 변수이므로 환율을 인상하여 자국통화가치를 하락시키는 것이 평가절하(devaluation)이고 그 반대의 경우가 평가절상(revaluation)이다. 변동환율제도 하에서는 시장수급에 따라 환율이 변동되므로 엄밀히 말하면 환율이 상승하여 자국통화가치가 하락하는 것은 평가하락(depreciation)이고 그 반대의 경우는 평가상승(appreciation)이지만 일반적으로 이를 평가절하와 평가절상이라고 사용하기도 한다.

27 이러한 매매가격차는 현찰의 경우가 가장 큰데 이것은 여행자수표나 전신환에 비하여 현찰의 보관 및 관리

매매이익의 원천이 되고 고객의 입장에서 보면 외환거래에 따르는 거래비용이라고 할 수 있다. 우리나라의 경우 한국은행이 고시하는 매매기준을 중심으로 외환형태에 따라 외국환은행이 이를 자율적으로 정하고 있다.

현물환율 · 선물환율 현물환거래에서 적용되는 환율이 현물환율(spot exchange rate)이고 선물환거래에서 적용되는 환율이 선물환율(forward exchange rate)이다. 선물환율은 현물환율을 기준으로 하여 산출되며 환율의 표시방법도 선물환율이 현물환율보다 높을 때를 프리미엄(premium), 낮을 때를 디스카운트(discount), 서로 같을 때를 플랫(flat)이라고 한다.

기준환율 · 교차환율 · 재정환율 일반적으로 그 나라의 국제결제에 널리 사용되는 통화(A국통화)와 자국통화 간의 환율을 기준환율(basic rate)이라고 하고, 이를 기준으로 제3국(B국)통화와의 환율을 산출하는 경우 이를 재정환율(arbitrated rate)이라고 하며, 이때 자국통화가 개재되지 않은 외국통화(A국 대 B국) 간의 환율을 교차환율(cross rate)이라고 한다.[28] 예컨대 우리나라의 대 달러환율(기준환율)이 $1 = ₩1,000이고, 미국달러와 영국파운드 간의 환율(교차환율)이 £1 = $2 라면 우리나라 원화의 대 파운드환율(재정환율)은 £1 = ₩2,000이 된다. 이러한 방식으로 원화와 유로화·엔화 등 주요 통화의 재정환율이 결정된다.

그림 7-3 환율산정의 연쇄법(기준환율 · 교차환율 · 재정환율)

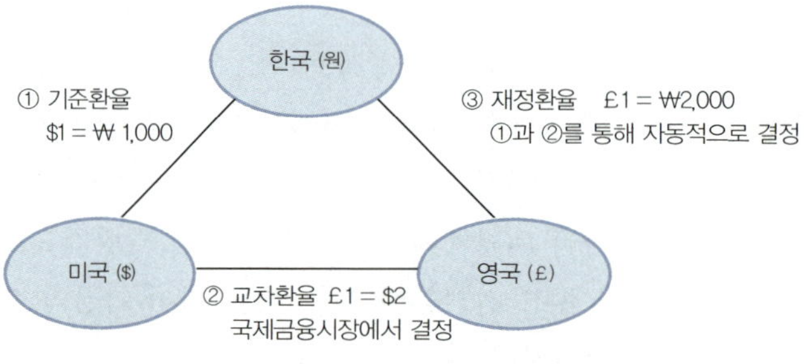

[2] 환율은 여러 가지 경제변수들의 변화에 따라 변동되는 동시에 이러한 환율변동이 물가·금리·주가·성장률·국제수지 등 거시경제변수들에 미치는 영향 역시 매우 크다. 따라서 환율의 변동을 측정하고 예측하는 일은 이러한 경제변수의 측정이나 예측과 마찬가지로 매우 중요하다. 환율변동을 측정하는 방법은 평가기준이나 평가목적에 따라 여러 가지 서로 다른 개념들이 있는데 이들 중 주요한 환율 개념을 살펴보면 다음과 같다.

명목환율(nominal exchange rate) 환율의 측정에 있어 그 나라 물가의 변화나 구매력

에 비용이 더 들기 때문이다.

28 그러나 국제금융시장에서 기축통화가 미국 달러($)여서 이를 기준으로 자국 환율을 표시하므로 미 달러화가 개재되지 않는 여타 통화의 환율을 교차환율이라고 한다.

의 변화를 고려하느냐 여부에 따라 명목환율과 실질환율로 구분할 수 있는데 명목환율이란 외환시장에서 매일 고시되는 환율로서 일반적으로 환율이라고 하면 이를 지칭한다. 그러나 이러한 명목환율은 양국의 물가수준 변동을 고려하지 않았기 때문에 양국 통화의 구매력을 제대로 반영한다고 할 수 없다. 따라서 일국 통화의 대외가치나 환율변동이 그 나라 수출품의 대외경쟁력(가격경쟁력)에 미치는 효과를 제대로 나타내 줄 수 없게 된다.[29]

실질환율(real exchange rate) 명목환율의 이러한 단점을 보완하기 위하여, 물가의 변동까지를 고려하여 측정하는 환율로서 일국 통화의 구매력을 반영하는 동시에 환율변동이 그 나라 수출품의 가격경쟁력에 미치는 영향을 보다 정확히 파악할 수 있게 해주는 환율로서 '양국 통화 간의 명목환율을 양국의 물가변동으로 조정한 환율'이다.[30] 따라서 우리나라의 실질환율이 상승한 것은 물가수준까지를 고려하였을 때 우리나라 상품의 가격이 외국상품의 가격보다 상대적으로 저렴해져 우리 수출품의 가격경쟁력이 높아진 것을 의미하고, 실질환율이 하락한 것은 우리나라 수출상품의 가격경쟁력이 낮아진 것을 의미한다.

실효환율 지금까지 논의한 환율개념은 모두 교역대상국이 한 국가인 경우를 상정하였지만 실제로 교역대상국은 여러 나라이므로 종합적인 가격경쟁력을 평가하는 데에는 한계가 있다. 이러한 점을 고려하여 2개국 이상의 외국과 교역하는 경우에 자국통화와 교역상대국 통화 간의 환율을 교역가중치로 가중평균한 환율이 실효환율(EER: effective exchange rate)이다. 따라서 실효환율은 일국 통화의 종합적인 대외가치변동이나 일국의 종합적 대외경쟁력을 측정하는 중요한 지표가 된다. 그런데 이러한 실효환율은 다시 물가수준의 고려 여부에 따라 명목실효환율(NEER: nominal effective exchange rate)과 실질실효환율(REER: real effective exchange rate)로 구분한다.

보충학습 7-4

환율의 구매력평가이론과 구매력지수 관련 지표

1. 구매력 평가이론

환율과 관련하여 중요한 관심사 중의 하나는 장기적으로 환율이 어떤 수준에서 수렴될 것인

29 따라서 이러한 명목환율의 변동만으로 수출품이나 수입품의 가격경쟁력에 미치는 효과를 논의하기 어렵다. 예컨대 양국 물가변동이 동일한 경우에는 우리나라 환율이 상승하면 그만큼 달러표시 수출가격이 낮아져서 우리 수출품의 가격경쟁력이 높아진다고 말할 수 있지만, 우리나라 환율이 상승하였더라도 환율상승 이상으로 국내물가가 상승하여 우리 수출품의 제조원가가 상승하였다면 결과적으로 우리 수출품의 가격경쟁력은 오히려 약화되었기 때문이다.

30 따라서 실질환율(ER)은 명목환율(E) × 상대국 물가지수(P') / 자국 물가지수(P)로 표시된다. 여기서 P^*/P를 구매력평가지수(purchasing power parity) 또는 패리티환율(parity exchange rate)라고 하는데 이는 양국 통화 간 구매력의 균형상태를 파악하기 위하여 양국의 물가변동을 환율에 반영시킨 것이다. 만약 양국의 물가지수가 동일하여 구매력평가지수(P^*/P)가 1이라면 명목환율과 실질환율은 동일해진다.

가 하는 장기균형환율 문제이다. '장기균형환율'은 그 나라 경제사정을 모두 반영하여 장기적으로 수렴되는 환율수준이므로 매일 매일의 시장환율이 너무 높은가 낮은가를 평가하는 동시에 중앙은행이 유지하고자 하는 적정환율의 정책목표가 되기도 한다. 따라서 이러한 장기균형환율을 때로는 '기준환율' 또는 '적정환율'이라고도 한다. 그런데 이러한 기준환율·적정환율이라는 개념은 사람에 따라서 다르게 정의될 수 있다.

이에 대한 하나의 대안을 제시하고 있는 이론이 구매력평가이론(purchasing power parity theory)인데 이 이론의 이론적 출발점은 일물일가의 법칙(law of one price)이다. 즉, 무역에 따르는 운송비도 없고 관세 등의 무역장벽도 없는 이상적인 완전경쟁시장이라면 두 나라에서 팔리는 어떤 상품의 가격은 두 나라에서 동일할 것이다. 따라서 환율은 이러한 상태를 보장해주도록 하는 상대적 비율, 즉 양국 통화의 구매력의 상대적 비율에 의해 결정되어야 한다는 것이 구매력평가이론이다.

이러한 구매력평가이론이 등장한 배경은, 제1차 세계대전 이후 고전적 금본위제가 붕괴된 후 환율이 급격히 변동되고 인플레이션이 심화되어 균형환율로부터 크게 괴리되어 각국별로 환율을 적절히 조정할 필요가 있게 되었는데 문제는 각국의 환율을 조정하는 기준이 무엇인가 하는 것이었다. 이에 스웨덴의 경제학자 카셀(Gustav Cassel)이 이러한 구매력평가이론을 제시하였는데 그에 따르면 적정환율이란 두 나라 통화의 구매력을 일치시키는 환율이 된다.

그 후 이러한 구매력평가이론이 경제학자들뿐만 아니라 정책당국에 의해서도 관심을 모았다. 제2차 세계대전 이후에도 구매력평가환율의 산정을 위한 많은 연구가 있었지만 브레튼우즈체제가 출범하면서 국제통화체제가 고정환율체제로 전환되면서 이에 대한 관심이 감소되었다. 그러나 1970년대 초 국제통화체제가 변동환율체제로 전환되면서 어느 수준이 적정한 환율인가, 또는 기준환율은 어느 수준에서 책정되어야 하는가에 대한 관심이 높아지면서 구매력평가이론은 다시 그 중요성이 높아지게 되었다.

이후 구매력평가이론은 상당한 기간 동안 현실에 잘 부합하는 것으로 평가되기도 하였다. 물가상승률이 다른 나라보다 높은 경우 그 나라 통화의 가치가 하락하는 추세를 관측할 수 있었기 때문이다. 그러나 1980년대 이후에는 물가상승률과 환율변동률 간의 관계가 구매력평가이론으로서 설명하기 힘들어지는 경우가 많아졌다. 따라서 이러한 구매력평가이론에 대해서는 여러 가지 이론적 한계점이 지적되기도 하였다.

그럼에도 불구하고 구매력평가이론은 여전히 하나의 유력한 환율이론으로서 현재의 시장환율이 이론적으로 적정한 수준과 괴리되고 있는가 여부를 판단하는 개략적인 준거로서 충분히 활용할만한 가치가 있다고 평가되고 있다. 이 때문에 이러한 개념을 바탕으로 하는 여러 가지 관련 지표들이 활용되고 있는데 그러한 것들 중 대표적인 것이 다음과 같은 '빅맥지수'와 'PPP국민소득' 등이다.

2. 빅맥지수

상술한 대로 구매력평가이론(purchasing power parity theory)은, 환율은 그 나라 통화의 대외가치를 적정하게 반영하여야 하는데 그러한 대외가치는 실질구매력을 통하여 평가되어야 한다는 가설이다. 그러나 어떤 나라 통화의 실질적 구매력을 비교한다는 것은 결코 쉬운 일이 아니다. 통화의 실질구매력은 해당 국가의 소득수준·물가수준·경제발전 정도·소비자기호 등 여러 요인들에 의해 결정되기 때문이다. 이와 같은 어려움을 나름대로 해결하기 위하여 전 세계적으로 보편화된 소비재 하나를 선택하여 그 가격을 공통의 화폐단위로 환산하여 보는 것이 의미가 있을 수 있다.

이러한 용도로 영국의 경제주간지 이코노미스트(The Economist)지가 1986년부터 발표하고 있는 빅맥지수(Big-Mac index)가 있다. 이는 환율이 그 나라 통화의 실질적 대외가치나 실질적 구매력을 잘 나타내고 있는가를 평가하기 위한 재미있는 시도이다. 맥도날드사의 '빅맥 햄버거'는 세계 120여 국에서 판매되고 있고 품질·크기·재료 등이 세계적으로 표준화되어 있다. 따라서 환율은 해당 통화의 구매력수준을 반영하여야 한다는 구매력평가이론에 따른다면 어떤 한 통화로 표시된 빅맥 햄버거의 가격은 세계적으로 동일해야 한다. 이러한 전제로써 빅맥가격을 비교하면 그 나라 통화의 대외가치·실질구매력·환율의 적정성 여부 등에 대한 평가가 가능해진다.

예컨대 미국에서 빅맥 햄버거가격이 3달러이고 우리나라에서 빅맥 햄버거가격은 3,000원일 경우 구매력평가설에 따르면 우리나라 원화의 대달러환율이 1,000원이어야 한다. 그런데 현재 대미 달러 환율이 예컨대 950원이라면 환율이 너무 낮아 우리나라 통화가 상대적으로 고평가되어 있는 것이고, 반대로 대미 달러 환율이 1,050원이라면 환율이 너무 높아 우리나라 통화가 상대적으로 저평가되어 있다는 것이다.

그렇다면 이러한 발상에 따라 평가되는 빅맥지수는 어느 정도 신뢰할만한가? 어떤 사람들은 참고할만한 하나의 기준이 될 수 있다고 평가하지만 또 다른 사람들은 때때로 너무 지나치게 저평가 또는 고평가되었다는 결과를 보여줌으로써 그 실효성이 의문시 된다고 평가하기도 한다. 빅맥지수의 유용성을 부정하는 사람들은, 햄버거가 비만의 원흉으로 지목돼 판매량이 떨어지면서 맥도날드가 가격할인전략을 쓰는 경우가 많아져 이러한 척도로서의 가치가 저하되었고 지적하면서 이제 심심풀이로 보는 지표 정도로 그 권위가 떨어졌다고 주장하기도 하였다.

이러한 비판들로 인해 요즘엔 세계적으로 뜨고 있는 스타벅스의 카페라테 가격으로 환율의 적정 여부를 측정하는 '카페라테지수'가 새로 등장하기도 하였고, 우리나라 휴대폰을 주로 많이 사용하는 동남아국가들은 그들의 환율 적정 여부를 측정하는 지표로써 '애니콜지수'를 대체적인 지표로서 사용하기도 하였다.

3. PPP국민소득

각국의 경제력이나 국민의 생활수준을 국제적으로 비교하기 위하여 국민총생산이나 1인당 국민소득을 계산할 때 통상적으로 우리는 통화가치가 비교적 안정되어 있고 국제교환수단으로 널리 사용되는 미국의 달러기준 시장환율로 환산하여 이용한다. 그런데 이러한 시장환율은 자본거래에 의해 크게 영향을 받는다. 또한 국제교역이 이루어지지 않는 비교역재나 국제교역이 이루어지기는 하지만 상대적으로 제약이 있는 서비스재화의 상대가격을 반영하고 있지 못하다. 따라서 시장환율이 자국통화의 실질적인 대외구매력을 제대로 반영한다고 할 수 없다.

이와 같이 시장환율이 자국통화의 실질적 구매력을 정확하게 반영하지 못한다면 이러한 환율로 환산한 국민총생산이나 국민소득 역시 실질적 구매력 면에서는 저평가되거나 고평가될 수 있다. 예컨대 어떤 나라의 시장환율이 상품거래가 아닌 자본거래나 어떤 심리적 요인 등에 의해 급격히 상승하였을(자국 통화가치가 크게 저평가되었을) 경우 자국 통화표시 국민총생산이나 1인당 국민소득수준은 아무런 변동이 없지만 미국 달러 표시 국민총생산이나 1인당 국민소득은 환율의 상승분(통화의 저평가분)만큼 낮아지게 된다. 반대로 시장환율이 급격히 낮아졌을(자국 통화가치가 크게 저평가되었을) 경우 미국 달러 표시 국민총생산 및 1인당 국민소득은 환율의 하락분(통화의 고평가분)만큼 높아지게 된다.

이러한 문제점을 제거하고 각국의 경제력이나 국민생활수준을 실질가치기준으로 정확히 산출하고 비교하기 위하여 제안된 개념이 구매력평가지수(purchasing power parity)에 의하여 조정된 국민소득이다. 이러한 국민소득을 통칭 'PPP국민소득'이라고 하는데 이러한 개념에 의한 국가별 국민총생산이나 1인당 국민소득수준의 비교는 결국 구매력을 반영한 실질적 비교라고 할 수 있다. 따라서 우리는 국민총생산이나 1인당 국민소득을 논의할 때 그것이 어떠한 기준에 의한 지표인가를 먼저 살펴보아야 한다.

2. 환율제도

2.1 환율제도의 유형

환율제도란 환율변동에 대해 정책당국이 어떻게 대응하는가에 대한 제도적 규칙을 말하는데 전통적으로 이것은 고정환율제도와 변동환율제도로 크게 구분된다.

고정환율제도(fixed/pegged exchange rate system)란, 환율을 일정수준으로 고정시키거나 환율변동 폭을 일정수준으로 정하여 놓고 이러한 환율의 유지를 위해 정책당국이 외환시장에 개입하는 제도이다. 반면 변동환율제도(floating/flexible exchange rate system)는, 기본적으로 환율이 외환시장의 수요와 공급에 의해 자율적으로 결정되도록 하고 정책당국이 외환시장에 개입하지 않는 제도이다.

이같이 환율제도는 크게 고정환율제도와 변동환율제도로 나눌 수 있지만 현실적으로는 이 두 가지 제도에도 많은 구체적 방법들이 존재하고 또한 이러한 극단적인 두 제도 사이의 많은 절충적·혼합적 형태의 제도가 존재하는데 그러한 환율제도 중 대표적인 경우를 [그림 7-4]가 보여 주고 있다.[31]

고정환율제도를 기본으로 하는 국제통화체제가 1970년대 초 붕괴되면서 각국의 환율제도는 자율적으로 스스로 선택하도록 한 이후 많은 국가들이 고정환율제도로부터 점차 신축성이 있는 변동환율제도로 이행하는 경향을 보여 왔다. 그 결과 선진국의 경우 유로지역을 제외하고는 대부분 변동환율제도를 채택한 반면 개도국의 경우에는 아직도 고정환율제도 또는 이에 준하는 환율제도 등 다양한 모습을 보여주고 있다. 국제금융시장의 발전에 따라 신축적인 환율운용이 필요하다는 것을 인식하면서도 여전히 경제발전이나 거시경제안정 등 대내적인 정책목표를 달성하기 위해서는 환율이 중요한 정책수단이라는 것을 보여준다.

31 IMF는 수시로 환율제도의 분류체계를 변경하여 왔는데 현재는 1998년 이후 경성고정(hard pegs)환율제도, 연성고정(soft pegs)환율제도, 변동(floating)환율제도 등으로 나누고 있다. [그림 7-4]는 이에 따르지 않고 환율의 운용방식을 중심으로 분류한 것이다.

그림 7-4 환율제도의 유형 분류

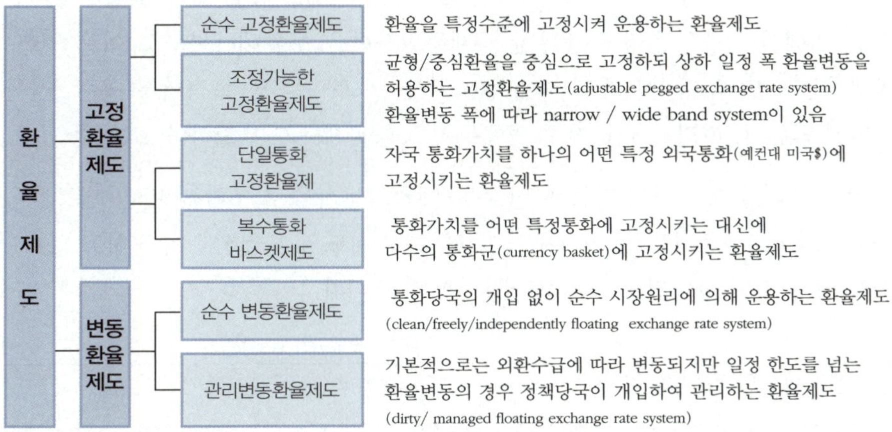

2.2 환율제도의 장단점

[1] 환율제도는 이같이 고정환율제도·변동환율제도·혼합적 환율제도 등이 있는 데 이들은 각기 서로 다른 장단점을 동시에 가지며 또한 그것을 운용하는 나라에 따라서 각 제도의 장단점이 서로 다르다. 따라서 이러한 다양한 환율제도 중 어떤 환율제도를 선택할 것인가가 매우 중요하다. 일반적으로 고정환율제도와 변동환율제도의 장단점은 다음과 같이 비교될 수 있다.

환율 안정성 고정환율제도 하에서는 환율변동에 따른 환위험이 존재하지 않으므로 국제무역과 국제투자가 안정적으로 촉진되고 투기성 단기자본(hot money)의 이동이 발생되지 않는 반면, 변동환율제도 하에서는 환율이 계속 변동되므로 환위험이 존재하고 미래에 대한 불확실성이 커지므로 국제무역과 국제투자가 안정적으로 촉진되지 못하고 단기적인 환투기가 발생되기 쉽다. 따라서 환율의 안정성 측면에서는 고정환율제도가 우월하다고 할 수 있다.

정책의 자율성과 효율성 변동환율제도 하에서는 통화당국이 환율변화를 시장에 맡겨두고 이러한 환율변화에 따른 국제수지균형이 자동적으로 달성되는 반면, 고정환율제도 하에서는 환율의 고정을 위한 정책개입이 계속 필요하고 환율변동으로 인한 국제수지의 자동적 조정효과가 나타나지 않는다. 따라서 정책의 자율성과 효율성 측면에서는 변동환율제도가 우월하다고 할 수 있다.

물가 안정성 고정환율제도 하에서는 환율의 고정으로 타국(세계)의 물가상승이 국내에 파급되는 효과가 작은 반면, 변동환율제도 하에서는 수시로 변동하는 환율상승이 국내물가를 자극하고 국내물가는 다시 환율을 상승시키는 악순환이 발생할 우려가 있다. 따라서 국내물가의 안정성 측면에서는 고정환율제도가 우월하다고 보는 것이 지배적인 의견이다.

준비자산(외환보유고) 필요성 고정환율제도 하에서는 환율고정을 위한 외환시장개입이 필요하고 이를 위해서는 중앙은행이 충분한 국제준비자산을 보유해야하므로 이로 인한 기회비용이 발생하는 반면, 변동환율제도 하에서는 원칙적으로 이러한 목적의 국제준비자산의 보유가 요구되지 않는다. 따라서 이러한 측면에는 변동환율제도가 우월하다고 할 수 있다.

2 따라서 고정환율제도 옹호자들은 안정성·예측가능성을 강조하는 반면 변동환율제도 옹호자들은 효율성·자율성을 강조하여 각기 서로 그 제도의 우월성을 주장하고 있다. 이러한 관점에서 양 제도의 장단점을 정리한 것이 〈표 7-2〉이다.

표 7-2 환율제도의 장단점 평가

	제도적 장점	제도적 단점
고정환율제도	• 환율변동의 불확실성이 제거됨 (국제무역과 투자의 안정적 발전, 투기적 단기자본이동의 감소) • 세계 인플레이션 파급효과 작음 • 경쟁적 평가절하와 같은 마찰이 없어져 정책협조가능성 커짐	• 환율고정에 의한 부작용우려 있음 (환율변동 따른 조정기능 미약함, 통화의 실세를 잘 반영하지 못함, 환율고정 위한 인위적 정책 필요, 개입위한 대외준비자산 부담 있음) • 환율 대폭 변경 시 일시적 충격 커짐
변동환율제도	• 시장메커니즘에 의한 환율 결정 (환율변동 따른 조정기능 작용됨, 각국통화의 실세를 잘 반영함, 정책개입 불필요, 정책자율성 증대 지나친 대외준비자산 부담 없어짐) • 환율 의한 국제수지자동조정으로 경제적 마찰여지가 작아짐	• 환율의 불확실성이 커지고 환위험 상존으로 불안정성 높아짐 (국제무역과 투자의 안정성 파괴, 투기적 자본이동의 증대 우려, 국제금융시장불안·외환위기 우려) • 해외인플레이션 파급우려 커짐

보충학습 7-5

우리나라의 환율제도 및 환율변동 추이

1. 환율제도의 변천

우리나라의 환율제도는 경제발전과 국제환경변화에 맞추어 크게 다섯 단계를 거치며 변경되었는데 이러한 변화과정을 한마디로 말하면 해방 이후 처음 실시된 고정환율제를 시작으로 점차 변동환율제도로 이행되는 과정을 거쳐 왔다고 할 수 있다.

즉 해방 이후 1964년까지 시행된 고정환율제도와 단일변동환율제도는 사실상 환율이 고정된 형태로 운영되었고, 1980년대에 들어와 복수통화바스켓제도를 도입하면서 중간단계를 거쳤고, 1990년대에는 시장평균환율제도를 도입하여 환율의 일일변동 폭을 확대해나간 뒤 1997년 12월 외환위기 이후 자유변동환율제도로 이행되었다. 이러한 환율제도 변화과정의 특성·배경·결과를 요약하고 있는 것이 〈표 7-3〉이다.

표 7-3 우리나라 환율제도의 변천

제도채택의 주요 배경	환율제도	기본 특성과 결과
• 해방 이후 경제혼란 속에 미군정당국이 공정환율 설정	**고정환율제** (1945.10–)	• 미국 $에 대한 공정환율 설정, 환율을 고정시킴
• 계속된 평가절하에도 환율이 원화의 실질가치를 제대로 반영 못함(환율의 유동화·실세화가 요구됨)	**단일변동 환율제** (1964.5–)	• 미국 $에 대한 단일변동 환율제 채택(사실상 조정가능한 고정환율제도) • 계속적 평가절하 이루어짐
• 사실상 환율이 고정됨 (조정기능미약, 실세미반영, 일시 대폭 평가절하 충격 큼) • IMF가 변동환율제도 채택함 • $에만 연계, 기타통화에 대한 원화가치나 국제경쟁력변화를 올바르게 반영 못함.	**복수통화 바스켓제** (1980.2–)	• 실질적 변동환율제 도입을 위한 준비단계로 시도됨. • 미국 $ 및 주요국 통화가치의 종합적 평가(복수통화바스켓) + 정책적 조정요인 고려 • 국제수지상황 따라 변동됨 (평가절하 → 절상 → 절하)
• 환율조작국이라는 비판을 받아 통상마찰 원인이 되었음 • 실물경제에 대한 자신감 높아 자유변동제로 이행하기 위한 과도기적 환율제 채택	**시장평균 환율제** (1990.3–)	• 기준환율(실제 거래된 환율의 가중평균치) +1일 변동폭 제한 (최초 ± 0.4% → ± 10%) • 외환시장규모, 환율시장기능 확대, 환율조작시비 완화됨
• 경제개방화·자유화추세에 부응한 자유화조치 필요	**자유변동 환율제** (1997.12–)	• 상하 변동 폭의 제한 폐지, 시장 수급 의한 환율운용 도입

2. 대미 달러 환율의 변동 추이

이상과 같은 환율제도의 변화과정 속에서 나타난 우리나라의 대미국 달러($)환율의 장기추이를 보여 주는 것이 [그림 7-5]과 [그림 7-6]이다. 이를 통하여 전체적인 환율의 변동추이를 살펴보면 다음과 같다.

(1) 해방 이후 1980년 2월까지는 사실상의 고정환율제도 하에서 그때그때마다의 경제상황에 따라 몇 차례의 평가절하가 계속되면서 환율이 계속적으로 상승하였다. 고정환율제도였던 만큼 평가절하를 단행하는 시기에만 변동이 있었을 뿐 변동성이 없는 모습으로 나타났다.

(2) 변동환율제가 도입된 1980년대에는 우리나라의 국제수지 상황에 조응하는 환율변동추세가 이루어졌다. 즉 경상수지 적자가 계속되던 80년대 전반까지는 지속적인 환율의 상승(평가절하)이 이루어졌지만 경상수지가 흑자로 반전된 1986년 이후 1989년까지는 환율의 하락(평가절상)이 이루어졌다.

(3) 1990년 3월부터 시장평균환율제도를 도입하여 일일변동폭의 범위 내에서의 환율변동을 허용하고 점차 그 변동폭을 넓히는 조치를 한 이후 1997년 외환위기까지는 대체로 환율이 상승하는 추세를 보여주었다. 이러한 환율상승 추세 속에서도 1990년대 전반기에는 대체로 그 상승률이 완만한 반면 1995년 하반기부터 다소 빠른 속도로 상승하였다. (1991년 1월 636원 → 1995년 6월 761원 → 1997년 10월 761원)

그림 7-5 원화의 대달러 환율의 장기추이 (1) (1964-2002)

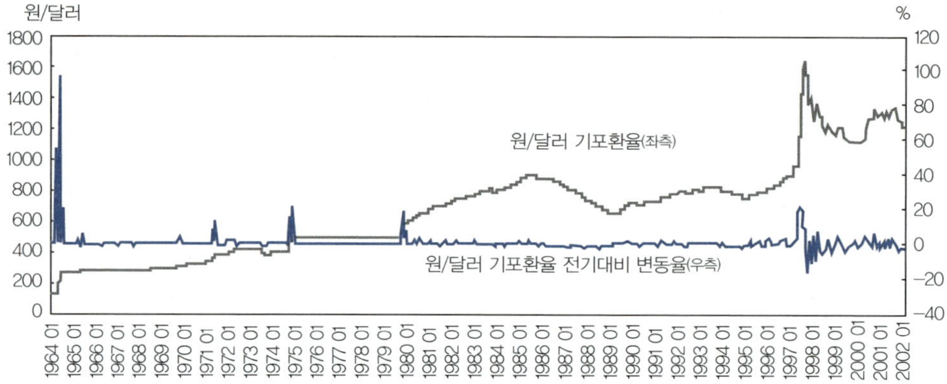

그림 7-6 원화의 대달러 환율의 장기추이(2) (1990-2013.6)

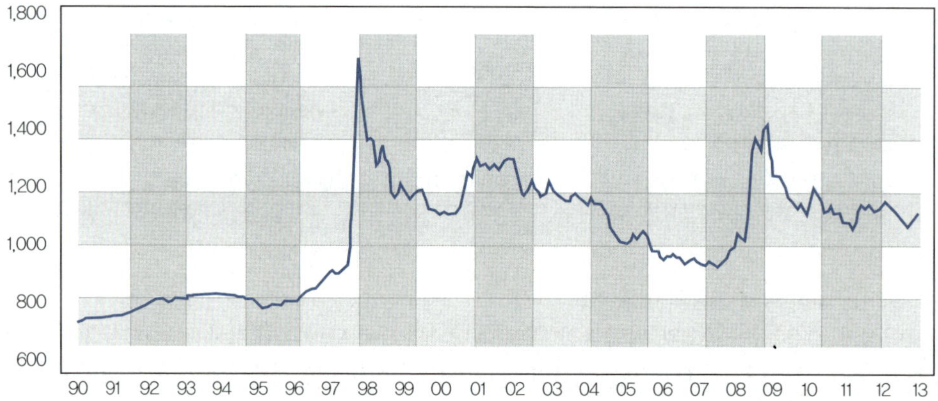

(4) 1997년 12월 외환위기가 발생하면서 지금까지 실시하여 오던 환율의 일일변동폭 제한을 폐지하고 환율이 외환시장의 수급에 따라 결정되는 자유변동환율제도를 채택하였는데 이 이후 환율이 큰 폭의 상승과 하락을 반복하는 등 외환위기 이전과 달라진 모습을 보여주었다. 즉 환율은 1997년 11월 들어 빠르게 상승하여 1998년 1월에는 사상 최고수준인 1,702원(월평균기준)을 기록하였는데 그 이후부터 2000년 4월까지 급격히 하락한 후 2000년 5월부터 2002년 3월까지 다시 상승세를 보이다가 이후 대체로 완만한 하향세를 보여 2007년 10월 말 미달러 대비 환율이 900.7원대까지 하락하였다.

(5) 그러나 2008년 초 글로벌주가 하락 등으로 환율이 다시 상승세로 돌아선 후 동년 9월 미국의 금융위기가 발발하면서 환율이 급격히 상승하여 2009년 3월에 정점(2009년 3월 2일 1,570.3원)에 이르렀고 이후부터는, 남유럽국가의 재정위기나 천안함 침몰사건 등과 같은 국내외환경의 변화에 따라 부침이 계속 있었지만, 대체로 하향추세를 보여 왔다.

3. 환율변동의 경제적 영향

환율의 결정과 변동이 여러 가지 경제적·비경제적 요인들에 의해 이루어지듯이 환율변동에 따른 국민경제적 영향 역시 광범위한 부문에서 다양하게 나타난다. 오늘날의 세계경제는 과거에 비하여 무역규모가 확대되고 국가 간 자본이동도 매우 활발해짐에 따라 각국 통화의 상대적인 가치를 나타내는 환율의 중요성이 더욱 커진 만큼 환율변동이 가져오는 경제적 영향 역시 더욱 중요해지게 되었다.

환율변동이 한 나라의 국민경제에 미치는 효과는 그 나라의 대외의존도가 크거나 개방화수준이 높은 나라일수록 더 크게 나타난다. 해외영향력이 클수록 그 충격이 환율이라는 변수를 통하여 국내경제에 더 쉽게 전달되기 때문이다. 따라서 우리나라와 같이 경제구조상 무역의존도가 높고 외환 및 자본자유화가 꾸준히 진행되어 대외개방도가 높은 경우 환율변동에 따른 경제적 영향이 더 큰 편이라고 할 수 있다.

환율변동이 국민경제 전반에 미치는 경제적 영향은 매우 복잡하고 복합적이지만 그 내용을 단순화시켜 정리한 것이 〈표 7-4〉인데, 이는 일국의 통화가 평가절하(환율상승)한 경우를 중심으로 살펴 본만큼 평가절상(환율하락)하는 경우는 이와 반대의 효과가 나타나게 된다.

표 7-4 환율변동(평가절하, 환율상승)의 경제적 효과 개관

구 분		경제적 효과의 구체적 내용
대외적 영 향	국제수지	• 수출단가 하락(수출품의 가격경쟁력 향상)에 따른 수출 증가, 수입단가 상승에 따른 수입 감소 → 경상수지 개선 • 경상수지개선 따른 소득증가·금리상승으로 외자유입 증대 자국통화 약세에 따른 해외투자 억제 → 자본·투자수지개선
	교역조건	• 수출단가의 하락· 수입가격의 상승 → 교역조건악화
	외채상환부담	• 대외채무의 자국통화 환산금액 증가 → 원리금상환부담 증가
대내적 영 향	국내물가	• 수입품의 가격상승 및 수입대체재의 가격 동반상승, 수출증가 및 수입감소에 따른 재화의 국내공급 감소, 국제수지개선에 따른 국내통화량 증가 → 국내물가 상승
	국내투자 · 경제성장, 국내경기	• +효과 (수출증가·수입감소 의한 국내생산 및 실질소득 증대, 외국인투자 유입증대 → 국내투자·성장촉진, 경기팽창) • −효과 (수입원자재 상승 따른 생산비용 증가, 교역조건악화·물가상승 따른 실질소득감소·소비둔화, 변동성 증대에 따른 불확실성 → 국내투자·성장 둔화, 경기긴축)
	산업부문별 영 향	• +효과 (수출산업·수입경쟁산업·국내관광산업, 신규진입 외국기업 등) • −효과 (수입산업·외국차관산업·해외관광산업, 신규 해외투자기업 등)
국가경제 · 국가의 대외적 위상		• 국가의 대외적 위상, 국가신인도 저하 우려 • 환율급등에 따른 국제금융시장 변동성 확대 가능성 • 기축통화국의 경우 기축통화의 약세로 위상약화

3.1 평가절하의 대외경제적 영향

환율은 대외거래에 직접적인 영향을 미치는 가격변수인 만큼, 일국의 수출과 수입은 물론 국제자본이동에도 영향을 미쳐 그 나라의 국제수지에 영향을 미치게 되고, 수입가격과 수출가격의 상대적 비율인 교역조건에 영향을 주는 동시에 그 나라가 보유하고 있는 대외채무의 상환에도 영향을 미치게 된다. 이러한 대외적 영향을 환율이 상승(자국통화의 평가절하)하는 경우를 중심으로 요약하면 다음과 같다.

경상수지의 개선 환율이 상승하면 그 나라의 상품 및 서비스의 수출은 증가하고 수입은 감소하여 경상수지가 개선되고, 반대로 환율이 하락하면 자국의 경상수지가 악화되는 효과가 나타난다. 환율이 상승하면 자국 상품의 해외시장가격이 하락하여 가격경쟁력이 향상되므로 수출량이 늘어나는 대신 외국상품의 자국통화표시가격이 상승하여 수입이 감소되기 때문이고 환율이 하락하는 경우는 이와 반대의 결과가 나타나기 때문이다.

자본수지의 개선 환율변동은 그 나라의 경상수지뿐만 아니라 자본수지에도 영향을 미치게 되는데 우선 환율상승에 따라 경상수지가 개선되어 국민소득이 증가하고 국내금리가 상승하는 경우 이에 따른 자본수지의 개선이 일어나게 된다. 또한 장기자본이동으로서 해외직접투자는 시장수요 예측이나 생산비차이 등에 의해 결정되지만 환율수준이나 환율변동방향에 대한 평가에도 영향을 받게 된다.

일반적으로 자국통화가 강세일 경우 해외에서의 생산코스트가 국내에서 보다 저렴해지고 자국통화의 투자가치가 커지게 되므로 해외투자가 촉진되지만, 자국통화가 약세추세를 지속하는 경우에는 해외투자가 억제되고 외국인투자의 유입이 증대되어 자본수지개선을 가져올 가능성이 높아진다. 다만 국제적 단기자본이동은 주로 단기금융시장이나 외환시장을 통해 이루어지므로 장기자본이동 보다 환율변동에 보다 직접적으로 영향을 받는데,[32] 자국통화가치가 하락할 것으로 예상될 경우 이에 따른 환위험을 막기 위한 자본의 해외유출이 이루어지고 자국통화가치가 상승할 것으로 예상되는 경우 해외자본의 국내유입이 증대된다.

교역조건의 악화 환율이 상승하면 그 나라 수출품의 가격은 하락하는 반면 수입품의 가격은 상승하는 만큼 자국의 수입품가격에 대한 수출품가격의 상대적 비율을 나타내는 상품교역조건은 악화되게 되고, 이러한 교역조건의 악화가 국민후생의 저하를 초래할 수 있다. 따라서 평가절하를 통한 국제수지의 개선은 교역조건 악화에 따른 국민후생의 손실을 감수하여야 한다는 점을 고려하여야 한다.

대외채무 상환부담의 증가 환율이 상승하는 경우 그 나라가 보유하고 있는 대외채무에 대한 원리금상환부담이 증대된다. 환율이 상승하는 경우 동일한 외화표시 대외채무를 갚기

32 이자율평가이론에 따르면 단기자본이동은 ① 예상환율변동률, ② 내외 금리차이, ③ 환리스크 프리미엄, ④ 수수료 등에 의해 결정된다.

위하여 자국통화로 환산한 금액이 증가하게 되므로 원리금상환부담이 더 커지기 때문이다.

3.2 평가절하의 대내경제적 영향

환율변동이 초래하는 이상과 같은 대외적 영향은 직간접적으로 국내경제에도 영향을 미쳐 물가·투자·소비·소득 등의 거시경제변수에 영향을 미침은 물론 국내산업 부문별로 다양하고 광범위한 영향을 수반하게 된다. 이와 관련된 보다 구체적 내용은 [보충학습 7-7]에서 보충 설명하고 있다.

물가 상승 환율이 상승하는 경우 국내물가의 상승이 수반된다. 환율상승으로 수입원자재 및 수입품의 가격이 상승하고 수입대체재의 가격도 동반상승하는 경향이 발생하며, 수출증가 및 수입감소에 따라 재화의 국내공급이 감소하게 되기 때문이다. 보다 장기적으로 환율상승으로 국제수지가 개선되어 외화유입이 증대되어 국내통화량이 증가되면 이에 따른 국내물가의 상승도 나타난다.

투자 · 성장 · 경기 환율이 상승하는 경우 한편으로는 이것이 국내생산과 국내투자를 증대시켜 국민소득과 경제성장을 촉진하고 경기를 팽창시키는 효과가 있는 반면 오히려 실질소득을 감소시키고 경제성장을 둔화시키는 경기긴축효과도 발생할 수 있다. 환율상승이 가져오는 이러한 양쪽의 효과 중 어느 쪽이 더 큰가는 각국의 경제상황과 경제구조에 따라 다를 수 있다.

산업부문별 영향 / 소득재분배 환율변동이 각각의 산업부문에 미치는 효과를 보면 수익성이나 비용 측면에서 이득을 얻는 산업도 있고 손해를 보게 되는 산업도 있게 된다. 일반적으로는 수출산업·수입경쟁산업·국내관광산업과 신규진입 외국기업 등은 유리해지는 반면 수입산업·외국차관산업·해외관광산업과 신규 해외투자기업 등은 불리한 측면이 강해진다. 이러한 산업부문별 영향과 각 산업에 투입된 생산요소의 상황에 따라 소득재분배효과가 발생할 수도 있다.

3.3 평가절하의 국가위상에 대한 영향

이상에서 살펴본 바와 같이 환율변동은 일국의 국제수지·산업·물가수준 등에 영향을 미치지만 또 다른 측면에서 환율은 국가 간 통화의 교환비율로서 자국화폐로 외국의 상품과 서비스를 구매할 수 있는 대외구매력을 표시하는 만큼, 이것의 변화가 그 나라의 국민생활 및 국가위상에 미치는 영향 역시 매우 중요하다고 할 수 있다.

(1) 환율은 자국화폐와 외국화폐와의 교환비율 이상의 의미가 있다. 환율은 그 나라 경제의 대외적 종합성적부로서 그 나라의 대외경쟁력 및 대외신인도를 반영한다. 따라서 일국통화의 계속적인 평가절하(약세)는 그 나라 국가위상의 약화를 의미하고 그 나라 경제에 대

한 총체적 미래기대가 낮아졌음을 뜻할 수도 있으며 이로 인한 국민들의 자신감 상실로 이어질 수 있다.

(2) 환율의 급격한 평가절하는 그 나라 경제의 취약성을 반영하는 결과인 동시에 경제를 불안하게 만드는 요인이 되기도 한다. 환율상승으로 인한 인플레이션압력이 작용하여 경제전반의 위축이 나타날 수 있음은 물론, 자본유출과 외화자금의 유입감소로 외환시장 및 금융시장의 불안이 초래될 수 있으며, 환율의 평가절하만큼 국부가 유출되고 달러표시 국내자산의 가치가 하락할 수 있기 때문이다.

(3) 환율은 국제정치경제를 둘러싼 강대국의 주도권변천을 반영한다고 할 수 있다. 세계경제의 패권이 영국으로부터 미국으로 이전하면서 파운드화의 위력이 달러화로 이전되었고, 영국이나 미국 모두 자국의 경제적 위상변화에 따라 자국통화가 강세에서 약세로 변화되는 과정을 보여 왔다. 전후 1960년대 까지가 강한 달러의 시대였다면 1970년대 이후에는 달러의 장기적 약세와 마르크·엔화의 강세가 나타나게 되었는데 이것이 미국경제가 상대적으로 약화되고 독일·일본이 신흥강대국으로 떠오른 것과 관련됨은 주지의 사실이다. 최근에는 EU의 경제상황에 따라 통합통화인 유로(Euro)의 위상이 부침을 계속하고 있다.

보충 학습 7-6

평가절하의 경상수지 개선효과(보충)

1. 경상수지 개선효과의 원리

이상에서 살펴본 바와 같이 환율의 변동은 다양한 분야에서 광범위한 경제적 효과를 수반하지만 이러한 환율변동의 효과 중 가장 기본적인 효과는 환율변동이 그 나라의 경상수지에 미치는 효과로서 오랫동안 국제경제학의 주요한 관심사였다. 특히 자본이동이 불완전한 상황에서 환율변동과 경상수지 간의 관계에 대한 많은 연구가 이루어졌다.

환율은 서로 다른 통화 간의 교환비율인 만큼 환율이 변동되면 국내에서 생산된 제품과 외국에서 생산된 제품의 상대가격이 변화하게 되는데 이에 따라 환율이 상승하면 그 나라의 경상수지가 개선된다. 환율이 상승하는 경우 수출업자의 경우 동일한 외화표시가격으로 수출하더라도 자국통화 기준의 수출금액은 상승하므로 외화표시 수출단가를 낮추어 수출물량을 늘릴 수 있게 되는 반면, 수입업자의 경우에는 동일한 외화표시 수입가격이라도 자국통화 기준의 수입대금이 상승하므로 이에 따른 수입감소가 이루어지기 때문이다.

이러한 상대가격의 변화에 따른 국제수지의 조정메커니즘을 이론화 한 것이 「탄력성접근」(elasticity approach)이다. 이 접근법은 환율의 변동이 수출재 및 수입재의 상대가격을 변화시키고 수출입물량이 이러한 상대가격의 변화에 탄력적으로 반응하기 때문에 경상수지가 조정된다고 주장한다. 이 같은 환율변동의 경상수지효과 때문에 때때로 인위적으로 환율을 상승(자국 통화가치 평가절하)시켜 자국의 국제수지를 개선하려는 노력들이 행하여졌다. 이러한 의도를 외환덤핑(exchange dumping)이라고도 하는데 이로 인하여 국가 간에 경쟁적인 평가절하가 이루어져 국제적 갈등의 원인이 되는 역사적 경험 역시 없지 않았다.

2. 경상수지 개선효과의 제약요인

그런데 이러한 효과는 일종의 교과서적인 원리로서 현실적으로는 그러한 경상수지개선효과가 일률적으로 나타나지 않을 수 있고 또한 그러한 효과가 나타난다고 하더라도 그 효과의 크기가 별로 크지 못한 경우가 많다. 실제로 만성적인 국제수지 적자를 경험하고 있는 개도국들이 환율을 정책적으로 높이는 노력을 하였음에도 경상수지가 개선되지 못하는 상황이 자주 발생하였고, 환율변동과 경상수지 간의 상호관계가 일률적이지 못한 경우도 많다. 이러한 현상이 일어나는 것은 대체로 다음과 같은 이유들 때문이다.

수요의 가격탄력성　환율변동에 의한 경상수지 개선효과는 결국 환율변동으로 인한 상대가격변화 때문인데 이러한 가격효과는 수출품에 대한 외국수입수요 및 수입품에 대한 국내수입수요의 가격탄력성이 충분히 클 경우에 그 효과 역시 커진다. 예컨대 국민경제에 밀접하게 관련되어 있는 필수품이나 원자재 등의 경우 수요의 가격탄력성이 작아서 환율변동으로 인한 수입억제효과를 기대하기 어렵다. 또한 불요불급품이나 사치성품목의 경우는 수요의 가격탄력성이 크므로 환율상승에 따른 수입억제효과는 클 수 있지만 이러한 품목의 경우 이미 수입제한을 취하고 있는 것이 보통이므로 환율이 변동되더라도 수입감소효과가 제대로 나타나지 않을 수 있다.

현실적 제약요인　현실경제에서 그 나라 통화의 평가절하가 이루어지더라도 경상수지의 개선효과가 크게 나타나지 않는 경우가 있는데 이는 단기적으로 환율변동이 경상수지에 미치는 효과를 제약하는 또 다른 현실적 제약요인이 있음이 밝혀졌는데 그러한 이유로서는 다음과 같은 J커브효과·전가효과·교두보효과를 들 수 있다.

(1) J커브효과: 경험적 연구결과에 의하면, [그림 7-7]이 보여주듯이, 어떤 나라가 평가절하를 단행하면 초기의 일정기간(t_0–t_1)은 경상수지가 오히려 악화되다가 일정시점(t_1)이 지난 이후부터 비로소 경상수지가 개선되기 시작하는 현상이 발견되었는데, 이러한 평가절하효과를 곡선의 J자 모양에 따라서 J커브효과(J-curve effect)라고 한다. 이러한 현상은 어떤 이론에 근거하기보다는 경험적 결과에 바탕을 두고 있는 것이지만 이러한 현상이 발생하는 주요한 원인은 환

그림 7-7　환율변동의 J커브효과

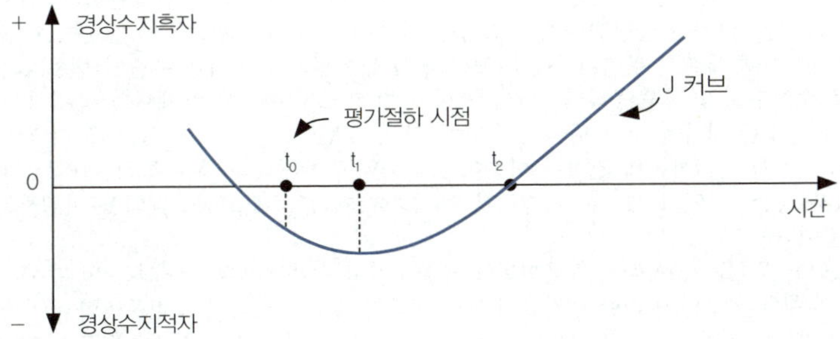

율변동에 대한 수출입업자의 예상효과, 환율변동과 수출입물량 간의 시간적 격차에 따른 시차효과 등으로 설명할 수 있다.[33]

(2) 전가효과: 환율전가(pass-through effect)란 환율변화로 인하여 수입재의 국내통화 표시가격이나 수출재의 외국통화 표시가격이 변화하는 정도를 말한다. 예컨대 전가율(pass-through effect)이 1인 경우에는 환율변화가 그대로 가격변화로 이어지지만 1보다 작은 경우 환율변화보다 가격변화가 작아짐을 의미한다.[34] 일반적으로 환율의 전가율은 1보다 작은 것이 보통이고 따라서 환율이 변화되어도 이에 따른 가격변화가 충분히 나타나지 않아 평가절하의 경상수지 개선효과가 제한되게 된다.

(3) 교두보효과: 새로운 해외시장이나 안정적인 수입선확보를 위하여 막대한 고정비용을 투입하여 일정한 교두보를 확보한 기업의 경우, 평가절상이나 평가절하로 인하여 수출이나 수입의 채산성이 악화되더라도 이미 투입된 고정비용 때문에 쉽게 수출이나 수입을 변경시키기 어렵게 된다, 이처럼 수출·수입에 따른 막대한 고정비용 때문에 환율변동이 경상수지에 미치는 효과가 지연되는 것을 교두보효과(beach head effect)라고 한다.

거시경제변수 간의 상호작용 환율변동에 따라 다른 거시경제변수의 변동이 초래되고 이러한 거시변수의 변동이 환율의 경상수지 개선효과를 상쇄시키는 경우 평가절하에 따른 경상수지 개선효과는 지속되지 못하게 된다. 거시경제변수들 간의 상호작용에 의해 환율변동의 경상수지효과가 상쇄되는 대표적인 경우로서는 ① 환율상승으로 인하여 경상수지가 개선되는 단기적 효과가 있다고 하더라도 환율상승에 따라 물가가 상승함으로써 수출품의 가격경쟁력이 약화되어 경상수지 개선효과가 지속되지 못하는 물가변동효과, ② 환율상승에 따라 수출이 증가하고 국민소득이 증대됨에 따라 수입이 증가함으로써 경상수지 개선효과가 지속되지 못하는 소득변동효과 등을 들 수 있다.

3. 평가절하를 통한 경상수지 개선정책의 부작용

이상에서 살펴 본바와 같이 환율상승이 경상수지를 개선시키는 경제적 효과는 수요의 가격탄력성·현실적 제약요인·거시경제변수 간의 상호작용 등으로 인하여 일정한 제약이 존재한다. 그럼에도 불구하고 많은 나라들이 인위적인 평가절하 정책을 통하여 국제수지를 개선하고

33 「환율예상효과」란 자국통화의 평가절하가 이루어지는 가운데 자국 수입업자들은 앞으로 평가절하가 계속될 것을 예상(우려)해 수입을 앞당기는 경향이 있는 반면, 외국의 수입업자들은 평가절하로 인한 수출가격의 추가하락을 기다려 수입을 지연하는 경향 때문에 평가절하에도 불구하고 단기적으로 경상수지가 악화되는 효과를 말한다.
한편 「시차효과」란 환율변동 → 수출입가격 변동 → 수출입물량 변동의 인과관계가 이루어지는데 가격변동은 즉각적으로 일어나지만 물량변화에는 일정한 시차(time lag)가 필요하기 때문에 발생되는 효과이다. 무역량은 수개월 전에 체결된 무역계약에 의해 이행되므로 평가변동 직후 수출입 변동효과는 미미하다. 또한 단기적으로 수입수요 및 수출공급의 가격탄력성이 별로 크지 못하므로 재화와 용역의 국제적 이동이 환율변화에 대해 일정한 시차를 두고 나타날 수밖에 없다. 일반적으로 소비자의 경우 가격의 경쟁적 상황이 변화되더라도 이것을 인식하는데 일정한 시간이 걸리는데 국제거래의 경우 특히 이러한 시차가 커질 수 있으며, 수출업자(생산자) 역시 새로운 거래처를 물색하여 계약을 체결하고 계약을 이행하는데 상당한 시간이 걸리기 때문이다.

34 따라서 환율의 전가율이 0이라면 환율변화에도 불구하고 수출입가격의 변화는 없다는 것을 의미한다. 미국과 유럽 간의 무역을 보면 이러한 전가율이 50% 정도인 것으로 나타났고 환율변화가 가격에 주는 충격을 흡수하려고 노력하는 일본기업들의 경우에는 전가율이 이보다 낮은 것으로 관측되고 있다.

경제성장을 촉진하려는 노력을 행하고 있다. 그러나 평가절하정책을 현실적으로 이용할 때는, 이러한 정책효과가 제한적인 성격을 가진다는 점을 잘 인식해야 함은 물론, 이러한 정책의 시행이 또 다른 문제점과 부작용을 초래할 수 있다는 점을 충분히 고려하여야 한다.

부정적 효과 평가절하를 통하여 경상수지를 개선할 수 있는 긍정적 영향이 있다고 하더라도 자국 통화의 평가절하는 물가상승과 잦은 인플레이션 유발위험, 교역조건악화를 통한 국민후생 저하위험, 소득재분배에 따른 불평등성 심화문제 등과 같은 부정적 영향이 수반될 수 있으므로 경상수지의 개선만을 위하여 평가절하정책을 남용하여서는 안 된다.

환투기 조장 어떤 나라가 가까운 장래에 평가절하를 취하려고 한다는 예상이 이루어지면 해당 통화를 매각하고 다른 통화를 매입하려는 환투기행위가 조장된다. 이러한 불안정한 환투기가 이루어지면 결국 정부는 원치 않는 평가절하를 시행하든지 계획되었던 평가절하를 앞당겨 시행할 수밖에 없는 곤경에 처하게 된다. 이러한 일이 잦을 경우 자국 통화에 대한 신뢰성이 추락하고 외환시장이 혼란을 겪게 된다.

경쟁적 평가절하 환율변동으로 인한 경상수지 개선효과는 상대국들이 경쟁적인 평가절하나 자국 수출에 대한 수입제한조치들을 취하지 않아야 한다. 만약 이러한 조치가 강화되면 환율상승으로 인한 가격경쟁력향상이나 수출증대효과가 제대로 나타날 수 없어 평가절하의 효과가 무산될 뿐만 아니라 평가절하가 하나의 근린궁핍화정책으로 남게 된다. 역사적으로 1930년대 세계공황이나 1970년대 세계적 경기침체 속에서 이러한 결과가 현실적으로 나타나기도 하였다.

이렇게 자국의 국제수지를 개선하기 위하여 인위적으로 환율을 상승시키는 평가절하정책은 국제수지개선이라는 본래의 정책목표가 달성된다고 하더라도 여러 가지 부작용과 문제점을 유발시킬 수 있다. 그런데 이러한 평가절하정책의 부작용은 개발도상국의 경우에 더욱 심각해질 수 있음을 경고하는 주장들이 있다. 쿠퍼(R. N. Cooper) 교수는 개도국들의 경우 평가절하가 행해진 직후 오히려 국제수지가 악화되는 경우가 많았다고 지적하면서, 특히 그는 선진국들과는 다른 특성을 지닌 소규모 개방경제형 개도국의 경우 평가절하 직후 경기활성화보다 오히려 경기침체가 초래되어 생산감소와 실업증대 등과 같은 부정적 효과가 초래될 수 있음을 경고하였다.[35]

보충학습 7-7

평가절하의 대내경제적 효과(보충)

위에서 설명한 환율변동의 국제수지효과에서는 환율변동에 따른 여러 가지 경제적 효과 중 국제수지와 관련되는 효과만을 설명하였지만, 환율변동은 국제수지 이외에도 국내산업·국내물가·국내금융·국민경제생활 등에 광범위한 영향을 수반하게 된다. 이하에서는 이러한 경제적 효과들에 대하여 보다 구체적으로 설명한다.

35 Richard Cooper, "Currency Devaluation in Developing Countries," *Essay in International Finance* (Princeton University Press, 1971).

1. 국내물가에 대한 영향

일반적으로 환율이 상승하면 국내물가가 상승하고 환율이 하락하면 국내물가가 하락하는 효과가 발생되게 되는데 환율상승에 따라 국내물가가 상승하는 이유는 다음과 같다.

(1) 환율이 상승하면 수입품의 가격이 상승하게 되므로 이에 따른 소비자물가의 상승은 물론 수입원자재를 사용하는 생산품의 생산자물가가 상승하게 되어 전반적인 물가상승(인플레이션)이 이루어지게 된다.

(2) 수입품의 국내시장가격이 상승하면 동일한 제품을 생산하고 있는 수입대체재의 가격이 이에 따라 상승하게 된다. 또한 국내에서 독점력을 지닌 국내기업들은 때때로 환율인상 후의 물가불안정에 편승하여 환율변동의 영향 이상으로 국내가격을 인상시키거나 또는 환율변동의 영향이 없는 품목까지 가격을 인상하려는 편승압력이 작용한다.

(3) 환율인상에 따라 수출이 증대되고 수입이 감소됨에 따라 국내시장의 공급이 감소되어 가격이 상승할 수 있다. 또 다른 공급적 측면으로 평가절하로 인한 물가와 임금상승의 악순환이 발생할 수도 있다. 평가절하가 이루어질 때마다 물가가 상승하는 현상을 경험하게 되면 노동조합은 평가절하조치가 있을 때마다 실질임금 하락을 방지하기 위한 임금인상 요구가 이루어져 임금인상과 물가상승이 나선형인플레이션(spiral inflation)을 유발할 수 있기 때문이다.

(4) 보다 장기적인 관점에서 환율이 인상되면 통화가치하락·상품수지개선으로 인한 통화량 증대가 일어나게 되어 이로 인한 물가상승이 발생할 수 있다.

이와 같은 이유로 환율이 상승하면 물가상승이 발생하는 반면 환율이 하락하는 경우 물가하락이 발생될 수 있다. 환율과 물가 간의 이러한 관계를 통해 환율의 결정원리를 설명하는 이론이 구매력평가설(purchasing power parity theory)임은 앞에서 소개한 바 있다.

그런데 외환시장이 불안정한 경우 환율상승은 물가상승을 가져오고 이러한 물가상승은 그 나라의 국제수지적자를 초래하여 다시 환율이 상승하게 되어 환율상승 → 물가상승 → 국제경쟁력약화 → 국제수지적자 → 환율상승 → 물가상승과 같은 악순환이 발생할 수 있다. 이 때문에 환율과 물가의 상호관계에 대해서는, 환율이 상승하기 때문에 물가가 상승하는 측면을 강조하는 '외환원인설'과 물가상승으로 인해 환율이 상승하게 되는 측면을 강조하는 '물가원인설'이 대립되어 왔다.

그러나 환율과 물가 간에 이러한 상호작용이 있는 것은 사실이지만, 환율은 물가 이외의 여러 요인들에 영향을 받고 물가 역시 환율 이외의 많은 요인들에 의해 결정되므로 이 논쟁은 그다지 중요하지 않다고 할 수 있다. 다만 미국과 같은 거대규모 국가의 인플레이션은 대부분 국내적 요인이 원인이 되므로 물가변화가 환율에 영향을 주는 패턴인 반면, 비교적 국가규모가 작은 소규모 개방국가의 인플레이션의 경우에는 환율의 영향이 커질 것이므로 환율변화가 물가에 영향을 주는 패턴이라고 할 수 있다.

2. 국내투자·성장·경기에 대한 영향

기본적으로 투자 수요를 결정하는 중요한 요인은 국민소득과 이자율이지만, 경제의 국제화 수준이 높아지고 있고 우리나라와 같이 경제의 대외의존도가 매우 높은 경제의 경우 환율수준이나 환율변동 역시 투자에 중요한 영향을 미치게 된다. 일반적으로 환율변동은 다음과 같이 투자를 증대시키는 효과와 감소시키는 효과를 동시에 발생시킨다.

(1) 전통적으로 자국통화의 평가절하는 국내제품의 가격경쟁력을 제고시켜 국내상품에 대한 수요증가를 통하여 생산 및 투자를 증가시킬 뿐만 아니라, 환율상승은 외국에서의 생산보다 국

내에서의 생산비용을 감소시키게 되어 외국인직접투자의 유입을 촉진함으로써 국내투자와 성장을 촉진하는 경기팽창적 성격을 지니는 것으로 평가되어 왔다. 실제로 우리나라와 같이 수출증대를 경제성장의 발판으로 삼는 국가들이 이러한 견해에 입각한 경제정책을 수행하여 오기도 하였다.

(2) 이러한 전통적 견해에 대하여 최근에 들어와 환율상승이 소비 및 투자를 감소시키는 경기긴축적 요인으로 작용할 수 있다는 부정적 효과를 강조하는 연구결과들이 제시되기도 하였다. 우선, 원자재 및 자본재의 수입의존도가 높은 기업의 경우 환율이 상승하면 생산비용이 증가하여 투자 및 생산이 감소하고, 외채비중이 높은 기업의 경우 역시 외채의 원리금상환부담이 증가하여 투자와 생산이 위축될 수 있다. 또한 다른 조건이 일정할 때 환율상승은 교역조건의 악화 및 물가상승을 초래하여 실질소득수준을 감소시키므로 소비둔화와 이에 따른 생산 및 투자감소를 초래할 수 있다. 한편 경제의 대외의존도가 높은 소규모 개방경제의 경우 환율수준 및 환율변동성이 투자결정에 미치는 영향이 커져서 환율변동으로 인한 불확실성이 투자를 저해하는 효과도 작용하고 있다.

이같이 환율의 상승은, 수출품의 가격경쟁력향상과 수입품의 국내가격상승을 초래하여 수출산업 및 수입대체산업의 투자증대효과를 발생시키지만, 수입자본재 가격상승·외채부담증가·교역조건악화·물가상승·환율변동성증대 등을 초래하여 투자감소효과를 발생시킨다. 따라서 환율상승으로 투자가 촉진되는 경우는, ① 수출증대로 인한 수출기업의 투자, ② 수입품가격상승 및 수익성증대에 따른 수입대체산업의 투자, ③ 국내생산비조건의 개선에 따른 외국인직접투자 증대가 있을 수 있다. 반면 환율상승으로 투자가 감소되는 경우는, ① 수입자본재·원자재 가격의 상승으로 인한 국내산업의 투자위축, ② 외채상환부담증가로 인한 외자기업의 투자위축, ③ 수출품 상대가격하락으로 교역조건이 악화됨으로써 발생되는 실질소득감소·국내수요위축으로 인한 투자감소, ④ 환율수준 및 환율변동성 확대에 따른 불확실성증대로 인한 투자감소효과 등이 있을 수 있다.

따라서 환율의 상승이나 하락이 국내투자에 미치는 전체효과는 이 두 가지 효과의 합으로서 나타나게 되는데, 이것은 그 나라 경제의 대외의존도·산업구조·자본재수입구조·외채규모 등에 의해 영향을 받게 되므로 일의적으로 나타나지 않게 된다. 우리나라에 대한 어떤 연구결과 역시 1980년대 이후 환율하락이 수출둔화를 초래하였지만 전체 경제성장은 오리혀 촉진시켰다는 결과를 발표하기도 하였다. 따라서 환율상승이 투자와 경제성장에 긍정적인 영향을 미치는 경기팽창적이라는 전통적인 견해에만 매몰되지 말고 환율변동이 투자와 성장에 미치는 종합적인 효과를 보다 객관적이고 면밀하게 분석하는 실증적 연구를 바탕으로 하는 환율정책의 수립과 실행이 필요할 것이다.

3. 산업부문별 효과 및 소득재분배효과

이상에서 설명한 환율변동의 가격경쟁력효과 및 경상수지변동효과에 따라 수익성이나 비용측면에서 이득을 얻는 산업도 있고 손해를 보게 되는 산업도 있게 된다. 예컨대 우리나라의 대미달러 환율이 상승하면 미국에 자동차를 수출하는 국내기업은 달러표시 수출가격이 떨어져 미국기업이나 일본기업에 비하여 가격경쟁력이 강화되어 유리할 뿐만 아니라 미국에서 창출된 투자수익이 한국으로 송금될 때 커다란 이득이 생겨서 반길 것이지만, 미국자동차를 수입하는 국내기업이나 미국으로 새로이 진출하려는 우리나라 기업은 우리나라 통화로 환산한 미국자동차가격이나 미국에 대한 투자비용이 더 커져서 이를 환영하지 않을 것이다.

일반적으로 환율상승으로 이득을 보게 되는 산업으로서는, ① 가격경쟁력향상으로 수출이 증대되는 수출산업, ② 수입품의 국내가격상승으로 보호관세와 동일한 효과를 얻게 되는 수입경쟁(대체)산업, ③ 환율변동으로 초기투자비용이 작아지게 되는 신규진입 외국기업, ④ 외국인을 상대로 하는 국내관광산업 등이다.

이와는 반대로 환율상승으로 불리해지는 산업은, ① 수입상품의 국내표시가격 상승으로 더 높은 가격을 지불해야 하는 수입산업, ② 해외에서 중간재·부품·자본재의 수입비중이 높은 산업, ③ 환율상승으로 원리금상환의 부담이 커져 이에 따른 수익성악화가 나타날 수 있는 외국차관산업, ④ 초기의 투자부담이 커져 불리할 수 있는 신규 해외투자기업, ⑤ 내국인을 상대로 하는 해외관광산업 등이 있다.

환율변동으로 인한 이와 같은 산업별 수익과 비용의 변화는 국내 생산요소 간 소득배분에 영향을 미치게 된다. 예컨대 환율이 상승하면 수출산업에 집약적으로 투입된 생산요소는 이익을 얻는 반면 수입대체산업에 집약적으로 투입된 생산요소는 손해를 입게 되므로, 이러한 소득재분배에 따른 형평성문제가 발생할 수 있다.

따라서 개별국가의 정책당국이나 개별경제주체 모두 이러한 환율변동에 대한 적절한 정책이나 대응책을 마련하여야 한다. 우선 정책당국은 ① 거시경제의 안정적 운용을 통한 적정환율의 유지, ② 환율의 가격기능제고와 건전한 외환시장의 육성, ③ 외환시장안정을 위한 국제협력체제의 구축을 이룩하여야 하며, 개별경제주체들 역시 ① 시장정보수집 및 분석기능의 강화, ② 환율변동에 따른 환위험 관리체계의 확립을 이룩하여야 한다.

제 8 장 International Fiance

국제금융시장과 국제통화체제

국경을 넘는 자금거래가 이루어지는 시장이 국제금융시장인데 전통적으로 이러한 국제금융시장은 국가 간의 자금거래를 원활하게 함으로써 실물경제의 성장을 뒷받침하고 기업의 생산 활동을 효율적으로 수행할 수 있도록 하는 보조적 기능을 담당하였다. 그러나 국제금융거래의 규모가 급격히 팽창하고 금융시장의 자유화·국제화가 크게 확대되면서 국제금융시장의 역할 역시 단순히 실물경제를 뒷받침하는 데 그치지 않고 그 자체 다양하고 광범위한 경제적 효과를 창출하는 역할과 기능을 가지게 되었다.

이에 제8장 제1절에서는 이렇게 급속히 발전하고 있는 국제금융시장의 의의와 특성을 살펴보고 이러한 국제금융시장의 급속한 규모팽창과 더불어 급속히 진전되고 있는 금융세계화(financial globalization)의 원인과 영향에 대하여 논의한다. 이어 제2절에서는 앞에서 살펴본 환율과 국제금융시장의 구조에 지대한 영향을 미치는 국제통화제도에 대하여 이론적·역사적인 고찰을 행한 다음 현 통화체제의 문제점과 개편논의에 대하여 소개한다.

제 1 절 국제금융시장과 금융세계화

1. 국제금융시장의 의의와 종류

1.1 국제금융시장의 의의

국제금융시장은 국경을 넘는 자금거래가 이루어지는 시장으로서, 좁은 의미로서는 이러한 자금거래가 이루어지는 구체적 장소를 지칭하지만, 넓은 의미에서는 이러한 장소적 개념뿐만 아니라 국제자금의 수요와 공급을 연결해주는 기구·기능·거래 등과 관련되는 일련의 메커니즘을 포괄하는 추상적 개념이다.

이러한 국제금융은 19세기 이후 영국을 중심으로 시작되었지만 본격적인 의미의 국제금융은 1950년대 말 유러시장이 형성되어 미국은행들이 유럽에 대거진출하면서부터 시작되었다고 할 수 있다. 이후 1970년대 후반부터는 OECD국가들로 대표되는 선진국의 자본 및 외환자유화가 확대되었고, 1980년대 초에는 개도국의 외채위기를 계기로 자본 및 외환자유화가 개도국으로까지 확대됨으로써, 1990년대 이후에는 보다 획기적인 모습으로 확장되고 발전되었다.

전통적으로 국제금융시장은 국가 간 자금거래를 원활하게 함으로써 실물경제의 성장을 뒷받침하고 기업의 생산 활동을 효율적으로 수행할 수 있게 하는 수단적 기능을 담당하였다. 그러나 국제금융거래 규모가 급격히 증대되고 금융시장의 자유화·국제화가 크게 확대되면서 국제금융시장의 역할 역시, 실물경제를 뒷받침하는 데 그치지 않고 금융자산의 효율적 운용을 통한 이익창출효과, 금융자산의 최적배분을 통한 자본생산성 증대효과, 국제 무역과 투자의 확대효과, 국제유동성 조정효과, 경제발전 촉진효과 등과 같은 기능이 더 중요해지고 있다.

1.2 국제금융시장의 구분

[1] 국제금융시장은 금융중개기관의 역할과 기능에 따라 직접금융시장과 간접금융시장, 금융기관 소재지에 따라 역내금융시장과 역외금융시장으로 구분된다.

직접/간접금융시장 자금의 수요자와 공급자를 중개함에 있어 금융기관이 어떤 역할을 행하느냐에 따라 직접금융과 간접금융으로 구분한다. 직접금융시장(direct financial market)이란 자금거래가 자금 수요자와 공급자 간의 직접적인 거래에 의해서 이루어지는 금융시장이다. 자금수요자가 발행한 증권(자금차입을 나타내는 채권 등의 증서)을 자금공급자가 매입하는 형식으로 이루어지는데 이러한 증권은 많은 투자자들이 매입하므로 거액의 자금조달이 가능해진다. 간접금융시장(indirect financial market)이란 자금의 대차가 금융 중개기관을 통하여 이루어지는 시장이다. 보통 자금공급자가 예금 형식으로 금융기관에 예치한 자금을 자금수요자에게 대부하는 형식을 취하게 되는데, 이때 금융기관은 스스로 금융거래의 직접 당사가가 되는 딜러(dealer) 역할을 수행한다.

역내/역외금융시장 금융업무를 행하는 금융기관의 소재지에 따라 역내금융시장과 역외금융시장으로 분류할 수 있다. 역내금융시장은 국제금융거래가 금융기관 소재국의 통화로 이루어지는 시장으로서 직접금융을 행하는 외국채권시장과[1] 간접금융을 행하는 국제여신시장으로 구분한다. 역외금융시장이란 금융기관 소재국 이외의 통화로 거래가 이루어지는 시장으로서 이를 유로금융시장라고 부르기도 한다. 이러한 역외금융시장에는 직접금융을 행하는 유로채권시장과 간접금융을 행하는 유로커런시시장으로 나누어진다.

1 외국채권의 경우 미국의 자본시장에서 외국차입자가 달러표시 채권을 발행하는 경우 양키본드(Yankee bond), 일본의 엔화표시 채권은 사무라이(Samurai)본드, 영국의 파운드화표시 채권은 불독(Bulldog)본드, 프랑스의 경우 샴페인(Champagne)본드, 한국의 경우 아리랑(Arirang bond)본드라고 한다.

표 8-1 국제금융시장의 구분

	역내금융시장	역외금융시장(유로시장)
직접금융시장	외국채권시장	유로본드시장
간접금융시장	국제여신시장	유로커런시시장

[2] 국제금융시장은 또한 거래되는 금융상품의 내용에 따라 ① 국제자본시장, ② 국제단기금융시장(자금시장), ③ 파생금융상품시장, ④ 외환시장 등으로 구분할 수 있다.

국제자본시장/단기금융시장(자금시장) 금융상품의 만기에 따라 장기(1년 이상) 자산을 거래하는 국제자본시장(international capital market)과 단기(1년 이내) 자산을 거래하는 국제자금시장(international money market) 내지는 국제단기금융시장으로 구분할 수 있다. 전자는 만기가 긴 채권(bond)·만기가 없는 주식·은행의 장기대출 등을 거래하는 금융시장이고, 후자는 단기채권(note)·예금 등을 거래하는 금융시장이다.

공장을 짓는다거나 연구개발을 행하려고 하는 것과 같은 자본지출을 위해서는 장기금융이 필요하므로 국제자본시장을 통하여 조달하고, 재고투자나 일반관리비와 같은 경상적 지출을 위한 단기자금은 국제자금시장에서 조달한다. 투자자들은 투자기간과 유동성의 정도를 고려하여 양쪽 시장 중 어느 하나의 거래를 선택하게 되는데 양쪽 시장의 가격결정구조가 서로 다르므로 두 개의 시장을 하나의 통합된 시장이라고 할 수는 없다. 그러나 두 시장 모두 통화의 수급에 영향을 받을 뿐만 아니라 장기적 금융거래는 단기적 금융거래와 연계되어야 하는 만큼 양자는 서로 밀접하게 연결되어 있다.

기초금융상품시장/파생금융상품시장 거래되는 금융상품의 특성에 따라 기초금융상품시장과 파생금융상품시장으로 구분한다. 파생금융상품이란 다른 금융상품의 거래에 기초하여 파생된(derivative) 상품을 말하는데 이때 이러한 파생상품의 기초가 되는 기초금융상품으로서는 주식·통화·채권 등이 있다. 따라서 주식이라는 금융상품에 기초하여 개발된 파생금융상품으로서 주식옵션이 있고 이자를 지급하는 채권에 기초하여 개발된 파생금융상품으로서 금리스왑이 있다.

파생금융상품은 원래 곡물·원유·금 등과 같은 파생상품거래의 연장선상에서 1970년대 이후 본격적인 거래가 시작되었는데 최근에는 이러한 거래의 규모가 크게 확장되어 금융기관 간 경쟁이 격화되고 있다. 파생상품시장이 이렇게 급격히 확장된 이유는, 정보통신기술의 발달과 자본자유화로 금융시장이 글로벌화 되면서 시장구조가 복잡해지고 가격변동성과 위험이 커졌기 때문이다. 가격변동성이 커져 시장참가자의 위험이 증대됨에 따라 이러한 위험을 관리하기 위한 수단으로서의 파생금융상품 수요가 커졌음은 물론 이러한 변동성을 오히려 활용하여 이익을 얻으려는 투기적 수요가 가세하면서 파생금융상품의 시장규모가 폭발적으로 성장하게 되었다.

외환시장 외환시장(foreign exchange market)은, 앞에서 이미 설명한 바와 같이, 서로 다른 통화 간의 단순한 교환이 이루어지는 국제금융시장이다.

[3] 상술한 바와 같이 파생금융상품시장 규모가 확대되고 금융기관 간 경쟁의 격화 속에서 다양한 파생상품이 등장하였고 이후 여러 가지 금융상품과 파생금융상품을 결합하여 새로운 특성을 지닌 금융상품을 만들어내는 금융공학과 금융혁신이 일어나 금융시장 전반에 근본적인 변화가 일어났다. 이러한 변화에 따라 실로 다양한 파생상품거래가 있지만 이를 거래계약의 기본적 특성에 따라 구분하면 ① 금융선물거래, ② 금융옵션거래, ③ 금융스왑거래로 구성된다.

금융선물거래 선물(futures)거래는 특정 자산을 미래의 특정 시점에 정해진 가격으로 인도/인수하기로 약정하는 계약이다. 선물거래는 원래 원유나 곡물 등 상품선물에서 비롯되었으나 1970년대 초 국제통화체제가 변동환율체제로 전환된 것을 계기로 금융에 대한 선물거래가 시작되어 오늘날에는 전체 선물거래의 70% 이상을 차지하고 있다. 이러한 금융선물거래는 통화·금리·채권·주가지수선물 등으로 구분되는데, 통화선물(currency futures)이란 미리 정해진 환율로 미래의 일정시점에 외화를 매입할 수 있는 상품을 말하고, 금리선물(interest rate futures)이란 미래의 어느 시점에 예금하려는 투자자가 금리변동의 위험을 방지하기 위하여 미래 예금의 금리를 현재에 정하여 계약을 체결하는 상품이다.

금융옵션거래 옵션(option)이란 미래의 특정시점 또는 특정기간 동안에 미리 정해진 가격으로 상품을 사거나 팔 수 있는 권리를 매매하는 계약으로서 살 권리의 계약을 콜(call)옵션, 팔 권리의 계약을 풋(put)옵션이라고 한다. 이러한 옵션계약은 가격이 변동되는 어떠한 자산에 대해서도 가능할 수 있지만 그 기초자산이 통화·증권·금리 등과 같은 금융자산일 때 이를 금융옵션이라고 한다. 이러한 금융옵션 중 가장 대표적인 옵션계약이 통화옵션(currency option)인데 이는 미리 정해진 가격으로 특정 외화를 매입하거나 매각할 수 있는 권리를 부여하는 것을 말하고, 스톡옵션(stock option)이란 미리 정해진 가격으로 주식을 매일할 수 있는 권리를 부여하는 것을 말한다.

금융스왑거래 스왑(swap)의 의미는 말 그대로 서로 '교환'하는 것으로서 모든 시장거래가 교환을 의미하지만 파생상품으로서 금융스왑은 서로 다른 금융자산이나 부채에서 발생되는 미래의 현금흐름을 교환하는 계약이다. 예컨대 금리스왑(interest rate swap)이란 고정금리와 변동금리 현금흐름을 서로 교환하는 거래처럼 동일한 통화표시에 서로 다른 형태의 이자지급 현금흐름을 교환하는 것이고, 통화스왑(currency swap)이란 표시통화가 다른 현금흐름을 서로 교환하는 것으로서 국제자본시장에서의 자금조달이나 해외투자에 따른 환위험 관리·자금조달비용 절감·투자수익률 제고 등의 목적으로 광범위하게 사용된다.

2. 금융세계화

2.1 금융세계화의 의의

[1] 오늘날 세계화(globalization)라는 현상이 정치·경제·사회문화적 측면에서 모두 함께 이루어지고 있지만 그 중에서도 가장 가시적인 변화를 이루는 부분이 경제적 측면이므로 경제세계화(economic globalization)가 세계화를 추동하는 근본적인 힘이 되고 있다. 이러한 경제의 세계화를 그 내용에 따라 다시 구분하면 ① 교역(trade)의 세계화, ② 생산(production)의 세계화, ③ 금융(finance)의 세계화로 구분할 수 있다. 이렇게 경제의 세계화에는 교역·생산·금융이라는 3가지 측면이 있지만 1990년대 이후 급격히 진행되고 있는 금융부분이야 말로 세계화가 가장 분명하게 적용되는 영역인 만큼 금융세계화(financial globalization)가 경제세계화의 가장 핵심적인 부분이라는 사실에 많은 학자들이 동의하고 있다.

그런데 금융세계화가 구체적으로 무엇을 의미하는가에 대해서는, 세계화 일반에서와 마찬가지로 통일적인 개념정의가 이루어지지 못하여, 금융의 국제화((internationalization)·자유화(liberalization)·탈영토화(de-territorialization)·표준화(standardization) 등 다양한 개념으로 사용되어지고 있다. 그러나 보다 일반적으로는, 금융의 국제화와 자유화로 인해 국경을 넘는 금융거래규모가 크게 확대되고 금융시장이 세계적으로 통합되어 각국의 금융시장과 금융제도가 상호 밀접한 연계관계를 가지는 현상을 포괄적으로 의미한다고 할 수 있다.

이렇게 금융의 국제적 팽창과 국제화가 나라나 지역을 초월하여 급속히 이루어지는 금융세계화라는 현상이 하나의 지배적 경향으로 표출됨에 따라 금융의 세계화현상이 어떠한 방향과 내용으로 전개되고 있고 이러한 금융세계화의 배경과 원인은 무엇인가, 금융세계화는 어떠한 경제적 영향을 초래할 것인가, 또한 이를 어떻게 관리하고 통제하여 이것의 긍정적 효과를 극대화하고 부정적 효과를 극소화할 것인가 하는 문제 등에 대한 논의가 활발하게 이루어지고 있다.

[2] 우선 금융세계화라는 현상을 어떻게 평가할 것인가에 대하여 대부분의 사람들은 이를 우리 인류가 처음으로 경험하는 새로운 현상으로 이해하려는 경향이 있지만, 또 다른 사람들은 오늘날과 같이 금융이 국제화되는 현상은 종전에도 존재하였을 뿐만 아니라 오늘날의 현실이 결코 그 때에 비하여 더 획기적이라고 보기도 어려우므로 세계화라는 현상이 결코 새로운 것이 아니라는 견해를 보이기도 한다.[2] 전자의 입장에 서 있는 사람들이 세계화론

2 그들은 세계화의 역사를 1870년대부터 제1차 세계대전(1914년)까지의 제1차 세계화와 1980년대 이후의 제2차 세계화로 구분하고. 제1차 세계화 시기 역시 상당한 수준으로 세계경제가 통합되어 있었으므로 1980년대 이후 전개되고 있는 제2차 세계화의 흐름이 그 시기에 비해 결코 더 획기적인 변화를 이룩하고 있다고 보기 어렵다고 주장한다.

자(globalist)들이라면 후자의 입장에 있는 사람들이 세계화 회의론자(sceptics) 내지 비판론자들이다.

금융세계화 현상에 대한 이러한 비판적 주장이 있음에도 불구하고 금융세계화 현상은 오늘날 우리 눈앞에서 전개되고 있는 하나의 현실로서 그 이전 19세기 말부터 제1차 세계대전 이전까지 전개되었던 금융국제화와는 다른 특성들을 보여주고 있다. 우선 국제금융거래 규모가 어느 때와 비교하기 어려울 만큼 급속히 팽창하였다는 특성을 보여주고 있을 뿐만 아니라 그 내용면에서도 다음과 같은 차이점들을 보여주고 있다.

(1) 19세기 말에는 금본위제와 고정환율제에 기초하여 외환시장의 세계화가 이루어지지 못하였음에 비하여 최근에는 변동환율제와 파생금융상품 등 금융시장의 복잡한 발달로 외환시장의 세계화가 폭발적으로 나타나고 있다.

(2) 19세기 말의 자본이동은 저개발국에 대한 플랜테이션·광업투자나 신개척지에 대한 인프라투자 등 장기자본의 성격을 가졌는데 비하여 오늘날의 자본이동은 단기자본의 흐름이 주류를 이루고 있다.

(3) 금융시장 및 금융기법의 획기적 발전으로 인하여 새로운 금융상품(특히 파생금융상품)이 다양하게 출현하여 금융거래를 주도하면서 포트폴리오투자가 급등하고 있다.

표 8-2 19C 말 금융국제화와 20C 말 금융세계화의 비교

구분	19C 말(금융국제화)	1980년대 이후(금융세계화)
금융환경	금본위제와 고정환율제 기초 외환시장이 세계화되지 않음	변동환율제 시스템 하에서 외환시장의 세계화 이루어짐
자본의 성격	저개발국 플랜테이션·광업투자, 신개척지 인프라투자 등 장기자본	금융자산에 대한 포트폴리오투자 단기자본의 흐름이 주류
금융상품	예금·주식·채권 등 단순한 금융상품	파생상품 등 금융시장의 복잡화

이렇게 최근에는 국제금융거래 및 금융시장의 규모가 엄청난 규모로 확대되었을 뿐만 아니라 금융거래의 환경과 내용이 그 이전과는 다른 특성들을 보여주고 있어 19세기 말의 금융현상이 「금융국제화」였다면 오늘날의 금융현상을 이와 구별하여 「금융세계화」로 개념화하는 것이 반드시 불가능하지는 않을 것이다.

2.2 금융세계화의 배경과 원인

이처럼 국경을 넘는 국제금융거래의 규모가 크게 확대되고 금융시장의 세계적 통합이 이루어져 각국의 금융시장과 금융제도가 상호 밀접한 연계관계를 가지는 금융세계화가 이루어져 왔는데, 그렇다면 이러한 금융세계화가 1980년대 이후 급격히 확대된 배경과 원인은

무엇인가?

이에 대해서도 분석자의 정치경제적 입장에 따라 강조점이 서로 다르다. 대부분의 경제학자나 자유주의자들은 금융세계화를 기술과 시장의 자율적 발전의 결과로 이해하는 반면, 현실주의적 정치경제학자들은 국제관계의 역사적 변화 속에서 개별국가들이 자국의 이익을 위하여 취한 정책적 선택과 의도 때문이라고 파악한다. 반면 급진주의자들은 금융세계화는 자본에 내재한 속성으로서 전후에 형성된 자본주의의 기본적 축적체제가 붕괴됨에 따르는 자본의 대응으로 파악하려 한다.

(1) 자유주의의 견해

대부분의 주류경제학자들이나 자유주의자들은 세계화의 원인이나 배경에 대한 치열한 이론화를 하지 않았던 만큼 금융세계화를 기술발전·교통통신비용 하락 등 외부환경 변화에 따른 자연스럽고 필연적인 변화로 생각하는 경향이 있다. 따라서 이들은 기술과 시장의 자율적 발전 등 다음과 같은 외부적·환경적 요인들을 금융세계화의 배경으로 강조한다.

기술의 혁명적 발전 경제의 세계화가 이루진 것은, 교통·통신기술의 급속한 발전으로 상품과 자본의 국제적 이동에 따르는 비용과 리스크가 극소화되어 이른바 거리의 소멸(death of distance)이 초래되었고, 또한 기술의 급속한 발전으로 전통적 의미의 국경이 허물어져 국경 없는 세계(borderless world) 또는 하나의 지구촌(one global village)이 탄생되었기 때문이다. 금융분야에 있어서도, 정보통신분야의 혁명적 기술발전으로 국경이라는 지리적 제약을 넘어 대량의 정보를 신속하게 실시간으로 전달할 수 있게 되어 방대한 데이터베이스의 구축과 복잡한 파생상품의 신속한 계산이 가능해짐으로써 국제금융거래에 따르는 비용과 위험이 대폭적으로 감소하게 되었다.

금융의 탈규제화 · 자유화 1980년대 이후 미국과 영국을 중심으로 하는 대부분의 선진국에서는 금융기관의 업무나 금융거래에 대한 다양한 제한들이 급격히 완화되거나 소멸되는 탈규제화 및 자유화 정책이 채택되었다. 선진국들의 이러한 금융산업의 탈규제화·자유화 경향이 보편적인 국제적 추세로 자리 잡게 되었고 1990년대 들어와 특히 개도국에서도 금융시장개방과 자본자유화가 급속히 진행되어 이 시기 개도국으로의 자본유입을 촉진하는 중요한 요인이 되었다.

국제자본이동의 자유화 정보통신기술의 발전으로 인해 거대하고 급속한 금융자본의 국제적 이동이 가능해지고 국제금융시장의 성장과 금융정보의 확산으로 인하여 국제금융거래의 비용이 대폭적으로 감소함에 따라 국제자본이동에 대해서도 자유화가 크게 증대되었다. 1970년대 초 자본이동에 대한 자유화가 선진국들 중심으로 꾸준히 진전되었고, 1990년대 이후에는 개도국들의 자본자유화가 급속히 진행되었을 뿐만 아니라 탈냉전으로 인한 사회주의국가들의 시장경제체제화로 인하여 그들의 시장과 경제가 개혁과 개방을 통하여 세계경제에 통합됨으로써 자본이동에 대한 국가간 장벽이 제거되었다.

이처럼 자유주의자들은 금융세계화의 배경을 기술과 시장의 발전이라는 외부적·환경적 요인에서 파악하므로 앞으로 기술이 지속적으로 발전하면 할수록 세계경제의 통합도 증대되어 궁극적으로는 세계경제가 하나로 통합되는 시대가 올 것이라고 예견하면서 세계화 현상은 돌이킬 수 없는 불가역적 추세로서 앞으로도 더욱 강화될 것이라고 전망한다.

(2) 현실주의의 견해

금융세계화가 교통통신기술이나 금융시장의 급속한 발전 등과 같은 외부적·환경적인 요인에 의해 생성·심화되었다는 자유주의와는 달리 국제정치경제의 현실주의(realism)는 금융세계화를 추동하는 동력은 세계대전·대공황·냉전 등과 같은 국제관계나 국제체제의 권력배분의 변화, 그러한 국제관계의 역사적 변화 속에서 개별국가들이 취하는 정책적 선택 등과 같은 정치적·정책적 요인에 기인하는바 크다고 주장한다. 따라서 이들은 오늘날 금융세계화가 급속히 확산되는 것은 결국 금융의 우위를 누리고 있는 미국과 영국 등 헤게모니적 파워를 가지고 있는 국가의 이해관계가 이와 일치하기 때문이라고 해석한다.

이들은 영국의 대처정부나 미국의 레이건정부가 들어선 것은 이들 국가 내부에 신자유주의정책이 본격화되었음을 의미하는 동시에 다른 국가들에 대해서도 대외개방압력이 높아졌음을 의미한다고 전제하고, 1980년대 레이건-대처리즘의 대두가 금융세계화·경제세계화를 가속화시켰고 월가를 중심으로 하는 세계금융자본들의 이익을 충실하게 반영하는 방향으로 진행되었다고 해석한다. 이러한 입장을 취하는 일련의 학자들은 1980년대 이후 이루어진 금융세계화가 미국을 중심으로 하는 선진국들의 의도적인 금융 및 자본의 자유화정책에 기인한 바가 크다고 주장하였다.

이러한 입장에서 보면 1980년대 선진국들이 주도한 금융자유화정책이나 1980년대와 1990년대에 개도국들이 금융 및 외환위기를 겪으면서 취한 자본시장개방정책은 단순한 시장압력의 결과라기보다는 자국의 금융기관이나 기업들의 경쟁력을 강화하고 그들에게 국제금융시장의 막대한 재원에 대한 접근을 용이하게 하기 위한 선진국들의 의도적인 정책선택의 결과였고, 후발 개도국의 경우 내부적 금융위기로 인해 선진국들이 요구하는 금융자유화와 자본시장개방을 채택하지 않을 수 없게 되었다고 할 수 있다.

따라서 이들은, 세계화는 돌이킬 수 없는 추세임을 주장하는 자유주의자들의 견해에 동의하지 않고, 세계화라는 자체가 국가와 국제정치에 의해 추진되고 유지되는 것으로서 그러한 국가의 역할이나 정치적 의지와 정책이 어떻게 변모하느냐에 따라 세계화의 양태와 정도가 얼마든지 달라질 수 있다고 주장한다. 따라서 지금 현재 진행되고 있는 세계화 경향 역시 향후 핵심적 국가들의 정책이나 의지에 따라 역방향으로 작용하여 세계화의 정도가 약화될 수 있다고 전망한다.

(3) 급진주의의 견해

이상과 같이 금융세계화가 기술이나 금융시장의 발전 등 외부적·환경적 요인에 의해 이루어진 것이라고 보는 자유주의자들과 금융의 우위를 누리는 강대국의 국익이나 이해그룹집단의 압력을 반영한 개별국가의 정치적·정책적 선택과 의도에 의해 이루어진 것이라고 보는 현실주의자와는 달리, 금융세계화와 배경과 원인을 보다 근본적으로 자본주의의 본질적 속성이나 자본주의의 동학(dynamics)과 관련하여 이해하여야 한다고 주장하는 급진주의자들이 있다. 세계화의 원인과 배경에 대한 이들 급진주의자의 견해와 주장은 내부적으로 서로 다른 차이가 있지만 대체로 다음과 같은 해석과 주장들이 주류를 이룬다.

(1) 오늘날 진행되고 있는 경제세계화나 금융세계화는, 140여 년 전 마르크스가 주장했던 자본주의의 운동법칙과 이에 따른 자본주의의 위기적 상황이 오늘날에 나타난 현상이다. 국내이윤율이 하락한 자본이 해외로 진출하는 자본의 국제화현상으로서 이는 결국 공황과 위기의 세계화·세계적 궁핍화·세계적 양극화 현상 등을 초래하게 될 것이라고 주장한다.

(2) 가치증식(valorization)을 생명으로 하는 자본(capital)의 본질은 이윤의 확대와 축적에 있으므로 이윤이 발생하는 곳이라면 세계 어느 곳이라도 침투하는 것이므로, 경제세계화나 금융세계화는 결국 이윤의 창출과 축적을 추구하는 자본들이 경쟁과 협력을 통해 자본주의 체제 내에서 초국가적 차원으로 확대해가는 현상이다. 따라서 오늘날 전개되고 있는 금융세계화경향은 자본주의의 역사적 전개과정 전체를 통틀어서 나타나는 보편적 경향으로서 다만 1980년대 이후 그 경향이 유례가 없을 정도로 강화되었을 따름이다.

(3) 이러한 입장에 있는 사람들은 오늘날의 금융세계화의 배경을 1970~80년대에 나타난 자본주의의 구조적 위기에 대한 자본의 대응전략으로서 파악한다. 그들은 세계화의 핵심주체는 결국 '자본'이며 이들의 이해와 압력이 세계화의 길을 여는 정책들로 이어졌다고 전제하면서, 오늘날의 세계화 역시 1970년대에 나타난 자본주의의 구조적 위기에 대응한 자본축적전략의 결과라고 주장한다. 따라서 그들은, '1970년대 이래 지속되어온 자본축적의 위기를 극복하기 위한 자본의 총공세가 세계화라는 이데올로기적 허울 속에 위세를 더해가고 있다'고 묘사하기도 한다.

2.3 금융세계화의 정치경제적 영향

세계화(globalization)의 배경과 본질에 대한 인식론적 견해가 이처럼 상반되듯 세계화가 가져다 줄 정치경제적 영향에 대하여서도 서로 상반되는 견해들이 극명하게 대립되어 왔다.

주류경제학이나 자유주의 정치경제학자들은 세계화가 가져다 줄 긍정적 효과를 역설하고 강조하여 왔다. 그들의 논리는 다양하지만 주장의 핵심은, 세계화는 ① 세계적 규모의 시장통합·시장기능의 극대화·경쟁의 촉진, ② 자원이동의 신속화·최적화를 통한 자원배분의

표 8-3 세계화 및 금융세계화의 긍정적 영향과 부정적 영향

구분	세계화 일반	금융세계화
긍정적 영향	• 세계시장통합, 시장기능과 경쟁 촉진 • 자원배분의 효율성 증대 • 경제의 성장, 후생극대화 • 만민주의·평화주의의 확산	• 금융시장의 세계적 통합 • 자원배분의 효율성 증대 • 경제성장의 촉진 • 경제 및 금융의 안정성 증대
부정적 영향	• 빈부격차 심화, 양극화 • 개도국 경제위기의 구조화 • 경제적 의존성 심화, 정치적 자주권 훼손 • 서구화·미국화(americanization) 심화 • 정치경제적 마찰과 갈등 격화 • 지구환경 및 인간성의 파괴	• 경제성장의 정체, • 경제의 안정성저해 • 소득불균형의 심화 • 국제금융위기 심화(개도국 위기 구조화) • 국민국가의 정책자율성 약화, 금융의 서구화·미국화(선진국의 금융지배) • 자본주의체제의 위기 심화

효율성증대를 통하여 ③ 세계적 경제성장과 후생극대화를 이룩할 수 있으며 또한 ④ 만민주의·평화주의가 확산될 수 있다는 것이다. 따라서 그들은 세계화의 이러한 긍정적 효과를 극대화하기 위하여 더 큰 자유화와 시장통합이 이루어져야 함을 소리 높여 외쳐대고 있다.

반면 현실주의 및 급진주의적 정치경제학자들이나 수많은 시민단체 및 NGO들은, 세계화가 당연히 인류의 성장과 후생에 도움을 줄 것이라는 순진한 믿음은 그 근거가 튼튼하지 못하여 논쟁의 대상일 뿐만 아니라 세계화가 오히려 인류 대부분의 후생이나 삶의 질을 저하시키는 원인이 될 수 있음을 강력하게 주장하고 있는데 이러한 그들의 반세계화 외침은 해를 거듭할수록 더 거세어지고 있다.

이들의 목소리 역시 다양하지만 그들은 세계화로 인하여 ① 소득분배구조의 불균형이나 불균등발전으로 인한 빈부격차의 심화, ② 개도국 경제위기의 구조화, ③ 세계경제 및 시장통합으로 인한 경제적 의존성 심화 및 정치적 자주권 훼손, ④ 세계 정치경제문화의 서구화 및 미국화(Americanization), ④ 이러한 문제들로 인한 정치경제적 마찰과 갈등의 격화, ⑤ 세계화가 초래할 지구환경 및 인간성의 파괴가 우려된다는 것으로 요약될 수 있다. 따라서 그들은 세계화가 초래할 부정적 영향을 차단하기 위하여 더 이상의 시장통합이나 자유화를 허용해서는 안 된다고 주장한다.

금융세계화(financial globalization)의 경우 역시, 세계화 일반에서와 마찬가지로, 그에 대한 원인·배경·성격 등에 대한 해석이 정치경제적 관점에 따라 서로 다른 만큼 그것이 가져올 정치경제적 영향에 대하여서도 서로 다른 평가와 전망을 내리는 것은 당연하다. 우선 대부분의 주류경제학자나 자유주의자 등 오늘날 진행되고 있는 세계화의 영향과 전망을 긍정적으로 평가하는 사람들은 금융세계화가 가져올 영향을 ① 금융시장의 세계적 통합으로 인한 세계적 차원의 자원의 효율적 배분이 이루어지고 이를 통하여 ② 경제성장이 촉진되는 동시

에 ③ 경제 및 금융의 안정성 역시 증대될 수 있다고 주장한다.

이와 같은 주류경제학자나 자유주의자들의 긍정적인 평가와 전망과는 반대로 비주류적 정치경제학자나 급진주의자들은, 현실은 그들의 주장과는 달리 부정적인 영향이 높아지고 있으며 실증연구의 결과 역시 그들의 긍정적 전망을 입증하지 못한다고 비판한다. 그들은 금융세계화는 ① 실물투자의 부진으로 인한 경제성장의 정체뿐만 아니라 ② 경제의 안정성 저해, ③ 소득불균형의 심화를 초래하는 동시에 ④ 국제경제위기의 심화, ⑤ 국민경제의 정책 자율성훼손이나 선진국에 의한 금융지배가 우려되며, ⑥ 더 나아가서는 자본주의체제의 위기와 같은 부정적 효과가 초래될 것이라고 평가하고 전망한다.

제 2 절 국제통화제도

1. 국제통화제도의 의의와 유형

1.1 국제통화제도의 의의

국제통화제도(international monetary system)란 국가들 간의 무역 및 금융거래를 위한 자금조달과 각국의 통화·중앙은행·통화제도들 간의 관계를 처리하는 체제로서 국제통화체제(international monetary regime)라고도 한다. 따라서 국제통화제도는 여러 국가의 다양한 정치제도·법률제도·사업관행들을 포함하는 협정이며 각국 간의 금융관계를 관리하는 조직·장치·수단·규정·관행 등을 총괄하는 개념이다. 그런데 어떤 국제통화제도가 그 본래의 역할을 제대로 수행하기 위해서는 다음과 같은 ① 유동성, ② 신인성, ③ 조정성, ④ 체제관리기능을 갖추고 있어야 한다.

유동성(liquidity) 공급능력 국제통화체제는 충분한 량의 국제통화를 공급하여 유동성 부족으로 국제경제활동이 제약을 받는 일이 없도록, 또한 일시적 국제수지불균형을 환율변동으로 대처하지 않고 지급준비금으로 결제하려할 때 소요되는 지급준비금을 용이하게 조달할 수 있도록 충분한 유동성 공급능력을 제대로 발휘하여야 한다.

신인성(confidence) 보장 국제통화 또는 기축통화의 통화가치가 안정적으로 유지되어 국제적 신인성을 유지할 수 있어야 한다. 일국의 만성적 적자나 경제위기 등은 그 나라 통화의 신뢰성을 떨어뜨리게 되는데 만약 이러한 일이 국제통화 보유국에서 일어나면 이것은 국제통화체제 자체에 대한 혼란으로 이어지기 때문이다.

국제수지의 조정성(adjustment) 국제무역과 국제투자의 흐름을 원활하게 하고 국제무역의 이익을 당사국간에 공평하게 분배하도록 하여야 한다. 그러기 위해서는 국제통화체제가 국제수지조정기능, 즉 각국의 국제수지불균형이 조정되는 절차를 간편하게 하고 그 조정 비용도 최소화하는 메커니즘을 발휘하여야 한다.

통화체제의 관리기능 어떤 통화체제가 아무리 유동성·신인성·조정성을 갖추었다고 하여도 그러한 통화체제를 하나의 제도 내지 체제(system/regime)로서 형성·유지·관리할 수 있는 메커니즘이 작동되지 않으면 본래의 역할을 다할 수 없게 된다. 국제통화관계가 무제한적 자유 하에 있을 때 발생할 수 있는 혼란을 방지하기 위해서는 국제통화관계를 조정하고 관리하는 어떤 관리체제와 메커니즘이 존재해야 한다.

물론 이상과 같은 요건들을 모두 완벽히 충족시켜주는 국제통화체제는 역사적으로 존재하지 않았다. 그럼에도 불구하고 이러한 요건들은 여전히 중요하여 이러한 기능을 갖춘 국제통화체제를 만들기 위한 노력이 필요하다.

1.2 국제통화제도의 유형

국제통화제도(international monetary system)는 어느 날 갑자기 어떤 합의에 의해 태동되는 것이 아니라 오랜 세월을 거치며 구체화되는 역사적 산물이다. 일반적으로 국제통화체제 유형은 환율제도와 대외지급준비자산에 따라 다음과 같이 분류한다.

1 제7장(국제수지와 외환)에서 설명한 바와 같이, 환율을 일정 수준으로 고정시키고 이러한 수준에서 환율을 유지시키는 제도가 고정환율제도이고 환율이 외환시장의 수요와 공급에 의하여 결정되어 변동되도록 하는 제도가 변동환율제도이다. 국제통화제도가 이들 중 어떤 환율제도를 채택하느냐에 따라 고정환율체제와 변동환율체제로 구분한다. 실제의 국제통화체제는 다음과 같이 양자의 절충형태를 취하기도 한다.

고정환율제도 고정환율제도의 경우에 있어서 환율을 어떤 수준에 고정시켜 놓는 완전한 고정환율제도 대신에, 환율의 변동 폭을 일정한 범위로 정해놓고 이러한 범위 내에서 환율이 운용되도록 하는 변형된 고정환율제도를 채택하는 경우가 대부분이다. 이 경우 기준환율을 정해두고 필요에 따라 그 기준환율을 조정하는 것이 조정가능한 고정환율제도(adjustable peg system)이다.

변동환율제도 변동환율제도를 채택하는 경우에도 환율이 시장의 수급상황에 따라 완전히 자유롭게 변동되도록 하는 자유변동환율제도(freely floating system)가 있고, 환율을 시장수급에 완전히 자유방임하기보다는 환율을 안정적으로 운영하기 위하여 정부가 어느 정도 개입하여 운용하는 관리변동환율제도(managed floating system)가 있다.

밴드환율제도 환율변동의 범위(band)를 미리 정해두고 그 범위 내에서는 자유롭게 변동되지만 그러한 범위 밖으로의 변동이 금지되는 제도가 밴드환율제도(band exchange rate system)이다. 이 경우에도 그 변동범위가 좁은 narrow band system과 변동범위가 넓은 wide band system로 구분된다. 이와 관련하여 목표환율대제도(target zone exchange rate system)는 각국들이 환율을 어떤 이상적인 수준(목표)과 변동가능한 일정한 범위(밴드)를 합의하여 두고 그러한 기준 내에서 유지되도록 하는 제도이다.

[2] 한편 국제통화제도는 그 대외지급준비자산(reserve assets)의 특성에 따라 여러 가지 유형으로 분류된다. 일반적으로 국제통화준비자산은 크게 상품·각국 통화나 신용자산·양자의 혼합 형태로 구분해볼 수 있는데 준비자산으로서의 상품은 주로 금(gold)이 사용되므로 결국 다음과 같이 금본위제·통화본위제(자유본위제)·금환본위제로 구분된다. ① 국제통화준비자산을 금(gold)으로 하는 제도가 금본위제(gold standard system)이고, ② 어떤 특정국의 통화나 IMF의 특별인출권(SDR: special drawing rights) 등으로 하는 제도가 통화본위제(자유본위제)이며, ③ 금은 물론 금과 태환할 수 있는(convertible) 어떤 통화로 하는 제도가 금환본위제(gold exchange standard system)이다.

2. 국제통화제도의 역사

2.1 국제통화제도의 역사적 변화 개관

현재의 국제통화체제가 어떤 기능과 역할을 행하며 어떤 한계점을 가지고 있는가를 이해하기 위해서는 이러한 국제통화제도가 형성되기까지의 역사적 배경과 변천내용에 대한 이해가 필요하다. 앞에서 설명한 국제통화제도의 유형분류의 기준이 되는 환율제도와 지급준비자산을 중심으로 지금까지의 국제통화체제의 역사적 변천내용을 요약하고 있는 것이 〈표 8-4〉이다.

표 8-4 국제통화제도의 변천과정 요약

구분	통화체제(존속기간)	준비자산(국제거래통화)	환율제도
IMF 이전 체제	국제금본위체제 (1870~1914)	금본위제 (실제로는 금+£본위제)	고정환율제도 (금평가기준)
	양차 대전 중 혼란기 (1914~1944)	금본위제파괴 (금·$·£)	혼란기
브레튼 우즈 체제	브레튼우즈체제 (1947~1971)	금환본위제 (금+$, 1968이후 SDR추가)	조정가능 고정환율제 (narrow band)
	스미소니언체제 (1971~1976)	금·$·SDR본위 (사실상 $본위제)	조정가능 고정환율제 (wide band)
브레튼 우즈 이후의 체제	킹스턴체제 (1976~)	SDR 본위제 ($+선진국통화)	자유변동환율제도
	협조적 변동환율제 (1985~)	SDR 본위제 ($+선진국통화)	협조적 변동환율제도 (목표환율대)

이 표를 통하여 알 수 있듯이, 국제통화제도는 그 체제가 기본으로 삼고 있는 환율제도나 지급준비자산의 변화에 따라 여러 차례 변동되어 왔다. 대체로 ① 지급준비자산은 금본위제 → 금본위제파괴 → 금환본위제 → 통화본위제의 과정을 거치며 변동되었고, ② 환율제도는 고정환율체제 → 혼란기(고정환율제도 붕괴) → 조정가능한 고정환율체제 → 변동환율체제 → 변동환율체제의 부작용을 막기 위한 협조적 환율체제로 변화되어 왔다.

2.2 IMF 이전의 국제통화체제

(1) 고전적 금본위체제(1870년대~1914)

본격적인 국제통화체제가 언제부터 성립되었는가에 대해서는 여러 가지 견해들이 있지만 일반적으로는 1870년대 영국 파운드화를 기초로 한 금본위제가 확립된 시기를 그 시작으로 본다. 금본위체제(gold standard system)란 금을 본위화폐로 하여 금(金)만을 국제통화 및 준비자산으로 인정하는 제도이다.

이러한 금본위체제는 준비자산의 형태라는 점에서 금본위제였지만 이 시기는 영국의 파운드화가 국제통화·준비자산으로서 기능을 발휘함으로써 사실상은 금·파운드화본위제였다고 할 수 있다. 이러한 금본위체제에서 각국은 자국화폐에 포함되어 있는 금의 량을 정하고 각각의 화폐단위와 금과의 법정교환비율인 금평가(金平價, gold parity)를 기준으로 환율이 결정되는 고정환율제도였다.

고전적 국제금본위제는, 당시 금 생산의 증가로 인해 국제통화로서의 유동성공급능력이 해결되었고, 금 또는 파운드 가치의 실질적 안정성 때문에 신인성이 충족되었으며, 국제수지불균형문제는 대부분 자동적으로 조정되었고, 이러한 통화체제가 영국의 지도력 아래 효과적으로 관리·운영됨으로써, 국제통화체제의 유연성과 안정성을 제공해주는 동시에 국내경제의 자율성과 국제경제의 안정성이라는 딜레마를 해결한 성공적인 통화체제로서 기능하였다.

(2) 양차 세계대전기 국제통화체제(1914~1944)

제1차 세계대전(1914년)이 발발하자 각국 정부는 지폐의 금태환을 중지시킴으로써 세계 최초의 국제통화체제인 금본위제는 35여 년만에 붕괴되었다. 또한 각국은 막대한 전쟁비용을 통화증발을 통해 충당함으로써 물가수준이 폭등하였고 경제는 피폐해졌다. 물론 금본위체제 붕괴 이후 과도한 환율변동으로 곤란을 겪던 주요국들은 과거 금본위제 시절의 환율안정에 향수를 갖고 1920년대 이후 금본위제를 부활시키려는 끈질긴 노력을 행하였지만 결국 실패로 돌아갔다.

제1차 세계대전이 발발하자 교전국들은 자국의 금 공급원을 보호하고 전시경제동원체제를 갖추기 위하여 재빨리 고정환율체제에서 탈퇴하였다. 또한 금본위체제의 원활한 운영을 위한 금의 충분한 공급이 이루어지지 못하고, 대공황을 거치면서 미국과 프랑스가 주요 금 보유국인 반면 영국의 금 보유고는 빈약하여 영국은 국제유동성공급자로서의 지위 역시 유지하기가 어려웠으며, 중앙은행들이 금과 더불어 타국의 화폐를 대외준비자산으로 사용하는 경향이 높아져 금본위제의 근본적 성격이 희석되기 시작하였다.

영국의 경제력 지도력이 종식되고 각국 경제의 상호의존성이 붕괴되자 종전의 국제통화체제를 지배했던 관리메커니즘과 국제정치경제적 조건들이 무너지게 되었다. 당시 영국은 종전의 패권적 지위가 상실되면서 국제통화체제의 안정적 유지를 위한 지도력을 발휘하지 못한 반면 새로이 출현한 강대국인 미국의 경우 아직 이러한 지도력을 대신할 충분한 능력도 의지도 갖추지 못하였다.

2.3 전후의 브레튼우즈체제(1947~1973)

(1) 성립 배경과 기본 성격(초기: 1947~60년대 중반)

양차 세계대전 사이의 혼란과 그 폐해를 경험한 주요선진국(44개국)들은 제2차 세계대전이 끝나갈 무렵인 1944년 새로운 국제통화체제의 구축을 위해 미국 뉴햄프셔주 브레튼우즈(Bretton Woods)에서 회의를 개최하였다. 그 결과 1947년 3월 30개 회원국이 국제통화기금(IMF: International Monetary Fund)을 창설하여 이른바 브레튼우즈체제(The Bretton Woods System)를 출범시켰는데 국제통화체제로서 이 체제의 기본성격은 다음과 같다.

금환본위제 궁극적인 국제기축통화로서 여전히 금(金)이 사용되어지지만 국제결재에는 주로 미국의 달러($)를 사용하며 달러는 미국정부가 보유하는 금과 교환될 수 있다는 금환본위제도(gold exchange standard system) 또는 금-달러본위제를 채택하였다.

조정가능한 고정환율제 새로운 통화체제는 환율안정을 최대목표로 설정하였던 만큼 고정환율제를 채택하였다. 다만 자국의 국제수지가 기초적 불균형(fundamental disequilibrium)인 경우 상하 1% 이내의 변동을 허용하여 조정가능한 고정환율제도(adjustable peg rate system)를 채택하였다.

(2) 브레튼우즈체제의 문제점(중기: 60년대 중반이후)

브레튼우즈체제는 1960년대 중반까지는 그런대로 순조롭게 운영되었고 전후 세계무역의 확대와 세계경제의 안정적 성장에 기틀이 되었다. 그러나 1960년대 중반을 지나면서 이 체제는 다음과 같은 몇 가지의 문제점을 나타내기 시작하였다.

신인성과 유동성 간의 딜레마 기축통화로서의 미국 달러의 유동성공급기능과 국제통화로서의 신인성 유지기능 간의 딜레마가 발생하였다. 브레튼체제 하에서 미국은 막대한 달러유출을 통하여 국제유동성을 제공하는 것 외에 자국이 국제수지적자를 시현하였을 때도 즉각 이를 시정하지 않고 이를 방임하거나 조장함으로써 유동성공급문제를 해결하였다. 그러나 이러한 미국의 국제수지 적자정책에 의존한 국제통화체제의 운용은 언젠가는 문제에 직면할 수밖에 없었다.[3]

국제수지조정 메커니즘 결함 브레튼우즈체제의 국제수지조정 메커니즘의 성과가 기대에 미치지 못하였다. IMF가 채택한 조정가능한 고정환율제도는 이론적으로는 고정환율제도의 장점(환율의 단기적 안정성)과 변동환율제도의 장점(기초적 불균형시 환율조정 통한 장기적 신축성 확보)을 함께 지니고 있었지만 이러한 조정메커니즘이 제대로 작동하지 못하였다.

통화체제관리 메커니즘 결함 국제경제구조에 근본적인 변화가 발생하기 시작하였고 이로 인해 국제통화체제의 관리메커니즘에 문제가 발생하였다. 1960년대 후반 유럽제국과 일본의 경제적 부흥으로 미국경제력의 상대적 쇠퇴현상이 나타났다. 지금까지 미국의 지도력 하에 이끌려왔던 국가들이 국제통화체제에 대한 이견, 기축통화로서의 미국달러의 특권향유에 대한 비판이 이루어졌다. 또한 1970년대에 들어서면서 미국도 더 이상 막대한 국제수지적자를 방치할 수 없게 되었다. 이에 미국은 지금까지 자국이 부담하였던 국제통화체제의 안정적 운영책임과 비용을 더 이상 혼자서 부담하지 않으려고 하게 되었다.

(3) 브레튼우즈체제의 붕괴(말기: 1970년대 전반기)

이상과 같은 브레튼우즈체제의 문제점과 한계를 극복하기 위한 조치들이 여러 가지 관점에서 강구되었지만 이러한 노력에도 불구하고 소기의 성과를 거두지지 못하자 브레튼우즈체제는 서서히 붕괴되기 시작하였다. 60년대만 하더라도 이러한 여러 가지 문제점이 있었지만 과거 미국의 정치경제적 실력에 대한 국제사회의 신뢰가 여전히 존재하여 브레튼우즈체제의 골격을 지켜줄 수 있었지만 70년대 이후 더 이상 이러한 체제가 존속되기 어려워졌다.

물론 미국이 달러의 금태환을 보장한다면 이 체제는 존속될 수 있었지만 60년대 후반부터 미국의 무역수지적자가 계속 누적됨으로써 금태환 약속에 대한 신뢰가 떨어져 신인성문제가 나타나게 되었다. 이에 닉슨 대통령은 1971년 8월 15일 이른바 신경제정책(New Economic Policy)의 일환으로[4] 달러의 금태환정지를 선언하였는데 이로써 브레튼우즈체제의 기본골격인 금환본위제가 종말을 고하게 되었다.

이후 동년 12월 미국 워싱톤에서 G-10회의가 소집되어 4개월간의 격론 끝에 이른바 스미소니언협정(Smithonian Agreement)이 이루어졌다. 이 협정의 주요내용은 ① 미국 달러를 평가절하 하는 반면 마르크·엔 등 기타통화를 평가절상하고, ② 중심환율로부터 환율이 변동할 수 있는 범위를 현행 상하1%에서 2.5%로 확대하여 와이드밴드(wide band system)제도를

3 1960년 미국 예일대학의 트리핀(R. Triffin) 교수는 미국 달러회를 통하여 국제유동성을 공급하는 체제는 유동성공급과 신인성유지라는 두 가지 목표가 서로 상충하는 딜레마가 발생할 수 있음을 역설하여, 이를 트리핀 딜레이(Triffin dilemma)라고도 한다.

4 당시 닉슨 대통령의 긴급조치는, ① 달러의 금태환중지, ② 교역상대국들이 그들의 통화를 평가절상하지 않는 한 10% 수입과징금 부과, ③ 인플레이션억제를 위한 임금-물가수준의 동결을 내용으로 하고 있었다.

채택한다는 것이었다.

이러한 협정의 채택에도 불구하고 미국의 국제수지적자는 계속 악화되었고 달러가치는 계속 하락하였다. 이에 영국·서독을 비롯한 유럽제국들이 1973년 3월 브뤼셀협정(Brussels Agreement)을 통하여 변동환율제를 도입하기로 결의하였다. 이로써 브레튼우즈체제의 기본 골격인 고정환율 메커니즘은 완전한 종언을 고하게 되었고 국제통화체제는 사실상 변동환율제도로 이행되게 되었다.

2.4 브레튼우즈체제 이후의 국제통화체제

(1) 킹스턴체제(1976~)

상술한 대로 1971년 12월 스미소니안협정이 체결되었지만 이 협정은 국제통화체제가 더욱 위기에 빠지는 것을 막았을 뿐 체제가 가지는 근본적인 문제점들을 해결한 것은 아니었다. 따라서 국제통화제도의 전면적 개편을 위한 국제적인 협의가 오랜 기간 지속되었다. 이러한 논의를 바탕으로 1976년 1월 IMF 가맹국들이 자메이카협정(Jamaica Accords)에 합의함으로써 새로운 국제통화체제로서 킹스턴체제(Kingston System)가 탄생되었다.

이 체제는, 1973년에 사실상 붕괴된 브레튼우즈체제에 대한 공식적인 붕괴선언인 동시에 이후 국제통화체제 근간이 된 자유변동환율제도(floating exchange rate system)의 기본바탕을 마련한 것이었다.[5] 이러한 킹스턴체제가 출범으로 각국은 나름대로 자신의 환율제도를 선택하게 되었다. 대다수 선진국들은 변동환율제를 채택하였고 일부 EC회원국들은 1979년부터 EMS(European Monetary System)를 채택하였다. 또한 변동환율제도를 채택하기에는 많은 문제를 안고 있었던 대부분의 저개발국들은 고정환율을 그대로 유지하거나, 대선진국통화 페그제도·통화바스켓제도·이중환율제도 등으로 이행하였다.

(2) 협조적 변동환율체제(1985~)

이와 같이 킹스턴체제 이후 많은 나라들이 변동환율제를 채택하게 되었는데 이러한 변동환율제의 채택은 환율의 불안정성이라는 위험을 감수하는 대신 통화정책의 자율성확보라는 장점을 누리게 되었다. 그러나 이러한 재량적 통화정책은 결국 인플레이션심화·환율의 인위적 조작·그로 인한 교역상대국의 반발과 보복이 이루어지게 되었다. 이 때문에 국제적인 정책협조를 통하여 환율안정을 이룩하고자 하는 선진국간의 경제정상회담이 1975년 이후 부단히 시도되어 왔지만 그 성과는 미미했고 정책협조의 한계만을 드러내기도 했다.

이러한 배경 하에서, 1985년 9월 선진 5개국(G-5)이 뉴욕의 플라자호텔에서 비밀리에

---

5 이 협정의 주요내용은, ① IMF가맹국들의 독자적 환율제도 선택권 부여, ② 금의 완전 폐화(금의 공정가격제·금평가제 폐지), ③ 공적 준비자산인 SDR의 역할강화, ④ 개도국의 여신공여확대 및 일시적 국제수지불균형을 조정할 수 있는 추가적인 신용확대장치의 마련 등으로 요약할 수 있다.

회동하였다. 그들은 세계경제회복과 보호무역주의 압력의 예방을 위하여 환율의 적정선유지와 국제통화체제안정을 이룩할 수 있는 상호정책협조와 시장개입문제를 논의하여 이른바 플라자협정(Plaza Accord)을 마련하였다. 그 주요내용은 주요통화들의 대달러환율 평가절상을 위해 긴밀하게 협조해야한다는 것이었는데 이후 실제로 이러한 공동노력이 이루어져 일정한 결과가 도출되었다.

플라자합의 이후 미국의 달러화는 계속적으로 평가절하되어 달러화의 폭락사태가 일어나고 이로 인해 국제금융통화질서가 교란되기에 이르렀다. 이러한 과정에서 1987년 2월 파리의 루브르에서 개최된 선진7개국(G-7)회의에서 이른바 루브르협정(Louvre Accord)이 태동되었다. 중요한 내용은, 환율의 급격한 변동을 막기 위하여 목표환율영역(target zone)을 설정해두고 그 영역을 벗어나면 중앙은행들이 공동으로 외환시장에 개입한다는 것이었다. 이같이 1985년의 플라자협정과 1987년의 루브르협정 등에서 보여준 선진국 간 정책협조의 가능성은 국제통화질서의 안정에 어느 정도 기여했던 것으로 평가되었다.

3. 현행 국제통화체제의 문제점

변동환율제를 중심으로 하는 현행 국제통화체제는 여러 가지 문제점들을 나타내고 있는데 이러한 문제점들은 크게 보면 다음과 같이 ① 변동환율제의 실시에 따른 문제점과, ② 국제통화체제관리상의 문제점으로 나누어 볼 수 있다.

3.1 변동환율제 실시에 따른 문제점

킹스턴체제 이후 국제통화질서가 각국의 독자적인 환율제도로 전환되면서 변동환율제 이후 환율의 변동에 따른 다음과 같은 문제점들이 노정되었다.

환율의 단기적 변동 심화 변동환율제 이후 환율의 단기적 변동이 심화되고 이에 따른 환위험(exchange risk)을 회피하기 위한 금융비용이 증가되었다. 따라서 국제무역이나 중장기적 자본이동은 위축된 반면 환율변동을 노린 단기적 투기자본이동은 더욱 확대되어 국제금융시장의 불안정이 초래되었다.

환율제도의 이기적 운영 변동환율제 채택 이후 대부분의 선진국들은 환율의 변동을 시장에 맡겨두지 않고 자국의 국제경쟁력향상을 위한 평가절하를 시도하거나 물가상승억제를 위한 평가절상을 시도하기도 하였다. 이러한 환율제도의 이기적 운영은 분명 다른 나라에게는 부정적 영향을 미치는 또 다른 형태의 근린궁핍화정책으로 평가할 수 있어서 학자들은 이러한 변동환율제도의 운용을 dirty floating으로 표현하기도 한다.

경상수지 불균형과 국제유동성의 편재현상 이러한 왜곡으로 인하여 주요선진국통화의 경우 실질실효환율과 장기적 균형환율 간의 격차가 크게 확대되었다. 이러한 실질환율의 불균형으로 인하여 국제수지의 조정기능이 제대로 발휘되지 못하여 각국 간 경상수지의 불균형과 국제유동성의 편재현상이 더욱 심화되었다.

보호무역주의 심화 이러한 불균형은 보호무역주의를 심화시키는 결과를 가져왔다. 1970~80년을 통해 전 세계적으로 보호무역주의가 심화되고 지역적 경제블록화 현상이 점차 확대되어 온 데에는 변동환율제의 이 같은 심각한 파행이 개입되어 있었다고 할 수 있다.

3.2 국제통화체제 관리상의 문제점

1990년대에 들어와 변동환율제로 인한 국제통화체제의 불안정과 함께, 국제통화체제의 운영과 관련되는 몇 가지의 주요한 국제환경변화가 나타나게 되었다. 이러한 변화는 국제통화체제의 관리와 관련되는 새로운 국가간 협력과 갈등관계를 형성하게 되었는데 이 또한 현행의 국제통화체제가 안고 있는 과제라고 할 수 있다.

다양한 환율제도로 인한 혼란 킹스턴체제 이후에는 세계적으로 어떤 통일된 국제환율체제가 존재하지 않는 가운데 각국들 나름대로 자신의 환율제도를 선택하게 됨으로써 환율제도는 국가에 따라 매우 복잡하고 다양하여 큰 혼란을 보여주었다.

체제관리 메커니즘의 부재 변동환율제 이후 나타난 금융거래의 폭증은 그 자체 국제통화체제의 안정성을 해치는 부작용을 내포하고 있다. 고전적 금본위제나 브레튼우즈체제가 안정성과 신인성을 유지한 것은 영국과 미국이라는 패권적 존재 때문이었지만 현재는 그와 같은 역할을 기대하기 어려워졌다. 더욱이 1980년대 이후 초국적자본이 급격히 증대되어 그들의 이해관계를 좇아 움직이게 되자 이러한 초국적자본이 국제통화체제에 미치는 영향이 지대하게 되었다.

국제금융체제의 지역화경향 기축통화로서 미국 달러가 여전히 중요한 역할을 담당하고 있지만 다른 화폐 즉, 독일의 마르크화나 일본의 엔화의 역할이 증대되어 왔다. 또한 유로(euro)가 등장하게 되어 국제통화의 단일지배체제(unipolar system)가 양극체제(bipolar system)로 전환됨으로써 국제통화체제에 대한 미국과 유럽 간의 갈등과 협력관계가 더욱 중요하게 되었다.

세계적인 금융위기 1970년대 두 차례의 석유파동과 개도국들의 방만한 재정운영으로 인해 나타났던 1980년대 개도국들의 채무위기가 서서히 해소되었지만 저개발국들의 채무는 계속 증대되고 있어 언제든지 새로운 채무위기가 발생할 소지를 안고 있다. 또한 1990년대에 동유럽국가들의 외환위기, 멕시코 외환위기, 동남아시아 외환위기, 한국의 외환위기, 러시아 외환위기, 브라질 및 아르헨티나 외환위기 등이 끊임없이 계속되고 있다. 이러한 외채위기 및 금융위기는 국제통화체제의 안정적 운영을 불가능하게 하는 원인이 되므로 국제통화체제의 안정을 위해서도 해결되어야 할 세계적 과제이다.

3.3 글로벌 금융위기 이후 통화체제개편 주요 이슈

브레튼우즈체제 붕괴 이후에 존재하고 있는 현행의 국제통화체제는 시장의 자연스러운 힘에 의하여 형성된 결과물로서 국가 간의 어떤 명백한 조약이나 협약에 의하여 뒷받침된 바가 없으므로 사람들은 오늘날의 국제통화체제를 '무 체제'(non-system)라고 지칭하기도 한다. 이 때문에 위에서 논의한 바와 같은 문제점들이 드러나고 있지만 최근 글로벌 금융위기를 경험하면서 현행 국제통화체제의 개편문제가 더욱 극명하게 제기되게 된 데에는 다음과 같은 문제점들이 그 배경으로 자리 잡고 있다.

트리핀 딜레마 문제 기축통화국의 경상수지가 적자를 나타내는 것은 충분한 유동성 공급을 위하여 불가피하거나 때로는 바람직하기도 하지만 이런 상황이 계속되면 기축통화의 신인성이 저하된다. 반면 기축통화국이 대외불균형 해소를 위하여 노력하면 통화공급이 줄어들어 국제교역이 위축되고 세계경제가 디플레이션에 빠질 위험에 놓이게 된다. 이러한 문제가 이른바 트리핀 딜레마(Triffin dilemma)로서 현행 체제 하에서는 이러한 딜레마가 불가피하다.[6]

기축통화의 과도한 특권 문제 기축통화국은 통화발행에 따른 여러 가지 특권(세뇨리지)을 누리게 되는데 미국은 이미 이러한 특권을 과도하게 누리고 있다. 특히 미국의 경우 세계 GDP에서 차지하는 비중이 20% 내외이고 세계교역에서 차지하는 비중도 11% 정도에 불과한 데 비하여 세계외환거래 중 달러의 비중은 85%수준에까지 이루고 있어 미국 달러의 영향이 과도하다는 사실을 시사하고 있다. 이러한 미국의 특권에 대해 많은 나라들이 불만을 표시하여 왔고 이러한 불만은 미국이 발생한 글로벌 금융위기 이후 더욱 폭발적으로 나타남으로써 달러를 기축통화로 하는 현행 국제통화체제에 대한 개편논의가 더욱 높아졌다.

글로벌 불균형 조정문제 국제통화체제는 국제무역과 국제투자의 흐름을 원활하게 하고 국제무역의 이익을 당사국 간에 공평하게 분배하기 위한 국제수지 조정기능을 발휘하여 각국의 국제수지 불균형이 조정되는 절차를 간편하게 하고 조정비용도 최소화하는 조정메커니즘을 발휘하여야 한다. 그러나 현행 국제통화체제는 실질적인 시스템이 아니므로 기축통화의 신인성이 크게 저하되더라도 이를 조정할 제도적 장치가 없으며, 오늘날 금융위기의 원인으로도 지목되고 있는 글로벌 불균형에 대해서도 불균형을 유발한 국가들에게 조정을 강제할 기능을 발휘할 수 없다. 따라서 글로벌 불균형의 원만한 조정메커니즘을 발휘할 수

6 기축통화국의 대외불균형이 어느 정도 불균형을 이루면 문제가 발생하는지는 명확하지 않으나 다수의 전문가들은 1990년대 후반 이후 계속된 미국의 경상수지 적자누적이 2000년대 들어와 이미 미국 달러의 신인성을 저하시키는 수준에 도달된 것으로 평가하기도 하였다.

있는 새로운 국제통화체제가 필요하다는 목소리가 높다.

국제금융위기 문제　미국 등 선진국에서 금융위기가 발생하는 데에는 오랫동안 확장적 통화정책을 견지함으로써 유동성과잉과 자산버블을 만든 거시정책의 실패가 원인으로 작용하였다. 이러한 오류가 발생한 근저에는 중앙은행이 별다른 제약 없이 재량적으로 통화를 발행할 수 있는 불환지폐제도(fiat money system)의 구조적 문제점이 자리잡고 있다. 이에 금융위기의 재발방지를 논의하는 사람들은 기축통화국이 자국의 통화를 재량적으로 발행할 수 없도록 하는 어떤 제약이 주어지는 국제통화체제의 구축이 필요하다고 주장한다.

과도한 외환보유고의 부작용　자유로운 자본의 이동을 전제로 하는 현행 국제통화체제 하에서는 자본의 국제적 이동에 따른 신흥국들의 외환위기가 빈번하게 발생할 수 있다. 이에 따라 신흥국들은 불규칙한 자본유출입으로 인하여 발생되는 외환위기의 예방을 위해서는 외환보유액을 충분히 확보해두어야 할 필요성이 점점 커지게 되었다.[7] 과도한 외환보유는 해당국의 통화관리에 적지 않은 부담을 줄 뿐만 아니라 대부분의 외환보유액이 미국의 국채매입에 충당되면서 미국경제의 금리 하락·자산 버블 등의 문제를 야기하고 또 다른 금융위기를 유발할 수 있다.

보충학습 8-1

국제통화체제의 개편 논의

현행 국제통화제의 문제점들을 개선하기 위해서 지난 20여 년 동안 IMF·선진국의 주요 연구기관·저명한 학자들이 국제통화제도 개혁에 대한 연구들을 지속해 왔다. 이러한 연구와 보고들은 대부분 당면한 현재의 제도적 문제점에 집착하였고 여러 학자들 간에 견해가 상충되는 부분도 많았다. 국제통화체제의 개편을 논의함에 있어서도 통화체제에 있어 가장 중요한 2가지의 기본요인, 즉 대외지불준비자산문제와 환율제도문제였다. 이하에서는 이들 각각에 대한 개편논의의 내용을 살펴본다.

1. 대외지불준비자산 개편논의

고정환율제 대신 변동환율제를 채택하게 되면 대외지불준비의 필요성은 줄어들었지만 대외지불준비자산의 구성을 어떻게 하느냐라는 문제가 중요하게 되었다. 이에 대한 개편안들은 대체로 다음과 같다.

금 역할증대론　과거 프랑스는 대외지불준비자산으로서 금(金)의 역할을 옹호하여 왔고 오늘날에도 여전히 금을 포함한 금속화폐의 역할을 강조하는 지지자들이 있다. 금은 여전히 각국의 중앙은행이 보유하는 공적준비자산으로서의 상당한 역할을 수행하고 있다. 왜냐하면 금

7 이론적으로는 자유변동환율제도 하에서는 외환보유고를 많이 쌓아둘 필요가 없는 것이지만 현실에서는 고정환율제도가 폐지되고 변동환율제를 채택한 이후 불안정한 자본의 유출입으로 인한 금융위기를 예방하기 위하여 오히려 외환보유고를 더 많이 쌓아두는 모순이 발생하였다. (조윤제, 2010.10. pp.167-8)

의 가격이 계속 상승함에 따라 리저브자산 중 금의 비중이 상대적으로 높아졌기 때문이다.

SDR 역할증대론　SDR이 국제통화 및 국제준비자산으로서 중심적 역할을 할 수 있도록 하는 SDR기능의 제고방안 등이 거론되어 왔다. SDR(special drawing rights)은 본디 브레튼우즈체제 하에서 국제유동성 부족문제를 해결하기 위하여 금·국제적 교환이 가능한 외국통화·IMF포지션 등과 함께 새로운 국제준비자산으로 사용하기 위하여 IMF가 창설한 '특별인출권'이다. 자유변동환율제도의 도입으로 인하여 준비자산으로서의 달러·금의 지위가 크게 하락하였으므로 이러한 SDR의 역할을 더욱 강화하여 준비자산으로서의 기능을 하게 하자는 여러 가지 제안들이 제시되었다.

복수준비통화제도론　대외준비자산 중 달러화의 비중이 너무 높고 따라서 미국의 역할이 너무 크다는 점과 관련하여 이를 축소시킬 방안에 대한 논란이 계속되어 왔다. SDR기능의 제고가 이루어지면 문제는 해결되겠지만 이것이 여의치 못하자, 달러화를 포함하여 여러 나라 통화를 주요 개입통화(intervention currency)로 하여 이 문제를 해결하자는 제안이 이른바 복수준비통화제도(multi-reserve currency intervention)이다.

2. 환율체제의 개편논의

환율체제개편에 대해서는 많은 논의들이 있었지만 이들은 대체로 ① 고정환율체제로의 복귀안, ② 변동환율체제의 근간을 유지하면서 변동환율제가 가지는 문제점을 보완하려는 제안, ③ 화폐통합을 이룩하자는 제안으로 구분할 수 있다.

표 8-5　국제통화제도의 환율체제 개편안

구 분	개편안 (대표적 제안자)
고정환율제 복귀안	• 복수기축통화안(R. I. McKinnon) • 복수기축통화 + 금환본위제안(小島清, K. Kojima)
변동환율제 보완안	• 목표환율대안(J. Williamson & M. H. Miller) • 신축적 환율변동대안(브레튼우즈위원회) • 외환거래세 도입안(J. Tobin)
단일통화안 (지역통합안)	• 단일통화창설안(R. N. Cooper), 세계중앙은행 창설안 • 유로 확대안 • 달러라이제이션의 확장안 등

고정환율체제 복귀안　이 제안은 현행의 변동환율제도를 폐지하고 고정환율제로 복귀를 제안하는 개편안이다. 일찍이 매키논(R. I. McKinnon)은 미국·일본·독일의 3개국 통화를 기축통화로 하여 이들 통화간의 환율을 고정시키고 여타국 통화를 이에 페그시킴으로써 국제통화제도의 안정을 도모하자는 복수기축통화안을 제안하였다. 소도청(小島清, K. Kojima)은 이러한 복수기축통화와 더불어 복수기축통화와 금(金)과의 태환을 보장하는 복수기축통화 금환본위제(multiple key currency gold-exchange standard)를 제안하였다.

변동환율제 보완안　현행의 변동환율체제의 근간을 유지하면서 변동환율제의 문제점을 보완하려는 제안이다. 여기에는 주요국간 국제수지균형을 이룰 수 있는 균형환율(fundamental equilibrium exchange rate)을 중심으로 하고 이의 상하 일정범위 내 환율변동만을 허용하여 환율의 급격한 변동과 충격을 완화하자는 목표환율대(target zone system)안이 윌리엄슨(J. Williamson)과

밀러(M. H. Miller) 등에 의하여 제안되었다. 이와 거의 비슷하지만 신축환율의 구체적인 적용범위를 미·독·일 3국 통화간의 환율로 제한하자는 신축적 변동환율대(flexible exchange rate bands)안이 브레튼우즈 위원회에서 제안되기도 하였다.[8] 또한 제임스 토빈(J. Tobin)은 오늘날 국제금융시장 및 국제통화질서교란의 원인이 되는 국제 단기자본의 과도한 이동을 적절히 규제하기 위해 일정한 세금, 즉 토빈세를 부과하자는 외환거래세도입안을 제창하였다.[9]

통화통합의 확대안 세계적으로 통화를 단일화하거나 지역통화의 통합을 통하여 환율안정과 국제통화질서의 안정을 도모하자는 제안이다. 여기에는 각국의 통화가 서로 다르고 각각 독자적인 관리 하에 있는 한 실질환율의 변동과 이로 인한 국제통화제도의 불안요인은 해소될 수 없으므로 단일통화(single currency)가 창설되어야 한다고 주장하는 단일통화창설안이 쿠퍼(R. N. Cooper)에 의해 제안되었다. 이를 위하여 통화발행과 금융정책 실행의 주체로 세계중앙은행을 설립하고 각국의 금융정책권한을 이 기관에 위임하자는 세계중앙은행(World Central Bank) 창설안 등도 제안되었다. 세계통화를 통합하는 또 다른 방안으로 ① 유로(Euro)를 중심으로 통화통합을 확대하자는 제안, ② 미국 달러를 자국의 법정통화로 채택하는 달러라이제이션(dollarization)을 전 세계로 확대함으로써 통화통합을 이룩하자는 제안, ③ 제3의 통화를 창설하자는 안 등 다양한 제안이 이루어지기도 하였다.

---

8 1994년 10월에 개최된 제49차 IMF/World Bank Group 합동연차총회에서 브레튼우즈 위원회가 제안한 새로운 국제환율체제 개편안으로서 학계와 IMF로부터 폭넓은 지지를 받았음에도 불구하고 미국·EU·일본 등 주요당사국들에 의해 거부된 바 있다.

9 J. Tobin, "A Proposal for International Monetary Reform", *Essay in Economics*(MIT Press 1982).

제 9 장 International Investment

국제투자와 국제자본이동

국제투자는 '생산요소의 이동'이라는 점에서 '상품(재화)의 이동'인 국제무역과 대비되며, 또한 국제투자는 그 자체의 목표를 가진 자본이동이라는 점에서 단순한 '외환의 흐름'과도 구별된다. 국제투자는 금융투자인 국제포트폴리오투자(간접투자·증권투자)와 실물투자인 해외직접투자로 구분하는데 이들 모두 투자의 기본이 되는 생산요소가 자본이므로 이러한 국제투자를 국제자본이동이라는 측면에서 다루기도 한다. 이에 제9장 제1절에서는 국제투자(국제자본이동)에는 어떤 형태가 있고 이러한 국제투자가 이루어지는 원인과 투자유형에 대하여 살펴본다.

이후 제2절에서 오늘날 국제자본이동 및 국제투자의 핵심적 주체가 되는 해외직접투자와 다국적기업에 대한 경제이론을 소개하고, 제3절에서는 이러한 해외직접투자 및 다국적기업의 경제적 영향에 대하여 요약하고, 끝으로 제4절에서는 이러한 경제적 효과 중 긍정적 효과를 극대화하고 부정적 효과를 극소화하기 위한 경제정책 문제에 대한 기초 개념들을 논의한다.

제 1 절 국제투자의 동기와 유형

1. 국제투자의 분류

1.1 국제투자의 일반적 분류

국제투자는 국가와 국가 간에 국경을 넘어 이루어지는 투자를 의미하는데 이러한 국제투자를 정의함에 있어서는 2가지 방법이 있다. 첫째로는 경제학자들의 전통적인 견해로서 국제투자를 국제자본이동으로 파악하여 정의하는 방법이고, 둘째로는 기업이 해외진출(투자)함에 있어서의 여러 가지 경영활동형태 또는 진출형태라는 국제경영의 관점에서 정의하는 방법이다. 여기서는 이 2가지 정의방법 중 첫 번째의 관점에서 논의하고 두 번째의 관점에서는 제14장(해외시장 진출전략)의 해외시장진입형태와 관련하여 설명하기로 한다.

국가와 국가 간에 이루어지는 국제경제거래는, 재화 및 서비스의 거래와 자본거래로 구분되는데 이때 이러한 자본거래를 국제자본이동(international capital movement)이라고 한다. 국제자본이동이란, 일국의 거주자와 비주거자 간에 채권채무의 변화를 가져오는 거래로서 결국 일국의 화폐적 구매력이 타국의 지배에 들어가는 것을 말한다.

이러한 국제자본이동은 자본수출(capital export)·국제투자(international invest)·해외투자(foreign investment) 등으로 불리어진다. 그런데 자본이동 가운데는 투자의 관점이 희박한 경우도 있으므로 이들은 엄밀한 의미에서는 차이가 있다고 할 수 있지만, 어쨌든 이러한 국제투자는 그 성격이나 기능 등에 따라 다음과 같이 분류된다.

민간투자와 공공투자 투자주체가 누구인가에 따라서 민간투자와 공공투자로 분류된다. 민간투자(private investment)란 투자주체가 개인 또는 민간기업으로서 영리를 목적으로 행하는 투자이고, 공공투자(public investment)란 투자주체가 일국의 정부·정부기관·국제기구와 같은 공공기관인 투자이다. 일반적으로 공공투자는 선진국이나 국제금융기구가 개도국의 경제개발을 지원하기 위하여 행하는 투자로서 상환기간이 길고 낮은 금리로 대부하여 도로·항만·댐과 같은 사회간접자본의 건설에 주로 사용된다.

장기투자와 단기투자 투자기간에 따라 장기투자(long-term investment)와 단기투자(short-term investment)로 나누는데 이때 보통은 국제수지작성의 관행에 따라 상환기간이 1년 이상이면 장기투자이고 1년 미만이면 단기투자로 구분된다. 모든 투자가 그렇지는 않지만 일반적으로 장기투자는 안정적 성격을 지니는데 반하여 단기투자는 불안적한 성격을 지니므로 때때로 국제금융시장의 불안요인이 되기도 한다.

간접투자와 직접투자 민간장기투자는 다시 경영권지배를 목적으로 하느냐 않느냐에 따라 국제간접투자와 해외직접투자로 구분된다. 국제간접투자(international indirect investment)는 기업경영에 참가하지 않고 배당금이나 이자 등 자본수익을 얻기 위한 투자로서 국제포트폴리오투자(international portfolio investment) 또는 국제증권투자라고 하는데 자본을 차입하는 국가에서는 이를 차관이라고 부른다. 해외직접투자(FDI: foreign direct investment)란, 단지 자산의

그림 9-1 국제자본이동의 종류

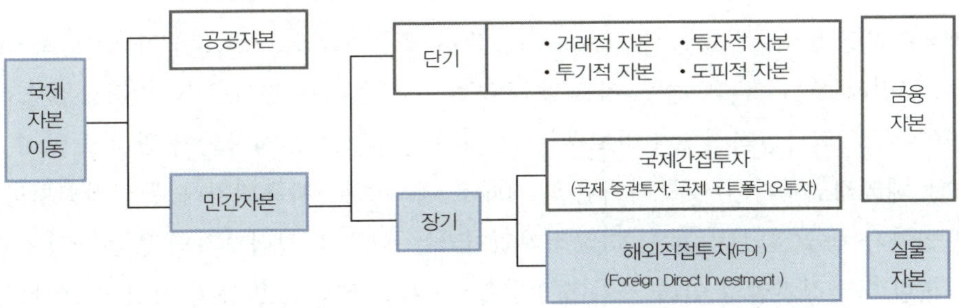

유리한 운용에만 목적이 있지 않고 기업경영상의 운영권, 즉 기업경영상의 통제권(control)을 얻기 위한 목적으로 하는 투자이다.

1.2 해외직접투자 · 외국인직접투자 · 다국적기업

이처럼 경영권의 지배유무에 따라 국제투자는 다시 간접투자와 직접투자로 구분되는데 우선 간접투자(indirect investment)는 현실적으로 ① 외국 주식이나 채권의 매입, ② 금융기관에 의한 중장기 대부 등의 형태를 취하는 금융투자(financial investment)이다. 반면 직접투자(direct investment)는 ① 기업경영참가를 위해 외국기업의 주식을 취득하거나 그 기업 자체를 매수·합병(M&A)하는 것, ② 외국에 새로운 자회사를 설립하거나 합작투자로 법인을 설립하여 그 주식을 소유하는 것, ③ 사업 활동을 목적으로 사업용 실물자산을 취득하는 등과 같은 외국에 대한 실물투자(physical investment)이다.

이상의 분류에 따르면 외국주식을 취득하는 경우는 간접투자로 분류될 수도 있고 직접투자로 분류될 수도 있다. 따라서 구체적이고 최종적인 구별은 주식취득의 최종목적이 경영권의 취득이냐 아니냐에 따라야 한다. 예컨대 주식을 취득하는 경우에도 단순히 배당금을 위한 투자인 경우 간접투자이지만 이를 통하여 경영권을 취득하려는 경우 직접투자가 된다. 반면 장기대부의 경우에도 일반적으로는 간접투자지만 그 대부를 통하여 경영권을 취득하는 경우는 직접투자가 된다.

이 경우 경영권취득이란 법률적으로는 51% 이상의 소유비율을 기준으로 할 수 있겠으나 실제의 경영권문제는 그 기업의 조직구조 여하에 따라 달라질 수 있다. 따라서 개념적으로 직접투자와 간접투자의 구분은 경영권수반 여부에 의해 구분되지만 이를 직접투자로 분류하느냐 간접투자로 분류하느냐 하는 현실적인 분류는 결국 그 나라의 국제수지표 작성상의 관행이나 각국의 실정법상의 규정에 따라서 분류되는 것이 보통이다.

한편 해외직접투자와 함께 '외국인직접투자'라는 용어도 사용되는데 이는 해외투자를 행하는 투자국(home country)의 입장에서 보느냐 아니면 해외투자를 받아들이는 현지국(host country)의 입장에서 보느냐에 따른 차이이다. 즉 투자국으로부터 유출되는 해외투자를 foreign direct investment outflow 또는 outward foreign direct investment, 현지국으로 유입되는 해외투자를 foreign direct investment inflow 또는 inward foreign direct investment라고 한다. 그런데 우리나라의 경우 이를 우리말로 번역할 때는 전자를 '해외직접투자'라고 하는 반면 후자를 '외국인직접투자'라고 부르는 것이 일반적으로 정착되어 왔다고 할 수 있다.

또한 해외직접투자와 다국적기업을 때때로 동의어로 사용되거나 동일시되기도 한다. 이같이 양자가 동일시되는 것은, 다국적기업이라는 실체가 직접투자의 발전과정에서 출현하였고 또한 다국적기업의 여러 가지 경영활동 중 가장 핵심적 활동이 직접투자이므로 양자의 영역이 크게 중복되고 있으며 분석목표에 따라서는 동일시하여도 무방한 경우가 있기 때문이다.

그러나 엄밀한 의미에서 양자는 구별되며 또 구별되어야 한다. 해외직접투자가 주로 기업에 의해 이루어지지만 기업 이외의 경제주체에 의해 행해질 수도 있다는 점에서, 다국적기업이라는 기업 그 자체와는 구별된다. 따라서 해외직접투자는 투자라는 행위(act) 그 자체를 지칭하는 것임에 대하여 다국적기업은 그러한 투자를 주된 기업 활동으로 행하는 기업조직(organization/institution)을 지칭하는 것이다.

2. 국제투자의 동기와 원인

2.1 국제간접투자의 동기와 장애요인

앞에서 설명한 바와 같이, 국제간접투자는 자산의 유리한 운용을 위하여 외국의 주식이나 채권을 매입하거나 외국에 대부하는 형태의 투자인데 이러한 간접투자가 발생되는 구체적 「원인과 동기」는 다음과 같다.

이자율 격차 국가 간에 이자율이 서로 다를 경우 이자율이 낮은 나라에서 이자율이 높은 나라로 자본이 이동하여 추가적인 이자수익을 얻을 수 있다. 따라서 국제수지 적자국들은 때때로 자국의 이자율을 인상하는 고금리정책을 채택하여 외국자본(간접투자)의 유입을 유도하기도 한다. 국가 간의 이자율격차는 장기적으로 환율의 변화를 통하여 조정되는 것이 정상이지만 단기적으로는 그렇지 않기 때문에 이자율의 격차에 따른 단기적인 간접투자가 활발해진다.

유가증권수익률 격차 유가증권의 수익률이 국가에 따라 서로 다를 경우 수익률이 낮은 나라의 자본은 수익률이 높은 나라의 유가증권에 대한 투자를 행하게 된다. 일반적으로는 자본풍부국의 증권수익률이 자본부족국의 그것보다 낮기 때문에 자본풍부국에서 자본부족국으로 간접투자가 이루어진다. 그러나 국제투자가들은 채권이나 주식의 수익률을 스스로 예상하여 그들이 유리하다고 생각되는 채권과 주식에 투자하게 된다. 이러한 경우 예상수익률이 서로 다를 경우 자본풍부국에서 자본부족국의 일방적인 간접투자뿐만 아니라 자본풍부국과 자본부족국 간에 상호투자도 발생하게 된다.

환율 변동 환율변동에서 오는 환차손을 회피하거나 거꾸로 환차익을 올리려는 투기적인 원인으로 간접투자가 발생한다. 제7장에서 설명한 바와 같이 소극적으로 환위험을 막으려는 헤징거래나 적극적으로 환위험을 감수하며 투자하는 환투기거래의 경우 모두 국제간접투자를 증대시킨다.

위험의 회피와 분산 자본이 머무르는 국가에 어떤 정치적·경제적 위험(risk)이 발생되면 다른 나라로 자본을 도피(capital flight)하거나 분산시켜 이러한 위험을 회피하려고 한다. 이러한 위험이란 국내의 정치경제적 불안으로 인한 위험, 자본에 대한 과세위험, 인플레이션 등으로 인한 원금가치의 하락위험 등이다.

이러한 동기와 원인으로 행하여지는 국제간접투자는 국내투자에 비하여 더 높은 수익을 추구하는 행위이지만 동시에 더 많은 위험을 내포하고 있다. 국제간접투자의 위험으로 작용하는 「장애요인」들은 다음과 같다.

환율 변동 이자율격차를 추구하여 외국의 유가증권에 투자하는 경우 이러한 수익을 능가하는 반대방향의 환율변동이 있는 경우 투자회수 후 자본총액을 국내통화로 환산한 가치가 오히려 작아질 위험이 발생한다. 또한 환차익을 노리는 국제투자의 경우에도 환율이 예상한 것과 반대로 변동되는 경우 이에 따른 환차손이 발생하게 된다. 그러므로 외국에 대한 국제간접투자의 경우 이러한 환위험을 관리하는 특별한 기법들이 보완되어야 한다.

국가 위험 현지국의 정치경제적 환경이 급격히 악화거나 위기가 발생되는 경우 국제투자자는 이에 따른 비상위험을 감수해야 한다. 또는 현지국정부의 정책이 예측하지 못한 방향으로 변화되는 경우, 특히 외국자본에 대한 강제수용·몰수·송금제한 등이 발생되는 경우 외국투자자들에게는 큰 위험요인이 된다.

2중과세 위험 해외투자로부터 소득이 발생하면 투자국과 현지국 모두 자국정부의 조세수입을 위하여 과세권을 발동하려고 한다. 따라서 이 양국 간에 이중과세방지협정 등과 같은 사전적 조정이 합의되어 있지 못한 경우 투자자는 2중으로 조세부담이 발생될 수 있다.

2.2 해외직접투자의 일반적 진출동기

기업들이 해외시장에 투자하고 국제경영활동을 확대하는 동기는 국내투자 및 국내경영활동과 마찬가지로 기업의 생존·이익·시장·성장을 위해서(for survival, profit, markets and growth)이다. 다만 국내시장만을 서브하던 기업체가 해외시장에 진출할 때는 보다 추가적인(additional) 이익·시장·성장을 추구한다는 점이 다를 뿐이다. 그러나 이러한 해외직접투자 내지 기업진출의 목적과 동기를 좀 더 구체적으로 살펴보면 다음과 같다.

(1) 시장적(수요적) 동기 요인

기업이 해외 진출하는 최대의 동기는 시장의 확대·유지를 통하여 종국적으로는 기업의 성장을 이룩하고 이윤을 획득하기 위함이다. 이러한 시장적인 동기를 좀 더 세분하여 살펴보면 다음과 같다.

시장의 개척과 확대 국내시장에 한계가 있거나 규모의 경제실현이 불가능한 경우 해외진출을 통하여 시장의 확대와 규모의 경제를 실현할 수 있다. 또한 선발기업체로서 해외에 진출하는 경우 여러 가지 측면에서 선발진출자로서의 시장장악에 유리한 점을 가질 수 있다. 현지에서의 생산 및 판매활동을 전개함으로써 수요특성이 다른 현지시장에 보다 신속히 적응할 수 있고 시장조사 및 광고활동도 용이하며 비용도 절감된다. 최근에 급격히 성장하고 있는 개발도상국이나 사회주의로부터 자본주의체제로 전환한 체제전환국들의 급격한 시장규모 확대와 새로운 제품에 대한 수요증대 등 이른바 신규시장(emerging market)을 적극적으로 활용하기 위해서는 이들 현지국에서의 직접생산을 통한 시장의 개척이 바람직하다.

무역장벽의 회피 및 우회　현지국이 국제수지개선과 수입대체산업육성 등을 위하여 관세·비관세장벽을 설치하여 단순한 수출활동만으로서는 이익달성을 할 수 없는 경우 이러한 수입장벽을 우회하는 수단으로서 기업의 해외진출이 이루어진다. 해외에 진출하여 현지국법인이 되는 경우 국내기업체로 간주됨으로써 현지국의 판매에 대한 내셔날리즘적인 저항이 감소된다. 또한 진출대상국이 제3국에 대한 특혜적 대우의 수혜국인 경우 제3국에 대한 수출의 간접적인 증대가 이루어진다.

시장의 유지와 방어　해외시장에 지역공동체가 형성되는 경우 역내외 차별화로 인해 수출을 통한 이익추구가 어려워지는 경우 역내에 직접투자 함으로써 기존시장을 유지하는 동시에 지역공동체의 발전을 이익적으로 활용한다. 경쟁국 또는 본국 내의 경쟁기업들이 해외 진출하는 경우 기존시장을 상실할 뿐 아니라 새로운 시장의 창설과 진입에의 주도권을 상실하게 되므로 이에 대한 방어로서의 대응적 투자(reactive investment)를 행한다. 제품의 라이프싸이클과 이익싸이클에 따라 그들 제품의 비교우위가 타국으로 이동되는 경우, 이러한 제품의 해외직접투자를 통하여 기존의 무역흐름을 대체시킴으로써 기존시장을 유지할 수 있다.

(2) 생산적(공급적) 동기 요인

시장을 확보하고 유지하기 위한 해외직접투자와 함께 국내보다 더 저렴하고 풍부한 생산요소 또는 국내에서 조달하기 어려운 생산요소를 취득함으로써 생산상의 효율을 얻기 위한 해외직접투자는 물론 국내보다 유리한 산업입지를 활용하기 위한 해외직접투자가 발생된다.

자원의 안정적 확보　특수한 천연자원의 경우 대개는 지역적인 편중성·개발의 장기성 및 위험성·발견의 우연성 등에 의해 지배되므로 이러한 자원의 안정적 확보를 위해서는 자원보유국에 대한 직접투자가 이루어져야 한다. 이러한 자원의 안정적 확보문제는 부족한 자원을 장기적으로 안정되게 공급받는다는 의미 외에도 기업 간의 경쟁에 이기기 위한 전략적 동기도 포함될 수 있다. 즉 소수의 원료채취기업에서 얻을 수 있는 원료를 소재로 하는 제조업의 경우 안정적인 원료의 확보는 타 기업과의 경쟁에 있어 중요한 의미를 가지기 때문이다.

저렴한 노동력의 확보 노동의 상대적 부족으로 임금의 상승과 근로조건 개선의 압박을 받고 있는 선진국기업이 노동의 상대적인 풍부성과 공업의 낙후성에 의해 저렴한 노동력이 방치되고 있는 대 개발도상국 진출을 통하여 저렴한 노동력의 확보가 가능해진다.

선진기술의 확보와 습득 선진국에 해외자회사를 설립하여 앞선 기술이나 경영상의 노하우를 확보하거나 습득할 수 있다. 일본·유럽·신흥공업국 기업들의 미국의 실리콘밸리에 대한 투자가 전형적인 예이다. 오늘날 기술에 의한 경쟁력향상이 더욱 중요해지고 기술에 대한 보호조치가 더욱 강화됨에 따라 이러한 동기의 해외직접투자가 더욱 중요해지고 있다

유리한 산업입지 활용(산업입지 최적화) 이상과 같은 생산요소의 확보 이외에 국내보다 유리한 해외의 산업입지를 활용하기 위한 해외직접투자도 일어나게 되는데 그러한 요인들을 예거하면 ① 본국에서보다 저렴한 공장건설비, ② 물적 공급 및 물적 유통비의 절감, ③ 특수원자재 및 부품 등의 구입용이성, ④ 공업용부지(site)나 공업용수문제 해결의 용이성, ⑤ 시장수요에 맞는 제품적응(adaptation)의 용이성, ⑥ 보다 덜 엄격한 현지국의 공학적 기준, ⑦ 본국보다 덜 엄격한 공해규제기준을 채택하고 있는 공해천국(pollution heaven/paradise/resort)으로의 생산입지이동 등 다양하다.

(3) 국가적 동기 요인

이상과 같은 시장적 동기(수요 측면)와 생산적 동기(공급 측면)와 더불어 현지국 및 투자국의 국가적 환경요인 역시 해외직접투자의 중요한 원인으로 작용한다.

현지국 요인(pull요인) 현지국은 부족한 자본·기술의 도입을 통한 효율적인 경제개발을 위하여 외국인투자에 대한 여러 가지 재정적·금융적·행정적 유인(incentives)들을 제공하는바 이러한 현지국의 투자유인을 활용하기 위하여 해외직접투자를 행하게 된다. 또한 개발도상국에 대한 경제협력으로 인한 후속수요의 커버를 위한 해외진출이 이루어지게 되는데 어떤 종류의 종합산업의 형태를 지닌 특정기업이 진출하는 경우 그 기업활동과 관련된 부품이나 중간재의 조달이 현지국에서 곤란한 경우 이와 관련된 하청기업의 진출이 뒤따르게 된다.

또한 기술제휴나 합작투자와 같은 소극적 자본진출에 의하여 훌륭한 생산시설·기술·자본을 제공하여 주더라도 현지국의 경영관리능력의 미숙으로 소기의 목적을 달성할 수 없는 경우 이러한 매니지먼트 갭(management gap)의 해소를 위한 직접투자가 있게 된다.

투자국 요인(push요인) 종래의 유리한 국내투자기회가 기업 간의 경쟁이 격화됨으로써 소진되어 국내시장에 대한 사업 확장이나 신규가입이 어렵게 되는 경우 해외투자에 관심을 가지게 된다. 독점금지법(anti-trust act)의 시행은 기업의 국내적 확대와 자유로운 이윤추구

활동에 제약을 가져옴으로써 이에 대한 대응책으로서 그러한 제약도 없고 자유로운 이윤추구가 가능한 해외에서의 활동을 추구한다.

국내불황 및 경쟁격화 등으로 인하여 국내이윤율이 낮아지는 경우 이의 타개책으로써 해외진출을 행한다. 또한 국내에서의 세율이 높은 경우 이러한 조세의 회피를 위하여 세금회피지(tax haven/paradise/resort)로의 진출이 있게 된다. 해외투자의 증대를 위하여 투자국정부가 제공하는 제 정책적 지원을 활용하기 위하여 투자한다.

⑷ 기업 내부적 동기 요인

이상에서 설명한 해외직접투자의 동기들은 대체로 기업외부의 환경적 요인들이었지만 어떤 기업이 해외로 진출하는 경우 이러한 해외진출 그 자체가 그 기업에 유형·무형의 이익을 가져다주게 된다. 해외직접투자의 주요한 동기가 되는 국제화에 따르는 기업내부적 요인들은 다음과 같다.

고유한 강점의 활용 다국적기업은 막강한 기술력·브랜드네임·정보탐지능력·마케팅 전문성 등 자신만이 보유하고 있는 특유의 강점이나 우위를 최대한 전략적으로 활용하여 더 큰 시장과 이익을 실현하기 위하여 해외에 진출한다.

잉여생산력의 활용 해외직접투자를 통한 잉여생산력의 이용이 가능해진다. 이미 본국에서는 유휴설비가 되거나 사양화된 생산설비나 기술을 기업의 해외진출이라는 형식을 통하여 해결할 수 있고, 기업내부에 축적된 경영기법·조직력·마케팅기법·노하우 등의 제 경영자원들을 유효하게 활용할 수 있으며 또한 국내시장에 대한 자본의 상대적 과잉을 해결할 수도 있다.

기술의 보호 해외직접투자를 통하여 기업특유의 기술을 보호할 수 있다. 오늘날 선진국의 대기업들은 연구개발에 막대한 투자를 행함으로 이러한 막대한 투자에 의해 얻은 기술의 전파를 두려워한다. 따라서 이러한 기술의 공개나 전파를 막기 위하여 자본과 기술이 일체가 되어 이동하는 직접투자를 행함으로써 이러한 목적을 실현한다.

사업의 다각화와 네트워킹 시장과 생산시설의 다양화·분산화에 의한 이익안정을 기할 수 있다. 뿐만 아니라 연구개발·조달·제조·마케팅 등 주요 비즈니스활동을 최적으로 네트워킹하여 시너지효과(synergy effect)를 창출하기 위하여 해외로 진출한다.

기업내거래/내부화의 이익 향유 다국적기업의 기업내거래(intra-firm transactions)가 가져올 수 있는 재정적·금융적 우위성을 활용할 수 있다. 오늘날 다국적기업들은 그들의 내부거래를 통한 이전가격조작(transfer-pricing)과 환관리를 통하여 여러 가지의 이익을 누리고 규제와 위험들을 회피한다.

국제적 명성획득, 주주와 경영자 만족 기업의 국제화를 통하여 이에 따르는 새로운 이미지의 부각이나 특유한 명성(reputation)을 쌓음으로써 국제적 거래·해외기채·프로젝트의 수주 등의 경쟁에 있어서 여러 가지 유형무형의 이점(tangible and intangible advantage)을 누릴 수 있다. 또한 해외시장진출을 통하여 기업의 총매출액·자산·이익·시장점유율·성장률 등의 경영성과를 높임으로써 주주와 경영자에게 만족을 줄 수 있다.

최고경영층의 희망과 결단 기업에 따라서는 이상과 같은 경영적 동기나 이유보다는 최고경영층이나 대주주의 개인적인 희망이나 결단에 의하여 글로벌화가 이루어지는 경우도 많다. 국내시장만을 서브하며 성장하던 기업이 대주주의 희망과 결단에 의하여 다국적기업으로 변신하여 발전한 예로서는 싱거(Singer)미싱·IBM·Microsoft·코닥(Kodak) 등을 들 수 있고 비록 실패하였지만 한국의 대우(Daewoo) 역시 그러한 예였다고 할 수 있다. 이러한 기업들은 창설주가 처음부터 범 세계시장을 추구하는 목표를 세워 드라이브함으로써 거대한 다국적기업이 된 경우라고 할 수 있다.

3. 해외직접투자의 투자유형

해외직접투자의 투자유형은 분류 관점에 따라 다양한 형태로 분류될 수 있다. 예컨대 소유지분과 관련하여 100% 자기자본으로 진출하는 단독투자(sole investment)와 현지국기업과의 합작투자(joint investment), 해외에 새로운 현지법인을 설립하는 신규설립투자(greenfield start-up investment)와 현지의 기존기업을 인수하는 M&A투자(Merger & Acquisition investment)로 구분할 수 있고, 해외투자의 동기에 따른 투자유형과 본사와 자회사의 통합 형태에 따른 투자유형으로 구분하기도 한다. 이들 중 단독투자와 합작투자, 신규설립투자와 M&A투자에 대해서는 제14장(해외시장진출전략)에서 설명하기로 하고 여기서는 투자동기에 따른 투자유형과 본사와 자사 간의 통합형태에 따른 투자유형에 대하여 설명하기로 한다.

3.1 투자동기별 투자유형

기업의 해외진출동기를 유형화하여 해외직접투자 및 다국적기업의 투자유형으로 설명하기도 하는데 이러한 투자동기별 유형들을 〈표 9-1〉이 종합하여 보여주고 있다.

(1) 시장지향형 투자

시장지향형 투자(market oriented investment)는, 시장의 개척과 확대, 시장의 유지와 방어를 통하여 시장의 대규모화에 따르는 이익과 성장을 획득하기 위한 투자유형이다. 이는 다시 현지시장지향형 투자와 수출지향형 투자로 구분할 수 있다.

표 9-1 해외직접투자의 투자동기별 유형

투자유형			투자의 구체적 동기
시장지향형 투자	현지시장지향형 투자	과점형 투자 (시장밀착형, 판매거점형)	• 독점적 기술력 통해 거대한 현지시장 활용하기 위한 투자(기술집약산업에 대한 미국의 대 중남미투자 등) • 현지수요를 반영하기 위한 시장밀착형투자 및 현지판매거점 형성을 위한 판매거점형 투자
		무역장벽 극복형투자 (수출대체형)	• 종래까지 수출을 하던 지역에 무역장벽이 높아지는 경우 현지생산으로 대체하여 현지국의 무역장벽을 우회하기 위한 투자
	수출지향형 투자 (생산거점형)		• 효율적 해외생산기지에서 생산된 제품을 본국으로 역수입하거나 제3국으로 수출 위한 투자 (노동집약산업의 대동남아 중소규모투자 등)
요소지향형 투자	자원지향형 투자		• 자원보유국에서의 자원개발수입을 위한 투자
	노동지향형 투자 (저노임 지향형)		• 풍부하고 저렴한 노동력을 활용하기 위하여 행해지는 노동집약산업의 대개도국 투자
	선진기술습득형투자 (기술지향형)		• 해외기술연구소 설립(현지고급연구인력 활용) • 선진기술 보유한 기업의 M&A를 위한 투자

현지시장지향형 투자 현지시장지향형 투자란 대상국에 직접 진출하여 생산 및 마케팅 활동을 전개하기 위한 투자유형이다. 따라서 이러한 투자는 목적시장의 시장규모와 잠재성이 크거나, 높은 무역장벽이 설치되어 있는 경우 해외직접투자를 통하여 그러한 시장에 진출하여 시장을 개척·유지·확장하려는 것이다. 이러한 현지시장형 투자는 목표 시장의 성격에 따라 다음과 같이 ① 과점형 투자와 ② 무역장벽극복형 투자로 구분한다.

(1) 과점형 투자란 거대한 독과점기업들이 현지시장획득을 목적으로 첨단산업분야에서 그들의 기술적 우위를 배경으로 하여 진출하는 유형을 말한다. 이의 가장 전형적인 예는 멕시코·브라질·아르헨티나 등 중남미국가에 대한 미국이나 유럽계 다국적기업들의 투자이다. 주로 노동집약산업에서 이루어지는 해외생산거점형 투자와 달리 기계·화학·자동차 등 기술집약산업에서 이루어진다. 자연히 다국적기업은 그들의 월등한 기술력을 바탕으로 현지기업에 대해 독점적 우위를 확보하여 현지국의 산업구조를 독점화시키고 기술종속 등의 문제를 유발하기가 쉽다.

(2) 무역장벽극복형 투자란 목적시장에 설치된 무역장벽을 우회함으로서 지금까지의 수출을 해외생산으로 대체하는 해외직접투자의 유형으로서 통상마찰 회피형 투자라고도 한다. 대상국 또는 대상지역이 구축한 무역장벽(trade barrier) 때문에 지금까지의 수출이 축소·억제되는 경향이 증가하고 있는 경우 이러한 무역장벽을 우회(detour)하는 방법으로서 직접투자를 행하는 사례가 계속 늘어나고 있다. 이런 경우의 해외직접투자는 새로운 시장을 개

척한다기보다 기존의 수출시장을 유지하기 위한 방어적 투자(defensive investment) 성격을 가지므로 수출대체형 투자(export substitute investment)라고도 한다. 우리나라 가전산업들이 미국 시장에 서브하기 위하여 생산라인을 미국 내에 설치하는 직접투자 등이 그 예이다.

수출지향형 투자 이와 같이 현지시장지향형 투자가 해외진출이 이루어지는 현지국의 시장을 대상으로 하는 것임에 대하여, 수출지향형 투자란 현지국에서 생산된 제품을 모사가 있는 본국이나 제3국 시장에 수출하기 위하여 행해지는 해외투자의 유형을 말한다.

대체로 1970~80년대 이러한 투자가 이루어진 지역은 한국·대만·싱가포르·홍콩 등이었고 1990년대 이후 동남아지역이었는데, 이것은 이들 지역의 국내시장이 비교적 협소하여 현지시장지향투자의 의의는 적지만, 저렴하고 숙련된 노동력·풍부한 공업단지·외국인에 대한 투자유인 등이 제공되었기 때문에 수출용 제품의 해외생산기지(overseas production base)로서 적합하였기 때문이다. 따라서 이러한 투자를 해외생산거점형 투자 또는 생산효율지향형 투자(production-efficiency seekers)라고도 한다.

선진국의 기업체들은 노동집약적인 부품이나 완제품을 이러한 방법으로 생산하지 않고는 본국시장에서 뿐만 아니라 제3국시장에서의 경쟁이 심하기 때문에 특히 이러한 수출지향형 투자를 많이 행하고 있다. 또한 제품분야에 따라서 정도의 차이는 있겠으나 우리나라의 기업체들도 이러한 유형의 해외직접투자를 점진적으로 늘리고 있는 실정이다.

(2) 요소지향형 투자

이는 보다 안정적이고 효율적인 생산요소의 획득과 활용을 위한 해외직접투자의 유형을 지칭하는 것으로서 가장 중요한 의미를 가지는 것이 천연자원·노동력·기술이므로 이는 다시 자원지향형 투자·노동지향형 투자·선진기술습득형 투자로 구분된다.

자원지향형 투자 자원의 편재성을 극복하고 저렴하고 안정적인 자원획득을 위하여 원유·광물·임산·수산자원 등의 해외개발수입을 위한 직접투자를 말한다. 따라서 이를 자원개발형 투자라고도 한다. 1950년대 이전 특히 식민지시대에 있어서 전통적인 서구제국의 대개도국투자는 주로 이러한 자원지향형 투자이었다. 오늘날 이러한 자원지향형 투자는 단순한 자원개발에 그치는 것이 아니라 개발·정제·판매가 수직적으로 통합되는 경우가 많은데, 중동·인도네시아·브라질 등에 대한 투자에 이러한 형태가 특히 많다.

노동지향형 투자 요소지향형 투자 중에는 이러한 노동지향형 투자가 가장 많은데, 국가 간의 자본이동에 비하여 노동력이동에는 많은 제약과 제한이 따르기 때문이다. 전통적으로 자원지향형 투자가 대부분이었으나 최근에는 선진국들이 노동력부족과 인건비상승 등에 따르는 원가상승의 압력을 해소하기 위하여 개발도상국에 진출하여 현지국의 저렴한 노동력을 이용하려는 노동지향형 투자가 제조업 분야에서 많이 일어나고 있다.

선진기술습득형 투자 선진국에 해외자회사를 설립하여 앞선 기술이나 경영상의 노하우 등을 습득하기 위한 투자이다. 일본·유럽·신흥공업국의 기업들이 미국 실리콘밸리에 대한 투자가 그 전형적인 예이다. 날로 기술보호주의 장벽이 높아짐에 따라 이러한 유형의 투자는 선진기술을 습득하는 아주 좋은 방법으로 인식되어 1980년대 말 이후 급격히 늘어나고 있다.

3.2 통합형태별 투자유형

가격기구의 메커니즘에 의하면 투자의 흐름은 이윤율이 낮은 곳에서 높은 곳으로 흘러가게 될 것이 예상된다. 그러나 직접투자의 세계적 이동은 이 같은 완전경쟁적인 조건에 의해서보다는 불완전 경쟁적인 독과점적 행위로서 설명되는 것이 일반적이다. 이와 같은 관점이 산업조직론적 내지는 기업성장론적 관점인 바 이와 같은 관점에서 모사와 자사의 통합형태에 따라 해외직접투자를 ① 수직적 통합, ② 수평적 통합, ③ 다각적 통합으로 분류한다. 이러한 통합형태별 해외직접투자 유형을 다국적 석유회사의 경우를 통하여 간결하게 보여주고 있는 것이 [그림 9-2]이다.

그림 9-2 다국적 석유기업의 국제적 통합형태

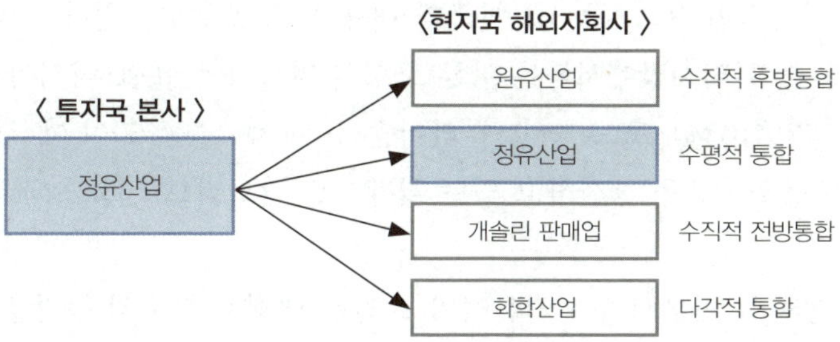

(1) 수직적 통합형 투자

수직적 통합형(vertical integration type)은 본사와 자사 간에 연구개발·생산·마케팅의 단계를 서로 달리 하며 통합하는 직접투자의 유형으로서 가장 초보적인 통합의 형태이다. 이러한 수직적 통합은 그 통합의 형태에 따라 다시 후방통합형과 전방통합형으로 구분한다.

수직적 후방통합형(backward integration type) ① 광산회사가 광산개발을 위해 해외직접투자를 하고 정련은 본국에서 행하는 경우, ② 세계적인 정유회사가 원유의 채광과 채굴을 위하여 산유국에 투자하는 경우, ③ 제지회사가 목재나 펄프 등의 개발수입을 위한 해외투자를 행하는 경우 등과 같이, 본사의 생산단계가 해외자회사의 그것 보다 후방에 있는 형태의 통합이다.

수직적 전방통합형(forward integration type) ① 다국적 자동차회사가 제품판매를 위한 판매망형성을 위하여 자본진출하거나 개발도상국에 조립생산을 하는 경우, ② 다국적 정유회사가 개솔린 판매를 위한 현지법인을 설립하는 경우 등과 같이, 본사의 생산단계가 해외자회사의 그것보다 전방에 있는 형태의 통합이다. 이러한 유형의 통합이 지역 간에 이루어지는 것은 생산의 제 단계를 가장 적합한 각각의 지역에서 행하도록 하기 위함이다.

예를 들면 1단계 생산공정은 노동집약적, 2단계 생산공정은 자본집약적, 3단계 생산공정은 기술집약적이라 할 때 이들 각각의 생산단계에 대해 비교우위를 지닌 개도국·중진국·선진국에 생산을 분담시킴으로써 전체적인 효율과 이익을 얻고자 하는 것이다. 말하자면 생산공정별로 요소집약도가 다른 경우 이를 요소부존상태가 서로 다른 여러 나라에 분산시키는, 이른바 생산공정간 분업(international decomposition of production process)을 통하여 생산의 효율을 추구하기 위한 통합 형태이다.

(2) 수평적 통합형 투자

해외직접투자의 또 다른 통합유형으로서 동일한 생산단계의 기업활동을 여러 지역에서 이행하는 수평적 통합형(horizontal integration type)이 있다. 미국의 경영학에서는 이러한 수평적 통합의 형태를 다국적기업의 순수모델 형태로 생각하고 있다.

이러한 통합의 전형적인 예로서는 ① 미국의 대규모 소매업체인 월마트(Wall Mart) 등의 서유럽·중남미 진출, ② 본국시장에서와는 다른 모형의 자동차를 유럽·아시아·호주 등에서 생산 판매하고 있는 지엠(G.M.)·포드(Ford)·클라이슬러(Chrysler), ③ 50여 개 국에 자회사를 두고 40여 개 국에서 동일제품을 생산하고 있는 콜게이트 팔모리브(Colgate-Palmalive) 등을 들 수 있다.

이러한 수평적 통합이 이루어지는 기본적인 요인은 대체로 복수의 공장을 가진 기업의 경제성과 잠재적 고객의 분산에 따른 생산과 마케팅의 분산화이다. 복수의 공장을 가진 기업의 경제성이란, 어떤 다국적기업체가 진출하고 있는 여러 지역 또는 국가별로 그 특성에 따라 각종의 부품들의 생산을 전문화하여 상호보완적 생산을 하고 그러한 생산품들을 상호교환하여 완제품을 조립할 경우 얻을 수 있는 경제적인 효율과 이익을 말하는 것으로, 아시아·태평양지역에 진출하고 있는 GM이 이러한 전략을 채택하고 있다.

또한 잠재적 고객의 분산에 따른 생산과 마케팅의 분산이란 잠재적 고객이 분산되어 있는 경우 판매지역의 분산정도에 따라 생산지역도 분산시킴으로써 변화하는 환경에 잘 적응하여 마케팅효율성(marketing effectiveness)을 높이며 또한 여러 시장에 서브함으로써 위험의 지역적 분산(dispersion of risk)을 통한 수익의 안정화를 기함을 말한다. 그런데 이러한 두 가지의 요인은 한편으로는 현지국의 경제적 효율을 개선시키는 효과를 나타내기도 하지만 때로는 독점적 시장지배력을 형성하고 강화하는 반시장적 요인이 될 수도 있으므로, 현지국의 입장에서는 이러한 수평적 투자를 경계하기도 한다.

(3) 다각적 통합형 투자

해외직접투자의 제3의 유형으로 생산 및 수요와 직접적으로 밀접한 관계를 갖지 않는 분야에서 통합이 이루어져 하나의 기업이 서로 다른 다수의 사업 활동을 하는 다각적 통합형(conglomerate integration type)이 있다. 이러한 다각적 통합형은 다음과 같은 몇 가지의 요인들에 의해 이루어진다.

(1) 기업내부의 경영자원 곧 기업경영능력의 축적이 이루어져 그것을 유효하게 활용하기 위하여 투자하는 경우이다.

(2) 축적된 경영자원을 종래의 투자부문에 투입하여 기업확장을 이룩하기보다는 새로운 사업분야에 투입하는 것이 유리하다고 판단되는 경우이다. 예컨대 종래의 사업분야가 정체적이어서 성장의 잠재성이 없거나 외부적 제약이 많아졌거나 또는 위험분산이 요구되는 등의 경우가 그러하다.

(3) 타 기업이 보유하고 있는 경영자원을 충분히 활용치 않고 있다고 판단될 때 그러한 기존기업체를 매수·합병(M&A)하여 더 효율적으로 경영하고자하는 경우이다.

다각적 해외직접투자는 생산물이 수직적으로나 수평적으로 연결되지 않는 다각기업형태의 해외직접투자로서, 기업이 여러 분야의 사업을 동시에 수행하는 경우 사업상의 위험을 분산시킬 수 있다는 이점이 있다.

이와 같은 다각적 통합형의 투자는 수평적 통합이나 수직적 통합의 요소를 포함하고 있지 않기 때문에 특정산업분야에 대한 독점적 요소의 강화나 형성은 수반되지 않는다. 따라서 이 같은 순수한 의미의 다각적 통합은 해외직접투자에 있어서 비교적 중요성이 낮다. 다만 최근 미국계 다국적기업들이 여러 분야의 회사를 매수·통합하고 있는 경향이 주목할 만하다.

제 2 절 다국적기업의 해외직접투자이론[1]

1. 이론적 과제와 체계

1.1 이론적 과제

해외직접투자 및 다국적기업의 이론은 해외직접투자나 다국적기업의 ① 생성원인(causation)이나 결정요인(determinant)에 관한 이론, ② 행태(behavior) 또는 특성(characteristics)에 관한 이론, ③ 경제적 영향(economic consequences)에 관한 이론 등 3가지 측면으로 구분할 수 있다. 여기서 논의하고자 하는 해외직접투자 및 다국적기업의 이론은 이들 중 첫 번째의 주제인 기업의 국제화요인·다국적기업의 생성원인·해외직접투자의 결정요인에 관한 이론이다.

그렇다면 이러한 이론들이 해명해야 할 이론적 과제, 또는 이러한 이론들이 갖추어야 할 이론적 요건이 무엇인가? 일반적으로 이러한 해외직접투자이론이 갖추어야할 요건들이 다음과 같이 제시되고 있다.

해외진출기업의 실질적 우위문제(how) 해외에 진출하는 기업은 현지국의 경쟁기업에 비하여 여러 가지 환경적인 불리함(disadvantages)에 직면하게 되므로 현지국기업들에게는 발생하지 않지만 외국기업이기 때문에 발생하는 여러 가지 외국비용(cost of foreignness)이 추가하게 된다. 따라서 어떤 기업이 해외로 진출하는 이유를 설명하기 위해서는, 해외진출기업의 이러한 여러 가지 불리함에도 불구하고 어떻게(how) 현지기업과의 경쟁에서 그들을 이길 수 있는가를 해명할 수 있어야 한다.

이렇게 해외진출기업이 현지국 경쟁기업들에 비하여 여러 가지 경영환경상의 불리함이 있음에도 불구하고 그들과의 경쟁에서 이길 수 있는 것은, 해외진출기업들의 그러한 환경적 불리함을 상쇄할 수 있는 어떤 실질적 우위(real advantages)를 지니기 때문이라고 할 수 있다. 따라서 해외직접투자이론은, 해외진출기업의 이러한 실질적 우위가 무엇이고 또한 이것은 어디에서 발생되는가에 대한 대답을 제공하여야 한다.

해외직접투자의 선택이유(why) 해외진출기업이 이러한 실질적 우위를 보유하고 있다고 하였을 때 이러한 우위를 활용하는 방식에는 여러 가지 방법이 있을 수 있다. 예컨대 자신이 보유하고 있는 우위를 활용하여 국내에서 제품을 생산하여 이것을 해외로 수출(exporting)하는 방법도 있고, 자신이 보유하고 있는 이러한 우위를 라이선싱(licensing)과 같은 방법으로 해외에 판매하는 방법도 있다. 따라서 해외직접투자이론은, 이러한 여러 가지 해외진출방법이 있음에도 불구하고 왜(why) 해외직접투자라는 형태를 통하여 이러한 우위를

1 노택환, 다국적기업의 해외직접투자이론(학문사, 1990) 및 다국적기업 경제학(율곡출판사, 2012) 제4편 중 기초적 내용만을 발췌 요약함.

활용하는가에 대한 대답을 제공하여야 한다.

해외생산입지의 선택이유(where) 해외진출기업이 보유하고 있는 이러한 실질적 우위를 해외직접투자를 통하여 활용한다고 하였을 때 이러한 해외직접투자가 행해질 수 있는 현지국은 무수히 많다. 그렇다면 해외직접투자이론은, 해외투자를 행할 현지국은 어디(where)이며 이것은 어떠한 요인에 의하여 결정되는가에 대한, 해외생산입지의 선택이유에 대해서도 설명해 주어야 한다.

1.2 이론체계의 분류

오늘날까지 다국적기업과 해외직접투자에 대한 수많은 이론들이 제시되어 왔지만 여전히 유일하고도 통일적인 일반이론의 정립은 이루어지고 있지 못한 것이 사실이다. 그러나 현존하는 제이론들 중 대표적인 해외직접투자이론들을 그 기본적인 성격에 따라 분류 정리한 것이 〈표 9-2〉이다.

표 9-2 해외직접투자이론의 이론적 체계 개관

구분		제이론	주요내용
전통적 이론		국제자본이동론 (이윤율격차이론)	자본의 한계생산력(이윤율) 격차로 설명
미시적 기업적 이론	산업조직론 접근	독점적 우위론	현지기업에 대한 진출기업의 독점적 우위 설명
		과점적 경쟁론	과점경쟁 하의 경쟁 및 상호침투로써 설명
	기업이론 접근	내부화이론	FDI를 기업의 국제적 내부화 과정으로 설명
		기업성장이론	FDI를 기업의 성장에 따른 확장과정으로 설명
		기업행태이론	FDI를 기업조직 내 의사결정 행태로써 설명
전통적 이론의 확장적 이론	자본이론 접근	국제포트폴리오이론	위험분산을 위한 포트폴리오이론을 FDI에 원용
		통화지역이론	통화지역의 상이에 따른 통화가치의 우위로써 설명
		증권시장불완전성이론	증권시장의 불완전성에 대응한 FDI로 설명
	무역이론 접근	제품주기이론	제품주기변화에 따른 무역·투자·생산입지 설명
		특수적 요소이론	특수적 요소에 의한 기업의 우위로써 설명
		고지마이론	비교이윤율격차에 따른 FDI로써 설명
통합적 이론		국제생산의 절충이론	기업적·입지적·내부화우위의 통합적 요인으로 설명

이하에서는 이러한 여러 가지 이론들 중 ① 전통적 이론으로서 이윤율격차이론, ② 산업조직론적 이론으로서 독점적 우위이론과 과점적 경쟁론, ③ 기업적 이론으로서 내부화이론, ④ 종합적 이론으로서 국제생산의 절충이론에 대해서만 간략히 소개하기로 한다.[2]

2 제품주기이론 역시 제품의 주기변화에 따른 생산입지·국제무역·해외직접투자에 대한 유용한 설명을 제공하고 있지만 여기에 대해서는 제4장(새로운 무역이론)에서 설명하였으므로 여기서는 설명을 생략한다.

2. 전통적 자본이동론(이윤율격차이론)

2.1 전통적 자본이동론의 개요

국제적인 상품의 이동을 설명하는 이론이 국제무역이론이라면 국제적인 생산요소의 이동, 그 중에서도 국제적 요소이동의 가장 전형적인 자본의 이동을 설명해주는 이론이 국제자본이동론이다. 이 이론은 국제적 자본이동의 원인을 자본의 한계생산력 격차(differences in marginal productivity of capital)에서 구하여 자본이 풍부한 국가에서 희소한 국가로, 이자율이 낮은 국가에서 높은 국가로 자본이 이동하는 것으로 설명하였다.

이러한 전통적 자본이동론은 해외직접투자 또는 다국적기업의 생성에 대한 이론으로 원용되어 왔다. 즉 전통적 경제학자들은 기업이 해외로 진출함에 따라 기대되는 이윤이 국내에서 활동할 때의 그것보다 높을 경우에 해외직접투자가 이루어진다는, 이른바 이윤율격차이론(theory of different returns)을 주장하였다.

따라서 이러한 이윤율격차이론은, 국가 간 자본이동에 대한 규제가 없는 완전경쟁시장하에서 자본의 한계생산비와 한계이윤을 균등화함으로써 이윤극대화(profit maximization)라는 기업목표를 추구하는 것을 설명하는 신고전파적 자본이동론을 해외직접투자에 원용한 이론이라고 할 수 있다.

2.2 전통적 자본이동론의 한계

이러한 이윤율격차이론은 미국의 대유럽 직접투자가 크게 증대되고 더욱이 서유럽에 진출한 미국기업들의 수익률이 미국 국내의 수익률을 크게 상회하였던 1950년대에는 크게 지지를 얻었다. 그러나 1960년대 후반 이후 서유럽지역과 미국 국내의 수익률이 반대방향으로 나타났음에도 불구하고 여전히 미국의 대유럽 해외직접투자가 증가하는 경향을 보임으로써 그 이론의 현실적 타당성이 크게 감소하게 되었다.

이에 따라 다국적기업이나 해외직접투자를 설명하는 이론체계로서의 전통적 자본이동론의 한계에 대한 인식이 나타나게 되었다. 그렇다면 전통적 자본이동론은 오늘날의 다국적기업과 해외직접투자에 대하여 어떠한 이론적 한계를 지니며 이러한 이론적 한계가 나타나는 원인은 무엇인가?

전통적 자본이동론은 단일생산요소로서의 화폐자본이 이동되는 원리를 설명하는 이론이다. 그러나 다국적기업의 해외직접투자는 이러한 화폐자본은 물론 인력·기술·경영능력·특허권·자본재·거래비밀·생산방식 등과 같은 여러 가지 경영자원이 일체(package)가 되어 이전되는 실물자본의 흐름이다. 따라서 전통적 자본이동론은 화폐자본의 이동원리를 설명할 뿐 화폐자본을 포함한 여러 가지 경영자원들을 함께 이전시키는 실물자본의 흐름인 해외직접투자의 고유한 특성들을 설명하지 못한다.

또한 전통적 자본이동론은, 국제자본이동 또는 해외투자의 원인을 이윤율격차로써 설명하여 기업의 투자목표가 이윤극대화임을 전제하고 있다. 기업이 해외직접투자를 행하는 목표는 궁극적으로는 이윤극대화라고 할 수 있으나 개별적으로 행해지는 해외직접투자는 이윤극대화라는 목표를 뛰어 넘는 여러 가지 동기들을 추구한다. 예컨대 규모의 경제를 추구하는 투자, 경쟁기업에 대한 대응으로서 행해지는 투자, 새로운 시장에서의 선점의 이익을 추구하는 투자의 경우 이러한 목표를 위해서는 단기적인 이윤극대화를 포기하게 된다. 따라서 전통적 자본이동론은 오늘날의 해외직접투자가 추구하는 이윤극대화 이외의 다양한 목표에 대한 올바른 해답을 제시하지 못한다.

이러한 이유 때문에 전통적 자본이동론은 결국 수익률극대화를 추구하는 간접투자(indirect investment)의 설명에는 어느 정도 설명력을 지니고 있지만 오늘날의 해외직접투자(foreign direct investment)에 대한 설명으로서는 근본적인 한계성을 가질 수밖에 없다.

전통적인 자본이동론은 또한 많은 비현실적 가정과 전제들 위에서 정립되어 있다. 이러한 여러 가지의 비현실적 가정들 중에서도 중요한 하나의 가정은 완전경쟁(perfect competition)의 전제이다. 그러나 국제자본이동이 완전경쟁 하에서만 이루어질 경우, 현지국기업들은 그들이 보유하지 못한 기술·경영능력 등을 아무런 장애 없이 구입할 수 있으므로 현지국기업과의 경쟁에서 이길 수 있는 해외진출기업의 우위성이 존재할 수 없게 된다. 또한 현실적으로 오늘날 다국적기업의 활동이 활발하게 이루어지는 산업분야는 독과점적 구조를 가지고 있는 경우들이다.

따라서 다국적기업이나 해외직접투자가 갖는 이러한 특성을 제대로 설명하기 위해서는 그 이론체계 속에 시장의 불완전성(imperfection of market)을 전제할 필요가 있다. 전통적 자본이동론은 이러한 점에서도 오늘날의 다국적기업의 해외직접투자의 설명에 있어 일정한 한계를 가진다.

3. 산업조직론적 접근이론

산업조직론적 접근이론(industrial organizational approach)은 전자·자동차·섬유산업 등과 같은 개별산업에 있어서의 시장구조(structure of market)와 그 산업을 구성하고 있는 개별기업들의 기업행동(conduct of firm) 및 그들 상호간의 역학관계 등에서 해외직접투자의 원인을 설명하고자 하는 접근이론으로서 다음과 같은 독점적 우위론과 과점적 경쟁론으로 대표된다.

3.1 독점적 우위론

1960년대 초 하이머(S. H. Hymer, 1960)는 그의 MIT학위논문에서 시장의 불완전성에 기초한 해외직접투자이론을 제시하였다. 이러한 그의 연구는 그 후 킨들버거(C. P. Kindleberger, 1969)와 케이브즈(R. E. Caves, 1970·1979) 등에 의해 보다 체계화되고 보완되어 그 후에 이루어진 새로운 해외직접투자이론 연구의 중요한 출발점이 되었다. 따라서 사람들은 이러한 이론을 하이머-킨들버거 가설(Hymer-Kindleberger Hyphothesis) 또는 HKC가설이라고도 한다.

일반적으로 해외직접투자를 행하는 해외진출기업(foreign entrant)은 서로 다른 언어·제도·정치·법률·문화에 따른 환경상의 차이, 서로 다른 통화로 인한 환위험, 현지국 시장에 대한 지식과 경험의 부족, 본사와 자사간의 시간적·공간적 거리에 따른 관리비용, 현지국의 내셔날리즘 등으로 인해 현지국 경쟁기업(indigenous firm/local competitor)과의 경쟁에서 여려가지 불리함(dis-advantages)에 직면하게 되고 또한 현지국 기업들이 부담하지 않는 추가적인 외국비용(cost of foreignness)을 부담하게 된다.

따라서 어떤 기업이 해외로 진출하여 성공할 수 있기 위해서는, 이러한 여러 가지 불리함에도 불구하고 현지국 기업과의 경쟁에서 이길 수 있고 또한 이러한 외국비용이 있음에도 불구하고 그러한 외국비용을 상쇄하고도 남을 수 있는, 현지기업이 가지고 있지 못한 어떤 실질적 우위(real advantages)를 보유하여야 한다. 이러한 실질적 우위를, 현지기업은 갖지 못하고 진출기업만이 보유하고 있는 어떤 기업특유의 우위(firm specific advantage)로써 설명하려는 이론이 독점적 우위론(monopolistic advantage theory)이다.

그렇다면 이러한 독점적 우위의 구체적 내용은 무엇인가? 독점적 우위론자들은 이러한 우위요인을 시장의 불완전성(market imperfection)에서 찾는다. 즉, 모든 시장이 완전경쟁 하에 있고 생산이나 마케팅상의 외부경제가 존재하지 않으며 정보의 이전이 자유롭고 교역에 대한 장벽이 존재하지 않는다면, 모든 기업은 동질의 재화를 생산하고 모든 생산요소의 이용에도 동일한 입장에 놓이게 됨으로써 현지기업에 대한 어떠한 우위성도 누릴 수 없게 되어 직접투자는 존재할 수 없고 따라서 모든 국제경제거래는 무역의 형태로만 존재할 것이라고 설명한다.

따라서 그들은, 해외직접투자는 시장의 불완전성에 기초한 독점적 우위의 활용을 위한 기업활동으로 설명하고, 시장의 불완전성에 기초한 그러한 독점적 우위로서 ① 지식과 기술, ② 경영능력 및 관리기법, ③ 수직적·수평적 통합, ④ 제품차별화, ⑤ 브랜드네임 및 마케팅 상의 우위 등을 예거하고 있다.

3.2 과점적 경쟁론

또 다른 하나의 산업조직론적 접근이론이 과점적 경쟁론 내지 과점적 대응론(oligopolistic reaction theory)이다. 이 이론은 독점적 우위론을 보다 동태적인 전략이론으로 발전시킨 이론으로서 해외직접투자를 과점적 경쟁기업 간의 경쟁과 대응이라는 과점적 행위(oligopolistic behavior)로써 설명하려는 이론이다.

과점(oligopoly)이란 시장 내에서 제한된 소수의 기업들만이 경쟁하는 불완전경쟁인데, 이러한 과점적 경쟁에서는 기업 간의 상호의존성이 매우 높아 상대기업의 행동에 대해 민감하게 대응하게 된다. 따라서 과점산업에 있어서의 최적전략은 경쟁기업의 행동에 따라 행동하는 것으로서, 선도기업(initiating firm)이 어떤 행동(action)을 취하는 경우 다른 경쟁기업 역시 이러한 선도기업을 따르는 대응(reaction)을 하게 되는데 이것이 과점적 행위이다.

닉커보커(F. Knickerbocker)는 "과점적 대응과 다국적기업"(Oligopolistic Reaction and Multinational Enterprise)이라는 그의 학위논문을 통하여 이러한 과점적 행동원리로써 해외직접투자를 설명하였다. 즉 해외직접투자는 대체로 과점적 산업에 속해 있는 소수의 기업들에 의해 이루어지는데, 어떤 선도기업이 특정지역에 해외직접투자를 행하는 경우 경쟁기업들의 최적전략은 그들 역시 그 선도기업을 따라(follow the leader) 해외진출을 행하는 대응행위라는 것이다.

예컨대 어떤 과점적 산업에서의 선도기업(A)이 어느 날 특정국가에 해외직접투자를 행하는 경우 동일시장에서 수출경쟁을 하던 경쟁기업(B)은 그 시장에서의 경쟁적 위치나 시장지배력을 상실하거나 훼손당할 불확실한 상황에 놓이게 된다. 따라서 경쟁기업(B)이 취할 수 있는 최적의 전략은 이러한 불확실성과 위험부담을 피하기 위하여 그들 자신도 해외직접투자를 감행하는 것이다.

따라서 이러한 과점산업이 해외진출 함에 있어서의 1차적 목표는 이익극대화보다는 최소한 경쟁기업과 같은 속도로 성장하여 과점적 균형(oligopolistic equilibrium)을 유지하는 것이 된다. 과점적 경쟁론은 이같이, 과점적 산업에 있어서의 선도기업에 대한 경쟁기업의 방어적 투자(defensive investment)로써 해외직접투자를 설명하자는 이론이다. 이때 이러한 과점적 경쟁은 특정지역에 대한 특정산업의 해외직접투자가 집중(bunching)되는데 이러한 현상을 밴드웨건효과(band wagon effect)라고 한다.

4. 내부화이론

앞서 논의한 독점적 우위론은, 현지경쟁기업과의 경쟁에서 이길 수 있는 진출기업의 우위성에 대해 설명하지만 그러한 우위성을 수출이나 라이선싱과 같은 방법으로 활용하지 않고 왜(why) 해외직접투자를 통하여 활용하는가에 대한 대답을 제시하지 못한다. 이에 대한 해답을 제시해주는 이론이 내부화이론(internalization theory)이다.

내부화이론이란 불완전한 시장에 있어서 다국적기업의 독점적 우위를 활용하는 가장 효율적인 방법은 필요한 제 거래를 시장(market)을 경유하지 않고 그들 기업시스템 내부에서 이루어지도록 하는 내부화(internalization)라고 파악하여 해외직접투자를 이러한 내부화 과정 내지 내부시장의 창조과정으로 파악하는 이론이다.

이 이론은, 다국적기업이 지닌 독점적 우위를 활용하는 방법이 수출·라이선싱·해외직접투자라고 하였을 때, 수출·라이선싱은 외부시장을 통한 독립된 기업 간의 거래임에 대하여 해외직접투자는 해외에 자회사를 설립하여 기업내거래(intra-firm transactions)를 행함으로써 이러한 거래를 기업내부로 끌어들인다는 것이 서로 다른 차이점이라는 데에 착안하여 이를 이론화한 것이다. 내부화이론은 다양한 관점에서 이루어졌지만 주요내용은 다음과 같은 4가지 명제로 요약된다.

(1) 재화와 용역을 교환하고 이전하는 2개의 대안적 시스템은 시장(market)을 통한 외부거래방법과 모사와 자사간 또는 자사 상호간의 관계 즉 기업(firm)조직을 통한 내부거래방법이다.

(2) 그런데 외부적 시장은 여러 가지 자연적·인위적 요인에 의해 야기되는 외부성(externality)과 시장불완전성(market imperfection)이 존재하므로 재화와 용역을 효율적으로 배분할 수 없다. 이러한 시장의 외부성이나 불완전성이 있는 경우보다 더 효율적인 거래방법인 기업내거래를 행할 필요성, 즉 내부화의 유인(incentive)이 발생하게 된다.

(3) 결국 시장불완전성이 존재할 경우 시장을 통한 외부거래비용과 기업 내에서 이루어지는 내부거래비용을 비교하여 후자가 더 낮을 때 그 거래는 외부시장을 통한 거래보다는 기업내거래를 활용하는 내부화가 이루어진다.

(4) 해외직접투자(foreign direct investment)란 자신이 보유하는 기업특유의 우위를 수출이나 라이선싱과 같은 외부거래보다는 내부화를 통하여 활용하는 행위이며, 다국적 기업(multinational enterprise)은 이러한 해외직접투자를 통하여 재화와 생산요소의 국제적 거래를 내부화하는 조직(organization/institution)이다.

이와 같이 내부화이론은, 시장불완전성이 존재할 때 외부시장거래 대신에 내부시장거래 내지는 내부시장창조의 과정을 밟게 됨을 이론화하고 있는데, 이러한 내부화가 국경을 넘어 이루어지는 경우가 해외직접투자이고 이러한 해외직접투자를 행하는 주요한 주체가 다국적기업이라는 것이다. 따라서 이 이론은 시장불완전성에 기초하고 있다는 점에서 독점적 우위론과 궤를 같이하지만 이러한 투자행위가 기업의 내부거래관계에 의해 이루어진다는 점에 주목함으로써 기업적 접근이론으로서의 성격을 추가하고 있다.

5. 국제생산의 절충이론

5.1 절충이론의 내용

지금까지 제시된 여러 가지 해외직접투자이론을 종합함으로써 보다 포괄적인 설명력을 제공하는 어떤 새로운 이론체계를 정립하려는 노력들이 각 방면에서 이루어졌다. 이러한 이론적 시도들 중 가장 우수한 대표적인 이론이 던닝(J. H. Dunning, 1977·1979·1980·1981)에 의해 제시되어진 국제생산의 절충이론(ecletic theory of international production)이다. 그는 무역과 해외직접투자를 포괄한 개념으로서의 국제생산(international production) 또는 국제경제참가(international economic involvement)라는 용어를 사용하면서, 다국적기업과 해외직접투자의 독특한 측면을 종합하여 포괄적인 이론을 구축하기 위한 많은 연구들을 행한 바 있다.

이 이론의 기본적인 전제는, 지금까지의 해외직접투자이론들은 결국 ① 해외진출기업이 어떻게(how) 현지기업들과의 경쟁에서 이길 수 있는가, ② 그들은 왜(why) 직접투자의 방식을 선택하는가, ③ 국제생산이 이루어지는 현지국은 어디(where)인가의 문제들을 규명하여 왔는데 이러한 각각의 해명들은 국제생산에 대한 부분설명에 그치고 있으므로 이러한 세 가지의 문제를 포괄적으로 설명해 줄 수 있는 이론이 국제생산이론이라는 것이다.

따라서 자신은 상기의 문제들, 즉 왜·어떻게·어디라는 문제들을 각각 기업특수적 우위(ownership advantages)·내부화(internalization) 우위·입지특수적 우위(location advantages)들을 결합시킴으로써 이 문제에 대한 포괄적인 설명력을 제공하고 있다는 것이다. 이같이 이들 세 가지의 우위요소들을 종합하였다는 점에서 그는 스스로 이를 절충이론(ecletic theory)이라고 지칭하였다. 또한 던닝의 이러한 절충이론은 세 가지 우위요인의 머리글자(initial)를 따서 「OLI 패러다임」이라고 불리어지기도 한다.

그 후 던닝(J. H. Dunning, 1981)은 국제사업활동의 중요한 참여방식, 즉 수출·라이선싱·해외직접투자의 선택기준을 이러한 세 가지의 특수적 우위요인의 상호관계를 통하여 〈표 9-3〉과 같이 설명하였다.

표 9-3 해외시장개입형태와 결정요인(J. H. Dunning)

해외사업형태 \ 우위요인	기업특수적우위	내부화요인	입지특수적우위
라이선싱 등	○	×	×
수 출	○	○	×
해외직접투자	○	○	○

자료: J. H. Dunning, International Production and the Multinational Enterprise(Georgr Allen & Unwin 1981).

이를 통해 알 수 있는 바와 같이, 기업이 수출·라이선싱·해외직접투자의 어느 것을 선택함에도 어떤 무엇인가의 기업특수적 우위가 존재하여야 한다. 이때 이러한 기업특수적 우위를 외부시장에 판매하는 것보다 기업 내에 내부화함이 유리한 내부화의 우위요인이 존재하면 라이선싱의 방식을 버리고 수출이나 해외직접투자 중 어느 것을 선택하게 된다. 다음으로 기업이 그들의 자본·기술·경영능력 등을 해외로 이전하여 현지의 생산요소와 결합하는 것이 유리할 때, 즉 입지특수적 우위가 본국보다 현지국에 있을 때 수출 대신에 해외직접투자를 선택하게 되는 것이다.

5.2 절충이론의 이론적 유용성

이상에서 고찰한 바와 같이 국제생산의 절충이론은 여타의 이론과는 달리 해외직접투자의 실체를 기업특수적 우위성과 입지특수적 우위성을 결합한 내부화과정으로 설명함으로써, 미시적·기업적·경영학적 시각뿐만 아니라 거시적·국민경제적·경제학적 시각도 고려하여 있어 종합적 이론으로서의 성격을 갖추고 있다.

따라서 이 이론은 해외직접투자이론이 해명하여야 할 제 이론적 과제들 중, ① 해외진출기업이 어떻게(how) 현지기업들과 경쟁할 수 있는가, ② 수출이나 라이센싱 대신에 왜(why) 직접투자를 선택하게 되는가, ③ 이러한 해외직접투자가 이루어지는 현지국은 어디(where)인가라는 기본적 과제에 대한 해명과 함께 진출기업의 실질적 우위 내지는 그 주체적 요건과 관련되는 제현실적 문제에 대한 설명력도 제시해 준다.

한편, 이 이론은 해외직접투자이론연구의 흐름이라는 관점에서 현재까지의 제이론들을 포괄하는 가장 일반적 이론이라는 평가도 받고 있다. 해외직접투자이론연구의 출발점이 독점적 우위론이었으나 이는 해외사업 활동의 형태 중 직접투자가 선택되는 이유를 설명하지 못하였다. 이에 라이선싱과 직접투자간의 선택문제를 설명하는 내부화이론이 나오게 되었고 다시 수출과 직접투자의 선택기준으로서의 입지요인을 포함한 절충이론이 나오게 되었다. 따라서 해외직접투자이론의 경영학적 연구의 큰 줄기는 독점적 우위이론 → 내부화이론 → 국제생산의 절충이론의 흐름으로 파악되어진다.

제 3 절 다국적기업의 경제적 영향

1. 경제적 영향에 대한 평가

다른 분야에서와 마찬가지로 다국적기업에 대한 평가 역시 이를 바라보는 관점이나 시각에 따라 실로 다양한 결론을 보여주고 있으며 심지어는 동일한 결과를 놓고도 서로 정반대의 결론을 내리기도 한다.

어떤 사람들은 다국적기업을 세계적 생산의 창조자로서 각국의 복지향상과 경제성장의 촉진자이며 세계자원의 최적배분과 효율을 증진시키는 도구로서 평가하기도 하지만, 또 다른 사람들은 선진국의 거대기업들이 막강한 자본력과 기술력을 바탕으로 그들의 이윤동기를 적극적으로 추진해감으로써 국가이익과 상충될 뿐만 아니라 더 나아가 조화로운 세계질서를 교란하는 악(惡)으로 평가하기도 한다.

따라서 전자의 입장에 서 있는 사람들은 해외직접투자와 다국적기업의 활동을 더욱 자유롭게 만들기 위한 자유화정책들을 지지하는 반면, 후자의 입장에 서 있는 사람들은 이에 대한 엄격한 통제를 권고하기도 하고 자유화정책을 지지하되 일정한 산업정책을 통하여 그 폐해를 시정할 것을 권고하기도 한다.

이와 같이 다국적기업에 대한 평가가 서로 다른 것은, 다국적기업이 세계경제에 미치는 영향이 복합적이기 때문이기도 하지만, 다국적기업과 해외직접투자를 바라보는 국제정치경제적 관점과 시각이 서로 다르기 때문이기도 하다. 〈표 9-4〉는 다국적기업에 대한 서로 다른 시각과 이론적 조류들을 나타내고 있다. 이들 표에서 위로 올라갈수록 다국적기업에 대한 태도가 우호적인 경향이 강한 반면 아래로 내려올수록 적대적인 태도를 지니고 있다고 할 수 있다.

이와 같이 다국적기업에 대한 평가와 정책관은 커다란 스펙트럼을 지니고 있으므로 분석자가 어떠한 시각이나 정책관에 입각하고 있느냐에 따라 서로 다른 평가가 내려지고 있

표 9-4 다국적기업의 역할에 대한 6가지 이론적 조류

MNE 찬성론	경영학적(business school) 접근	기업경영의 효율성만을 고려하는 경영학자들의 입장 (찬성파 중 가장 우호적 견해)
	전통경제학 (traditional economic) 접근	자유방임과 외자유입의 극대화를 지지하는 전통경제학자들의 입장
	신전통주의(neo-traditionalist) 접근	외국투자가 바람직하지민 다국적기업의 과점적·수탈적 성격도 고려, 통제와 규제도 권고(킨들버거, 버논, 버만 등)
MNE 반대론	민족주의적(nationalist) 접근	현지국경제 입장에서 외국투자의 폐해를 논의하고 규모와 코스트극소화 주장(스트리튼, 산자야 랄, 바이트소스 등)
	종속학파(dependencia)적 접근	개도국에 대한 자본주의적 제도나 방법 도입 의한 폐해를 자본주의 발전과정 관점에서 비판적 논의(산토스, 선켈 등)
	마르크스(Marxist)적 접근	보다 명확히 계급투쟁의 관점에서 다국적기업 의한 착취와 신제국주의 논의(맥도프, 스위지, 프랑크, 와이스코프 등)

자료: S. Lall, "Developing Countries and Foreign Investment", *Developing Countries in the International Economy*,(The Macmillian Press, 1981).

다. 따라서 어떤 분야에서 보다도 더 첨예하고 상반된 평가와 결론들이 제시되고 있다. 이하에서는 다국적기업이나 해외직접투자의 경제적 영향을 ① 세계경제, ② 투자국, ③ 현지국에 대한 경제적 영향으로 구분하여 그 긍정적 측면과 부정적 측면을 평면적으로 개관하기로 한다.

2. 세계경제적 영향

이상과 같이 다국적기업의 세계경제에 대한 영향은 이를 바라보는 기본적 시각에 따라 최고 선(善)에서 최고 악(惡)까지 망라하고 있는데, 이하에서는 이러한 다양한 시각이 존재할 수 있다는 점을 전제해 두고, 세계경제에 대한 긍정적 측면과 부정적 측면에 대해 개관한다.

표 9-5 다국적기업의 세계 경제적 영향 개관

구 분		세계 경제적 영향의 내용
긍정적 영향 (+효과)	범세계적 생산 및 경제의 통합효과	국제적 생산과 효율의 증대, 세계적 고용 창출과 후생증대 세계경제의 통합과 국제협력증진, 독점체제 완화 (경쟁촉진)
	국제무역 창조효과 기업내무역효과	국제적 분업생산체제의 확립, 세계무역의 창조효과 기업내무역의 경제적 효과
	기술 혁신 · 확산효과	다국적기업에 의한 새로운 기술혁신, 기술의 세계적 전파
부정적 영향 (−효과)	정치경제적 폐해	이익배분의 불균등 문제, 현지국 경제의 종속 심화 우려,
	국제노동의 폐해	세계적 노동의 분절과 노동의 지위 약화, 노동착취 우려
	사회문화적 폐해	다국적기업의 비윤리적 경영과 불법행위에 의한 피해 우려, 사회문화적 피해, 환경오염 및 안전의 피해, 부정부패의 심화
	국제정치적 폐해	경제주권의 약화, 정치개입에 의한 정치적 갈등 유발 우려

2.1 세계경제의 긍정적 영향

세계경제의 효율성 증대 다국적기업은 생산에 가장 효율적인 최적생산거점에서 생산하고 이를 위하여 자본 등 필요한 생산요소를 국제적으로 이동시킨다. 이러한 생산요소의 이동은 세계적 차원에서의 자원의 최적배분을 구현한다. 해외직접투자로 인하여 생산요소가 한계생산력(가격)이 낮은 국가로부터 높은 국가로 이동됨으로써 요소의 한계생산력(가격)이 국제적으로 균등화되고 이로 인해 생산요소의 국제적 배분이 최적상태에 도달되기 때문이다. 또한 다국적기업은 최적생산거점에 자원을 집중하여 세계시장을 대상으로 하는 제품생산을 행함으로써 세계적 차원에서 규모의 경제를 구현할 수 있게 한다. 이러한 자원의 최적배분과 규모의 경제가 세계경제의 효율성을 증대시킨다.

국제적 분업생산체제 확립 세계경제는 국경 없는 무한경쟁의 시대로 접어들고 있다. 이같이 국경이라는 장벽을 제거하는데 핵심적 역할을 행하는 것이 바로 다국적기업에 의한 해외직접투자이다. 국가와 국가 간에 이루어지는 해외직접투자는 생산체제를 국제적으로 분업화시키는 역할을 한다. 즉, 선진국은 서비스업·기계·첨단산업에 특화하고, 중진국은 중화학공업·기계(선진국에 비해서는 부가가치가 떨어지는 제품)·조선 등의 산업에 특화하며, 후진국은 섬유·신발·가전제품의 조립 등의 산업에 특화하는 생산체제로 이행함으로써 국제적인 분업체제를 구축하게 되고 이러한 분업체제의 발전이 세계의 생산과 효율을 증진시킨다.

세계무역의 창조 오늘날 세계무역의 상당 부분은 다국적기업의 본사와 자사 간 또는 자사 상호간의 기업내거래(intra-firm transaction)의 형태로 이루어지고 있다. 현재 미국 공산품 수출의 4분의 1이상의 미국에 위치한 기업체들이 그들의 해외 관련기업들(foreign affiliates)에게 수출되고 있고, 미국 수입의 1/3 정도가 그들의 해외 관련기업들로부터 수입하는 사실이 그 실증의 하나이다.

세계후생의 증대 다국적기업은 해외의 최적생산거점에 자본을 이동시켜 생산활동을 함으로 세계적 차원에서 자원의 최적배분을 구현한다. 즉, 해외직접투자를 통해 자본의 한계생산력이 낮은 국가에서 높은 국가로 자본을 이동시키므로 결과적으로 세계적인 자본생산성을 증대시키고 세계후생(world welfare)의 증대를 가져온다. 또한 다국적기업은 최적생산거점에 자원을 집중 배분하여 세계시장을 대상으로 제품생산을 함으로써 규모의 경제를 구현할 수 있다. 이로 말미암아 소비자들은 보다 양질의 상품을 싼 값에 구입할 수 있으므로 엄청난 소비자잉여 증대효과를 가져온다.

기술의 혁신과 전파 다국적기업들은 막대한 자본력을 바탕으로 기술개발을 행하고 이렇게 개발한 기술을 활용하여 독점적 이윤을 창출하기도 하지만, 다른 한편으로 이러한 다국적기업의 기술혁신활동이 세계적으로 전파되어 국가·지역 간 기술의 불균형문제를 해소하는데 도움이 된다. 새로운 기술개발과 기술혁신에는 막대한 R&D투자비용과 위험이 따르므로 막대한 자본력과 경쟁력을 지닌 다국적기업이 아니면 도저히 감당해 낼 수 없는 기술개발이 많다. 이렇게 다국적기업들이 개발한 세계적 기술들이 현지자회사에 이전되거나 라이선싱 형태로 현지기업에게 판매될 경우 기술의 전파가 이루어진다.

독점체제의 완화(경쟁촉진) 완전경쟁시장은 현실적으로 존재하지는 않지만 완전경쟁시장의 성립조건에 가까우면 가까울수록 경쟁이라는 측면과 소비자의 후생증대라는 측면에서 유리하게 작용한다. 현실적으로 완전경쟁시장의 성립조건이 충족되는 시장은 없지만 동종의 산업에 대한 기업의 참여가 많아질 경우 시장은 완전경쟁시장의 형태와 비슷해진다. 따라서 소수의 기업들이 참여하여 독점경쟁이나 카르텔을 형성하고 있는 시장에 다국적기업과 같은 새로운 기업의 진입은 경쟁을 심화시킴으로써 경제의 전반적인 발전과 소비자의 후생에 기여하게 된다.

국제주의의 실현 다국적기업의 정치적 영향에 대해 긍정적인 태도를 가지고 있는 사람들은, 다국적기업이야말로 국가와 국가 간의 관계를 긴밀히 연결시켜주는 국제주의(internationalism)를 대변하는 것이므로 국가 간의 평화를 촉진시켜 주는 힘이 될 수 있다고 본다.

2.2 세계경제의 부정적 영향

다국적기업의 현지국의 정치경제적 영향에 대한 부정적인 태도를 가지고 있는 사람들은 현지국에 대한 그들의 폐해를 신랄히 비판한다. 다국적기업이 세계경제에 미칠 수 있는 부정적 영향에 대한 주장은 그 스펙트럼이 매우 넓지만 대체로 다음과 같은 내용들이 대표적이다.

효율과 후생의 저하 다국적기업의 투자활동이 자원의 효율적 배분을 통하여 세계의 생산과 효율을 증대시킨다는 긍정적 평가에 대하여, 다국적기업 자신이 스스로 시장을 불완전성을 창출함으로써 세계적 자원배분을 왜곡시키고 후생을 저하시킨다는 부정적 영향을 가져온다는 주장들이 있다. 다국적기업이 자원의 효율적 배분이나 효율의 증진을 오히려 해치게 되는 이유는, 거대한 다국적기업이 그들의 막강한 자본력과 기술력을 바탕으로 이윤동기를 적극적으로 추진해감으로써 독과점 등 시장불완전성을 스스로 창조하고 교묘한 이전가격조작이나 정부규제를 회피하는 활동을 행함으로써 시장메커니즘을 교란하기 때문이다.

정치경제적 폐해 다국적기업이 세계경제나 현지국경제에 미치는 부정적 영향과 관련하여 가장 주목받는 효과는 다국적기업의 활동이 국민국가의 이익과 상충되는 행위를 할뿐만 아니라 더 나아가서는 조화로운 세계질서를 교란하게 된다는 정치경제적 폐해에 대한 다양한 주장이 있다.

(1) 경제적 민족주의자들은 민간투자의 유해한 측면을 찾아내고 이윤의 과다를 논하고 이에 대한 엄격한 규제를 주장한다. 또한 마르크스-레닌주의적 경향들은 오늘날의 다국적기업을 강대국에 의한 약소국의 경제적 침략과 착취의 수단으로 파악하여 이를 신제국주의(neo-imperialism) 내지는 신식민주의(neo-colonialism)의 표현으로 규정한다.

(2) 종속학파들은 현대국제정치관계에서의 다국적기업의 실체를 저개발국을 저발전의 상태로 얽매어 놓고 있는 전형적인 특징이자 도구로 지적하면서 다국적기업에 대한 강렬한 비판을 행한다. 이들은 특히, 세계는 공업화를 이룩해 잘사는 중심부(center)와 그렇지 못하여 중심부에 정치경제적으로 종속되는 주변부(periphery)로 구성되는데, 다국적기업이야말로 중심부와 주변부 간의 종속적 구조를 더욱 고착화시키는 대리인이자 주역이라고 비판한다.

(3) 범세계적 관점에서의 이윤극대화를 추구하는 다국적기업과 자주성과 국익극대화를 추구하는 국민국가의 주권(sovereignty) 간에는 근본적인 비대칭성이 존재하므로 양자 간에는 대립과 갈등이 필연적으로 나타나게 된다. 이러한 양자의 상충관계 때문에 모든 국민국가는 다국적기업으로부터 자신의 경제주권(economic sovereignty)이나 국가주권(national sovereignty)이 제한되는 주권침해를 받기도 하고, 외국계 다국적기업의 정치개입으로 인한 정치적 갈등을 겪기도 한다.

국제노동의 폐해 다국적기업의 투자활동이 투자국과 현지국 고용에 미치는 효과이지만 기업의 다국적화가 노동자에게 여러 가지 폐해를 입히고 있다는 부정적인 측면에 대한 우려 역시 높다. 다국적기업은 세계 어느 곳으로든 더 유리한 생산조건을 갖춘 곳으로 생산입지를 이동하려는 강한 이동성(mobility)을 가진 만큼 세계노동자 간의 경쟁이 격화되어 저임금을 향한 '바닥으로의 경주'(race to the bottom)가 일어날 수 있다. 또한 이윤극대화만을 추구하는 다국적기업의 자본축적과정에서 발생되는 저임금을 통한 착취노동·불법적 아동 및 여성노동·비윤리적인 노무관리 등이 자행될 수 있고, 언제든지 생산입지를 이동할 수 있는 다국적기업의 강점을 활용한 위협효과로 인하여 현지국고용의 불안정성이 초래되거나 노조의 협상력이 약화될 수도 있다.

사회문화적 폐해 범세계적 관점에서 이윤극대화를 추구하는 다국적기업의 비윤리적 경영과 불법행위로 인한 소비자의 안전위협·환경오염·부정부패 심화 등과 같은 사회문화적 폐해가 발생하기도 하고, 다국적기업의 활동으로 모기업이 속한 나라의 문화나 생활양식 등 외래문화가 유입되어 현지국의 고유한 문화나 양식에 많은 영향을 미쳐 그들의 문화적 정체성(cultural identity)에 위기를 초래함으로써 다국적기업과 현지국 간의 문화적 마찰과 갈등이 높아질 수 있다.

3. 투자국의 경제적 영향

전통적으로 해외직접투자의 경제적 효과는 주로 현지국, 특히 현지개도국의 입장에서 많이 논의되었지만 투자국의 국민경제에 대해서도 여러 가지 광범위한 경제적 효과를 발생시킨다. 다국적기업이나 해외직접투자의 투자국에 대한 경제적 영향을 긍정적인 효과와 부정적인 효과를 대비시켜 나타내고 있는 것이 〈표 9-6〉이다.

표 9-6 투자국의 경제적 영향 개관

구 분	긍정적 영향 (+효과)	부정적 영향 (-효과)
시장확보효과 산업조직효과	해외시장의 확보와 유지, 세계시장의 경제적 우위확보	산업집중 및 금융지배 증대, 이전가격 통한 비시장거래 증대
요소확보효과 기술/경쟁력효과	생산요소의 효율적 확보, 기술 및 국제경쟁력 향상	기술의 해외유출· 부메랑효과, 국제경쟁력 약화
고용효과	새로운 고용기회의 창출, 고용의 질적 개선	직장수출(exporting jobs)로 인한 국내고용의 감소
소득효과 · 후생효과	과실송금·로얄티수입 등 으로 인한 소득·후생증대	국내투자 대체, 해외투자리스크 사회화로 인한 소득·후생저하
재정수입효과	해외소득에 대한 과세로 정부재정수입의 증가	탈세·이전가격조작으로 인한 재정수입 감소 발생
국제수지효과	과실·원금회수 등 자본유입, 수출유발·수입대체효과	투자·원리금상환 등 자금유출, 역수입·수출대체 등 수지악화
산업구조효과	국내한계산업의 해외이전 통한 산업구조조정효과	국내생산기반침식, 국내생산력저하 국내생산력약화 (산업공동화효과)
국가이미지효과 국제협력효과	국가이미지제고· 국제협력증대	마찰로 인한 이미지 훼손효과, 투자국의 정치외교적 부담 증가

3.1 투자국의 긍정적 영향

해외시장 확대 해외직접투자를 통하여 새로운 시장을 개척하거나 무역장벽을 우회하여 기존의 시장을 방어함으로써 더 넓은 시장을 확보하는 효과를 누릴 수 있고 투자국은 이를 통하여 세계시장에서의 경제적 우위를 확보할 수 있다.

생산요소 확보 해외직접투자를 통하여 해외에서의 풍부한 자원, 저렴한 노동력, 높은 기술을 획득함으로써 보다 효율적인 생산요소를 확보하고 이를 통하여 투자국의 국제경쟁력을 높일 수 있다.

고용 증대 해외직접투자에 따른 투자기업 및 연관업체의 자본재 및 자재의 수출이 촉진되어 이에 따른 고용창출이 이루어질 수 있고, 또한 해외현지법인이 설립됨에 따라 모기업에서의 기획관리·연구개발·국제마케팅 등의 핵심기능을 담당할 비생산직 고용이 증대되며, 회계·자문·금융 등 해외투자기업에 대한 지원업체의 고용창출효과도 발생될 수 있다. 이와 동시에 해외투자기업 고용인력의 해외파견 및 고급화된 전문직·관리직 등에 대한 수요증대가 고용의 질적 개선효과도 지닌다.

재정수입 증대 해외직접투자로 인한 해외소득에 대한 과세가 이루어져 투자국정부의 조세수입이 증대될 수 있다.

소득 · 후생 증대 해외투자로 인한 과실송금·로열티수입이 이루어짐으로써 투자국의 국민소득을 증대시킨다. 보다 일반적으로는 국제적 자본이동에 대한 신고전파모형이 제시하는 바와 같이, 국내자본이 보다 높은 한계생산력 하에 있는 현지국에 진출하여 보다 효율적으로 이용됨으로써 투자국의 소득과 후생수준을 증대시킨다.

국제수지 개선 해외직접투자가 이루어지면, 이에 따른 과실송금·로열티수입·투자원금의 회수 등으로 투자국의 서비스수지 및 자본수지가 개선될 수 있고, 또한 현지생산에 필요한 자본재·중간재·원자재의 수출이 증대되는 동시에 이와 관련된 간접적인 수출증대나 수입감소가 발생하여 투자국의 상품수지를 개선시킬 수 있다.

산업구조조정 해외직접투자를 통한 생산거점의 해외이전을 통하여 투자국의 한계산업들을 해외로 이전시킴과 동시에 부가가치가 높은 새로운 산업을 육성함으로써 투자국의 산업구조를 고도화시키는 기능을 행할 수 있다. 따라서 해외직접투자는 투자국의 산업구조 조정과 국제적 산업구조재편을 이룩하는 채널이 될 수 있다.

국가이미지제고 · 대외협력증진 해외직접투자를 통하여 투자국의 국가이미지를 제고시킬 수 있으며 이를 통하여 국제적 경제협력기반을 형성시킬 수 있다.

3.2 투자국의 부정적 영향

반시장효과/ 경쟁저해효과 해외직접투자를 통한 세계시장의 확보가 투자국의 경제적 지위를 향상시키는 효과도 있지만, 투자기업들이 국내기업보다 유리한 불공정혜택을 누림으로써 산업집중·금융지배와 같은 부작용을 초래할 수 있고, 기업 간의 이전가격조작을 통하여 비 시장경제를 조성할 우려도 있으며, 이러한 요인들이 때로는 국가정책에 대한 위협요인으로 작용할 수도 있다.

기술유출 · 국제경쟁력약화 해외직접투자는 보다 풍부하고 저렴한 생산요소의 확보를 통하여 자국의 경쟁력을 강화시키는 효과를 가지는 반면, 투자기업이 보유하고 있던 높은 기술이나 경영상의 노하우 등의 우위가 해외로 유출되어 상대국의 기술수준을 향상시킴으로써 투자국의 국제경쟁력을 약화시키는 이른바 부메랑 효과(boomerang effect)를 가져올 수 있다.

직장수출 및 국내고용 감소 해외직접투자는 국내에서 이루어지던 생산활동을 해외로 이전시키거나 국내의 투자기회를 감소시킴으로써 투자국의 고용을 감소시키는 이른바 직장수출(exporting job)효과를 초래할 수 있다.

재정수입 감소 해외직접투자로 인한 해외소득에 대한 과세로 정부수입이 증가되는 효과를 가진 반면, 해외진출기업의 조세피난처(tax heavens)의 활용·이전가격조작(transfer pricing)·현지국의 조세유인(tax incentives)의 활용 등으로 인하여 투자국정부의 조세수입이 오히려 감소할 수 있다.

소득 · 후생 저하 해외직접투자는 투자국의 국민소득과 후생을 증진시키는 효과를 가지는 반면, 국내에 투자될 수 있는 자본이 해외투자에 투입됨으로써 발생되는 국내투자기회의 감소·국내투자대체효과로 인하여 투자국의 소득과 후생을 훼손시킬 수 있다. 또한 신고전파모형이 보여주듯이 투자국의 자본이 해외로 이전할 경우 투자국의 자본소득은 증가되는 반면 노동소득은 감소함으로써 소득분배구조가 오히려 노동자의 지위를 저하시키는 방향으로 변동될 수 있다. 또한 무리한 해외직접투자로 인한 비용과 리스크를 사회화함으로써 국민경제에 사회적 비용을 증가시킬 수도 있다.

국제수지 악화 해외직접투자는, 현지투자에 따른 자금의 유출·해외차입금의 원리금 상환 등으로 인한 부정적인 재무효과와 현지에서 생산된 제품의 역수입 및 현지생산판매로 인한 기존수출의 대체 등으로 인한 부정적인 무역효과로 인하여 일국의 국제수지를 악화시키는 효과를 가진다.

국내생산력 약화(산업공동화) 해외직접투자는 국내한계산업들의 해외이전으로 인한 산업구조조정효과를 누릴 수 있는 반면, 지나치게 급속한 해외투자나 비교우위산업 중심의 해외투자 등이 당해 산업 및 관련 산업들의 국내생산기반을 침식시키어 투자국 전체의 생산력을 저하시키고 국내산업구조의 완결성을 저해하는 동시에 해외의존성을 증대시키는 부작용을 초래할 수 있다. 말하자면 기존의 국내산업이 해외투자를 통하여 구멍이 생기는 이른바 산업공동화(hollowing-out of industry)를 초래하는 효과이다.

국가이미지 훼손 해외직접투자는 투자국의 국가이미지를 제고시키고 이를 통해 경제협력기반을 증대시킬 수 있는 반면, 과도한 해외투자나 해외에서의 경영활동수행과정에서 현지정부나 현지국민과의 마찰을 빚을 경우 이러한 영향이 오히려 투자국정부나 국민에게 해를 끼칠 수 있다. 또한 때로는 다국적기업이 국가 간의 정치외교적 관계를 무시한 무모한 기업활동을 전개함으로써 국제관계를 어렵게 만들 수도 있다.

4. 현지국의 경제적 영향

전통적으로 다국적기업의 경제적 영향은 주로 현지국과 관련하여 논쟁되어 왔다. 다국적기업이나 외국인직접투자의 진출이 현지국에 미치는 경제적 영향 역시 긍정적인 효과만이 있는 것도 아니고 그렇다고 부정적인 효과만을 가져오는 것도 아니다. 이러한 양측면의 효과를 〈표 9-7〉이 보여주고 있다.

표 9-7 현지국의 경제적 영향 개관

구 분	긍정적 영향 (+효과)	부정적 영향 (-효과)
경제성장 및 후생증대효과	자본부족완화 (투자증대), 소득·후생증대, 경제성장, 자원배분의 개선효과 (신고전파모형)	국내자본형성 저해 우려 불균형성장 심화 우려 소득분배 불균형·악화 우려 소비패턴·산업구조 왜곡 우려
소비자효과	소비자후생 증대 소비자 선택권 신장	소비자의 안전위협, 환경오염 고유문화 및 생활양식 훼손
고용개선효과	고용창출효과 (직접적· 간접적 고용창출 효과)	고용감소효과(시장퇴출·산업대체) 투자철수 인한 고용불안정 초래
기술이전효과	선진기술의 이전 및 확산효과	기술효과의 제한성·비적정성 우려 자체기술개발 억제효과 우려
산업조직효과	외국기업에 의한 경쟁의 촉진	외국기업의 시장지배 및 독점, 토착기업 및 산업의 파괴 우려
재정수입효과	정부재정수입 증대효과	이전가격조작 통한 탈세우려
지역개발효과	특정산업 및 지역개발	부존자원고갈, 공해 및 환경파괴 우려
국제수지효과	국제수지개선 (자본유입· 수출증대·수입대체)	국제수지 압박효과 (자본재 및 중간재수입·과실송금)
정치경제적 효과	국제경제협력 증진	주권제한효과(정책·산업·국가주권) 경제적 잉여유출·경제 종속화 우려 사회문화적 영향(문화제국주의)

외국인직접투자의 국민경제적 효과는 진출기업의의 투자동기·현지시장구조·다국적기업의 진출형태와 경영전략·현지국정부의 정책 등 실로 다양한 요소에 의해 영향을 받기 때문이다. 또한 역사적으로 한국·대만 등 아시아 신흥공업국에서는 이들이 현지국의 산업화에 상당히 기여한 것으로 평가된 반면 멕시코·브라질·아르헨티나와 같은 중남미국가에서는 산업주권상실·기술종속·시장독점화 등 많은 사회적 병폐를 유발한 것으로 비판받아 왔다.

4.1 현지국의 긍정적 영향

투자 및 경제성장 촉진 외국계 다국적기업의 진출은 현지국의 자본부족을 완화하고 투자를 증대시키며 또한 기술·경영관리능력 등의 생산요소를 제공함으로써 현지국의 경제성장을 촉진시키게 된다.

자원배분 개선 다국적기업은 기술·인력·자본 등 제경영자원의 국제적 이동을 통하여 기장 최적한 곳에서 이러한 자원들을 활용함으로써 세계적 관점의 한계생산성 극대화 및 자원의 최적배분효과를 이룩한다고 할 수 있다.

소비자후생증대효과 다국적기업의 진출로 소비자들에게 더 좋은 품질·더 저렴한 가격·더 높은 서비스를 제공하여 소비자후생이 증대되고 더 다양한 제품의 공급으로 소비자의 선택권이 더 높아질 수 있다.

고용 개선　다국적기업의 진출은 현지국의 고용을 개선시키는 효과가 있다. 또한 이러한 고용증대효과는 현지국 노동력의 전반적인 기술수준을 향상시키는 경우가 많다. 동시에 선진국기업의 진출로 인하여 현지국의 고용조건의 전반적 개선이 이루어질 수 있다.

기술이전 확산　다국적기업은 해외투자를 통하여 산업기술을 국제적으로 파급시키는 데 큰 기여를 하고 있다. 이 같은 기술파급효과는 개발도상국의 기술수준향상과 이를 통한 경제개발 촉진에 기여할 뿐 아니라, 신기술개발 및 기술전파·확산(technology diffusion)에 크게 이바지하고 있다.

경쟁 촉진　다국적기업의 국내진출로 인하여 현지국시장구조의 효율성이 높아지고 현지국 내 경쟁을 촉진시키는 효과를 가져 올 수 있다.

재정수입 증대　다국적기업의 진출은 현지국의 관세·법인세 등 조세수입증대에 기여한다. 현지국 정부는 다국적기업의 자본 및 사업수익에 대하여 과세할 권리를 가지기 때문이다.

지역개발　다국적기업은 현지국인 개도국의 공단개발 등 산업입지 발전에 기여함으로써 지역개발효과를 가져온다. 멕시코의 경우 미국과의 국경지대를 일종의 보세가공지역으로 설정, 외국인투자를 집중적으로 유치함으로써 지역개발의 효과를 극대화할 수 있었다. 이 같은 지역개발과 경제성장효과에 따라 최근에는 대부분의 개도국들이 외국인투자를 적극 유치하려는 경향을 보이고 있다.

국제수지 개선　다국적기업은 현지국의 국제수지 개선에 긍정적으로 기여할 수 있다. 외국인직접투자로 인한 새로운 자본유입과 현지에서 생산된 제품의 해외수출이 이루어지기 때문이다.

국제협력 증대　다국적기업은 해외직접투자를 통하여 생산 및 가격구조의 변혁을 초래함으로써 국제무역을 확대시키고 외부경제를 창출함과 동시에 국제협력에도 기여하는 경우가 많다.

4.2 현지국의 부정적 영향

다국적기업 또는 외국인직접투자의 유입은 현지국에 대하여 이상과 같은 긍정적 효과를 초래하지만 이와 동시에 다음과 같은 부정적 효과도 수반한다. 이것은 본질적으로 다국적기업이 자신의 이익만을 이기적으로 추구할 뿐 현지국의 경제발전이나 후생증대는 1차적 관심사가 아니어서 현지국의 이익과 상충되기 쉽고 이 때문에 각 주권국가의 이익과 충돌할 소지를 안고 있기 때문이다.

성장잠재력훼손 및 소득불평등 외국인직접투자에 의한 일정한 경제성장효과가 있지만 동시에, 외국자본의 유입으로 인한 국내자본형성의 저해효과가 발생하게 될 우려도 있다. 또한 현지국의 소비패턴·산업구조의 왜곡, 불균형성장의 심화 등으로 인한 소득분배의 불평등이 악화될 수 있다.

고용감소 및 고용불안정 일반적으로 외국인직접투자는 일정한 고용증대효과를 지니지만, 동시에 외국인직접투자에 따른 시장퇴출 및 산업대체로 인한 고용의 감소효과도 나타난다. 뿐만 아니라 외국인직접투자의 빈번한 투자철수(divestment)로 인한 현지국의 고용불안정도 발생할 수 있다.

기술이전 제한성 및 기술개발 훼손 외국인직접투자로 인한 일정한 기술이전이 있는 것은 사실이지만, 그러한 기술이전효과는 매우 제한적이고 이전되는 가술도 적정하지 않은 경우가 많으며 심지어는 오히려 현지국의 자체적인 기술개발의 잠재력을 훼손할 수도 있다.

국제수지 압박 외국인직접투자는 그로 인한 국제수지개선효과 못지않게 현지국의 국제수지를 압박하는 부정적 효과 역시 크다. 위에서 설명한대로 외국인직접투자는 단기적으로는 국제수지에 긍정적으로 기여하지만, 외국인직접투자로 인한 자본재 및 중간재의 수입이 증대될 뿐만 아니라 외국인투자가 정착된 이후부터 로열티 및 이윤의 송금이 오히려 국제수지의 마이너스요인으로 작용하기 때문이다.

반시장효과 및 독점 강화 외국인직접투자의 유입은 새로운 경쟁을 촉진시키는 효과가 있는 것은 사실이지만, 때때로 공격적인 판매전략을 통하여 현지시장에서의 지배력을 높이고 산업집중도를 높일 가능성도 매우 크므로 산업조직 측면에서 부정적인 효과 역시 크다.

재정수입감소 및 부정적 경제개발 외국인직접투자에 다른 재정수입증대효과가 있는 반면 이전가격조작 등을 통한 탈세 등의 문제가 발생할 수 있고, 특정산업이나 특정지역의 개발효과가 발생함과 동시에 이들에 의한 국내자원 고갈문제나 공해유발 등과 같은 부작용이 발생할 수 있다.

부정적 국제정치경제효과 외국인직접투자의 증대가 국제협력을 증대시키는 측면도 있지만 오히려 국제적인 갈등의 원인이 되기도 한다. 범세계적 이윤활동과 경영전략을 수행하는 다국적기업은 그들의 기업활동을 영위함에 있어 일종의 경제적 치외법권을 추구하려고 함으로써 현지국의 주권과 필연적인 상충과 마찰이 발생하게 되고 이러한 과정에서 현지국의 주권제한효과가 발생할 수 있다. 또한, 종속이론이 주장하듯이, 외국인직접투자가 현지국의 산업구조를 왜곡시키고 현지국의 유치산업을 피폐화시킴으로써 현지개도국들을 선진국의 종속체제로 영속화시키는 부정적인 측면도 부정할 수 없다.

제 4 절 다국적기업에 대한 경제정책

제3절을 통하여 보았듯이 다국적기업과 해외직접투자가 투자국이나 현지국은 물론 세계경제에 미치는 경제적 영향은 다양하고 복합적인 성격을 띠고 있으므로 그것의 긍정적 영향을 극대화하고 부정적 영향을 극소화하기 위한 올바른 정책의 수립과 실천이 필요하다. 다국적기업과 관련되는 경제정책은, ① 실행 주체에 따라 국가적(투자국·현지국) 차원의 정책과 국제적(쌍무적·지역적·다자적) 차원의 정책으로 나눌 수 있고, ② 정책 내용에 따라 촉진형 정책과 규제형 정책으로 구분할 수 있다.

1. 투자국의 정책과 전략

1.1 투자국의 해외투자정책 기조 변화

해외직접투자가 투자국 경제에 미치는 영향은 외국인직접투자가 현지국에 미치는 영향보다도 더 복합적이어서 명확한 결론을 내리기가 쉽지 않은 만큼 투자국이 자국기업의 해외직접투자에 대하여 취해야 할 정책과 전략의 방향 역시 단순하지 않다. 이런 점에서 자국기업의 해외직접투자에 대하여 개별 국가들이 취한 해외투자정책의 보편적 기조가 어떻게 변화되어 왔느냐를 역사적으로 살펴보면 [그림 9-3]에서와 같이 우호적 단계 → 회의적 단계 → 양면적 단계 → 전략적 단계를 거치며 오늘에 이르고 있다.

그림 9-3 다국적기업/해외직접투자에 대한 투자국의 정책기조 변화

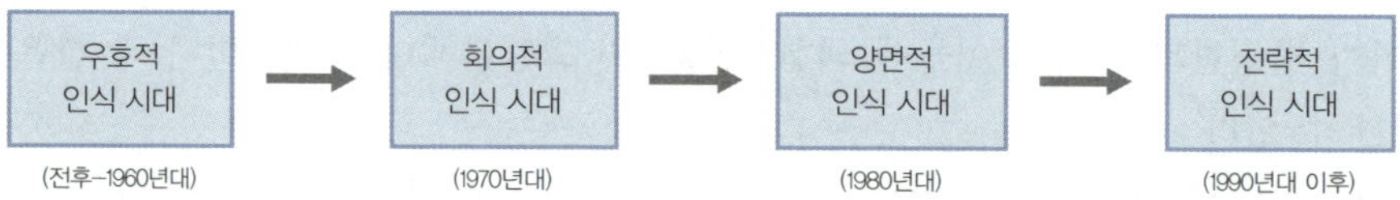

전후 1960년대까지는 미국계 다국적기업의 이익과 미국의 국익이 상호보완적인 것으로 인식되어 양자의 관계가 우호적이었다고 할 수 있지만 1970년대 이후 세계경기침체와 더불어 미국의 산업이 상대적으로 퇴조하고 높은 실업률과 만성적인 국제수지적자를 보이자 회의적인 태도를 보이기 시작하였다. 이에 노동조합이나 일부 학자들이 미국기업의 막대한 해외투자가 국내에 존재하던 일자리를 해외로 이전시키는 직장수출(job exporting)과 함께 국내의 잠재적 고용기회를 감소시킴으로써 국내고용감퇴와 실업증대를 초래하고 있고 미국의 기술을 해외로 유출시키며 국제수지에도 막대한 악영향을 미친다고 주장하였다.

1980년대에 들어와 자국기업의 해외투자에 대한 투자국의 인식과 정책은 예전보다 더욱더 양면성을 띠게 되었다.[3] 미국의 해외투자에 대한 강력한 지지가 계속되고 있는 가운데 미국에 대한 외국인투자 역시 크게 증대되자 종래 자국 기업의 해외투자에 대하여 적대적이거나 부정적인 인식을 가진 견해들이 상당히 완화되는 모습이 나타났지만, 다른 한편으로는 많은 미국인들이 미국기업의 해외투자가 미국경제의 투자위축을 가져와 미국경제의 탈산업화를 초래하는 원인이라고 비판하면서 다국적기업과 해외직접투자에 대한 비판적 태도를 보이는 새로운 인식 역시 높아졌기 때문이다.

1990년대 이후 자국의 다국적기업에 대한 선진국들의 일반적 인식이나 정부의 사고가 보다 전략적으로 전환되기 시작하였다. 이른바 경제의 글로벌리제이션(globalization) 경향에 따라 생산과 시장의 국제화가 급격히 진전되자 대부분의 선진국들은 가장 중요한 그들의 국가전략 목표를 자국의 역량과 경쟁력을 유지하고 향상시키는 것이라고 재해석하고, 자국기업의 적극적인 글로벌 활동이 이러한 국가전략목표의 달성에 매우 중요하다는 인식을 갖기 시작하였기 때문이다. 자국기업의 해외직접투자를 전략적 수단으로 바라보는 이러한 인식은 비단 미국에서 뿐만 아니라 일본과 유럽을 비롯한 선진국들은 물론 중국·한국·싱가포르·말레이시아 등과 같은 개도국들로 확대되어 자국기업의 해외직접투자를 확대하고 이를 전략적으로 활용하기 위한 경쟁이 치열해지게 되었다.

1.2 바람직한 투자정책의 방향

이처럼 자국 기업의 해외직접투자를 전략적으로 인식하는 전제하에서 개별 국가들이 추구해야 할 바람직한 해외투자정책의 기본방향은 무엇인가? 가장 먼저 논의되어야 하는 것은, 자국 기업들이 자유롭게 해외로 진출하도록 해외투자를 자유화하고 촉진시키는 정책이 바람직한가 아니면 해외투자를 규제하고 제한하는 정책이 바람직한가 하는 문제이다. 결론부터 말한다면, 해외투자가 초래할 수 있는 국민경제의 부작용만을 두려워하여 해외투자를 규제하는 정책기조를 견지하는 것은 오늘날 같은 글로벌시대에 결코 바람직하지 않다.

이러한 이유 때문에 자국 기업의 해외투자에 대하여 투자국이 취해야할 바람직한 정책기조는 자국 기업의 글로벌경영활동을 자유화하면서 이를 지원하고 보호하는 것이지만, 이와 더불어 자국기업의 해외투자가 초래할 수 있는 폐해와 부작용을 예방하고 극소화하기 위한 정책적 노력이나 자국 기업의 해외투자가 투자국경제의 장기적·동태적 목표와 조화시키도록 하는 전략적 노력도 동시에 이루어져야 한다.

따라서 자국 기업의 해외투자에 대해여 투자국이 취해야 할 바람직한 정책방향은 다음과 같은 3가지 측면의 정책과 전략을 종합적이고 조화 있게 추진하는 것이다.

3 R. Gilpin (1990) p. 327

그림 9-4 바람직한 해외직접투자정책의 3가지 방향

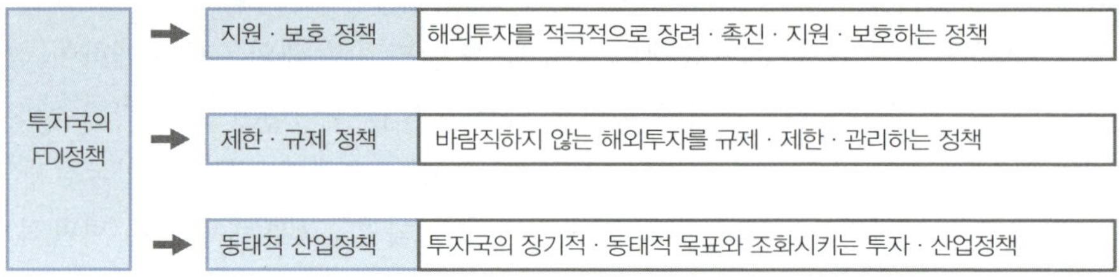

지원 및 보호 정책 기본적으로 자국 기업들이 활발한 해외투자를 통하여 새로운 시장과 더 큰 이익을 창출하고 글로벌경쟁력을 강화할 수 있는 기회를 제공하고 이것이 자국의 경제에 가져다주는 긍정적 효과와 편익(benefit)을 극대화할 수 있도록 자국기업의 해외투자를 적극적으로 장려·촉진·지원·보호하는 정책이 필요하다. 이렇게 자국 기업의 해외투자를 촉진하고 지원함에 있어서 개별적인 정책수단을 채택함은 물론 투자기업의 기업이익과 투자국의 국가이익이 조화할 수 있도록 하는 거시적·총체적·전략적인 접근이 필요하다.

제한 및 규제 정책 이렇게 자국 기업의 해외투자를 장려하고 촉진하는 정책이 기본적으로 전제되어야 하지만, 때로는 기업적 입장에서 바람직한 행위가 국민경제적 입장에서는 오히려 유해한 결과를 가져올 수도 있는 만큼, 자국 기업의 해외직접투자가 가져올 수 있는 부정적 효과와 비용(cost)을 극소화할 수 있도록 하는 해외직접투자가 이루어지도록 자국 기업의 투자를 규제·제한·관리하는 정책 역시 일정 부분 필요하다.

동태적 투자정책 및 산업정책 개별 기업적 입장에서 행해지는 해외직접투자가 투자국의 산업고도화·경제발전·국가경쟁력향상 등과 같은 장기적이고 동태적인 전략적 목표에 기여할 수 있도록 하는 체계적이고 전략적인 투자정책 및 산업정책의 고려 역시 매우 중요하다. 이러한 점에서 모범이 될 만한 사례가 일본 정부가 취해온 해외투자정책이라고 할 수 있다. 일본 정부는 지난 40여 년 동안 다양한 수단을 통하여 자국의 기업들이 행하는 글로벌경영 활동에 대하여 적극적이고 의도적인 영향을 미쳤으며, 해외투자를 촉진하고 지원함에 있어서도 개별적인 정책수단 뿐만 아니라 기업이익과 국가이익이 상생하는 협력적 공조(collaborative symbiosis) 전략을 취하는 총체적·통합적·전략적 접근방식을 취하여 왔다.

1.3 투자국의 정책수단과 제도

개별 국가의 상황에 따라 해외투자에 대한 정책기조가 나라마다 조금씩 다를 수 있지만 한 가지 공통된 사실은, 어떤 나라도 자국기업의 해외직접투자가 가져올 긍정적 효과를 극대화하면서 부정적 효과를 극소화하기 위한 정책을 동시에 채택한다는 것이다. 따라서 모든 나라는 해외직접투자를 장려·촉진·지원·보호하기 위한 노력을 행하면서 동시에 그것을 규제·제한·관리하기 위한 노력을 병행함으로써 서로 상반되는 정책수단과 제도를 병행하여 채택한다. 이때 투자국이 취할 수 있는 주요한 정책수단과 제도를 〈표 9-8〉이 요약하고 있다.

표 9-8 해외직접투자에 대한 일반적 정책수단 및 제도

구 분		구체적 정책 및 제도의 내용
투자 제한·규제 정책	자본수출통제 자본수출금지	국제수지·외환관리·산업정책적 목표 등을 위한 자본수출통제, 일정한 정치·외교적 목적을 위한 자본수출금지
	해외투자 인허가제도	투자자·투자방법·대상국·대상산업·재원조달 등에 대하여 일정한 요건을 정하고 그에 따라 인증·허가·신고하도록 하는 제도
	해외투자 사후관리제도	자금송금 및 외화증권취득·투자자금 회수·사업청산·사업실적 및 결산 등에 대하여 보고·신고·허가 의무화, 일정한 경우 제재조치
투자 촉진·보호 정책	해외투자 지원제도	금융·조세·정보 등에 대한 지원, 불가항력적인 비상위험에 대한 해외투자 보험제도 운영, 해외투자 전담기구 운영 통한 지원 등
	외국과의 투자협정체결	투자자의 비상위험보호·투자교류 활성화를 위한 투자보장협정체결, 투자자보호·국제조세처리의 단순화를 위한 이중과세방지협정체결
	정치외교적 영향력 행사	외국인직접투자에 대한 현지국의 규제정책완화를 위한 영향력 행사, 해외에 투자한 자국기업의 경제적 이익 보호하기 위한 영향력 행사

제한 및 규제 수단 해외투자를 행하는 기업의 입장에서 바람직한 투자행위가 국민경제적 입장에서는 오히려 유해한 결과를 가져올 수도 있는 만큼, 자국 기업의 해외투자가 초래할 수 있는 부정적 효과와 비용(cost)을 극소화할 수 있도록 이를 규제·제한·관리하는 정책이 일정 부분 필요하게 된다. 이처럼 해외투자를 제한·규제하기 위하여 채택하는 주요한 정책수단이나 제도로서는 ① 투자국정부는 국제수지방어·외환관리·리스크 예방·산업정책적 목표 등을 위하여 자국의 자본수출을 통제하거나 금지하는 정책, ② 기본적으로는 해외투자를 자유롭게 행할 수 있도록 하되 일정한 경우 예외적으로 일정한 요건을 정하고 그 요건에 따라 인증·허가·신고하는 사전적 관리제도, ③ 해외투자가 이루어진 후 모든 투자원리금이 상환될 때까지의 단계에 대한 사후관리제도 등으로 나눌 수 있다.

촉진 및 보호 수단 자국 기업의 해외투자를 장려·촉진·지원·보호하기 위하여 개별 국가들이 채택하는 정책수단과 제도 역시 다양할 수 있는데 일반적으로 사용되는 정책수단과 제도로서는 ① 해외투자기업에 대하여 금융·조세·정보 등을 지원하거나 손실보상보험·지원전담기구 운영 등을 통한 해외투자지원제도, ② 해외투자에서 발생되는 여러 가지 위험이나 손실의 예방을 위한 외국과의 투자협정체결, ③ 자국 기업의 해외투자를 보호하기 위한 정치·외교적 영향력 행사 등으로 나눌 수 있다.

2. 현지국의 정책과 전략

2.1 현지국의 정책기조 변화

1 제3절을 통하여 살펴본 바와 같이, 외국인직접투자가 현지국의 국민경제에 미치는 효과 역시 매우 복합적이므로 이에 대한 평가 역시 아주 광범위한 스펙트럼을 지니고 있고, 또한 이와 관련된 열띤 논쟁이 오랫동안 이루어져 왔다. 그럼에도 불구하고 분명한 것은 어떠한 외국인투자도 긍정적 효과와 부정적 효과라는 양방향의 효과를 동시에 수반하는 만큼 이를 유치하는 현지국의 정책과 전략에 따라 그 경제적 영향이 크게 달라질 수 있다는 점이다.

다국적기업과 현지국정부는 서로 다른 목표를 가지고 있다. 다국적기업은 자유로운 국제경영활동을 통하여 범세계적 이윤극대화를 이룩하는 것이 1차적 목표인 반면 현지국정부로서는 국내에 진출한 외국기업을 효율적으로 관리하여 자국의 경제발전과 후생극대화에 기여하도록 하는 것이 1차적 목표이기 때문이다. 따라서 현지국으로서는 외국인투자의 긍정적 효과(merit)를 극대화하고 부정적 효과(demerit)를 극소화하기 위한 적절한 정책과 제도를 조화적으로 운용하는 것이 중요한 과제가 된다.

다국적기업과 현지국 정부와의 관계는 다국적기업과 투자국 정부와의 관계 역시 어떤 한 방향으로의 고정된 틀이 존재하지 않고 그때마다의 경제적 상황이나 세계정치경제환경의 변화에 따라 역사적으로 변화되어 왔다. 외국계 다국적기업이나 외국인투자에 대한 현지국의 일반적 인식과 정책기조가 어떻게 변화되어 왔는가를 살펴보면 [그림 9-5]가 보여주듯이 다국적기업 주도기 → 현지국의 도전기(대립기) → 화해기 → 동반자적 밀월기로의 변화되어 왔다.

그림 9-5 외국인투자에 대한 현지국의 정책기조 변화

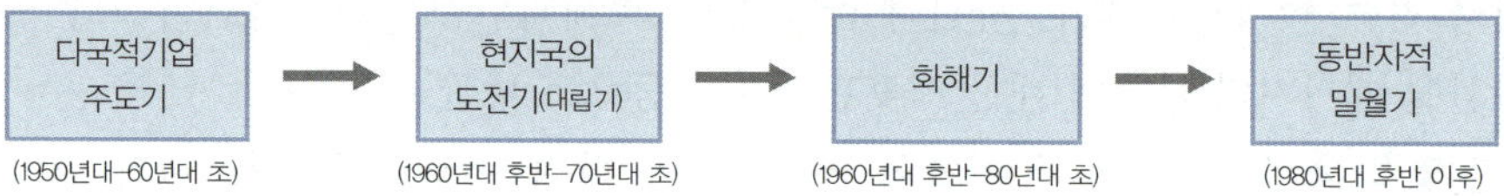

19세기 제국주의시대에 외국인투자는 제국주의 열강이 자본을 무기로 식민지의 자원과 노동을 수탈해가는 수단으로 기능하여 부정적 인식이 높았고, 20세기에 들어와서도 외국자본을 유치하여 경제발전을 이룩하려고 하던 남미국가들이 기대만큼의 성과를 이루지 못한 채 선진국경제에 대한 종속과 왜곡으로 어려움을 당하자 외국자본에 대한 경계심이 널리 확산되었다. 그러나 20세기 후반 싱가포르와 같은 나라가 외국인투자 유치를 통하여 높은 경제성장을 시현하게 되자 외국인투자의 긍정적 측면이 크게 부각되기 시작하였다.

다국적기업 주도기 1950~60년대에 다국적기업과 현지국과와의 관계에서 상대적으로 우위에 서있는 쪽은 다국적기업 쪽이었다. 이 시기에는 세계 자본이동을 주도한 미국계 다국적기업들이 적극적인 투자를 행할 수 있는 능력과 열의를 가지고 있었고, 이를 유치하려는 나라들 역시 외국계 기업의 국내진출을 환영하는 입장을 취하였기 때문이다. 따라서 이 시기는 다국적기업, 특히 미국계 다국적기업이 일방적으로 주도하는 시기였다고 할 수 있다.

현지국의 도전기 이처럼 1960년대 초반까지 미국계 다국적기업의 일방적 독주가 이루어졌지만 1960년대 중반 이후부터 서서히 도전받기 시작하였다. 이로 인해 1960년대 후반 이후 1970년대까지는 '다국적기업에 대한 현지국의 도전' 내지는 '다국적기업과 현지국의 대립'이 첨예화 되었던 시기였다. 다국적기업에 대한 이러한 현지국의 도전에 있어서도 1960년대 후반에는 주로 선진국인 현지국들이 다국적기업에 도전하였다면 1970년대 초반에는 개도국인 현지국들이 이러한 도전에 동참하였던 시기였다. 이렇게 1970년대에 이르러 다국적기업에 대한 현지 개도국의 도전과 대립이 확산된 것은 남북문제가 세계적 이슈로 부상하고 개도국들의 지위와 교섭력이 높아진 시대적 배경과 무관하지 않았다.4

화해기 1970년대 초 절정에 달하였던 현지국 정부와의 대립과정에서 다국적기업들 역시 나름대로 전략적인 대응을 행하지 않을 수 없게 되었다. 이러한 양자의 상호작용으로 인하여 1980년대 초 이후부터 다국적기업과 현지국의 관계는, 지난 10여 년 간의 대립과 마찰보다는 상호 협조와 타협을 통하여 공동번영의 길을 모색하려는, 이른바 다국적기업과 현지국 간의 화해기(reconciliation phase)로 접어들게 되었다.

동반자적 밀월기 1980년대 후반 이후에도 다국적기업과 현지국 간의 이러한 화해적 분위기에는 별다른 변함이 없었다. 다만 다국적기업과 외국인투자에 대한 현지국의 긍정적 평가와 투자유치 열망이 더욱 높아지고 강조되어 양자 간에는 동반자적 밀월기가 형성되었다. 특히 1990년대 이후 많은 현지국들의 외국인투자에 대한 정책이 보다 우호적으로 전환되었을 뿐만 아니라 보다 유리한 조건과 대우를 제공하기 위하여 경쟁하는 형태로 변화되었다.

1980년대 후반 이후 현지국의 정책기조가 이렇게 적극적인 유치경쟁으로 전환된 것은 이른바 세계화(globalization)의 물결로 인하여 경제의 상호의존성이 높아짐에 따라 다국적기업과 국가 간의 관계 역시 보다 우호적이고 동반자적인 관계로 변화되었고, 이러한 환경변화 속에서 이러한 세계적 추세에 적극적으로 호응하지 않고서는 성장과 번영을 보장받을 수 없다는 인식이 보편화됨에 따라 외국인투자를 전략적으로 활용하기 위한 노력이 높아졌기 때문이다.

---

4 버논(R. Vernon)은 이러한 시대적 상황을 그의 저서 「다국적기업에 대한 폭풍」(*Storm over the Multinationals*, 1977)을 통하여 상세하게 논의하기도 하였다. 말하자면 1970년대 다국적기업은 마치 폭풍의 한가운데를 뚫고 지나가듯 현지국과의 끊임없는 갈등과 타협은 물론 투자 본국과의 마찰도 겪으면서 다음 세대로 넘어갈 발판을 마련하고 있었던 것이다.

게다가 한국·대만 등 아시아 신흥공업국(NICs) 들이 중진국 대열에 들어서면서 외국계 다국적기업과의 경쟁에서 어느 정도 자신감을 갖게 되어 외국인투자에 대한 거부감이 줄어들었으며, 또한 21세기 이후 중국·인도와 같은 신흥국들이 외국인투자 유치를 통하여 높은 경제성장을 달성하고 세계경제에 강력한 주체로 부상하게 되자 이러한 나라들의 성공과 경제성장이 다른 개도국들에게 교훈이 되어 그들의 외국인투자 유치열망을 더욱 자극하였기 때문이다.

외국인투자에 대한 현지국의 이러한 정책기조 변화로 인하여 오늘날 주목되는 이슈는, 다국적기업이나 외국인투자에 대한 규제나 통제로 인하여 발생되는 여러 가지 폐해문제보다는 외국인투자를 유치하기 위한 현지국 간의 지나친 경쟁으로 인하여 발생되는 폐해문제, 예컨대 일부 국가나 일부 산업에 있어 법인세나 임금이 경쟁적으로 인하됨으로써 발생되는 '바닥으로의 경주'(race to the bottom) 문제 등이 오히려 이슈화 되고 있다.

② 외국인투자에 대한 이러한 일반적 추세와 관련하여 주목할 만한 논의가 윔블던효과(3)이다. 종래 윔블던효과란, 윔블던 테니스대회를 개최하는 것은 영국이지만 정작 결승에 오르고 우승하는 것은 대부분 외국선수들인 점에 비유하여, 영국이 금융시장을 대폭 개방하는 빅뱅을 단행하였지만 외국자본에게 자신의 안마당을 내어준 영국은 별로 실익이 없다는 것을 냉소적으로 표현하는 용어였다.

그러나 최근에 이르러 이러한 윔블던효과가 다른 의미로 해석되기도 한다. 윔블던대회에서 비록 영국선수가 결승까지 진출하지 못하더라도 이 대회는 전 세계의 주목을 받고 있을 뿐만 아니라 관광객 유치·국가이미지 홍보 등과 같은 많은 유형·무형의 이익을 영국경제에 안겨주는 경제적 효과가 있다는 것이다. 실제로 영국은 자국의 금융시장을 개방함에 있어 외국자본에 의한 국부유출과 경제예속을 우려하는 목소리 속에서도 과감한 규제개혁과 경영노하우의 도입을 행하여 새로운 고용창출과 세수증대효과를 이룩하였고 런던을 세계금융의 중심지로 우뚝 서게 하여 다시 세계적 금융강국으로 부상하는 성과를 거두었다.

이러한 의미에서 '윔블던효과'는 이제, 외국인이 마음껏 활동하도록 좋은 투자여건과 인프라를 제공하여 외국자본의 유입을 촉진함으로써 현지국경제 역시 크게 이득을 얻을 수 있다는 긍정적인 의미로 사용되게 되었고, 이러한 현지국의 외국자본 유치노력을 '윔블던방식의 외자유치'라고 부르기도 한다.

2.2 바람직한 외국인투자정책의 방향

다국적기업의 진출이 현지국에 미치는 경제적 영향은 긍정적인 효과만이 있는 것도 아니고 그렇다고 부정적인 효과만을 가져오는 것도 아니다. 또한 외국인투자의 국민경제적 효과는 실로 다양한 요소에 의해 영향을 받기 때문에 이에 대한 어떤 보편적인 법칙이 존재하지 않는다. 역사적으로도 한국·대만 등 아시아 신흥공업국에서는 외국인투자가 현지국의 산업화에 상당히 기여한 것으로 평가된 반면, 멕시코·브라질·아르헨티나와 같은 중남미국가에서는 산업주권상실·기술종속·시장독점화 등 많은 사회적 병폐를 유발한 것으로 비판받아 왔다.

따라서 외국인투자가 현지국에 미치는 경제적 효과를 종합적으로 평가하여 한마디로 결론지을 수 없다. 이 때문에 외국인투자를 무조건 경계하거나 무조건 유치해야 한다는 획일적인 정책은 지양되어야 하고 보다 균형 있고 합리적인 시각에서 외국인투자문제에 대하여 접근하여야 한다. 이러한 관점에서 외국인투자에 대하여 현지국이 취해야 할 바람직한 투자정책의 방향은 다음과 같다.

(1) 자유주의적 기본 시각

오늘날 외국인투자에 대하여 현지국이 취해야 할 1차적인 정책기조는 외국인투자에 대한 부정적인 시각보다는 이를 보다 긍정적으로 바라보고 이를 통하여 성장과 발전을 이룩하려는 자유주의적 시각 또는 적극적인 자세라고 할 수 있다. 오늘날 모든 현지국들이 외국인투자의 부정적 측면을 우려하여 이를 규제하고 제한하는 자세보다도 적극적으로 이를 유치하여 이익적으로 활용하려는 자유주의적 시각이나 적극적 사고를 더 우선시해야 할 이유와 필요성은 다음과 같다.

전략적 국가목표의 달성 요소의 국제적 불이동성이 높은 시대에는 경제성장과 경쟁력확보를 위한 국가의 전략적 목표는 자국 내에 부존되어 있는 생산요소들을 어떻게 효율적으로 잘 조합하여 활용하느냐 하는 것이었지만, 오늘날과 같은 세계화시대에는 국경을 넘어 세계를 무대로 자유롭게 이동하고 있는 생산요소·경영자원들을 어떻게 '국내로 유치'하여 '국내에서의 부가가치창출'을 강화하고 '국제적으로 더 높은 경쟁력'을 확보하느냐 하는 것으로 대체되고 있다. 따라서 이러한 목표를 효율적으로 달성하기 위해서는 다국적기업을 적극적으로 유치하여 자국 내에서 효율과 경쟁력을 강화하도록 하는 것이 중요한 전략적 목표가 되고 있다.

국가 간 투자유치경쟁 오늘날과 같은 무한경쟁 하에서 모든 나라들은 세계의 다른 나라와 경쟁하면서 협조하는 개방형국가를 지향하는 것이 생존과 번영을 위한 기본방식이 되고 있고, 이러한 글로벌경쟁으로 인하여 외국자본을 유치하기 위한 국가 간 경쟁이 치열해지고 있다. 과거에는 국민국가가 다국적기업을 선별하여 유치할 수 있었지만 이제는 다국적기업이 특정 국가를 선택해서 그들의 입지를 결정하는 상황으로 역전되었다. 따라서 개별국가들의 다국적기업에 대한 협상포지션은 그들에게 얼마나 좋은 투자환경을 제공할 수 있느냐에 의해 좌우되는 상황이 되었다.

국민경제에 대한 기여효과 현지국이 필요한 외국자본을 조달하는 방식으로서는 차관(금융자본)·간접투자(포트폴리오투자)·직접투자가 있고 그들은 각기 서로 다른 장단점을 가지고 있지만 국민경제의 장기적 성장과 발전에 미치는 효과에 있어서 직접투자가 가장 큰 영향력을 가진다고 할 수 있다.

역사적 경험을 통한 교훈 1980년대 이후 외국인투자에 대한 개도국들의 인식이 변화된 주요한 이유는, 경제의 성장과 발전을 촉진하고 외채위기 해결을 위해 외국인투자의 유입이 필요하였을 뿐만 아니라, 민간은행의 대출이자 지불보다 다국적기업의 이윤송금이 오히려 유리하다는 합리적 결론에 도달하기도 하였기 때문이다. 또한 수출주도형 경제성장을 추구한 아시아 신흥공업국들이 괄목할만한 경제성장을 이룩하면서 외국인투자에 대한 이들의 자신감이 높아졌고 이러한 역사적 교훈이 여타 저개발국들의 발전동기를 자극하였기 때문이다.

(2) 개입주의적 자유주의 실현

이처럼 현지국이 견지해야 할 1차적인 자세는 외국인투자를 통하여 성장과 발전을 이룩하려는 자유주의적 시각 또는 적극적인 자세라고 할 수 있지만, 외국인투자가 현지국에게 주는 부정적 효과나 비용 역시 불가피한 만큼 이것을 극소화하기 위한 정책적 노력 또한 중요하다. 따라서 현지국이 취해야 할 최선의 정책방향은 한편으로는 적극적인 투자유치를 통하여 그것의 편익을 극대화하는 동시에 다른 한편으로는 그에 따르는 부정적 효과와 비용을 극소화함으로써 외국인투자로 인한 순효과(net effect)를 증대시키는 것이다.

이러한 현지국의 정책방향이 이른바 '개입주의적 자유주의'(interventional liberalism)이다. 이것은, 자유주의적 정책이나 경제세계화를 통하여 현지국의 경제적 후생이 극대화되기 위해서는 여러 가지 가정과 조건이 충족되어야 하지만 이러한 가정과 조건은 현실적으로 충족되기 어려우므로, 현지국이 할 수 있는 차선(second best)의 선택은 시장경제의 기본원칙을 지키되 필요한 경우 정부가 부분적으로 개입하여 다국적기업을 둘러싸고 있는 시장실패를 제거하면서 국가적 목표를 달성하기 위한 정책적 노력을 행한다는 것이다..

따라서 현지국이 나아가야 할 외국인투자정책의 기본방향은 결국, 경제의 범세계화에 부응해 국내시장을 개방하고 적절한 투자환경을 조성하여 적극적으로 투자를 유치하되 적절한 산업정책(industrial policy) 또는 필요한 전략적 개입(strategic intervention)을 통하여 그로 인하여 발생될 수 있는 여러 가지 부정적 영향과 실패를 시정하고 보완해 나가는, 개입주의적 자유주의여야 한다는 것이다.

2.3 현지국의 정책수단

이 때문에 어떠한 나라도 외국인투자에 대하여 어느 한쪽의 정책을 일방적으로 채택하는 나라는 없고 그것의 긍정적 효과를 극대화하면서 부정적 효과를 극소화하기 위하여 서로 상반되는 양쪽의 정책수단과 전략을 적절히 채택하는 경향을 보인다. 말하자면 한편으로는 이를 장려·촉진·지원·보호하기 위한 촉진(promotion)정책을 채택하는 동시에 또 다른 한편으로는 이를 규제·제한·관리하기 위한 규제(regulation)정책을 채택하는 것이다.

이처럼 모든 나라들이 한편으로는 외국인투자를 유치하고 촉진시키기 위한 정책을 펼치면서 동시에 이를 규제하는 정책을 병행하여 그 내용과 운용형태가 모든 나라에 일률적인 것은 아니다. 국가에 따라서는 처음에는 촉진형 정책을 채택하였다가 일정기간이 지난 후에는 규제형 정책을 가하는 경우도 있고, 일부 개도국의 경우 어떤 산업분야에 대해서는 진입제한을 두면서 다른 산업분야에서는 인센티브를 부여하는 경우도 있으며, 한편으로는 수출보조를 하면서 다른 한편으로는 현지부품사용의무를 고집하는 등 촉진형 정책과 규제형 정책을 동시에 혼용하여 사용하는 경우도 있다.

(1) 현지국의 투자촉진정책

투자촉진정책이란 더 많은 외국인투자를 유치하기 위하여 특정 외국인투자기업의 수익률을 제고시키거나 위험과 비용을 저하시킬 목적으로 현지국정부가 제공하는 여러 가지 정책을 말한다. 일반적으로 현지국의 중앙정부나 지방정부는 외국인투자를 더 많이 유치하기 위하여 다양한 투자유인(investment incentives)과 특전을 제공하고 여러 가지 보장과 보호를 제공해주고 있다. 유엔무역개발회의(UNCTAD)가 행한 여러 차례의 서베이 결과를 보면, 외국인투자에 대하여 이러한 촉진형 정책을 사용하지 않는 나라는 거의 없다는 것이 오늘날의 현실이다.

표 9-9 외국인직접투자에 대한 촉진정책의 수단 및 제도

구 분	정책수단 및 제도의 구체적 내용
세금 및 세제 지원	• 각종 조세 및 부담금의 감면·유예 • 관세의 감면·환급 • 가속 감가상각의 인정 • 소득공제 및 세액공제 등
재정적 · 금융적 지원	• 보조금 지급 • 장단기 투자자금의 융자 및 금리우대 • R&D지원 • 신용보증의 제공 • 정부보험의 제공 등
토지 및 인프라 지원	• 토지제공, 토지취득 절차의 우대 • 자유항·자유무역지역 등의 설치 • 사회간접시설의 제공 또는 개선 등
행정적 · 제도적 지원	• 종합행정서비스의 지원 • 노사관계 안정화 지원 • 투자절차의 우대 • 시장진입 제한에 대한 우대, 시장독점권의 제공 등
투자 보장 및 보호	• 투자원본 회수보장 • 과실송금 보장 • 수용·국유화에 대한 보장 • 외국인 재산권과 투자활동의 보장 • 이중과세방지협정 체결 등

이처럼 거의 모든 나라가 외국인투자에 대한 인센티브를 제공하고 있지만 그들이 채택하는 구체적인 유인과 특혜의 내용과 형태는 나라마다 서로 다르다. 따라서 현지국이 제공하는 촉진형 정책의 유형과 내용을 여기서 모두 예거할 수는 없지만 외국인투자를 촉진시키고 유치하기 위하여 보편적으로 채택하는 정책수단과 제도로서는 다음과 같은 것들이 있다.

세금 및 세제상의 지원 외국인투자기업의 수익률이 증가할 수 있도록 각종 조세나 부담금을 감면·유예하거나 내국인에게는 부과하는 관세를 감면하거나 환급해주는 제도, 가속적인 감가상각을 인정해주는 제도, 특정지출에 대하여 소득공제를 실시하거나 일정한 성과에 대하여 세액을 공제해주는 제도 등이 이에 속한다. 이러한 세제지원제도는 외국인투자를 유치하고자 하는 국가들이 가장 많이 채택하는 정책으로서 유엔무역개발회의(UNCTAD)가 조사한 바에 따르면 1990년대 초반 조사대상 103개 국가 가운데 이러한 정책을 채택하지 않는 국가가 겨우 4개국밖에 없었던 것으로 나타났다.

재정적 · 금융적 지원 외국인투자에 대한 재정적 지원제도로서 가장 보편적인 정책수단은 자본투자·생산비용·판매비용 또는 공장건설이나 종업원훈련에 대하여 일정한 자금을 지급해주는 보조금제도가 있다. 금융적 지원제도로서는 외국인투자를 활성화하기 위하여 장단기 투자자금을 융자해주거나 대출금리를 우대해주는 금융지원, 외국인투자기업에 대하여 외화자금의 도입을 허용해주는 지원제도 등이 있다. 이밖에도 현지자회사의 연구개발을 장려하기 위한 R&D지원제도, 외국인기업에 대한 지급보증이나 신용보증을 해주는 보증제도, 환율변동 등 비상업적 위험에 대하여 특별 요율을 적용하는 정부보험을 제공하는 지원제도 등이 있다.

토지 및 인프라 지원 많은 나라들이 외국인투자를 유치하기 위하여 특정 토지를 제공하거나 토지취득과 관련되는 절차상의 우대를 제공하기도 하고, 외국인투자를 위한 전용공단을 마련하여 분양 또는 임대하여 투자를 유치하는 정책을 채택하기도 한다. 또한 외국인투자기업을 위하여 자유항이나 자유무역지역을 설치하거나 그들이 필요로 하는 특정 사회간접시설을 설치·제공하는 지원정책을 사용하기도 한다.

행정적 · 제도적 지원 외국인투자와 관련된 행정절차에 대하여 현지국이 특별한 대우를 하거나 특별한 서비스를 제공하는 여러 가지 지원책들이 있다. 예컨대 외국인투자를 관장하는 행정기관·투자촉진기구(IPA: Investment Promotion Agency)·종합지원센터 등을 설치하여 투자에 대한 면담·접수·민원처리·정보제공·고충처리 등을 종합적으로 해결해주는 행정서비스지원제도, 투자절차나 출입국 관련 절차와 관련하여 특별히 우대하는 제도 등이 그것이다. 이러한 행정적 지원제도 이외에도 외국인투자기업이 국내에서 경영활동을 행함에 있어 애로가 될 수 있는 노사관계의 안정을 지원하기 위한 제도, 시장진입제한이나 공정경쟁에 대한 예외를 인정해주거나 시장독점권을 예외적으로 인정해주는 제도적 지원정책도 있다.

투자보장 및 보호 이상과 같은 통상적인 지원정책 이외에도 많은 나라들이 외국인직접투자를 보다 안정적으로 유치하기 위하여 투자원본회수·과실송금의 보장, 수용이나 국유화를 하지 않겠다는 보장, 외국인재산권과 투자활동에 대한 보장을 제공하는 제도를 채택하기도 하고, 투자국정부와 이중과세방지협정을 체결하여 외국인투자를 보호해주는 정책을 채택하기도 한다.

(2) 현지국의 투자규제정책

외국인투자를 규제·제한·관리하기 위한 현지국의 규제형 정책의 수단과 제도에는 ① 외국인투자에 대한 사전적 규제로서 새로운 진입을 규제하는「진입규제정책」과 외국기업의 진출 시 미리 일정한 철수조건을 부과하는「철수조건 부과정책」, ② 외국기업의 운영과 경영행태(managerial behavior)에 대하여 제한을 가하거나 그 결과를 관리하는「행위규제정책」, ③ 외국인투자기업에게 일정한 이행의무를 부과하여 자국의 국민경제발전에 기여하도록 하는 동시에 자국의 경제후생이 극대화되도록 하는「이행요구정책」, ④ 외국기업 현지자회사의 경영권을 현지인이 장악하게 하거나 아예 현지자회사의 소유권을 축출해버리는「현지화정책」등이 있다.

표 9-10 외국인직접투자에 대한 규제형 정책수단 및 제도

구분		정책수단 및 제도의 구체적 내용
진입 관련	진입규제	• 투자부문별·투자사례별 진입제한 • 투자형태별·소유형태별 진입제한 • 투자지역·투자입지별 진입제한 • 자금조달 형태별 진입제한 등
	철수조건	• 투자철수(divestment)에 대한 조건(exit conditions) 부과 정책
운영 관련	행위규제	• 산업조직(공정경쟁) 관련 정책 • 이전가격조작 관련 정책 • 과도한 이윤 및 로열티의 송금제한정책 • 현지금융 제한정책 • 과도한 제품차별화 억제정책 등
	이행요구	• 현지조달의무 • 현지인고용의무 • 수출·무역수지 균형의무 • 기술개발(이전)의무 • 정보공개의무 부과정책 등
소유 관련	현지화	• 외국인직접투자의 몰수·수용·국유화 • 점진적 현지화 정책 등

진입규제정책(사전적 규제정책) 이는 지나치게 과도한 수준의 외국인자본이 유입됨으로써 발생될 수 있는 폐해와 부작용을 예방하기 위하여 외국인투자의 진입(entry)에 대하여 일정한 기준을 설정하거나 제한을 가하는 정책수단이다. 이러한 정책은 투자가 이루어지기 전에 행해지는 사전적(事前的)인 정책수단으로서 ① 투자부문·투자사례별 제한, ② 투자형태·소유형태별 제한, ③ 투자지역·투자입지별 제한, ④ 자금조달 형태별 제한 등이 있고 외국기업의 진입이 이루어질 때 미리 일정한 투자철수조건(exit conditions)을 부과하는 조치가 행

해지기도 한다.

행위규제정책(사후적 규제정책) 이는 이미 투자된 외국기업의 현지자회사에 대한 사후적(事後的)인 규제로서 국내에서 활동하고 있는 외국인기업의 운영이나 경영행태(behavior)에 대하여 제한을 가하거나 그 결과를 관리하는 사후적인 행위규제정책이다. 이러한 정책수단에도 여러 가지 형태가 존재하지만 대표적인 경우로서는 ① 시장지배적 기업에 대한 규제와 통제를 행하여 보다 공정하고 경쟁적인 시장으로서의 효율성을 증진시키는 산업조직(공정경쟁) 관련 정책, ② 다국적기업의 이전가격조작을 규제하는 정책, ③ 과도한 이윤 및 로열티 송금을 제한하는 정책, ④ 외국계 다국적기업의 현지금융을 제한하는 정책, ⑤ 과도한 제품 차별화를 억제하는 정책 등이 있다.

이행요구정책 이는 외국인투자기업에게 일정한 이행의무(performance requirements)를 부과하여 다국적기업이 자국의 국민경제발전에 기여하고 자국에 귀속되는 경제적 후생이 극대화되도록 하는 정책이다. 이러한 정책도 그 내용이 극히 다양할 수 있지만 대표적인 이행요구정책 수단으로서는 ① 일정 비율 이상의 현지부품조달 또는 현지인고용 의무를 요구하는 정책, ② 국내에 진출한 다국적기업에 대하여 일정한 수출의무를 가하여 국제수지를 개선하고 국내 판매를 억제시키려는 수출·무역수지 균형의무 정책, ③ 다국적기업의 현지자회사에게 일정한 규모 또는 비율 이상의 R&D, 일정한 교육훈련, 일정한 기술을 이전 의무를 부과하는 정책, ④ 외국계 다국적기업에 대하여 일정한 정보공개 의무를 부과하는 정책 등이다.

현지화정책 이는 외국인투자기업에 대한 또 다른 사후적 규제수단으로서 현지자회사의 경영권을 현지인이 장악하게 하거나 아예 그 소유권을 축출해버리는 정책이다. 주요한 정책수단으로서는 ① 아무런 대가나 보상 없이 특정 외국기업의 자산을 강제적으로 접수하는 몰수(confiscation), ② 외국기업에게 일정한 보상을 해주면서 그 자산을 접수하는 수용(expropriation), ③ 현지국정부가 어떤 산업정책이나 정치경제적 이념에 따라 외국기업을 국가소유화 하는 국유화(nationalization), ④ 외국인 소유지분의 일부 또는 전부를 일정 기간 내에 현지인에게 양도하도록 함으로써 현지인이 점진적으로 경영권을 장악하도록 하는 점진적 현지화(fade-out) 등이 있다. 그러나 이러한 현지화정책은 다국적기업과 심각한 마찰을 빚고 때로는 투자국정부의 보복을 초래할 뿐 아무런 실질적 이득도 없는 요란한 정치행위로 끝나는 경우가 많아짐에 따라 1970년대 중반을 고비로 크게 줄어들었다.

제 5 편

무역상무론

International Commerce

무역상무와 무역기업의 특성

국제무역은 국경을 넘어 이루어지는 국제상거래로서 이를 행하는 주체는 주로 개인이나 기업이다. 무역상무(貿易商務)는 이렇게 국제무역을 행하는 개인이나 기업이 실제적으로 상거래를 수행하는 과정에서 직면하거나 행하는 제도·절차·행위 등을 포괄하는 개념이다. 국제무역은 서로 다른 국가 간에 이루어지는 상거래(국제교역)인 만큼 일국 내에서 이루어지는 상거래(국내교역)와는 다른 여러 가지 특성을 지닌다. 우선 국경을 넘어 이루어지는 거래이므로 서로 다른 문화적 차이(인종·민족·종교·언어·풍속·가치관 등)와 법률 및 제도적 차이(화폐·법규·관습·과세제도·분쟁해결절차 등)를 극복하여야 하고, 멀리 떨어져있는 당사자 간의 거래이므로 계약·물품인도·대금결제에 있어서 개재되는 시간적·공간적 차이도 극복하여야 한다.

이처럼 국제무역을 행하는 무역기업은 국내시장만을 대상으로 거래하는 국내기업과는 다른 여러 가지 환경에 직면하게 되는데 국내거래와는 달리 국제무역거래에서 나타나는 차별적 특성을 살펴보면 다음과 같다.

위험성 증대 무역기업은 국내거래에서 발생되지 않거나 국내거래에서 보다도 더 큰 위험(risk)에 직면하게 된다. 국제상거래는 장거리·장시간이 필요하므로 상품의 운송과 보관상의 위험이 따르게 되고, 외국인과의 거래이기 때문에 지급불능이나 지급거절 등과 같은 대금결제 및 신용 위험이 더 커지게 된다. 또한 계약으로부터 대금결제가 이루어지는 기간이 매우 길어 이러한 기간 동안에 발생하는 가격변동에 따른 가격위험이나 서로 다른 화폐를 사용함에 따른 환위험도 발생된다. 따라서 국제무역을 행하는 기업은 이러한 위험들을 잘 인식하는 동시에 이를 예방하기 위한 여러 가지 노력들을 경주하여야 한다.

국민경제와의 연관성 국제무역은 무역당사국의 국제수지·국민소득·경제성장 등에 지대한 영향을 미친다. 따라서 일국의 대외무역을 담당하는 주요 행위주체는 개별기업이지만 국민경제와의 연관성이 매우 높고 이렇게 국민경제와의 연관성이 높은 가운데에서도 특히 국내산업과 밀접한 상호작용을 가진다. 대외무역 발전이 산업의 발전을 가져오고 또한 산업발전이 뒷받침되지 않고는 무역의 발전이 이루어질 수 없으므로 국제무역은 일국의 산업구조 및 산업경쟁력과 불가분의 관계를 가지기 때문이다. 따라서 국가는 국제수지균형·자원의 효율적 배분·고용증대·물가안정·경제성장·국내산업 보호 등과 같은 국가목표를 달성하기 위하여 대외무역에 대한 일정한 감독과 규제를 행하게 된다. 이 때문에 무역을 행하는 개별기업의 행위는 해당국의 국가적 이익의 테두리 내에서 관리와 제한을 받지 않을 수 없다.

해상의존성 무역은 국경을 넘어 멀리 떨어진 당사자 간의 거래인만큼 발달사적인 면에서나 행태 면에서 해상의존성이 매우 높다. 이것은 해상수송을 통하지 않고는 엄청난 물동량을 저렴하고 효율적으로 처리하는 것이 불가능하였기 때문이다. 역사적으로 국제무역은 주로 해상운송에 의하여 이루어졌고 육로운송은 보조수단으로 발전되어 왔으며 오늘날 항공기의 발전과 함께 항공운송이 크게 발전하고 있지만 여전히 해상운송이 수송의 주종을 이루고 있다.

국제관습성 국제무역거래는 언어·제도·상거래관습·법규가 서로 다른 국가들 간에 이루어지는 상거래이다. 그런데 물품매매를 위한 계약은 당사자에게 서로 다른 권리와 의무를 발생시키는데 이때 모든 나라에 공통적으로 적용되는 국제법제가 존재하지 않는다. 따라서 무역실무계는 오랫동안 국제상거래에서 발생되는 여러 가지 마찰과 시련을 겪으면서 특정 지역·업종·거래에서 정규적으로 준수될 것으로 기대되는 정형화된 거래관행이나 거래방법, 이른바 국제적 상관습을 형성하여 왔다. 따라서 무역당사자들은 이러한 상관습에 의거하여 계약을 체결· 이행하게 되었고 이러한 상관습은 무역계약에 대한 보완적 기능을 넘어 주요한 해석기준으로서의 기능을 가지게 되어 상관습이 매우 중요하게 되었다.

한편 무역당사자들은 서로 다른 관습이나 법률로 인하여 발생될 수 있는 문제를 해결하기 위하여 이러한 상관습의 통일화와 표준화를 촉진하기 위한 노력을 전개하여 왔다. 특히 국제상업회의소(ICC: International Chamber of Commerce)나 기타 관련 국제민간기구들은 이러한 상관습을 통일시키기 위한 국제통일규칙을 제정함으로써 이들이 국제무역을 규율하는 국제적 법규로까지 발전되어 왔다. 따라서 무역계약을 체결하는 당사자들은 이에 대한 충분한 사전적 지식과 주의를 가지고 임하지 않으면 실패하거나 분쟁이 발생될 소지가 커지게 되는 만큼 국제매매의 기본이 되는 국제관습과 법규에 대한 충분한 이해와 연구를 행할 필요가 있다.

무역상무론의 학문적 성격과 과제

이처럼 국제무역은 서로 다른 국가 간에 멀리 떨어져 있는 거래당사자 간의 상거래이고 이러한 국제상거래는 일국 내에서 이루어지는 국내상거래와는 다른 특성을 지니고 있는 만큼 거래를 수행함에 있어서 서로 다른 절차와 제도에 직면하게 되고 국내거래에서는 발생하지 않는 여러 가지 추가적 위험과 비용도 극복하여야 한다. 무역상무는 이렇게 국제무역을 행하는 개인이나 기업이 이를 실제적으로 수행하는 과정에서 직면하게 되는 제도·절차와 이러한 과정에서 행하게 되는 행위 등을 포괄하는 개념이다.

따라서 하나의 학문분야로서 무역상무론은, 무역거래를 행함에 있어 매매계약·물품인도·대금지급·분쟁해결 등과 관련된 제도와 절차가 어떻게 이루어지는지, 이러한 과정에서 발생되는 위험은 무엇이며 당사자 간에 분쟁이 발행하였을 경우 이를 어떻게 해결하는지 등과 관련되는 지식을 잘 이해하여 안전하게 거래를 행하는 방법을 연구하고 배우는 학문분야이다. 이 때문에 무역상무론은, 외국과의 무역거래에서 발생되는 위험을 극소화하고 이익을 극대화하기 위한 활동과 전략을 논의하는 「국제상학적 측면」과 무역계약의 체결과 이행은 물론 분쟁해결 등과 관련되는 법규·국제관습·국제법 등을 논의하는 「법학적 측면」을 동시에 지니고 있어, 상학분야와 법학분야가 교차하는 복합적 학문분야라고 할 수 있다.

제5편의 주요 내용

무역상무를 무역거래절차의 진행단계라는 관점에서 파악하면 무역계약의 ① 체결, ② 이행, ③ 종료라는 3가지 과정으로 파악할 수 있고, 무역계약을 이행하는 과정을 거래흐름이라는 측면에서 파악하면 ① 물품의 흐름, ② 대금의 흐름, ③ 서류의 흐름이라는 3대 흐름으로 파악할 수 있다. 이에 제5편에서는 무역거래절차의 진행단계를 중심으로 하여 이에 수반되는 일반적 절차·관련 제도·거래 흐름에 대한 주요 내용을 제10장(무역거래절차와 무역계약)과 제11장(무역계약의 이행)을 통하여 살펴보고, 제12장(전자무역)에서는 무역상무의 새로운 영역으로 정착되고 있는 전자무역의 기초적 지식을 개관한다.

흔히 무역상무 또는 무역실무라고 하면 무역거래절차에 따라 무역서류나 작성하고 은행이나 세관 등 관련 기관을 드나드는 것으로 인식하여 그와 관련되는 통상적인 절차와 지식만을 중시하는 경향이 있다. 그러나 대학에서 무역상무를 하나의 학문분야로서 교육하는 것은, 그러한 통상적인 절차나 단편적 지식을 습득시키는 데 머물지 않고, 대외무역거래의 전체 흐름을 이해하고 파악하여 그러한 절차를 합리적이고 효율적으로 처리할 수 있는 전문능력을 배양함은 물론 무역거래를 수행하는 과정에서 직면하는 여러 가지 절차·규정과 법규·관습과 관행·법과 제도 등에 대한 종합적이고 전문적인 지식을 습득시킴으로써 유능한 무역전문인을 양성하는 데 그 목표가 있다.

제10장 International Commerce

무역거래절차와 무역계약

제10장에서는 일반적인 무역거래절차가 어떻게 진행되는가, 대외무역거래에 대한 국가의 무역관리의 내용이 무엇인가를 전체적으로 개관한다. 다음으로 무역계약의 성립과정과 무역계약에서 기본이 되는 거래조건의 주요 내용이 무엇인가를 소개한다.

제 1 절 무역거래절차와 무역관리

1. 무역거래절차

1.1 무역거래절차의 개요

무역거래절차는 거래상대방의 발굴을 위한 해외시장조사로부터 시작하여 무역계약체결과 이행 및 종료까지의 일련의 절차를 의미한다. 무역거래는 대금결제방식이나 상관습에 따라 다소 차이가 있지만 가장 보편적인 대금결제방식인 신용장결제를 기준으로 하는 일반적인 무역절차를 개괄적으로 나타낸 것이 [그림 10-1]이다. 이러한 절차에 따른 각각의 단계들을 간략히 살펴보면 다음과 같다.

해외시장조사 무역계약체결을 위해서는 먼저 해외시장조사를 통하여 대상 시장과 거래상대방을 결정해야 한다. 해외시장조사는 대상국의 시장환경을 조사하여 수출물품의 판매가능성(수출업자) 또는 수입물품의 구매가능성(수입업자)을 평가하고 매매에 필요한 정보를 수집함을 목적으로 한다.

청 약 해외시장조사 결과 유력한 거래상대방이 결정되면 거래권유장(circular letter)을 발송하여 자신을 알리는 동시에 거래의 권유 또는 거래제의를 이끌어 낸다. 이러한 과정에서 상대방의 성실성·재정상태·거래능력 등에 대한 신용조회(credit inquiry)를 행하여야 하고 신용조회 결과 양호한 상태라고 판단되면 구체적이고 세부적인 사항을 제시하여 정식으

그림 10-1 무역거래절차의 단계

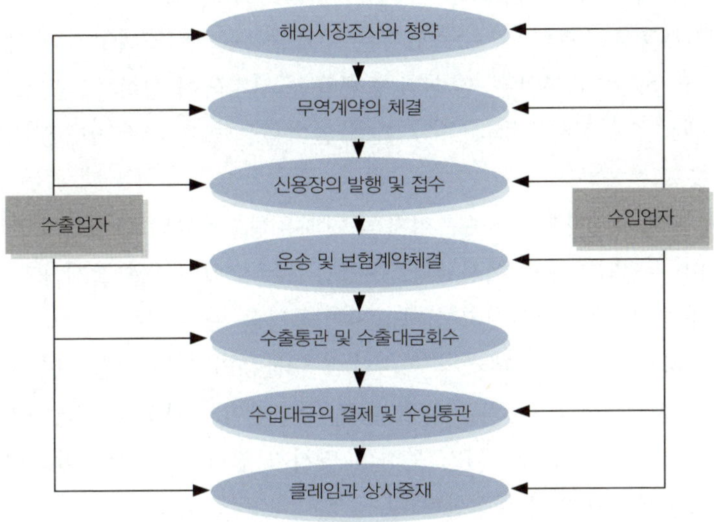

로 청약(offer)을 행한다.

무역계약 체결 청약이 거래당사자 간에 최종적으로 승낙(accept)되면 정식으로 무역계약을 체결한다. 무역계약에는 물품의 가격이나 품질에 관한 사항은 물론 무역계약의 이행에 필요한 운송조건·보험조건·결제조건 등을 명시한 무역계약서를 작성하여야 한다.

신용장의 발행 및 접수 무역계약이 체결되면 수입업자는 약정된 기간 내에 신용장을 발행하여 수출업자에게 통지해야 한다. 신용장(L/C)은 대금결제를 원활히 하기 위하여 수입업자의 거래은행이 수출업자에게 당해거래의 대금지급을 약속하는 확약서인 만큼, 수출업자는 이러한 신용장을 수령하여야만 안심하고 물품을 수출할 수 있다. 신용장을 접수한 수출업자는 신용장의 적격성 및 신용장 발행은행의 신용상태 등을 면밀히 살펴보는 동시에 무역계약조건과 신용장의 내용이 일치하는지를 검토하여 상이한 점이 있을 경우에는 즉시 수입업자 앞으로 변경을 요청하여야 한다.

수출물품의 확보 수입업자의 거래은행이 지급을 확약한 신용장을 수령하면 수출업자는 원부자재를 구입하여 직접 생산하거나 다른 공급자의 물품을 주문하여 수입업자에게 보낼 수출물품을 확보하여야 한다. 이렇게 수출물품을 확보하는 데 필요한 자금은 무역금융제도나 무역어음제도를 활용하거나 내국신용장(Local L/C)을 발행하여 조달하기도 한다.

운송계약 및 보험계약 체결 수출할 물품이 확보되고 선적이 가능한 예정일이 결정되면 수출업자는 이를 수입업자에게 보내기 위하여 무역계약에 따라서 운송계약을 체결하여야 한다. 운송에는 해상·육상·항공 및 복합운송 등이 있다. 또한 운송 중에 발생할 수 있는 위험을 담보 받기 위해 보험계약도 체결되어야 한다. 보험은 주로 해상보험으로서 수출입업자는 무역계약내용에 따라서 해상보험계약을 체결하여야 한다.

수출통관 및 수출대금 회수 수출업자는 수출물품을 생산·확보하여 세관에 수출신고를 하고 수출신고필증을 교부받은 후 선박에 물품을 선적하여 선화증권을 발급받는다. 수출업자는 신용장에서 요구하는 선적서류와 함께 환어음을 발행하여 거래은행에 매입을 의뢰하고 수출대금을 회수한다.

수입대금 결제 및 수입통관 수출업자의 거래은행으로부터 환어음과 선적서류가 발행은행에 도착하면 수입업자에게 제시된다. 수입업자는 수입대금을 결제하고 선적서류를 인도받은 후 수입물품에 대한 수입신고를 하고 수입통관을 완료한다.

클레임 및 상사중재 수출대금의 회수와 수입물품의 인수가 끝나면 무역절차는 일단 종결된다. 그러나 만약 계약위반의 이유를 들어 상대방이 클레임을 제기하게 되면 이에 대해 해결해야 한다. 클레임이 해결되지 못하여 당사자 간에 분쟁으로 발전되었을 경우에는 일반적으로 상사중재를 통하여 해결한다.

1.2 무역거래의 단계별 프로세스

Ⅰ 무역거래절차는 이상과 같은 복잡한 과정을 거치며 이루어지지만 이러한 프로세스를 무역계약의 단계별로 구분해보면 ① 계약 체결 → ② 계약 이행 → ③ 계약 종료라는 3단계를 거치며 이루어진다.

계약 체결 거래상대방을 발굴하기 위한 해외시장조사로부터 시작하여 거래상대방이 확정되면 무역계약이 체결된다. 무역계약이란 물품거래를 행하고자 하는 거래당사자 간에 체결되는 매매계약으로서 무역거래의 이행과 관련되는 중요한 내용들이 여기에 포함되어야 하며 수출상과 수입상의 권리와 의무도 이에 의하여 확정되는 만큼 명확하고 구체적으로 작성되어야 한다.

계약 이행 무역계약이 체결되면 이러한 계약내용을 이행하기 위한 절차가 이루어지게 된다. 수출업자는 무역계약의 내용과 요건에 합치되는 물품을 자체 생산하거나 조달하고 이후 정해진 기일 내에 수출품을 선적하기 위한 운송계약이나 보험계약 등 무역계약에 종속되는 새로운 계약을 체결하고 이행하는 과정을 진행하여야 한다. 외국의 수입업자에게 물품을 제공하기 위해서는 운송이라는 서비스가 필요하고 이러한 운송과정에서 발생될지도 모르는 위험에 대비하기 위한 보험도 필요하다. 또한 무역이란 일국의 관세선을 벗어나는 국제거래인 만큼 당해국의 법규에 따른 통관절차가 필요해진다. 이러한 통관절차를 통하여 수출품의 선적이 이루어지면 수출상의 물품인도에 대한 반대급부로서의 무역대금 결제가 이루어진다. 이처럼 수출품의 조달과 통관은 물론 이후의 운송·보험·대금결제 등 일련의 절차의 진행과정이 무역계약의 이행과정이다.

계약 종료 무역거래절차는 무역계약의 내용에 따라 수출상이 무역대금을 지급받고 수입상이 수입물품을 인수함으로써 무역계약이 종료되지만, 이러한 계약이행 과정에서 계약당사자들 사이에 계약불이행이나 계약위반과 관련된 클레임이 제기되는 경우 이러한 분쟁해결을 위한 절차가 이루어진다. 이러한 절차가 완성됨으로써 무역계약의 최종적인 종료가 이루어진다.

2 이상과 같은 무역거래절차는 무역계약이 성립되어 이행되고 종료되는 과정의 진행단계에 따른 설명이지만, 이러한 무역거래절차를 무역계약의 이행과정에서 행해지는 거래의 흐름이라는 측면에서 살펴보면 다음과 같은 3가지(물품·서류·대금) 거래흐름으로 파악할 수 있다.

물품의 흐름 물품의 매매를 규정하는 무역계약의 이행을 위해서는 우선 수출상이 수입상에게 계약된 물품을 인도하지 않으면 안 된다. 수출품은 수출상의 수중을 떠나 운송인·세관 등을 거쳐 선적되어 수입국으로 반입되어 하역되고 수입국 내에서도 이와 유사한 과정을 거쳐 최종적으로 수입상에게 인도된다. 무역거래의 이행과정을 이해하기 위해서는 물품이 경유되는 당사자들이 누구이고 이들의 역할은 무엇인가를 이해할 필요가 있다.

대금의 흐름 대금의 흐름은 물품의 흐름과 반대방향으로 흐르게 된다. 무역계약은 계약당사자가 서로 의무를 부담하는 쌍무계약인 만큼 수출상의 물품인도의무에 대한 반대급부로서 수입상의 대금지급의무가 부과된다. 일반적으로 무역대금의 결제는 당사자 간에 직접적으로 행하는 방식보다는 제3당사자인 은행을 개입시켜 행하는 방식을 채택하여 왔다. 송금방식이나 신용장을 포함한 추심방식에 따라 자금의 흐름과정에 다소 차이가 있게 되지만 모두 은행이 개입하여 대금결제가 이루어지는데 신용장의 경우 은행의 역할이 특히 중요해진다. 따라서 무역거래절차를 제대로 이해하기 위해서는 이러한 대금의 흐름과 은행의 역할에 대한 메커니즘을 잘 이해하여야 한다.

서류의 흐름 무역거래에는 수많은 종류의 서류가 사용되고 있는데 이들은 수출입과 관련되는 허가나 인증 등을 위하여 중요할 뿐만 아니라 수출입상이 무역계약상의 의무를 제대로 이행하였느냐에 대한 입증을 위해서도 매우 중요하다. 거래되는 물품의 소유권이 현물을 통해서 이전되기보다는 서류 이전을 통하여 이루어지고 있는 관행이 이루어지고 있고 수출상의 입장에서 가장 중요한 절차인 대금결제를 위해서도 일정한 조건을 구비한 다양한 서류를 갖추지 않으면 안 된다. 따라서 무역거래의 절차에 있어 물품의 흐름 못지않게 서류의 흐름 역시 매우 중요하므로 무역거래에서 사용되는 서류의 흐름에 대해서도 잘 이해하는 것이 매우 중요하다. 다만 전자무역의 등장으로 종이서류 대신에 전자문서로 대체되는 현상과 함께 서류의 형식이 전자적으로 전환되고 있어 이에 대한 이해도 필요하다.

2. 무역관리

2.1 무역관리의 의의

무역관리(trade control)란, 국가나 정부가 대외무역거래질서를 유지하는 동시에 국익증대를 위하여 민간의 대외무역활동에 대해 일정한 통제나 제한을 행함으로써 일정한 방향으로 무역거래를 조정하는 것을 말한다. 오늘날 세계의 모든 국가는 기본적으로 자유무역을 지향하면서도 완전한 자유무역을 실시하는 나라는 없고 정도의 차이는 있지만 예외 없이 자국의 대외무역거래에 대한 일정한 통제·제한·조정을 행하고 있다. 이같이 모든 국가들이 대외무역에 대한 일정한 관리를 행하는 기본 목적은 다음과 같다.

대외무역거래질서의 확립 일국의 대외거래량이 많아지고 복잡해지는데 어떤 특정기관의 감독과 관리가 없는 경우 거래질서가 문란해지기 때문이다. 특히 대외무역의 경우, 국내경제거래와는 다른 여러 가지 특수성을 띠고 있으므로, 대외무역거래의 질서 확립을 통하여 보다 원활한 무역거래가 이루어짐은 물론 이를 통한 국익의 극대화도 이룩하여야 한다.

국가적 목표의 달성 일국의 대외무역을 담당하는 행위주체는 개별기업이지만 대외무역은 국가와 국가 간의 교역이므로 기본적으로 국민경제적 성격을 지닌다. 따라서 무역을 행하는 개별기업의 목표와 행위는 그 기업이 속하는 국민경제의 이익이라는 국익의 테두리 내에서 제약을 받지 않을 수 없다. 때문에 국가는, 무역정책과 관련하여 소개하였듯이, 국제수지균형·자원의 효율적 배분·고용증대 및 물가안정·경제성장 등의 국가목표를 달성하기 위하여 일정한 무역관리를 행하게 된다.

2.2 우리나라의 대외무역관리

우리나라의 대외무역관리에 대한 중앙행정기관은 산업통상자원부이다. 산업통상자원부 장관은 상업·무역·공업·자원에 대한 사무를 관장하며 우리나라 대외무역과 통상정책에 대한 최고 중앙행정기관이다. 그러나 무역행정의 신속화와 능률증대를 위하여 무역관리에 관한 권한의 일부를 대통령이 정하는 바에 따라 소속기관의 장·서울특별시장·직할시장·도지사·한국은행총재·외국환은행장 등에 위임·위탁하고 있다.

산업통상자원부 장관은 무역관리와 관련되는 사항인 외자도입 및 외국환업무는 기획재정부 장관, 해외통상조약의 체결에 관하여는 외교부 장관 등 협조행정관청과 협의한다. 또한 특정한 물품의 수입증대로 인한 피해와 구제조치 및 덤핑 등 외국의 불공정무역행위와 관련된 문제를 논의하기 위한 무역위원회를 두고 있다.

한편 우리나라의 무역관련 법규로서는 대외무역의 3대 기본법인 ① 대외무역법, ② 외국환거래법, ③ 관세법이 있다. 이러한 기본법규 외에도 50여 개의 무역관련 법규들이 존재한다. 이들 관련법규들은 법제정 본래의 목적이 무역관리가 아니었지만 그 법을 집행하는 과정에서 반사적으로 대외무역에 영향을 미치는 개별 행정법들로서, 예컨대 국민보건·위생·환경·문화재보호 등을 위한 제 법규들이 그것들이다.

제 2 절 무역계약

1. 무역계약의 의의와 계약서의 종류

1.1 무역계약의 의의

무역계약(trade contract)이란 서로 다른 국가의 거래당사자 간에 이루어지는 매매계약이다. 일반적으로 계약이란 두 사람 이상의 당사자가 서로 대립되는 의사표시를 하고 그 합의로 성립되는 법률행위를 의미한다. 따라서 무역계약이란 수출업자와 수입업자 사이에 체결되는 물품매매계약으로서, 수출업자는 수입업자에게 계약물품을 인도하고 수입업자는 이를 수령하고 그 대금을 지급할 것을 약정하는 계약이다. 따라서 이를 기초로 하여 법적인 권리의무가 규정되고 강제가 가능한 합의서이다.

국내상거래에서도 계약은 중요하고도 결정적인 근거가 되지만 특히 무역계약은 서로 다른 정치·문화·경제·사회 환경을 지닌 원격지 간의 거래에 유일한 근거가 되므로 정확하고 완벽하게 체결해야 한다. 물품매매계약을 중심으로 한 무역계약이 이행되기 위해서는 물품을 운송하기 위한 운송계약과 운송 중에 발생할 수 있는 위험을 담보받기 위한 보험계약과 대금결제에 따른 환계약 등과 같은 종속계약을 수반하게 된다.

그런데 이러한 무역계약은 국경을 넘어 이루어지는 물품매매계약인 만큼 각국의 상이한 법률로 인하여 발생될 수 있는 법적 불확실성을 감소시키고 무역계약에 대한 통일적인 법적 해석이 이루어질 수 있도록 하는 것이 필요하다. 이러한 필요성에 따라 UN의 국제무역법위원회(UNCITRAL)가 1980년에 제정한 국제규범이 비엔나협약(Vienna Convention)이다. 이러한 비엔나협약은 국제무역계약에 대하여 국제적으로 통일된 관습을 성문화함으로써 무역거래의 법률적 장벽을 제거하여 법적 안정성과 예측력을 제고하는데 공헌하였으며 국제무역의 발전을 촉진시키기 위한 협약이다.[1]

1 이러한 비엔나협약의 원래의 명칭은 '국제물품매매에 관한 유엔협약(UNCISG: UN Convention for the International Sale of Goods)으로서 1988년 1월 1일부터 발효되었고 우리나라는 2004년도에 가입하여 2005

1.2 무역계약서의 종류

상술한 대로 무역계약은 국내거래에서의 매매계약과는 달리 각국의 상관습이 반영되고 상품이 국경을 넘어 국제적으로 이동된다는 특성을 지니는 만큼 계약당사자 간에 합의한 내용을 명확히 하여 오해의 소지를 줄이는 것이 이후에 발생될 수도 있는 분쟁을 예방하는 길이다. 무역계약은 체결형태에 따라 개별계약·포괄계약·독점계약으로 구분할 수 있는데 이러한 계약형태에 따라 작성되는 계약서의 형태도 달라진다.

무역거래가 성립할 때마다 체결하는 개별계약의 경우에는 개별매매계약서, 계속적이고 반복적인 거래가 이루어지는 포괄계약의 경우에는 일반협정서, 독점적인 권리를 부여하는 독점계약의 경우에는 독점판매계약서(Exclusive Sales Contract)를 이용하게 된다.

개별매매계약서 거래가 성립할 때마다 작성하는 개별계약서의 경우 매도인이 작성하는 매도확약서(Sales Note), 매수인이 작성하는 구매확약서(Purchase Note)를 이용하게 되는데 때때로 매매계약서(Sales Contract), 구매주문서(Purchase Order Note), Offer Sheet 등의 명칭으로도 사용된다.

일반협정서 계속적이고 반복적인 거래가 장기간 계속되는 포괄계약의 경우 '일반거래조건에 관한 협정서'(Agreement on General Terms and Conditions of Business)를 이용하게 된다.[2] 매매계약은 불요식계약이기 때문에 어떠한 양식이나 형식도 가능하지만 통상 계속적으로 이루어지는 포괄계약의 경우 기본적이고 공통적이며 불변인 조항인 '일반적 계약조건'을 합의해 둔 후에 실제거래 발생 시에는 가변적이고 구체적인 사항을 규정하는 개별계약서를 작성하는 방법을 사용하게 된다.

2. 무역계약의 성립

무역계약은 거래당사자 간의 청약과 승낙에 의해 성립되는데 무역계약의 체결과정에서 이루어지는 청약과 승낙은 다음과 같은 의의를 지닌다.

2.1 청약(offer)

청약은 계약체결을 위한 제안으로서 청약자가 피청약자에게 일정한 조건으로 계약을

년부터 발효되었다. 이에 따라 우리나라의 국내상거래는 우리나라의 민법·상법 등에 의하여 적용되지만 국제물품매매계약은 이러한 비엔나협약의 적용을 받게 되었다.

2 약칭하여 General Agreement라고 하고 'Memo', 'Memorandum' 또는 'Memorandum of Understanding' (MOU) 등의 이름으로 부르기도 한다. 일반적으로는 사전에 계약서 이면에 인쇄해두는 방식을 사용한다. 일반협정서의 내용이 개별계약서의 내용과 모순될 경우에는 당연히 개별계약서의 내용이 우선한다.

체결하고자 하는 의사표시이다. 청약의 통지는 특정한 방법이나 양식이 있는 것은 아니고 구두나 서면 또는 행위에 의해 가능하지만 일반적으로 청약의 내용을 문서화한 청약서(offer sheet)를 사용하고 있다.[3]

이러한 청약은 ① 청약을 행하는 주체가 누구냐에 따라 수출업자가 발행한 매도청약(selling offer)과 수입업자가 발행한 매입청약(buying offer), ② 청약의 발행 장소가 어딘가에 따라 국내발행청약과 국외발행청약으로 구분되지만 ③ 청약의 효력이 어떠하냐에 따라 다음과 같은 3가지 종류로 구분된다.

확정청약(firm offer) 청약에 대한 회답을 하여야 할 유효기간을 지정하거나 '확정적' 또는 '취소불능'이라는 표시가 있는 청약을 말한다. 확정청약에 유효기간이 지정되어 있지 아니한 경우에는 상당한 기간 동안 청약자를 구속하여 일방적으로 청약을 철회하거나 내용 변경을 할 수 없다.[4] 무역실무상 좁은 의미의 청약은 이러한 확정청약을 의미한다.

불확정청약/자유청약(free offer) 확정청약과는 달리 승낙을 위한 유효기간을 지정하지 않거나 확정적 표시가 없는 청약이다. 따라서 이것은 수출업자가 단순히 수출하고자 하는 물품에 대한 거래조건을 제시하는 권유에 지나지 않고 물품시세의 변동에 따라 어느 때나 조건을 자유로이 변경하거나 철회할 수 있다.[5] 따라서 이러한 청약은 법적 구속력이 없이 상대방의 청약을 위한 예비교섭으로서 일종의 청약유인(invitation to offer)이다.

대응청약/반대청약(counter offer) 청약자의 청약에 대하여 피청약자가 청약내용을 일부 수정하여 새로운 조건을 제시하는 청약으로서 원래의 청약(original offer)에 대한 거절이면서 새로운 청약이 된다. 이외에도 청약에 어떤 특수한 조건이 포함되어 있느냐에 따라 조건부청약과 무조건청약으로 구분한다.

이러한 청약은 그것이 피청약자에게 도달한 때에 효력이 발생한다. 따라서 청약이 피청약자에게 도달한 때부터 피청약자는 승낙에 의하여 계약을 성립시킬 수 있다. 청약의 유효기간과 관련하여 확정청약은 유효기간이 표시되고 이 기간 동안에는 청약의 효력이 있다. 그러나 유효기간 이내 일지라도 피청약자가 청약을 거절하면 효력은 상실된다. 청약의 유효기간이 표시되어 있지 않을 경우에는 상당한 기간이 경과하면 그 효력을 상실한다. 이때 상

---

3 무역현장에서 흔히 사용되는 실무상 오퍼(offer)란 어디까지나 매매의사의 표시 내지는 조회 형식에 그치는 것으로서 법적 기재사항이 없는 상태에서 일반적으로 교환되는 경우가 많다.

4 무역실무상 협의의 청약은 이러한 확정청약을 의미하는데 비엔나협약은 유효한 청약이 되기 위해서는 ① 반드시 계약을 체결하려는 의도가 있어야 하고, ② 그 내용에 있어 최소한 물품·수량·가격 등이 구체적으로 확정되어야 하며, ③ 상대방의 승낙에 대하여 구속받는다는 의사표명이 있어야 한다고 규정하고 있다. 우리나라의 대외무역법에서는 각종 허가 및 인증에 필수적으로 제출하기 위한 법적 기재사항을 기재한 물품매도확약서를 지칭한다.

5 이러한 청약의 대표적인 경우가 'subject to market fluctuation' 'subject to change without notice' 등을 부기하는 경우이며 때로는 상대방의 수락이 있더라도 다시 발행자의 확인이 필요하다는 'subject to our final confirmation'이라는 단서가 붙은 청약이다.

당한 기간이라 함은 피청약자가 필요로 하는 기간을 의미한다.

2.2 승낙(acceptance)

승낙이란 청약의 내용대로 계약을 성립시키려는 피청약자의 의사표시이다. 따라서 계약은 청약에 대한 승낙으로 성립된다. 승낙은 원칙적으로 청약의 모든 조건에 대하여 무조건적이면서 절대적으로 동의하는 것이어야 하며 유효기간 이내에 청약에 명시된 방법에 따라 이루어져야 한다. 청약의 내용에 대한 부분적인 승낙이나 수정은 승낙이 아니고 청약에 대한 거절인 동시에 대응청약으로 간주된다.[6]

승낙의 통지방법은 청약과 같이 별도의 약정이 없는 한 구두나 서면 또는 행위에 의해 가능하다. 물론 청약자가 승낙통지방법에 대하여 지정하면 피청약자는 지정된 방법을 따라야 한다. 승낙의 효력은 청약과 같이 일반적으로 청약자에게 도달한 때에 그 효력이 발생되어 계약이 성립된다. 그러나 이에 관하여는 각국의 입법례가 서로 다르므로 분쟁이 발생할 가능성이 있다. 따라서 승낙의 발생 시기에 관하여 청약자가 청약할 때 표시하는 것이 좋다.

3. 무역계약의 기본조건

무역거래를 보다 만족스럽게 진행시키려면 준용법규나 관습과 더불어 물품자체에 관한 조건 및 계약이행에 관한 조건 등 기본조건을 사전에 명확히 약정해야 한다. 무역계약에서 약정하여야 할 주요 조건은 기본항목으로서 계약의 체결당사자가 본인(principal) 또는 대리인(agent) 여부, 계약일자 및 유효기간, 계약확정문언을 비롯하여 정형거래조건 등이다.

물품 및 계약이행조항과 관련하여 품질·수량·가격·포장·선적·보험·대금결제 등을 약정하여야 한다. 또한 계약내용을 포괄적으로 보완하기 위하여 계약불이행이나 계약위반에 대비하여 불가항력조항과 클레임 및 중재조항을 추가하여야 한다.

3.1 품질조건(quality terms)

1 품질이란 본래 물품의 성질이나 품위를 의미하는데 무역거래에는 이 이외에 물품의 형상·모양·색채·구성 등을 설명하는 데 필요한 일체의 요소를 품질조건에서 명시한다. 품질에 관한조건으로 특히 명확히 해야 할 것은 품질의 결정방법과 결정시기이다. 우선 품질을 결정하는 일반적인 방법은 다음과 같다.

---

6 비엔나협약은 유효한 승낙이 되기 위해서는 ① 피청약자가 청약자 앞으로 행하여야 하고, ② 청약의 내용과 일치하여야 하며, ③ 규정된 기간 또는 합리적 기간 내에 이루어져야 하고, ④ 승낙의 방식은 청약의 요구에 부합하여야 한다고 규정하고 있다.

견본매매(sales by sample) 물품의 품질을 견본에 의해 결정하는 방법이다. 무역거래에서 가장 많이 이용되는 품질결정방법으로서 거래당사자가 제시한 견본이 실제 거래물품의 품질기준이 된다. 견본은 수출업자가 송부하는 것이 일반적이지만 때로는 수입업자가 원하는 품질의 견본을 수출업자에게 송부하는 경우도 있는데 이것이 반대견본(counter sample)이다.

상표매매(sales by trademark/brand) 상표 자체가 품질결정기준이 된다. 물품의 상표가 널리 알려진 경우에는 상표에 의해 품질을 결정할 수 있다. 예를 들면 Coca Cola, Rolex, Nike 등은 상표로서 하나의 품질기준이 된다.

표준품매매(sales by standard) 농수산물 등과 같이 수확이 예상되는 물품과 목재 등과 같이 정확한 견본제공이 곤란한 물품에 대해서는 표준품으로 거래한다. 실제 거래된 물품과 표준품에 차이가 있을 경우 합의사항이나 관습에 따라 물품대금을 증감시킨다. 표준품의 품질표시방법에는 ① 당해 계절 출하품의 평균적이고 중위의 품질로 인정되는 평균중등품질(FAQ: fair average quality), ② 상품시장에서 거래상품으로서 매매에 적절한 품질로 인정되는 판매적격품질(GMQ: good merchantable quality), ③ 공인검사기관이나 공인품질기관이 정한 품질로 하는 보통품질(USQ: Usual standard quality) 등이 이용된다.

명세서매매(sales by specification) 선박·기계·차량 등과 같은 물품은 그 크기와 무게 때문에 견본을 제공하기가 곤란하므로 물품에 대한 명세서나 청사진 또는 설계도면 등에 의하여 물품의 품질을 결정한다.

2 한편, 무역거래는 해상운송을 통한 장거리 운송이 수반되기 때문에 운송도중에 품질의 변화가 발생할 수 있다. 따라서 품질의 결정시기를 미리 약정함으로써 후일의 분쟁을 예방하여야 하는데, 이러한 품질의 결정시기에 따른 품질조건은 다음과 같다.

선적품질조건(shipped quality terms) 물품의 품질이 계약과 일치하는지의 여부를 판정하는 기준시기를 선적항에서의 선적시점으로 하는 기준이다. 따라서 수출업자는 운송 중에 변질된 물품에 대해서는 책임이 없다. 주로 공산품거래에서 이용되는 조건인데 곡물류의 거래에서는 선적품질조건을 TQ(tale qualle, tel quel)로 표시한다.

양륙품질조건(landed quality terms) 물품의 품질이 계약과 일치하는지의 여부를 판정하는 기준시기를 양륙항에서의 양륙시점으로 하는 기준이다. 따라서 수출업자는 선적시점에 물품의 품질에 대한 이상이 없더라도 양륙시점에 변질이 있으면 책임을 부담해야 한다. 이 품질조건은 주로 농산물이나 광산물에 이용되는 조건이고 곡물류거래에서는 양륙품질조건을 RT(rye terms)으로 표시한다.

3.2 수량조건(quantity terms)

거래물품의 수량을 약정할 때 수량표시에 사용될 단위와 수량표시방법을 명확히 하여야 한다. 수량단위는 물품의 종류에 따라 다르지만 일반적으로 아래 〈표 10-1〉과 같은 수량단위에 의하여 계산한다.

표 10-1 여러 가지 수량 단위

개수	상품 수	piece, set, dozen(doz.) gross(12×12=144) small gross(12×10=120) great gross(12×12×12=1,728)
	포장 수	bale, bag, case, can, drum, keg, bundle, coil
도량형	중 량	파운드(lb: libra), kg, ton(W/T)
	용 적	liter, gallon, barrel cubic feet(cft), cubic meter(cbm), uper feet, ton(M/T)
	길 이	meter, yard, feet, inch
	면 적	square feet(SF)

그런데 무역거래에 있어서의 수량의 표시방법에는 다음과 같은 특수한 조건들이 활용되기도 한다.

과부족 용인조건(more or less clause) 농산물이나 광산물 등과 같이 운송도중에 물품의 감량이 있을 수 있거나 또는 물품의 성질이나 선박의 사정에 따라 정확하게 계약된 수량으로 일치시켜 인도하기 곤란한 경우가 있다. 이러한 경우 수입업자는 일정한 비율 이내의 과부족은 용인하여 클레임을 제기하지 않는다는 조건을 표시하는데 이것이 과부족용인조건이다.[7]

개산수량조건(approximate quantity clause) 과부족용인조건이 있을 경우에는 그에 따라 계약이 이행되지만 이러한 조건이 없는 경우에도 '약'(approximate, about, circa, around, some 등)이란 표현을 사용함으로써 과부족용인조건과 동일한 효과를 가질 수 있는데 이것을 개산수량조건이라 한다. 신용장통일규칙은 이러한 개산수량조건의 해석에 대해서도 나름의 규정을 두고 있다.[8]

물품에 따라서는 선적할 때에 계약된 수량을 선적해도 운송중의 기온이나 습도에 의하

7 예컨대 'sellers have the option of shipping or delivering 5% more or less on the contracted quantity' 또는 '5% more or less at seller's option' 등의 약정을 말한다.

8 신용장통일규칙의 개산수량조건의 해석(UCP30조)은 ① 당사자 간 특약이 있을 경우 특약 우선, ② about, approximate 등으로 규정한 경우는 ±10%, ③ 과부족 표시가 명시적으로 없는 경우는 ±5%의 과부족을 허용하는 것으로 규정하고 있다.

여 그 수량에 변화가 발생할 수 있다. 따라서 수량의 경우에도 품질과 마찬가지로 선적시점에 검량한 수량이 계약에서 명시한 수량과 일치하면 운송중에 감량이 있더라도 수출업자가 이에 대한 책임을 부담하지 않는다는 선적수량조건(shipped quantity terms)과 양륙시점에서 검량한 수량이 계약된 수량과 일치해야 하고 만일 운송중에 감량이 있는 경우에는 수출업자가 책임을 부담하는 양륙수량조건(landed quantity terms)이 있다.

3.3 가격조건(price terms)

가격은 시장에서 물품의 교환가치를 화폐가치로 표시한 것으로서 거래당사자들에게는 판매와 구매를 결정하는 중요한 요인이다. 무역계약에서의 가격조건은 대금결제를 하여야 할 결제통화와 물품의 매매에 소요되는 원가요소와 각종 비용에 관한 정형거래조건을 결정하여야 한다.

(1) 결제통화의 표시

무역거래의 가격조건을 정함에 있어 먼저 확정되어야 할 사항은 결제통화의 선택이다. 당사자 간 별도 합의가 없는 한 수출업자가 청약할 때 가격표시한 통화가 결제통화가 된다. 결제통화가 수출국 통화이냐 수입국 통화이냐에 따라 환율변동에 따르는 환위험을 부담하는 당사자가 달라지므로 결제통화를 선택할 때에는 통화의 안정성·교환성·유통성 등을 고려하여야 한다. 결제통화의 표시에 있어 동일한 명칭이면서도 유통지역·대외가치를 달리 하는 통화들, 예컨대 Dollar에도 U.S. Dollar 이외에 Canadian Dollar, Australia Dollar, Singapore Dollar 등이 있으므로 결제통화를 정확히 표시하여야 한다.

(2) 가격조건에 대한 국제규칙

한편, 무역상품의 가격을 구성하는 요소는 제조원가·운임 및 보험료·부수적 비용·예상손비 및 예상이익 등이다. 이들 중 가격산정의 기준이 되는 것은 제조원가이고 그 이외에는 부가적 요소로서 거래당사자 간의 교섭에 따라 가격이 달라진다. 실제의 무역거래관습은 무역거래를 할 때마다 발생하는 각종 비용과 위험부담에 관하여 그때마다 당사자 간 합의를 하는 것이 아니라 오랜 세월에 걸쳐 형성된 거래조건을 정형화하여 사용하고 있다. 그러나 무역계약은 서로 다른 나라 간의 거래이기 때문에 국가마다의 상관습이나 관행의 차이로 인하여 이러한 정형거래조건에 대한 해석상의 오해와 분쟁이 발생될 수 있다.

이러한 문제점을 해소하고 국제무역거래의 안정성과 신뢰성을 갖도록 하기 위하여 통일된 국제규칙이 제정되어 사용되고 있다. 국제무역의 거래조건에 대한 이러한 국제규칙으로서는 미국연방무역협회나 국제법협회가 제정한 통일규칙이 있고[9] 국제거래에서 가장 보편

9 현재는 더 이상 사용하지 않기로 결의하여 사용되고 있지 않지만 FOB조건에 대한 Revised American

적으로 사용되는 통일규칙으로서 국제상업회의소가 제정한 INCOTERMS(인코텀즈)가 있다.

(3) INCOTERMS® 2010

상술한 대로 국제상업회의소(ICC: International Chamber of Commerce)가 국제무역거래에서 보편적으로 사용되는 정형거래조건의 해석에 관한 국제규칙을 제정하였는바, 이것이 「정형거래조건의 해석에 관한 국제통일규칙」(international rules for the interpretation of trade terms)인데 이를 약칭하여 INCOTERMS(인코텀즈)라고 지칭한다. 이 규칙은 1936년에 최초로 제정된 후 그 동안의 무역거래형태나 관습의 변화를 반영하여 제7차 개정에 이르러 현재에는 INCOTERMS® 2010이 시행되고 있다.[10]

현행 INCOTERMS® 2010은 종래의 13개 정형거래조건을 11개로 축소하면서 그 내용을 분명하고 간단하게 정리하였고 이러한 규칙이 국제거래에서 뿐만 아니라 국내거래에도 적용 가능하도록 규정하였다. 이를 위하여 종래 4개 그룹(E, F, C, D)으로 분류되던 거래조건을 ① 운송방식과 상관없이 복합운송을 포함하는 모든 운송방식에 적용할 수 있는 규칙(Rules for Any Mode or Modes of Transport)과 ② 해상운송과 내수로운송 등 수상운송방식에서만 전용되는 규칙(Rules for Sea and Inland Waterway Transport) 등 2개 그룹으로 구분하였는데 그 내용이 〈표 10-2〉에 요약되어 있다.

표 10-2 INCOTERMS® 2010의 구성

구분	정형거래조건	인도조건
운송방식불문조건	EXW(Ex Works: 공장 인도조건) FCA(Free Carrier: 운송인 인도조건) CPT(Carriage Paid to: 운송비지급 인도조건) CIP(Carriage and Insurance Paid to: 운송비·보험료지급 인도조건)	선적지 인도
	DAT(Delivered at Terminal: 목적지 지정터미널 인도조건) DAP(Delivered at Place: 목적지 지정장소 인도조건) DDP(Delivered Duty Paid: 관세지급 인도조건)	목적지 인도
수상운송전용조건	FAS(Free Alongside Ship: 선측 인도조건)	선측 인도
	FOB(Free on Board: 본선 인도조건) CFR(Cost and Freight: 운임포함 인도조건) CIF(Cost, Insurance and Freight: 운임보험료포함 인도조건)	본선 인도

주: 동일그룹 내에서 내려올수록 대체로 수출업자(수입업자) 비용부담 커짐(작아짐).

Foreign Trade Definition과 Warsaw-Oxford Rules가 있다, 후자는 국제법협회(International Law Association)가 제정한 CIF조건에 관한 통일규칙으로서 영국의 CIF관습과 판례에 의거하여 1928년에 채택한 후 1932년에 개정하였다.

10 INCOTERMS라는 용어는 International Commercial Terms에서 in, co, terms를 합성하여 만든 조어이다. INCOTERMS는 1936년에 최초로 제정된 후 1953년·1967년·1976년·1980년·1990년·2000년에 각각 개정 또는 추가되었고 2010년에 7번째로 개정하여 2011년 1월 1일부터 발효토록 하였다.

이러한 정형거래조건들은 결국 매도인(수출업자)과 매수인(수입업자) 간의 책임·의무·비용 분담을 어디까지로 하느냐에 따라 가격이 결정된다. INCOTERMS가 정형화하고 있는 각각의 거래조건에 따른 매도인과 매수인 간의 책임과 비용분담 관계를 보여주는 것이 〈표 10-3〉이다.

표 10-3 INCOTERMS® 2010의 정형화조건별 비용·위험분담

비용 조건		제조 원가	포장 검사	반출 운송	수출 허가	수출 통관	운송료	보험료	수입 허가	수입 통관	반입 운송
운송방식불문조건	EXW	●	●	○	○	○	○	○	○	○	○
	FCA	●	●	●	●	●	○	○	○	○	○
	CPT	●	●	●	●	●	▲	○	○	○	○
	CIP	●	●	●	●	●	▲	▲	○	○	○
	DAT	●	●	●	●	●	●	●	○	○	○
	DAP	●	●	●	●	●	●	●	○	○	○
	DDP	●	●	●	●	●	●	●	●	●	●
수상운송전용조건	FAS	●	●	●	●	●	○	○	○	○	○
	FOB	●	●	●	●	●	○	○	○	○	○
	CFR	●	●	●	●	●	▲	○	○	○	○
	CIF	●	●	●	●	●	▲	▲	○	○	○

주: ●(매도인 부담) ▲(매도인이 주 운송비와 최소담보보험료부담) ○(매수인 부담)

예컨대 운송방식 불문 조건 중 EXW(공장인도조건)은[11] 매도인이 물품을 자신의 창고나 공장에서 매수인에게 인도함으로써 책임이 종결되는 선적지인도조건으로서 매도인에게 최소의무(매수인 최대의무)가 부여되는 조건이고, DDP(Delivered Duty Paid: 관세지급 인도조건)는 매도인이 물품을 목적지까지 운송하는데 따르는 모든 비용과 책임을 부담하고 수입관세까지도 부담하는 도착지 인도조건으로서 매도인에게 최대의무(매수인 최소의무)가 부여되는 조건이다.

이와 동일한 논리로 수상운송 전용조건에 있어서도 FAS(Free Alongside Ship: 선측 인도조건)는 매수인이 지정한 본선의 선측까지의 모든 비용과 책임을 매도인이 부담하여 매도인에게 최소의무가 부여되는 조건이고, CIF(Cost, Insurance and Freight: 운임보험료포함 인도조건)는 본선 선적까지의 모든 비용은 물론 운임·보험료까지를 매도인이 부담하여 매도인에게 최대의무가 부여되는 거래조건이다.

이러한 11가지 정형화조건 중에서도 전통적으로 가장 많이 채택되어 가장 일반적인 거

11 이때의 ex라는 용어는 라틴어로서 from 또는 out of의 뜻이다.

래조건으로서 해상운송에서 표준적으로 채택되는 FOB와 CIF의 내용을 좀 더 구체적으로 살펴보면 다음과 같다.

FOB조건 물품이 매수인이 지정한 본선에 적재되어 인도될 때까지의 모든 비용과 책임을 매도인이 부담하는 조건이다. 이 조건에서 비용과 책임의 분기점은 종전에는 지정된 선박의 난간(ship's rail)을 통과하는 것을 기준으로 하였지만 본선의 갑판(on board)으로 변경되었다. 따라서 물품의 멸실 또는 손상의 위험과 비용은 본선에 적재된 이후에는 매수인에게 이전되어 매수인은 그 시점 이후의 모든 비용을 부담하여야 한다. 이 조건은 FAS(선측인도조건)조건에 선적의 책임과 비용이 추가적으로 매도인에게 부과되는 조건이므로 선적하는데 위험과 비용이 다소 많이 드는 물품의 경우 매도인은 FOB 대신에 FAS를 선호하기도 한다.

CIF조건 매도인의 책임과 비용부담은 FOB조건에서와 같이 선적항의 본선에 적재하여 인도하는 것으로 종결되지만 도착항까지의 운송 및 보험계약을 체결할 의무가 매도인에게 추가되는 조건이다. 따라서 이 조건은 FOB가격조건에서 도착항까지 해상운임과 보험료가 추가되는 가격조건이다.

3.4 포장조건(packing terms)

포장은 물품의 운송·보관·유통 시 그 물품의 내용 및 외형을 보호하고 그 가치를 유지하며 아울러 외관상으로 쉽게 식별할 수 있도록 하기 위하여 적절한 재료나 용기 등으로 시공하는 공정 및 상태를 말한다. 특히 수출입물품은 장기간의 운송과 선적 및 하역작업이 이루어지므로 물품의 안전을 위하여 견고하면서 경제성이 있고 취급하기가 용이하여야 한다. 무역계약에서의 포장조건은 포장방법과 화인(貨印)에 대하여 거래당사자간에 약정하여야 한다.

포장 방법 포장은 개개물품 또는 최소의 묶음으로 포장을 하는 개장(個裝, unitary packing), 물품운송이나 취급편의를 위해 포장하는 내장(內裝, interior packing), 그리고 수 개의 내장을 합하여 운송 중에 물품의 파손이나 변질을 방지하기 위한 최종적인 단위포장인 외장(外裝, outer packing)이 있다. 물품을 포장할 때에는 내항성을 갖춘 포장이어야 한다. 포장이 불충분하거나 부적절함으로 인하여 발생한 손해는 운송인이나 보험자에게 면책사유가 된다. 아울러 물품의 성질이나 비용 면에서 적절해야하고 또한 수입업자나 소비자의 취향에도 알맞아야 한다.

화인(shipping mark) 화인이란 물품을 쉽게 식별할 수 있도록 외장에 특정의 기호·문자·원산지·목적지 등을 표시하는 것을 말한다. 화인은 주화인·목적항표시·화물번호·원산지표시는 필수적인 기재사항이다. 이외에도 중량표시·주의표시·품질표시 등이 기재된다.([그림 10-2] 참조)

그림 10-2 화인의 표시

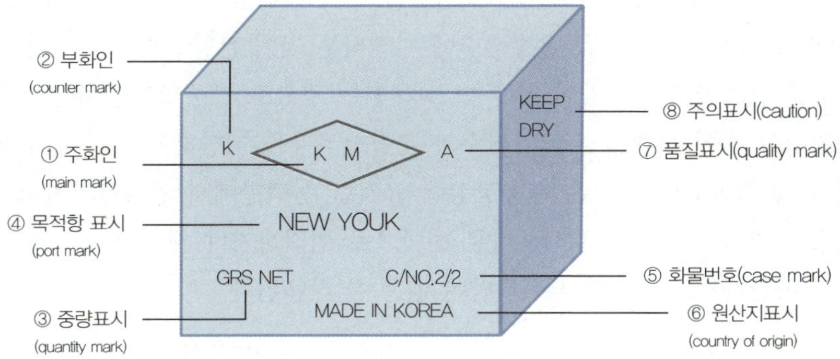

3.5 선적조건(shipment terms)

선적이란 원래 무역이 해상운송을 중심으로 발달되어 온 관행 때문에 해상운송을 위해 물품을 선박에 적재하는 것을 말하지만, 오늘날에는 화차나 항공기에 물품을 적재하는 것이나 복합운송에서 최초의 운송인에게 물품을 인도하는 경우처럼 운송수단과 상관없이 모두 선적(shipment)이란 용어로 확대 사용하고 있다. 무역계약에서 선적조건은 다음과 같이 선적시기·선적지연처리·분할선적과 환적 등에 관한 것을 미리 결정하여야 한다.

선적시기 결정　선적시기의 결정방법에 따라 두 가지 표시방법이 있다. 첫째는, 특정기일을 지정하여 표시하거나 특정조건이 이행되는 시점을 기준으로 하여 선적기일을 지정하여 표시하는 경우이다.[12] 두 번째는, 특정기일을 지정하지 않고 'prompt shipment', 'immediate shipment' 또는 'shipment as soon as possible' 등과 같이 선적시기를 표시하는 경우가 있다. 이러한 표시는 '즉시 선적'이란 뜻을 의미하고 있으나 구체적으로 어느 정도의 기간을 의미하는지에 대한 해석이 각국의 상관습에 따라 상이하므로 가급적 이러한 표시는 하지 말아야 한다.

선적지연의 처리　약정된 선적기일 내에 선적하지 않으면 선적지연이 되는데 선적과 관련된 분쟁은 대부분 이 때문에 발생된다. 수출업자의 고의·과실 또는 태만 등으로 선적지연이 되었을 경우 당연히 수출업자가 책임을 부담해야 하지만 천재지변·전쟁 등의 불가항력(force majeure)에 의한 선적지연은 면책되는 것이 일반적이다. 그러나 이러한 경우를 대비하여 무역계약을 체결할 때 불가항력조항을 포함하여 책임관계를 명확히 할 필요가 있다. 선적지연과 관련하여 선적일자를 증명해야 하는 문제가 있다. 일반적으로 운송증권의 발행

12 예컨대 'shipment shall be made during September' 또는 'shipment during September/October'와 같이 지정하여 표시하는 경우도 있고, 'shipment within 30 days after receipt of L/C' 또는 'shipment within 90 days after contract'와 같이 특정조건이 이행되는 시점을 기준으로 하여 선적기일을 지정하여 표시하는 경우도 있다

일자를 선적일자로 간주하지만 이것 역시 계약서상에 명시해두는 것이 좋다.[13]

분할선적 · 환적 계약물품을 한 번에 전량을 선적하지 않고 둘 이상의 단위로 나누어 서로 다른 항로를 이용하거나 다른 운송수단에 선적하는 것이 분할선적(partial shipment)이다. 일반적으로 이를 금지한다는 특약이 없는 한 허용되는 것으로 간주되지만 수입업자가 분할선적을 금지하고자 하거나 분할선적의 횟수와 분할선적량을 제한하고자 할 경우에는 이를 명시해야 한다. 환적(transhipment)은 신용장상에 규정한 선적항에서 양륙항까지의 운송과정 중에 계약물품을 하나의 선박으로부터 다른 선박으로 이적하거나 재적재하는 것이다. 환적도 분할선적과 마찬가지로 금지한다는 특약이 없는 한 허용된다.

3.6 보험조건(insurance terms)

계약물품을 운송할 때 운송중에 발생할 수 있는 여러 가지 위험에 대비하기 위하여 반드시 보험계약을 체결하여야 한다. 보험계약의 피보험자는 매수인(수입업자)이 되지만 거래당사자 중 보험계약을 체결할 의무를 가지는 보험계약자가 누가 되느냐는 가격조건에 따라 결정된다. 일반적으로 FOB가격조건에서는 매수인(수입업자)이 보험계약을 체결하고 CIF가격조건에서는 매도인(수출업자)이 보험계약을 체결한다. 또한 보험계약을 체결할 때 보험계약자는 보험조건에 관해 약정하여야 한다.

보험조건은, 뒤에서 설명하는 바와 같이 구 적하약관과 신 적하약관을 병행하여 사용하는데, 후자의 경우 기본조건으로 ICC(A), ICC(B), ICC(C) 세 가지 종류가 있고 이 중에서 ICC(A)가 보험자의 담보범위가 가장 크고 ICC(C)가 가장 적다. 거래당사자는 계약체결할 때 물품의 성질과 운송구간은 물론 여러 가지 거래관행을 고려하여 가장 적합한 보험조건을 선택해야 한다.

3.7 대금결제조건(payment terms)

무역거래는 국내거래와는 달리 물품인도와 대금지급이 동시에 이루어질 수 없다. 일반적으로 수출업자는 물품을 선적하기 전에 대금결제나 결제에 대한 약속을 받기를 원하고 수입업자는 대금결제하기 전에 물품을 인수하고 점검하여 적격품임을 확인한 후에 대금결제하기를 원한다. 따라서 무역계약에서의 결제조건은 기본적으로 대금결제시기와 대금결제방식이 주요 약정사항이다.

13 예컨대 'The date of bill of lading shall be final as to date of shipment' 또는 'the date of bill of lading shall be conclusive evidence of date of shipping' 등이다. 신용장통일규칙(UCP 600 제3조)에서는 이러한 표시가 있을 경우 은행은 이를 무시하도록 규정하고 있다.

(1) 대금결제 시기의 결정

우선, 대금결제시기를 어떻게 정하느냐에 따라 다음과 같은 결제조건이 있는데 계약을 체결할 때 이들 중 하나의 조건을 약정하여야 한다.

선지급(advance payment) 물품이 선적 또는 인도되기 전에 수입업자가 미리 대금을 결제하는 방식으로서 수입업자의 신용이 불확실하거나 소액거래 또는 견본구매에서 이용하고 있다. 구체적 지급방식으로는 물품이 선적 또는 인도되기 전에 미리 대금을 지급하는 사전송금방식(advanced remittance basis), 주문과 동시에 대금결제가 이루어지는 주문시 지급방식(cash with order: CWO), 신용장접수와 더불어 미리 대금부터 결제가 되는 선대신용장방식(Red Clause L/C) 등이 있다.

동시지급(concurrent payment) 물품인도나 선적서류의 상환과 동시에 대금결제가 이루어지는 방식으로서, 계약서거래인 경우 지급도방식(D/P basis), 서류상환지급방식(cash against documents: CAD), 현금상환지급방식(cash on delivery: COD) 등이 있고 신용장거래인 경우에는 일람출급방식(at sight L/C)이 있다.

후지급(deferred payment) 물품이나 선적서류의 인도 후 일정기간 후에 대금결제가 이루어지는 방식으로서, 계약서거래인 경우에는 사후송금방식(later remittance basis), 인수도방식(D/P basis), 중장기연지급방식(deferred payment on long or midterm basis) 등이 있고 신용장거래인 경우에는 기한부 신용장방식(Usance L/C basis)이 있다.

(2) 대금결제 방식의 결정

한편, 무역대금의 결제에 있어서 어떠한 결제방식에 의하여 결제하느냐에 따라 다음과 같은 지급방법들이 활용되는데 이에 대해서도 계약상에 약정하여야 한다.

송금결제방식(remittance basis) 수입업자가 수출업자 앞으로 물품대금을 송금하는 방식으로 수출업자의 입장에서는 대금회수불능과 같은 위험이 없어 유리하지만 수입업자의 입장은 계약조건대로 물품을 제공받는다는 보장이 없기 때문에 불리한 결제방식이다. 이 방식은 주로 우편송금환·전신송금환·송금수표 등을 결제수단으로 이용한다.

추심결제방식(collection basis) 수출업자가 물품을 선적한 후 환어음에 선적서류를 첨부한 화환어음을 은행을 경유하여 수입업자에게 제시하면 수입업자는 그 화환어음에 대해 지급 또는 인수하는 결제방식이다. 따라서 이러한 추심결제에는 지급도방식(D/P: Document against Payment)과 인수도방식(D/A: Document against Acceptance)이 있다.

신용장결제방식(L/C basis) 신용장발행은행이 신용장에 의거하여 수출업자가 발행한 화환어음에 대하여 지급 또는 인수를 확약함으로써 대금을 결제하는 방식이다. 신용장이 가지는 기능과 유용성으로 인해 무역거래의 대금결제에 많이 이용하고 있다. 무역계약의 결제조건에서 신용장에 의한 결제일 경우에는 그 신용장의 종류를 미리 결정해야 한다.

전자결제방식(e-payment basis) 무역계약에 따라 수입업자는 수입물품에 대한 대금결제를 기존의 무역결제방식을 이용하지 않고 전자적 방식으로 결제하는 방식이다. 무역거래가 인터넷을 이용하는 전자무역이 급속도로 증가하는 가운데 기존의 결제방식보다 결제업무가 간단하고 비용도 감소되는 전자결제방식이 앞으로 주요한 결제방식이 될 것이다. 전자결제방식의 수단으로는 전자화폐·전자수표·신용카드·전자대금이체 등이 이용되고 있다.

3.8 중재조건(arbitration terms)

무역거래에서 때로는 거래당사자가 계약위반이나 불이행으로 인하여 클레임(claim)이 제기되고 이것이 나아가 상사분쟁으로 발전할 수 있다. 따라서 분쟁을 방지하기 위하여 모든 계약조건을 명확히 하고 당사자들은 서로 이것을 성실히 이행하여야 하지만 만일에 분쟁이 발생하였을 경우에 그 분쟁의 해결방법을 타협·조정·중재·소송 등 어떤 방법으로 해결할 것인가를 미리 약정하여야 한다. 또한 분쟁이 발생하였을 때 법적 해석의 기준이 되는 준거법규(governing law)를 사전에 명시해 두는 것이 바람직하다.

일반적으로 중재를 이용하여 해결하는 것이 보통인데 이러한 경우는 전제조건으로 분쟁을 중재에 의하여 해결한다는 거래당사자간의 중재계약이 있어야 하고 이에 따라 중재를 진행할 수 있는 중재장소와 중재기관 등에 관한 중재조항을 미리 명시해야 한다.

제11장 International Commerce

무역계약의 이행

수출업자와 수입업자 간에 체결된 무역계약의 이행과정은 대체로 운송·보험·대금결제로 구성되는바 본 장에서는 이러한 일련의 과정에 대한 기초적 내용을 소개한다.

(1) 무역상품의 운송은 해상운송·항공운송·육상운송·복합운송 등으로 구성되고 운송 중의 화물에 발생할 수 있는 위험을 담보하기 위하여 보험계약이 필요하다. 무역에서의 운송은 주로 해상에서 이루어지므로 해상운송과 해상보험이 주축을 이룬다.

(2) 무역대금의 결제는 신용장방식의 결제와 추심방식·송금방식 등 기타의 결제방식이 사용되는데 신용장이 차지하는 비중이 크기 때문에 신용장이 중심이 되면서도 다른 결제방식도 포함하고 있다.

(3) 무역계약의 종료는 계약당사자들 사이에 계약불이행 또는 계약위반과 관련하여 제기된 클레임과 이러한 분쟁해결을 위한 상사중재와 관련되는데 이러한 일련의 과정을 소개한다.

제 1 절 국제운송

국제운송(international transportation)이란 재화의 이동이 국제적으로 이루어지는 수송을 의미하는 것으로 거래당사자가 무역계약의 내용에 따라 계약물품을 수입업자가 원하는 장소로 이동시키는 것을 말한다. 무역계약의 목적물인 물품의 이동은 계약이행의 기본이므로 국제운송은 무역계약의 이행을 위해서 필수적인 과정이다.

오늘날 국제거래를 행하는 무역기업은 운송과 관련하여 가장 효율적이고 경제적인 국제물류 관리방법을 모색하지 않으면 안 된다. 국제물류(international physical distribution)란 생산과 소비가 2개국 간에 걸쳐서 이루어지는 경우 생산과 소비의 공간적·시간적 격차를 극복하기 위한 물리적 경제활동을 말하는데, 그 활동내용은 기본적으로 운송·하역·포장·보관·정보 등 5가지 기능으로 구성된다. 이들 5가지 국제물류의 활동내용 중 가장 주된 활동이 국제운송이고 나머지 기능들은 국제운송에 부수하여 물적 유통을 기능화 하는 형태라고 할 수 있다. 국제운송은 해상운송·항공운송·육상운송·복합운송 등으로 구분된다.

1. 해상운송

1.1 해상운송의 의의

해상운송(carriage by sea)은 선박을 운송수단으로 하여 사람이나 화물을 운송하고 그 대가로 운임을 받는 상업 활동으로서 가장 오래 전부터 활용되어 왔다. 또한 오늘날에는 선박의 대형화·고속화와 더불어 하역시설의 기계화 등으로 인하여 해상운송이 널리 이용되어 국제운송에서 차지하는 비중이 매우 크다.

해상운송은 다른 운송형태에 비해 대량의 화물을 한꺼번에 운송할 수 있고 따라서 단위당 운송비가 저렴하여 경제성이 있다. 또한 공해상에서 국적에 관계없이 상업 활동을 할 수 있기 때문에 원거리의 국제운송에도 적합하다. 이러한 해상운송은 선박의 운항형태에 따라 정기선운송과 부정기선운송으로 구분된다.

표 11-1 정기선운송과 부정기선운송의 비교

구 분	정기선 운송	부정기선 운송
선박	정기선	부정기선
운항형태	고정항로·운항일정에 의한 규칙적 운항	지역별, 시기별 불규칙적 운항
화물	다수 화주의 컨테이너 화물, 포장 화물(2차 상품)	단일화주의 원유·철광석·석탄·곡물· 시멘트 등(산적화물)
운임	공시운임	수급상황에 따른 변동운임
운송계약	개품운송계약(선화증권)	용선계약(용선계약서)

정기선운송 정기선(liner)이란 미리 정해진 운항일정에 의해 고정된 항로를 따라 규칙적으로 반복하여 운항하는 선박이다. 따라서 정기선운송은 선적량에 관계없이 공시된 운항일정에 따라 운항되고 공시된 운임요율표에 근거하여 운임이 결정된다. 또한 주로 운송하는 물품은 포장화물이며 2차 상품이다. 정기선운송의 운송계약형태는 개품운송계약에 의존하고 있고 해운동맹이 결성되어 있는 것이 일반적이다.

부정기선운송 부정기선(tramp)은 운송수요자의 요구에 따라 시기와 항로를 불규칙적으로 운송하는 선박이다. 정기선의 경우 화물이 선박을 찾아오는데 비하여 부정기선의 경우는 선박이 화물을 찾아다닌다고 할 수 있다. 따라서 부정기선은 주로 용적이 큰 곡물·광석·원목·비료 등 대량화물의 운송에서 활용된다. 화주가 선복(ship's space)의 일부 또는 전부를 용선하는 용선계약에 의하여 운송계약을 체결하며 운임은 선복과 화물의 수급사정에 의하여 결정되므로 변동 폭이 크다. 부정기선에는 유조선·냉동선·광물운반선 등과 같이 특수화물을 운송하는 특수전용선과 일반 건화물을 운송하는 건화물선이 있다.

1.2 해상운송계약

선주와 화주(수출입업자) 간에 체결되는 해상운송계약은 선박에 의하여 화물을 일정한 장소에서 다른 장소로 이동할 것과 이에 대한 운임을 지급할 것을 약정함으로써 성립되는 계약이다. 화주는 거래물품을 해상운송하기 위하여 선적기일이 다가오면 그 선적기일 내에 선적을 완료할 수 있는 적당한 선박을 선정하여 선주와 운송계약을 체결하여야 한다. 운송계약에는 화물의 종류나 성질 및 수량에 따라 개품운송계약과 용선운송계약으로 구분한다.

개품운송계약 개품운송계약(Contract of a Freight in a General Ship)은 개개의 화물을 대상으로 선주와 화주 간에 운송계약을 개별적으로 체결하는 것을 말한다. 이러한 운송계약은 일반적으로 다수의 화주로부터 화물을 인수하여 혼재하게 되므로 정기선운송의 경우에 이용되고 또한 여기에 적용되는 운임은 공시된 운임율 표에 따라 결정된다. 개품운송계약은 화주가 선주에 화물운송을 위한 선복신청서(shipping request)를 제출하고 선주가 이를 인수함으로써 성립되는데 이때 운송계약의 증거서류로서 선화증권을 발행하여 화주에게 교부한다.

용선운송계약 용선운송계약(Contract of Carriage by Charter Party)은 화주가 선주로부터 선복의 전부 또는 일부를 빌려 화물을 운송하는 경우에 체결하는 계약이다. 용선(charter)은 주로 부정기선을 대상으로 선박을 빌리는 것인데 이때 선주와 용선계약자(charterer) 간에 용선계약이 체결되고 용선계약서(C/P: charter party)가 작성된다. 용선운송계약의 종류는 용선의 범위에 따라 선복의 전부를 빌리는 전부용선계약과 선복의 일부만을 빌리는 일부용선계약으로 나눌 수 있고 용선의 기간에 따라 정기용선계약(time charter)과 항해용선계약(voyage charter)으로 나눈다. 또한 선박 자체만을 용선하는 나용선(bareboat charter)도 있다.

표 11-2 개품운송계약과 용선운송계약의 비교

구 분	개품운송계약	용선운송계약
거래내용	다수의 화주로부터 위탁받은 개개화물의 운송을 인수함	특정의 상대방과 특약하여 선복을 빌려주어 운송을 인수함
선박	정기선(Liner)	부정기선(Tramper)
화주	불특정 다수	특정 화주
화물	잡화와 같은 비교적 작은 화물	대량 산적화물
서류	B/L(선화증권)	C/P(용선계약서)

1.3 컨테이너화물의 운송

컨테이너(container)는 일정 이상의 내부면적($1m^3$)을 가지면서 반복적으로 사용될 수 있는 규격화된 운송용기로서 복합운송이 용이하도록 설계되어 있는 설비이다. 이러한 컨테이너에 화물을 적재하여 운송하는 것을 컨테이너운송이라 한다. 따라서 이러한 컨테이너운송은 재래식 일반운송에 비하여 여러 가지 장단점을 가진다.

표 11-3 컨테이너운송의 장단점

장 점	단 점
• 효율성(포장비용·하역비·운임·인건비·보험료 등 비용절감) • 문전에서 문전까지의 운송 실현 • 신속성(하역·정박·연결시간 등의 단축) • 정확성(운송 발착항의 정확성, 조직화) • 안전성(파손·도난의 위험 최소화)	• 막대한 고정비용의 소요 • 컨테이너에 적합하지 않은 화물운송의 어려움 • 갑판적재에 따르는 높은 할증보험료 적용

우선 이러한 컨테이너의 등장으로 인하여 복합운송이 가능하게 됨으로써 일관된 운송과 합리적인 운송이 가능해짐으로써 다음과 같은 장점이 있게 된다.

효율성 컨테이너에 의한 운송은 컨테이너 그 자체가 물품을 보호할 수 있는 외부포장의 역할을 할 수 있기 때문에 견고한 포장재를 사용할 필요가 없어 포장비용을 절감할 수 있다. 또한 그 취급의 편리성과 신속성으로 해상운임·하역비·인건비·보험료 등의 절감도 가져다준다. 또한 '문전에서 문전까지'(door to door)의 운송을 실현할 수 있게 해준다.

신속 정확성 컨테이너는 그 취급의 편리성 때문에 하역시간이 단축되고 해상운송과 부수적인 육상운송과 연결이 원만하여 운송시간을 단축할 수 있어 운송의 신속화를 기할 수 있다. 또한 선박 발착항의 정확성을 유지할 수 있는 장점도 있다.

안전성 컨테이너운송은 모든 화물이 견고하고 밀폐된 용기에 의해 운송되므로 하역작업과 운송도중에 파손이나 도난의 염려 없이 안전하게 운송할 수 있다.

반면, 컨테이너화를 위한 막대한 자본과 기술이 소요되고 모든 화물을 컨테이너화로 할 수는 없다는 근본적인 한계가 있으며 갑판적재로 인하여 보험료의 할증이 있게 된다는 단점을 가진다.

1.4 선화증권

선화증권(B/L: bill of lading)이란 선주(선박회사)가 화주로부터 화물을 수취 또는 선적하였음을 확인하고 그 화물을 목적지까지 운송하여 증권소지자에게 인도할 것을 약속하는 유가

증권이다. 오늘날 무역거래에 따른 무역대금결제는 화환어음을 통하여 이루어지기 때문에 선화증권은 보험증권·상업송장 등과 함께 선적서류 중에서 가장 중요한 서류이다. 선화증권은 일반적으로 다음과 같은 기능이 있다.

화물수취의 증거서류 선화증권은 선주가 화물을 수취했다는 화물의 수취증이다. 선화증권에 기재된 화물의 명세, 즉 화물의 수량·중량·상태와 동일한 화물을 인수했다는 화물의 영수증으로서의 역할을 한다. 선주는 화주로부터 운송을 위탁받은 화물을 수취하거나 선박에 적재하면 선화증권을 발행하므로 선주가 이 증권 상에 기재된 화물을 영수하였음을 인정하는 증거서류인 동시에 이 증권에 기재된 명세 대로 화물을 증권소지인에게 인도하여야 할 의무가 있다.

운송계약의 증거서류 선화증권은 선주와 화주 간 운송계약의 성립을 증명하는 증거서류이다. 선화증권 그 자체가 운송계약을 의미하는 것은 아니지만 일반적으로 운송계약이 체결되었다는 증거가 된다. 따라서 선주가 선화증권을 발행하면 운송계약이 존재하는 것으로 간주된다.

화물의 권리증권 선화증권은 증권 상에 기재된 화물에 대한 권리를 나타내는 권리증권이다. 권리증권이란 화물의 점유 또는 지배의 증거이며 소지인에게 배서 또는 인도에 의해 화물을 이전하거나 수취할 권한을 주는 증권이므로 선화증권의 인도는 화물 자체의 인도와 같은 효과를 가진다. 선화증권이 무역거래에서 가장 중요한 서류로 간주되는 것은 이것이 운송화물에 대한 권리를 주장할 수 있는 권리증권이기 때문이다.

2. 항공·육상·복합운송

전술한 대로 해상운송은 다른 운송형태에 비해 대량의 화물을 한꺼번에 운송할 수 있고 따라서 단위당 운송비가 저렴하다는 경제성이 있어 전통적으로 무역거래의 대부분이 해상운송에 의존하는 경향이 강하였다. 그러나 오늘날에는 대형 항공기의 개발로 항공운송의 중요성이 증대되고 있고, 육상운송 역시 여전히 중요성을 띠고 있을 뿐만 아니라 컨테이너의 보급에 따라 해상·육상·항공을 연결하는 국제복합운송이 활발하게 이루어지고 있다.

2.1 항공운송

항공운송(carriage by air, air transport)이란 항공기에 의하여 화물이나 사람을 운송하는 것이다. 무역거래에 항공운송이 본격적으로 이루어지게 된 것은 1970년대부터 대형항공기와 화물전용기가 등장하여 세계항로에 취항하면서부터이고, 오늘날에는 무역화물의 상당한 비중이 이러한 항공운송에 의해 수행됨으로써 현대식 운송수단으로 각광을 받고 있다.

이러한 항공운송은 해상운송에 비해 안전성이 매우 높아 화물의 손상이나 분실 또는 조난의 사고가 적고 이에 따라 보험료와 포장비용을 감소시킬 수 있으며, 또한 장거리 지역의 운송시간이 단축되어 재고비용과 창고보관료를 절약할 수 있는 장점이 있다. 따라서 반도체·전자제품·시계 등 고부가가치 소형경량화물처럼 상대적으로 비싼 운임을 지급하여도 채산성이 있는 물품, 미술품·골동품·귀중품 등과 같이 도난·분실의 위험이 있는 물품, 계절유행상품·생선·식료품 등과 같이 신속한 운송이 필요한 물품 등이 항공운송의 주요 대상이 된다. 그러나 항공운송은 항공기의 적재능력이 선박에 비해 적으므로 일시에 대량화물의 운송이 어렵고 비교적 가벼운 화물만을 소량 밖에 적재하지 못하기 때문에 단위당 운임이 높다는 단점이 있다.

항공운송의 경우 화주는 항공회사와 직접 운송계약을 체결하여 화물을 운송하기 보다는 항공운송대리업체인 항공화물대리점(air cargo agent)이나 항공화물운송주선업자(air freight forwarder)와 운송계약을 체결하는 것이 일반적 관행이다. 화주와 항공운송인 사이에 운송계약이 체결될 경우 그 증거서류로 발행되는 운송증권이 항공화물 운송장(AWB: air waybill)이다. 이러한 운송장은 선화증권과 마찬가지로 운송계약의 증거서류인 동시에 항공운송인이 화물을 수취하였다는 영수증이다.[1]

2.2 육상운송

육로를 이용하여 운송이 이루어지는 육상운송(overland transport)은 도로운송과 철도운송으로 나눌 수 있다. 도로운송의 경우 한 나라 운송체계의 핵심적 역할을 담당하며 고속도로 등 간선도로와 전국을 잇는 지선도로 등으로 전체적인 연계운송체계를 구성한다. 도로만 있으면 어느 곳이나 운송이 가능해질 뿐만 아니라 단거리수송이나 소량화물의 경우 신속하고 경제적이고, 특히 오늘날에는 '문전에서 문전까지'를 지향하는 복합운송의 시발과 도착을 담당하게 되어 국제적 물적 유통에서 중요한 위치를 점하고 있다.

도로운송에 비하여 철도운송은 장거리 대량수송에 경쟁력을 지니고 있으며, 특히 오늘날에는 이러한 철도운송이 컨테이너와 결합되어 세미-트레일러(semi-trailer)를 화차에 적재하여 운송하는 방식으로 국제복합운송의 효율성을 높여주고 있다. 그러나 철도운송은 대형 고정자본이 투자되고 투자자본에 대한 회수도 여의치 않은 특성을 지니고 있어 국가에 의해 관리되는 경향이 있다.

유럽제국의 경우 이러한 도로운송과 철도운송이 국제운송에 자주 이용됨에 따라 이에

---

1 그러나 항공운송은 적재화물이 신속하게 운송되기 때문에 항공화물 운송장은 선화증권처럼 전매를 통해 화물의 매매거래가 가능해지는 유가증권성이나 유통성이 필요 없다. 따라서 항공화물 운송장은 증거서류나 영수증의 기능은 선화증권과 동일하지만 유가증권성이나 유통성이 인정되지 않는 것이 선화증권과 다른 점이다.

대한 준거법으로서 국제협약이 체결되어 이러한 협약에 의한 법적 규율이 이루어지고 있다.

2.3 국제복합운송

복합운송(combined transport, multimodal transport)이란, 화물이 출발지에서 최종목적지까지 운송됨에 있어 육상·해상·항공·철도·도로운송 중 적어도 두 가지 이상의 서로 다른 운송형태에 의하여 이루어지는 물품운송을 말한다.[2] 이와 같은 복합운송은 컨테이너가 본격적으로 사용되기 시작한 1970년대부터 등장하였다. 화물을 컨테이너에 적재하게 되면 운송수단 간의 연결이 용이하기 때문에 종전처럼 선박만을 이용하는 해상운송에만 의존하지 않고 육상·해상·항공수단 등을 동시에 이용하여 최종목적지까지 일괄 운송하는 수단으로 발전하게 되었다.

이러한 복합운송에서는 ① 각 운송구간 마다의 분할된 운임체계가 아닌 단일 운임체계를 설정하고, ② 전 운송구간을 부담하는 유가증권으로 일괄 선화증권이 발행되며, ③ 운송물의 멸실·훼손·지연 등이 어느 구간에서 발생하였느냐를 묻지 않고 단일의 복합운송인이 전 운송구간에 대해 전체 책임을 지는 단일운송인책임제가 실행된다.[3] 복합운송은 이렇게 두 가지 이상의 서로 다른 운송형태를 이용하여 전 운송구간에 대한 단일운송계약을 통해 '문전에서 문전까지'(door to door)를 실현하는 운송혁신을 가능케 하는 형태이다.

따라서 복합운송은 ① 서로 다른 수송기관의 접점에서 발생하는 작업코스트나 처리시간을 절감할 수 있는 효율성과 신속성을 발휘할 수 있고, ② 복합운송업자에 의한 일관수송으로 운송책임의 일원화가 가능해지며, ③ 단일의 운송인에 의하여 취급되므로 화물의 추적 시스템화도 용이해지며, ④ 문전에서 문전까지의 운송실현으로 화주 측에 만족을 줄 수 있다는 장점이 있다. 그러나 복합운송이 급증함에 따라 종래의 법률·규칙·실무절차 등을 그대로 적용하기 곤란하고 운송인의 지위 및 책임문제나 운송물의 멸실 및 위험 등과 관련된 문제들이 발생할 수 있다는 단점이 있다.

이러한 복합운송에서 복합운송인이 운송계약을 증명하기 위해 발행하는 증권이 복합운송증권(MTD: multimodal transport document)이다. 이는 복합운송에 의하여 화물을 인수할 것과 계약에 따라 화물을 인도할 것을 복합운송인이 약속한 증권이다. 복합운송증권의 형태는 세계적으로 통일된 것은 아직 사용하지 않고 선화증권을 복합운송에 적합하도록 조금

2 이러한 복합운송은 복수의 운송인이 관여된다는 점에서 통운송(through transport)과 유사하지만 반드시 서로 다른 운송방식의 조합에 의하여 이루어진다는 점에서 이와 다르다. 미국에서는 이러한 복합운송을 '협동일관운송'이라는 의미로 intermodel transport라고 부른다.

3 현실적으로는 화주가 여러 운송인 중에서 최초의 운송인과 전 구간에 관해 운송계약을 체결하고 전부 또는 일부의 운송구간을 다른 운송인으로 하여금 운송하게 하는 경우가 일반적이다. 이때 화주와 계약을 체결한 최초의 운송인만이 전 운송구간에 대하여 책임을 부담하고 실제 운송을 담당하는 운송인은 하청운송인의 지위에 있으며 화주와는 직접적인 의무나 책임이 없다.

변경하거나 선화증권에 복합운송을 의미하는 명칭을 붙여 Multimodal Transport B/L 또는 Combined Transport B/L 등으로 사용하고 있다.

제 2 절 해상보험

1. 해상보험과 해상보험계약

1.1 해상보험의 의의

해상보험(marine insurance)이란, 해상위험으로 인하여 발생하는 손해의 보상을 목적으로 하는 손해보험이다. 무역거래는 국내상거래에서는 발생하지 않는 추가적인 신용위험·환위험·비상위험·운송위험 등이 수반되는데 이러한 위험 중 해상운송과정에서 발생한 운송위험을 담보하는 제도가 해상보험이다.

무역거래에서 화물운송은 많은 위험이 수반되어 해상보험에 의하여 보호를 받지 않고는 원활한 거래를 할 수 없다. 따라서 해상보험은 국제운송·무역결제와 더불어 무역거래에서 중추적 기능을 수행하고 있고 무역의 성장과 발전에 중요한 수단이 되고 있다. 해상보험은 주로 해상에서 발생하는 위험을 그 대상으로 하는 것이지만 실제로는 그 범위를 확장하여 육상에서 발생하는 위험까지도 담보하고 있다. 즉 해상항해에 수반하는 내수로 또는 육상운송에서 발생하는 손해에 대해서도 보상한다.

이와 같이 해상보험은 운송중의 화물에 위험으로 인한 손해를 보상할 것을 목적으로 하는 손해보험의 일종이지만 해상손해가 공해상에서 발생하며 서로 다른 국가의 거래당사자가 관련되어 있으므로 국제성이 강한 보험이다. 이에 따라 국제적으로 널리 통용되는 영국의 법과 관습이 적용되고 있다.

보충학습 11-1

해상보험 관련 주요 용어와 개념

해상보험을 제대로 이해하기 위해서는 이와 관련된 주요 용어들을 이해할 필요가 있는데 주요한 해상보험 관련 용어들은 다음과 같다.

해상보험의 당사자 보험자(insurer, assurer)는 위험을 인수하고 그 대가로 보험료를 받는 대신 보험사고가 발생되면 그 손해를 보상할 의무가 있는 자를 말한다. 보험계약자(policy holder)는 보험자와 보험계약을 체결하고 보험료 지급의무, 중요사항 고지의무가 있는 자를 말한다. 피보험자(insured, assured)는 보험목적물에 담보위험으로 인하여 손해가 발생하면 보험자로부터 보상을 받는 자를 말한다. 해상보험에서 일반적으로 피보험자는 보험계약자와 동일하지만 CIF 가격조건에서 수출업자가 수입업자를 피보험자로 하여 보험계약을 체결하는 경우에는 피보험자와 보험계약자가 다르다.

피보험이익(insurable interest) 보험에서 담보되는 각종 위험에 의해 멸실 또는 손상을 입을 우려가 있는 대상물 즉 화물이나 선박을 보험의 목적물(subject-matter of insurance)이라 한다. 그런데 이러한 보험의 목적물은 위험발생의 객체를 의미할 뿐 이것이 바로 보험계약의 목적이 되지 못한다. 왜냐하면 보험계약이 보호하는 대상은 화물이나 선박 그 자체가 아니라 이러한 것들에 대하여 특정인이 가지고 있는 이해관계이기 때문이다. 따라서 이러한 이해관계가 보험계약의 목적이며 이것이 바로 피보험이익이다. 해상보험은 이러한 피보험이익과 관련하여 적화보험(cargo insurance), 선박보험(hull insurance), 운임보험(freight insurance) 등으로 구분한다.

보험가액과 보험금액 보험가액(insurable value)이란 피보험이익을 금전으로 계산한 가액 또는 경제적 가치로서 사고가 발생할 경우 피보험자가 입게 될 경제적 손실의 최고한도액을 말한다. 보험금액(insured amount)이란 보험자가 보험사고에 대하여 부담하는 보상책임의 최고한도액으로서 보험계약자가 실제로 보험에 가입한 금액을 말한다. 보험가액과 보험금액의 관계에서 보험가액과 보험금액이 동일한 경우의 보험을 전부보험(full insurance), 보험금액이 보험가액보다 적은 경우를 일부보험(under insurance), 보험금액이 보험가액을 초과한 경우 초과보험(over insurance)이라 한다.

보험료와 보험금 보험료(premium)는 보험자가 위험을 담보하고 보험사고로 인하여 손해가 발생할 경우에 피보험자에게 손해를 보상할 것을 약속하는 대가로 보험계약자가 지불하는 금액으로서 보험계약의 성립요건이다. 보험료는 일반적으로 보험금액에 보험료율을 곱하여 산출한다. 보험금(claim amount)은 보험사고가 발생하였을 경우 보험자가 피보험자에게 보상금으로 지급하는 금액이다. 전부보험인 경우는 손해액 전액을 보험금으로 지급하지만 일부보험인 경우는 계약에 따라 보험금지급이 달라진다.

담 보 해상보험에서 담보라는 용어가 두 가지 의미로 사용되고 있다. 첫째는 피보험자가 지켜야 할 약속으로서의 담보(warranty)이다. 이때 담보는 그 내용이 중요하든 그렇지 않든 간에 반드시 충족되어야 하고 만약 피보험자가 담보를 위반하면 그 순간부터 보험계약은 효력을 상실하게 된다. 둘째는 보험자가 보험계약에 따라 위험을 부담할 경우의 담보(cover)이다. 보험자가 부담하는 위험을 담보위험이라 하는데 담보위험으로 인하여 발생한 손해는 보험자가 반드시 보상을 해야 한다.

그림 11-1 피보험이익·보험가액·보험금액의 관계

1.2 해상보험계약 · 보험증권 · 보험약관

해상보험계약 해상보험계약은 해상사업과 관련되는 사고를 담보하기 위하여 보험계약자는 보험료를 지급하고 보험자는 해상사업과 관련된 보험사고로 인하여 피보험자가 입은 재산상의 손해를 보상할 것을 목적으로 체결하는 손해보험계약이다. 해상보험계약을 체결하기 위하여 먼저 보험계약자는 보험자에게 보험에 가입의사를 표시하고 보험청약서에 필요한 사항을 기재한다.

해상보험증권 이때 보험자는 필요한 사항과 담보조건을 검토한 후 보험요율에 따라 결정된 보험료를 보험계약자로부터 지급받고 보험계약이 체결되었음을 증명하는 보험증권을 발행한다. 보험증권(policy)이란 보험계약의 성립과 내용을 증명하기 위하여 계약의 내용을 기재하고 보험자가 서명하여 보험계약자에게 교부하는 증서이다. 해상보험증권은 Lloyd's SG 보험증권과 런던보험자협회(ILU: Institute of London Underwriter)의 회사용 보험증권이 200년 이상 사용되어 오다가 1983년부터는 세계 각국에서 공통적으로 새로운 양식의 보험증권이 사용되고 있다.

해상보험약관 해상보험약관이란 보험계약에 공통된 표준적 사항을 보험자가 미리 정해 둔 것으로서 보험증권 상의 각종 약속과 규정을 말한다. 현재 사용되고 있는 해상보험약관은 영국의 런던보험자협회와 Lloyd's 보험자협회 및 해손정산인으로 구성한 기술 및 약관위원회에서 제정한 것이다.

해상보험약관에서 적화보험은 협회적화약관(ICC: Institute Cargo Clause), 선박보험은 협회선박약관(ITC: Institute Time Clause)이 적용 된다. 이 이외에도 협회전쟁약관, 협회동맹파업약관, 부가약관, 특정화물에 대한 약관 등이 있다. 해상보험약관 중에서 수출입화물에 적용되는 협회적화약관이 가장 중요한데 이에 대해서는 [보충학습 11-2]가 보다 구체적으로 설명하고 있다.

그림 11-2 보험계약의 체결절차

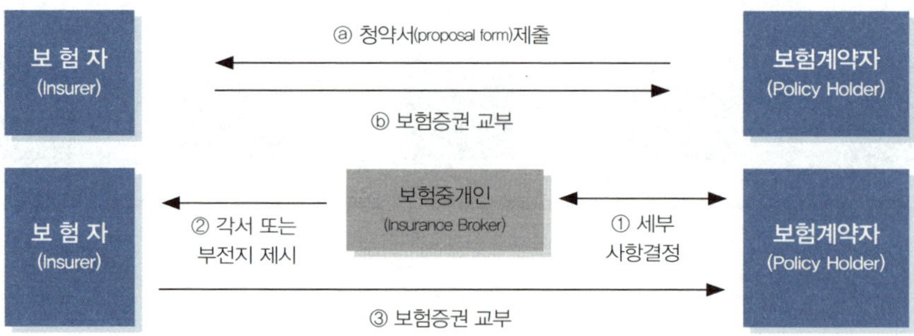

보충학습 11-2

해상보험의 협회적화약관

상술한 대로 협회적화약관이란 해상보험 약관 중에서 수출입화물에 적용되는 약관으로서 이 약관은 1912년에 제정되어 1963년에 개정된 후 1982년에 다시 개정되었는데 2009년에 1982년 약관을 기본으로 하면서 일부 내용이 다시 개정되었다.

이에 따라 협회적하약관은 1982년을 기준으로 그 이전의 약관인 '구협회적화약관'과 1982년에 개정된 '신협회적화약관'으로 구분하여 왔는데 이러한 신협회적하약관은 다시 1982년 약관과 2009년 약관으로 구분할 필요가 있게 되었다.

구약관은 보상조건을 ① 단독해손보험조건(FPA: Free from Particular Average), ② 분손담보조건(WA: With Average), ③ 전위험담보조건(A/R: All Risk)으로 분류하여 규정하였고, 신약관은 ① ICC(A) ② ICC(B) ③ ICC(C)로 분류하여 규정하였는데 2009년 신약관은 1982년 약관의 구조를 유지하면서 그동안의 업계 변화를 수용하고 인과관계 및 부보범위 제한, 보험기간 확장 등 제한적 개정을 행하였다.

신협회적화약관의 기본조건인 A, B, C조건의 구분은 보험자의 담보범위에 따른 것으로 A조건·B조건·C조건으로 갈수록 보험자의 담보범위가 좁아지고 따라서 열거되는 위험도 작아지므로 보험요율이 낮아진다. 기본조건인 A, B, C조건은 그 내용이 모두 19개 조항으로 구성되어 있으며 이를 다시 8개의 군으로 나누어 배열하고 있는데 그 내용은 〈표 11-4〉와 같다.

표 11-4 신협회적화약관의 내용별 분류

구 분	조항명
담보위험(Risk Covered)	1. 위험조항 2. 공동해손조항
면책조항(Exclusions)	3. 쌍방과실충돌조항 4. 일반면책조항 5. 불내항성·부적합 면책조항 6. 전쟁면책조항 7. 동맹파업면책조항
보험기간(Duration)	8. 운송조항 9. 운송계약종료조항 10. 항해변경조항
보험금청구(Claims)	11. 피보험이익조항 12. 계반비용조항 13. 추정전손조항 14. 증액조항
보험이익(Benefit of Insurance)	15. 보험이익 불공여조항
손해경감(Minimizing Losses)	16. 피보험자의무조항 17. 포기조항
지연방지(Avoidance of Delay)	18. 신속조치조항
법률 및 판례(Law & Practice)	19. 영국의 법률 및 관례조항

2. 해상위험과 해상손해

2.1 해상위험

해상위험(maritime perils)이란, 항해에 기인하고 항해에 부수하여 발생하는 위험을 말한다. '항해에 기인한 위험'이란 항해로 인하여 발생하는 선박의 충돌 좌초 등의 위험이며 항해를 하지 않으면 발생하지 않는 위험을 의미한다. 또한 '항해에 부수하는 위험'은 항해를 하지 않더라도 발생할 수 있는 화재나 전쟁 등의 위험을 말한다.

항해에 부수하여 발생하는 위험은 그 의미가 매우 포괄적이기 때문에 반드시 해상에서 발생하는 위험만을 포함하지 않는다. 해상보험은 해상사업과 관련되는 육상운송·내수로운송에서 발생하는 위험까지도 담보하기 때문에 이러한 운송과정에서 발생하는 위험도 항해에 부수하는 위험이 된다. 이러한 위험 및 이에 대한 책임과 관련하여 특기할 내용은 다음과 같다.

담보위험/면책위험 모든 해상위험을 보험자가 담보하는 것이 아니므로 보험자의 담보 여부에 따라 담보위험과 면책위험으로 구분된다. '담보위험'은 보험자가 책임지는 위험으로 이런 위험에 의하여 발생한 손해를 보상할 것을 약속한 위험이다. 반면 면책위험은 손해가 발생하더라도 보험자의 보상책임이 없는 위험이다. 면책위험은 법이나 약관 등에서 결정될 수 있고 보험계약을 체결될 때 면책위험의 범위가 넓을수록 담보위험의 범위는 줄어들기 때문에 보험자의 책임은 적어진다.

열거책임주의/포괄책임주의 보험증권에 담보위험을 구체적으로 명시하고 그것이 원인이 되어 발생한 손해만을 보험자가 보상하기로 약속하는 책임원칙을 '열거책임주의'라 한다. 현행 적화보험약관의 기본조건에서 B조건과 C조건이 열거책임주의에 해당되는 보험자의 책임원칙이다. 그러나 보험증권에서 면책위험을 명시하고 이것을 제외한 모든 위험을 담보할 것을 약속하는 책임원칙을 '포괄책임주의'라 한다. 보험사고가 발생할 경우에 사고의 직접적인 원인이 면책위험에 해당되지 않는다면 보험자는 모두 보상하는 것으로서 기본조건의 A조건이 여기에 해당된다.

2.2 해상손해

해상손해(maritime loss & damage)는 해상위험의 발생으로 인하여 피보험이익의 전부 또는 일부가 멸실되거나 손상됨으로써 피보험자가 입게 되는 재산상의 불이익이나 경제상의 부담을 말한다. 이러한 해상손해는 피보험이익에 따라 물적 손해·비용손해·배상책임손해로 구분된다. 물적 손해의 경우 손해정도에 따라 전손(全損, total loss)과 분손(分損, partial loss)으로 나눌 수 있는데 전손은 다시 현실전손·추정전손으로, 분손은 단독해손·공동해손으로 나누어진다.

현실전손/추정전손 현실전손은 보험목적물이 현실적으로 전멸되거나 화물의 가치를 완전히 상실하여 이를 회복할 수 없게 된 것이며, 추정전손은 보험목적물이 현실적으로 전멸되지는 않았지만 현실전손이 불가피하거나 손해의 정도가 심하여 그 목적물의 용도에 사

표 11-5 해상손해의 분류

물적 손해 (Physica Loss)	전손(Total Loss)	• 현실전손(actual total loss) • 추정전손(constructive total loss)
	분손(Partial Loss)	• 단독해손(particular average) • 공동해손(general average)
비용손해(Expense Loss)		• 구조비(salvage charge) • 손해방지비용(sue & labour charge) • 특별비용(particular average)
배상책임손해(Liability Loss)		• 선박충돌손해 배상책임(collision liability)

용할 수 없거나 복구비용이 복구 후에 보험목적물이 갖는 시가를 초과할 경우이다.

단독해손/공동해손 피보험이익의 일부가 훼손된 경우를 분손 또는 해손(average)이라고 하는데 이는 다시 단독해손과 공동해손으로 구분된다. 단독해손은 보험목적물의 일부의 멸실 또는 손상으로 인한 손해 중에서 공동해손을 제외한 손해로서 피보험자가 단독으로 입은 손해를 말하고, 공동해손은 보험목적물이 공동의 안전을 위하여 희생되었을 때 그 이해관계자가 공동으로 손해를 분담하는 손해이다.

비용손해 비용손해에는 구조비·손해방지비용·특별비용이 있다. 구조비는 보험사고가 발생하여 구조계약에 의하지 않고 구조한 자에 대하여 법률에 의하여 지출된 보수를 말하며, 손해방지비용은 피보험자가 손해를 방지하거나 경감하기 위하여 합리적인 조치를 취하면서 소요된 비용이다. 그리고 보험목적물의 안전이나 보존을 위하여 피보험자에 의해 지출된 비용으로 공동해손비용 및 구조비 이외의 것이 특별비용이다.

배상책임손해 피보험선박이 다른 선박과 충돌로 인하여 상대선박의 선주 및 화물의 화주에 대하여 선주가 책임을 부담해야 하는 손해배상금을 의미한다.

2.3. 해상보험의 위부와 대위

한편 해상보험에는 다음과 같은 위부와 대위가 있다.

위부(abandonment) 추정전손의 사유가 발생하여 피보험자가 보험목적물에 대한 일체의 권리를 보험자에게 이전하고 그 대신 전손에 해당하는 보험금을 청구하는 의사표시행위를 의미한다. 피보험자의 이와 같은 의사표시를 보험자가 승낙하게 되면 추정전손이 성립하게 되고 만약 이를 거절하면 분손으로 처리된다. 위부가 성립되려면 먼저 피보험자가 위부를 하겠다는 의사표시를 하고 보험자가 이를 수락해야 한다. 만약 보험자가 위부통지를 수락하면 보험자는 전손보험금을 지급해야 하고 피보험자는 잔존물에 대한 모든 권리를 보험자에게 이전해야 한다.

대위(subrogation) 보험자가 담보위험으로 인한 손해가 발생하였을 경우 보험금을 지급한 후 보험목적물이나 제3자에 대한 피보험자의 권리를 승계받는 것을 의미한다. 이 때

그림 11-3 위부와 대위

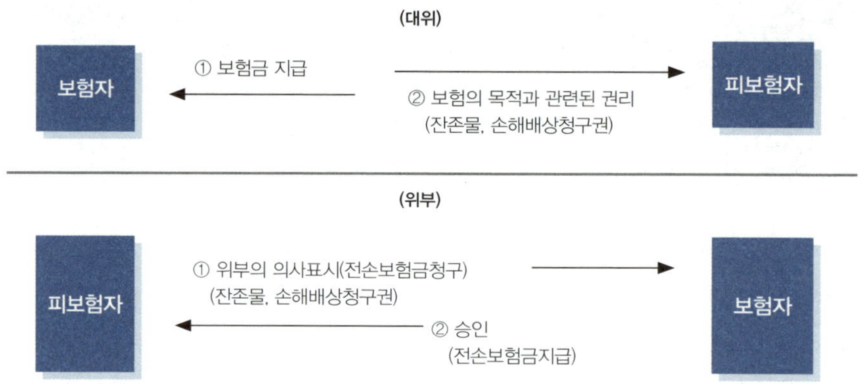

보험자가 취득하는 권리는 보험목적물에 대한 소유권과 제3자에 대한 구상권이다. 즉 보험목적물에 대한 대위는 보험사고의 결과 잔존물이 있는 경우에 그 잔존물을 취득할 수 있는 소유권을 말하고 제3자에 대한 대위는 피보험자가 제3자의 과실에 의해 손해를 입은 경우에 보험자는 지급한 보험금의 범위 내에서 제3자에 대한 구상권을 취득하는 것을 말한다.

제 3 절 무역대금 결제

무역계약과 관련하여 설명하였듯이 무역대금의 결제방식으로는 주로 신용장결제방식이 사용되고 신용장을 사용하지 않는 결제방식으로서는 추심결제방식·송금결제방식·전자결제방식 등이 있다. 이하에서는 신용장방식의 결제와 함께 추심 및 송금방식의 결제에 대해서만 소개하기로 한다.

1. 신용장방식의 결제

1.1 신용장거래의 의의

(1) 신용장의 기초개념

무역거래에서의 거래당사자들은 국내 상거래와는 다른 여러 가지의 위험에 직면할 수 있다. 특히 신용위험(credit risk)과 관련하여 수출업자는 무역계약에 따라 물품을 선적한 후 대금회수불능의 위험을, 수입업자는 계약된 물품을 공급받을 수 없는 물품인수불능의 위험에 직면할 수 있다.

이와 같은 위험을 회피하기 위하여 수출업자의 입장은 물품대금을 확보한 후 물품을 인도하려고 할 것이고 수입업자는 그와 반대로 계약물품을 인수한 후 대금을 지급하려고 할 것이다. 이렇게 되면 무역거래가 제대로 이루어질 수 없게 된다. 따라서 이와 같은 신용위험으로 인한 거래장애를 제거하기 위하여 거래당사자들 사이에 은행이 개입하여 거래당사자들의 상업신용을 은행의 지급약정에 의한 은행신용으로 전환시켜 계약이행과 대금결제를 원활히 하기 위하여 등장한 수단이 신용장이다. 수출업자는 신용장을 접수하면 수입업자의 신용보다는 은행의 신용을 근거로 물품을 인도한다.

신용장(L/C: letter of credit)은 수입업자(발행의뢰인)의 거래은행인 신용장발행은행이 수입업자의 요청과 지시에 따라 수출업자(수익자) 앞으로 발행하는 것으로, 수출업자가 신용장의 조건과 일치하는 환어음을 발행하여 제시하면 그 환어음을 인수·지급할 것을 약속하는 증서이다.

(2) 신용장거래의 경제적 기능

이와 같은 신용장에 의한 대금결제방식은 수출업자와 수입업자 모두에게 다음과 같은 경제적 이익을 주는 효용을 지니고 있다.

수출업자 ① 신용장거래를 통하여 신용위험이 제거되므로 대금회수가 확실하게 되고, ② 신용장에 의한 금융수혜기능으로 은행으로부터 융자를 받을 수 있으며, ③ 물품을 선적한 후 신용장의 조건에 일치하는 서류의 제공 및 할인으로 대금을 즉시 회수할 수 있다.

수입업자 ① 무역계약을 체결할 때에 가격 및 선적조건 등에 대하여 계약을 유리하게 체결할 수 있고, ② 물품이 선적될 때에 대금을 지급하지 않고 환어음이 제시될 때 지급함으로써 결제상의 유예기간을 가질 수 있으며, ③ 신용장거래에 의하여 계약조건 대로 이행될 것을 보장받는다.

이와 같은 신용장의 경제적 기능을 일반적으로 설명하면 다음과 같다.

신용위험 배제 신용장은 수입업자의 신용과는 관계없이 신용과 자산이 충실한 은행

그림 11-4 신용장거래의 경제적 의의

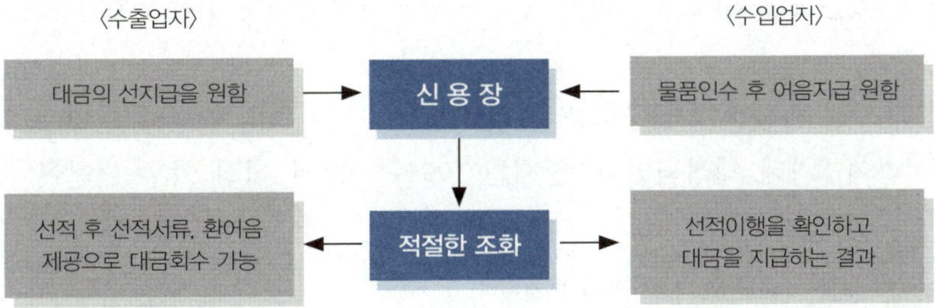

이 대금지급을 약속하는 것이기 때문에 수입업자의 대금지급불능이나 지급거절이라는 위험이 배제되어 안전하고 확실하게 대금지급을 받을 수 있다.

외환결제위험 회피 신용장이 발행된 후에 수입국에서 외환사정의 급격한 악화로 인한 수입제한정책이나 외환거래 제한조치를 강화하더라도 그러한 조치는 이미 발행된 신용장에 의한 외환결제를 제한할 수 없는 것이 일반적이다. 왜냐하면 이미 발행된 신용장에 대해서는 경과조치를 인정하는 것이 무역거래에서 통례로 인정되기 때문이다.

금융수혜기능 수출업자는 신용장을 통하여 물품을 선적하기 전에 물품의 생산과 가공에 필요한 자금을 융자받을 수 있고 물품이 선적된 후에는 환어음의 매입이 용이해지므로 즉시 대금을 지급받을 수 있다. 수입업자는 계약체결할 때에 신용과 자금이 다소 부족하더라도 신용장방식의 결제에서는 선지급할 필요가 없고 물품이 선적되고 환어음이 수입업자에게 제시될 때까지 상당한 기간 동안 지급유예가 되기 때문에 실제적인 금융수혜를 받는 것과 같은 효과가 있다.

거래의 이행보장 무역계약이 성립되어 있다 하더라도 신용장이 발행되지 않았을 경우는 계약이 취소될 위험이 있으나 신용장이 발행된 경우에는 일방적으로 취소될 수 없으므로 무역거래의 이행이 보장된다.

1.2 신용장통일규칙

한편, 이러한 신용장에 대한 해석과 취급이 각국의 관습에 의해 다르다면 무역거래에 상당한 혼란과 분쟁이 발생할 수 있다. 이러한 것을 방지하고 신용장의 거래를 원활하게 하기 위하여 국제적으로 통용될 수 있는 규범이 필요한데 그것이 바로 「화환신용장에 관한 통일규칙 및 관례」(UCP: Uniform Customs and Practice for Documentary Credit) 즉 '신용장통일규칙'이다.

신용장통일규칙은 신용장거래의 기능과 효용성을 도모하기 위하여 국제상업회의소에서 1933년 처음으로 제정되었다. 이러한 통일규칙은 신용장거래의 준거법으로서 신용장의 기본원리와 당사자의 권리와 의무 및 선적서류 등에 대해 규정하고 있다. 그러나 신용장통일규칙은 민간단체인 국제상업회의소가 제정한 국제규칙에 불과하므로 거래당사자들이 이러한 규칙에 따라 신용장을 해석하겠다는 합의가 있어야만 효력을 발휘할 수 있다. 따라서 현재 사용하고 있는 신용장에는 이러한 통일규칙에 따르겠다는 신용장통일규칙 준거문언이 삽입되어 있다.[4]

1933년 최초로 제정된 통일규칙은 무역관습과 무역환경의 변화에 발맞추어 대체로 10년을 주기로 하여 6차례 개정되었다. 현재는 1993년 제5차 개정 이후 13년이 지난 2006년

---

4 예컨대 The Credit shall be subject to Uniform Customs and Practice for Documentary Credit(2007 revision) ICC Publication N0. 600. 등이 그것이다.

에 개정되어 2007년 7월 1일부터 실행되는 제6차 신용장통일규칙(UCP 600)이 적용되고 있다.[5] 한편 기존의 종이서류인 선적서류를 대신하여 전자적 기록(electronic records)을 제시하는 경우에 「전자적 제시를 위한 화환신용장통일규칙 및 관례의 보칙 1.0판」(Supplement to the Uniform Customs and Practice for Documentary Credits for Electronic Presentation-Version 1.0, eUCP)을 2002년 4월 1일부터 적용하고 있다.[6]

1.3 신용장거래의 법률적 특성

신용장의 거래에는 독립성원칙과과 추상성원칙이 적용된다. 이러한 원칙은 신용장거래가 본래의 기능대로 원활히 이루어지기 위하여 전제되어야 할 원칙이므로 신용장거래의 모든 당사자는 항상 이와 같은 특성을 염두에 두어야 한다. 아울러 이러한 원칙으로 인하여 발생되는 신용장거래의 위험 역시 잘 인식하여야 한다.

(1) 신용장거래의 독립성

신용장거래의 독립성(principle of independence)이란, 신용장거래는 무역계약과 별개의 독립적 법률관계를 형성한다는 의미이다. 즉 무역계약이 취소되거나 변경되더라도 신용장이 취소되거나 변경되지 않는다는 것이다. 신용장을 발행하는 근거는 거래당사자 간에 체결된 무역거래의 결제를 신용장방식으로 하도록 약정하는 데 있다. 그러나 일단 신용장이 발행되면 신용장은 무역계약으로부터 완전히 독립되어 무역계약의 조건이 신용장에 전혀 영향을 미칠 수 없고 신용장은 별도의 법률관계를 갖게 되는 것이 신용장의 독립성이다.

이에 신용장통일규칙 제3조는 '신용장은 그 성질상 매매계약과 별개의 거래이며 따라서 은행은 이들 계약과는 하등의 관계도 없고 또한 구속도 받지 아니함'을 규정하고 있다.[7] 따라서 은행이나 수출업자는 신용장거래에서 발생되는 문제를 매매계약상의 조건 등을 이유로 대항할 수 없는 것이다.

이 같은 신용장의 독립성이 필요한 이유는, 무역계약은 거래당사자 간에 체결되는 것이지만 신용장은 이와 별도로 은행이 주요 당사자가 되고 은행과의 계약이기 때문이다. 만약에 신용장의 독립성이 인정되지 않는다면 은행이 수익자가 발행한 환어음을 지급·인수·매입한 후에 발행의뢰인이 계약의 위반 등을 들어 대금지급을 거절할 경우에 은행은 이것에 대해 항변할 수도 없고 손해보상을 받을 수가 없게 된다. 따라서 은행이 무역계약과 관계없

5 제6차 개정에서는 2000년 이후 은행·운송·통신·보험 산업 등의 환경변화에 따른 신용장 거래관행의 변화를 수용하고 분산·반복되게 언급한 용어들에 대한 통합정의를 내리는 동시에 애매한 표현의 제거를 위하여 기존의 49개 조항을 39개 조항으로 통합 정리하였다.

6 제5차 신용장통일규칙의 보칙으로서 eUCP라는 명칭으로 사용한다.

7 Credits, by their nature, are separate transactions from the sales or other contract(s) on which they may be based and banks are in no way concerned with or bound by such contract(s), even if any reference whatsoever to such contract(s) is included in the credit.

이 안심하고 대금결제를 하기 위하여 신용장의 독립성이 존재해야 하는 것이다.

(2) 신용장거래의 추상성

신용장거래의 추상성(principle of abstraction)이란, 신용장의 거래에 있어서 모든 거래당사자는 서류상의 거래를 하는 것이지 서류와 관계되는 물품이나 용역거래를 하는 것이 아니라는 것이다. 즉 신용장거래 당사자는 대금지급 여부를 서류만을 근거로 판단하고 처리하는 것이지 물품이 계약과 일치한 것인지를 검사한 후에 결정하는 것은 아니다. 따라서 은행은 선적서류가 신용장조건과 일치하는 한 대금지급을 해야 하고 반대로 비록 물품이 계약과 일치하는 것이라도 제시된 선적서류가 신용장조건과 일치하지 않는 경우는 대금을 지급할 수 없다.

신용장통일규칙 제4조도 '화환신용장거래에서 모든 신용장의 관계당사자는 서류거래를 하는 것이지 결코 상품거래를 하는 것이 아님'을 규정하고 있다.[8] 따라서 신용장거래 당사자는 서류만을 대상으로 하므로 선적서류가 외관상 정당한 경우 은행은 지급의무를 가지는 반면 비록 상품의 제반내용이 계약내용과 일치하더라도 제시된 서류가 신용장조건과 일치하지 않는 경우 대금을 지급할 의무가 없게 된다. 동시에 은행은 제시된 서류가 신용장의 조건과 엄격하게 일치하는지를 상당한 주의를 기울여 검토하여야 하는바, 신용장통일규칙도 이러한 '신용장의 엄격일치성'(strict compliance)을 규정하고 있다.

이와 같은 추상성을 인정하는 것은 신용장거래를 원활화하기 위함이다. 만약 추상성이 인정되지 않는다면 물품거래에 대한 전문성과 경험이 없는 은행으로서는 신용장거래를 제대로 처리할 수 없으며 모든 신용장거래를 할 때마다 제출된 서류와 실제물품의 일치 여부를 조사해야 하므로 은행이 현실적으로 이러한 업무를 수행할 수 없기 때문이다. 따라서 은행이 알 수 있는 서류상에 명문화된 내용만을 은행이 책임지도록 하는 추상성이 요구되는 것이다.

1.4 신용장거래의 문제점

이와 같이 신용장거래가 본래의 목적과 기능을 원활히 행하기 위해서는 독립성과 추상성이 필수적으로 전제되어야 하지만 실제의 무역거래에서는 이러한 원칙으로 인하여 발생되는 다음과 같은 문제점도 있다.

서류의 위조 및 변조에 따른 위험 신용장거래가 원래의 매매계약과 독립적이고 또한 신용장조건과 엄밀하게 일치하는 선적서류만 제시하면 대금을 지급받을 수 있는 만큼, 때때로 거래당사들이 서류를 위조하거나 변조할 가능성이 존재한다. 실제의 신용장거래에서는

8 In credit operations all parties concerned deal in documents, and not in goods, services and/or other performances to which the documents may relate.

이러한 사기사건이 종종 발생한다. 따라서 신용장거래 당사자들은 이러한 위험성을 염두에 두고 거래에 임해야 할 것이다.

절차의 복잡성과 지연 대금결제가 신용장에 의해 이루어지는 경우 실제의 내용이 계약내용과 일치하더라도 신용장조건과 엄밀하게 일치하는 서류를 첨부해야만 대금지급이 이루어진다. 따라서 신용장거래와 관련되는 서류가 복잡하고 선적서류의 점검에 따른 비용과 시간낭비도 너무 크며 또 이러한 과정에서 지급이 거절되는 사례 역시 매우 높다. 따라서 이러한 절차적 과정 때문에 거래이행이 지연되는 사례 역시 높아진다.

보충학습 11-3

신용장거래의 독립성과 추상성 사례

1. 신용장의 독립성 관련 사례

위에서 설명하였듯이 '신용장거래의 독립성'이란, 신용장거래는 무역계약과 별개의 독립적 법률관계를 형성하므로 무역계약이 취소되거나 변경되더라도 신용장이 취소되거나 변경되지 않는다는 것이다. 이와 관련되는 사례들이 많이 있지만 대표적인 사례를 소개하면 다음과 같다.

1974년 5월 17일 영국의 어떤 수입상이 개설은행에게 프랑스의 레코드회사(수출상) 앞으로 취소불능신용장을 개설해주도록 요청하고 신용장대금을 전액 현금으로 은행에 입금시켰다. 6월 16일에 수입상이 상품을 받아보니 원고가 주문한 상품이 아니고 어떤 상자는 빈 상자이었고 심지어 어떤 상자에는 쓰레기가 발견되었다. 수입상은 수출상을 사기꾼으로 단정하여 대금결제를 해주지 말 것을 지시하였다. 그러나 6월 24일 개설은행과 통지은행은 당해 신용장은 취소불능신용장이므로 당해 신용장에 따른 대금지급을 기피할 수 없다는 이유로 대금지급거절지시를 따르지 않았다.

이에 수입상은 개설은행과 통지은행에 대해 대금지급을 할 수 없도록 하는 집행정지요청을 고등법원에 제기하였다. 그러나 법원은, 은행이 취소불능신용장에 의한 거래에 개입하는 것을 되도록 피해야하며 특별히 충분한 근거가 없는 한 국제간의 은행거래에서는 더욱 그러하다고 판단하였다. 이 사건은 매매계약과 신용장거래는 각기 독립된 거래임을 극명하게 보여주고 있다고 할 수 있다.

2. 신용장의 추상성 관련 사례

'신용장거래의 추상성'이란, 신용장의 거래에 있어서 모든 거래당사자는 서류상의 거래를 하는 것이지 서류와 관계되는 물품이나 용역거래를 하는 것이 아니라는 것이다. 따라서 은행은 선적서류가 신용장조건과 일치하는 한 대금지급을 행해야 하고 반대로 비록 물품이 계약과 일치하는 것이라도 제시된 선적서류가 신용장조건과 일치하지 않는 경우는 대금을 지급할 수 없다.

이에 따르면 상업송장에 기재되는 상품의 표시는 정확히 신용장에서 요구하는 상품의 표시와 일치하여야 한다. 일찍이 Bank of Italy와 Merchants National Bank사건에서 신용장상에는 'dried grapes'로 표시되어 있지만 송장에 'raisin'으로 표시되어 대금지급을 거절당하였다. 이 경우 실제로는 'dried grapes'와 'raisin'이 상품분류상 똑 같은 상품이지만 신용장거래가 서류상의 거래임을 상징적으로 나타내는 대표적 사례라고 하겠다.

1973년 10월에 우리나라 봉제업체인 S산업은 일본의 Mitsui사로부터 50만$ 상당의 신용장을 받아 열심히 생산을 하여 1974년 1월의 선적기한 내에 선적하려 하였다. 그런데 선적 직전에 일본의 Mitsui사는 선적보류요청을 전해왔다. 당시는 1973년 말의 석유파동으로 인하여 이미 개설된 신용장분에 대해서도 취소소동이 많이 일어났다. 당시 S사로서는 50만$의 큰 자금을 재고로 묶어두면 자금압박으로 회사가 도산할 지경이었으므로 어떻게 해서라도 선적하고 네고(Nego)를 해야 하는 입장이었다.

당시 신용장은 취소불능신용장이어서 신용장의 제 조건만 충족하면 네고가 될 수 있었으나 신용장의 조건 중에 "Invoice must be countersigned by Mitsui Seoul"이라는 inspection조항이 삽입되어 Mitsui서울지사가 서명해주지 않으면 네고가 될 수 없도록 되어 있었다. 이 조항을 활용하여 Mitsui서울지사는 서명을 해주지 않았다. 그런데 신용장의 이러한 조항 다음에 이어서 "invoices must be tendered in 6 copies"로 표현되어 있어 서명을 요구하는 송장의 표현은 단수(Invoice)인데 반해 제출되어야 하는 송장은 6부로서 복수(invoices)로 표시되어 있었다.

이러한 작은 모순을 발견한 S사는 Mitsui서울지사에 원자재도입을 위해 필요하다는 구실로 1장의 송장에 서명을 받는데 성공하였고 이후 나머지 송장은 서명 없이 은행에 제출하여 네고하였다. 이에 대해 일본의 개설은행은 나머지 송장에 서명이 없다는 이유로 환어음의 결제를 거부하였다. 이에 대하여 한국의 매입은행은 제출된 서류에 하자가 없음(서명을 받아야 할 송장은 invoice 단수이므로)을 강조하며 조속한 결제를 촉구하였다. 이에 대해 Mitsui사는 송장을 단수로 표현한 것은 '관념상의 송장, 즉 단수·복수를 구별함이 없는 송장의 총칭'이므로 모든 송장에는 서명이 있어야 한다고 주장하였다. 그러나 논쟁 끝에 한국의 S사는 결국 결제를 받게 되었다.

이 사례는 신용장의 조건은 명확하고 완전해야 한다는 법리에 대한 사례이기도 하지만 동시에 신용장거래는 신용장상의 문언에 의해 거래된다는 신용장의 추상성을 보여주는 사례라고도 할 것이다.

1.5 신용장거래의 당사자와 결제과정

신용장거래에 관련이 있는 자들을 신용장 거래당사자라 하는데 다음과 같은 당사자들이 개재된다. 이들 중 신용장발행에 반드시 있어야 하는 주요 당사자는 발행의뢰인·발행은

표 11-6 거래내용에 따른 수출업자와 수입업자의 명칭

당사자 / 거래내용	수출업자	수입업자
매매관계	seller(매도인)	buyer(매수인)
무역관계	exporter(수출업자)	importer(수입업자)
신용장관계	beneficiary(수익자)	applicant(발행의뢰인)
어음관계	drawer(발행인)	drawee(지급인)
결제관계	accounter(대금수취인)	accountee(대금결제인)
운송관계	consignor(송화인)	consignee(수화인)

행·수익자이며 신용장의 발행과 취소에 직접적으로 관계하는 기본당사자는 발행은행·수익자·확인은행이 해당된다.

발행의뢰인(applicant) 무역계약에 따라 수입업자는 수출업자 앞으로 신용장을 발행하도록 자기의 거래은행에 의뢰하는데 이때 신용장의 발행을 의뢰하는 수입업자를 신용장 발행의뢰인이라 한다. 발행의뢰인은 수입업자·매수인 이외에 대금결제에서의 결제인, 물품의 수화인, 환어음의 지급인 등 거래내용과 기능에 따라 여러 가지 명칭으로 불리지만 모두 동일인이다.

수익자(beneficiary) 신용장에 의해 권리와 이익을 받는 자를 신용장의 수익자라고 한다. 매매계약에서 매도인이며 수출업자가 수익자가 된다. 수익자도 거래내용과 기능에 따라 대금결제상의 수취인, 물품송화인, 환어음발행인 등의 명칭을 사용한다.

발행은행(issuing bank) 발행의뢰인의 의뢰에 따라 수출업자인 수익자 앞으로 신용장을 발행하는 은행이 신용장 발행은행이다. 발행은행은 주로 수입업자와 거래관계가 있는 은행이 되며 수익자가 발행한 환어음에 대하여 인수 및 지급약속을 한다.

확인은행(confirming bank) 발행은행 이외에 제 3의 은행이 신용장에 의해 발행된 어음의 인수 및 지급에 대하여 추가로 확약하는 은행이 확인은행이다. 확인은행의 확약은 발행은행의 요청에 의해 이루어지지만 발행은행과는 독립된 확약이다.

통지은행(notifying bank) 발행은행은 신용장의 발행사실과 그 내용을 수익자의 소재지에 있는 발행은행의 본·지점 또는 환거래은행(correspondent bank)[9]을 경유하여 수익자에게 통지하는데 이러한 통지를 행하는 은행이 통지은행이다.

매입은행(negotiating bank) 수익자가 물품의 선적을 완료한 후 신용장에서 요구하는 서류를 준비하여 발행은행 앞으로 환어음을 발행하고 신용장과 함께 통지은행이나 다른 거래은행에 그 환어음의 매입을 의뢰한다. 이때 환어음을 매입하는 은행이 매입은행이다.

지급은행(paying bank) 및 인수은행(accepting bank) 수익자가 발행한 환어음과 준비한 선적서류에 대하여 직접적으로 대금을 지급하여 주는 은행으로서 발행은행으로부터 지급을 위임받은 은행이 지급은행이다. 인수은행은 수익자가 발행한 환어음이 기한부어음(usance draft)일 경우에 이러한 기한부어음을 인수하는 은행이다. 인수은행은 그 기한부어음의 만기일에는 지급은행이 된다.

한편, 이러한 거래당사자들이 신용장거래계약을 맺고 이를 통하여 대금결제를 완성하는 결제과정을 전체로서 살펴보면 [그림 11-5]와 같다.

---

9 무역대금의 결제 등에 대하여 상호간에 지점으로서의 역할을 하도록 환거래계약을 체결한 은행으로 일반적으로 corres bank라 한다.

그림 11-5 신용장거래의 결제과정

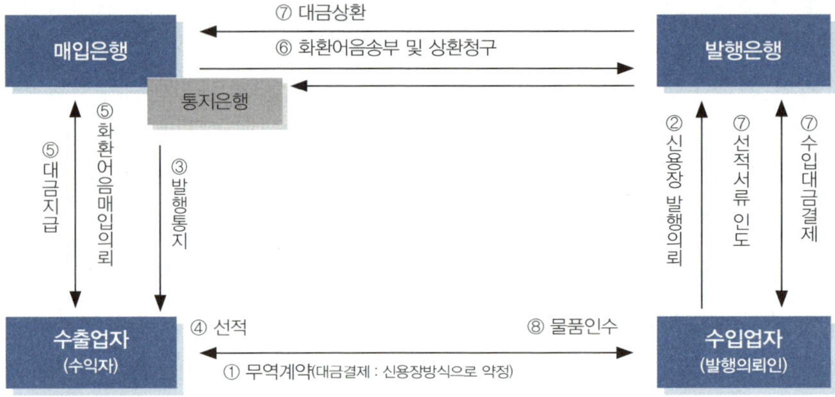

2. 비신용장 방식의 결제

2.1 추심방식의 결제

(1) 추심방식결제의 의의

무역거래에서 대금결제는 대부분 추심환을 이용하는데 추심환을 이용하는 방식은 은행이 대금지급을 약정하는 신용장방식의 결제와 그러한 약정이 없는 추심방식의 결제가 있다. 추심(collection)은 은행이 지급 및 인수를 행하기 위하여 환어음과 선적서류를 취급하는 것을 의미하는데 추심방식의 결제는 거래당사자 간의 계약에 의하여 수출업자가 화환어음(환어음+선적서류)을 수입업자 앞으로 발행하여 이것을 추심함으로써 대금을 결제하는 방식이다.

표 11-7 신용장방식과 추심방식의 비교

구 분	신용장 방식	추심 방식
수입업자와 은행의 관계	수입업자에 대한 신용공여 (발행은행의 지급확약)	수입업자에 대한 신용공여 없음 (발행은행의 지급확약 없음)
환어음지급인	은 행	수입업자
은행의 의무	발행은행은 수출업자에 대한 1차적인 지급채무	추심은행은 추심의뢰은행에 대한 선량한 관리자 의무
대금결제기간	일람불, 기한부	D/P, D/A
안전성	안 전	불 안

신용장방식의 결제에서는 수출업자가 발행한 화환어음에 대하여 발행은행의 지급약정이 있고 수입업자의 신용상태와는 관계없이 선적서류가 신용장조건과 일치하면 발행은행이

대금을 지급한다. 그러나 추심방식의 결제에서는 은행의 지급약정이 없고 수입업자의 신용상태만을 근거로 결제가 이루어지기 때문에 수출업자의 입장에서는 대금회수불능의 위험이 발생할 수 있다.

이런 점에서 추심방식의 결제는 신용장방식에 비하여 수출업자에게는 다소 불리한 반면, 수입업자에게는 신용장발행에 따른 담보금적립 등의 부담이 없기 때문에 유리하다. 그러나 수출업자도 이 방식을 적절히 활용하면 여러 가지 이점이 있을 수 있다.

수출업자의 이점 추심방식은 수입업자가 선호하는 결제형태이기 때문에 국제시장의 경쟁이 치열한 경우 수출업자는 이것을 수출경쟁전략의 수단으로 활용할 수 있다. 또한 무역금융에서 신용장방식만이 융자대상이 되는 것은 아니고 신용장과 동일한 융자혜택을 받을 수 있다.

수입업자의 이점 추심방식은 수입업자의 신용을 근거로 당사자 간의 계약에 의하여 이루어지기 때문에 수입업자에게는 절대적으로 유리한 결제방식이다. 즉 신용장방식에서와 같이 수입업자가 담보금 적립이나 이자부담이 없으므로 수입업자는 자기자금 없이 수입할 수 있다.

(2) 추심방식결제의 당사자와 결제과정

추심방식의 결제에서는 다음과 같은 당사자들이 개재된다.

추심의뢰인(principal) 거래은행에 화환어음을 발행하여 추심을 의뢰하는 수출업자가 추심의뢰인이다. 화환어음을 발행하기 때문에 발행인도 된다.

추심의뢰은행(remitting bank) 수출업자로부터 추심을 의뢰받은 은행으로 일반적으로는 수출업자의 거래은행이다. 수출업자가 제시한 화환어음을 수입업자가 소재하는 은행 앞으로 송부하면서 추심을 의뢰한다.

추심은행(collection bank) 추심의뢰은행으로부터 송부된 화환어음을 수입업자에게 제시하여 대금을 징수하는 은행이다. 추심의뢰은행의 지시에만 따르며 어음의 미지급 등에 대하여 하등의 책임이 없다.

지급인(drawee) 수출업자가 발행한 화환어음에 대하여 지급할 의무가 있는 채무자인 수입업자이다.

이렇게 추심방식의 결제는 거래당사자 간의 계약에 의하여 화환어음을 추심함으로써 대금을 결제하는 형태인데 이 방식의 결제에는 지급도조건과 인수도조건이 있다. 지급도조건(D/P: documents against payment)이란 수입국의 은행(추심은행)이 수입상의 어음대금 지급과 교환으로 선적서류를 내주는 방식이고 인수도조건(D/A: documents against acceptance)이란 수입상의 어음 인수와 동시에 선적서류를 내주는 방식으로서 각기 장단점이 있게 된다. 추심방식의 일반적 결제과정은 [그림 11-6]과 같다.

그림 11-6 추심방식의 결제과정

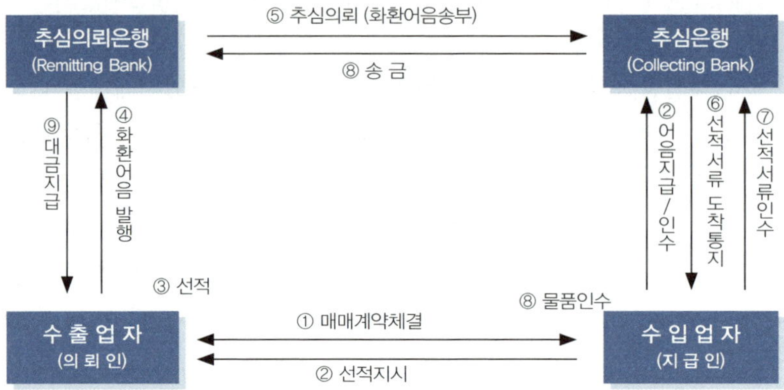

2.2 송금방식의 결제

(1) 송금방식결제의 의의

송금방식의 결제는 수입업자가 물품을 인수하기 전이나 인수한 후에 대금의 전액을 송금하거나 수출업자가 물품이나 서류를 인도할 때 대금을 송금하는 방식으로 결제가 이루어진다. 송금방식결제는 일반적으로 무역거래에서는 소액거래에 많이 이용되고 있다. 이러한 송금방식의 결제는 결제시기에 따라 다음과 같이 구분된다.

사전송금방식 수입업자가 물품이나 선적서류를 인도받기 전에 은행을 통해 송금하여 수출업자에게 지급하는 것으로서 단순송금방식이라고도 한다. 일반적으로 수입업자의 신용상태가 의심스럽거나 수입국의 정치·경제적 상황이 매우 불안하여 수출업자의 대금회수불능위험이 매우 높은 경우에 주로 이용된다. 따라서 이 방식은 수출업자에는 유리하지만 수입업자는 사전지급이 되므로 자금상의 부담이 될 수 있을 뿐만 아니라 무역계약과 일치하는 물품을 인수할 수 없게 될 위험이 존재하므로 불리하다.

동시지급방식 물품 또는 선적서류와 대금을 서로 동시에 지급하는 방식으로서 물품인도현금지급(COD: cash on delivery)방식과 서류상환현금지급(CAD: cash against documents)방식이 있다. 전자는, 수출업자가 물품을 선적하여 송부하면 수입업자가 물품의 품질 등을 검사한 후 물품인수와 동시에 대금을 지급하는 방식으로서 수입업자가 대금을 지급하기 전에 물품을 검사할 수 있다는 장점이 있다. 후자는, 수출업자가 물품을 선적하고 선적서류를 준비하여 제시하면 그 선적서류와 상환으로 대금을 지급받는 방식으로서 수입업자를 대신하여 대금을 결제할 지사나 대리점이 수출국에 있을 경우에 가능하다.

사후송금방식 수출업자가 물품을 선적하면 수입업자는 수입국에서 물품이나 선적서류를 인수하고 일정기간이 지난 후에 송금하는 방식이다. 따라서 이 방식의 경우 수입업자는 계약물품을 송금 전에 인수할 수 있어 안전하지만 수출업자는 수입업자가 정한 기한 내에 송금하지 않거나 부당한 클레임 제기 등으로 인한 대금회수의 어려움이 발생할 수 있으므로 불리하다.

(2) 송금수단에 따른 결제과정

송금방식의 결제수단으로는 송금수표방식과 지급지시서방식이 있다.

송금수표방식 송금은행이 송금수표(demand draft)를 발행하여 송금인(수입업자)에게 교부하고 송금인이 이 수표를 수취인(수출업자) 앞으로 보내면 수취인은 지급은행에 이를 제시하여 대금을 찾는 방법이다. 이러한 결제과정이 [그림 11-7]에 나타나 있다.

그림 11-7 송금수표 결제과정

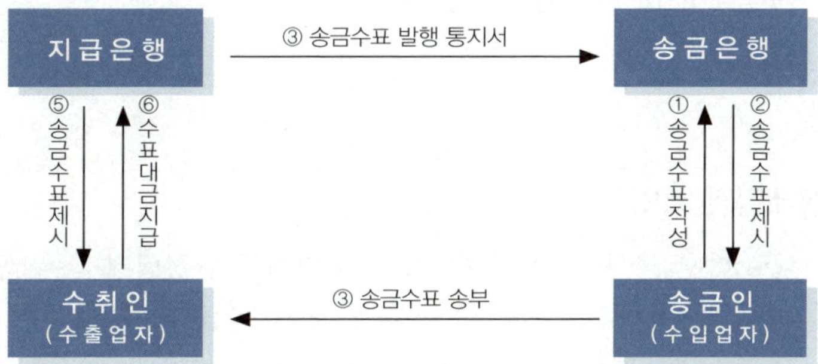

그림 11-8 지급지시서에 의한 결제과정

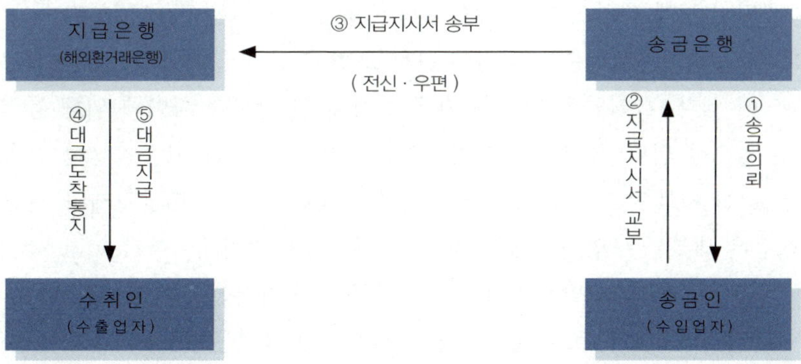

지급지시서 방식 송금은행이 일정금액을 수취인에게 지급하여 줄 것을 지시하는 지급지시서(payment order)를 지급은행 앞으로 송부하여 대금을 결제하는 방식이다. 이때 지급지시서를 우편으로 송부하면 우편송금환(M/T: mail transfer), 전신으로 송부하면 전신송금환(T/T: telegraphic transfer)이다. 우편송금환은 우편일 수만큼의 기간이 소요되므로 주로 지급이 급하지 않은 소액송금에 이용되고, 송금에 따른 분실 또는 도난의 위험을 은행이 부담하기 때문에 단순송금방식보다는 안전하다고 할 수 있는데 이러한 결제과정이 [그림11-8]에 나타나 있다. 전신송금환의 경우는 당일 결제가 가능해지므로 빠른 지급이 필요하거나 거액의 거래일 경우 주로 사용된다.

제 4 절 무역클레임과 상사중재

1. 무역클레임

1.1 무역클레임의 의의

무역거래는 서로 다른 국가 간의 거래이므로 무역계약이 성립된 후 이행과 종료되기까지는 시간과 장소에서 차이가 있고 또한 언어·관습·법률·통화가 달라서 국내상거래보다 여러 가지의 분쟁이 발생하기 쉽다. 이러한 경우 단순한 불평이나 경고를 하는 경우도 있지만 구체적인 요구를 수반하는 경우도 있는데 이것을 일반적으로 클레임이라고 한다. 따라서 클레임(claim)이란 무역계약의 당사자 중에서 한 당사자가 계약의 내용을 충실히 이행하지 않음으로써 발생된 손해에 대하여 다른 당사자가 배상을 청구하는 것을 말한다.[10]

일반적으로 무역계약서에는 클레임에 관한 조항이 있고 클레임제기에 대한 시효일자와 방법이 명시되어 있다. 클레임의 원인과 거래의 형태 및 상관습 차이에 의해 통지기간의 차이가 있을 수 있으나 만약 클레임을 제기하려면 그러한 의사표시는 가급적 신속하게 하는 것이 좋다. 이러한 클레임을 수출업자가 제기하는 것은 대부분 대금결제와 관련된 것이고 그 밖의 클레임은 대부분 수입업자에 의해 제기되는 것이 일반적이다.

이러한 클레임의 일반적 발생원인으로는 물품과 직접적인 관계가 있느냐에 따라 직접적인 요인과 간접적인 요인으로 나눌 수 있다. 직접적인 요인은 물품과 직접 관련이 있는 것으로 품질불량·수량부족·포장불량·규격과 색상의 상위·물품의 파손 등이 해당된다. 간접

10 클레임(claim)은 단순한 complaint(불평)이나 dispute(분쟁)와는 구별된다. 클레임은 계약이나 법률에 의거하여 당사자의 일방이 상대방에게 제기하는 객관적인 청구권인 반면 complaint(불평)은 당사자의 막연한 피해감정에 근거한 주관적 불평이나 불만을 의미한다. 한편 dispute(분쟁)는 클레임이 상대방에게 인정되지 않으므로 발생되는 다툼이나 분쟁을 의미한다.

적인 요인은 물품과 간접적인 관련이 있는 것으로 물품인도의 지연 및 불이행·보험조건·결제조건·가격조건 등으로 인한 클레임이다.

또한 클레임의 청구내용은 금전적인 방법의 청구, 금전 이외의 방법의 청구, 그리고 양자를 합한 방법의 청구로 구분할 수 있다. 금전적인 방법의 청구가 가장 보편적인 방법으로서 대금감액청구·손해배상금청구·해약변상금청구·대금지급거절 등을 들 수 있고, 금전 이외의 방법의 청구는 잔여계약의 해제·물품대체·추가송부요구·물품의 인수거절 등이 있다.

이같이 클레임은 계약내용을 충실히 이행하지 못함으로써 발생된 손해에 관한 것이지만 실제의 무역거래에서는 이러한 일반적 클레임과 다른 성격의 클레임이 제기되기도 하는데 그 내용은 다음과 같다.

일반적 클레임 무역거래를 수행하는 과정에서 발생하는 보통의 클레임으로서 거래당사자 간 어느 일방의 과실 또는 태만에 의하여 발생되는 수도 있고 제3자에 의하여 발생될 수도 있다.

마켓클레임 무역계약이 성립된 후 물품의 시세가 하락하는 경우에 수입업자는 자신의 손실을 보충할 목적으로 클레임 대상이 되지 않을 정도로 경미한 과실을 트집 잡아 고의적으로 가격인하를 요구하거나 물품인수를 거부하는 것이 마켓클레임(market claim)이다.

계획적 클레임 거래당사자의 계획적인 악의에 의한 것으로 매수인이 처음부터 교묘한 술책으로 수출업자가 계약을 이행하는 데 지장을 초래함으로써 발생하는 클레임이다.

1.2 무역클레임의 예방 방법

클레임이 제기되면 거래당사자가 모두 손해를 입게 된다. 클레임을 제기하는 피해자의 경우 클레임제기에 따른 각종 비용이 지출되고 시간적 손해도 있을 수 있으며, 클레임을 당하는 당사자는 손해를 보상해야 할 뿐만 아니라 많은 비용과 시간을 소비하게 된다. 따라서 가장 최선의 방법은 클레임이 발생하지 않도록 사전에 방지하는 것이다.

클레임을 방지하기 위해서는 거래당사자들은 먼저 철저하게 상대방의 신용을 조사해야 한다. 무역거래는 서로 다른 국가에 있는 당사자들 간의 거래이기 때문에 신용조사의 소홀함으로 인하여 마켓클레임이나 계획적 클레임을 당할 수 있다. 또한 국제매매관습을 잘 이해하여 그것을 바탕으로 상대방과 기본적인 거래조건을 치밀하게 합의하고 개개의 실제거래에서는 품질·수량·가격·포장·선적 등에 관해 클레임의 발생원인을 충분히 검토하여 이것을 미리 방지할 수 있도록 정확한 계약을 체결해야 한다.

1.3 무역클레임의 해결 방법

이 같이 클레임의 발생을 미리 방지하는 것이 무역거래에서 최선이지만 만일 클레임이 제기되면 신속하고도 경제적인 방법으로 해결하는 것이 필요하다. 클레임이 제기되었을 때 당사자 간에 서로 양보하여 호의적으로 해결하는 '당사자 간 해결방법'이 가장 바람직하다. 왜냐하면 앞으로 지속될 당사자 간의 거래관계와 유대관계를 고려하여 발전시켜야 하고 그 클레임의 해결을 제3자에게 의뢰할 경우에는 시간과 비용이 소요되어 부수적인 손해도 볼 수 있기 때문이다.

이러한「당사자 간의 해결」에 있어서는 다음과 같은 방법이 있다.

클레임의 포기(waiver of claim)　클레임 제기자는 단순경고를 하고 다음부터는 손해를 입히지 않도록 주의를 주는 것이다. 이 경우는 피해자의 클레임 청구액이 미미하거나 계속적인 거래관계를 고려하여 클레임 제기를 철회하는 것이다.

타협(compromise)　클레임이 제기되면 먼저 그 원인을 조사하여 그 책임소재를 밝히고 그 잘못에 대한 당사자 간의 직접교섭에 의해 클레임의 내용을 타협하여 결정한다. 타협은 양보와 화해를 통해 이루어지는데 가장 바람직한 해결방법이다.

이같이 당사자 간의 화해에 의한 타협이 되지 않을 경우에 결국「제3자에 의한 해결방법」을 채택할 수밖에 없는데 이에는 다음과 같은 방법이 있다.

알선(intercession)　클레임 해결을 위하여 일방 또는 쌍방의 의뢰에 의해 제3자의 공정한 기관이 사건에 개입하여 원만한 해결을 위한 조언을 하는 것이다. 그러나 이와 같은 알선은 구속력을 가지지 못하기 때문에 당사자 쌍방의 협력을 얻지 못하면 실패한다.

조정(conciliation)　당사자 쌍방이 공정한 제3자를 조정인으로 선임하고 이 조정인이 제시하는 구체적인 조정안을 수락함으로써 클레임을 해결하는 방법이다. 그러나 조정은 구속력이 없기 때문에 반드시 당사자 쌍방이 조정안에 합의를 해야만 효력이 발생한다.

중재(arbitration)　당사자들이 제3자를 중재인으로 선임하여 이 중재인의 판정에 복종함으로써 클레임을 해결하는 방법이다. 조정과 다른 점은 조정의 경우 조정안의 수락 여부가 당사자들의 자유의사에 달렸으나 중재는 당사자들이 중재판정을 거부할 수 없으며 법원의 확정판결과 동일한 구속력을 갖는다는 점이다.

소송(litigation)　국가기관인 법원의 판결에 의하여 분쟁을 해결하는 방법이다. 소송을 통한 클레임의 해결은 자국의 판결효력이 상대국에 미칠 수 없으므로 반드시 상대국 법원에 제소하여야 실효를 거둘 수 있다.

2. 상사중재

2.1 상사중재의 의의

상사중재(commercial arbitration)는 당사자 간의 합의에 의하여 사법상의 분쟁을 법원의 소송절차에 의하지 않고 제3자에게 그 분쟁의 해결을 맡기는 동시에 최종적으로 그의 판정에 복종함으로써 분쟁을 자주적으로 해결하는 제도이다.

이러한 중재의 요건은, ① 분쟁대상이 당사자 간에 처리할 수 있는 사법상의 법률관계이어야 하며, ② 당사자 간의 합의에 의하여 분쟁해결을 법원의 판결을 배제하고 중재를 선택한다는 것을 명시적으로 표시한 중재계약이 있어야 하고, ③ 제3자의 판정은 최종적인 것이고 당사자들은 그 판정에 복종해야 한다는 것이다. 따라서 중재판정은 당사자 간에 확정적인 것이며 그 효력은 법원의 판결과 동일한 효력을 갖는다.

이러한 중재는 일반적으로 중재절차를 관리하는 중재기관에 의하여 수행되며 이러한 중재기관으로는 상설기관과 임시기관이 있다. 이러한 상사중재에 의한 클레임 해결방법은 소송의 경우에 비하여 여러 가지 장단점을 지니게 되는데 우선 상사중재의 「장점」을 살펴보면 다음과 같다.

신속 · 저렴한 절차 단심제이므로 분쟁의 해결이 신속하게 진행되고 따라서 중재비용이 저렴하다. 또한 소송과는 달리 비공개로 진행되므로 영업비밀이 보장될 수 있다.

실질적 판정가능성 상거래의 실정과 관습 등에 전문성이 있는 중재인의 전문성(expertness)을 활용하여 실질적이고도 정확한 판정을 도모할 수 있다.

자주적 분쟁해결방법 당사자들이 법원의 판결에 의존하지 아니하고 자율적인 중재합의에 따라 해결하는 자주적인 분쟁해결방법이다.

국제적 효력 재판은 그 법률적 효력이 한 국가 내로 한정되지만 중재판정은 국제협약에 의해 국제적으로 효력을 미칠 수 있다.

반면 이러한 상사중재에 의한 해결방법은 다음과 같은 「단점」이 있다.

법적 안정성 결여 소송은 판사가 법과 판례에 구속됨으로써 법적인 안정성을 가지지만 중재는 중재인이 자기의 양식에 따라 판정하므로 법적 안정성이 결여될 수 있다.

이해관계의 반영 미흡우려 중재는 단심제로서 상소수단이 없으므로 당사자의 이해관계가 충분히 반영되지 못할 수가 있다.

객관성부족 우려 중재인은 자신을 선임한 당사자와 별개의 독립된 지위에서 판정을 해야 함에도 불구하고 당사자의 대리인으로 그의 이익을 보호하려는 경향이 있다.

형식적 절충 우려 중재인은 강제처분권이 없고 또한 판정기간이 짧은 관계로 종종 양 당사자들의 주장을 형식적으로 절충하여 판정을 내리는 경우가 있을 수 있기 때문에 당사자에게는 불안한 요인이 될 수 있다.

2.2 상사중재의 절차와 국제협약

중재절차는 당사자 간의 중재계약에 의해 결정할 수 있으나 중재계약이 없거나 당사자의 의사가 불분명할 경우에는 상사중재규칙에 따라 진행한다. 우리나라는 중재에 관한 기본법으로 중재법이 마련되어 있으며 이에 관한 절차법으로 상사중재규칙이 있다. 일반적으로 이루어지는 중재절차를 요약하면 다음과 같다.

중재계약 중재에 의하여 분쟁을 해결하려면 먼저 당사자 간의 중재계약(arbitration agreement)이 체결되어야 한다. 중재계약에는 중재장소와 중재기관 및 중재규칙 또는 준거법에 관한 기본조건이 명시되어야 한다. 중재계약이 있으면 당사자는 법원의 재판을 받을 권리를 상실하게 된다.

중재신청 중재의 신청은 별도의 형식을 요구하지 않으나 당사자들의 편의를 위하여 소정의 양식에 의하도록 하고 있다. 중재를 신청할 때에는 중재계약의 원본이나 사본, 중재신청서, 입증서류, 대리인이 신청하는 경우는 그 위임장, 중재비용 및 중재인의 보수 등을 미리 납부해야 한다.

중재인선정 중재인의 선정은 당사자들이 직접 선정하는 방법과 중재기관에 의해 선정하는 방법이 있다. 원칙적으로 중재인의 자격에는 제한이 없다.

중재심문과 판정 중재인이 선정되어 중재판정부가 구성되면 심문·증거조사·검사 등의 일련의 절차가 진행된다. 중재심문은 당사자들이 중재인 앞에 출석하여 자신에게 유리한

그림 11-9 중재절차

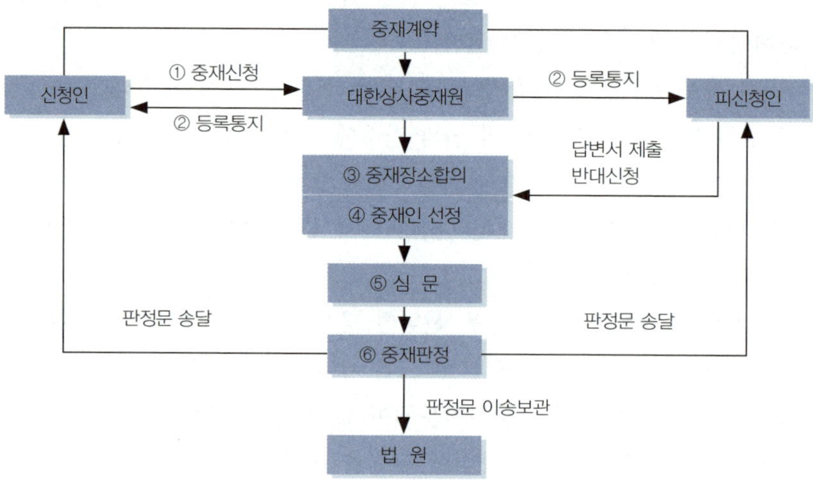

사실을 제시하고 주장할 수 있으며 상대방의 주장에 대한 항변을 할 수 있는 매우 중요한 기회이다. 중재판정은 중재인들의 다수결에 의해 결정이 내려진다. 일단 판정이 절차상 확정되면 이것은 최종적이며 확정적이기 때문에 철회나 변경을 할 수 없고 당사자 간에는 법원의 확정판결과 동일한 효력을 지닌다.

한편, 중재판정의 효력이 외국의 상대방에게 미치지 않는다면 상사분쟁의 해결방법으로서의 중재는 그 의미가 없게 된다. 따라서 상사분쟁을 효율적으로 해결할 수 있기 위해서는 각국 간에 외국의 중재판정에 대한 상호보장이 협약되어져야 한다. 이와 같은 목적에서 이루어진 상사분쟁에 관한 국제협약이 뉴욕협약(New York Convention)이다. 이 협약은 「외국중재판정의 승인과 집행에 관한 유엔협약」(The United Nations Convention on the Recognition and Enforcement of Foreign Arbitral Awards)의 약칭으로 1958년 6월 10일에 뉴욕에서 채택되었다. 따라서 뉴욕협약에 가입한 체약국은 외국중재판정의 승인 및 집행을 보장받을 수 있다.

2.3 우리나라의 상사중재제도

우리나라는 1966년 「중재법」이 공포되면서 하나의 사회적 제도로서 기능하기 시작하였고, 1982년 뉴욕협약에 가입하여 국내에서 내려진 중재판정이 국제적 효력을 가지게 되었다. 우리나라의 중재법상 상사분쟁에 대한 중재는 '사단법인 대한상사중재원'에서 중재로 할 수 있고 이러한 중재판정은 법원의 확정판결과 동일한 효력을 갖는다.

또한 당사자 간 별도의 합의가 있거나 신청금액이 1억 원 이하인 국내중재의 경우에는 분쟁의 신속한 해결을 도모하기 위한 신속절차에 의한 중재를 하고 있다. 신속절차의 경우 1인의 중재인을 선임하고 심리는 1회로 종결함을 원칙으로 하며 중재재판부는 심리종결일로부터 10일 이내에 판정을 내려야 한다. 이러한 신속절차가 아닌 일반적 중재절차의 경우에는 중재합의(계약) → 중재신청 → 접수통지 → 조정 → 중재인선정 → 답변서제출 및 반대신청 → 심리 → 판정과 같은 일련의 절차를 거치게 된다.

제12장 International Commerce

전자무역

최근 정보통신매체의 급속한 발달과 함께 인터넷의 활용이 높아짐에 따라 가상공간에서 무역거래가 이루어지는 전자무역이 무역상무의 새로운 수단과 영역으로 등장하게 되었다. 따라서 제12장에서는 기존의 무역거래와 달리 인터넷과 전자문서교환방식 등에 의해 이루어지는 전자무역에 대한 기초 지식을 소개한다.

제 1 절 전자무역의 개요

1. 전자무역의 개념과 특성

1.1 전자무역의 개념

전자무역(electronic trade, e-trade)이란, 기존의 무역거래를 전자적인 정보기술(IT)을 가지고 정보통신매체(EDI, Internet)를 활용하여 처리하는 새로운 무역거래 형태이다. 무역거래는 다양한 거래주체들이 개입하여 복잡하고 긴밀한 프로세스로 진행되는데 이러한 프로세스의 일부 또는 전부를 인터넷 등 전자적 방식으로 처리함으로써 시간과 공간의 제약을 받지 않고 보다 편리하고 신속하며 효율적으로 수행할 수 있고 신뢰성을 획기적으로 개선할 수 있다. 따라서 전통적인 오프라인(off line) 무역거래와는 방식과 관행이 다른 전자무역이 새로운 무역거래 형태로 확산되고 있다.

전자무역의 초기단계에서는 통일된 용어와 정의가 내려지지 않았으나 대외무역법(2002.3.30) 제2조 6호에서 '전자무역이란 무역의 전부 또는 일부가 컴퓨터 등 정보처리능력을 가진 장치와 정보통신망을 이용하여 이루어지는 거래'로 정의되었고, 이후 전자무역촉진에 관한 법률(2006.6.24.) 제2조 1호에서 '대외무역법 제2조 1호에 따른 무역의 일부 또는 전부가 전자무역문서로 처리되는 거래'라고 규정되었다.

이 같은 전자무역과 유사한 개념으로서 무역자동화·인터넷무역·사이버무역·글로벌 전자상거래 등이 혼용되어 왔는데 이들의 개념을 〈표 12-1〉에서 비교하고 있다. 이하에서는 현행 전자무역촉진에 관한 법률이 규정하는 대로 '전자무역'이라는 용어를 통일적으로 사용하기로 한다.

표 12-1 전자무역과 유사용어의 비교

무역자동화	• 폐쇄형 네트워크(VAN) 의해 이루어지는 전자무역의 초기 단계 • 인터넷발달로 인터넷무역의 비중 높아지고 있고 무역자동화를 규정한 법률이 전자무역 개념을 규정한 새로운 법률 속에 포괄됨
인터넷무역	• 무역 관련 정보 및 전자문서를 개방된 인터넷을 통해 유통한다는 점에서 인터넷무역은 정보의 유통경로를 강조한 개념임. • 전자무역은 개방적 인터넷은 물론 폐쇄형 네트워크(VAN)에 의해서도 이루어지므로 인터넷무역은 전자무역보다 하위개념임
사이버무역	• 무역업무 처리과정이 컴퓨터와 네트워크에 의해 창출된 사이버 공간에서 행해짐을 강조하는 것으로 전자무역과 같은 개념임 • 그러나 대외무역법 등에서 '전자무역'이 정식 용어로 채택되었고 세계적으로도 사이버무역이라는 용어가 사용되고 있지 못함
글로벌(국제) 전자상거래	• 전자적인 매체를 통해 상품이나 서비스를 교환하는 전자상거래 중 국경을 넘는 거래를 지칭하는 용어임(국내전자상거래 + 전자무역)

1.2 전자무역의 기능과 특성

전자무역은 기존의 무역거래와는 다른 여러 가지 기능과 특성들을 보여주는데 그 주요한 내용은 다음과 같다.

무역업무 처리방식의 자동화 전자무역은 무역거래 프로세스의 3가지 주요 흐름인 서류·물품·대금의 흐름 중 서류와 대금의 흐름을 완전히 전자방식으로 처리할 수 있다. 따라서 기존의 무역거래에서 사용하는 종이서류가 없어지는 이른바 '종이서류 없는 무역'(paperless trade)이 이루어지고 주요한 결제방식의 하나인 신용장방식 대신에 전자화폐 등 전자대금결제방식이 활성화 된다. 또한 주문과 동시에 상품을 공급받고자 하는 소비자들의 욕구에 맞추어 현지생산·현지보관·현지배달이라는 상품배송시스템과 함께 지능수송시스템이 구축되고, 인터넷상에서 생산자와 소비자 간의 직접거래가 증가하면서 탁송부문과 창고부문의 결합도 가속화되어 새로운 국제운송물류시스템이 도입된다.

거대한 단일시장화 전자무역은 거래상대방과 직접 만나지 않고서도 인터넷·컴퓨터·통신망 등을 통하여 거래상대방을 물색하고 협상하여 계약을 체결하는 비 대면방식으로 이루어지므로 시간적·공간적 제약을 용이하게 극복할 수 있다. 따라서 지금까지 국가별로 독립적으로 운영되던 시장이 인터넷을 통하여 구현되는 가상공간(cyber space)이라는 거대한 단일시장으로 통합되면서 누구나 값싼 양질의 물품과 서비스를 사고 팔 수 있고 이론적으로 365일 24시간 업무가 가능해진다.

상품가격의 단일화 · 합리화 인터넷에서는 전문적인 정보를 검색하여 특정 상품에 대한 공급자와 가격 등에 대해 쉽고 빠르게 찾아 볼 수 있으므로 그 상품을 필요로 하는 소비자와 공급자 간에 철저한 시장원리가 적용되어 가장 경제적이고 합리적인 가격으로 거래가 이루어진다. 따라서 제품은 차별화되는 반면 가격은 평준화되며 유통비용의 하락으로 전반적인 가격의 하락을 유도할 수 있다.

거래관습변화 및 거래비용절감 전자무역은 컴퓨터와 통신네트워크에 의해 이루어지는 만큼 거래당사 간의 교섭방식과 거래방식에 상당한 변화를 가져온다. 또한 인터넷을 통한 정보검색엔진을 이용하여 무역업자들은 무역에 관련된 수많은 정보들을 경제적이고 효율적으로 찾을 수 있고 판매상품에 대해 별도의 홍보책자나 카탈로그를 만들지 않고 인터넷상의 웹 사이트에 바로 전시할 수 있어 이에 따른 홍보비용을 크게 절약할 수 있다. 또한 무역거래를 성공적으로 이행하기 위한 각종 서류교환에 따른 비용도 대폭적으로 절감할 수 있다.

글로벌마케팅 활성화 인터넷이라는 새로운 매체의 등장으로 인하여 문자나 그림은 물론 음성과 동화상 등 보다 다양하고 효과적인 방법으로 회사나 제품을 소개할 수 있게 되었고 소비자와 대화가 가능한 대화형 광고를 비롯하여 첨단기법을 활용한 광고도 가능하다. 이로 인해 전자무역에서는 최소의 비용으로 시간과 공간의 제약 없는 글로벌 마케팅이 활성화된다. 이에 따라 초우량 대기업이나 다국적기업 못지않게 창의적이고 진취적인 중소기업들이 오히려 인터넷에서 새로운 기회를 발견하여 세계적인 기업으로 발돋움할 수 있는 기회를 가질 수 있다.

2. 기업의 전자무역 활용단계

Ⅰ 개별무역업체가 전자무역을 도입하고 활용하는 전자무역의 발전과정은 대체로 다음과 같은 4단계로 나타낼 수 있다.[1]

e-Marketplace 활용 기존의 무역방식을 그대로 고수하되 해외시장의 개척수단으로서 e-Marketplace를 활용하는 가장 초보적인 단계의 전자무역 도입단계이다. 국내 및 해외 e-Marketplace에 구매 또는 판매하고자 하는 물품을 등록하고 이를 통하여 해외에서 들어오는 문의와 조회를 검토하여 계약으로 이끌어가는 방식이다.

무역자동화시스템 연계 국내무역절차를 무역자동화시스템을 활용하여 처리하는 단계로서 우리나라의 경우 한국무역정보통신(KTNET)과 데이콤(DACOM)이 제공하는 무역자동화

1 전자무역연구회, 전자무역의 이해와 전개(브레인 코리아, 2002) pp.33-34 참조.

서비스를 이용하여 수출승인·수입승인·비자발급·원산지증명서발급·수출입통관 등을 컴퓨터로 처리한다. 초기에는 폐쇄형 네트워크인 VAN을 이용하여 전용회선에 의한 서비스만을 제공했지만 현재는 언제 어디서나 사용할 수 있는 웹서비스를 제공하고 있다.

국내전자상거래시스템 연계 기업의 ERP(Enterprise Resources Planning, 전사적 자원관리)나 SCM(Supply Chain Management, 공급망 관리) 등을 무역업무처리와 연계하는 형태로 국내거래와 무역이 구별되지 않는 끊임없는 업무처리가 이루어지는 더 높은 단계이다. 이러한 단계에서는 무역과 관련된 모든 정보처리는 온라인으로 이루어지고 단지 물품운송과 같은 물리적 이동만이 전통적 방식으로 이루어지게 된다. 전자제품이나 기계부품과 같이 상품명세가 표준화되어 있는 경우 이러한 시스템도입이 매우 효율적이 된다.

완전한 전자무역 해외시장조사·거래처조회·계약체결·물품인도·대금결제에 이르는 모든 무역과정이 온라인으로 이루어지는 단계이다. 이러한 완전한 전자무역의 대상이 되는 물품은 소프트웨어·게임·디지털 컨텐츠·서비스 등과 같이 정보통신망을 통하여 이동이 가능한 물품이다.

[2] 한편, 무역기업이 전자무역을 수행하는 시스템의 발전단계를 살펴보면 다음과 같은 과정을 거치며 진화되어 왔다고 할 수 있다.

폐쇄형에서 개방형시스템으로 진화 기업의 전자무역은 VAN/EDI방식의 폐쇄적 네트워크를 통한 주요 거래기업과의 전자적 정보교환에서 시작하여 점차 인터넷을 기반으로 하는 개방형 거래모델로 발전하여 왔다. 전통적 거래방식인 폐쇄형 전자무역에서는 무역거래에서 발생하는 각종 정보수요를 전자문서 및 관련 시스템을 통하여 신속하고 정확하게 교환하는데 그치는 것이 일반적이지만, 인터넷을 기반으로 하는 개방형 전자무역의 경우에는 새로운 거래상대방의 발굴을 통하여 거래기업의 수를 증가시킬 수 있을 뿐만 아니라 새로운 방식의 거래를 추구할 수 있게 된다.

기업 간 업무에서 내부업무와의 통합 기업의 전자무역은 기업과 기업 간의 교환행위와 관련되는 업무를 중심으로 시작하지만 점차 기업의 내부업무와 통합하는 방향으로 진화되어 간다. 예컨대 초기단계에서는 기업내부의 무역전담부서만이 전자무역인프라 시스템이나 거래대상기업의 시스템과 접속할 뿐 기업 내 타부서와의 직접적인 시스템연동은 이루어지지 않는 것이 일반적이지만, 전자무역의 경험이 축적되면서 보다 높은 수준의 효율성을 추구하기 위하여 무역전담부서와 구매·조달·생산·영업부서 등 기업 내 타 부서와의 일관된 업무프로세스를 구축하고 시스템화하는 수준으로 진화한다.

제 2 절 전자무역 인프라(전자무역시스템)

전자무역이 이루어지기 위해서는 여러 가지 구성요소들이 갖추어져야 하는데 이러한 구성요소들로서는 다음과 같이 기술적 요소·제도적 요소·상업적 요소 등 3가지 요소를 들 수 있다.

기술적 요소 전자무역거래가 원활하게 이루어지기 위해서는 이와 관련된 하드웨어·소프트웨어·통신망 등과 같은 기술적 기반이 형성되어야 한다. 보다 구체적으로는 전자문서·전자카탈로그·전자결제 등에서의 표준화작업, 다양한 전자무역거래를 위한 각종 솔루션과 서비스의 개발, 초고속 정보통신망·글로벌 전자무역네트워크 등이 있다.

제도적 요소 전자무역거래가 기존의 종이서류를 매개로 한 무역거래와 동일한 법적 효력을 발휘하기 위해서는 이와 관련된 법적·제도적 차원의 기반이 형성되어야 한다.

상업적 요소 전자무역의 구성요소 중 가장 중요한 요소로서 무역 관련 비즈니스를 전자적으로 수행할 수 있는 대상상품과 컨텐츠·관련 물류 및 결제·전자무역 전문 인력과 참여기관 등과 같은 상업적 기반이 구축되어야 한다.

이처럼 전자무역이 이루어지기 위해서는 ① 전자무역시스템, ② 전자무역 관련 규범과 제도, ③ 글로벌 전자무역시스템 등 다양한 관련 인프라가 갖추어져야 하고 실제로 이들 각각의 인프라가 획기적으로 진보되고 있다. 여기서는 전자무역의 기술적 요소인 전자무역시스템의 진화과정과 글로벌 시스템에 대해서 소개하기로 한다.

1. 전자무역시스템의 진화과정

전자무역시스템은 1980년대 UN 주도 하에 이루어진 무역절차 간소화·전자문서표준화(UN/EDIFACT) 등을 통하여 시작된 이후 다음과 같은 발전과정을 거치며 진행되어 왔다.[2]

1990년대 초반 1980년대 이후 90년대 초반까지는 무역계약이 이루어진 이후의 계약이행단계에서 발생되는 서류중심의 무역절차를 전자적으로 처리하기 위한 전자문서 교환방식(EDI)의 폐쇄형 무역업무 자동화시스템 구축이 활발하게 추진되고 활용되었다. 우리나라의 경우 한국무역정보통신(KTNET)과 데이콤(DACOM)이 제공하는 무역자동화서비스를 이용하여 수출승인·수입승인·비자발급·원산지증명서발급·수출입통관 등을 컴퓨터로 처리하였다.

1990년대 후반 1990년대 후반에 이르러서는 인터넷을 활용한 전자무역거래 알선사

2 윤광운· 김철호, 글로벌 네트워크시대를 위한 전자무역(탑북스, 2010) pp.4-6 참조.

이트 또는 무역e-마켓플레이스를 중심으로 하여 무역계약의 체결 이전까지의 마케팅을 행하는 전자무역이 수행되었다.

2000년대 2000년대에 들어와서는 인터넷사용이 급속히 확산됨과 동시에 확장성 표시언어(ebXML)·보안 및 인증 관련 기술의 발달에 힘입어 모든 무역업무를 인터넷으로 통합 처리할 수 있게 되었다. 특히 정보통신기술의 발달에 힘입어 무역계약 체결의 이전과 이후를 연결하여 처리할 수 있는 개방형 전자무역시스템 구축과 국가 간 전자무역 네크워크 연계사업이 활발히 추진되었다.

최근의 동향 최근에 이르러서는 전자무역에 유비쿼터스(Ubiquitous) 개념을 접목하면서 e-Trade를 u-Trade로 발전시키고 있다. u-Trade란, 컴퓨터와 유선네트워크에 중점을 둔 e-Trade와는 달리 휴대폰·PDA 등 다양한 무선단말기와 광대역통신망·무선·모바일 네트워크 등을 통하여 시간과 공간의 제약 없이 언제 어디서나 원하는 정보를 주고받을 수 있으며, 시장조사에서 결제에 이르기까지 모든 무역업무프로세스를 단절 없이 처리할 수 있는 단일창구(single window)를 제공하며, 무역업체의 정보화수준에 따라 다양한 서비스 및 인프라에 대한 연계방식을 제공함으로써 국내의 모든 무역관련 주체는 물론 글로벌연계까지 가능하게 하는 전자무역인프라를 총칭하는 개념이다.

표 12-2 전자무역 시스템의 발전과정

시 대	대상/목표	수단/인프라
1980년대	무역절차 간소화	문서표준화
90년대 초반	계약 이행단계 전자화	EDI, 무역업무자동화
90년대 후반	계약 체결단계 전자화	인터넷 연계, e-Marketplace
2000년대	모든 무역절차 전자화	인터넷 연계통합, e-Trade Platform
최 근	모든 무역절차 전자화	유비쿼터스 연계통합, u-Trade Hub

이처럼 전자무역시스템은 ① EDI 기반의 폐쇄형 전자무역시스템(1단계) → ② 인터넷 기반의 개방형 전자무역시스템(2단계) → ③ 유비쿼터스 기반의 글로벌전자무역시스템(3단계)으로 발전되고 있다. 우리나라의 전자무역 역시 1991년 무역업무 자동화사업으로부터 본격적으로 시작된 이후 이상과 같은 전자무역의 발전과정을 밟고 있는데 이하에서는 이러한 발전과정을 무역업무자동화와 EDI, 전자무역 e-마켓플레이스, 전자무역플랫폼과 u-Trade Hub 순으로 나누어 이들의 개념과 의의를 살펴본다.

2. 무역업무 자동화와 EDI

2.1 무역업무 자동화

무역업무 자동화란, 사람이 서류를 들고 은행·관련기관·세관 등을 일일이 다니거나 우편·FAX 등을 통하여 무역 관련 업무를 처리하는 대신에 전자문서교환(EDI)방식을 사용하여 컴퓨터로 빠르고 간편하게 업무를 처리하는 것을 말한다. 말하자면 무역업무와 관련된 각종 서류를 컴퓨터가 읽을 수 있는 표준화된 문서형태로 바꾸어 컴퓨터를 활용하여 처리함으로써 개별주체들의 재입력 없이 문서를 교환함과 동시에 이른바 '종이서류 없는 무역'(paperless trade)을 실현하는 것을 말한다.

미국이나 일본 등 선진국에서는 1970년대 후반부터 무역업무의 자동화가 시작되었으나 우리나라는 1991년 무역업무 자동화의 기본 틀인 무역업무 자동화촉진에 관한 법률을 제정하고 1992년 한국무역정보통신(KTNET)를 전담사업자로 지정하여 범국가적으로 무역자동화 사업을 추진하였다. 이후 KTNET는 수출입 전반에 걸쳐 무역업체와 무역 관련기관을 유기적으로 연결하여 각종 전자문서와 무역정보를 24시간 중계하고 전송하고 있다.

이러한 시스템은 전자문서와 통신방법에 관한 국제표준을 따르기 때문에 컴퓨터 기종에 상관없이 거래상대방과 정보교환이 가능할 뿐만 아니라 국가기간 전산망·민간의 폐쇄형 네트워크(VAN)·국제무역 네트워크와도 연결이 용이하다. 이러한 무역업무 자동화시스템은 신용장업무·수출입승인·수출검사·선적 및 보험·통관 등 모든 수출입절차를 적용대상으로 하고 있어 무역업무처리의 신속성과 효율성을 크게 향상시키고 있다.

2.2 EDI의 개념과 의의

이상과 같은 무역업무 자동화를 수행하는 EDI(Electronic Data Interchange)란 '전자문서교환' 또는 '전자자료 교환' 등으로 번역되는데, 서로 다른 기업 또는 조직 간의 거래를 위하여 인편이나 우편을 이용하지 않고 통신회사를 개입시켜 표준적인 규약에 따라 표준적인 양식으로 된 전자서류를 컴퓨터로 교환·통신하는 정보전달방식이다. 전자기술 및 정보기술의 급격한 발달로 기업 간의 서류교환, 특히 국제무역과 관련된 서류교환을 우편이나 팩스 대신 컴퓨터로써 상호 교환하는 이러한 EDI가 등장하여 크게 활용되고 있다. 따라서 이제는 'No EDI, No Business'라는 말이 통용될 만큼 EDI는 정보화시대의 중요한 정보매체가 되었다.

더욱이 전통적 EDI는 문자(text)중심의 비즈니스 데이터를 전자문서의 형태로 변환하여 컴퓨터로 주고받는 형태를 띠고 있다. 그러나 이러한 전통적 EDI는 구현에 상당한 비용과 노력이 소요될 뿐만 아니라 실시간 업무처리가 어려우며 문자중심이기 때문에 멀티미디어 데이터의 교환이 어렵고 주로 국내중심이므로 해외에서의 자유로운 접속이 힘들다는 문제점 등이 있었다. 따라서 어느 정도 규모가 있고 거래빈도가 많은 중대형기업이나 기관 등이 중심이 된 폐쇄적인 성격을 띠고 있었다.

최근 인터넷과 정보통신 관련기술이 발전하면서 EDI의 경우에도 문자는 물론 멀티미디어 데이터를 보다 저렴한 비용으로 개방형 시스템을 통하여 전 세계 어디에서나 실시간으로 주고받도록 하는 움직임이 나타나고 있다. 이러한 새로운 움직임은 개방형EDI·실시간EDI(대화형EDI)·인터넷EDI(웹EDI) 등의 3가지 방향에서 검토되고 있다.

2.3 EDI의 기능과 한계

기존의 종이서류방식에 의한 무역업무처리 대신에 EDI가 도입되면 사전에 합의된 표준전자문서를 컴퓨터로 전송하고 이를 컴퓨터로 수신함으로써 ① 서류작성과 처리에 필요한 노력과 비용이 절감되고, ② 자료의 신속한 교환으로 계약체결과 이행을 더욱 신속히 할 수 있으며, ③ 에러발생 및 불확실성을 감소시킬 수 있고, ④ 고객 서비스향상과 함께 거래처와 더욱 안정된 관계를 구축할 수 있다.

그러나 이러한 무역자동화는 ① 무역계약이 체결된 이후의 업무프로세스를 자동화시키는데 집중되어 있어 계약 이전의 프로세스에 대한 서비스를 지원하지 못하고, ② 무역계약의 이행과정에 있어서도 종전의 프로세스를 자동화 하는데 집중하고 있어 보다 혁신적이고 효율적인 프로세스를 개발하는 데에는 한계가 있으며, ③ 이러한 시스템을 사용하기 위해서는 초기시스템의 투자비용 및 지속적인 시스템의 활용과 유지비용이 높기 때문에 규모의 경제효과를 누릴 수 있는 대기업에 적합하다는 단점도 있다.

3. 전자무역 e-마켓플레이스

3.1 e-마켓플레이스의 의의

일반적으로 e-마켓플레이스(e-Marketplace)란 인터넷 등 네트워크상에서 다수의 공급자와 다수의 구매자 간에 거래를 할 수 있도록 구축해놓은 온라인시장을 말한다. 이러한 시장은 오프라인 거래에서 이루어지던 복잡하고 불필요한 거래과정을 합리적이고 효율적으로 변화시킴으로써 기존의 거래형태를 변화시키는 데 그치지 않고 혁신적인 프로세스와 투명한 거래를 통하여 거래에 따른 시간과 비용을 획기적으로 절감시킴으로써 비즈니스 프로세스를 근본적으로 변화시키고 있다.

따라서 전자무역 e-마켓플레이스는 국제적인 전자상거래를 지원하기 위한 B2B의 한 분야로서 수출입자 및 이들의 정보를 열람·검색·저장할 수 있는 기능을 가진 인터넷상의 종합적인 가상무역공간을 말한다. 따라서 이 곳에서는 자신의 오퍼등록 및 상대방의 오퍼정보검색 등 기본적인 거래알선기능과 더불어 홈페이지 및 카탈로그 작성 등 부가적인 서비스를 제공할 뿐만 아니라 무역자동화 기능도 동시에 제공하고 있다.

이렇게 전자무역 e-마켓플레이스는 무역거래에서 발생되는 다양한 거래비용을 획기적으로 절감할 수 있는 기능을 지니고 있지만 중소무역업체의 전자무역을 지원하는 전문기관으로서의 역할이라는 측면에서도 그 필요성이 매우 높다. 무역거래에 있어 전자무역이 새로운 패러다임으로 자리매김함에 따라 자본과 인력을 충분히 확보하고 있는 대기업들은 전자무역을 적극적으로 도입·활용하였지만 그렇지 못한 중소기업체들은 전자무역의 도입과 활용에 상당한 어려움을 겪게 되는 만큼 전자무역 e-마켓플레이스가 이들에게 전자무역에 대한 교육 및 홍보·컨설팅 등 전자무역 수행에 대한 전반적인 지원을 할 수 있는 전문기관으로서의 역할을 수행할 수 있기 때문이다.

3.2 e-마켓플레이스 관련 주체

우리나라의 전자무역 e-마켓플레이스는 무역 관련 정보를 제공하여 무역거래를 알선하는 정보중개자 수준의 역할로부터 시작하여 무역거래를 대행해주는 거래중개자의 역할을 넘어 무역 관련 제반 서비스를 제공하고 지원하는 수준으로 발전하고 있다. 따라서 이러한 전자무역 e-마켓플레이스는 다음과 같은 주체들과 관련된다.

무역거래 알선사이트 전자무역거래를 중개 및 알선해주는 인터넷 사이트로서 국제무역을 촉진하기 위하여 국내외 무역업체들에게 토털 솔루션(total solution)을 제공해주는 웹사이트이다. 수출입업자가 동시에 상호작용할 수 있고 오퍼의 게재와 삭제가 자율적으로 이루어져 정보의 자율성과 즉시성을 가지며 또한 저렴하고 효율적으로 거래처를 발굴하고 적극적인 마케팅을 할 수 있다.

전자무역 중개기관 스스로 전자무역거래를 수행할 수 없는 업체를 위하여 전자무역에 필요한 모든 기능을 지원해주는 기관으로서 2001년 개정된 대외무역법에서 이에 대한 법적 근거가 마련되었다. 자체적으로 전자무역시스템을 구축하여 전자무역을 수행하기 어려운 중소 무역기업의 전자무역 마인드를 고취시키고 이들의 전자무역을 지원하고 활성화하기 위하여 도입된 제도이다.

전자무역 전문 서비스업자 무역업자의 전자무역을 보다 효율적으로 지원하고 체계적으로 확산시키기 위하여 기존의 대외무역법에서 규정하고 있던 전자무역중개기관을 보완하고 발전시킨 제도로서 2005년 새로이 출발한 전자무역촉진법에서 규정한 기관이다.

e-무역상사 이전의 전자무역 e-마켓플레이스가 무역계약 체결 이전까지의 서비스에 초점을 맞춘 것과는 달리 e-무역상사(e-Trade Service Provider)는 전자무역 전반의 기술 및 인프라를 적극 활용하여 무역마케팅능력이 부족한 중소무역업체들에게 무역정보 제공으로부터

사후관리에 이르는 모든 무역거래절차를 대행해주고 전자무역에 대한 교육도 행해주는 서비스 제공업체를 말한다. 따라서 e-무역상사는 기존의 종합무역상사 기능을 온라인으로 전환한 주체로서 새로운 용어라기보다는 무역알선서비스를 제공하는 전자무역 e-마켓플레이스에서 전자무역 전문서비스업자를 지향하는 발전단계의 매개체 역할을 한다고 할 수 있다.

4. 전자무역 플랫폼과 u-Trade Hub

4.1 전자무역 플랫폼

전자무역 플랫폼(e-Trade Platform)이란, 무역업체가 언제 어디서나 인터넷을 통하여 시장조사·계약·통관·결제까지의 모든 무역업무과정을 단절 없이 일괄처리(one-stop)할 수 있는 단일창구(single window)를 제공하며, 특히 무역프로세스에 관여하는 여러 기업들 상호간에 협업적 상거래를 가능하게 하는 인프라를 총칭한다. 우리 정부는 2003년부터 전자무역구축사업으로서 이러한 전자무역 플랫폼을 추진하여 2007년에는 이러한 플랫폼의 구축을 완료하여 시범업체 7곳을 선정하고 이들을 중심으로 시범서비스를 실시하였다.

전자무역이 실질적으로 이루어지기 위해서는 무역 관련 기업 간 시스템통합을 통한 협업(collaboration)프로세스 구축이 필수적인바, 이를 위해서는 전자무역 플랫폼이 필요하다. 이러한 시스템이 제공되지 않을 경우 무역업체는 수출입유관기관·물류업체·금융기관 등과 거래정보의 시스템연계를 위하여 각 해당기관들과 개별적으로 시스템을 연결하여야 하는데 이를 위해서는 막대한 투자비용이 소요되므로 일부 대기업을 제외하고는 실행이 불가능해진다. 그러나 이러한 전자무역플랫폼이 구축되는 경우 개별무역업체는 이러한 플랫폼과의 연동만으로 필요한 시기에 어떠한 기관과도 완전히 연동할 수 있게 된다.

또한 전자무역의 여러 서비스모델을 제공하는 기업 측면에서는, 효과적인 전자무역플랫폼이 제공되지 않을 경우 서비스종류와 관계없이 모든 기업들이 서비스역량과 시스템인프라구조를 보유하여야 한다는 문제에 봉착하게 되는데, 이러한 전자무역 플랫폼이 제공될 경우 시스템영역에 대한 투자를 최소화할 수 있다는 장점이 있게 된다. 따라서 이러한 전자무역 플랫폼이 구축·운영되는 경우 다음과 같은 효과를 기대할 수 있게 된다.

표준화의 달성 전자무역플랫폼을 통하여 전자무역 네트워크구축사업을 추진함으로써 모든 무역업무 프로세스의 표준화를 달성할 수 있다. 이러한 표준화로 인하여 각종 비용의 절감은 물론 업무의 효율화·재고의 감소·업무처리의 정확성 등을 얻을 수 있게 된다.

신뢰성제고 및 분쟁예방 사이버공간을 이용하는 전자무역은 비대면성으로 인한 신용위험 및 무역사기 등의 위험이 존재하지만 전자무역플랫폼에서는 모든 전자문서의 전자서명과 공인인증을 구축하여 안전성·신뢰성·법적 유효성을 확보함으로써 각종 무역위험을 방지할 수 있고, 또한 전자무역문서 등록 장소에 전자문서를 일괄적으로 보관함으로써 계약 및 거래내용을 입증할 수 있게 되어 분쟁해결의 증거가 된다.

프로세스의 통합 전자무역플랫폼을 통하여 무역계약 이전 인터넷마케팅단계의 무역 컨텐츠와 서비스를 체계적인 데이터베이스로 통합하고 무역계약 이후의 수출입 및 국내프로세스를 종합적으로 연계하여 모든 무역 관련 프로세스 간의 통합을 이룩함으로써 효율성을 제고할 수 있게 된다.

4.2 u-Trade Hub

전술한 대로 최근에 이르러서는 전자무역에 유비쿼터스(Ubiquitous) 개념이 접목되면서 e-Trade가 u-Trade로 발전되고 있다. u-Trade란, 컴퓨터와 유선네트워크에 중점을 둔 e-Trade와는 달리 휴대폰·PDA 등 다양한 무선단말기와 광대역통신망·무선·모바일 네트워크 등을 통하여 시간과 공간의 제약 없이 언제 어디서나 원하는 정보를 주고받을 수 있고, 시장조사에서 결제에 이르기까지 모든 무역업무프로세스를 단절 없이 처리할 수 있는 단일창구(single window)를 제공하며, 무역업체의 정보화수준에 따라 다양한 서비스 및 인프라에 대한 연계방식을 제공함으로써 국내의 모든 무역관련 주체는 물론 글로벌연계까지 가능하게 하는 전자무역인프라를 총칭하는 개념이다.

이처럼 전자무역이 u-Trade로 발전되면서 전자무역 플랫폼은 u-Trade Hub라는 개념으로 확장·발전하고 있는데 이는 전자무역의 단일창구로서의 역할을 수행함으로써 무역업체가 서로 다른 주체들이 제공하는 다양한 전자무역서비스를 활용하여 무역업무 프로세스의 단절 없이 처리할 수 있는 통합적 네트워크를 제공해주는 기능이다. 무역 관련 주체들이 네트워크로 연결되어 있다고 하더라도 각각의 이해관계가 상충하는 경우가 많으므로 이를 해결하기 위해서는 모든 주체들 간의 전자문서를 교환하도록 해주는 핵심적 네트워크가 필요하게 되는데 이러한 기능을 수행하는 네트워크가 u-Trade Hub이다,

이러한 u-Trade Hub를 중심으로 하는 전자무역은, 무역업무처리를 간소화하여 업무의 효율성을 높이고 비용을 절감하는 효과를 가질 뿐만 아니라, 관련 기관 간 정보공유 전자문서유통으로 수출입절차를 크게 단축시키고 다양한 부가서비스를 제공함으로써 기업의 투자비용을 크게 절감시킬 것이며, 전자문서보관소를 중심으로 전자무역문서의 유통을 보장함으로써 서류의 반복제출을 생략케 하고 제출서류의 신뢰성을 높이는 효과를 가질 것으로 예상된다.

우리나라는 지난 2004년부터 지식경제부와 한국무역협회가 공동으로 추진한 '전자무역혁신 3개년 계획'에 따라 이러한 u-Trade Hub가 2008년 7월 개통되었다. 이 시스템은 무역업체를 중심으로 마케팅·물류·통관·외환·결제 등 무역 관련 제반업무를 하나의 단일창구

시스템에서 N 대 N 방식으로 일괄 처리할 수 있는 것이 특징이다. 이후 '차세대 전자무역서비스 구축사업'의 추진에 따라 무역결제서비스를 제공하는 e-Nego시스템을 2010년 4월 개통함으로써 모든 무역프로세스가 온라인화 되었다. 우리나라는 전자무역의 국내프로세스가 완성단계에 근접하게 되었고 이후 유비쿼터스 기반의 글로벌 전자무역시스템으로 진입하기 위한 노력이 필요하게 되었다.

5. 글로벌 전자무역 시스템

5.1 글로벌 전자무역 네트워크

무역은 글로벌 환경에서 이루어지므로 전자무역인프라 역시 글로벌 무역활동을 지원할 수 있어야 한다. 이른바 글로벌 전자무역 인프라를 구현하는 방법은 크게 두 가지로 구분된다. 첫 번째는 전통적인 방식으로서 각 국가별로 독자적인 전자무역인프라를 구현하고 이를 토대로 하여 국가 간 표준설정 및 시스템 간 연계를 통하여 네트워크를 구축하는 방법이고, 두 번째는 글로벌 차원의 단일 서비스체계를 구축하고 이에 기업들이 가입하도록 함으로써 전자무역을 구현하는 방법이다.

전자의 경우 국가 정부 및 국가 인프라사업자 간의 국제협약을 통하여 진행하는 한편 후자는 순수하게 기업 간의 서비스차원에 이루어진다. 또한 전자는 무역거래 프로세스의 자동화를 지향하는데 반해 후자는 인터넷환경의 보편화를 바탕으로 무역프로세스의 근본적인 변환을 통한 새로운 프로세스의 창출을 통하여 진행된다. 우리나라를 비롯한 주요 교역국들을 중심으로 국가 간 전자무역 네트워크를 구축하기 위한 노력이 오래 전부터 진행되어 왔는데 이러한 전자무역 네트워크 중 우리나라가 추진하고 있는 대표적인 글로벌 네트워크를 살펴보면 다음과 같다.

범아시아 전자상거래협력체 범아시아 전자상거래 협력체(PPA: Pan-Asian e-Commerce Alliance)는 2007년 7월 한국·일본·중국·홍콩·대만·싱가포르·말레이시아·마카오 등 동아시아 8개국의 전자무역사업자들이[3] 글로벌 전자무역서비스의 사용·경험과 노하우·공동마케팅 등을 협력하고자 하는 목적으로 구성된 범아시아 전자무역협의체이다. 이 협력체는 무역거래절차의 자동화에 중점을 둔 종합무역자동화서비스로부터 인터넷기반의 글로벌 전자무역인프라시스템을 구현하고 전자무역을 활성화시키는 데 목적을 두고 2001년에 설치되어 그동안 전자문서중계를 위하여 세계표준인 ebXML의 채택, 회원국 간 상호교환이 가능한 전자문서의 개발, 상호 전자문서교환서비스의 진행, 전자문서 상호신뢰성 확보를 위한 서비스

3 이들 7개국을 보다 구체적으로 살펴보면 KTNET(한국)·TED(일본)·CIECC(중국)·Tradelink(홍콩)·Tradevan(대만)·CrimsonLogic(싱가포르)·DagangNet(말레이시아)·TEDMEV(마카오) 등이다.

제공 등을 행하고 있다.

한 · 일 e-Trade Hub 이 사업은 2001년 한일정상이 채택한 '한일 간 IT협력 이니셔티브'에 따라 시작된 사업으로서 무역거래의 모든 프로세스에 적용할 수 있는 전자무역 기반시스템을 구축하여 한·일 간의 전자무역서비스를 구현하고 무역거래절차를 간소화하여 거래비용을 절감하기 위한 목적으로 시작된 전자무역 실거래 인프라구축사업이다. 2001년 이후 양국 간 e-Marketplace 공동구축에 대한 합의로부터 시작하여 양국 간 전자무역 기반시스템의 구축에서부터 e-AMP구축을 통하여 아시아지역으로 사업영역 확장을 위한 전초기지 건설을 행하여왔다.

ASEM 전자무역 네트워크 이 사업은 2001년 10월 서울에서 개최된 ASEM전자상거래 회의에서 한국의 제안에 따라 추진된 프로젝트로서 아시아와 유럽 간의 전자상거래 활성화 및 무역과 물류의 서류 없는(paperless) 거래를 구현하기 위해 추진된 사업이다.

이상과 같은 전자무역 관련 네트워크들은 각기 고유업무 영역을 중심으로 개발되었거나 기존의 네트워크들을 연계하고자 하는 것들로서 아직은 초기단계에 머물러 있어 여러 가지 해결하여야 할 과제들을 안고 있다.

5.2 글로벌 전자인증시스템

전통적 상거래와 전자상거래의 차이점 중 가장 중요한 점은 전자는 관련 당사자가 서면에 의하여 계약을 체결하거나 문서행위를 하는데 비하여 후자의 경우 컴퓨터를 이용한 전자문서와 전자서명을 통하여 행해지는 비 대면거래라는 점이다. 따라서 전자상거래에 있어서는 당사자의 신원 확인, 전달되는 전자문서의 위변조 여부 등의 신뢰성확인, 전자계약에 대한 진정성 확인 등이 필요해지게 된다. 이러한 문제들을 해결하고 당사자들의 이해관계를 만족시킬 수 있는 보안기능 중 대표적인 수단이 전자인증이다.

통상적으로 이러한 인증은 사용자인증과 메시지인증으로 구분된다. '사용자인증'이란 메시지의 생성·전송·수신·이용·저장 등의 일련의 과정에 관련되어 있는 관계자들이 제3자에게 자신이 진정한 사용자임을 증명할 수 있는 기능이고, '메시지인증'이란 수신된 메시지의 내용이 변경이나 수정되지 않고 정당한 사용자로부터 전송되었음을 확인하는 기능이다.

일반적으로 전자상거래를 행하려는 가입자가 이러한 내용들을 인증할 수 있는 권한을 가진 제3자인 인증기관(CA: Certificate Authority)에 자신의 신원을 증명할 수 있는 자료를 제출하여 가입하면 이를 접수한 인증기관이 전자서명 생성키(비밀키)와 가입사실을 증명하는 인증서를 발급한 후 가입자의 거래상대방에게 가입자의 신원을 확인해주거나 전자서명 생성키에 상응하는 전자서명 검증키(공개키)를 제공함으로써 이러한 인증기능을 수행하게 된다.

이러한 인증기능을 수행하는 인증기관은, 전자상거래에 있어서의 메시지작성인의 신원을 확인해주는 신분확인기능과 함께 메시지발신자가 전자서명의 효력을 부인하지 못하게 하는 증거확보기능, 특정 시간과 날짜에 메시지가 발신되었음을 증명해주는 인증기능, 분쟁이 발생한 경우 중재자로서의 역할을 행하는 분쟁해결기능 등을 수행하는 신뢰할 수 있는 제3자(trusted third party)이다.

따라서 각국은 전자상거래에 대한 공인인증기관을 두고 있는데 우리나라의 경우 1999년 7월에 발효된 전자서명법상의 일정요건을 갖춘 기관을 대상으로 6개의 공인인증기관을 지정하고 있는데[4] 전자무역거래를 담당하는 공인인증기관은 한국무역정보통신(KTNET)이다. 그런데 국가 간 전자문서의 유통이 시급한 전자무역의 경우 서로 상이한 인증기관과 인증업무를 국제적으로 표준화하기 위한 세부지침이나 가이드라인이 필요하며 인증서를 상호 운용할 수 있는 시스템의 도입이 필요하다. 이러한 목적으로 국가 간 협력을 통한 글로벌 전자인증체제의 구축이 필요해지는데 이러한 글로벌 전자인증시스템으로서 대표적인 경우가 다음과 같다.

Identrust 인증시스템 Identrust는 1997년 금융기관들이 전자무역 거래당사자의 원활한 신원인증을 행하기 위하여 시작한 프로젝트를 바탕으로 1999년 4월에 설립된 인증기관으로서 2003년 현재 60여 개 거대 금융기관들이 가입되어 166개국 이상의 국가들과 수백만 기업관계를 대표하는 PKI기반의 국제금융거래를 위한 최상위 인증기관이다. 이 시스템은 국제적으로 다양한 서비스를 제공하기 위하여 개방적이고 기술중립적인 정책을 추진하고 있고 특히 모든 서비스에는 글로벌ID로 불리는 암호보안 디지털신원확인 서비스를 제공하며 글로벌ID에 대한 실시간 유효성확인을 제공하고 있다.

Bolero 인증시스템 Bolero(Bill of Lading Electronic Registry Organization)서비스는 국제물품 매매·운송·보험·결재 등 무역거래에 필요한 종이서류를 전자문서로 전환하고 네트워크를 통하여 안전하게 무역서류를 교환할 수 있는 기반을 제공하는 것을 목적으로 하고 있다. 따라서 선화증권 등 선적서류를 전자화 하는 것, 중앙등록기관에서 전자데이터를 일괄등록하고 인증제도에 의하여 데이터의 유일성을 확보하고 보존하는 것, 중앙등록기관에 의하여 디지털서명의 발행 또는 인증제도를 통한 전자적 양도 등에 선화증권의 유통성을 확보하는 것에 중점을 두고 있다. 이 서비스의 이용자들은 다자간 교환약정(Rulebook)에 서명함으로써 서비스를 제공받을 수 있으며 송수신자의 메시지는 디지털서명을 통하여 전자문서의 진정성과 무결성을 보증받는다.

4 우리나라의 경우 최상위 인증기관으로서 한국정보보호진흥원이 있고 공인인증기관으로서 한국정보(주)·(주)코스콤·금융결제원·한국정보사회진흥원·한국전자인증(주)·한국무역정보통신(KTNET) 등 6개가 있다.

제 3 절 전자무역실무

1. 전자무역실무의 개요

전자무역이라고 하여 무역거래의 이행과정이 전통적인 무역절차와 본질적으로 차이가 있는 것은 아니다. 최근에 이르러 전자무역이 기존의 무역거래방식을 전자화하는 수준을 넘어 최신정보기술을 활용하여 무역구조와 무역과정을 근본적으로 개선하는 수준으로 발전하고 있지만 그럼에도 불구하고 이러한 전자무역이 전통적인 무역과 무관하게 독립적으로 수행되는 것은 아니다.

이처럼 전자무역은 기존의 무역프로세스와 별다른 차이가 없지만 이러한 프로세스를 수행하는 방법이나 수단에 큰 차이가 있다. 예컨대 거래상대방을 조사·발굴하는 마케팅활동이나 계약체결을 위한 상담이 인터넷 등 전자적 수단을 통하여 이루어지고, 계약을 이행하는 과정에서도 전자화폐 등 전통적인 결제방법과는 다른 전자적 수단을 통하여 대금결제가 이루어지며, 물품운송이나 통관도 무역자동화 시스템 등을 통하여 이루어지기 때문이다. 이러한 의미에서 전자무역은 전통적인 무역방식과 상호 보완적인 관계를 가진다.

따라서 전자무역의 거래절차 역시 기본적으로는 제10장에서 설명한 일반적인 무역거래절차와 동일하지만, 무역계약체결을 위하여 정보매체수단을 이용하고 무역계약의 이행에 전자문서를 사용함으로써 경비와 시간이 크게 절약될 수 있다. 특히 단일창구(single window)를 통한 전자무역이 이루어지는 경우 24시간 365일 무역업무 수행이 가능한 동시에 통합적인 업무처리가 가능해짐으로써 시간적 장애 없이 보다 효율적으로 무역업무를 처리할 수 있는 체제가 구축된다.

이러한 관점에서 전자무역거래가 전통적 무역거래와 어떠한 차이점을 가지는가를 무역거래절차 단계에 따라 살펴보면 다음과 같다.(〈표 12-3〉 참조)

정보수집과 시장조사 전통적인 무역거래에서는 필요한 정보를 수집하거나 해외시장조사를 위하여 직접 현지를 방문하거나 유관기관이나 거래알선기관 또는 해외광고·전시회·박람회 등을 활용한다. 그러나 전자무역에서는 다양한 검색엔진에 의하여 제공되는 정보서비스를 이용하거나 각국 정부기관의 사이트·기업의 웹사이트 또는 전자무역 e-마켓플레이스 등을 이용하여 실시간으로 거래상대방에 대한 정보를 확보하고 시장조사를 행할 수 있다.

마케팅과 홍보 전통적인 무역거래에서는 거래처를 발굴하거나 자사 제품에 대한 홍보 및 마케팅을 행함에 있어 매체광고·카탈로그 등을 활용하거나 전시회·박람회 등에 참여하는 방법을 주로 활용하는데 이로 인한 시간적·경제적 비용이 상당하였다. 그러나 전자무

<table>
<caption>표 12-3 전통적인 무역거래와 전자무역거래의 비교</caption>
<tr><th colspan="2">무역 프로세스</th><th>전통적 무역거래</th><th>전자무역거래</th><th colspan="2">〈전자무역 수단〉</th></tr>
<tr><td rowspan="3">계 약
이 전</td><td>정보수집
시장조사</td><td>직접방문, 거래알선기관
전시회·박람회</td><td>무역정보 사이트.
인터넷 정보검색</td><td rowspan="3">〈인터넷무역〉
인터넷 통한
검색, 마케팅,
상담, 문서의
작성·교환</td><td rowspan="6">〈단일창구
전자무역〉
-single
window-
(24시간·
365일 무역체
제, 무역서류
전자처리, 무
역업무 통합
처리, 전자결
제 체제)</td></tr>
<tr><td>마케팅
홍보</td><td>매체광고, 카탈로그,
전시회·박람회</td><td>웹 프로모션,
사이버박람회</td></tr>
<tr><td>신용조사,
상담, 계약</td><td>유관기관, 신용조사기관
전화, 팩스, 우편, 출장</td><td>신용조사 사이트
전자우편, 인터넷</td></tr>
<tr><td rowspan="3">계 약
이 행</td><td>통관, 보험</td><td>종이서류, 직접방문
보험사·관세사</td><td>전자문서,
전자민원시스템</td><td rowspan="3">〈무역자동화〉
EDI 통한
서류전자화,
전자적 민원,
전자결제</td></tr>
<tr><td>물류, 운송</td><td>종이서류(선화증권 등)
포워더·선사·항공사</td><td>전자문서,
물류정보시스템</td></tr>
<tr><td>대금 결제</td><td>신용장, DA, DP 등
금융기관</td><td>전자문서
무역카드, 전자이체</td></tr>
</table>

역거래에서는 자사의 홈페이지나 전자무역 e-마켓플레이스를 통하여 홍보 및 마케팅을 행하거나 사이버박람회 등을 활용함으로써 시간과 비용을 절약할 수 있게 되었다.

거래조회와 신용조사 해외시장조사에 의해 거래상대방을 찾으면 상대방에게 거래를 조회한다. 거래조회를 할 때 반드시 거래권유자의 웹 주소와 전자우편 주소를 기재하여야 한다. 거래조회를 한 후 인터넷을 통하여 상대방에 대한 신용상태를 조사하여야 한다. 전통적인 무역거래나 전자무역거래에 있어 모두 거래상대방의 신용상태를 확인하는 것은 매우 중요하지만, 특히 전자무역의 경우 계약당사자가 서로 격리되어있어 직접적인 만남으로 협상이 이루어지는 것이 아니라 정보시스템과 같은 전자적 수단으로 계약을 체결하고 서류교환으로 거래가 이루어지는 만큼 거래상대방의 신용조사가 더욱더 중요하다.

계약체결 전통적인 무역거래에서는 계약을 위한 청약과 승낙의 의사표시를 우편·전보·전화·텔렉스·팩시밀리 등의 수단을 활용하여 행하였으나 전자무역거래에서는 전자우편·인터넷폰·팩스·화상회의시스템 등을 통하여 행하게 된다. 계약체결과 관련하여서도 전자무역거래의 경우 B2B형태의 전자상거래로서 이를 위해 제정된 전자거래약정(Electronic Commerce Agreement) 및 교환약정(Interchange Agreement)을 이용하게 된다.

문서교환과 통관 전자무역거래에서는 물품의 인도증거서류나 기타 제공서류가 종이문서 대신에 전자문서로 대체되어 송수신된다. 이러한 전자문서 중에서 정형화된 문서는 주로 EDI방식에 의하여 행해지고 비정형화된 문서는 전자우편방식에 의하여 행해짐으로써 '서류 없는 무역거래'의 실현이 가능해진다. 전자무역거래에서의 통관 역시 수출입업자가 신고사항을 전자문서로 작성하여 관세사 등 신고인을 경유하여 세관에 전송하고 세관은 수신된 전자문서를 검토하여 수출/수입신고필증을 전송하는 방법을 통하여 이루어진다.

물류 · 운송 전자무역거래의 운송은 물품의 특성에 따라 달라진다. 유형재의 경우에는 전통적인 물류운송과정을 그대로 이용하지만 소프트웨어·전자서적·음향물·영상물 등과 같은 디지털 물품의 경우에는 사이버공간 상에서 인터넷을 통하여 직접 전송하게 된다. 이렇게 인터넷을 통하여 직접 유통될 수 있는 디지털 제품을 제외한 책·음반 등 부피가 크지 않고 특별취급이 필요하지 않은 소화물의 경우 국제택배 또는 국제특급운송이 주로 이용된다. 특히 전자무역거래의 경우 물품에 대한 화물위치추적(cargo tracking) 서비스 등 정보통신기술을 활용한 첨단물류정보시스템을 활용함으로써 수출입화물의 흐름도 실시간으로 파악할 수 있다.

대금결제 대금결제와 관련하여서도 전자무역거래에서는 전자결제시스템으로 전환된다. 전통적인 무역거래에서는 전신환(T/T)·우편환(M/T)·송금수표(D/D) 등과 같은 단순한 송금방식, 현금결제(COD) 및 서류결제방식(CAD), 지급인도조건(D/P)이나 인수인도조건(D/A)과 같은 추심결제방식, 신용장(L/C)결제방식 등이 사용된다. 그러나 전자무역거래에서는 신용카드·전자화폐·전자자금이체·무역카드시스템과 더불어 전자신용장(E L/C) 등의 전자결제시스템으로 전환되어 그들의 활용을 증대시키기 위한 노력이 진행되고 있다.

클레임과 중재 수출입업자는 전자무역과 관련하여 클레임이 제기되고 분쟁이 발생한 경우에는 그 분쟁의 해결을 하기 위한 절차에 있어 인터넷 웹기반 기술을 이용하면 분쟁을 보다 효율적이고 신속하게 처리할 수 있다.

2. 전자무역계약

2.1 전자무역계약의 의의

전자무역계약도 전통적인 무역계약과 마찬가지로 당사자 간의 의사표시인 청약(offer)과 승낙(acceptance)에 의해 계약이 성립하며 이 역시 일반적인 무역계약과 마찬가지로 특별한 형식을 요건으로 하지 않지만, 다만 전자적 의사표시에 의하여 계약이 성립된다는 점이 다른 점이다. 따라서 전자무역에서의 계약체결은 사전 협상단계에서부터 계약체결을 위한 청약과 승낙 그리고 계약서 작성까지를 전자우편 또는 인터넷·팩스 등 정보통신매체를 이용한 전자적 의사표시로 이루어진다.

전자무역계약에서 전자적 의사표시란 의사표시 수단이 컴퓨터와 같은 정보처리장치에 의하여 전자적 방식으로 직접 표시되거나 네트워크 등을 통하여 다른 사람에게 전달되는 의사표시이다. 따라서 종전에는 무역계약을 체결하기 위해 직접 상대방을 만나거나 전화 또는 우편이나 팩스 등을 주로 이용하였지만, 전자무역의 계약체결은 대체로 ① 가상공간에서의 웹 사이트를 이용하는 방법, ② 전자우편을 이용하는 방법, ③ 전자문서교환(EDI)을 이용하는 방법 등이 주로 활용된다.

표 12-4 전자무역거래의 계약체결 방식

체결방식	의사표시의 교환방식	성립시기
가상공간 (웹 사이트)	• 수출업자의 웹 사이트에 수입업자가 접속하여 화면상에 나타난 신청서의 작성과 송신 통하여 수입의사 표시	신청서의 전송
전자우편 (e-mail)	• 수출업자와 수입업자 간에 전자우편의 교환을 통하여 청약 및 승낙의 의사표시 교환	청약·승낙 메일 교환
전자문서교환 (EDI)	• 계속거래를 위한 기본거래계약이 사전에 체결되어 있는 특정기업 간에 EDI상의 전자데이터 메시지 교환	메시지 교환

계약은 당사자 간 의사표시의 합의에 의해 성립되므로 계약의 성립시기는 승낙의 효력이 발생할 때 즉 승낙의 의사표시가 상대방에게 도달한 때이다. 전자문서의 도달시기는 발신인이 보낸 메시지가 수신인의 컴퓨터파일에 기록된 때로 간주한다.[5] 전자무역에서는 청약과 승낙이 거의 동시에 이루어져 즉시 계약이 체결되기 때문에 승낙기간 내에 청약자에게 도달한 때를 계약의 성립시기로 볼 수 있다. 그러나 전자무역계약의 체결방법에 따라 계약의 성립시기와 관련되는 해석상의 문제가 있다.

가상공간(웹 사이트) 웹 사이트를 이용하여 계약을 체결하는 경우 판매자가 상품이나 서비스의 광고를 하면 고객들이 그 광고를 열람한 후 화면상에서 게재된 형식에 따라 신청서를 작성하여 전송하면 법적으로 유효한 의사표시를 한 것으로써 계약이 성립된다.

전자우편(e-Mail) 거래당사자가 전자우편(e-Mail)을 이용하여 무역계약을 체결하는 경우 당사자 간에 단순히 청약과 승낙의 메일이 교환되어지면 합의가 이루어지게 되어 계약이 성립한다.

전자문서교환(EDI) EDI를 이용하여 계약이 체결되는 경우에는 하나의 네트워크에 접속되어 있는 특정기업 간에 EDI상의 전자데이터 메시지의 교환에 의해 개별적인 계약이 성립된다. 물론 이런 경우에는 계속적인 거래를 전제로 하는 기본거래계약이 사전에 체결되어 있어야 한다.

2.2 전자무역계약의 기본조건

무역계약을 체결할 때는 후일의 분쟁을 방지하기 위하여 그 내용을 명확히 명시하여야 하고 상대방과의 장기적인 거래관계를 가지는 경우에는 거래의 기준이 되는 계약서나 일반거래협정서 등을 협정해 두어야 한다. 일반적으로 무역거래에서 필수적으로 약정해야 할 기

5 전자문서 및 전자거래 기본법 제9조, 전자무역촉진에 관한 법률 제17조, 전자서명법 제20조 참조.

본조건으로서는, 제10장 제2절에서 설명하였듯이, 품질조건·수량조건·가격조건·포장조건·선적조건·보험조건·대금결제조건·중재조건 등이 있다.

그러나 전자무역의 경우에는 전자적 방식으로 계약을 체결하기 때문에 기존의 무역거래조건 이외에 전자적 의사표시와 관련되는 조건을 포함하여야 한다. 전자무역계약 당사자간에 계약체결과 관련된 전자문서 및 전자서명의 진정성 등의 문제는 국가에 따라 그 법적 효력을 달리 할 수 있으므로 사전에 합의해 두는 것이 필요하기 때문이다.

예컨대 전자무역계약서에서 사용하는 용어가 일반적으로 이해되는 의미와는 다른 특별한 의미를 가지거나 잘 이용되지 않는 전문용어인 경우나 계약내용을 명확히 해야 할 경우에는 용어에 대한 정의조항을 두어야 한다. 또한 전자무역계약서에는 우편·전보 등과 같은 기존의 통신수단에 비하여 전자우편·웹 사이트·전자문서교환방식·전자적 대리인 등 다양한 통신수단이 존재하므로 전자계약 당사자들은 이용가능한 통신수단을 반드시 합의하여야 한다, 또한 전자무역계약 당사자들이 이용하는 통신표준 및 메시지표준 등에 대해서도 합의하여야 한다.

3. 전자서명과 전자인증

인터넷을 통한 정보전달이나 전자식 의사표시를 통하여 거래가 이루어지는 전자거래는 비 대면거래이기 때문에 현실세계에서 사용하는 당사자 또는 거래내용의 확인방법이 그대로 적용되기는 어렵다. 따라서 전자거래의 상대방과 거래내용에 대한 신뢰성과 안전성을 제고하는 방법으로서 채택되는 대표적인 수단이 전자서명과 전자인증이다.

전자상거래에 있어서 이러한 전자서명과 전자인증제도는 전자적 메시지 내용을 제3자가 획득하지 못하도록 하는 기밀성(confidentiality), 정보의 전달과정에서 도중에 정보가 훼손되지 않도록 하여 그 의사표시가 내용상 완전하다는 무결성(integrity), 누가 의사표시를 하였는가를 확증함으로써 의사표시의 진정성에 대한 인증(authentication), 이미 성립된 거래에 대한 전자적 의사표시를 상대방이 번복하거나 부인할 수 없도록 하는 부인방지(non-repudiation) 등을 보장하여 주는 기능과 역할을 하게 된다.

3.1 전자서명

우선 전자무역에서는 거래당사자 간에 교환되는 메시지가 디지털메시지이기 때문에 메시지의 원본과 사본을 구별하기가 매우 곤란하다. 또한 이러한 메시지는 컴퓨터 네트워크를 통하여 송수신되기 때문에 송수신과정에서 제3자에 의해 불법적인 추적 또는 가로채기를 당할 수 있다. 따라서 전자무역에서 안전한 거래를 위하여 종이서류에 기초한 거래에서 사용되는 서명을 대신하는 여러 가지 기술적 보안장치가 이용되고 있다. 이러한 기술적 보안장치 중에서도 가장 널리 이용되고 있는 장치가 전자서명(electronic signature, digital signature)인데 이러한 전자서명에는 크게 다음과 같은 두 가지 유형으로 구분된다.

광의의 전자서명(electronic signature) 전자펜을 이용한 그래픽 기반의 서명방식으로서 송신자는 전자문서에 전자펜을 이용하여 자신의 수기서명과 동일한 서명을 기입한 후 수신자에게 송신한 후 서명된 전자문서를 수신한 수신자는 시각적으로 전자서명의 진위를 확인한다. 이는 위조가 용이하고 전자결제가 불가능하며 EDI시스템구축이 불가능하다는 단점이 있다.

협의의 전자서명(digital signature) 이것은 암호기술에 기반을 둔 방식으로서 사용자는 자신만이 알고 있는 전자서명 개인키(private key)를 이용하여 수학적 방식의 연산을 통하여 고유한 전자서명을 한 후 수신자에게 송신한다. 수신자는 송신자가 제공하는 전자서명 공개키(public key)를 사용하여 전자서명의 진위 여부를 수학적 연산방식으로 확인한 후 전자문서를 접수한다. 따라서 전자문서의 신뢰성과 안정성이 크게 증대될 수 있게 된다.

3.2 전자인증

이렇게 전자서명은 A라는 이름을 가진 사람이 전자문서를 작성하였다는 사실은 확인할 수 있게 해주지만 과연 그 A라는 사람이 실제로 존재하는 인물인지 또는 처음부터 B가 A인 것처럼 가장하여 거래한 것은 아닌지 여부 등에 대해서는 아무런 정보를 제공하지 못한다. 또한 공개키 암호화방식에 의한 전자서명의 경우 문서작성자가 전자서명 공개키를 외부에 공개하기 때문에 항상 공개키의 위·변조문제가 존재하게 되며 획득하고자 하는 전자서명 검증키가 누구의 것인지를 확인할 수 있는 수단이 별도로 존재하여야 한다.

이러한 문제를 해결하기 위한 방안으로 고안된 것이 전자인증제도이다. 인증(authentication)이 거래당사자가 서로 상대방의 신분을 확인할 수 있도록 하는 기능으로서 송신자와 수신자가 서로 합법적인 사용자임을 증명할 수 있도록 제3자가 보장해주는 제도이다. 이러한 인증은 사용자인증과 메시지인증으로 구분되는데, 전자는 원격지에서 접속한 사용자가 정당한 사용자임을 증명하는 것이고 후자는 원격지에서 전송된 메시지가 위조 또는 변조되지 않았음을 증명하는 것인데, 일반적으로 인증이라 함은 후자를 의미한다.

따라서 전자인증이란 전자서명의 인증을 의미하는 것으로서 제3자인 인증기관(CA: certificate authority)이 전자서명 공개키가 특정한 자연인 또는 법인이 소유하는 전자서명 비밀키에 합치한다는 사실을 확인·증명해주는 행위를 말하고, 그러한 사실 등을 확인·증명해주는 전자적 정보를 전자인증서(digital certificate)라고 한다.

전자인증은 공개키 암호화방식에 의하여 실행할 수 있다. 전달될 내용을 송신인과 수신

그림 12-1 전자인증서 교환 및 인증절차

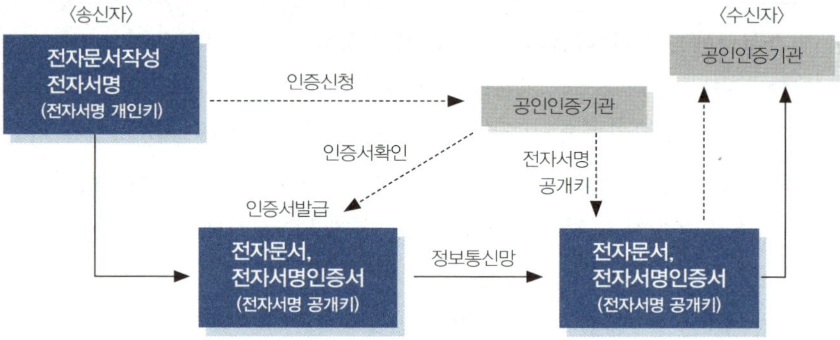

인이 모두 미리 알고 있는 상황에서 송신인이 그 내용을 자신의 개인키를 이용하여 공개키 암호화 방식으로 보낸다. 이때 수신인은 그것을 상대방의 공개키로 복호화 한 후 그 내용을 확인해 보아 맞으면 수신인은 전자문서의 서명과 내용의 진위를 확인할 수 있다.[6] 왜냐하면 복호화하였을 때 그 내용을 암호화를 할 수 있고 이 공개키의 짝이 되는 개인키를 갖고 있는 당사자는 상대방뿐이기 때문이다.

4. 전자무역결제

4.1 전자무역결제의 의의와 요건

전자무역결제는 수출입업자 간의 무역거래에서 발생하는 지급채무를 기존의 무역결제 방식이 아닌 전자방식으로 결제하는 것인데, 이렇게 무역대금의 결제가 전자방식으로 이루어지는 제도를 전자결제시스템(electronic settlement system)이라고 한다. 이러한 전자결제시스템이 출현하게 된 근본적인 배경은 전자무역거래가 급속히 발전함에 따라 이러한 전자무역거래를 뒷받침하는 새로운 전자결제방식이 필요하였기 때문이다.

가상공간(cyber space)에서 이루어지는 전자무역의 대금결제가 기존의 결제방법으로 이루어지는 경우 전자무역의 장점을 제대로 발휘할 수 없는 만큼 전자무역이 활성화되기 위해서는 전자방식의 대금결제가 이루어져야 한다. 오랜기간 동안 가장 주요한 무역결제수단으로 활용되었던 화환신용장거래의 경우 서류를 전제로 하는 거래이므로 무서류(paperless)를 지향하는 전자무역거래의 결제방식으로는 부적합한 만큼 종이신용장이 없는 전자무역거래가 원활하게 이루어지기 위해서는 새로운 전자방식의 대금결제시스템의 도입이 필요하게

6 보통문서를 암호기술을 이용하여 암호문서로 변환하는 것을 암호화(encrypt)라고 하고, 이렇게 암호화된 문서를 다시 보통문서로 해독하는 것을 복호화(decrypt)라고 한다.

되었다.

또한 국가와 국가 간에 이루어지는 전자무역거래의 경우 국내에서의 전자거래보다 훨씬 복잡한 과정을 통하여 대금지급과 물품수취가 이루어지므로 별도의 전자결제수요가 발생한다. 그 결제금액이 크므로 대량의 금액을 안전하게 인수·인도할 수 있어야 하므로 은행이 관련되고 국제대금결제와 관련하여 은행에게 담보권을 행사할 수 있도록 하는 방안도 강구되어야 한다. 이러한 점에서 전자무역 대금결제시스템에서는 수출입 당사자뿐만 아니라 은행이나 기타 무역 관련 당사자의 결제수요를 충족시켜줄 필요가 있다.

또한 전자무역 결제시스템의 니즈(needs)는 주로 이체나 어음을 결제수단으로 하는 국내의 B2C 또는 B2B 전자상거래에서의 결제니즈와는 다른 복잡한 양상을 보여준다. 이처럼 전자무역결제시스템은 국내결제시스템과는 다른 양상을 보이기 때문에 국내거래와는 다른 절차를 가진 새로운 접근방식이 요구되는 바 국제대금결제제도로서의 전자무역결제시스템이 갖추어야 할 요건을 〈표 12-5〉가 보여주고 있다.

표 12-5 전자무역결제시스템의 요건

요 건	내 용
안정성 · 기밀성	시스템 보안, 법률적 보장, 거래내용의 제3자에게 노출방지
신뢰성 · 상호인증	관계당사자의 신인도, 거래당사자 신분확인, 송수신자의 합법성 증명
정확성 · 무결성	서류작성 및 서류검토 시 L/C 및 서류 상호간의 일치 여부 송수신 메시지가 전송도중 변조되지 않았음을 증명
호환성 · 범용성	기존 결제시스템 및 거래관행과의 조화 이용가능 대상국, 대상품목, 거래규모 등
신속성 · 경제성	서류전달 및 취급상의 지연, 초고속선 등장 따른 B/L의 문제해결 종이서류방식 대체 위한 시스템구축비용, 거래처리비용 등 해결
사용자의 편의성	전자결제시스템을 이용하는 사용자의 편의성

4.2 전자무역결제시스템의 유형

이러한 전자결제시스템의 구축과 관련하여 전자신용장·전자선화증권·국제인증서비스 등 각각의 서비스를 위해 설립된 기존의 기업이나 연합체들이 국제결제네트워크 구축을 통한 통합적 서비스제공을 위하여 가시적인 움직임을 보여 왔다. 이하에서는 이러한 움직임에 따라 현재 가장 널리 활용되고 있는 전자무역결제시스템의 대표적인 3가지 유형 ① 스위프트(SWIFT), ② 볼레로(Bolreo), ③ 트레이드 카드(Trade Card) 시스템에 대하여 소개한다.[7]

7 이러한 3가지 유형 이외에 보편적으로 활용되고 있는 대표적인 대금결제시스템으로서는 ① 국제전자인증연합체 Identrus를 설립한 세계주요은행들이 글로벌 B2B결제를 위하여 고안한 Elenor Payment, ② ABN/Amro·도시바·미쓰이은행·쿠스그룹 등 16여 개 사가 전 세계 금융회사·물류회사·인증기관을 통합한 GTI(Global Transaction Infrastructure)를 기반으로 완전한 구매프로세스를 지원하는 솔루션을 제공하기 위하

(1) 스위프트 시스템(SWIFTNet의 e-PaymentPlus)

SWIFT(Society for Worldwide Interbank Financial Telecommunication)는 전 세계 은행들이 외환 거래와 관련된 각종 메시지를 안전하게 교환할 수 있는 통신망으로서 본래는 은행이나 금융 기관만이 회원으로 가입하여 메시지를 교환할 수 있도록 하였는데 이러한 메시지에는 자금 이체 메시지도 포함되므로 결제기능도 수행할 수 있도록 설계되었다. 그러나 이러한 기능은 대부분 거액의 자금이동이 수반되는 대규모 거래에 적합한 것이어서 인터넷환경에 적합한 결제시스템이 되기 위해서는 중소규모의 일반기업들도 회원으로 가입하여 이를 통하여 직접 자금이체가 가능한 시스템으로 변화시킬 필요가 있었다. SWIFT는 이러한 필요에 부응하기 위하여 SWIFTNet을 개발하였다.

SWIFTNet은 XML을 기반으로 하며 PKI(Public Key Infrastructure)를 보안 툴로 적용하여 어떤 문서양식이든 자유롭게 교환하도록 하였는데 이 시스템 내에 e-PaymentPlus라는 전자무역결제방식을 제공하여 인터넷상에서 안전한 구매와 결제를 행할 수 있는 솔루션을 두었다.[8] 따라서 이 방식은 대금결제와 관련되는 업무처리를 은행과 연동하여 자동으로 처리되도록 하는 시스템이다.

(2) 볼레로 시스템(Bolreo.net의 SURF)

볼레로(Bolero: Bill of Lading Electronic Registry Organization)는 1994년 6월 홍콩·네덜란드·스웨덴·영국·미국의 해상운송회사, 은행, 통신회사 등이 참여하여 컨소시엄형태로 시작된 선화증권 전자등록기구로서, 무역거래에 필요한 종이서류를 전자메시지로 전환하여 안전하게 교환할 수 있는 기반을 제공하는 것을 목표로 하였다. 이에 볼레로는 선화증권 단독의 전자화가 아닌 선화증권을 포함한 무역서류 전반의 전자화를 추구함으로써 무역서류 전체의 전자화가 상업적인 대상으로 추진되었다.

이후 Bolero International은 국제금융통신망인 SWIFT와 해운동맹인 TTClub[9]의 합작투자로 운영되게 되었고 1999년 무역거래서비스를 상용화시켰다. 볼레로 넷(Bolero.net)의 서비스는 인터넷을 통해 수출입업체와 해운회사로부터 작성된 무역서류를 표준화한 후 은행에 전송함으로써 거래하는 방식을 사용하였다. 이같이 볼레로는 무역거래를 전자서류로 바꿀 수 있다는 장점 때문에 많은 무역거래당사자들로부터 호응을 받았고, 더욱이 그동안 국제은행 간 메시지전송을 담당하고 있는 SWIFT의 지원을 받으며 SWIFT의 금융표준화 관련 기술

여 1996년에 설립한 벡스컴(BeXcom) 등이 있다.

8 SWIFTNet은 자체 PKI만으로 멤버은행들의 수많은 기업고객들에게까지 인증업무를 수행하기에는 역부족이어서 이에 대한 리스크를 국제전자인증연합체인 Identrus와 공유하여 Identrus인증이 탑재된 서류전달체계(TrusAct)를 기반으로 하여 e-PaymentPlus를 구축하였다.

9 Through Transport Club의 약칭. 해상화물운송 부문의 상호부보조직(P&I)으로 80여 개 국의 운송업자, 운송주선인, 항만당국 등이 회원으로 참여하고 있으며, 컨테이너 선단의 2/3, 1725개의 항만시설, 5890사의 운송업자에 대한 보험을 담당하고 있다.

이나 노하우의 영향을 받고 있어 신뢰감을 더하게 되었다.

이후 볼레로는 SURF(Settlement Utility for Managing Risk and Finance)라는 새로운 결제솔루션을 개발하여 상용화를 시도하였다. 이는 발레로 넷(Balero.net)의 핵심 메시징 플랫폼(Core Massaging Platform)이 제공하는 서비스를 이용하여 무역서류를 자동적으로 점검하고 대금결제와 관련된 일련의 흐름을 관리하는 시스템이다. 이 시스템에서는 참가은행과 거래기업이 수수료를 지불하고 재고정보를 인터넷상에서 공유하며 매도인과 매수인 간의 무역계약서 작성에서부터 대금결제에 이르는 모든 작업을 통일된 작업순서에 따라 인터넷을 통하여 처리된다.[10]

따라서 이 시스템은 무역서류의 자동일치를 보장하고 서류결제와 관련된 일련의 흐름을 통일적으로 관리하는 시스템이다. 즉, 수출업자가 선화증권을 포함한 무역서류를 전송하면 이 시스템이 서류일치를 체크하여 이상이 없으면 보증은행이나 수입업자에게 결제를 요구하고 결제가 이루어지면 무역서류를 수입업자에게 전송하는 과정을 거치는데, 은행과 기업 간 또는 은행과 은행 간의 자금이체는 기존의 방식대로 이루어진다. 전자무역거래에서는 전자서류의 확인과 전송이 무엇보다도 중요한데 이러한 기능을 은행이 하지 않고 SURF가 대행해 주는 것이다.

이처럼 볼레로는 1994년에 설립되어 1999년에 상용화 된 이후 무역거래를 전자서류로 전환할 수 있다는 점에서 무역거래당사자의 많은 관심을 불러일으켰다. 그럼에도 불구하고 현재까지 볼레로의 영업활동이 활발해지고 있지 못한 것은 볼레로 룰북(Rule Book)의 서명에 따른 연회비가 너무 높아 이용자들이 부담을 느끼고 있기 때문인데 따라서 주요 고객은 대기업에 한정된다.[11] 더욱이 대부분의 기업·은행·선박회사·보험사 등이 모두 회원으로 가입되어 있어야 서비스가 효율적으로 이루어질 수 있기 때문에 거래당사자들이 볼레로를 전면 채택하지 않는 한 당분간 기존의 서류작업과 병행해야 한다는 한계를 지니고 있다.

(3) 트레이드 카드(Trade Card) 시스템

Trade Card(무역카드)는 무역계약을 이행할 때 선적서류의 전송과 점검 및 대금결제를 전자화하기 위하여 세계무역센터협회(WTCA: World Trade Center Association)가 발의하고 Trade Card회사가 만든 것이다. 이것은 선적서류를 온라인으로 전송할 수 있는 기존의 전자문서교환(EDI) 방식에 무역금융과 대금결제까지의 전 과정을 자동화한 시스템으로서 일종의 무역결제용 솔루션이다.

---

10 현재 SURF를 통하여 결제할 수 있는 대금결제방식으로는 상호계정, 화환추심, 화환신용장방식이다.

11 현재 볼레로시스템을 할용하고 있는 국내 대기업으로서는 포스코를 들 수 있다. 포스코는 호주로부터 철광석을 정기적으로 수입하는 결제프로세스를 간소화하는 동시에 자사의 PI(Process Innovation) 일환으로 이 시스템을 추진하여 상당한 결제부대비용을 절감하고 있는 것으로 알려져 있다.

특히 Trade Card가 추진된 배경은, 신용장거래의 경우 서류의 점검으로 나타난 하자비율이 80%가 넘어 선적서류의 점검에 따른 비용과 시간의 낭비가 너무 크므로 선적서류의 전자화와 서류점검절차의 자동화를 통한 새로운 결제방식이 필요하였기 때문이다. 이런 점에서 Trade Card는 기존의 신용장방식의 거래가 갖는 단점을 극복하여 이른바 신용장 없는 무역대금결제방식으로 이행하기 위한 전자결제시스템이다.

Trade Card에 의한 대금결제 과정을 보면, 먼저 수출입업자는 Trade Card회사가 제공하는 전자구매서로 계약을 체결한 후, 수입업자는 Trade Card회사의 금융기관(신용공여기관)[12] 으로부터 일정한 금액한도 내에서 신용장발행 없이 Trade Card로 주문하고 수출업자는 선적서류를 Trade Card의 중앙처리장치인 운영본부(SA: System Administrator) 앞으로 전자문서교환방식으로 전송한다. Trade Card운영본부는 최초구매서와 선적서류를 자동적으로 점검한 후 서류가 일치하면 수입업자은행에 그 결과를 통보하여 수출업자에게 대금결제가 되도록 하는 것이다. 따라서 수입업자는 신용장 발행 없이 Trade Card회사의 제휴금융기관으로부터 신용한도만 확보하면 무역거래를 할 수 있게 되어 무역거래를 신속하고 안전하게 이행하고 결제하게 된다. 이러한 결제절차를 [그림 12-2]가 보여주고 있다.

그림 12-2 Trade Card의 결제과정

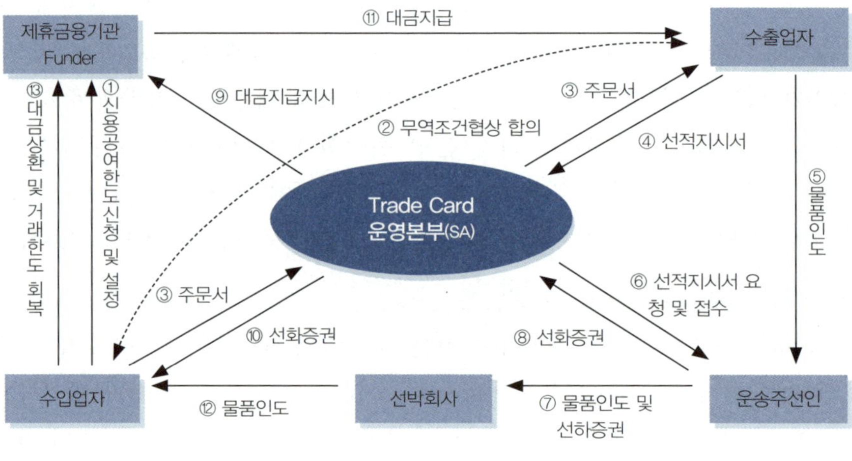

이처럼 Trade Card는 신용장을 배제한다는 것이 가장 큰 특징인데 〈표 12-6〉은 Trade Card의 효용성을 다른 결제수단과 비교하고 있다. Trade Card는 하나의 플랫폼에서 전자적으로 무역이 이루어질 수 있는 다양한 기능을 가지고 폭 넓은 서비스를 제공함으로써, ① 거

12 이때의 금융기관을 Funder라고 칭하는데 이러한 Funder은 은행에만 국한되지 않고 신용평가회사 등 다른 금융기관도 가능하다. 우리나라의 경우 한국산업은행이 이러한 기관으로 지정되어 있다.

래절차가 단순화되어 신속한 무역처리가 가능해지고, ② 신용장거래에서 발생되는 서류의 복잡성과 관련비용(대금결제수수료·이자 등)을 절감하면서 지급보장기능을 확보할 수 있으며, ③ 운전자본의 신속한 관리 및 거래의 안전성을 증대시킬 수 있다는 효과를 지니고 있다. 따라서 향후 전자무역을 위한 인프라가 더욱 확장되면 Trade Card가 효율적인 전자무역결제 시스템으로 자리 매김할 가능성이 높다.

표 12-6 Trade Card의 효용성 비교

구 분	기 본 속 성				
	신속성	지급보장	서류 불필요	수입자 이점	수출자 이점
Trade Card	○	○	○	○	○
신 용 장		○		△	○
추 심				○	
선 금	△	○			○
신용계좌결제				○	

주: ○(좋음) △(계약조건에 따라 좌우됨)

그러나 현재 Trade Card를 이용하여 대금결제를 행하는 무역업자는 소수에 지나지 않아 당초 예상했던 이용의 급속한 확대가 이루어지고 있지 못한 실정이다. 그 이유는 아직까지 Trade Card의 상용화서비스가 초기단계에 머물고 있고 또한 전자무역이 이루어지기 위한 전반적인 인프라가 확립되어 있지 못하기 때문이다. 더욱이 종래의 무역업무에서 주요한 역할을 행하던 은행의 역할을 배제함으로써 이들의 견제를 받고 있기도 하고, 신용장거래의 경우 은행의 지급확약에 따라 결제에 대한 확신을 보장받지만 Trade Card의 경우 제휴금융기관의 보증에 기반을 두고 있어 신뢰성 측면에 있어 다소 취약점을 지니고 있는 것도 사실이다.

4.3 전자무역결제의 개선과제

전자무역결제를 실현하기 위한 전자결제시스템의 구현에는 거액의 투자가 요구되지만 그것의 성공 여부를 보장하기는 어렵다. 따라서 현재 운영되고 있는 Bolreo나 Trade Card를 개선하거나 기존방식과의 제휴·보완을 통하여 보다 상업성이 높은 결제시스템으로 발전시킬 필요가 있는데 이를 위해서는 다음과 같은 문제들에 대한 개선이 이루어져야 한다.

비용절감과 호환성 전자결제시스템의 구축비용은 물론 거래비용의 절감이 이루어져야 한다. 전자결제시스템이 구축되었다고 하더라도 전자무역을 실현하기 위한 초기비용과 거래비용이 과다할 경우 실효성을 확보하기 어렵기 때문이다. 또한 기존의 시스템과의 호환은 물론 서로 다른 전자결제시스템 간의 호환성도 확보되어야 한다.

법률적 문제 전자결제시스템을 통한 결제는 기존의 법률이나 관습에 따라 정착된 방식이 아닌 만큼 전자메시지의 법률적 효력문제나 계약조건의 일치성을 컴퓨터가 판정하는 문제 등에 대한 많은 법률적 문제가 남아있고 분쟁이 발생하였을 경우 이를 규율할 법규범의 적용에 어려움도 있다. 또한 권리증권인 선화증권 등 전자유가증권의 물권적 효력에 대한 법률적 통일성도 필요하다.

네트워크 및 EDI 환경 무역대금의 전자결제를 위해서는 수출입업자·은행·운송인 등 당사자 간에 하나의 네트워크를 통하여 거래가 이루어지는 네트워크가 구축되어야 하는데 이것이 구현되지 못하면 전자결제의 어려움이 초래된다. 또한 현재 EDI가 활발히 활용되는 선진국의 경우 전자결제가 쉽게 이용될 수 있지만 EDI환경이 낙후되어 있는 국가들은 그 이용에 제약이 따를 수밖에 없다.

인식의 제고 전자결제시스템이 정착하기 위해서는 전자문서 및 전자결제에 대한 무역업체의 인식이 제고되어야 한다. 현재 이에 대한 전문인력의 부족과 전자결제시스템 이용료 등의 부담으로 여전히 전자무역 및 전자결제의 이용이 활발하지 못하고, 특히 중소기업의 경우 이러한 문제점이 더 심각하게 나타나고 있다.

제 6 편

국제경영론

International Business

국제경영 및 국제경영학의 의의

국제경영(international business) 내지 글로벌경영(global business)이란 국경을 넘어 이루어지는 기업의 국제경영활동을 의미한다. 따라서 국제경영학(international business) 내지 글로벌경영학(global business)은, 이와 같은 국제경영활동과 이러한 경영활동을 주도하는 기업에 대하여 연구하고 교육하는 학문분야를 지칭한다.

최근에 이르러 급격한 기업의 글로벌화추세와 더불어 이러한 분야에 대한 학문적 수요 역시 크게 증대되어 많은 관심이 집중되어 왔다. 그럼에도 불구하고 이에 대한 학문적 연구방법과 범위가 통일적으로 정립되어 있지는 못하다. 그 이유는 이러한 학문분야가 하나의 독립적인 학문분야로서 출발한 역사가 상대적으로 짧다는 점 이외에도 그 연구대상인 국제경영이 경영학의 다른 분야에 비하여 매우 포괄적인 성격을 지니고 있기 때문이다.

이러한 점을 전제해 두고 국제경영학의 학문적 주제들을 살펴보면, ① 해외에서의 사업 환경은 국내의 그것과는 어떻게 상이하며 이에 대한 분석과 평가를 어떻게 하여야 하는가와 관련되는 「국제경영환경」(foreign business environment) 분석, ② 국내와 서로 다른 사업환경이 가져다주는 이익과 기회를 활용하여 기업목표를 최대한 달성하기 위해서는 어떠한 전략의 수립과 실행이 필요한가와 관련되는 「국제경영전략」(international management strategy), ③ 기업의 글로벌화가 더욱 진전되어 국제적인 조직망을 갖게 되었을 때 그러한 조직을 어떻게 효율적으로 계획·관리·통제해야 하는가와 관련되는 「국제경영관리」(international business management) 등 3대 핵심 분야로 나눌 수 있다.

제6편의 주요 내용

이처럼 국제경영론이 다루어야 할 주제들이 광범위하고 다양하지만 제6편에서는 다음과 같은 문제에 대한 기초적 개념과 내용을 소개한다.

(1) 국제경영 및 국제경영학의 기본 개념과 체계를 이해하기 위한 기업의 글로벌화와 국제경영의 주체가 되는 다국적기업에 대하여 소개하고 이러한 국제경영을 연구하는 학문으로서 국제경영학의 체계에 대해서도 소개한다. (제13장 기업의 글로벌화와 국제경영)

(2) 글로벌기업이 추구해야 할 다양한 경영전략들이 있지만 그 중에서, 과연 어떤 제품을 가지고 어떤 지역(시장)·어떤 시기·어떤 규모로 진출할 것이며 또한 어떤 진입모형(entry mode)으로 진출할 것인가와 관련되는, 해외시장 진출전략(entry strategy)에 대하여 논의한다. (제14장 해외시장진출전략)

(3) 글로벌기업이 여러 나라에서 사업활동을 행하여 국제적인 조직망을 갖추게 되었을 때 그러한 조직을 관리하는 국제경영관리(international business management)로서 생산관리·조직 및 인적자원 관리·마케팅관리·재무관리·회계관리 등 여러 가지 직능관리가 모두 필요하지만 이러한 주제들 중 ① 조직 및 인적자원 관리, ② 마케팅관리, ③ 재무관리와 관련되는 기초적 개념들을 소개한다. (제15장 국제경영관리)

제13장 International Business

기업의 글로벌화와 국제경영

제13장에서는 국제경영에 대한 기본개념과 체계를 소개하고 기업의 글로벌화 및 국제경영(글로벌경영)의 주요한 주체가 되는 다국적기업에 대하여 정의한다. 또한 이러한 국제경영활동과 이러한 활동의 주체가 되는 기업을 연구하는 학문으로서 국제경영학(글로벌경영학)의 체계에 대해서도 소개한다.

제 1 절 기업의 글로벌화

1. 세계경제의 글로벌화

제2차 세계대전 이후 — 특히 1950년대 말 내지 1960년대 이후의 — 세계경제는 많은 새로운 구조적 변화들을 맞이하게 되었는데 이러한 구조적 변화를 대변하는 가장 중요한 특징이 '경제의 국제화'(internationalization of economy)였다면, 1980년대 후반 이후 세계경제의 구조적 변화를 대변하는 특징은 '경제의 글로벌화'(globalization of economy)였다고 할 수 있다.

이에 어떤 사람들은 이 양자를 동일한 개념으로 사용하기도 하지만 또 다른 사람들은 국제화라는 용어는 이미 낡은 개념으로서 이제는 글로벌화(세계화)라는 표현을 사용해야 한다고 주장하기도 한다. 이처럼 경제의 국제화와 글로벌화에 대한 엄밀한 개념적 정의가 통일적으로 내려진 것은 아니지만, 경제의 글로벌화란 경제의 국제화가 더욱 심화되어 세계경제가 하나의 거대한 단일시장으로 통합되는 추세 또는 종래 서로 독립적으로 운영되던 국가경제가 상호의존적이고 통합적인 하나의 경제체제로 융합되는 추세를 의미한다.

이러한 경제의 글로벌화에는 여러 가지 차원이 존재하지만 시장의 글로벌화와 생산의 글로벌화가 특히 중요하다.

시장의 글로벌화 시장의 글로벌화(globalization of markets)란 전통적으로 각기 독자적으로 존재하던 국가시장들이 하나의 거대한 시장으로 통합됨으로써 이른바 '국경 없는 경제'

(borderless economy)가 실현되는 추세를 지칭한다. 이로 인하여 종래 재화와 요소의 국제적 이동을 가로막던 규제와 장벽이 축소됨으로써 국경을 넘는 무역·금융·투자가 자유롭게 이루어지게 되었고, 각국 소비자들의 기호와 선호도가 점차 동질화되어 동일한 제품을 전 세계 시장을 대상으로 생산·판매할 수 있게 되었다. 이러한 시장의 글로벌화로 인하여 기업들은 범세계적인 수준에서의 규모의 경제(economy of scale)를 누릴 수 있는 기회를 얻게 되었지만, 다른 한편으로는 하나의 시장에서 많은 기업들이 피나는 경쟁을 함으로써 기업 간의 경쟁 역시 세계적 수준에서 격화되는 '경쟁의 글로벌화'에 직면하게 되었다.

생산의 글로벌화 생산의 글로벌화(globalization of production)란, 어떤 제품의 생산이 비교우위를 누리는 특정국의 본사에서만 행해지는 것이 아니라 세계 어디에서든 가장 효율적인 곳에서 생산됨으로써 제품생산의 활동범위가 전 세계적으로 확장되는 것, 또한 하나의 완제품생산을 위한 여러 단계의 생산공정을 각기 가장 효율적으로 행할 수 있는 곳에서 생산하는 공정분업을 통하여 전 세계적 네트워크로 통합하는 추세를 말한다. 이러한 추세로 인하여 종래 어떤 한나라에서 생산되던 '일국 생산품'이 여러 나라에 걸쳐서 생산이 이루어지는 '다국적 생산품'이 되고 종래의 '국가 간 생산체제'가 '다국적 생산체제'로 변화하게 되었다. 이러한 생산의 글로벌화로 인하여 오늘날에는 어떤 제품의 국적을 일의적으로 규정하기 어려워지게 되었다.[1]

2. 기업의 글로벌화

이처럼 1960년대 이후에 나타난 경제의 국제화와 1990년대 이후에 나타난 경제의 글로벌화(세계화) 추세의 주요 내용이 시장과 생산의 글로벌화라고 한다면 이러한 추세를 주도한 주요한 동력은 '기업의 국제화·글로벌화'였다고 할 수 있다.[2] 시장의 글로벌화라는 새로운 환경 속에서 스스로의 생존과 번영을 위하여 적절히 대응하면서 생산의 세계화라는 추세를 주도적으로 촉진시켜 온 동력이 기업의 글로벌화·다국적화(going multinationals)였기 때문이다.

1 최근 세계를 휩쓴 휴대전화 '아이폰'(iPhone)으로 인하여 미국의 자존심으로까지 불린 애플(Apple)을 모든 사람들이 미국의 대표적 다국적기업으로 생각하지만, 정작 아이폰을 제조하는 회사는 폭스콘이라는 대만 업체이고 그것에 투입되는 소요부품인 LCD·반도체는 한국의 삼성·LG의 제품이며 아이폰을 직접 생산하는 것은 중국 심천의 공장이다. 따라서 아이폰은 분명 애플이라는 미국기업의 상표를 사용하므로 상표기준으로 보면 미국제품이지만 이러한 국제적 네트워킹을 통하여 만들어진다는 점을 고려한다면 이를 미국제품이라고 말하기 힘들다.

2 국제화와 글로벌화를 구별하는 입장에서 보면 '기업의 국제화'란 특정국가에 거점을 두고 있는 기업이 대상시장이나 경영활동 범위를 해외시장으로 확대시켜 나가는 과정을 의미하지만, '기업의 글로벌화'란 기업의 국제화가 심화되어 기업이 특정 국가에 속한다는 인식이 없어지고 각국 시장을 분리된 개별시장으로 보는 것이 아니라 하나의 통합된 단일시장으로 파악하여 전 세계적 관점에서 효율적인 기업 활동을 수행하는 것을 의미하는 것으로 해석할 수 있을 것이다. 이처럼 글로벌화는 보다 고도화된 국제화단계를 의미하므로 양자를 동일한 의미로 사용하여도 무방할 것이다.

그런데 이러한 기업의 글로벌화·다국적화는 경영권 참여를 목적으로 해외로 진출하는 해외직접투자(FDI: foreign direct investment)에 의해 주도되었다. 이러한 점에서 해외직접투자는 오늘날 기업활동의 글로벌화를 추동(drive)하는 가장 중요한 메커니즘으로서 세계경제의 글로벌화를 측정하는 가장 중요한 지표로 간주되고 있다. 그런데 이러한 직접투자는 전 세계를 대상으로 범세계적인 관점에서 생산하고 판매하여 글로벌한 경영활동을 전개하는 다국적기업(MNE: multinational enterprise)에 의해 주도하고 있다.

이들 세계적인 다국적기업들은 본국 이외에 수십 개국에 자신의 자회사를 설립하고 ① 세계에서 가장 효율적으로 생산할 수 있는 곳 또는 그들의 판매와 수출을 극대화시킬 수 있는 곳으로 그들의 생산입지를 옮기고, ② 세계에서 금융비용이 가장 저렴한 곳에서 자본을 조달하여, ③ 세금이 가장 낮은 곳으로 기업소득을 이전시키고 자본수익과 환차익이 가장 높은 곳으로 자금을 이동시키며, ④ 정치경제적 안정성이 가장 잘 유지되는 곳에서 경영활동을 행한다. 말하자면 이윤극대화·판매극대화·자본조달비용극소화·조세부담극소화·수익극대화라는 목표를 범세계적인 차원에서 추구함으로써 이른바 범세계적 관점의 생산·시장·경영·재무활동의 효율화를 추구하고 있다.

3. 기업글로벌화의 촉진요인

1 이상과 같은 기업의 글로벌화·다국적화가 이루어지는 구체적인 동기들은 실로 다양할 수 있지만[3] 기업이 글로벌화를 추구하는 보다 근본적인 이유는 결국 기업의 생존(survival)과 성장(growth)을 위해서라고 할 수 있다. 기업의 생존과 성장을 위해서는 시간이 지날수록 더 많은 매출과 이익을 달성해야 하는데 이를 위해서는 더 큰 시장을 확보해야 하고 더 효율적인 생산과 판매활동을 하여야 하기 때문이다. 따라서 기업은 점진적으로 사업활동의 범위나 지리적 활동의 범위를 확대하는 글로벌화를 추구하게 된다.

그런데 기업의 글로벌화 개념을 보다 잘 이해하기 위해서는 어떤 요인들이 글로벌화를 촉진시키고 어떤 요인들이 글로벌화를 억제하는가에 대해 살펴볼 필요가 있다. 〈표 13-1〉은 이러한 기업글로벌화의 촉진요인과 억제요인들을 요약하고 있는데 우선 기업의 글로벌화를 촉진하는 배경으로서는 다음과 같은 요인들이 있다.

경제자유화와 시장통합 기업의 글로벌화추세가 촉진된 거시적 배경으로서는 가장 먼저 세계경제의 자유화와 시장통합이 획기적으로 높아졌다는 점을 들 수 있다. GATT·WTO 등 국제기구를 중심으로 무역과 투자에 대한 자유화가 꾸준히 추진됨으로써 국제화에 대한

3 이에 대해서는 제9장(국제투자와 국제자본이동)에서 해외직접투자의 진출동기를 ① 시장적(수요) 요인, ② 생산적(공급적) 요인, ③ 국가적 요인, ④ 기업내부적 요인으로 나누어 설명하였다

표 13-1 기업글로벌화의 촉진요인과 억제요인

기업글로벌화의 촉진요인		기업글로벌화의 억제요인	
• 자유화, 시장통합	무역 및 투자의 장벽 감소 사회주의경제권의 통합	• 보호주의 지역주의	새로운 보호주의적 경향 지역경제통합(지역화) 추이
• 교통통신 커뮤니케이션 기술의 발전	수송·커뮤니케이션 비용 감소 지구적 정보탐색능력 증대 정보지식의 국제교류 활발	• 비용의 증대 요인	비용감소의 한계 글로벌 정보수집비용 증대 글로벌 조정통합비용 증대
• 수요의 동질화	제품의 현지적합성 증가 범세계적 단일시장의 증가	• 각국의 환경 차이	기호·관습, 시장구조의 차이 소비자기호 세분화 추세
• 경쟁격화, 규모의 경제	급격한 기술변화, R&D비용증대 규모의 경제 실현필요성 증대	• 기술적 · 한계	탄력적 제조기술의 발전 규모의 비경제성 발생

국가별 장벽이 제거됨으로써 무역과 투자에 대한 시장개방 수준이 획기적으로 높아졌다. 더욱이 제2차 세계대전 이후 자본주의체제로부터 분할되었던 사회주의국가들이 시장경제체제로 전환함으로써 세계시장이 다시 하나로 통합되었고 이러한 시장통합이 기업의 글로벌화를 촉진시키는 배경이 되었다.

기술의 발전 지금까지 인류가 경험하지 못하였던 교통·통신기술의 획기적 발전으로 거리의 소멸(death of distance)이 초래됨으로써 상품·서비스·자본의 국제이동에 따르는 비용과 리스크가 극소화되었다. 이처럼 급속한 교통통신기술의 발전에 따라 국제거래의 수송비용과 커뮤니케이션비용이 축소됨으로써 기업들이 국제적으로 분산된 생산시스템을 구축하고 관리하는 것이 가능해졌고, 월드와이드웹과 같은 인터넷기술의 발전으로 저렴한 비용으로도 광범위한 국제상거래가 가능해졌으며 지구적 정보탐색능력이 증대되고 정보지식의 국제적 교류가 활발해짐으로써 글로벌화가 촉진될 수 있었다.

소비수요의 동질화 세계경제의 발전으로 인하여 전 세계적인 구매력이 전반적으로 증대되었음은 물론 개도국들의 급속한 경제성장으로 이들의 소득수준이 향상됨에 따라 이들 역시 선진국에서 생산되는 제품을 소비하려는 경향이 높아졌고, 커뮤니케이션기술의 급속한 발전으로 인하여 세계의 소비자들이 동질화된 기호와 취향을 갖게 됨으로써 소비수요의 동질화가 급속히 진행되었다. 이처럼 소비수요가 급속히 동질화됨으로써 산업과 경쟁의 글로벌화가 촉진되게 되었다.

경쟁격화, 규모의 경제 이상과 같은 시장과 생산의 글로벌화는 필연적으로 기업간 경쟁을 격화시켰고 이러한 경쟁에 직면한 기업들은 글로벌한 수준의 국제경쟁력을 확보하기 위하여 보다 자본집약적이고 기술집약적인 생산방식을 취하게 되었다. 자본집약적 산업의 경우 자본재에 대한 막대한 투자비용을 회수하기 위해서는 대규모 생산을 통한 규모의 경제(economy of scale)가 중요해졌고, 기술집약적 산업의 경우 역시 세계적 기술경쟁력 확보를 위하여 소요되는 막대한 R&D비용을 충당하기 위해서는 거대시장을 염두에 두는 신제품개발과 판매가 필요하게 되었다. 이처럼 생산 측면에서나 R&D 측면에서 요구되는 대규모 생산체제는 국내시장만을 대상으로 하는 생산규모로서는 충족하기 어려운 만큼 전 세계시장을 대상으로 하는 해외진출과 글로벌한 경영이 필요하게 되었다.

2 이상과 같은 요인들이 복합적으로 작용하여 기업활동의 글로벌화가 촉진되었다고 볼 수 있지만 이러한 글로벌화 추세가 지속적으로 진행될 수 있을 것인가에 대해서는 회의적인 견해가 있는 것이 사실이고, 이러한 기업의 글로벌화 추세가 지속된다고 하더라도 그러한 추세를 억제하는 장애요인들이 동시에 존재하고 있는 것도 사실이다.

예컨대 무역과 투자의 자유화가 일반적 추세라고 하더라도 국가간 경쟁에서 자국의 산업을 보호하기 위하여 일정한 보호가 필요하다는 목소리가 여전히 높고, WTO를 통한 다자주의적 무역자유화가 더욱 증진될 것이라는 낙관적인 전망 속에서도 세계경제가 위기를 겪을 때 마다 보호주의의 위협이 높아지거나 지역주의의 파도 역시 높아지고 있다. 기술의 급속한 발전이 국제거래의 비용과 리스크를 감소시키고 우리를 글로벌 커뮤니티로 인도하고 있지만 다른 한편으로는 기술발전에 따르는 비용감소에 제한이 따르기도 하고 커뮤니케이션의 글로벌화에 따르는 통합과 조정비용이 요구되고 있으며, 경제의 글로벌화 추세에도 불구하고 국가별·지역별 문화와 소비성향의 차이가 여전히 존재할 뿐만 아니라 소비자기호의 세분화도 존재한다.

따라서 기업활동의 글로벌화가 오늘날의 일반적인 추세이고 당위인 만큼 이러한 추세에 적절히 대응하여 이를 자신의 생존과 성장을 이룩하는 기회로 포착하려는 전략적 노력이 필요하지만, 동시에 이러한 당위성만을 강조하여 글로벌화가 가져올 수 있는 위험과 비용을 지나치게 무시함으로써 야기될 수 있는 위험과 부작용에 대해서도 세심하게 고려하는 전략적 노력이 이루어져야 한다.

제 2 절 다국적기업

1. 다국적기업의 의의와 전망

1.1 다국적기업의 의의

1 앞에서 살펴본 대로 오늘날 우리는 급속한 경제의 국제화·글로벌화로 인하여 이른바 '국경 없는 경제'(borderless economy)의 시대에 접어들어 있고, 우리들 자신도 모르는 사이

에 국경을 초월하여 범세계적으로 경영활동을 전개하고 있는 다국적기업과 깊은 관련 속에서 하루하루를 살아가고 있다. 오늘날 기업활동의 글로벌화가 해외직접투자(FDI)를 통하여 주도되고 있고 이러한 해외직접투자는 세계적인 다국적기업(MNE)에 의하여 주도되고 있는 만큼, 기업의 글로벌화나 국제경영을 논의함에 있어 다국적기업이라는 존재를 빼놓고 말할 수 없게 되었다.

전술한 바와 같이 세계적인 다국적기업들은 본국의 본사 이외에 수 개국에 걸친 자회사들을 현지에 설립하여 범세계적인 생산·시장·경영활동을 펼침으로써 범세계적인 관점에서의 이윤극대화·판매극대화·자본조달비용 극소화·조세부담 극소화·수익극대화를 추구하고 있다. 이러한 추세에 따라 직접투자와 다국적기업에 대한 고려 없이 개별 국가의 무역·투자·국제수지·고용·경제성장 등을 올바르게 설명할 수 없게 되었고, 더 나아가 이들에 대한 통찰 없이 세계경제의 발전이나 국제경제질서 문제를 제대로 논할 수 없게 되었다.

2 이러한 관점에서 보면, 지난 40여 년간의 세계경제의 급격한 성장과정에서 다국적기업의 등장만큼 결정적인 역할을 한 것은 없다고 할 수 있다. 오늘날의 세계경제추세가 이렇게 「다국적기업의 시대」(the age of multinational enterprise)로 접어들었다는 구체적인 증거들을 다음과 같은 여러 가지 측면에서 찾을 수 있다.

급격한 성장률 최근 다국적기업 활동의 급격한 확대에 따라 해외직접투자가 세계 전체의 평균성장률이나 무역증가율보다 훨씬 빠른 속도로 성장하는 경향이 보편화되었다.[4] 이것은 경제의 국제화나 세계화가 단순히 국제무역의 확대에 의해서 주도되기보다 해외직접투자, 즉 기업의 글로벌화에 의해 주도되고 있음을 의미한다.

규모의 거대화 동일계 다국적기업의 매출액규모가 일국의 총생산액 규모를 넘는 사례가 보편화되고 있다. 따라서 세계 제1위의 다국적기업의 총매출액규모보다 더 큰 국내생산규모(GDP)를 가진 나라는 세계 20여 개국(전체의 10%) 내외의 선진국 밖에 없다고 할 수 있을 만큼 다국적기업의 경제적 규모가 거대화되고 있다.

기업 수의 급격한 증대 50여 년 전 불과 소수에 불과했던 다국적기업(해외생산시설을 운영하는 기업)의 수가 2010년에 이르러 세계 전체로 10만 3천여(103,786) 개로 증가되었고 이들이 89만 2천여(892,114) 개의 해외자회사 네트워크를 유지하고 있다.[5]

3 또한 최근에 이르러 다국적기업이나 직접투자의 특성을 보면 지금까지의 전통적인

4 1970년부터 1990년대 말(1997년)까지 전 세계의 GDP는 2배, 수출은 4배 해외직접투자는 8배 정도 증가하였다.(Economist, 1998.6.20, survey p.5)

5 전체 다국적기업의 수 103,786개는 선진국계 73,144, 개도국계 30,209, 러시아 및 동구권 433개로 구성되고 이들이 운영하는 892,114개의 자회사는 선진국 373,612개, 개도국 512,531개, 러시아 및 동구권 5,971개로 구성되어 있다.(UNCTAD WIR 2011)

기업형태나 투자형태와 다른 새로운 특성들을 보여 주고 있다.

투자주체의 확대　종래에는 거대기업들만이 해외로 진출하는 것으로 생각하였으나 최근에는 이러한 대규모 기업들 이외에 더욱 더 많은 중소규모 기업들이 다국적기업의 구조로 이행되어 가고 있다[6]. 또한 거대 선진국의 거대규모의 다국적기업들 못지않게 스웨덴·스위스·네덜란드·핀란드 등 국가규모가 작은 소강국의 기업들이 높은 국제화를 경쟁력으로 하여 세계적인 다국적기업으로 부상하였다.

투자국의 변화　종래에는 다국적기업을 배출하는 투자국들은 몇몇 선진국들에 국한되었던 것으로 생각하였으나 1980년대 이후 이른바 신흥공업국(NICs: newly industrialized countries)으로 지칭되는 한국·대만·싱가포르 등이 새로운 차원의 국제적인 경영을 확장하기 시작하면서 새로운 다국적기업들을 성장시켜 왔다. 1990년대 이후 소련을 위시한 구 사회주의국가의 국영기업들도 다국적화의 길을 걸어왔고 최근에는 중국·인도·브라질 등 이른바 신흥시장국(emerging market countries)의 기업들 역시 적극적인 해외투자에 나서고 있다.

투자업종의 변화　전통적으로 해외투자는 식민지나 제3세계 또는 자원보유국에 대한 1차 산업 중심으로 이루어지다가 1960~70년대에 들어와 해외직접투자가 본격화되면서 해외투자의 기본 축이 제조업분야로 이동되어 전반적으로 다국적기업들이 제조분야에 집중적으로 종사하는 경향이 강하였다. 그러나 최근에는 서비스산업에 대한 해외투자의 비중이 크게 증대되고 투자업종의 다양화가 이루어지고 있다.

투자형태의 변화　투자형태 역시 종래의 단순한 단독투자 또는 합작투자 형태로부터 M&A 또는 전략적 제휴 등 그 형태도 다양화 되고 있다. 또한 1970년대까지만 하더라도 다국적기업 활동의 주요한 형태는 자본이동을 통하여 이루어졌지만 1980년대 이후에는 현지에서 발생된 이윤의 재투자나 현지자본조달을 통한 투자 등과 같이 자본이동이 이루어지지 않는 투자가 증대되었고, 또한 과거에는 자신들이 직접 공장을 건설하여 소유하고 경영통제권을 행사하는 투자를 주로 하였지만 최근에는 기술협력계약·판로제공계약·경영관리계약·턴키베이스계약 등 비자본적 참여를 통한 해외진출을 선호하게 되어 투자형태 역시 다양화 되고 있다.

1.2 다국적기업의 전망

이처럼 1960년대 이후 해외직접투자와 다국적기업의 확대가 급격히 이루어져 이러한 확대추세를 감안하여 보면, 한 때 '해가 지지 않는 제국'·'세계의 공장'으로 지칭되던 대영제국은 오늘날 쇠락하여 그 영화가 역사 속으로 사라졌지만, 오늘날의 세계적인 다국적기업들

6 1996년 자료를 보면 스웨덴 다국적기업의 4/5, 이탈리아 다국적기업의 3/5, 일본계 다국적기업의 55%가 중소기업인 것으로 나타나 1990년대 중반 이후 이미 중소규모 기업의 다국적화가 보편화되었음을 알 수 있다.

은 '해가 지지 않는 보이지 않은 제국'으로 군림하고 있다고 할 수 있다. 세계적 다국적기업들은 규모면에서는 물론 국제경제·정치·사회에 미치는 영향에 있어서도 가히 국제사회를 압도할 정도로 성장하여 절대적인 역할을 담당하고 있기 때문이다. 또한 지금까지의 이러한 가속적인 성장률을 감안한다면 이후 다국적기업의 위력은 오히려 더욱더 본격화되고 보편화될 것으로 보아도 무방할 것이다.

일찍이 1960년대 말 미국계 다국적기업의 유럽진출이 급격히 확대되자 프랑스의 슈방 슈라이버(Servan Schreiber, 1968)는 그의 저서 「미국의 도전」에서, '이후 미국과 소련에 이어 그 다음 가는 세계 산업의 강대 세력 제3위는 유럽이 아니라 유럽 속의 미국 산업이 될 것'이라고 예견한 바 있다. 또한 세계경제에 있어서 다국적기업의 역할과 그 규모의 확대를 미리 간파한 하이머(S. H. Hymer)는 '다국적기업의 생산증가율을 연 8%, 비 다국적기업의 생산증가율을 연 4%씩 가정한다면 다국적기업이 2005년까지는 세계 상품생산의 50%, 2040년까지는 80%를 차지하게 될 것'이라고 예견하였다.[7]

실제로 세계적인 다국적기업들의 거대한 규모와 막강한 경제력은 상상을 초월할 만한 수준에 이르고 있고 계속 그 규모가 급속히 증대되고 있어,[8] 이러한 이들의 예견은 오늘날 거의 그대로 적중되어 조금도 놀라울 바가 되지 못하고 있다. 이런 점에서 다국적기업의 출현이야말로 극적인 현상이었을 뿐 아니라 앞으로도 그 막강한 규모와 영향력을 통해 세계경제를 새롭게 변화시켜 갈 것으로 예견된다. 이런 점에서 많은 사람들이, 다국적기업의 역할이 더욱 증대되고 있는 오늘날의 경제사회를 '다국적기업의 시대'(the age of multinational enterprise)라고 규정하기도 한다.

이러한 관점에서 본다면 오늘날의 세계경제는 다국적기업이라는 메커니즘을 통하여 하나로 통합되는 과정이라고도 할 수 있다. 이 때문에 세계적인 다국적기업들의 국적이 점차 모호해지고 있다. 다국적기업이 소유하는 자본이 여러 나라 국적을 가진 주주들에게 분산되어 '소유의 무국적화'가 이루어지고 있고, 다국적기업이 생산하고 판매하는 상품들 역시 생산지·판매지·상표의 국적이 여러 나라에 분산되어 '상품의 무국적화'가 이루어지고 있다. 이러한 경향 때문에 사람들은 이제 '다국적기업'은 사라지고 오히려 '무국적기업' 내지는 '초국적기업'(transnational corporation)만이 존재하는 시대라고도 말하기도 한다.

---

7 S. H. Hymer(1972), p.29.

8 UN무역개발회의(UNCTAD)는 세계적 다국적기업들이 창출하는 부가가치가 2010년 기준으로 16조 달러에 달하는 것으로 추산하였는데 이러한 부가가치 생산액은 세계 전체 GDP의 약 1/4, 공공부문을 제외한 민간부문이 창출하는 부가가치의 1/3수준에 해당되는 크기로서, 세계에서 경제규모가 가장 큰 미국의 GDP 규모를 능가하고 있다.

2. 다국적기업의 개념정의

2.1 다국적기업 관련 용어

이같이 다국적기업은 이미 우리의 일상생활 속의 보편적인 존재가 되었지만 이에 대한 용어부터가 다양하여 통일적으로 사용되고 있지 못하다. 사실 다국적기업·세계기업·국제기업·초국적기업·글로벌기업 등과 같은 용어가 널리 쓰이기 시작한 것은 비교적 최근의 일이고 또한 이러한 용어들은 가장 높은 단계의 국제화를 이룩한 세계적 기업들을 지칭하는 용어로 정착되어 왔지만 구체적인 용어사용은 통일적이지 못하여 다음과 같은 용어들이 혼용되고 있다.

international multinational transnational supranational global world(wide) cosmo	enterprise orporation company concerns firm business	(MNE) (MNC, TNC) (MNC) (MNF) (IB/ GB)
multinationals / transnationals		

이와 같이 언어적 뉘앙스의 근소한 차이를 내포한 채 많은 용어들이 각기 사용되고 있는 것은 사실이나 이는 근본적으로 사용자의 입장이나 관점의 상이에서 비롯된 것이므로 국제적인 기업활동을 전개하고 있는 기업에 대한 명칭이 어떠하든 그 차이란 동일한 실체를 상이한 용어로 표현한 것이라고 할 수 있다.

이들 중 UN에서의 공식용어는 transnational corporation(TNC)이고 OECD의 공식용어는 multinational enterprise(MNE)로서 대체로 transnational과 multinational이라는 용어가 현실적으로 가장 많이 사용되고 있다. 한편 이러한 여러 가지 용어들 중 가장 많이 사용된 용어를 시대별로 보면, 1960년대까지는 international corporation/company(국제기업)가 많이 사용되었고, 70년대부터는 multinational corporation/enterprise(다국적기업)가 주로 사용되었으며, 90년대부터는 이들과 함께 global corporation/company(글로벌기업) 등이 많이 사용되고 있다. 이러한 일반적 경향의 변화는 결국 기업규모가 더욱 거대해지고 국제화수준이 고도화되고 있는 변화를 나름대로 표현한 것이라고 할 수 있다.

2.2 다국적기업의 정의기준

다국적기업의 개념을 정의함에 있어서는 정의하는 방법에 따라 다음과 같은 몇 가지의 기준들이 제시되고 있다. 또한 이러한 여러 가지 기준들을 중심으로 하는 여러 가지 다국적기업에 대한 정의들이 제시되고 있는데 그 대표적인 몇 가지를 예시해 보면 다음과 같다.

(1) 구조적 기준(structural criterion)

기업구조상의 특성을 통하여 다국적기업을 정의하려는 기준들로서 ① 어떤 기업이 몇 개 국가에서 해외활동을 하는가라는 해외운영국의 수(number of foreign operation), ② 기업체의 소유권 내지 주식이 몇 개국의 국민에게 분산 소유되어 있느냐라는 소유권(ownership)의 분산 여부, ③ 최고의사결정자의 국적이 다수 국에 의해 분산되어 있는가라는 최고경영층의 국적(nationality of top management), ④ 기업의 조직이 범세계적인 거대기업활동을 반영하는 구조특성을 갖추고 있느냐라는 조직구조(organization structure)의 특성 등이 제시된다.

소유권의 분산 내지 최고경영층의 국적이 다수국으로 분산되어 있느냐라는 관점에서 다국적기업을 정의한 대표적인 것으로는 IBM사의 회장이었던 메이종루즈(J. Maisonrouge)의 정의가 있다.[9] 그는 다국적기업을 ① 경제발전수준이 상이한 다수의 국가에서 활동할 것, ② 자회사를 외국에 설치하고 그 자회사는 생산 판매 및 기타사업에 종사할 것, ③ 현지국의 국민을 고용하고 자회사의 운영에 참가시킬 것, ④ 국적이 다른 외국인으로 구성되는 경영본부를 둘 것, ⑤ 기업의 주식이 국적이 다른 여러 국민들에 의해 분산 소유될 것으로 정의하였다.

콜데(E. J. Kolde)는 기업조직상의 특성으로 다국적기업을 정의하였다.[10] 그는 [그림2-1]에서와 같이 다국적기업은 본국의 모사(head quarters company)와 외국소재의 몇개 자사(foreign-

그림 13-1 다국적기업의 조직구조(E. J. Kolde)

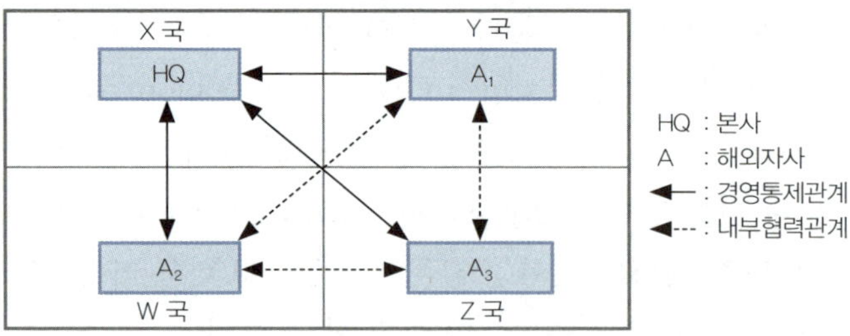

9 J. Maisonrouge, Proceedings of the Conference on the Multinational Corporations in State Department(Dept. of US State, 14 Feb.) mimeograph pp.17-8.

10 Eedel J. Kolde, *International Business Enterprise*(Prentice Hall Inc. 1968, 1973) pp.134-6.

based affiliates)로 구성되는데, 모사와 자사 간에는 지휘통제와 명령·지시·생산제품의 송출·기업정보의 보고·송금 등과 같은 경영통제관계(managerial control)를 중심으로 하여 수직적으로 연결되어 있고, 자사들 간에는 중간제품의 공급·업무조정·정보교환 등과 같은 내부협력관계(operational cooperation)를 중심으로 수평적으로 연결되어 있는 기업으로 정의하였다.

(2) 성과척도의 기준(performance yardstick)

다국적기업의 개념을 정의함에 있어서 그 기업의 활동 내지 성과로 나타나는 몇 가지의 척도들을 기준으로 하는 정량적인 접근방법으로서 사실 가장 보편적으로 널리 이용되는 방법이다. 그 기업의 총자산·총고용원·총매출액·총이익 등의 절대적 규모를 가지고 정의하기도 하고, 전체 기업성과 중 몇% 이상을 해외에서 얻고 있는가라는 상대적인 비율을 기준으로 채택하기도 한다. 이러한 기준을 중심으로 다국적기업을 규정하는 구체적 정의들은 수없이 많다.

(3) 행태적 특성기준(behavioral characteristics)

기업 활동의 지향태도·경영자의 경영철학·경영자의 의사결정행태 등과 같은 것을 기준으로 하여 정의하려는 접근방법으로서, '국제적인 관점에서 사고하는(thinks internationally) 최고경영층을 지닌 기업' 등으로 정의한다. 이 같은 기준은 다국적기업을 가장 포괄적으로 설명할 수 있다는 점에서 이 기준에서 찬성하는 사람들이 많으며, 현실적으로도 다국적기업으로 지칭되는 기업일수록 국제적 사고를 하는 경영층이 많다는 점에서 가치 있는 기준이다.

펄뮤터(H. V. Perlmutter)는 기업경영을 행함에 있어서의 사고행태(state of mind behavior)가 어떤가를 분석하는 것이 다국적기업을 가장 올바르게 정의하는 것이라고 주장하면서 기업경영층의 태도와 행동에 따라 본국지향형(ethnocentric)·현지지향형(polycentric)·세계지향형(geocentric)기업으로 구분하고 다국적기업이라면 당연히 세계지향형의 기업이어야 한다고 설명하였다.[11]

그는 이러한 세계지향형기업의 경영자가 취하는 태도로서 ① 국적에 구애됨에 없이 가장 뛰어난 인재로서 경영자를 채용할 것, ② 모사와 자사의 경영자는 상호 전세계적 접근방법(world-wide approach)에 의해 접근할 것, ③ 기준을 전 세계적인 관점에서 설정하되 현지국의 지역적 여건을 참작하여 변경할 수 있는 융통성을 지닐 것 등을 주요한 요건으로 들고 있다.

(4) 동태적 기준(dynamic criterion)

해외직접투자가 전개되는 과정에서 어떤 발전단계를 거치며 진화되어 가느냐라는 측면에 주목하여 기업의 국제화수준과 발전단계를 통하여 정의하는 기준이다. 이 기준은 전술한

11 H. V. Perlmutter, "The Tortuous Evolution of the Multinational Corporation," *Columbia Journal of World Business*(Jan.-Feb., 1969) pp.9-18.

바와 같은 다국적·국제·범국적·초국적 등의 용어를 동의어로 사용하지 않고 기업의 국제화 정도를 나타내는 다른 의미의 용어로 파악하려는 기준이다.

사실 예외가 없는 것은 아니지만 일반적으로는 국내기업의 국내활동이 수출활동 → 해외 판매거점의 설치 → 해외생산거점의 설치 → 글로벌 네트워킹이라는 정형화된 기업성장의 과정을 거친 마지막 단계에서 확대 발전된 형태가 오늘날의 다국적기업이라 할 수 있다. 이러한 점에서 이 동태적 기준은 나름대로의 의의를 가진다.

로빈슨(R. D. Robinson) 교수는 기업의 국제화과정을, ① 국가기업(national firm), ② 국제기업(international firm), ③ 다국적기업(multinational firm), ④ 범국가/초국적 기업(transnational firm), ⑤ 초국가기업(supranational firm)의 5단계로 구분하고 그 단계의 특성을 〈표 13-2〉와 같이 구분하고 있다.[12]

표 13-2 로빈슨에 의한 기업의 국제화단계

단 계		해외사업의 내용	해외사업의 비중	소유형태	경영관리
1	국가기업	수출 및 기술제휴	국내사업에 부대적	본국소유	본국 모사
2	국제기업	" + 현지생산판매	상호의존성과독립성	본국소유	본국 모사
3	다국적기업	" + 현지생산판매	국내외활동 동등화	본국소유	모사편향적
4	초국적기업	" + 현지생산판매	국내외활동 일체화	다국소유	다국중심적
5	초국가기업	" + 현지생산판매	국내외활동 일체화	국제기구	국제기구

보충학습 13-1

다국적기업에 대한 종합적 개념정의

이상에서 논한 바와 같이 다국적기업의 개념정의는 강조점을 두는 기준에 따라 그 개념정의가 서로 다르고 또한 이에 대한 어떤 독립적이고 포괄적인 개념정의를 정립함이 용이한 일이 아니다. 그러나 현대의 다국적기업과 관련하여 그 일반적 특성들을 종합하고 이에 따른 일반화를 시도하는 것이 불가능한 것은 아니다.

이러한 관점에서, 어떤 기업체가 다국적기업으로 분류되고 인정받으려면 대체로 이러한 여러 가지 기준들을 종합적으로 고려한 다음과 같은 몇 가지의 공통기준을 만족시킬 수 있는 기업이어야 할 것이다.

(1) 기업의 발전단계상 해외사업의 비중이 매우 커져 국내시장은 세계시장 중의 하나로 간주되며 사업상 국내와 해외의 구별이 제거되는 경향을 보이는 국제화수준의 기업이다.(동태적 기준)

(2) 적어도 2개국 이상에 걸쳐서 직접투자에 의한 현지사업단위를 두고 생산활동 및 판매와

12 R. D. Robinson, "Beyond The Multinational Corporations," unpublished manuscript(1973) & *International Business Policy*(Holt Rinehalt & Winston, 1964, 1967, 1973)

현지수출활동을 하는 기업으로서, 각 자사는 본국의 모사의 통일적 공동전략에 따르고 있으며, 조직상 국내사업부가 여타의 해외지역사업부와 동등한 상태를 유지하고, 원칙적으로 경영자는 국적보다는 능력을 중심으로 충원된다.(구조적 기준)

(3) 총자산·판매고·이익·종업원 등의 상당한 비율이 해외기업경영에서 이루어지는 국제성을 가지며 일정한 규모 이상의 거대성을 가진다.(성과척도기준)

(4) 이러한 객관적 기준들과 병행하여, 그 기업이 시장과 이익을 추구함에 있어서 경영층의 사고와 활동이 국제적인 관점과 시야에서 이루어져야 한다.(행태적 기준)

그러나 오늘날 다국적기업으로 인정되고 있는 모든 기업들이 반드시 이상의 모든 요건들을 만족시키고 있는 것은 아니다. 따라서 이상의 요건을 하나의 종합적 정의로서 제시하여 보았으나 이 요건 역시 다국적기업의 개념정의로서의 하나의 모형이라고 할 수밖에 없음은 성격상 불가피한 일일 것이다. 도한 이러한 종합적 정의는 하나의 개념적 정의(conceptual definition)일 뿐 실제로 어떤 연구자가 자신의 연구를 위하여 다국적기업을 정의하고 분류하는 경우 이상에서 설명한 개념정의를 나타내는 어떤 구체적인 대용변수를 기준으로 다국적기업을 규정하는 조작적 정의(operational definition)가 필요할 것이다.

제 3 절 국제경영과 국제경영학

1. 국제경영(글로벌경영)의 의의

일반적으로 국제경영(international business) 내지 글로벌경영(global business)이란[13] 국경을 넘어 이루어지는 기업의 국제(글로벌)경영활동을 의미한다. 이러한 기업의 국제경영활동에 무엇이 포함되어야 하는가는 학자에 따라 서로 다른 개념화가 이루어지기도 하지만, 일반적으로 국경을 넘어 상품·서비스·자본·인력·기술·경영노하우 등을 이전시키는 국제경제거래활동이나 수출·국제계약·해외직접투자 등을 통한 해외사업활동은 물론 기업의 해외진출을 위한 전략수립과 현지자회사의 효율적 경영을 위한 국제경영관리활동 등이 포함된다고 할 수 있다.

한편 이러한 '국제경영'과 '다국적기업'의 관계에 대한 약간의 이해가 필요하다. 어떤 국가의 시민이나 기업이 해외에 투자하거나 국경을 넘는 경영활동을 전개한다는 뜻의 국제경

13 영어로 International Business(IB)는 우리말로 ① 기업의 국제경영활동 그 자체를 의미하는 국제경영(국제비즈니스), ② 이러한 국제경영활동을 행하는 주체인 국제기업, ③ 국제경영과 국제기업을 연구하는 학문으로서의 국제경영학 등을 지칭하는 용어로 통용된다. 최근에 International Business 대신에 Global Business(GB)라는 용어를 사용하는데 이는 '국제'라는 용어 대신에 '글로벌'이라는 용어를 사용한 것으로서 이 역시 글로벌경영(활동)·글로벌기업·글로벌경영학을 통칭하는 용어라고 할 수 있다.

영은 결코 오늘날만의 새롭고 독특한 현대적 현상은 아니다. 그러나 국제경영이 하나의 현대적 의미를 지닌 독립된 분야로서의 성격을 지니게 된 것은 제2차 세계대전 이후의 현대적 다국적기업의 등장에 의해서였다. 이 때문에 국제경영학의 태동에 결정적인 역할을 한 것이 다국적기업이고 또한 국제경영학이 미국에서 일찍부터 발전된 것도 미국계 다국적기업의 눈부신 발전과 경험에 따른 것이었다.

그러나 국제경영학의 대상이 반드시 다국적기업의 활동에 국한되는 것은 아니다. 다국적기업들이 행하는 모든 해외경영활동이 국제경영학의 대상이 되는 것은 사실이지만 다국적기업이 아닌 기업들의 해외사업 활동 역시 국제경영학의 연구대상이 되기 때문이다. 또한 다국적기업의 국제경영활동 중 가장 중심이 되는 것이 직접투자활동이지만 기업이 해외로 진출함에 있어서 선택할 수 있는 진출유형은 해외직접투자 이외에도 수출입(무역)은 물론 라이선싱(licensing)과 같이 자신의 경영자원을 국제계약을 통하여 활용하는 여러 가지 형태도 있기 때문이다.

요컨대 국제경영이 국경을 넘어 이루어지는 경제거래활동이나 사업활동을 의미한다고 하였을 때 이러한 국제경영활동이 반드시 다국적기업에 의해서만 이루어지는 것은 아닌 만큼, 국제경영이나 국제경영학과 관련하여 주된 관심이 주어지는 대상이 다국적기업인 것은 사실이지만 그렇다고 이들의 관심과 주제가 다국적기업에만 국한되는 것은 아니다.[14]

2. 국제경영(글로벌경영)의 특성

그렇다면 이러한 국제경영(international business) 내지 글로벌경영(global business)은 국내시장을 주된 대상으로 하는 국내경영(domestic business)과는 어떻게 다른가? 순수한 국내경영에 대한 국제경영의 특성을 좀 더 구체적으로 이해하기 위하여 기업 외부적 특성과 내부적 특성으로 나누어 살펴보면 다음과 같다.

2.1 기업 외부적 특성

국경을 넘어 해외에서 사업활동을 전개하는 국제경영의 경우 그들이 직면하는 외부적 환경면에서 국내시장만을 대상으로 하는 국내경영과는 다른 여러 가지 특성을 가지게 된다. 이러한 특성들을 다시 크게 나누어 보면 국경을 넘어 다른 나라로 진출함에 따라 나타나는 특성과 그들이 직면하는 사업환경이 서로 다르다는 점 때문에 나타나는 특성이 있다.

14 이런 의미에서 국경을 넘는 경영활동을 행하는 모든 기업을 이후 '글로벌기업'으로 통칭하기로 한다. 따라서 글로벌기업이란 다수 국에서 해외현지기업을 거느리는 높은 수준의 국제화를 행하는 다국적기업은 물론 국내에서 주로 활동하면서 수출 등을 통하여 제한된 국제경영 활동만을 행하는 기업까지를 망라하는 용어, 다시 말하면 모든 형태의 국제경영활동을 행하는 국제적 기업을 통칭하는 포괄적인 용어로 사용하기도 한다.

(1) 국경을 넘는 경영활동

국제경영은 국경을 넘는 사업활동과 경영활동을 행한다는 점에서 국내경영과는 차이가 난다. 국경을 넘는 경영활동을 행하는 경우 순수한 국내경영활동에서는 직면하지 않아도 될 다음과 같은 많은 위험과 어려움이 수반되게 된다.

요소이동의 제약성 노동력·자본·기술 등 생산요소의 이전이나 재화의 이동이 국경을 넘어서 이루어지기 위해서는 국내에서의 이동에서 부과되지 않던 유무형의 많은 제약과 제한이 수반되게 된다. 국제무역이 국내에서 생산된 제품(재화)의 판매활동임에 대하여 국제투자는 국내의 생산요소(자본·인력·기술·경영능력 등)를 직접 해외로 이전하는 투자활동인데, 오늘날 세계적 차원의 무역자유화는 크게 진전되었지만 국제투자의 자유화에는 여전히 많은 이해관계의 상충이 개재되는 만큼 이동의 제약성이 더욱더 커진다.

화폐의 상이 국제거래에는 국내거래와는 달리 서로 다른 화폐(different currency)에 의한 결제가 이루어지므로 외한시세의 변동에 따른 환위험(exchange risk)을 극소화하기 위한 외환의 관리가 필요해진다. 또한 국제수지문제·국제적 인플레이션율의 상이·금리변동 등에 의한 기타의 금융적 위험이 수반됨은 물론 국제적 이중과세부담 등 여러 가지 조세 측면에서의 위험도 개재된다.

이해관계의 상충 국경을 넘는 경영활동을 행하는 경우 현지국이 부과하는 여러 가지 법률 및 규제에 따르는 위험과 마찰이 수반됨은 물론 범세계적인 시각과 전략 하에서 이윤극대화를 추구하는 기업목표와 국가적 관점에서 입안되고 운영되는 국민국가의 정책 간에도 피할 수 없는 마찰이 존재하고 있다.

(2) 이질적인 사업환경

국제경영은 이처럼 국내경영과는 달리 국경을 넘어서 이루어지는 경영활동을 행함에 따르는 위험과 어려움을 겪게 되지만 이와 함께 해외에 진출하여 국제경영활동을 전개함에 있어 국내경영에서는 접하지 못하던 여러 가지 새로운 문제와 부딪히게 된다. 말하자면 다양한 해외시장을 대상으로 생산과 판매를 행하는 국제경영의 경우 국내와는 서로 다른 새로운 사업환경에 직면하게 된다.

우선 서로 다른 경제발전단계·사회하부구조·금융시장·노동시장·산업구조 등과 같은 경제적 차이 역시 극복해야 하고 서로 다른 가치관·제도·언어·관습 등을 포함하는 문화적 차이를 감수해야 한다. 또한 서로 다른 국가주권과 국가적 특성 및 이에 따르는 여러 가지 직간접의 차별대우에도 직면하게 된다. 이와 같은, 국내경영과 국제경영의 환경적 차이를 〈표 13-3〉이 요약하고 있다.

이처럼 정치·경제·사회문화적 환경이 서로 다르고 다양한 가운데 전개되는 국제경영이

표 13-3 국내 경영환경과 국제 경영환경의 일반적 차이

구 분	국내 경영환경	해외 경영환경
사회·문화	• 동일한 언어와 관습 • 동일한 가치관과 제도 • 단일민족	• 상이한 언어와 관습 • 상이한 가치관과 제도 • 상이한 민족
경제	• 동일한 화폐와 금융 • 동일한 발전단계와 하부구조	• 상이한 화폐와 금융 • 상이한 발전단계와 하부구조
시장	• 동질적인 시장 • 안정적인 기업환경 • 비교적 정확한 정보	• 이질적이고 분산된 시장 • 불안정하고 복잡한 기업환경 • 정보의 신뢰성 희박·막대한 정보수집비용
정치·행정	• 정부와 협조적 관계 • 기업 활동의 선별적 규제곤란 • 규제의 불소급이 원칙	• 현지정부와의 이해관계 상충 • 선별적 규제의 가능 • 현지국정부의 의사에 따라 규제의 소급적용 가능

동일한 환경 아래에서 이루어지는 국내경영과 동일할 수 없다. 따라서 국내경영과 국제경영의 가장 근본적인 차이점은 사업환경이 서로 다르다는 점에 있으며, 기업의 국제적 활동범위가 광범위해질수록 환경적 다양성과 복잡성은 더욱 커진다. 이러한 차이로 인해 기업은 각국에서 서로 다른 위험과 기회에 직면하게 된다. 따라서 국제경영활동을 수행함에 있어서는 이러한 환경적 차이를 올바르게 인식하고 평가하는 업무의 중요성이 더욱 커지게 된다.

2.3 기업 내부적 특성

국제경영은 이처럼 국경을 넘는 거래이기 때문에 국내경영과는 다른 새로운 위험과 마찰에 직면하게 되고 현지에서의 사업환경 역시 국내환경과는 서로 다르다는 외부적 특성을 가지게 되는데 이러한 외부적 특성의 차이로 인하여 기업경영의 내부적 측면에 있어서도 국내경영과는 다른 차이점을 가지게 된다. 국내경영만을 행하는 기업에 비하여 국제경영활동을 수행하는 기업이 갖는 내부적 특성으로서는 다음과 같이 위험과 기회가 증대된다는 점과 이로 인해 보다 더 전략적인 관리가 필요해진다는 점을 들 수 있다.

(1) 위험과 기회의 증대

국제경영활동을 행하는 기업은 국내경영에 비해 시간상으로나 거리상으로 장기와 장거리의 문제가 개입되므로 그에 따르는 위험(risk)과 비용(cost), 불확실성(uncertainty)과 복잡성(complexity)을 감수해야 한다. 또한 해외에서 사업활동을 전개함에 있어서는 대규모 투자가 필요한 만큼 투자실패에 따르는 위험 역시 커질 뿐만 아니라, 사업환경의 차이에 따르는 경영실패위험·화폐의 상이에 따른 환위험·현지국정부의 몰수·수용 등과 같은 정치적 위험(political risk) 등 추가적인 위험들이 개재된다. 뿐만 아니라 국내경영과는 달리 인력·원료·설

비·자금 등 제 경영자원의 조달원이 훨씬 광범위하여 세계 전체로 확대되고, 경쟁대상 역시 전 세계 모든 기업으로 확장되는 것도 하나의 차이점이다.

이같이 국내경영에 비하여 국제경영의 위험성이 더 크다는 것을 다른 측면에서 보면 이를 통한 새로운 기회(opportunity) 역시 커진다는 것을 의미한다. 만약 국제경영이 위험만 있고 기회가 존재하지 않는다면 이러한 투자는 발생하지 않을 것이므로 기업이 해외로 진출하는 데에는 그에 따르는 위험을 능가하는 무언가 더 큰 새로운 기회가 있기 때문이다. 이질적이고 복합적인 환경 속에서 남들이 보지 못하는 새로운 기회를 발견하고 이를 실현시키는 경우 그러한 모험에 따른 보상 역시 클 것이다. 따라서 국제경영활동을 행하는 기업은 국내경영을 행하는 기업에 비하여 위험과 기회가 동시에 증대된다는 특성을 가지게 된다.

(2) 전략적 관리의 필요성 증대

따라서 국제투자기업은 서로 다른 환경을 이해하고 이에 따른 위험들을 극소화(minimize)하는 전략적 관리와 함께 국제투자가 가져올 수 있는 이익기회를 극대화(maximize)하려는 전략적 노력의 필요성이 더욱 커진다. 또한 세계경제의 통합화로 시장의 경쟁 역시 무한경쟁적인 성격을 띠는 만큼 국제경영기업은 범세계적인 관점에서 이길 수 있는 경쟁력을 배양하여야 할 뿐만 아니라 범세계적인 관점의 효율을 추구하려는 전략적 노력도 이루어져야 한다.

한편 국내경영에 있어서는 경영참가자의 대부분이 일국인만으로 구성되는데 비하여 국제경영에는 다양한 외국인의 경영참가가 있게 되므로 국가적 충성심의 복합성에 따른 여러 가지 기업내부적인 문제도 야기된다. 또한 국제경영을 행하는 기업들은 경영자원의 효율적인 국제적 배분이나 이용을 위하여 국내경영과는 다른 차원에서의 전략적 의사결정이나 조직구조 및 재무·회계·마케팅의 운용도 필요해진다. 또한 국제경영활동은 복수의 국가를 대상으로 하므로 국가 간 활동의 조정(coordination)과 통합(integration)이라는 새로운 과제가 요구된다. 국제투자로 인한 자신의 이익극대화와 함께 현지국의 이익증진에도 기여하여 양자의 이해관계를 조화시키는 전략적 노력 역시 중요해진다.

3. 국제경영학(글로벌경영학)의 의의와 체계

국제경영학(international business) 내지 글로벌경영학(global business)은, 위에서 설명한 국제(글로벌)경영활동과 이러한 경영활동을 주도하는 기업에 대하여 연구하고 교육하는 학문분야를 지칭한다. 최근에 이르러 급격한 기업의 글로벌화 추세와 더불어 이러한 국제경영학에 대한 학문적 수요 역시 크게 증대되어 많은 사람들의 관심이 집중되어 왔다.

그림 13-2 국제경영학의 핵심 분야

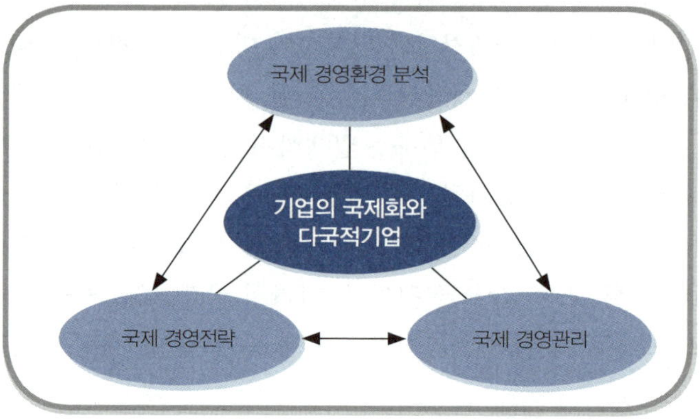

그러함에도 불구하고 이에 대한 학문적 연구방법과 범위가 통일적으로 정립되어 있지는 못한 것이 사실이다. 그 이유는 이러한 학문분야가 하나의 독립적인 학문분야로서 출발한 역사가 상대적으로 짧다는 점 이외에도 그 연구대상인 국제경영이 경영학의 다른 분야에 비하여 매우 포괄적인 성격을 지니고 있기 때문이다. 이러한 점을 전제해 두고 국제경영활동과 이러한 활동을 행하는 글로벌기업에 대하여 연구하고 교육하는 국제경영학의 학문적 주제들을 살펴보면, 다음의 [그림 13-2]와 같이 기업의 국제화와 다국적기업화를 전제로 하여 크게 3가지 핵심 부문으로 구성되어진다.

국제경영환경(foreign business environment) 분석 해외에서의 사업환경은 국내의 그것과는 어떻게 상이하며 이에 대한 분석과 평가는 어떻게 행하느냐 하는 문제이다. 해외에서의 경영활동이 국내에서의 경영활동과 다르며 또한 국제경영이 국내경영의 단순한 연장일 수 없는 것은 해외진출기업이 직면하는 기업환경의 다양성(diversity)·복잡성(complexity)·이질성(heterogeneity)에 있음은 위에서 설명하였다.

따라서 해외로 진출하려는 기업의 경영자는 투자를 결정하기에 앞서 특정 외국의 환경여건이 어떠하며 또 국내환경과는 어떻게 상이한가에 대한 정확한 분석과 평가를 행해야 하며, 또한 그렇게 상이한 환경 하에서의 위험과 이해관계의 갈등에 어떻게 대처하고 적응할 것인가를 결정하여야 된다.

국제경영전략(international management strategy) 해외에서의 경영활동을 전개하기 위하여 진출하는 기업이 자신의 장기적인 경영목표를 적절히 설정하고 이러한 목표를 달성하기 위하여 자신의 내부적 능력을 적절히 결합시키는 전략적 고려가 필요하게 되는데 이를 위하여 행하는 일련의 행위가 국제경영전략이다. 따라서 국내와는 서로 다른 사업환경이 가져다주는 이익과 기회를 활용하여 기업목표를 최대한 달성하기 위한 적정한 경영전략의 수립과 실행이 필요하다.

이러한 국제경영전략에는 다양한 측면들이 있지만 대체로 ① 해외진출 초기에 있어서 어떤 진입방식(entry mode)으로 진출할 것인가라는「해외시장진입전략」, ② 기업의 국제화 초기단계를 지나 국제사업을 영위하는 데 있어서 요구되는 제휴 등을 어떻게 행할 것인가 하는「기업 간 협력전략」, ③ 국제화가 더욱 진전되어 다수의 국가를 대상으로 국제경영활동이 동시에 이루어지는 경우 국가 간 자원과 활동을 어떻게 배치하고 어떻게 효과적으로 조정할 것인가에 대한 경영관리전략으로서의「글로벌전략」, ④ 이러한 과정에서 보다 높은 수준의 수익률을 실현시켜 다른 경쟁기업과의 경쟁에서 이기고 성장하기 위한「국제경쟁전략」이나「기업성장전략」등이 주요한 주제가 될 수 있다.

국제경영관리(international business management) 기업이 여러 해외사업과 직접투자를 통하여 국제적인 조직망을 갖게 되면, 그 조직을 관리하는 직능관리와 계획·조직·통제가 중요시된다. 직능관리에는 국제인사 및 조직관리, 국제재무관리, 국제마케팅관리 등이 포함되며, 다시 이들 직능을 통괄하여 어떻게 통제·관리할 것인가에 대한 이해도 필요하다.

따라서 국제경영환경 분석이나 해외시장진입전략 등은 본사의 입장에서 하나의 해외사업을 개별적으로 다루는 것임에 대하여 국제경영관리는 기업시스템 전체를 어떻게 관리하느냐의 입장에 있다고 할 수 있으며, 또한 국내경영을 대상으로 하는 전통적인 경영관리분야를 국제라는 무대로 확장하는 성격을 가졌다고 할 수 있다.

제14장 International Business

글로벌기업의 해외시장 진출전략

전략(strategy)이라는 용어는 원래 전쟁의 계획과정에서 사용된 용어로서 병법·군사학에 근원을 두고 있다. 일찍이 고대 그리스시대 알렉산더(Alexander)대왕이 마케도니아(Macedonia) 침공계획을 세우고 평의회의 승인을 받기 위한 연설에서 이를 처음 사용하였다고 알려져 있다.[1] 따라서 전략은 '전쟁의 효율적인 목표나 목적(승리)을 위하여 상대방의 대응을 고려하면서 유리한 대비책을 구축하고 전체적 행동방향을 결정하는 행위'로 정의되어 왔다. 이처럼 군사학에서 유래된 용어가 기업경영에 접목되어 경영전략(business strategy) 또는 전략경영(strategic management) 등의 용어로 사용되어 왔다.

경영전략이란 '생존과 성장을 위해서 새로운 환경에 적응하고 대응하기 위한 방향설정과 그를 성취하기 위한 수단의 선택에 관한 의사결정'이라고 정의할 수 있고, 더 간략히 말한다면 '기업이 경쟁에서 이기기 위하여 행하는 방향설정과 의사결정'이라고 할 수 있다.[2] 이러한 경영전략을 올바르게 수립·실행하기 위해서는 자신의 전략목표가 무엇인가를 명확히 하는 목표설정과, 외부환경에 대한 면밀한 분석·예측과 함께 자신의 강점과 약점 등 내부적 능력과 환경에 대한 정확한 분석을 바탕으로 기회를 극대화하고 위험을 극소화하는 과정이 필요하다.

이처럼 올바른 경영전략을 수립하고 실행하는 일은 기업경영의 어떠한 분야에서 필요하고도 중요한 일인 만큼 국제경영에서도 예외가 아니지만 국제경영의 경우 일반경영에서 요구되지 않는 더 추가적인 전략적 고려가 필요해진다. 해외로 진출하여 경영활동을 행하는 기업은 국내와는 서로 다른 사업 환경이 가져다주는 이익과 기회를 적절히 대응하고 활용하면서 자신의 전략목표를 보다 더 효율적으로 달성하기 위한 노력이 더 필요하기 때문이다.

이러한 국제경영전략은 어떠한 수준에서 논의하는가에 따라 다시 여러 가지 전략으로 구분된다.[3]

1 영어의 strategy는 그리스어 strtegos에서 유래한 것으로 이 말은 '군대'를 뜻하는 strtos와 '이끈다'는 뜻을 지닌 –ag가 합쳐진 용어이다.

2 전략이 군사학의 영역에서 기업에 대한 경영전략으로서 현대경영학의 일부분이 된 것은 대체로 1950-60년대 미국의 거대기업들이 다양한 사업분야를 어떻게 효율적으로 운영할 것인가를 고민하면서부터였다고 할 수 있다. 이 시기에 경영전략분야의 선구자라고 할 수 있는 챈들러(A. D. Chandler)는 경영전략을 '기업이 장기적인 목표와 목적을 결정하고 이를 목표달성에 필요한 활동경로를 정하고 이를 위한 제 자원을 배분하는 행위'라고 정의하였다.(*Strategy and Structure*, MIT Press, 1962)

3 예컨대 개별사업부별 전략을 논의하는 사업단위전략(business-unit strategy), 인사·조직·재무·마케팅 등 각각의 경영관리분야의 전략을 논의하는 기능별전략(functional strategy) 내지 국제경영관리전략, 국제경영의 전체 활동범위 및 자원배분 등을 논의하는 기업전략(corporate strategy)이 있다.

이들 중 국제경영 전반과 관련되는 기업전략으로서는 ① 해외진출 초기에 있어서 어떤 지역에 어떤 진입모형(entry mode)으로 진출할 것인가에 대한「해외시장 진출전략」, ② 날로 격화되고 있는 국제경쟁에서 이기기 위하여 행해지는 전략적 제휴 등과 같은「기업 간 협력전략」, ③ 다수 국가를 대상으로 하는 경영활동에 있어 국가 간 자원과 활동을 어떻게 배치하고 조정할 것인가와 관련되는 경영관리전략으로서「글로벌전략」, ④ 자신의 경쟁우위를 창출·유지하기 위한「국제경쟁전략」과 해외에 진출하고 있는 기존사업의 지속적인 성장을 도모하기 위한「성장전략」등이 주요한 주제가 될 수 있다.

본장에서는 이러한 다양한 국제경영전략들 중 해외시장 진출전략에 대해서만 논의한다. 해외시장 진출전략(entry strategy)이란 해외진출 초기에 과연 어떤 제품을 가지고 어떤 지역(시장)·어떤 시기·어떤 규모로 진출할 것이며 또한 어떤 진입모형(entry mode)으로 진출할 것인가와 관련되는 전략을 말한다. 기업이 해외로 진출할 때 제품·시장·시기·규모·진출방식 등에 대하여 어떠한 믹스전략을 채택하는가가 이후의 사업성과에 매우 중요한 영향을 미치므로 이러한 진입전략의 전략적 선택이 매우 중요하다.

이에 제1절에서는 글로벌기업이 해외로 진출할 때 선택할 수 있는 진출방식에는 어떠한 것들이 있는가를 먼저 살펴보고, 제2절에서는 해외진출을 위한 ① 시장·제품·시기·규모 등에 대한 선택, ② 시장진출방식의 선택으로 나누어 이와 관련되는 전략적 의사결정 문제를 살펴보기로 한다.

제 1 절 해외시장 진출방식

글로벌기업이 해외진출을 기획하고 실행하는데 있어 선택할 수 있는 대안적 진출방식은 크게 ① 수출, ② 국제계약, ③ 해외직접투자 등 3가지 범주로 나누어 볼 수 있고 이들 각각의 진출방식은 다시 〈표 14-1〉과 같이 여러 가지 구체적 형태로 구분할 수 있는데 이들 각각의 진출방식의 전략적 장단점을 보다 자세히 살펴보면 다음과 같다.

표 14-1 글로벌기업의 해외진출방식

구 분	구체적 진출 형태
1. 수 출	• 간접수출(indirect exporting) / 직접수출(direct exporting)
2. 국제계약	• 라이선싱(licensing) • 프랜차이징(franchising) • 경영관리계약(management contracts) • 턴키계약(turnkey projects) • 계약생산(contract manufacturing) 등
3. 해외직접투자	• 단독투자(sole investment) / 합작투자(joint venture) • 신규설립투자(greenfield start-up) / M&A형 투자

1. 수출을 통한 진출방식

기업이 해외시장에 진출하기 위하여 활용할 수 있는 대안적 전략형태 중에서 가장 전통적인 형태는 국내에서 생산된 제품을 해외에 판매하는 수출방식인데 이는 다시 간접수출과 직접수출로 나눌 수 있다.

간접수출(indirect exporting) 제조업체의 입장에서 다른 수출업자나 수출대리인을 통해 상품수출을 하는 방법으로서 투자비용과 위험이 작다는 장점이 있다. 주로 수출경험이 전혀 없거나 수출전문인력을 이용할 수 없는 중소기업의 경우, 수출규모가 너무 작아 자신이 직접 수출할 필요가 없이 다른 기업에 맡기는 것이 더 효율적인 경우 등에 주로 사용된다. 우리나라의 중소수출기업이 종합상사를 통해 제품을 수출하는 경우는 물론, 우리나라 운동화 생산업체들이 미국의 나이키(Nike)나 영국의 리복(Reebok) 등에 OEM방식으로 수출하였던 경우 등도 제품을 생산한 기업이 수출마케팅전략에 대한 통제권을 갖지 못한다는 점에서 간접수출이라고 할 수 있다.

이러한 간접수출방식은 수출 관련 업무를 직접 수행하지 않으므로 해외시장개척에 큰 노력이 필요하지 않고 자본투입도 적기 때문에 그만큼 위험도 작다. 그러나 자신이 해외업무를 수행하지 않으므로 해외시장에 대한 정보를 얻거나 경험을 축적하기 어렵고 자사 제품에 대한 통제도 어려우며 수출대행업자에게 높은 수수료를 지불해야 한다는 단점이 있다.

직접수출(direct exporting) 제조업체나 무역회사가 자신의 수출전담부서나 판매법인을 통하여 해외바이어에 직접 수출하는 방식이다. 대체로 초기에는 본사의 수출전담부서나 계열 무역회사를 통하여 수출하는 방식을 취하지만 수출물량이 많아지고 해외수요가 증대하게 되면 외국에 판매를 담당할 지사나 현지법인을 설립하여 판매하게 된다.

이러한 직접수출의 경우 제품을 생산하는 기업이 시장조사·고객접촉·가격결정·물류·수출서류작성 등과 같은 제반 수출마케팅활동을 직접 계획하고 수행하게 되므로 자사 제품에 대한 강한 통제력을 가지고 자신의 상표를 보호할 수 있을 뿐만 아니라, 해외시장의 수요변화나 시장상황에 대한 정보를 지속적으로 접할 수 있고 해외고객들과의 직접 접촉을 통하여 해외시장기반을 구축하고 수출경험을 축적할 수 있다는 장점이 있다. 반면 수출업무에 대한 지식과 해외마케팅업무능력 갖춘 인적자원을 필요로 하고 이를 뒷받침하는 조직도 필요하여 이에 대한 투자가 필요하다.

2. 국제계약에 의한 진출방식

수출방식이 주로 눈에 보이는 유형무역을 중심으로 하는 해외진출방식인데 비하여 눈에 보이지 않는 무형자산의 해외진출방식으로서 국제계약에 의한 다양한 진출방식이 있다. 이러한 진출방식은 외국의 영업파트너와 일정한 계약을 체결하고 그 계약조건과 내용에 따라 국제적인 사업활동을 수행하는 것으로서 수출방식보다는 성숙·진화된 형태라고 할 수 있는데 여기에는 다음과 같은 다양한 방식들이 활용된다.

2.1 라이선싱(licensing)

라이선싱은 라이선서(licensor)와 라이선시(licensee) 간에 계약을 체결하고, 이 계약 하에서 라이선서가 보유하고 있는 제조기술·공정과정·특허·등록상표·거래비밀·노하우 등과 같은 재산권에 대한 사용권리를 라이선시에게 제공하고 그 대가로 일정한 로얄티(royalty) 또는 수수료(fee)를 수수하는 국제경영활동이다. 이러한 라이선싱 형태 중에서 가장 대표적인 것이 국제기술이전계약이 있다. 이러한 라이선싱이 주로 활용되는 경우는 수출 또는 직접투자방식을 통한 해외진출에 많은 비용과 장애가 존재하는 다음과 같은 경우이다

(1) 국내에서 제품을 생산하여 해외로 수출하고자 할 때 ① 생산원가가 너무 높은 경우, ② 무역장벽이 너무 높거나 운송비가 너무 많은 경우,[4] ③ 기술이나 서비스 등의 이전방법이 복잡하거나 이전비용이 많이 소요되는 경우 수출보다 라이선싱방식을 선택하게 된다.

(2) 제품을 현지에서 생산하는 직접투자를 행하고자 할 때 ① 현지정부가 외국인투자를 규제하여 현지생산이 불가능한 경우, ② 투자대상국의 정치적 위험이 너무 큰 경우 등 해외투자에 따른 비용과 위험이 클 때 해외투자보다 라이선싱방식을 채택하게 된다.

이러한 라이선싱은 라이선서의 입장에서는 적은 위험과 비용으로 해외시장에 쉽게 침투할 수 있다는 장점이 있고 라이선시의 입장에서는 유명제품의 브랜드를 자신이 활용할 수 있다는 장점이 있다. 그러나 이러한 라이선싱은 라이선서의 입장에서 다음과 같은 「전략적 단점」이 있다.

소극적 진출방식 라이선싱은 수출이나 직접투자방식에 비하여 매우 제한적이고 소극적인 시장진출전략에 머물게 된다. 따라서 라이선싱은 자신이 직접 현지에 판매하거나 생산하는 경우에 비하여 얻게 되는 이익보다 작아질 우려가 높다. 라이선시가 로열티를 제대로 지불하지 않는 경우가 발생될 수도 있고 로열티산정의 기준이 되는 매출액의 정확한 추정이 어려울 수도 있다.

기술유출 우려 라이선싱의 경우 자사의 브랜드나 기술에 대한 통제가 매우 어렵기 때문에 기술의 유출우려가 매우 크고 따라서 잠재적 경쟁자를 만들 위험이 있다. 한시적인 계약기간의 만료 후 라이선시가 그동안의 축적된 기술과 경험을 무기로 동일한 제품의 생산

4 예컨대, 미국의 버드와이저(Budwiser)는 운송비 등을 고려하여 국내 생산·수출방식 보다는 외국현지기업에 기술과 브랜드에 대한 라이선싱을 제공하여 전 세계에 제품을 공급하고 있다.

과 판매에 돌입하면 유력한 경쟁자로 등장할 수 있기 때문이다. 따라서 라이센서는 라이선싱으로 인해 자신의 지적재산권이 침해받는 것을 막기 위한 보호책을 강구하여야 한다.

전략적 유연성 약화 라이선싱계약은 일정기간 라이선시에게 독점적 권리를 부여해준다. 따라서 일단 계약을 체결하고 나면 적어도 그 계약기간이 종료될 때까지는 그 나라에서 다른 사업활동을 하거나 상대방을 교체할 수 없게 되어 전략적 유연성이 약화되게 된다. 또한 계약의 상대방인 라이선시가 생산 및 마케팅활동을 부실하게 수행하거나 품질 및 고객관리에 문제점이 있는 경우 라이센서의 기업이미지나 브랜드이미지가 손상받을 수 있다. 따라서 라이선시의 제품생산과 품질관리의 성과를 철저히 관리하고 판매활동에 대해서도 지속적으로 관심을 기울여야 한다.

2.2 프랜차이징(franchising)

프랜차이징은 특정기업(franchiser)이 보유하고 있는 유명상표 또는 상호의 이용권을 외국기업(franchisee)에게 부여하고 특정한 방식으로 영업을 할 수 있는 권리를 제공하는 대신 일정한 로열티를 받는 형태를 말한다. 그 성격상 라이선싱과 유사하지만 라이선싱보다 강한 통제가 가능한 형태이다.

라이선싱이 일정기간 동안 자신의 기술이나 브랜드만을 일정기간 공여해주는 데 비하여 프랜차이징은 품질관리·경영방식·사업체의 조직 및 운영에 대한 지원 등을 통하여 직접적으로 관리·통제하게 되므로 수직적으로 결합된 하나의 기업과 같은 특성을 나타낸다. 다만 소유나 경영의 이전은 없이 단지 상표·점포 내 진열방식·관리시스템·원료·고객서비스 등과 같은 제조 및 마케팅상의 노하우만이 거래된다.

프랜차이징은 패스트 푸드·음료수·호텔 등의 서비스산업에 많이 이용되고 있으며 대표적인 예로서는 맥도날드(McDonald's)·피자 헛(Pizza Hut)·켄트키 후라이드 치킨(KFC) 등의 음식점과 힐턴(Hilton)과 같은 호텔업의 경우를 들 수 있다. 이러한 경우 제품·가격·유통경로·광고 및 판매촉진 등 포괄적인 마케팅 믹스를 제공함으로써 소비자가 본사와 똑같은 이미지·제품·방법으로 서비스를 받는다는 느낌을 갖도록 하는데 전 세계적으로 균등한 수준의 상품·공정·시스템의 표준화가 실현되는 것이 절대적으로 중요하다.

이러한 프랜차이징은 ① 적은 자본으로 해외시장의 진출이 가능해지고, ② 표준화된 광고 등 마케팅활동을 행함으로써 광고에서의 규모의 경제를 누릴 수 있으며, ③ 프랜차이징 가맹업체는 일정한 수수료를 지불하고 나면 나머지 영업이익은 모두 자신의 것이 되므로 스스로 매출을 증대시키기 위한 노력을 기울이게 되는 동기를 부여할 수 있다는 장점이 있다. 그러나 이 경우에도 라이선싱과 마찬가지로 브랜드나 기술에 대한 통제가 어렵고 장기적으로 자신의 경쟁자를 키울 수 있다는 문제점을 안고 있다.

2.3 기타의 계약 방식

국제계약에 의한 해외진출로서는 이상과 같은 라이선싱과 프랜차이징이 대표적인 진출 방식이지만 그 밖에도 다음과 같은 방식들이 활용되기도 한다.

경영관리계약(management contracts) 경영관리계약은 일정기간 동안 계약당사자 중 한 기업이 다른 사람이 소유하고 있는 기업을 대신 경영하여 줌으로써 그 기간 동안 경영에 필요한 노하우와 시스템을 이전시키기로 약정하는 계약이다. 국제경영관리계약의 대표적 예는 호텔산업에서 찾아 볼 수 있다. 호텔업에는 특수한 자질과 경험이 있는 경영자와 세계적인 서비스망구축이 상호 연결되어야만 능률적 경영이 가능해지기 때문이다. 예를 들어 미국의 Hilton호텔이나 Marriot호텔, Sheraton호텔 그리고 우리나라의 신라호텔과 같은 유명 호텔들은 자신이 직접 호텔을 소유한 상태에서 호텔업을 운영하는 것이 아니라 외국호텔과 경영관리계약을 맺어 자신들이 호텔의 경영을 담당하는 방식으로 해외에 진출하고 있다.

플랜트/턴키계약(plant/turn-key projects) 플랜트/턴키계약이란 어떤 기업이 외국으로부터 생산공장이나 석유시추시설 등과 같은 산업시스템을 발주받아 이를 설계·건설하여 프로젝트를 완공한 다음 그 초기운영까지를 담당한 후 그것을 발주자에게 일괄 제공하는 방식인데, 일반적으로 계약기간이 장기이며 계약금액도 거액인 경우가 많다. 예를 들어, 미국의 GE사나 Westinghouse사가 개발도상국이나 동유럽 국가의 대규모 전력사업을 수주받아 이를 완공한 다음 일정기간 시운전을 거쳐 발주자에게 제공하는 경우 등이 여기에 해당한다. 한편, 한 걸음 더 나아가 프로젝트의 발주자가 당해 프로젝트를 독자적으로 운영할 수 있도록 경영관리나 근로자 훈련 등과 같은 서비스를 추가로 제공하는 턴키 플러스(turnkey plus)방식도 있다.

계약생산(contract manufacturing) 계약생산이란 일정 수준 이상의 제조시설과 능력을 가진 외국의 제조기업에게 주문회사의 요구수준에 맞는 품질의 제품을 생산·공급하도록 계약을 맺고, 공급된 제품의 마케팅은 주문회사가 책임지고 맡아서 수행하는 제조-마케팅의 연결시스템이다. 생산면에서 강점을 지닌 제조기업과 마케팅면에서 강점을 지닌 마케팅기업과의 합작방식이라고 할 수 있는데 여기에도 여러 가지 구체적인 경우가 있다.

먼저 나이키(Nike)나 리복(Reebok)과 같은 기업이 한국의 하청업자에게 일정한 품질과 가격의 운동화를 납품토록 계약을 맺고 이들 회사는 생산기술과 품질관리기술을 제공하는 하청생산계약이 있다. 이러한 하청생산의 경우 ① 자신이 직접 공장을 운영하지 않으면서도 신속하게 해외에 진출할 수 있고, ② 제품의 원가나 품질이 기대에 미치지 못하는 경우 계약의 만료와 동시에 다른 업체로 계약선을 바꿀 수 있는 유연성을 확보할 수 있으며, ③ 시장환경이 불리해질 때 신속히 철수할 수 있다는 장점을 가진다. 그러나 ① 적당한 현지업체를 발굴하기가 쉽지 않고, ② 그러한 생산업체를 발굴하였더라도 그들로 하여금 일정 수준의 생산력과 품질을 유지시키기 위해서는 상당한 기술지원이 뒷받침되어야 하며, ③ 계약만료 후 상당한 경쟁자를 키우게 될 가능성도 있다는 단점이 있다.

한편 그동안 우리나라 수출의 많은 부분을 차지하였던 OEM수출도 계약생산의 한 형태라고 할 수 있다. OEM(original equipment manufacturing)수출이란, 제1장에서 설명한 바와 같이, 주문자 상표부착방식의 수출로서 한국의 가전업체가 생산한 칼라TV를 미국의 GE사가 자기의 상표를 부착하여 미국시장에 판매하다든지, 한때 우리나라 기아산업의 프라이드를 미국 포드사가 페스티바라는 자기상표로 판매하였거나 대우의 르망을 미국 GM사가 폰티악이라는 자기상표를 부착하여 미국시장에서 판매하였던 경우 등이다.[5]

3. 해외직접투자에 의한 진출방식

기업의 국제경영활동 중 가장 중심이 되는 해외진출형태는 해외직접투자이다. 제1장과 제9장을 통해 앞서 소개하였듯이, 국제간접투자(international indirect investment) 내지 국제포트폴리오투자(international portfolio investment)는 기업경영에 참가하지 않고 배당금이나 이자 등 자본수익을 추구하기 위한 투자임에 대하여, 해외직접투자(FDI: foreign direct investment)는 기업경영상의 통제권(control)을 취득할 목적으로 행하는 국제투자이다. 그 구체적인 형태를 보면 ① 기업경영의 참가를 위해 외국기존기업의 주식을 취득하거나 그 기존기업 자체를 매수 또는 합병하는 것, ② 외국에 새로운 자회사를 설립하거나 합작투자로 법인을 설립하여 그 주식을 소유하는 것, ③ 사업활동을 목적으로 사업용 실물자산을 취득하는 것 등이 있다.

한편 해외직접투자를 자본의 국제적 이동이라는 측면에서 파악하지 않고 기업의 해외진출방식이라는 측면에서 파악하면, 수출방식이나 국제계약형태의 진출방식에 대비되는 개념이라고 할 수 있는데 이들과의 차이점은 다음과 같다.

(1) 수출(exporting)은 제 생산요소를 국내에서 결합하여 생산된 생산제품을 해외에 판매하는 활동임에 대하여, 해외직접투자는 자국 내 생산요소들을 해외로 이전시키고 다시 해외에서의 생산요소들과의 결합하여 현지에서의 제품생산 및 판매활동을 행한다는 점에서 구별된다. 수출이 단순한 재화의 이동이라면 해외직접투자는 경영자원의 일부 또는 전부를 해외로 이전하는 경영자원이전행위이다.

(2) 라이선싱(licensing)과 같은 국제계약방식은 진출기업이 해외에서 직접적인 생산·판

5 우리나라의 경우 한국생산성본부가 2001년 국내 수출기업 1만 353개사를 대상으로 조사한 바에 따르면, 국내기업의 수출건수 40.2%, 수출액기준으로 68.5%가 고유브랜드 수출이었으며 수출건수 기준으로 60%에 이르는 브랜드 없는 수출 중 절반은 OEM수출인 것으로 조사되었다. 특히 중소기업의 경우 전체의 39.1%만이 고유브랜드로 수출을 하고 있어서 중소기업의 고유브랜드 개발이 시급한 것으로 나타났다.

매활동을 행하지 않는다는 점에서도 차이가 있지만, 라이선싱 등은 기업이 보유하는 자본·기술·브랜드·경경능력 등과 같은 단일의 생산요소를 이전시키고 그에 대한 대가를 지불받는데 대하여, 해외직접투자는 자국 내의 제 생산요소들을 결합하여 하나의 일체(package/bundle)로서 이전시키며 자신의 경영자원에 대한 지배를 스스로 행한다는 점에서도 양자는 구별된다.

따라서 기업의 해외진출이 수출이나 계약방식보다 더욱 확대되고 고도화되면 해외직접투자를 행하게 되는데 이런 점에서 해외직접투자는 '자본수출'인 동시에 '경영자원수출' 더 나아가서는 '기업수출'이다. 따라서 해외진출방식 중에 자원의 투입이 가장 많아 이익기회가 가장 높은 반면 그에 따른 위험도 가장 높은 방식이라고 할 수 있다. 이러한 해외직접투자는 다시 소유지분에 따라 단독투자와 합자투자로 나누고 진출방식에 따라 신규설립방식 내지 그린필드형(green field start-up) 투자와 M&A(merger & acquisition)형 투자로 구분된다.

제 2 절 해외시장 진출전략

1. 해외시장 진출의 전략적 의사결정

1.1 진출 시장 및 제품의 선택

기업이 해외로 진출하려고 할 때 결정해야 할 전략적 요인이 시장·제품·진입방식이라고 하였을 때 이들 3가지 요인들 중 어떤 요인을 우선적으로 고려하는가는 경우에 따라 다르지만 대체로 많은 기업들이 시장 또는 제품을 먼저 결정하고 다음으로 진입방식에 대한 전략적 고려를 행하는 것으로 나타났다.

어떤 기업이 국내에서 축적된 경험을 바탕으로 해외시장에 진출하려고 할 때 가장 먼저 선택하여야 할 과제는 어떤 국가로 진입할 것인가를 선택하는 문제이다. 지구상에는 서로 다른 환경과 특성을 지닌 200여 개가 넘는 국가들이 존재하는데 자신이 보유하고 있는 한정된 자원으로 모든 시장에 진출하는 것은 불가능할 뿐만 아니라 모든 나라들이 제공해주는 잠재적 수익기회 역시 동일하지 않은 만큼 각국 시장에 대한 비교·평가를 통하여 최적인 진출시장을 선택하여야 한다.

기업이 해외진출하려는 목표시장을 선택하는 전략 역시 여타의 경영전략에서와 마찬가지로 목표의 설정·내부적 역량평가·외부적 환경분석의 과정을 거치며 결정되는데 이때 고려되어야 할 요인들을 살펴보면 다음과 같다.

국제화의 전략적 목표 진출시장의 결정에 있어서 가정 먼저 이루어져야 할 일은 전략

목표를 명확히 하는 일이다. 우선 해외시장진출의 전략적 목표가 현지시장인가 아니면 현지생산인가에 따라 진출국이 달라지고, 현지생산이라고 하더라도 현지국에서의 판매인가 제3국으로의 수출인가에 따라 달라진다. 물론 기업의 국제화목표는 복합적인 성격을 지닐 수 있지만 어느 것이 가장 주요한 목표인가에 대한 우선순위의 파악도 중요하다. 또한 해외시장진출이 기업의 전체 글로벌전략에서 어떤 의미를 차지하는가에 따라서도 진출대상국이 달라질 수 있다.

기업의 내부적 역량평가 해외시장에서의 효과적인 사업을 위해서는 적정한 인적·물적 경영자원이 투입되어야 하고 현지에서 활동하고 있는 경쟁기업들과의 경쟁에서 우위를 지닐 수 있어야 한다. 따라서 자신이 보유하고 있는 경영자원의 양과 수준이 어떠한가, 해외시장에 대한 경험은 어느 정도 축적되어 있는가, 자신의 강점(strength)과 약점(weakness)은 무엇인가 등 자사의 내부환경에 대한 면밀한 분석과 평가를 통하여 자신의 경쟁력수준을 파악하여야 한다. 이러한 내부적 평가에 따라 진출시장의 선택전략이 달라질 수 있기 때문이다.

현지국의 기업환경분석 진출시장의 선택에 가장 중요한 것은 그 국가의 장기적인 잠재적 수익성인데 이를 결정하는 것은 해당국가의 기업환경이다. 이러한 기업환경요소 중 1차적으로 관심을 가지는 것은 해당국가의 경제적 환경요인(시장규모·잠재력·생산요소·기술·경쟁 등)이지만 이 밖에도 정치적 안정성·사회문화적 특성·법률적 환경 등 역시 매우 중요한 요인이 된다. 이들 중 어떤 환경요인을 더 중시하느냐는 전략적 사안에 따라 달라지지만 이러한 외부환경요인이 진출시장의 결정에 있어서 매우 중요한 사안이므로 이에 대한 철저하고 면밀한 분석과 평가기 이루어져야 한다.

해외진출시장의 전략적 선택을 위하여 요구되는 이상과 같은 요인들을 보다 단순화하여 요약한다면 결국, 해외로 진출하려는 기업은 진출의 전략적 목표를 명확히 하고 자신의 사업경쟁력(company's competitive strengths)과 대상국의 시장매력도(country attractiveness)를 종합적으로 고려하여 진출시장을 선택하여야 한다는 것이다.[6]

한편, 이상의 논의는 어떤 특정 제품을 가지고 해외로 진출하려는 기업이 진출시장을 선택하는 전략적 문제를 논의하였지만, 다양한 제품분야나 사업계열을 거느리고 있는 기업이 해외의 특정시장에 진출하려 할 때 어떠한 제품이나 사업을 우선적으로 진출시킬 것인가에 대한 전략적 선택문제도 중요하다. 이러한 문제 역시 위에서 설명한 전략적 방식을 응용하여 어떤 시장에 어떤 제품분야를 우선적으로 진출시킬 것인가를 선택할 수 있을 것이다.

6 이러한 관점에서 양자가 모두 높은 경우 적극적으로 진출하고 양자 중 어느 한쪽만 높은 경우 선별적으로 진출하며 양자 모두가 낮은 경우 진출을 회피하여야 한다는 전략적 시장포트폴리오를 제시하는 연구들이 있다.(G. D. Harrel and R. O. Kifer, "Multinational Strategic Marketportfolio", *MSU Business Topics*, winter 1981)

1.2 진출 시기의 선택

기업이 해외로 진출할 매력적인 시장이 확인되면 그 다음으로 결정해야 할 전략적 요인은 언제 그 시장에 진입할 것인가 하는 진입시기(timing of entry)의 선택문제이다. 진입시기의 선택에는 다른 외국기업이 진출하기 전에 진입을 시도하는 '선발진입방식'과 다른 외국기업이 먼저 진출해서 이미 시장을 확립해 놓은 다음에 진출하는 '후발진입방식'이 있다. 양자는 서로 다른 장단점을 지니게 되는데 선발진입방식을 취하는 경우의 전략적 장단점은 다음과 같다.

전략적 장점 선발진입방식을 취하는 경우 후발진입기업들을 경쟁에서 몰아낼 수 있는 이른바 선점자로서의 이점(first mover advantage)을 누릴 수 있다. 우선 자신의 브랜드명을 먼저 만들어 현지소비자들이 제품과 서비스로 전환하기 어렵도록 만드는 전환비용을 창출할 수 있고, 현지시장에서 다른 경쟁자보다 앞선 경험곡선을 가질 수 있으며 이를 통하여 경쟁기업에 대한 비용 상의 이점을 갖게 된다.

전략적 단점 선발진입방식을 취하는 경우 새로운 시장에 대한 이른바 개척비용(pioneering costs)이 소요되게 되는데 때로는 이러한 개척비용 때문에 사업에 실패하는 경우까지 발생할 수 있다. 개척비용이란 새로운 시장환경을 파악하고 그것을 학습하는데 소용되는 노력·시간·비용은 물론 자신의 제품에 친숙하지 않은 현지소비자들에 대한 판매촉진비용과 고객교육비용 등도 포함한다. 더욱이 경제개발 초기에 있는 국가나 개도국 정부의 경우 당초의 정부정책에 변화를 취하는 경우가 많은데 이러한 경우 선발진입한 기업체는 후발진입자들이 겪지 않는 어려움을 겪을 수도 있다.

이에 비하여 후발진입기업들은 선발기업들이 겪은 경험과 시행착오를 배우고 학습하여 선발진입자들이 부담해야 하는 이러한 개척비용을 회피함으로써 투자비용을 아끼고 더 유리한 입장에 서는 경우가 많다. 중국시장에 선발진입하여 미국스타일의 패스트푸드를 처음 소개한 KFC는 많은 개척비용을 부담하였지만 후발업체로 중국에 진입한 맥도날드(McDonald's)는 KFC가 만든 시장을 이용하여 별다른 어려움 없이 중국시장에 진입할 수 있었다. 실제로 다른 기업들이 먼저 사업을 하고 있는 시장에 진입하면 그 시장에서 살아남을 수 있는 가능성이 더 높아진다는 연구결과도 있다.[7]

1.3 진출 규모의 선택

해외시장 진출전략의 또 다른 과제로서 해외시장에 어떠한 규모로 진입하느냐 하는 진

7 J. M. Shaver, W. Mitchell and B. Yeung, "The Effect of Own Firm and Other Firm Experience on Foreign Direct Investment Survival in the United States, 1987-92," *Strategic Management Journal* 18(1997)

입규모(scale of entry) 문제가 있다. 어떤 기업은 진출초기에 큰 규모로 진입하는 것을 선호하지만 또 다른 기업들은 초기에 작은 규모로 진입하여 그 시장에 익숙할 때까지 천천히 진입하는 것을 선호하기도 한다. 초기에 대규모로 진입한 다는 것은 빠른 진입을 의미하며 전략적 몰입(strategic commitments)의 수준이 높다는 것을 의미하고 소규모로 진입한다는 것은 그 반대의 경우를 의미한다.

대규모 진입방식은 신속한 시장진입을 선택하는 것으로서 소비자들에게는 오랫동안 사업을 행할 것이라는 믿음을 갖게 하고 그 시장을 염두에 두고 있는 경쟁자들이 경쟁적 진입을 포기토록 하는 선점효과가 있다. 실제로 ING가 미국시장에 진출할 때 대규모로 진출하면서 이러한 사실을 시장에 먼저 알리는 전략을 통하여 소기의 성과를 거둔 바 있다. 그러나 이러한 대규모 진출로 인해 전략적 몰입도수준이 높아지게 되면 이후 사정이 바뀌었을 때 쉽게 되돌릴 수 없고, 한정된 자원으로 특정시장에 집중함으로써 다른 시장에 진출할 수 없게 되어 전략적 유연성이 제약을 받게 된다.

반면 소규모 진입방식은 시장선점·경쟁배제 등과 같은 선점효과를 획득하기 어려운 반면, 전략적 몰입도수준이 낮은 동안 현지시장에 대한 학습기회를 가질 수 있고 어떠한 진입방법이 유효한가에 대한 정보도 얻을 수 있으며 대규모진입에 따른 유연성제약과 초기위험을 사전에 예방할 수 있다는 장점을 지닌다.

2. 해외진출 방식(진입모형)의 선택

1 어떤 기업이 해외시장에 진출하기로 결정하면 어떠한 진입방식이 최적한 진출방식인가를 고민하여야 한다. 앞에서 살펴본 바와 같이 기업의 해외시장 진출 시 활용할 수 있는 전략적 대안을 크게 나누어 보면 ① 수출, ② 계약방식(라이선싱), ③ 해외직접투자 등 세 가지로 나누어 볼 수 있는데 이들 진입방식이 각기 어떠한 장단점을 가지고 있는가에 대한 신중한 고려가 있어야 한다.

이들 중 수출방식은 국내에서 생산한 제품을 해외에 판매하는 형태로서 일회성거래의 형태를 띠는 경우가 많고 위험의 정도가 낮은 가장 단순하고 초보적인 해외시장 진출방식이고, 계약방식은 현지기업과의 계약에 의하여 자신의 경영자원 일부를 이전시키는 방식으로서 경영적 통제를 수반하지 않는 방식이며, 해외직접투자는 자신의 인력·자본·기술 등 경영자원을 복합적으로 이전하여 투입되는 비용과 위험이 큰 반면 가장 강력한 경영적 통제를 행함으로써 기대되는 성과도 가장 높은 진입유형이다.

따라서 어떤 기업이 특정 시장에 진출할 때 과연 어떠한 진입모형(entry mode)을 선택하는 것이 자신의 경쟁우위를 가장 효율적으로 활용하고 따라서 가장 유리한 성과를 거둘 수 있을 것인가가 매우 중요하다. 일반적으로 어떤 기업이 외국시장에 진입한다는 것은 전혀 환경이 다른 현지에서 경영활동을 수행하는 것을 의미하므로 성공적인 해외시장 진입을 위해서는 목표시장 및 제품의 선택에서와 마찬가지로 국제화의 전략적 목표설정·내부적 경영자원·외부적 환경요인에 대한 분석과 평가를 통한 전략적 선택이 이루어져야 한다.

예컨대 기술력이 높거나 유명한 브랜드를 보유하고 있는 기업이나 국제화경험이 많은 기업의 경우 자신의 이러한 경쟁우위와 경험을 극대화하기 위하여 해외시장에 대한 몰입도가 가장 높은 직접투자를 선택하는 것처럼, 자신이 보유하고 있는 기술·브랜드 등의 경영자원 및 핵심역량과 국제화경험 등의 기업내부요인이 진출방식의 선택에 큰 영향을 미친다. 또한 규모의 경제가 중요한 산업의 경우 지역별 생산거점을 구축하고 저임금지역에는 요소지향적 투자를 행하는 반면 고소득국가에는 시장지향적 투자를 행하는 것과 같이 진출대상국의 산업·정치경제·사회문화적 환경 등 입지적 요인이 진출방식의 선택에 영향을 미친다.

2 제9장에서 소개한 「국제생산의 절충이론」을 제창한 더닝(J. H. Dunning)은 수출·라이선싱·직접투자 등 기업의 해외진출방식 중 무엇을 선택여야 하는가에 대한 기준을 절충이론을 구성하고 있는 3가지 특수적 우위요인의 상호작용을 통하여 〈표 14-2〉와 같이 설명하였다.

표 14-2 해외시장개입 형태와 결정 요인

해외진출방식 \ 우위요인	소유권 특수적 우위	내부화우위	입지 특수적 우위
라이선싱 등	○	×	×
수 출	○	○	×
해외직접투자	○	○	○

주: 〈표 9-3〉과 동일

이를 통해 알 수 있는 바와 같이 기업이 수출·라이선싱·해외직접투자의 어느 것을 선택하더라도 무엇인가 자신에게만 특수한 어떤 경쟁적 우위를 보유하여야 하지만, 이때 이러한 기업특수적 우위를 어떻게 활용하느냐에 따라 해외시장의 진입형태(entry mode)가 달라진다. 즉, 어떤 기업이 자신만의 특유한 소유권 특수적 우위를 보유하였을 때 그러한 우위 자체를 외부시장에 판매하거나 임대하는 것이 유리할 경우 라이선싱을 행하게 되고, 그러한 우위를 국내의 생산요소와 결합하여 제품을 생산하여 그 제품을 해외에 판매하는 것이 유리할 경우 수출을 선택하며, 그러한 우위를 국내 생산요소와 결합하는 것보다 해외로 이전하여 현지국의 생산요소와 결합하는 것이 유리하다면(입지적 우위가 본국보다 현지국에 있다면) 수출 대신에 해외직접투자를 선택하게 되는 것이다.

따라서 어떤 기업이 라이선싱·수출·직접투자 등과 같은 국제경영활동을 하기 위해서는 자신에게만 특유한 어떤 우위를 보유하여야 하고, 이러한 우위를 외부시장을 통하여 활용하는 것보다 기업 내에서 내부화하는 것이 유리하도록 해주는 내부화요인이 존재하면 라이선싱 대신에 수출이나 직접투자 중 어느 것을 선택하게 되는데, 이때 국내에서 생산하는 것보다 해외에서 생산하는 것이 유리하도록 해주는 입지적 우위가 충족될 때 해외직접투자를 선택하게 되는 것이다. 따라서 해외직접투자는 이러한 3가지 우위요인이 동시에 충족되어 3위일체(trinity)가 이루어질 때 이루어진다고 할 수 있다.

이러한 설명은 절충이론의 체계 속에서 3가지 특수요인의 상호관계를 통하여 기업의 해외진출방식의 선택을 설명한 모델로서 이 역시 기업의 내부적 역량과 외부적 환경(입지적 요인)을 종합적으로 고려하여 해외진출방식을 선택하게 된다는 것을 말하고 있다. 이러한 모델이 다소 추상적인 수준의 설명임에 대하여 특정기업이 해외시장 진출방식을 결정하는 데에 영향을 미치는 요인들을 보다 구체적으로 설명해주는 진입방식결정에 대한 이론적 모델들이 다수 존재하는 바 그 주요 내용을 [보충학습 14-1]이 요약하고 있다.

보충학습 14-1

해외시장 진출방식의 결정

1. 해외시장 진출방식의 결정에 영향을 미치는 요인

루트(F. R. Root)는 특정 기업이 해외시장 진입방식을 결정하는 데에 영향을 미치는 기업 내부적·외부적 요인들을 다음 [그림 14-1]과 같이 6가지로 나누어서 분석하였다.

그림 14-1 해외시장진입방식의 결정요인

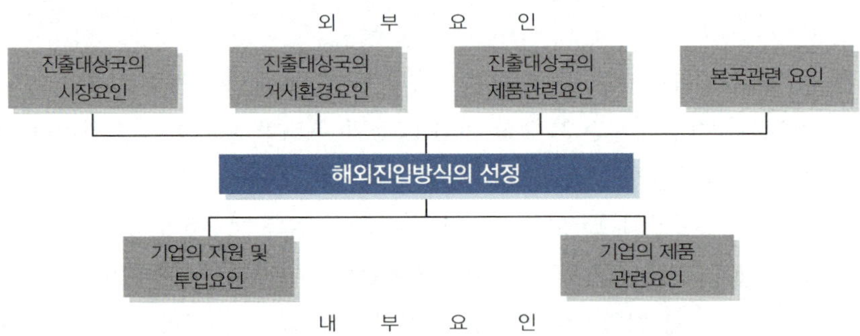

자료: F.R. Root, *Entry Strategies for International Markets*(Mass.: Lexington Books, 1987) p.9.

1. **대상국의 거시환경**
   - 현지국 정부의 정책과 규제
   - 지리적 거리(geographical distance)
   - 경제제체
   - 대외경제관계(external relations)
   - 문화적 차이(cultural distance)
   - 정치적 위험(political risk)
2. **대상국의 시장요인**
   - 현지시장의 규모
   - 현지시장의 경쟁구조
   - 마케팅의 하부구조
3. **진출대상국의 제품 관련 요인**
4. **본국 관련 요인**
   - 시장규모
   - 경쟁구조
   - 생산비용
   - 본국정부의 정책
   - 기업의 자원 및 투입요인
5. **기업의 자원 및 투입요인**
6. **제품 관련 요인**
   - 제품차별화의 정도
   - 사전·사후관리의 중요성
   - 제품적응의 정도
   - 기술집약도의 정도

2. 해외시장 진출방식의 결정에 대한 모형

기업이 해외시장에 진출하기 위해서는 자신에게 기장 알맞는 적절한 방식을 선택해야 한다. 수출·라이선싱·해외직접투자 등 세 가지 방식 중에서 어떤 방식으로 해외시장에 진출할 것인지를 결정해야 한다. 이에 대한 다양한 모형들이 제시되고 있는데 그들 중 가장 단순한 모델로서 러그만(Rugman) 모형이 있다.

[그림 14-2]가 보여주는 러그만의 단순모형에 의하면, 대부분의 기업들은 우선 위험수준이 낮고 별다른 자원투입이 필요치 않는 수출방식으로 해외시장에 진입하는 것을 선호한다. 높은 무역장벽으로 수출이 불가능한 경우 기업은 비로소 라이선싱이나 해외직접투자 등 다른 대안을 모색하게 된다. 이때 기업들이 특히 관심을 가지는 것은 기술의 유출위험인데, 만약 기술이 유출되어 경쟁우위를 잠식당할 가능성이 크지 않으면 위험이 낮은 라이선싱을 선택하게 되고, 기술이 유출될 가능성이 높으면 상대적으로 많은 자원 투입이 요구되더라도 해외직접투자를 감행하게 된다.

이러한 단순모형의 장점은 우선 간편하고 신속한 의사결정이 가능하다는 것이다. 이는 다른 대안에 대한 정보를 수집하는데 소요되는 비용과 여러 가지 대안들을 상호 비교·평가하는데 따르는 의사결정의 소요시간을 줄일 수 있기 때문이다. 그러나 이 모델은 기업의 국제화에 수반되는 여러 가지 위험과 비용을 지나치게 단순화하여 진출대상시장에서의 사업기회에 대해

그림 14-2 러그만의 단순모형

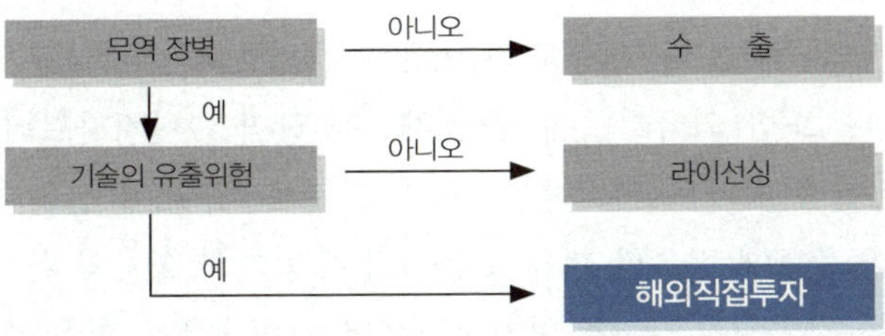

자료: A. M. Rugman, D. J. Recraw and L. D. Booth , International Business: *Firm and Environment* (McGraw-Hill, 1986)

자신의 능력을 가장 잘 발휘할 수 있는 구체적인 진출방식을 모색할 수 없다는 단점을 지니고 있다 .

한편 루트(F. R. Root)는 기업이 해외로 진출하는 과정을 보다 동태적인 관점에서 파악하여 시간이 지날수록 자원투입규모와 위험의 크기가 커지고 통제필요성 역시 커지므로 양자의 수준과 정도에 따라 해외시장 진출방식을 변화시켜가는 과정을 모델링하였다. 그는 기업의 국제화 과정은 몇 단계의 과정을 거치면서 해외시장에 대한 몰입도(commitment)를 점차 높여간다는 진화론적 관점에서 해외시장 진출방식의 변화를 설명하였다.[8]

그에 따르면 일반적으로 기업의 국제경영활동이 확대되어 감에 따라 간접수출·직접수출·라이선싱·해외판매법인·합작투자·직접투자의 순으로 규모와 몰입의 정도가 점진적으로 확대된다. 예를 들어 삼성전자가 미국시장으로 진출을 행한 과정을 보면 국제화초기에는 그룹 내 종합무역상사인 삼성물산을 통한 간접수출을 행하였으나 수출물량이 증대되자 직접수출방식으로 전환하였고, 수출규모가 더욱 커지고 현지유통망을 장악할 필요가 높아지자 현지에 판매법인을 설립하였고 그 후에는 멕시코에 대규모 전자복합단지를 운영하는 체제로 전환되었다.

이러한 루트의 모델은 해외시장 진출방식에 대하여 시간의 경과에 상응하여 규모와 몰입정도가 더욱 높아지게 된다는 원리를 동태적으로 설명해주고 있다는 점에 의의를 가지지만, 기업의 해외진출방식이 언제 어떻게 이루어져야 가장 적합한가에 등에 대한 기준을 제시해주고 있지는 못한 것이 사실이다.

3. 직접투자 유형의 전략적 선택

3.1 단독투자 / 합작투자

해외직접투자는 그 소유지분이 100%인가 아니면 그 미만인가에 따라 단독투자(sole investment)와 합작투자(joint investment)로 나누어진다. 이러한 합작투자는 ① 합작투자 참여자 수에 따라서 쌍무적 합작투자(bi-partite investment)·다수적 합작투자(multi-partite joint investment), ② 소유지분비율(ownership share)에 따라서 다수지분(majority ownership)투자·동등지분(equal ownership)투자·소수지분(minority ownership) 투자형태로 구분된다.

외국으로 진출하는 진출기업의 입장에서 현지국기업과의 합작투자를 선호하는「경제적 동기」를 보면 대체로 다음과 같다.

(1) 단독투자의 경우보다 대규모·저비용의 운영을 할 수 있고 경영활동상의 위험부담을 경감할 수 있다. 또한 외국기업에 대한 차별적 장벽을 현지파트너와 합작을 통하여 돌파할 수 있고, 적절한 현지파트너를 찾음으로써 현지시장구조에 신속히 적응할 수 있으며, 현지의 언어 및 기업풍토에 정통한 현지 노동력과 유능한 기술공의 확보가 용이하다.

(2) 현지인을 참여시킴으로써 현지국정부의 차별대우를 피할 수 있고 외국인기업이라

8 F. R. Root, Entry Strategies for International Markets(Lexington Books, 1994) p.39.

는 인상을 배제함으로써 우호적인 이미지형성에 유리하며 노사관계 면에서 내국기업과 같은 지위를 얻을 수 있다. 또한 일반적으로 현지자회사 종업원의 사기가 단독투자기업보다 합작투자기업의 경우가 더 높은 것이 일반적이다.

(3) 대부분의 개도국들은 합작투자에 대해서 자본조달의 편의제공·차관지불보증·세제감면·이익상환 등 여러 가지 혜택을 주고 있으므로 이러한 인센티브의 활용이 가능해진다. 합작투자를 통한 진출 시 현지파트너와의 기술제공 또는 라이선싱계약 등을 병행함으로써 추가적 수입원을 확보할 수도 있다.

표 14-3 합작투자 진출방식의 장단점

진출기업의 장점	진출기업의 단점
• 투자의 효율성과 안정성 확보 (대규모·저비용 투자, 경영위험 감소) • 외국기업에 대한 차별적 장벽의 우회 • 현지국정부의 인센티브 활용 • 합작선과의 기술계약 등을 통한 추가적인 이익기회 획득 가능	• 독점 가능한 이익의 현지합작선과 공유 • 기술·노하우의 유출가능성 증대 • 현지파트너와의 이해관계의 상충에 따른 마찰요인과 비효율성 증대 • 이해관계 상충으로 인한 의사결정의 비신속성 • 비효율성, 경영통제권 약화 우려

그러나 외국에 진출하는 기업이 현지국기업과의 합작투자를 통하여 진입하는 경우 이에 따른 여러 가지 「문제점과 단점」 역시 존재한다.

우선 단독투자의 경우 독점할 수 있는 이익을 현지파트너와 함께 나누어야 하며 진출기업이 보유하는 기술과 노하우의 비밀유지가 곤란하다. 또한 서로 다른 국적의 기업, 서로 다른 민족적·경제적·문화적 배경을 가진 사람들이 합작투자에 참여하기 때문에 파트너 간의 이해상충요인이 항시 존재한다. 이러한 이해관계의 상충으로 경영관리상 불필요한 여러 가지의 번거로움이 따르며 이는 또한 범세계적 경영전략의 강력한 수립·집행에 있어서 경영통제권의 약화를 가져올 수 있다. 또한 현지국 투자선이 합작기업체의 성장과 이익에 공헌하는 정도는 낮으면서도 이익은 소유권비율에 따라 배분하게 됨으로써 성과분배의 불합리성이 발생될 수 있다.

따라서 외국진출기업이 합작투자를 통하여 성공을 거두기 위해서는 어떠한 파트너를 선정할 것인가 하는 문제와 선정된 파트너와 함께 어떠한 파트너십(partnership)을 지속적으로 유지해 나갈 것인가 하는 문제가 가장 중요한 관건이 된다.

보충학습 14-2

해외진출기업의 합작투자 결정요인

해외진출기업이 직접투자방식을 선택하였을 때 단독투자보다는 합작투자를 선호하는 현지국정부의 정책 때문에 합작투자를 선택하는 경우도 있어 기업 자신이 자유롭게 전략적 선택을 할 수 없는 외부적 제약이 따르고 있지만, 해외로 진출하는 기업이 투자형태 및 지분비율의 결정에 영향을 주는 주요한 요인들은 다음과 같다.

제품 및 기술의 특성　제품의 성격이 복잡하고 고도의 기술을 요하는 것일수록 다수지분형태가 바람직하다. IBM의 경우 합작투자보다는 단독투자를 선호하고 합작투자의 경우에도 다수지분투자를 수행하는 것으로 알려져 있는데 이는 그들 제품 및 기술의 전문성·고도성에 기초한 것이라고 할 수 있다. 또한 현지국의 정책 역시 제품성격이 복잡하고 고도의 기술을 요구하는 것일수록 소유권비율에 대한 압력이 작은 반면 단순하고 표준화된 제품일수록 내국인 참여를 요구하는 현지국의 압력이 큰 것이 사실이다.

현지국의 투자환경　일반적으로 정치·경제·사회·문화 등을 포함한 기업의 투자환경이 불안정하며 산업화가 성숙되지 않은 현지국에 투자할 경우 합작투자나 소수지분투자 형태가 바람직하다. 왜냐하면 합작투자를 통하여 현지국에 내재하는 정치경제적 위험을 분산시킬 수 있고 현지국의 민족주의적 경향에 대응할 수 있기 때문이다.

투자기업의 특성　합작투자를 하려는 기업 자신의 재정 및 경영자원의 규모와 능력이 중요하다. 일반적으로 국제경쟁력을 갖추고 있거나 규모가 큰 대기업들은 자체의 경영방법 및 생산방법을 현지에 확립하려고 하기 때문에 실질적 경영권획득을 위하여 단독투자나 다수지분투자의 형태를 선호하는 반면, 국제경쟁력이 상대적으로 약하거나 기업규모가 작은 중소기업들은 자금력이나 경영능력 면에서 현지국 기업과의 경영권 분할을 고려하게 된다.

투자의 동기　대 개도국투자의 경우 진출동기 면에서 현지시장지향형인 경우 합작투자를 선호하지만 수출지향형(해외생산거점형) 투자의 경우 단독투자를 선호하거나 합작투자를 행하더라도 다수지분투자를 선호한다. 이것은 세계시장을 대상으로 하는 글로벌 경쟁력을 갖추기 위해서는 시장상황 변화에 대한 신속한 의사결정이 필요한데 이를 위해서는 일원적 경영권의 장악이 중요하기 때문이다.

최고경영층의 태도　이 같은 객관적 요인 외에도 합작투자/비율에 대한 최고경영층의 주관적 태도도 큰 역할을 한다. 때때로 투자 철수를 할지언정 현지인과의 합작투자는 하지 않으려는 기업이 있는가 하면 합작형식을 오히려 선호하는 기업도 있다. 또한 원칙적으로 단독투자를 택하고 부득이한 경우 합작투자를 하되 합작투자를 하더라도 다수투자형태를 고집하는 기업이 있는가 하면 현지사정으로 보아 어느 것이든 취하는 기업도 있다.[9]

9 일반적으로 미국계 다국적기업 경영자들은 가능한 한 단독투자를 원하며 합작투자를 하는 경우에도 다수지분투자형태를 원하는 주관적 편견을 가지고 있는 것으로 인식되는 반면, 일본계 다국적기업 경영자들은 상대적으로 합작투자에 잘 응하며 합작투자의 경우에도 소수지분형태를 수락하는 경향이 높은 것으로 인식되고 있다. 유럽계 다국적기업들은 대체로 중간적인 형태를 취하는 것으로 알려져 있다.

3.2 그린필드형 투자 / M&A형 투자

해외진출기업이 직접투자방식을 선택하는 경우에도 구체적인 투자방식에는 다시 그린필드형 투자와 M&A형 투자가 있다. 그린필드형 투자(greenfield entry/start-up)란 새로운 회사나 공장을 설립하는 신규설립방식의 투자인데 비하여 M&A(merger & acquisition)형 투자는 이미 존재하는 기존의 기업이나 공장을 합병하거나 인수하는 투자방식이다. 이러한 M&A형 투자가 국경을 넘어 이루어지는 것이 국제M&A(cross-border/international/global M&A) 인데 이는 서로 다른 국적을 가진 기업이 하나의 기업으로 합쳐지는 국제합병과 외국기업이 현지기업의 경영권을 인수하는 국제매수를 합친 개념이다.

1950년대 이후 이루어진 해외직접투자의 주류가 그린필드형 투자였지만 1980년대 후반 이후 경제성장과 기술진보의 속도가 더욱 급속해지고 국가 간 경쟁이 심화되자 많은 다국적기업들이 국적을 달리하는 기업이나 금융기관을 인수하거나 합병하는 국제적 M&A를 전략적 대응수단으로 삼게 되었다. 이러한 다국적기업의 대응전략으로 인해 국제M&A가 하나의 중심적 투자형태가 됨으로써 M&A가 다국적기업이나 해외직접투자의 중요한 전략적 수단임과 동시에 기업글로벌화의 주요한 도구가 되고 있다.

M&A방식의 장점은 이미 제품과 시장을 확보하고 있는 현지의 계속기업을 인수하기 때문에 ① 신속한 시장진입이 가능하고, ② 대상기업이 보유하고 있는 특유한 자원과 성과를 확보할 수 있으며, ③ 이를 통하여 규모의 경제나 범위의 경제를 실현하기 쉽고, ④ 성숙산업에 진출할 경우 공급과잉을 피할 수 있다는 점이다. 그러나 ① 인수대상기업의 선정과 평가가 어려우며, ② 인수 후 그 기업이 가지고 있던 기존의 문제점을 함께 인수하게 되며, ③ 인수 후 완전한 통합을 이룩하기가 어렵고, ④ 현지국에 대한 경제적 공헌도가 낮기 때문에 현지국정부로부터 우호적인 대우를 받기 어렵다는 단점이 있다.

반면 그린필드형 투자는 ① 기업의 설립과 그 후의 경영활동 모두 자신의 계획에 따라 새롭게 진행할 수 있어 투자의 자율성과 융통성이 높고, ② 기업통제에 어려움이 없으며, ③ 현지국정부로부터 환영받을 수 있다는 장점이 있는 반면 시간적으로도 오래 걸리고 자금부담과 위험부담이 커질 수 있다는 문제점이 있다. 이러한 양자의 장단점을 〈표 14-3〉이 보여주고 있다.

따라서 M&A형태로 직접투자가 이루어지는 때는, ① 투자의 목적을 더욱 신속하게 달성할 필요가 있을 때, ② 신규투자에 소요되는 자금조달이 불가능하거나 신규투자비용이 기존기업의 매수비용을 상회할 때, ③ 시장점유율을 증대시키는 비용·시간·리스크가 매우 클 때, ④ 매수대상기업을 현재보다 더욱 효율적으로 운영할 수 있다고 판단할 때, ⑤ 합병·매수에 따른 세제상의 혜택이 있을 때, ⑥ 매수대상기업의 경영자원을 다른 방법으로 취득할

표 14-3 그린필드형 투자와 M&A형 투자의 장단점 비교

구분	그린필드형 투자	M&A형 투자
장점	• 투자의 자율성과 융통성 높음 (투자목적에 부합되는 회사설립가능, 초기사업입지 선정 및 계획의 융통성, 투자금액 결정의 융통성) • 기업통제용이·기존의 문제점 없음 • 현지국정부의 정책선호에 따른 이익 (투자인가 취득용이, 행정·재정적 지원)	• 시간절약 위험경감(신속진입 가능) • 기존의 경영자원·경영성과획득 (상품·브랜드·영업망의 활용, 인력·기술·노하우 등 일괄취득) • 규모의 경제 및 범위의 경제 누림 • 세제 및 회계 상의 이점 활용 • 공급과잉회피(성숙산업에의 진출)
단점	• 투자 및 정착에 시간이 오래 소요됨 (브랜드 및 영업기반구축의 어려움 시장·고객의 새로운 개척에 어려움 능력 있는 인재획득의 곤란성 있음) • 투자의 안정성이 결여되고 위험이 증대되며 초기의 운영손실 있음 • 기존업체와의 마찰 야기우려 있음	• 인수과정상 문제점 (막대한 인수자금 소요, 가격산정·절차복잡성 따른 실패우려, 정치적 저항·반대여론 우려) • 인수 후 운영상 문제점 (기존의 부실문제해결, 이질적 문화적응 애로, 기업문화차이 인한 내부마찰우려)

기회가 존재하지 않을 때, ⑦ 성숙산업에서와 같이 신규투자 할 경우 그 업종에 과잉생산·공급이 초래될 위험이 있을 때 등이다.

이처럼 M&A를 통한 해외직접투자는 그린필드형 투자에 비하여 많은 전략적 장점을 지니고 있어 기업의 해외진출방식으로 널리 활용되고 있지만 그 성과를 보면, 일의적으로 평가하기는 어렵지만, 많은 성공케이스 못지않게 실패케이스 역시 매우 많고 다양한 것이 사실인바, 이러한 문제들에 대해서 [보충학습 14-3]이 보다 구체적으로 보여주고 있다.

보충학습 14-3

M&A형 투자의 일반적 성과와 실패원인 및 시사점

1. M&A형 투자의 일반적 성과와 실패

위에서 살펴본 바와 같이, M&A형 해외투자는 진출하는 기업의 입장에서 여러 가지 전략적 이점이 있는 것이 사실이지만, 실제로 이루어진 국제M&A가 과연 당초의 목표에 부합되는 성과를 거두었느냐 하는 것은 또 다른 문제이다. 국제M&A의 성과에 대한 체계적 연구들이 그렇게 충분하지는 않지만 그 연구결과들을 보면 그 결과가 일의적이지 못하여 한마디로 규정짓기 어렵다.

M&A가 기업의 성장과 수익성에 긍정적인 성과를 가져왔다는 결과를 보여주는 수많은 연구들이 있지만 그 중에서도 포춘(Fortune)지가 선정한 글로벌 500대 기업을 대상으로 하여 M&A의 성과를 분석한 자료가 가장 보편적인 경우라고 할 수 있다. 그 결과를 보면 글로벌 우량기업일수록 M&A를 적극적으로 추진하여 왔고 또한 M&A를 적극적으로 활용한 기업일수록 성장성·수익성이 높았다는 사실을 보여준다.

이상과 같은 결과를 통하여 세계적인 다국적기업들이 M&A를 통하여 성장성과 수익성을 높이는 성과를 내고 있음을 보았지만 국제M&A의 경우, 인수 전 실사과정·인수과정의 자금조달·인수 후 고용승계문제·문화적 차이에 따른 갈등문제 등 다양한 변수들이 개재되기 때문에, 일반적으로 국내M&A보다도 더 실패의 위험이 큰 것으로 평가되고 있다.

그렇다면 기업들이 행하는 해외M&A가 이처럼 실패하는 이유는 무엇인가? 실제로 기업들이 해외M&A를 통하여 본래의 목표를 달성하지 못하거나 실패하는 일반적인 이유는 크게 보아 인수를 추진하는 과정에서의 실패와 인수가 이루어진 후 통합과정에서 이루어진 실패로 나누어 볼 수 있다.

2. 인수 추진 단계에서의 실패

국제M&A가 실패하는 첫 번째의 단계는 M&A를 실행하기에 앞서 이루어지는 과정, 즉 인수대상기업의 선정·평가·교섭과정에서 발생하는 실패로서 다음과 같은 요인들이 실패의 주된 원인으로 작용하였다.

지나치게 낙관적인 평가, 높은 프리미엄 지불 M&A를 행함에 있어 대상기업의 시장가치나 시너지효과를 너무 낙관적으로 평가하는 '시너지환상' 때문에 너무 높은 인수가격 또는 너무 지나친 인수 프리미엄을 지불하는 과다지불(overpayment) 경우 실패가 발생할 수 있다. 이러한 경우 다른 기업을 인수하는 M&A경쟁에서는 승리하였지만 지나치게 과도한 비용을 지불함으로써 이후 오히려 위험에 빠지거나 후유증을 겪는 상황이 발생하여 이른바 '승자의 저주'(winner's curse)가 발생할 수 있다.

너무 높은 프리미엄 지불 때문에 M&A가 실패로 끝나는 경우 중에는 최고경영자가 기업인수의 가치창출 능력을 과대평가하여 지나치게 높은 프리미엄을 지불함으로써 실패하는 경우가 있는데 이러한 경우를 '오만의 가설'(hubris hypothesis)이라고 부른다. 이 가설은, 최고경영자는 대개의 경우 한 기업의 최고 자리에 올라가 있기 때문에 전형적으로 자신의 능력을 과대평가 하여 자신이 행하는 기업인수도 더 큰 가치창출을 행할 수 있다고 믿는 경향이 있는데 이것이 실패를 초래할 수 있음을 의미한다.

충분한 검토 없는 조급한 추진 매수대상기업에 대한 면밀한 사전 검토 없이 조급하게 M&A를 추진하여 인수 후 악성 채무관계나 부정행위·생산설비의 노후와 결함 등 감춰진 문제가 추후에 발견되어 큰 비용이 추가되는 경우가 있다. 많은 기업들이 M&A로 인한 잠재적 이익과 비용에 대한 철저한 분석 없이 조급하게 인수절차를 진행하는 경우가 많다. 그들은 다른 경쟁자가 먼저 그 기업을 인수하지 않을까 하는 두려움 때문에 기업인수를 서두르지만 막상 기업인수 후 문제가 있는 설비나 조직을 발견하여 위기를 맞기도 한다. 이에 학자들은, M&A를 전담하는 전담팀이 사전에 조직되어 인수대상기업의 물색과 협상전략을 미리 준비하고 있지 않은 경우 성공하기 어렵다고 지적하고 있다.

본질적 문제에 대한 검토 소홀 인수협상 과정에서 인수를 기정사실화 해 두고 가격협상에만 지나치게 집착하다가 정작 중요하게 검토되어야 할 인수의 필요성 그 자체에 대한 근본적인 검토를 소홀히 하는 경우 실패가 발생하게 된다. 이러한 경우 M&A가 기업의 성장을 위한 수단이 아닌 M&A를 성사시키는 것 그 자체가 목표가 되는 본말전도(本末顚倒)의 결과가 발생된다. 실제로 기업의 경영자는 M&A가 제공하는 외형적 성과에 흥분하여 본질적인 문제를 간과하거나 인수에 치명적인 문제를 발견하였음에도 불구하고 이를 밀어붙이는 '딜 열병'(deal fever)

에 빠지는 경우가 다수 있다.[10] 또한 기업의 성장이 정체되어 있을 경우 이에 대한 돌파구로서 M&A에 대한 관심이 높아지면 경영자는 몸집불리기식 과욕적인 M&A를 시도하기 쉽다. 따라서 이러한 문제점이 나타나지 않도록 하는 기업내부에 견제시스템이나 커뮤니케이션 활성화가 이루어질 필요가 있다.

3. 인수 후 통합 단계에서의 실패

국제M&A가 실패하는 두 번째의 단계는 인수가 이루어진 후 회사의 통합과정에서 나타나는 갈등과 문제점으로 인하여 발생되는 실패이다. 아무리 M&A대상기업이 상호 보완적이고 훌륭한 기업이라도 실제로 인수 후 두 기업의 효율적인 통합과 운영에 실패하여 당초 기대했던 시너지효과를 창출하지 못하게 되면 그러한 M&A는 실패로 끝날 수밖에 없기 때문이다.

기업조직문화의 충돌　　이렇게 통합이 이루어진 후 M&A가 실패하는 대표적인 요인으로서는 인수기업과 피인수기업 간의 문화적 충돌이다. 특히 해외 M&A의 경우 단순한 기업 간의 문화 차이뿐만 아니라 국가 간의 문화적 차이도 극복하여야 하므로 그만큼 더 성공하기가 어려워지고 당초 목표로 하였던 시너지효과가 창출되지 못할 수 있다.

조직 내부적 문제점, 통합의 부작용　　이상과 같은 조직문화의 차이에 따른 실패와 함께 2개의 기업이 통합된 이후 전략적 목표의 불일치, 통합역량의 부족, 인적 관계구조의 부조화 등 조직 내부적인 문제 때문에 M&A가 실패로 돌아가는 경우도 많다. M&A실패의 원인을 유형별로 분석한 어떤 연구에 따르면 사전단계 30%, 협상단계 17%, 합병 이후 통합단계 53%로 나타나 인수 이후의 뚜렷한 통합모델 없이 M&A를 추진할 경우 실패의 가능성이 그만큼 높다는 것을 알 수 있다.

4. 성공적인 국제M&A를 위한 시사점

이상과 같은 논의를 통하여, 어떠한 경우 성공적인 M&A를 행할 수 있는가 내지는 성공적인 M&A를 행하기 위해서는 어떠한 조건이 갖추어져야 하는가에 대한 시사점을 얻을 수 있다. 이러한 문제에 대해서도 많은 사람들이 다양한 해답을 제시하여 왔는데 그 핵심적인 내용들을 요약해보면 다음과 같다.

전략적 목표수립과 전략적 추진　　때때로 M&A 그 자체에 대하여 만능론과 무용론이 극단적으로 주장되기도 하지만 M&A는 기업이 성장을 이룩하기 위하여 선택할 수 있는 하나의 전략적 대안 중의 하나라는 점을 인식하여야 하고, 또한 성공할 경우 얻을 수 있는 편익 못지않게 실패의 위험도 높은 양날의 칼인 만큼 분석적이고 체계적인 접근을 통한 전략적 목표 수립과 추진이 이루어져야 한다. '남이 하니까 나도 한다'는 식의 붐(boom)에 편승한 M&A는 실패할 확률이 높으므로 명확한 투자논거를 바탕으로 하는 뚜렷한 원칙과 전략적 기반 위에서 추진되어야 한다. 전략이 불분명한 상태에서 기업이 굳이 M&A라는 더 어려운 길로 들어서야 할 이유가 없기 때문이다.

충분한 사전조사와 지식의 축적　　이를 위한 전제조건으로 대상기업에 대한 충분한 사전 조사와 학습을 통하여 정확한 지식을 축적하여야 한다. 인수협상 중에는 온정주의를 배제하고 철

10 미국의 보스턴컨설팅그룹(BCG, 2006)이 277개 M&A를 분석한 결과 호경기에 이루어진 M&A는 합병 2년 후 평균 6.2%의 가치파괴가 나타난 반면 경기침체기에 이루어진 M&A의 경우 평균 8.3%의 가치창출이 일어났음을 발견하여 M&A 딜 붐에 편승한 M&A가 실패가능성이 높음을 보여주었다.

저한 실사와 실리에 입각하여 인수조건을 제시하고 결정하여야 하며 적합한 인수조건이나 인수 후 전개할 세부전략 등도 모두 철저한 실사에 바탕을 두어야 한다. 외국기업을 인수하려고 하는 경우 대상 조직의 상세한 회계분석은 물론 금융포지션·조직문화 등에 대한 심사도 포함하여야 한다. 이와 아울러 자사에 적합한 유형의 소규모 M&A라도 시도하여 이를 통해 M&A에 대한 지식과 경험을 축적하고 단계적으로 접근하는 태도 역시 필요하다.

M&A에 대한 집착의 배제　　인수대상 기업·가격·인수조건 등은 시장 상황과 상대기업의 의도 등에 의해 얼마든지 달라질 수 있으므로 M&A 그 자체에 대한 집착을 배제하고 객관적이고 합리적으로 접근하여야 한다. 이런 점에서 최고경영자의 개인적 확신이나 정부의 독려 등에 의한 무리한 M&A추진은 실패를 초래하기 쉽다. 또한 M&A추진 과정에서 여의치 않을 때는 과감하게 다른 대안을 강구하는 유연성을 발휘할 수 있어야 한다. 또한 M&A 그 자체에 집착하여 과도한 프리미엄을 지불하거나 과다 차입을 통한 M&A도 지양하여야 한다.

인수 후의 전략적 통합작업　　M&A 이후의 통합(integration) 작업은 기업문화와 업무방식 등 제반 환경이 서로 다른 두 기업이 진정한 의미의 하나의 실체로 변화하는 과정으로서 M&A의 성패를 좌우하는 가장 중요한 단계이다. 이러한 실패를 예방하기 위해서는 인수대상기업의 선정과정에서 자신의 기업과 대립되지 않는 조직문화를 가진 기업을 대상으로 M&A를 추진하는 것이 중요하지만, 인수 후 경영진이 가질 수 있는 여러 가지 걱정과 마찰을 줄이기 위한 노력과 함께 인수 후 통합에 대한 계획을 명확히 정립하여 빠른 시간 내에 그러한 계획대로 움직이고 직원들의 이직 등 조직통합과정에서 일어날 수 있는 어려움에 대한 대비 계획도 세워두는 이른바 사후통합전략(PMI: Post-Merger Integration)이 필요하다.

요컨대 M&A를 통한 해외직접투자를 행함에 있어서 성공적인 M&A가 되기 위해서는, 자사의 경영목표나 전략과 관련하여 M&A의 목표가 무엇인지를 명확히 하고, 피인수기업의 선택과 평가를 다양한 각도에서 면밀하게 행해야 하며, 인수 이후 효율적 통합과 운영을 행하기 위한 계획과 실행이 전략적으로 이루어져야 한다.

제15장 International Business

국제경영관리

제15장은 기업이 여러 가지 해외사업과 직접투자를 통하여 국제적인 조직망을 갖게 되었을 때 그것을 어떻게 관리할 것인가에 대하여 논의한다. 기업이 여러 나라에 사업활동을 행하여 국제적인 조직망을 갖게 되면, 그러한 국제화된 조직을 관리하는 여러 가지 직능관리가 필요하고 아울러 이들 직능을 통괄하여 통제·관리하는 기능이 중요하게 되는데 이러한 기능을 수행하는 것이 국제경영관리(international business management)이다.

국제경영학의 과제들 중, 국제경영 환경분석이나 해외시장진입전략 등은 국제화 초기단계의 기업들이 직면하게 되는 문제들인데 비하여 국제경영관리의 문제는 세계적인 규모와 조직을 갖춘 단계의 기업들이 그들의 자사 및 관련회사들을 어떻게 기획·조정·통제하느냐 하는 경영과정과 생산·인사·조직·재무·마케팅·회계 등의 기능적 분야를 어떻게 수행하느냐 하는 문제들을 주된 영역으로 한다. 따라서 국제경영관리는 기업시스템 전체를 어떻게 관리하느냐의 입장에 있다고 할 수 있으며, 또한 국내경영을 대상으로 하는 전통적인 경영관리분야를 국제라는 무대로 확장하는 성격을 가졌다고 할 수 있는데 [그림 15-1]이 이러한 내용을 상징적으로 보여주고 있다.

이처럼 국제경영관리에는 생산관리·조직 및 인적자원 관리·마케팅관리·재무관리·회계관리 등의 직능관리가 모두 포함되지만 이하에서는 글로벌기업의 ① 조직 및 인적자원 관리, ② 마케팅관리, ③ 재무관리와 관련되는 기초개념들을 소개한다.

그림 15-1 국제경영관리의 내용

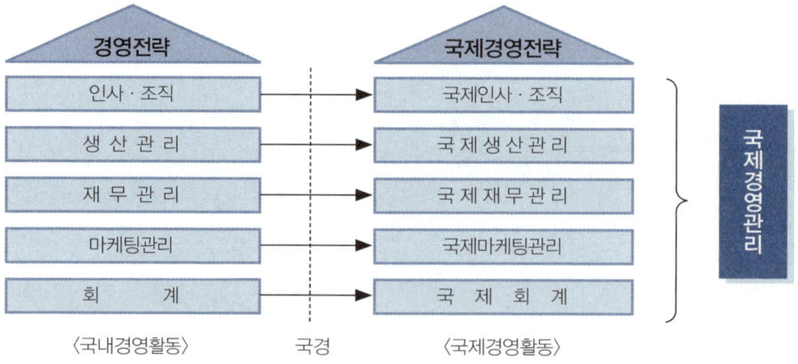

제 1 절 조직 및 인적자원 관리

1. 글로벌기업의 조직관리

기업이 하나의 건물이라면 조직은 그 건물의 구조와 형태를 만들고 유지하는 철근콘크리트와 같다. 제대로 된 철근콘크리트 없이 고층빌딩을 지을 수 없듯이 그 기업의 전략적 목표와 어긋나거나 그러한 목표를 추구하는데 적합하지 못한 조직을 가진 기업이 제대로 된 성장과 발전을 행하기 어렵다. 어떤 기업이 국제화전략을 추구함에 있어서도 그 기업의 조직형태와 운영이 그러한 국제화전략을 효과적으로 수행하는데 적합한가에 따라 성공과 실패 여부가 달려 있다고 해도 과언이 아니다.

이렇게 국제경영에 있어서도 조직의 효율적 관리와 운영이 매우 중요한 문제이다. 글로벌기업의 효율적인 조직관리와 관련하여 논의되어야 할 주요한 주제는 ① 글로벌기업의 바람직한 조직형태가 무엇인가, ② 국제화의 진전에 따라 조직구조는 어떻게 변화되는가, ③ 본사와 해외자회사 조직 간의 통합·조정을 어떻게 이룰 것인가 하는 문제이다.

1.1 글로벌기업의 조직형태

글로벌기업의 효율적인 조직관리를 위하여 논의되어야 할 첫 번째의 주제는 국제경영활동에 적합한 조직형태의 선택문제이다. 일찍이 딤자(W. A. Dymsza)는 전 세계 글로벌기업들이 취하고 있는 조직구조를 종합해 본 결과를 토대로 글로벌기업의 조직유형을 다음과 같은 다섯 가지를 제시하였다.

기능별 조직(functional organization) 최고경영자 밑에 마케팅·재무·생산·인사·기획 등의 기능에 따라 부서가 나누어져 있는 형태로서 이러한 조직형태는 조직원들을 각각의 기능별로 전문화시킴으로써 전문화(specialization)의 이점을 가질 수 있다.

제품별 조직(product organization) 최고경영자 밑에 여러 제품별로 제각기 하나의 부서를 구성하고 그 제품별 부서 밑에 생산·판매·회계·재무 등의 기능에 따라 하부부서가 이루어진 형태로서 취급하는 제품의 종류가 다양하고 이질적인 기업에서 일반적으로 쓰는 형태이다.

지역별 조직(regional organization) 최고경영자 밑에 여러 지역이 제각기 독립된 부서를 구성하고, 그 지역별부서 밑에 여러 품목, 각 기능이 통합되어 있는 형태이다. 이는 기업의 생산·판매활동 등이 여러 지역에서 이루어져 있고 지역 간에 긴밀한 협조가 이루어지기 어렵거나 여러 지역의 특성이 제각기 다른 경우에 주로 채택된다.

사업부제 조직(division organization) 기업의 해외영업활동을 담당하는 국제사업부를 하나의 독립된 사업단위로 운영하는 형태이다. 이러한 조직의 장점은 해외사업에 필요한 지식과 경험이 축적된 국제사업부에서 해외경영활동을 주도함으로써 최고경영진이 해외업무에서 벗어나 국내업무를 전념할 수 있다는 점이다.

매트릭스조직(matrix organization) 이것은 그리드조직(grid organization)이라고도 하는데 앞에서 설명한 세 가지 조직형태의 기준이 되는 기능·제품·지역이 다차원적으로 중첩된 형태이다. 이 조직은 기능·제품·지역 중 어느 한 기준만을 중심으로 하여 조직구조를 형성할 때 파생되는 다른 기준의 독자성 상실을 회피하기 위하여 고안된 형태로서 최고경영자 밑에 있는 경영자들이 기능·제품·지역을 결합시킨 여러 문제에 전반적인 책임을 지게 된다.

보충학습 15-1

글로벌기업의 조직 형태(보충)

위에서 설명한 글로벌기업의 조직구조 유형과 이러한 유형의 장단점을 보다 구체적으로 살펴보면 다음과 같다.

기능별 조직(functional organization) 최고경영자 밑에 마케팅·재무·생산·인사·기획 등의 기능에 따라 부서가 나누어져 있는 형태이다. 이 조직형태는 조직원들을 각각의 기능별로 전문화시킴으로써 전문화(specialization)의 이점을 가질 수 있다. 따라서 생산·판매 등의 부문별 기능이 중시될 때 장점을 발휘할 수 있는 만큼 제품의 종류가 적고 생산 및 판매지역의 범위가 좁을 때 취하는 형태이다. 그러나 각 기능별 부서 간에 협조와 조정이 안 될 경우 난관에 부딪치는 단점이 있다. 따라서 1930년대 이후 선진국 기업들이 제품 및 지역의 다각화를 이룩하면서 이러한 조직구조가 채택하지 않는 경향을 보였다.

그림 15-2 글로벌기업의 기능별 조직

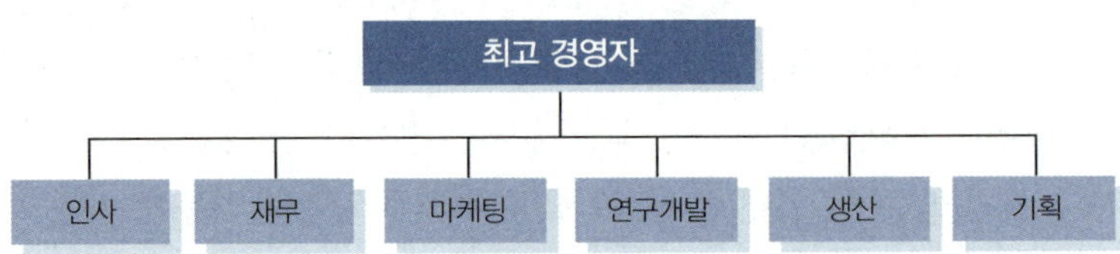

제품별 조직(product organization) 최고경영자 밑에 여러 제품별로 제각기 하나의 부서를 구성하고 그 제품별 부서 밑에 생산·판매·회계·재무 등의 기능에 따라 하부부서가 이루어진 형태이다. 이는 취급하는 제품의 종류가 다양하고 이질적인 기업에서 일반적으로 쓰는 형태로서, 각각의 사업단위가 이익책임을 지는 사업부조직은 대개 이러한 제품별 조직을 기반으로 하고 있다.

그림 15-3 글로벌기업의 제품별 조직

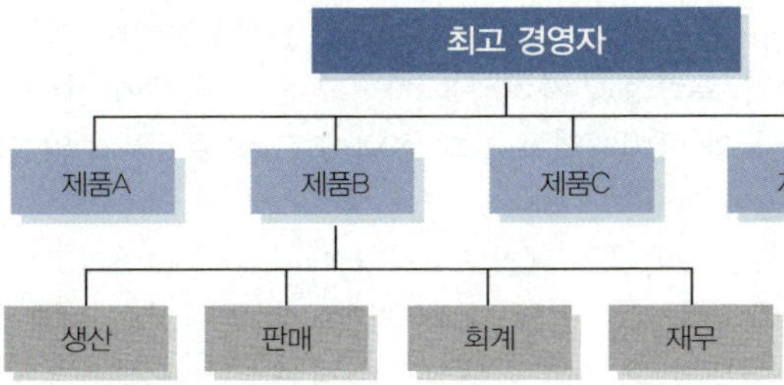

지역별 조직(regional organization) 최고경영자 밑에 여러 지역이 제각기 독립된 부서를 구성하고, 그 지역별부서 밑에 여러 품목, 각 기능이 통합되어 있는 형태이다. 이는 기업의 생산·판매활동 등이 여러 지역에서 이루어져 있고 지역 간에 통신·교통 등의 어려움으로 인하여 긴밀한 협조가 이루어지기 어렵거나, 여러 지역의 특성이 제각기 달라 획일적 관리체계를 적용하는 것이 불합리할 때 사용된다.

그림 15-4 글로벌기업의 지역별 조직

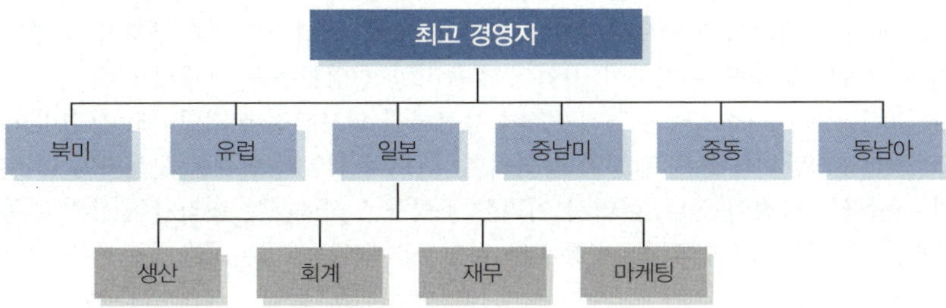

사업부제 조직(division organization) 기업의 해외영업활동이 강화되면서 국제사업부를

그림 15-5 글로벌기업의 국제사업부 조직

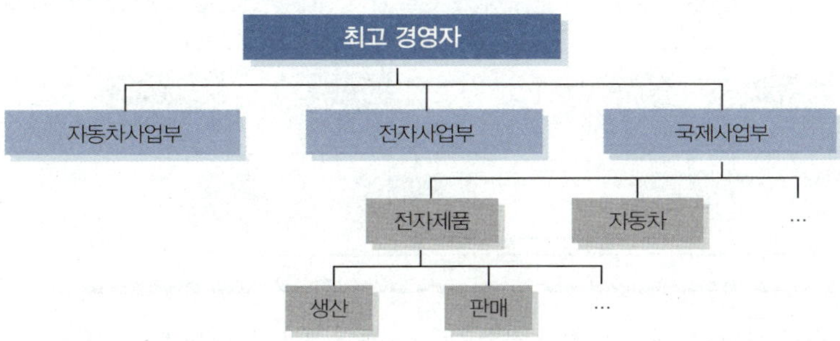

기업 내 다른 국내사업부와 같이 하나의 독립된 사업단위로 운영하는 형태이다.[1] 이러한 조직의 장점은 해외사업에 필요한 지식과 경험이 축적된 국제사업부에서 해외경영활동을 주도함으로써 최고경영진이 해외업무에서 벗어나 국내업무를 전념할 수 있다는 점이다. 그러나 이 조직은 국내사업과 국제사업부서가 각각 독립성과 자치성을 지니고 있기 때문에 전사적인 계획의 일괄적 적용이 어려우며, 국내사업부와 국제사업부 간의 협력이 잘 이루어지지 않을 경우 상호간의 충돌이 야기될 수 있다는 단점이 있다.

매트릭스조직(matrix organization) 이것은 그리드조직(grid organization)이라고도 하는데 앞에서 설명한 세 가지 조직형태의 기준이 되는 기능·제품·지역이 다차원적으로 중첩된 형태이다. 이 조직은 기능·제품·지역 중 어느 한 기준만을 중심으로 하여 조직구조를 형성할 때 파생되는 다른 기준의 독자성상실을 회피하기 위하여 고안된 형태로서 최고경영자 밑에 있는 경영자들이 기능·제품·지역을 결합시킨 여러 문제에 전반적인 책임을 지게 된다.

이러한 조직이 나타나게 된 것은 점차 글로벌화가 심화되는 환경 속에서 위에서 설명한 사업부제조직이 효율적인 형태가 되지 못하였기 때문이다. 제품별로 조직된 사업부는 국내생산과 내수판매에만 주된 관심을 두고 있고 해외시장은 해외사업부가 관장하기 때문에 해외자회사와 국내사업부 간의 기술교류·자원공유·신상품개발 등 많은 기능에서 어려움이 발생하였기 때문이다.

반면 매트릭스조직은 이러한 문제점들을 완화시켜줄 뿐만 아니라 어느 한 기본단위에서 체크하지 못한 운용상의 문제점을 다른 조직단위에서 지적해 냄으로써 업무상의 과실을 줄일 수 있으며, 경영과 프로젝트의 통합으로 자원의 효율적 운용과 협력체제를 구축할 수 있으며, 단위조직 간의 견제와 균형을 유지하여 기업의 효율적인 경영활동을 전개해 나갈 수 있다는 장점이 있다. 그러나 매트리스조직은 조직구조가 복잡하여 의사결정이 지연되고 간접비용이 증가할 수 있고 기본조직단위들 간의 갈등이 심화될 수 있으며 책임의 한계를 구분하기 어려워 감독 및 통제가 어렵다는 단점이 있다. 따라서 이러한 조직구조 하에서는 조직단위 간의 갈등요인을 어떻게 조정 관리할 수 있으며 감독 및 통제의 효율성을 높일 수 있는가가 중요한 과제가 된다.

그림 15-6 글로벌기업의 매트릭스조직

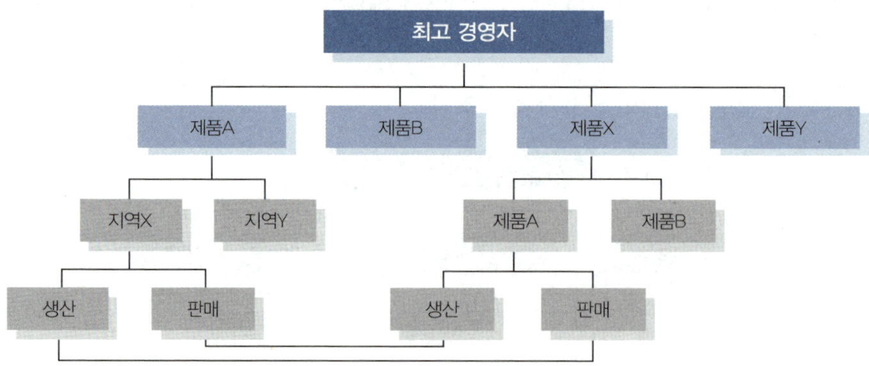

1 [그림 15-4]는 국제사업부 아래의 하부조직으로서 제품별 조직이 구성되어 있는 경우를 보여주고 있지만 그 제품별 조직 대신에 지역별 조직이 구성될 수도 있다.

1.2 국제화수준과 조직구조 변화

이처럼 다양한 조직구조 형태 중 어떠한 구조를 선택하는가는 해외진출기업의 구조·해외사업 활동·전략적 목표 등 여러 가지 요인에 의하여 결정되지만 일반적으로 기업의 국제화수준이 높아짐에 따라 국제화전략 역시 달라지는 만큼 조직구조 역시 그러한 전략변화에 부응하여 개선·발전하게 된다. 기업의 국제화과정을 국내(내수)지향단계 → 수출지향단계 → 현지(지역)지향단계 → 세계지향단계로 구분할 수 있는데 이러한 국제화수준이 높아짐에 따라 조직구조 역시 기능별 조직구조 → 제품별 사업부제 → 지역별 사업부제 → 매트릭스 조직구조로 진화되는 모습을 보여준다.

국내시장(내수)지향단계에서는 국내시장만을 목표로 생산·판매활동을 벌이고 국제경영활동이 없는 경우로서 기업조직도 일반적으로 단순한 기능별 조직을 택한다. 이후 수출을 통해 해외진출을 꾀하는 단계에 이르면 조직구조도 변화하게 된다. 수출비중이 별로 높지 않은 초기에는 기존의 경영부서를 국내부와 수출부로 이원화시켜 운영하다가 수출비중이 커지면 별도의 수출사업본부로 독립시킨다. 이러한 경우 일반적으로는 기능별 조직형태를 유지하지만 여러 제품을 취급하는 종합무역상사 등은 제품별 사업부제를 채택하게 된다.

이후 국제화가 더욱 진전되어 현지국에서 직접 생산·판매하는 현지(지역) 지향단계에 이르면 해외생산과 판매를 유기적으로 조정해야 하므로 각 지역별로 독립부서를 설치하고 그 하부기관에서 생산과 경영을 담당하는 부서를 두는 지역별 사업부제를 선택한다. 이후 전 세계를 무대로 경쟁하는 세계시장 지향단계에 이르면 세계에서 생산비와 운송비가 가장 저렴한 국가에서 제품을 생산하여 판매해야 하므로 조직구조 역시 전 세계에 걸쳐 기능·제품·지역을 상호 연결하는 매트릭스조직으로 변화하게 된다.

이처럼 기업의 조직구조는 국제화수준에 따라 기능별 조직 → 제품별 조직 → 지역별 조직 → 매트릭스조직의 순으로 변화한다고 할 수 있다. 그러나 이러한 조직구조 변화의 정형화는 지나치게 단순화한 모델에 불과하고, 각 기업은 그 사업의 종류·성격·범위 그리고 국제경영환경의 변화 등에 따라 자신의 조직구조를 탄력적으로 운용할 수 있다. 이러한 사실은 동일한 업종에서 세계시장을 대상으로 상호 치열하게 경쟁하고 있는 삼성전자와 LG전자가 서로 다른 조직구조를 채택하고 있음에서도 확인할 수 있다.

2. 글로벌기업의 인적자원 관리

기업의 성공적인 전략수행을 위하여 필수적인 역할을 담당하는 것이 인적자원인 만큼 국제경영에 있어서도 효율적인 인적자원관리가 매우 중요하다. 인적자원관리(human resource management)란 어떤 조직이 보유하고 있는 인적자원을 효율적으로 사용하기 위하여 수행하는 경영활동으로서 이에는 인적자원에 대한 전략의 결정·채용·교육·성과평가·보상·노사관리 등이 포함된다.

글로벌기업의 효율적인 인적자원관리와 관련하여 제기되는 주요 과제로서는 ① 기업의 글로벌전략을 수행하는데 가장 적합한 국제채용전략의 선택문제, ② 해외파견인력에 대한 효율적 인사관리, ③ 현지채용인력에 대한 효율적 인사관리 및 노사관리 등 3가지로 크게 구분해 볼 수 있다,

2.1 국제채용전략의 선택

1 해외사업을 수행하는 글로벌기업의 인적자원관리에 있어서 가장 먼저 제기되는 과제는 국내와는 서로 다른 환경 하에서 그러한 환경적 차이를 극복하면서 사업을 성공적으로 수행할 유능한 국제경영인을 선발·활용하는 일이다.

국제경영인을 선발·활용함에 있어서 선택할 수 있는 채용정책으로서는 ① 경영이 이루어지는 지역과 관계없이 본국인을 선택하는 본국지향형(ethnocentric) 전략, ② 경영이 이루어지는 현지인을 선택하는 현지지향형(polycentric) 전략, ③ 경영자의 국적과 관계없이 가장 유능한 경영자를 선택하는 세계지향형(geocentric) 전략이 있다. 그런데 이들 3가지 전략대안은 각기 서로 다른 장단점을 내포하고 있다.

본국지향형 채용전략　주로 본국인을 채용하여 본사 및 해외자회사의 관리자로 임명하는 전략이다. 전통적으로 많은 글로벌기업들이 채택해온 방식으로서 특히 네덜란드의 필립스(Phillips), 일본의 도요타(Toyota)와 마츠시타(Matsushita), 한국의 삼성 등이 해외지사의 주요한 직위는 모두 본국인으로 채용하는 정책을 사용하여 왔다. 그러나 이러한 인사전략은 최근의 국제경영에서는 차츰 모습을 감추고 있다. 이러한 정책은 현지인들의 승진기회를 제한함으로써 낮은 생산성·높은 이직률을 나타내거나 때로는 본사에 대한 적개심을 높일 가능성이 높을 뿐만 아니라, 본국과 현지국의 문화적 차이에 대한 이해부족으로 인한 마찰과 비효율이 높아질 수 있기 때문이다.

현지지향형 채용전략　본사에서는 주로 본국인을 채용하여 주요한 임무를 맡기는 반면 현지자회사의 경영을 현지에서 채용한 인력을 주로 활용하는 전략이다. 이러한 전략을 채택하면 본국 중심적 인사전략의 단점을 보완할 수 있다. 본사에서 파견하는 인력과는 달리 현지국의 문화와 환경에 익숙하고 그 나라에 계속 거주하는 인사이므로 업무의 계속성을 유지할 수 있으며 본국에서 파견하는 인력보다 저렴한 비용으로 활용할 수 있다는 장점이 있다.

그러나 채용된 현지인경영자는 본사의 기업목표나 업무방식에 대한 이해가 부족하기

쉽고 본사의 이익보다는 현지국의 이익을 우선하는 경향이 있으며 승진기회를 가지기 어려워 사기가 저하되고 시야가 좁아질 수 있으며 장기근무를 기대하기 어렵다는 단점을 가진다. 또한 해외지사에서 근무하는 현지경영자와 본사경영자들 간에 교류가 단절되고 현지자회사들이 준자율적 경영을 오랫동안 계속하게 되면 현지자회사들이 글로벌한 관점에서의 전략적 태도보다는 현지를 강조하는 전략적 태도를 벗어나지 못할 수도 있다.

세계지향형 채용전략　활동지역이나 경영자의 국적과 관계없이 조직의 주요 직무에 가장 유능한 최적 인재를 채용하는 전략이다. 국적과 상관없이 유능한 인재를 채용하는 이러한 전략은 범세계적인 관점에서 효율을 극대화한다는 글로벌기업의 본래 취지에도 가장 적합한 대안전략이고, 본사와 현지국 간의 갈등관계나 문화적인 편견을 줄이고 보다 객관적인 입장에서 가장 원만하게 조정할 수 있다는 장점도 가질 수 있다. 그러나 이러한 방식은 현지자회사의 경영이 현지인에 의해 이루어지기를 바라는 현지국의 희망을 충족시키기 못하고 국제적 경영자를 채용함에 있어서 높은 비용이 수반되며 본사 인사정책의 유연성이 제한된다는 단점도 있다. 따라서 경영자를 국적에 관계없이 채용하고 활용한다는 방식이 글로벌기업이 보편적으로 널리 채택하고 있는 전략대안이 되지는 못한다.

2 이렇게 서로 다른 장단점 때문에 어떠한 채용전략이 더 바람직한 대안이라고 단언할 수 없지만 글로벌기업의 인적자원 관리전략유형은 대체로 다음과 같은 요인과 밀접한 관련성을 갖는다고 할 수 있다.

(1) 그 기업이 추구하는 글로벌전략 유형과 관련성이 높다. 글로벌화를 추구하는 기업의 전략적 중심이 본국지향주의·현지지향주의·세계지향주의 중 어느 것인가와 채용전략의 유형 간에는 밀접한 관련성을 가지게 된다는 것이 학문적으로나 실무적으로 폭 넓게 인식되고 있다.

(2) 해외로 진출하는 기업의 글로벌전략은 대체로 기업의 국제화단계에 따라 달라지는 만큼 글로벌기업이 필요로 하는 인적자원 역시 이에 따라 달라지는 경향을 지닌다. 예컨대 수출활동을 주로 하는 제1단계에서 요구되는 인적자원은 주로 어학능력을 갖춘 본국인이 되지만, 해외직접투자를 통하여 해외생산·서비스·판매거점이 확립되고 현지법인으로 독립되는 제2단계에 이르면 본국에서 전문인력이 파견되어 특정지역 전문가로 발전하게 된다. 국제경영활동이 다국적화 되는 제3단계에 이르면 전문직으로서의 국제경영자 육성이 요구되어 이에 따른 해외인재개발시스템 확립이 필요하게 되며, 더 나아가 무국적화단계에 이르면 본국인·현지인의 구분 없이 본사에도 비본국인이 등장하는 인적자원관리의 글로벌화가 이루어진다.

(3) 이처럼 글로벌기업의 인적자원관리 유형은 그 기업의 글로벌전략이나 국제화단계에 따라 달라지지만, 동일한 국가에 진출하였더라도 그 기업의 내부적 목표에 따라 해외지

사별로 다양한 채용정책을 채택할 수 있다는 분석도 있고, 글로벌기업의 채용전략이 그 기업이 진출하고 있는 지리적 범주에 따라 달라져 지리적 범위가 넓어질수록 세계지향적 태도를 지니게 된다는 분석도 있다.

2.2 해외파견인력의 관리

위에서 살펴본 글로벌기업의 채용전략 중 본국지향적 채용전략이나 세계지향형 채용전략을 채택하는 경우 해외파견인력의 효율적 관리문제가 대두된다. 본국지향형 기업의 경우 해외파견인력은 대부분 본사의 직원이 해외로 파견되지만 세계지향형 기업의 경우에는 해외에 파견되는 인력이 반드시 본국 인력에 국한되지 않고 세계 어느 국가에서라도 유능한 인재가 채용되게 된다.

글로벌기업의 해외경영에 파견인력을 활용하는 경우 실제로 이들이 당초 기대한 바에 미치지 못하는 성과를 나타내는 경우가 많다. 이렇게 해외파견인력이 소기의 성과를 거두지 못하는 경우 글로벌기업으로서는 이에 따른 비용손실이 더 커지게 된다. 해외파견인력은 본국에서 지급하는 봉급수준보다 높은 수준의 봉급을 지급하고 여러 가지 부대비용이 많이 소요되는 것이 보통이고, 또한 이들이 해외에 파견되어 효과적인 현지경영을 행하지 못할 경우 그에 따른 손실이 막대할 수 있다.

따라서 이들 해외파견인력의 선발과 훈련·성과평가와 보수·귀국 후 관리 등을 모두 효율적으로 행하는 인사관리정책이 이루어져야 한다. 이하에서는 글로벌기업이 해외파견인력에 대한 효율적 관리를 위하여 직면하게 되는 유의점들을 살펴보기로 한다.

파견인력의 선정 미국이나 일본의 글로벌기업들이 해외로 파견한 인력들이 실패한 원인을 분석한 다수의 연구들은 ① 해외사업을 운영할 수 있는 직무능력 부족, ② 새로운 문화에 적응할 수 있는 사회문화적 적응능력 부족, ③ 동반하는 배우자나 가족의 현지적응능력 부족 등을 주요한 실패요인으로 지적하고 있다.

따라서 해외파견인력의 실패가능성을 줄이기 위해서는 우선 파견대상자가 해외자회사의 경영이나 생산활동에 필요한 지식과 직무수행능력 및 현지공장설비나 장비 등에 관한 기술적 능력을 갖추도록 하여야 한다. 일반적으로 기업들이 해외파견자를 선정함에 있어서 이러한 직무능력을 위주로 선정하는 경향이 강하지만 해외파견인력의 선정을 이렇게 기술적 직무능력에만 의존하는 경우 실패할 확률이 높아진다. 해외파견인력은 기본적으로 직무능력이 뒷받침되어야 함은 물론 현지에 효과적으로 적응할 수 있는 사회문화적 능력 역시 중요하므로 파견대상자의 감정적·사회문화적 성숙도와 배우자를 비롯한 가족의 문제 등도 고려하는 인력선정이 이루어져야 한다.[2]

2 해외파견인력이 해외업무를 원활히 수행할 수 있기 위해서는 ① 이질적 해외환경에서 독립적인 의사결정능

파견인력의 교육훈련 해외파견인력에 대한 선정이 이루어지고 나면 이들이 자신의 업무를 효과적으로 수행할 수 있는 능력을 더 높이기 위한 교육훈련이 필요해진다. 상술한 대로 인력의 해외파견이 실패하는 원인이 직무능력 부족·사회문화적 적응능력 부족인 만큼 해외파견인력에 대한 교육과 훈련 역시 ① 직무능력훈련, ② 문화적응훈련, ③ 언어적응훈련에 초점이 맞추어져야 한다.

파견인력의 성과평과 국제경영에 있어서 가장 어려운 업무 중의 하나는 해외파견인력의 성과를 평가하는 일이다. 해외파견인력에 대한 평가는 현지에 있는 관리책임자와 본사에 있는 관리책임자가 동시에 평가하는데 양자의 평가기준이 서로 모순되기 쉽기 때문이다.

현지관리책임자는 '평가대상자가 얼마나 현지문화에 잘 적응하면서 현지업무를 잘 관리하는가'에 초점을 두는 반면 본사관리자는 '현지에서 어떠한 일이 일어나고 있는가'와 상관없이 본사의 전략적 목표를 얼마나 잘 성취하는가 여부나 생산성·수익성·시장점유율 등에 어떤 성과를 거두는지에 관심을 가지기 때문이다. 이 때문에 해외파견인력들은 자신이 공정하게 평가받지 못한다고 느끼는 경우가 많으며 해외에서 근무하는 것이 자신의 경력관리에 그다지 도움이 되지 않는다고 생각하기 쉽다.[3] 따라서 해외파견인력에 대한 성과평가에서 발생될 수 있는 이러한 모순점을 없애기 위하여 현지관리자와 본사관리자의 평가를 종합적으로 검토하고 보완하는 노력이 필요해진다.

파견인력의 보수 글로벌기업의 인적자원관리에 있어서 해외파견인력의 성과에 대한 평가와 함께 중요한 또 다른 문제는 그들에 대하여 어떠한 수준의 급여를 지불할 것인가 하는 보수문제이다. 해외파견인력의 경우 파견지의 소득수준·생활수준·기후조건 등에 따라 추가적인 급여를 지급하게 되는데 이를 너무 낮게 지급하면 아무도 해외에 근무하지 않으려 할 것이고 이를 너무 높게 지급하면 본사에 있는 직원과의 형평성 문제가 생길 수 있다. 특히 해외파견인력의 보수를 결정할 때 각국의 물가수준이 다른 만큼 이러한 물가수준에 맞추어 줄 것인가 아니면 국제적으로 통일된 보수를 지급할 것인가에 대하여도 많은 고민을 하게 된다.[4] 이러한 보수결정에 가장 보편적으로 채택되는 방법은 이른바 '대차대조표식 접근

력·정서적 안정성·자유로운 언어구사·국제적 감각 등의 개인적 특성, ② 본국과 서로 다른 현지국의 새로운 환경에 융통성 있게 대처하고 현지국의 전통과 관습·윤리를 존중할 수 있는 태도, ③ 해외활동에 대한 모험심과 이질적인 환경에 능동적으로 도전하는 자세, ④ 현지국 정부와의 충돌을 피하기 위하여 현지국 정부관리나 영향력 있는 정치인 등과 호의적인 관계를 유지할 수 있는 외교적 수완, ⑤ 주재원 가족구성원 전체의 현지적응 문제로서 특히 배우자의 적응문제·자녀의 교육문제 등의 가족관계 등에도 문제점이 없어야 하기 때문이다.

3 실제로 미국 다국적기업 인사부서 임원들을 대상으로 한 조사에서 56%가 해외지사에서 근무하는 것이 자신의 경력관리에 도움이 되지 않거나 해롭다고 생각한다고 응답하였다.(*Wall Street Journal*, Dec. 11 1989. Page B_1)

4 이러한 고민은 본국지향형이나 현지지향형 채용전략을 채택하는 경우보다 세계지향형 채용전략을 취하는 경우 더 중요한 문제로 부상하게 된다. 본국지향형의 경우 본사에서 파견된 인력의 보수를 어떻게 하느냐의 문제이고 현지지향형의 경우 현지수준에 맞는 보수를 지불하면 되는 단순한 문제인데 비하여, 세계지향형의

방법'(balance sheet approach)인데, 이는 각국의 물가수준과 생활환경을 고려하여 해외에서도 본국에서와 동일한 수준의 삶을 영위할 수 있도록 국가 간 구매력을 동등하게 보수를 지급하는 방식이다.[5]

파견인력의 귀국 후 관리 글로벌기업은 해외파견인력을 선정하고 관리하는 것뿐만 아니라 이들이 현지에서의 근무를 마치고 귀국하였을 때 본국에 다시 효율적으로 적응할 수 있도록 하는 재적응프로그램 역시 매우 중요하다. 따라서 글로벌기업들은 해외파견 당시와 마찬가지로 본사로의 귀환 이후 이들이 본사의 조직에 재적응하도록 도와주는 훈련과 프로그램도 잘 갖추어야 한다. 그럼에도 불구하고 대부분의 경우 해외파견인력의 육성과 교육에는 많은 관심을 보이지만 귀국 후 관리문제에 대해서는 소홀한 경향이 있다. 해외근무 후 귀국한 사원이 새로운 보직에 만족하지 못하고 사직을 하게 되면 유능한 직원을 잃을 뿐만 아니라 그들에게 투자한 시간과 자본의 손실이 발생하는 것이다. 따라서 해외주재원에 대한 귀국 후 관리에 대한 체계적 접근방법의 개발이 요구된다.

2.3 현지채용인력의 관리

해외사업의 성패 여부는 상당한 정도 현지채용인력의 자질에 의존되므로 유능한 현지인의 모집과 선발이 매우 중요하다. 이러한 현지인의 모집·선발에 있어서는 현지인들의 외국기업에 대한 선호도, 외국기업에 근무하고자 하는 이유, 직무수행을 위한 자질 여부 등을 고려하여야 한다. 이러한 조건들은 나라에 따라 많은 차이를 보이므로 이러한 점도 충분히 고려하여야 한다.

글로벌 기업활동에 있어 현지채용인력에 대한 교육과 훈련은 매우 중요한 의미를 갖는다. 특히 대부분의 개도국의 인력들은 관리적·기술적 전문성을 갖추고 있지 못한 경우가 많으므로 그러한 능력을 구비한 경영자를 확보하는데 결정적인 역할을 한다. 더욱이 현지에서 채용된 경영자에게 본사의 제품·정책·업무수행절차 등에 대한 교육을 통하여 국제경영활동에서 나타날 수 있는 문화적 충격을 극복할 수 있는 능력을 배양시켜야 한다.

한편 현지인에 대한 보상체계는 자질 있는 현지인을 확보하고 유지하는데 많은 영향을 미친다. 외국계기업의 경우 다른 국내기업들에 비하여 승진기회 등이 제약되므로 임금이 갖는 의미가 더 커진다. 따라서 외국계기업의 경우 현지국기업의 평균보상수준보다 다소 높은 수준의 보상을 설정하는 것이 일반적이다. 물론 진정한 다국적기업이라면 본국인과 동일한 보상을 행하여야 하지만 현실적으로 이러한 예는 거의 없고 현지국의 임금수준과 체계 등을

경우 국적과 관계없이 채용한 인력을 세계 각국의 자회사에 파견하기 때문에 상당한 복잡한 고려가 이루어져야 하기 때문이다.

5 어떤 조사에 따르면 2002년의 경우 781개 회사 중 80% 정도가 이 방식을 취하고 있었다.

고려하여 정하는 것이 보통이다. 그런데 각국의 임금수준이 서로 상이하고 임금 지급방식이나 체계도 매우 다양하므로 이러한 임금수준과 체계 등을 잘 고려하여 현지채용인력의 불만을 줄이는 방향으로 보수제도를 운영하여야 한다.

2.4 효율적 국제노사관리

1 글로벌기업이 해외에 진출하여 경영활동을 행함에 있어 채용하고 있는 다수의 현지인들을 효율적으로 관리하는 노사관리가 중요하다. 국제노사관리의 중요한 과제는 회사와 노동조합 사이의 갈등을 최소화하는 일이다. 그러나 현지노사관리는 문화·제도·환경의 차이로 인하여 국가마다 큰 차이를 보인다. 예컨대 유럽지역의 경우 노동자들이 기업의 전반적인 정책과 의사결정에 공동으로 참여하는 제도를 가지고 있고, 미국에서는 산업별 노동조합이 다른 나라에 비하여 강력하며, 어떤 나라에서는 종업원에 대하여 사용자가 가부장적인 역할을 견지할 것이 요구되기도 한다. 따라서 현지노사관리에 있어서는 이러한 현지국 특유의 노사문화와 제도 등을 잘 이해하여 갈등을 최소화하는 노력이 필요하다.

이와 함께 현지국의 노동조합들이 자국에 진출한 외국계 다국적기업에 대하여 바라고 우려하는 사항들이 무엇인가를 잘 파악하는 것 역시 중요하다. 노동조합이 요구하고 바라는 바는 더 많은 임금을 받고 더 좋은 환경에서 일하며 안정적으로 직장을 유지하려고 한다는 점에서 국내노동자와 다를 바 없지만 자신의 직장이 외국기업이라는 점에서 나타나는 우려 역시 없지 않다. 특히 국제적 이동성이 높은 다국적기업이 노동조합에 대항하기 위한 수단으로 생산지를 다른 지역이나 다른 나라로 이전해버리겠다는 위협(threat)을 통하여 노동조합의 영향력과 교섭력을 저하시키는 것이다.

실제로 현지국 노동조합이 지나친 요구를 하거나 잦은 노사분규로 생산을 방해할 경우 글로벌기업은 그 나라에서 철수(divestment)하겠다는 위협을 통하여 어느 정도의 교섭력을 발휘하는 경우가 없지 않다. 일찍이 미국의 포드(Ford)자동차가 영국에 진출하였을 때 현지노동조합이 임금인상을 요구하며 장기간 파업을 행하자 영국공장을 폐쇄하고 유럽의 다른 국가로 이전하겠다고 협박하여 조기에 파업을 해산시킨 역사적 경험이 있다.[6] 지엠(GM) 역시 노조선거에 개입하여 자신들이 바라지 않는 노조대표가 선출되면 설비개선은 더 이상 없고 종국적으로는 생산지를 다른 곳으로 이전할 것이라고 위협하여 자신이 내세운 공식대표를 노조대표로 당선시킨 사례도 있다.[7]

2 한편 글로벌기업이 국제노사관계에 접근하는 방식은 기업마다 서로 다를 수밖에 없는데 가장 현저한 차이는 노사관리를 중앙집권적으로 행하는가 아니면 분권적으로 행하는

6 C. K. Prhalad and Y. L. Doz, *The Multinational Mission*(Free Press, 1987).
7 노택환, 다국적기업 경제학(율곡출판사, 2012) p.503.

가이다. 전통적으로 대다수 글로벌기업들은 해외자사에 대한 노사관리를 분권화된 방식으로 운영하여 왔는데 이는 노동법·노동조합 구조·단체교섭 형태 등이 국가별로 서로 달라 중앙집권적 방식으로서는 효율적 운영을 기대하기 어려웠기 때문이다. 그러나 최근에 이르러 보다 중앙집권적 방식으로 노사관리를 행하려는 움직임 나타나기 시작하였다.

이러한 추세는 노동조합이 국제연대를 통하여 집합적 행동을 하게 되자 글로벌기업들 역시 통일된 정책에 의한 중앙집권적 노사관리가 필요하게 된 데 따른 경향이기도 하지만, 글로벌기업들이 그들의 범세계적 사업을 합리적으로 조정하고 이를 통하여 글로벌 경쟁우위를 확보하려는 시도를 행한 결과를 반영한 것이라고도 할 수 있다. 예컨대 일본의 자동차기업들이 현지생산을 위하여 미국에 진출하였을 때 현지에서 일본식 노사관행을 도입하여 종업원들의 의견을 수렴하고 종업원들과 관리자의 거리를 좁히는데 성공하였다. 이러한 사례는 글로벌기업이 반드시 현지국의 노사관행에 적응할 필요 없이 자신이 더 좋은 정책을 가지고 있을 때는 자신의 노사관행을 일부 현지에 도입하는 것이 더 좋은 결과를 가져올 수 있음을 보여준다.[8]

이후 일본의 자동차기업들은 그들의 노사관행과 제도가 가져다 준 성과를 그대로 해외에 옮겨놓으려고 노력하였고 이 경우 발생될 수 있는 현지노동자와 마찰을 피하기 위하여 현지공장의 업무수행방식에 대하여 현지의 노동조합이 반대하지 않을 것을 투자의 조건으로 제시하여 관철하기도 하였다. 일본의 니싼(Nissan)이 북부 잉글랜드에 대한 진출을 최종 결정하기 전에 영국의 노동조합으로부터 현지공장의 업무방식을 변경할 수 있는 권한을 위임받았는데 이는 노사관리의 중앙집권적 단일화를 이룩하기 위한 시도였다.[9]

이렇게 국제노사관리가 중앙집권적으로 이루어진다고 하더라도 현지노사관리에 있어서는 현지국의 특성을 고려하고 현지의 자율성을 부여하기 위하여 현지의 참여를 최대한 보장하는 노력이 병행되어야 한다. 글로벌기업의 노사관리가 전체적으로 통합되고 조정된다고 하여 모든 국가에서 동일한 방법의 노사관리가 획일적으로 이루어져야 한다는 것을 의미하지는 않으며 현지국의 특성과 환경에 따른 적정한 조정이 이루어지는 것이 국제경영의 본질이기도 하다.

---

8 장세진, 글로벌경영 2판(박영사, 2000) p.382.

9 Charles W. L. Hill, International Business, 7th ed.(McGraw-Hill Company, 2009); 최순규·신형덕 역, 국제경영(석정, 2009) p.780.

제 2 절 국제마케팅관리

1. 국제마케팅의 의의와 단계

1.1 국제마케팅의 의의와 개념

마케팅(marketing)이란 고객을 만족시키며 기업목표를 달성하기 위하여 생산자로부터 소비자 또는 사용자에게로 제품 및 서비스를 유통시키는 총체적인 기업활동이다. 오늘날 시장의 성격이 판매자시장(seller's market)으로부터 구매자시장(buyer's market)으로 전환됨에 따라 기업의 모든 활동도 마케팅을 중심으로 하여 생산·인사·재무 등 각 기능이 결합되는 전사적 또는 통합적 시스템을 지향하는 경향을 보이고 있다.

국제마케팅(international marketing)이란 이러한 마케팅활동이 국경을 넘어서 이루어지는 것을 지칭하므로 본질적으로 일국 내에서의 마케팅활동과 개념적인 차이는 없다. 또한 소비자의 욕구를 파악하기 위한 마케팅조사와 기업의 통제가능한 수단과 방법을 선정하는 마케팅믹스전략 등 일련의 마케팅과정과 이념면에서도 국내마케팅과 다를 바 없다. 그러나 국제마케팅의 경우 국경을 넘는 마케팅활동, 외국에서의 마케팅활동, 2개 이상의 이질적인 시장에서의 마케팅활동이라는 점에서 국내마케팅과는 다른 특성을 나타낸다.

국제마케팅은 일국 내에서 마케팅활동을 수행하는 국내마케팅보다 더 많은 복잡성·다양성·불확실성·위험성이 존재한다는 특성이 있다. 또한 국제마케팅의 경우 국경이 개입됨으로써 국가주권 상충·화폐 상이·정부정책과 통제·언어와 문화의 상이 등으로 인한 위험과 불확실성이 높아지고 마케팅활동에도 대규모 자산을 필요로 하므로 마케팅전략의 중요성이 더 커지고 국내마케팅보다도 보다 더 전사적인 시스템이 요구된다.

1.2 국제마케팅의 발전단계와 지향성

한편 국제마케팅은 기업이 해외시장에서 개입하는 정도인 국제화수준에 따라 ① 국내에서 생산된 제품의 수출을 위한 수출마케팅, ② 해외에 진출한 현지국 중심의 현지마케팅, ③ 복수의 해외시장을 목표로 하는 다국적마케팅, ④ 전 세계를 하나의 시장으로 파악하는 범세계적 마케팅 등으로 구분하기도 하고, 국제마케팅의 참여정도에 따라 ① 국내마케팅 단계, ② 국제마케팅 단계, ③ 글로벌 마케팅 단계로 구분하기도 한다.

한편 국제마케팅을 마케팅활동을 수행하는 관리자들의 전략적 지향성에 따라 구분해보면 ① 국제마케팅을 국내마케팅에 종속한 것으로 보는 국내지향적 관점, ② 해외의 개별시장들을 독립적인 것으로 간주하여 개별적으로 관리하는 국제지향적 관점, ③ 전 세계를 단일시장으로 파악하여 국경개념만을 고려하는 대신 다양한 국가에 적용할 수 있는 적절한 시장세분화를 고려하면서 공통된 소비자 특성이나 행태를 고려하는 글로벌 지향적 관점이 있다.

2. 국제마케팅 시장조사

2.1 국제마케팅조사의 의의

기업경영자가 합리적인 의사결정을 행하기 위해서는 경영정보를 효율적으로 수집·분석·평가하는 정보시스템이 필수적이듯이 마케팅활동에 있어서도 마케팅정보시스템이 필요하다. 이러한 마케팅정보시스템의 일부로서 마케팅조사가 매우 중요한데 국제마케팅조사라고 하여 조사의 과정·절차·도구·기술 등이 국내마케팅조사의 경우와 크게 다를 바 없지만 다만 환경조건이 국외로 확대되면서 조사의 범위와 기법이 복잡해지고 조사결과의 불확실성이 더 높아질 가능성이 크다.

따라서 국제마케팅조사의 담당자는 새로운 조사기법을 창안해내기보다 널리 활용되는 보편적 조사기법을 이질적이고 복잡한 환경에 적절히 적용할 수 있는 능력을 배양할 필요가 있다. 특히 각 시장마다 조사의 질과 양이 다를 수 있고 분석에 상반되는 문화적 자세 등 장애요인이 따르므로 보다 유능한 조사담당자의 양성이 중요하다.

한편 국제마케팅조사의 조사대상은 ① 시장 선정을 위한 일반적 정보조사, ② 특정 국가·지역·시장의 사회적·경제적·소비자 측면·산업 등에 대한 예상추세에 따라 미래 마케팅 요구사항을 예측하는데 필요한 정보조사, ③ 선정된 특정시장에서 4P(제품·가격·유통·촉진) 관련 의사결정을 수행하고 관련 마케팅계획을 수립하는데 필요한 정보수집 등으로 구분할 수 있다.

따라서 국제마케팅조사에 있어서는 일반적 정보로서 경제적 정보·인구통계 정보·사회문화적 정보·정치경제적 정보 등이 필요하고 보다 구체적인 정보로서 시장상황에 대한 정보·개별사업 관련 기술적 환경적 정보·경쟁상황에 대한 정보 등이 중요하다. 국내시장을 대상으로 하는 국내마케팅조사의 경우 이러한 정보의 대부분을 수년간 자신이 활동한 경험을 통하여 얻을 수 있겠지만 국제마케팅조사의 경우에는 이러한 정보들을 별도로 수집하여야 한다.

2.2 국제마케팅조사의 과정과 단계

마케팅조사는 항상 시간과 비용의 부족 등 여러 가지 제약조건 속에서 이루어지므로 성공적인 조사를 위해서는 체계적이고 질서 있는 접근방식이 필요한데 국제마케팅조사과정은 대체로 다음과 같은 단계로 이루어져야 한다.

조사의 목표와 계획 수립 조사에 대한 명확한 문제 정의와 이를 반영하는 적절한 조사목표가 수립되어야 한다. 문제 정의와 목표 수립이 끝나면 이러한 조사목표를 달성시켜줄 수 있는 정보의 원천이 어디 있는지를 밝혀내고 조사를 수행하는데 필요한 비용과 수익을 고려한 조사계획이 수립되어야 한다.

자료 수집 조사에 필요한 1차 자료와 2차 자료를 활용하여 적절한 자료수집활동을 행한다. 각국 정부·국제기구·주요 기관들이 생성한 2차 자료들은 매우 광범위하고 저비용으로 이용할 수 있는 자료이므로 먼저 이를 수집하고 탐색하되, 일부 자료원에서 생성된 자료의 경우 정확성과 타당성에 대한 주의 깊은 고려가 필요해진다. 모든 이용 가능한 2차 자료원을 탐색해보아도 문제를 해결하기에 여전히 부족할 경우 조사자 직접 수집하는 1차 자료를 확보여야 한다.

1차 자료를 수집하는 경우 조사자가 직접 조사를 행하기도 하고 대행업체·유통업체·중간상·소비자들에게 질문을 행하기도 한다. 이 경우 조사방법에는 응답자들이 미리 구조화된 질문들에 응답하도록 하는 정량적 방법과 응답자들의 생각이나 느낌을 주관식으로 응답하도록 하는 정성적 방법이 있다, 이러한 방법들은 국내마케팅조사와 다를 바 없지만 정보를 제공하는 응답자의 태도는 문화에 따라 달라지므로 국제마케팅조사에서는 이러한 문화적 차이를 좁힐 수 있는 방안이 고려되어야 한다. 예컨대 조사팀에 해외문화를 이해하는 원어민을 포함시킨다든지 해외시장에서 고객과 직접 대화하거나 접촉할 수 있는 최고경영진을 포함시키는 노력과 함께 다차원적인 조사방법을 채택하는 것이다.

정보의 분석과 이해 자료가 수집되고 나면 수집된 자료에 대한 분석과 이해가 이루어져야 한다. 조사자에 의하여 수집된 1차 자료와 2차 자료를 단순하게 이용하는 데에는 한계점이 많으므로 이러한 요인들을 충분히 고려하여 경영적 의사결정에 의미 있는 정보나 조언을 제공하도록 하여야 한다. 따라서 조사자는 대상지역의 경제적 상황과 문화에 대한 높은 수준의 이해력을 보유하고 있어야 하고 이러한 이해력을 바탕으로 정확히 평가할 수 있는 역량도 지녀야 한다.

의사결정권자와의 의사소통 일반적으로 시장조사라고 하면 정보를 수집하는 과정으로만 이해하는 경향이 있지만 정보수집은 시장조사의 기초를 마련한 것일 뿐 더 중요한 과정은 이렇게 수집된 정보를 분석하고 이해하여 의사결정권자에게 시의적절하게 전달하는 효율적 의사소통과정이다. 시장조사기능의 기본적인 목표가 경영진에게 보다 정확한 의사결정을 내릴 수 있도록 필요한 정보를 제공하는 것이기 때문이다. 따라서 시장조사자는 조사결과를 의사결정권자에게 최대한 효과적으로 전달할 수 있도록 노력하여야 한다.

3. 국제마케팅믹스전략

3.1 국제마케팅믹스전략의 의의

마케팅조사를 통하여 시장의 마케팅기회와 잠재력을 파악하고 평가한 경영자는 이러한 결과를 바탕으로 마케팅믹스전략을 수립하게 된다. 마케팅믹스(market mix)란 기업이 통제불가능한 환경변화에 창조적으로 대응하기 위하여 기업내부의 통제가능한 모든 요소들을 유기적으로 조정·통합하는 활동을 말한다. 그런데 기업의 통제가능한 전략적 수단으로서는 제품계획(product)·가격결정(price)·유통경로(place)·판매촉진(promotion)을 들 수 있다. 이 때문에 흔히 4P의 마케팅믹스관리라고 하는데 이는 마케팅전략을 효과적으로 수립함에 있어서 이러한 네 가지 전략적 요소의 믹스관리가 중요하다는 의미이다.

이러한 믹스의 구성요소에 있어서는 국내마케팅과 국제마케팅에 별다른 차이가 없다고 할 수 있지만, 국제마케팅의 경우 여러 국가시장을 상대로 동시에 마케팅활동을 전개하기 때문에 4P를 중심으로 한 마케팅믹스구성의 폭이 더욱 넓어지고 복잡해진다는 차이점이 있다. 해외시장을 대상으로 하는 마케팅믹스전략을 효과적으로 수립함에 있어 기본적으로 고려해야 할 문제는 다음과 같다.

마케팅의 표준화와 차별화 특정 시장에서 성공한 마케팅전략을 여타의 해외시장에서도 사용할 수 있는가 하는 문제이다. 만약 모든 해외시장에서 동일한 마케팅믹스를 채택하는 경우 마케팅의 표준화(standardization)·글로벌화(globalization)로 인한 비용절감효과를 누리게 된다. 그러나 서로 이질적인 소비자의 기호와 환경에 효율적으로 대응하기 위해서는 일정한 차별화(differentiation)·현지화(localization)가 필요하게 된다. 글로벌화는 비용절감·규모의 경제 실현·품질향상·경쟁수단 강화·질서 있는 계획과 통제 실현 등의 장점이 있는 반면 현지소비자의 다양한 욕구를 충족시키는데 부족할 수 있다는 약점이 있다. 따라서 국제경영자는 양자의 편익과 비용을 잘 고려하여 통일성과 융통성을 발휘한 마케팅전략을 수립하여 적절한 균형을 이루어야 한다.

적절한 시장세분화전략 해외시장을 대상으로 하는 마케팅을 행함에 있어서는 시장의 집중전략과 다변화전략의 선택문제에 직면하게 된다. 집중화전략은 소수의 해외시장에 집중하여 진출하고 점진적으로 진출시장의 수를 증가시켜 나가는 것인 반면 다변화전략은 세계 여러 나라 시장에 동시에 진출하는 전략이다. 이러한 국제시장의 진출범위와 진출속도와 관련하여 반드시 고려하여야 할 것은 세계시장을 비교적 동질성을 지닌 집단으로 분할하는 시장세분화(market segmentation) 전략이다.

전통적으로 글로벌기업들은 개별국가들을 독립적인 시장으로 간주하여 국가별로 차별화된 시장조사와 마케팅전략을 펼치는 국가별 시장세분화(country by country segmentation)를 행하여왔으나, 최근에는 소득수준·지리적 환경·문화적 배경·인구 등 유사성이 존재하는 국가들을 하나의 시장으로 보는 초국적 시장세분화(cross- border segmentation) 내지 범세계적 시장세분화(global segmentation) 전략을 채택하기도 한다.

3.2 국제제품전략(product)

소비자의 욕구를 충족시킬 수 있는 제품의 개발이야말로 마케팅활동에 있어서 가장 중요한 요소인 만큼 마케팅믹스 가운데서 가장 중요한 요소가 제품전략이다. 어떠한 제품을 생산·판매할 것이냐에 따라 가격·유통·판매촉진 등 4P의 나머지 요소가 결정되고 고객 및 경쟁자도 제품에 의해서 결정되기 때문에 제품전략이야말로 모든 마케팅전략의 근본이 된다고 할 수 있다.

글로벌기업의 제품계획문제는 국내기업의 경우와 동일한 원리가 적용되지만 그 내용에 있어서는 더욱 복잡한 양상을 보인다. 이는 세계 각시장의 환경과 특성이 크게 달라서 시장별로 어떤 제품을 도입하고 변경하며 탈락시킬 것인가를 선택하여야하기 때문이다. 국제마케팅에 있어서 제품계획과 관련하여 고려해야 할 몇 가지 중요한 요인들은 다음과 같다.

제품포지셔닝 제품포지셔닝(positioing)이란 특정기업의 제품과 서비스가 경쟁제품과 차별화되어 고객의 마음속에 확실히 자리 잡도록 제품과 마케팅믹스를 설계하는 것이다. 이러한 포지셔닝전략에는 ① 자사 제품이 세계 각국에서 동일한 이미지를 갖는 제품으로 자리매김 할 수 있도록 제품특성(품질·브랜드·디자인·포장·광고 등)을 동일하게 하는 글로벌 포지셔닝전략, ② 소비자의 욕구나 사회문화적 환경이 서로 다른 현지시장에 보다 잘 적응하기 위하여 대상지역에 따라 제품특성을 다르게 하는 현지화 포지셔닝전략, ③ 이러한 두 가지 요소를 혼합하는 절충적 포지셔닝전략이 있다.

제품주기 바람직한 제품계획을 수립함에 있어서 중요한 전략적 의미를 갖는 요소로서 제품주기(product life cycle)가 있다. 제품이 연구 개발되어 시장에 출현한 이후 사양화되는 때까지 모든 제품은 도입기·성장기·성숙기·쇠퇴기 등과 같은 라이프 사이클을 가지는데 이러한 제품주기 단계에 따라 그 제품의 생산적·수요적 요인이 달라지므로 자사 제품이 어떠한 단계에 속하느냐에 따라 효율적인 마케팅전략 역시 달라져야 한다.

원산지 일반적으로 외국제품의 경우 실질적인 품질수준을 떠나 제조원산지가 어디인가에 따라 소비자에게 주는 이미지가 달라진다. 어떤 연구에 따르면 소비자들이 제품을 평가할 때, 특히 제품에 대한 지식이 별로 없을수록 그 제품이 어디서 만들어졌는지를 중요하게 생각하는 원산지효과가 있다. 예컨대 동일한 소니제품이라도 원산지가 'Made in Tailand'라고 되어 있으면 소비자에게 저 품질이라는 인상을 심어주게 된다. 따라서 국제제품전략에는 이러한 원산지요인에 대한 전략적 고려가 이루어져야 한다,

상　표　소비자는 제품의 속성보다 상표에 따라 소비를 선호하는 경향이 있으므로 상표에 대한 전략적 고려도 이루어져야 한다. 예컨대 보다 글로벌한 마케팅을 위하여 동일한 단일상표로 전 세계를 공략하는 전략을 추구하기도 하지만 이질적인 현지시장을 세분화할 필요가 있는 경우 별도의 상표를 사용하는 경우도 있다.

3.3 국제가격전략(price)

[1] 해외시장을 대상으로 하는 경영활동을 행하는 글로벌기업의 경우 해외시장에 진출하여 어떠한 가격을 설정할 것인가 역시 중요한 마케팅믹스의 요소이다. 국제가격을 설정함에 있어 세계 전체적으로 동일한 가격을 설정하는 글로벌 포지셔닝전략을 취할 수도 있고 각국마다 서로 다른 가격을 설정하는 전략을 취하는 경우도 있다. 후자의 경우 주로 채택되는 가격설정으로서는 다음과 같은 가격차별과 전략적 가격이 있다.

가격 차별　일반적으로 다국적기업은 동일한 제품에 대하여 개별시장마다 서로 다른 가격을 설정하는 가격차별(price discrimination)을 행하는 경우가 많다. 경제학원리에 따르면 기업은 주어진 소비함수 하에서 이윤극대화를 이룩하는 수준에서 가격을 책정하고 그에 따른 공급을 결정하는 만큼, 소비함수가 서로 다른 시장에서 서로 다른 가격을 책정하는 것이 이윤극대화를 이룩하는 효율적인 방법이 된다. 또한 소득이 낮은 개도국에서는 낮은 가격을 책정하면서 소득이 높은 선진국에서는 높은 가격을 책정하는 것처럼 각국의 소득수준에 따라 가격을 차별화하는 전략을 펼칠 필요도 있다.

전략적 가격　이러한 수요조건 이외에 어떤 기업목표를 위한 전략적 가격설정(strategic pricing)도 필요하다. 예컨대 경쟁력이 상대적으로 취약한 현지기업을 몰아내고 현지시장에서의 독점력을 확보하기 위하여 가격을 낮추어 판매하는 약탈적 가격설정(predatory pricing)이 있다. 물론 이러한 경우 제품가격을 낮추어 출시하면 품질이 낮은 제품으로 인식되어 소비자들로부터 오히려 좋지 않은 반응을 얻는 경우도 없지 않다. 때로는 경쟁기업과의 경쟁을 고려하여 상대방기업의 가격설정에 대응하여 자신의 가격을 전략적으로 결정하는 경우도 있고, 세계판매량을 높이기 위하여 처음에 낮은 가격을 설정하여 손실을 감수하지만 이후 규모의 경제가 실현되면 이익을 만회하기 위한 방식의 가격설정도 행한다.

[2] 이처럼 해외시장에 대한 가격전략은 기업의 해외진출목적이나 시장상황에 따라 달라질 수 있는데 해외진출기업이 국제가격을 결정하는 일반적인 방식으로서는 다음과 같은 것들이 있는데 이들의 마케팅적 의의와 함께 살펴보면 다음과 같다.[10]

---

10 다국적기업의 가격전략으로서 또 하나의 중요한 의미를 가지는 것이 이전가격조작이다. 이전가격(transfer price)이란, 다국적기업의 모사와 자회사, 또는 자회사 상호간에 이루어지는 내부거래에 대하여 지불되는 가격이다. 다국적기업은 조세부담 경감·이익송금제한 회피, 환율변동 및 인플레이션 대응 등을 목적으로 정

원가 중심 가격결정 생산자 입장에서 원가만을 고려하여 결정하는 방법으로 대표적인 원가가산법(cost-plus pricing)이 있는데, 이는 제조원가에 관리비·R&D·간접비·운송비·관세 및 이윤을 합하여 결정한다. 이 방법은 비교적 가격책정이 용이하고 사회적으로 공정한 가격이 될 수 있다는 장점이 있어 널리 이용된다. 그러나 정확한 원가산정이 어렵고 목표시장에서의 환경변화를 고려하지 못할 뿐만 아니라 경쟁기업의 가격 및 경쟁여건 등 전략적 요인을 무시하는 단점이 있다.

목표 중심 가격결정 기업이 해외시장에서 추구하는 목표(수익성·시장점유율 등)에 따라 가격결정을 하는 방법으로서 ① 신시장에 진출하거나 시장점유율을 확대하기 위하여 경쟁기업보다 낮은 가격을 책정하는 침투가격(penetration pricing), ② 해외시장 진출 시 경쟁기업보다 높은 가격을 책정하여 초기에 이익을 극대화시키려는 초기 고가격(skimming pricing), ③ 현재의 시장점유율을 유지하기 위한 시장유지가격 등이 있다. 이러한 가격전략들은 어떤 전략적 목표를 달성하는데 도움이 된다는 장점이 있지만, 가격수준 여하에 따라 판매량이 크게 변동될 수 있어 불확실성이 높아진다는 단점이 있다.

수요 중심 가격결정 현지국시장의 수요 크기와 탄력성에 따라 가격결정을 차별화하는 방법으로서, ① 소비자·제품·장소·시간 등이 따라 가격을 달리하는 차별가격(price discrimination), ② 실제의 상품가치와 상관없이 보석·모피 등에 대하여 오히려 높은 가격을 책정하여 구매를 높이려는 위신가격(prestige pricing), ③ 1,000원 대신에 999원으로 책정하여 사실상 동일한 가격임에도 마치 저렴한 가격처럼 보이게 하는 단수가격(odd-even price) 등이 있다.

경쟁 중심 가격결정 경쟁기업의 가격전략을 의식하여 전략적으로 가격을 결정하는 방법이다. 이는 원가구조나 수요변화보다는 경쟁기업의 가격을 최대의 기준으로 삼는 방법으로서 가장 널리 사용되는 대표적인 예로서 모방가격(imitative pricing)이 있다. 이는 식품 등과 같이 완전경쟁제품의 경우 시장에서 이미 결정된 가격을 그대로 따르는 가격결정방법이다.

3.4 국제유통전략(place)

① 마케팅믹스의 한 구성요소로서 유통전략은 잠재적 소비자에게 어떠한 경로를 통하여 다가갈 것인가라는 효율적 유통경로의 결정에 대한 전략이다. 여기서 유통경로란 생산물이 최초의 생산자로부터 최종소비자에게로 이동되어 가는 경로를 말하는 것으로서, 좁은 의미의 물적 유통만을 의미하지 않고 생산자로부터 소비자에게로 생산물이 이동되는 모든 경로를 포함하는 광의의 개념이다.

상가격(arm's length price)보다 높게 또는 낮게 조작하는 경우가 많다. 그러나 이러한 이전가격조작은 마케팅적 의미보다는 재무관리적 의미가 더 크므로 여기서 논의하지 않는다.

국제마케팅의 경우 제조업자가 자사의 제품을 해외시장에 유통시키는 데 있어서 국내 시장에서보다 더 많은 유통단계를 거치게 마련이고, 특히 각국은 국내시장과는 다른 경제적 환경과 유통구조를 가지고 있으므로 그러한 조건에 적합한 유통경로를 선정·관리하여야 한다는 과제가 부여된다. 따라서 국제유통전략의 주요한 요소는 적절한 유통경로의 설정과 관리 문제라고 할 수 있다.

우선 글로벌기업이 선택할 수 있는 유통경로의 설정을 진입방식(entry mode)과 관련하여 나누어 보면 다음과 같은 3가지로 구분되는데 이들은 각기 서로 다른 장단점을 지니고 있다.

간접유통경로 글로벌기업은 판매기능을 종합무역상사·수출대행기업·중개상 등을 통하여 수행하는 간접유통경로를 선택할 수 있다. 간접유통경로는 유통경로의 단순성으로 위험 및 비용을 절약할 수 있으며 클레임 제기 시 수출중개상에게 일차적 책임을 지울 수 있다. 그러나 생산업자와 수출중개상 간의 이해관계의 대립으로 인한 손실이 발생하거나 유통경로의 단절이 발생될 우려가 있다.

직접유통경로 이는 중간상을 거치지 않고 해외의 구매자와 직접 거래함으로써 글로벌기업이 수출기능까지를 수행하는 유통전략이다. 이러한 직접유통경로는 목표시장의 탐색과 개척·시장조사·유통경로의 확립과 관리를 자신이 수행함으로써 기업내부조직을 활용하여 제반 유통경로를 직접 지배·관리하는 방식이다. 중간수출상의 마진을 흡수할 수 있고 애프터서비스(AS) 강화로 현지고객과 긴밀한 관계를 유지함으로써 적극적인 시장개척과 통제력을 지닌다는 장점을 지니지만, 위험부담과 비용이 훨씬 커지며 해외시장의 운영상 어려움이 따른다는 단점이 있다.

해외현지생산 현지시장에서 직접 제품을 생산·판매하는 방식으로서 가장 적극적인 방법이기는 하나 가장 위험부담이 크고 어려운 시장개입 방식이다. 이러한 경우 외국에 진출한 기업은 현지국의 최종소비자에게 제품을 어떻게 전달할 것인가라는 유통경로의 선택이 필요하게 된다.

2 국제마케팅믹스로서 유통경로의 선택에 있어서는 국가별로 유통구조가 서로 다르다는 점을 고려하여 이에 맞는 전략이 채택되어야 한다. 개별국가의 유통시스템이 어떠한 특성을 지니고 있는가를 파악하기 위해서는 다음과 같은 점들에 주목하여야 한다.

유통경로의 집중도 나라에 따라 유통경로의 집중도가 매우 다르다. 예컨대 독일의 식료품시장은 4개 대형유통업체가 65% 이상 점유하고 있는 반면 이탈리아의 식품시장의 유통경로는 수많은 소매상으로 세분화되어 어떠한 기업도 2% 이상의 시장점유율을 가지고 있지 못하다. 이러한 차이는 각국의 역사와 전통에 따라 결정되지만 어떤 나라에서는 영세한 유통업자에 대한 법적 보호를 행하고 있어 외국기업이 직접적인 유통경로를 개척하는 것이 법적으로 제한되는 경우도 있다.

유통경로의 길이 유통경로의 길이(length)란 생산자와 최종소비자 사이에 매개자가 얼마나 존재하는가를 의미하는 것으로 생산자가 소비자에게 직접 판매하는 경우 경로는 짧아지고 중간도매업자와 소매업자가 개입되면 유통경로는 길어진다. 경로 폭이 넓어지고 경로 수가 많아지면 경로의 갈등이 유발될 수도 있다. 따라서 제조업자가 유통경로에 대한 통제권을 많이 가지고자 할 경우에는 유통경로를 줄이거나 좁혀야 할 것이다. 일본시장의 경우 한국과 마찬가지로 여러 단계의 도매업자와 소매업자가 존재하여 외국기업들이 일본시장에 쉽게 진출할 수 없다는 구조적 문제점을 가지게 되자 서방국가로부터 폐쇄적이라는 비판을 받아왔다. 이렇게 유통경로가 복잡하고 길어질수록 유통업체를 어떻게 관리하느냐가 시장진입의 성공 여부에 큰 영향을 미치게 된다.

유통경로의 개방도 유통경로가 폐쇄적인가 개방적인가 하는 것 역시 외국기업들이 얼마나 쉽게 접근할 수 있는가를 결정한다. 유통구조의 독점적 형태는 국가별로 다양한데, 위에서 예로 든 일본의 경우 유통구조가 매우 배타적인 경우가 많아서 외국기업이 현지국소비자에게 유통·판매·서비스를 행하기 위해서는 많은 경우에 이러한 현지 환경에 대한 충분한 적응이 필요해진다. 또한 국가에 따라서는 방문판매·피라미드판매 등 유통경로에 대한 규제를 두는 경우가 있다. 예컨대 프랑스에서는 방문판매, 바레인에서는 외국인의 무역대리점 소유를 금지하고 있다.

유통경로의 품질 경로품질(channel quality)이란 현지의 소매업자들이 보유한 전문성·역량·기술 등을 의미하는바, 외국기업의 제품을 판매하거나 그것을 지원하기 위한 현지소매상들의 능력을 말한다. 대다수 선진국의 경우 이러한 경로품질이 높지만 러시아나 인도네시아 등 이른바 신흥시장이나 개도국의 경우 이러한 경로품질이 낮은 것이 일반적이다. 후자의 경우 새로운 시장진입이 어려워지고 부족한 능력을 보완하기 위한 광범위한 교육과 지원이 필요하며 때로는 자신의 유통경로를 새로이 만들어야 하는 경우도 있다.

③ 상술한 대로 유통전략의 선택은 잠재적 소비자에게 어떤 경로를 통하여 접근할 것인가의 문제이다. 기업이 소비자에게 직접 판매할 것인가, 소매상이나 중개상을 통하여 판매할 것인가, 아니면 자신들의 유통경로를 만들어야 할 것인가 등의 문제이다. 최적의 전략은 이상과 같은 현지국 유통구조의 4가지 특성들을 토대로 하여 자사 제품의 제품특성과 소비자특성을 종합적으로 고려하여[11] 각 대안의 상대적 편익과 비용을 검토하는 전략적 선택을

11 예컨대 국가별로 인구·소득·관습 등이 상이하므로 목표시장의 소비자특성에 맞는 유통경로의 길이·폭·수를 고려하여 적합한 유통경로를 선정하여야 하고, 제품의 유형이미지 등 제품특성 역시 경로 결정에 주요한 영향을 미칠 수 있으므로 가격이 높고 회전율이 낮은 전문품은 유통경로를 짧게 좁게 하여야 할 것이고 가격이 낮고 회전율이 높은 편의품은 많은 중간상이 필요하므로 유통경로의 넓이가 넓어야 할 것이다.

행하는 것이다.

글로벌기업이 이러한 과정을 거쳐 기본적인 유통경로를 설정한 다음에는 이러한 유통경로에 대한 효율적인 사후관리가 이루어져야 한다. 기존 유통경로의 개방성과 폐쇄성에 대한 계속적인 검토는 물론 중간상 등 유통경로기구들과의 협력을 구하기 위한 다양한 노력이 이루어져야 하며, 시간이 흐름에 따라 기업 내 여건은 물론 국제마케팅환경의 변화 역시 복잡하고 다양하므로 항시 기존 유통경로의 효율성에 대한 분석과 평가를 행하여 새로운 유통경로를 모색하는 사후관리가 매우 중요하기 때문이다.

3.5 국제촉진전략(promotion)

마케팅믹스의 또 다른 주요 요소는 제품의 특성을 잠재적 고객들에게 잘 전달하는 커뮤니케이션(communication)을 통하여 판매를 촉진하는 촉진전략이다. 기업이 최종소비자와 커뮤니케이션하는 방법에는 광고·판매촉진·인적판매·홍보 등 여러 가지 수단들이 있다. 이들은 상호배타적인 관계가 아니고 상호보완적 관계에 있다고 할 수 있지만 이러한 수단들 중 어떤 수단을 선정하느냐는 자사의 제품특성·마케팅방침 등을 고려하면서 촉진수단의 개별적 특성을 종합적으로 고려하여 이루어져야 한다.

이들 촉진수단의 개별적 특성과 이를 활용하여 국제촉진을 행할 때 특히 유의해야 할 점들을 살펴보면 다음과 같다.

광 고 광고(advertising)는 주로 불특정 다수 대중에게 자사제품을 알리는 수단으로 활용되는데 광고활동의 주요 내용은 광고매체와 메시지의 선정 문제이다. 광고매체로는 신문·잡지 등의 인쇄매체, 라디오·TV·라디오 등의 방송매체와 옥외광고, 전시이벤트, 직접우송 등이 있는데 광고매체의 선정에서 고려하여야 할 요소는 광고매체의 이용가능성·보급률 및 도달범위·제품특성·세분화된 표적시장 특성 등이다. 광고메시지의 선정에 있어서는 고객과 의사소통이 잘 이루어질 수 있는 메시지개발이 중요한데 이를 위해서는 시장과 조화를 이루는 소구(appeal)내용을 담고 있어야 한다.[12] 국제광고활동에 있어서 반드시 고려하여야 할 것은 광고에 대한 현지국의 법적규제가 어떤 것이 있는지와 광고메시지가 현지국의 풍속과 관습에 맞는지를 검토해 보는 일이다.[13]

---

12 예컨대 코카콜라나 펩시콜라처럼 해외시장국 전체적으로 이용될 수 있는 표준화된 광고메시지를 이용할 수도 있고 현지시장국의 상황을 고려 이에 부응하는 현지화된 광고메시지를 선택할 수도 있다.

13 예컨대 많은 나라에 있어 약품광고는 엄격한 제한을 받고 있고 프랑스에서는 위스키광고가 금지되어 있으며 독일에서는 자사 제품이 타사제품에 비하여 우월하다는 광고를 행할 수 없다. 그리고 서유럽의 경우 이용 가능한 광고매체가 국가별로 상당한 차이가 있고 몇몇 유럽국가의 경우 텔레비전이 관영으로 되어있어 이용이 극히 제한적이다. 특히 주류·담배 등의 보건 관련 제품이 TV와 라디오 등의 특정 매체에 광고가 현지국 법규에 금지되어 있을 수도 있다. 또 특정 광고의 내용이 현지국의 독특한 문화적 환경으로 실패할 수도 있다. 예컨대 동물을 천하게 여기는 태국에서 안경을 쓰고 있는 동물을 광고메시지로 이용한 안경업자의 광고가 실패하는 경우 등이다.

판매촉진　판매촉진(sales promotion)은 광고·인적판매·선전 등의 판촉활동을 보조하거나 강화시키기 위한 촉진노력이다. 판매촉진은 비인적 수단을 통해 단기적으로 이루어지며 전시회·설명회·경연·경품·견본·선물·가격할인·카타로그 등을 통해 이루어진다. 국제판매촉진은 단순수출의 경우보다 해외시장국의 유통경로에 적극적으로 개입하는 경우 보다 중요한 의미를 지니며 특히 제품이 시장에 처음 소개될 때 효율적일 수 있는 수단이다.

인적판매　인적판매(personal selling)란 고객과의 접촉을 통해 판매를 실현시키는 방법으로 판매원을 매개로한 촉진수단이다. 판매원은 판매활동뿐만 아니라 촉진프로그램이나 광고계획에 이용될 수 있는 정보수집도 할 수 있다. 인적판매는 촉진의 속도가 느리고 고객 1인당 소요비용이 많으므로 대중을 상대로 한 소비재보다는 제품단가가 높고 고객에게 제품의 기술적 복잡성을 이해시킬 필요가 있는 산업재의 경우 많이 이용된다.

홍 보　홍보(publicity)란 광고와 마찬가지로 불특정대중에 대한 촉진수단이지만 광고와는 달리 특정의 스폰서가 개입되지 않고 어떤 매체에 의해 기업과 제품에 관하여 상업적으로 의미 있는 뉴스를 대중에게 전달하는 촉진수단이다. 이는 기업과 독립적인 제3자인 신문·방송·잡지 등에 의해 시행되므로 높은 신뢰성을 갖기 때문에 촉진효과가 크지만 기업의 통제영역 밖이란 단점이 있다. 글로벌기업은 현지국에서 여러 가지 커뮤니케이션 활동을 통하여 홍보효과를 기대할 수 있지만, 때로는 제품명이나 기업명이 현지국에서 이상한 의미로 전달될 수도 있고 전혀 기대하지 않았던 효과를 보는 경우도 있다.[14]

제 3 절　국제재무관리

1. 국제재무관리의 의의

기업의 경영활동을 위해서는 어떤 형태로든 일정한 자금흐름이 수반되는데 이러한 자금흐름을 효율적으로 관리하여 자금 활용도를 높이는 기능이 재무관리(financial management)이다. 따라서 국제재무관리(international financial management)는 2개국 이상에서 경영활동을 수행하고 있는 글로벌기업이 범세계적 관점에서 자금의 조달 및 운영과 관련된 의사결정을 효율적으로 수행하기 위한 관리기능이다.

국제재무관리가 한 나라 내에서 활동하는 국내기업의 재무관리와 본질적으로 다른 점

14 최근 국내의 여러 기업들이 기업이미지통일(CI: company identity) 작업의 일환으로 대대적으로 기업명을 바꾸고 있는데, 기업들이 한번 정한 기업명이나 제품명을 다시 변화시키기에는 천문학적인 비용이 수반되는 것으로 조사되고 있다. 이러한 비용에도 불구하고 LG, SKC, BYC 등으로 기업명을 바꾸는 것은 천문학적 비용을 지불하더라도 국제시장에서의 기업이미지를 정확하고 확실하게 심어 주기 위한 것이다.

은 없다. 따라서 국제재무관리 역시 ① 기업경영에 필요한 자금의 조달(financing), ② 고정자산에의 투자(investment), ③ 운전자본의 운용(working capital management)을 효율적으로 관리하는 기능이다. 다만 일반적인 기업재무관리가 일국 내에서 발생하는 자금흐름을 대상으로 하는데 비하여 국제재무관리는 국경을 초월하여 이루어지는 자금흐름을 대상으로 하기 때문에 다음과 같은 차이점이 존재한다.

(1) 일국 내에서의 재무관리가 한 국가 내에서의 투자기회·차입방법 등을 기초로 하지만 국제재무관리는 전 세계 수많은 나라에서의 투자기회·차입방법 등을 기초로 한다. 따라서 국제재무관리는 해외직접투자나 국제금융시장에서의 주식·채권·투자 등 간접투자과정에서 각국의 법규나 정책·정치사회적 환경요인·국제금융시장의 구조 등에 영향을 받게 되므로 이러한 환경요인들에 대한 고려가 추가되어야 한다.

(2) 국제재무관리에는 일반적인 재무관리에서 발생하지 않는 고유한 문제가 개재되는데 그것이 바로 환위험(exchange risk) 문제이다. 앞에서 학습한 바와 같이 이는 거래하는 통화가 서로 다르고 이렇게 서로 다른 통화의 교환비율인 환율이 유동적인 상황에서는 언제나 수반되는 문제이다. 따라서 국제재무관리에서는 이러한 환위험의 적절한 관리문제가 반드시 추가되어야 한다.

이처럼 국제재무관리는 일국 내에서의 재무관리와 마찬가지로 효율적인 자금조달(financing)·투자(investment)·자금운용(management)이 주요한 내용을 이루고 있지만, 국경을 넘어 이전되는 자금의 관리인만큼 환율변동에 따른 환위험에 대한 관리가 동시에 이루어져야 한다.

2. 국제재무관리의 주요 과제

2.1 국제자금조달 관리

국제경영활동을 행하는 글로벌기업은 국내기업보다 더 다양한 자금조달원을 활용할 수 있는 기회가 부여되어 더 유리한 조건으로 자금을 조달할 수 있다. 따라서 국제경영을 행하는 기업이 자금조달방법을 결정할 때에 고려되어야 할 중요한 요소는 해외투자에 필요한 자금을 어떻게 효율적으로 조달할 것인가 하는 문제와 해외현지자회사의 자본구조를 어떻게 할 것인가 하는 두 가지 문제라고 할 수 있다.

자본조달의 원천 먼저 필요자본의 조달비용을 극소화하기 위하여 ① 자금조달을 내부금융을 통하여 할 것인가 외부금융시장을 통하여 할 것인가라는 자금조달경로의 선택, ② 외부조달방법을 채택하였을 때 어느 시장(본국·현지국·국제금융시장)에서 어떠한 통화로 어느 시기에 자금을 조달하는 것이 가장 효율적인가 하는 자본조달 시장·통화·시기의 선택, ③

간접금융(차입)과 직접금융(주식·채권의 발행) 중 어떠한 형태로 자금을 조달할 것인가 하는 자금조달형태의 선택 등 자금조달의 원천에 대한 효율적인 선택이 이루어져야 한다.

현지자회사의 자본구조 국가에 따라서 회사의 자본구조, 즉 채권발행과 주식발생의 비율이 서로 다르다. 예컨대 일본의 경우 미국에 비하여 채권비중이 매우 높은 것처럼 나라에 따라 자본구조에 차이가 있다. 외국에 진출한 다국적기업의 경우 현지국의 자본구조를 따르는 것이 좋은가 그렇지 않은가에 대해서는 논란이 있다. 현지국의 일반적 경향에 따르는 것이 현지국에 보다 친화적인 이미지를 형성할 수 있고 현지국 경쟁기업들과의 경영성과를 비교하기도 더 용이하다는 주장도 있고, 현지국의 자본구조와 상관없이 자본비용을 최소화할 수 있는 방법을 선택하는 재무적 고려가 더 중요하다는 주장도 있다.

2.2 국제투자관리

국경을 넘어 이루어지는 국제투자의 경우 투자자금의 흐름이 수반되는 만큼 이에 따른 비용을 극소화하고 수익을 극대화하기 위한 재무관리가 필요해진다. 국제투자는 국제간접투자(국제증권투자, 국제포트폴리오투자)와 해외직접투자로 구분된다. 전자는 투자수익의 극대화를 목적으로 외국의 주식·채권 등 유가증권에 대한 투자인데 비하여 후자는 현지자회사의 신규설립이나 현지기업의 인수합병과 같이 경영권획득을 목적으로 하는 투자임은 앞에서 설명하였다.

(1) 국제간접투자와 분산투자

다국적기업이 사용하는 국제간접투자의 방법에는 해외주식에 대한 투자, 국내증권시장에 상장된 외국주식에 대한 투자, 펀드를 통한 간접투자, 국제채권에 대한 투자, 국제적 기업의 국내주식에 대한 투자 등이 있다. 이러한 국제간접투자 역시 국내증권투자와 마찬가지로 하나의 증권에 투자하는 것 보다 잘 분산된 포토폴리오에 투자함으로써 위험을 감소시킬 수 있다. 따라서 국제간접투자에 대한 재무관리의 목표 역시 효율적인 포트폴리오(portfolio)를 구성하여 위험을 감소시키고 수익을 제고함으로써 투자성과를 높이는 것이다.

국제증권투자가 국내증권투자와 다른 점은 국가마다 경제성장·주가·금리·통화가치 변동 등이 서로 다르므로 보다 유리한 국가에 투자함으로써 국내투자보다 높은 투자수익률을 기대할 수 있고, 각국 주식시장의 서로 다른 움직임으로 인하여 국내투자에서는 얻을 수 없는 추가적인 분산효과를 얻을 수 있으므로 국내투자보다 체계적 위험이 작아진다는 점이다. 따라서 국제간접투자는 각국에 존재하는 서로 다른 차별적 수익기회를 활용하는 동시에 서로 다른 움직임의 상쇄를 통한 분산투자효과를 극대화하는 것이다.

이처럼 국제간접투자 역시 수익률과 위험을 동시에 고려하는 포트폴리오구성을 통한 분산투자를 목표로 한다는 점에서는 국내투자와 다를 바 없지만 국제간접투자의 경우 국제 조세문제·거래비용·국가별 법적 제한·환율변동 등 고려해야 할 요소가 더 많고 복잡하며 불확실성도 높아진다. 따라서 국제간접투자의 투자수익률을 분석할 때는 그 나라 통화로 표시된 명목수익률이 아니라 본국통화와의 환율변동성을 감안한 실효수익률을 기준으로 하여야 하고, 투자위험을 분석함에 있어서도 위에서 언급한 바와 같은 더 복잡한 요인들이 추가로 고려되어야 한다. 따라서 국제포트폴리오이론은 국내포트폴리오이론에 비하여 더욱 복잡하고 어려워진다.

⑵ 해외직접투자와 국제자본예산

해외직접투자는 국제비즈니스의 가장 핵심적인 행위인 동시에 막대한 자금의 조달과 운용이 요구되는 경영활동이다. 따라서 해외직접투자를 행함에 있어서는 국제자본예산의 테두리 내에서 실행하여야 한다. 자본예산(capital budgeting)이란, 투자의 기대이익·비용·리스크 등을 계량화하여 여러 투자대안들의 경제성을 평가하여 최선의 투자대안을 선택하는 기법을 말한다. 이러한 기법은 최고경영자로 하여금 여러 나라에 걸쳐 있는 투자기회를 객관적으로 평가하게 하여 주어진 제약조건 하에서 기업의 경영자원을 효율적으로 배분하고 기업 가치를 최대화하도록 도와주는 기능을 하게 된다.

해외직접투자를 결정할 때 역시 국내투자를 결정할 때와 마찬가지로 여러 가지 전략적 요소를 고려하여야 하지만 우선 그러한 투자계획에 대한 경제적 분석인 자본예산의 작성에 초점이 맞추어져야 한다. 자본예산의 작성은 투자대안별로 예상되는 경제적 편익·비용·리스크를 계량화하는 과정을 의미하는데 최고경영자가 이러한 과정을 통하여 도출된 객관적 결과를 통하여 최선의 투자대안을 선택할 수 있도록 하는데 그 목적이 있다.

이러한 자본예산의 실시를 위해서는, 기업의 장기적 투자계획에서 발생되는 현금흐름을 본사의 입장에서는 물론 해외자회사의 입장에서도 추정하고 이것을 적당한 할인율을 적용하여 순현재가치로 할인하는 작업을 거쳐 그 평가결과에 따라 투자프로젝트의 진행 여부를 선택하게 된다. 이때 예상되는 현금흐름을 순현재가치로 할인하는 방법으로서 다양한 재무적 방법들이 채택된다. 다만 해외직접투자를 결정할 경우에는 국내투자에서와는 달리 재무적 관점의 평가와 함께 현지지역 특유의 정치적·경제적 위험을 동시에 평가해주어야 한다.

2.3 국제운전자본 관리

운전자본(working capital)이란 기업이 일상적인 영업활동을 원활하게 수행하는데 필요한 자본으로서, 순(net)운전자본은 유동자산에서 유동부채를 차감한 금액을 의미하지만 총(gross)운전자본은 현금·예금·유가증권·재고자산 등 유동자산 전체를 의미한다. 기업이 이러한 운전자본의 관리에 실패하면 경영 자체가 위태롭게 되는 만큼 일국 내에서 이루어지는 국내경영활동에서와 마찬가지로 국제경영활동에 있어서도 이러한 운전자본의 관리가 매우 중요하다.

다만 기업이 일국 내에서 경영활동을 할 경우 동일 기업 내 각 부문 간의 자금이전은 일반적으로 아무런 제약을 받지 않는다고 할 수 있지만 국경을 넘어 여러 나라에서 경영활동이 이루어지는 국제경영의 경우 국경을 넘어 이루어지는 자금 흐름에는 여러 가지 제약이 따르고 추가적으로 고려해야 할 사항들이 개재되게 된다. 한편 전 세계에 걸쳐 각기 독자적으로 운영되는 해외자회사를 보유하고 있는 다국적기업의 경우 개별자회사 관점이 아닌 기업 전체의 이윤극대화를 추구하는데 초점이 맞추어져야 하므로 운전자본 관리에 있어서도 전 세계를 가로지르는 중앙집권적인 시스템적 접근방법이 채택되어야 한다.

이러한 국제운전자본 관리의 기본적인 목표는 대체로 효율적인 ① 현금자산관리, ② 국제자금이전관리, ③ 국제세금관리라고 할 수 있는 만큼 이하에서는 이들 세 가지 재무적 기능에 대한 간단히 소개한다.

(1) 현금자산관리

어떤 시기이든 회사는 언제나 적당량의 현금자산을 보유하고 있어야 한다. 종업원들에게 임금을 지급해야 하고 일정기간 동안 발생한 거래대금이나 어음을 지불해야 하며 또한 예상치 못한 현금수요에 대한 예비적인 동기로써 일정한 현금자산을 보유하여야 하기 때문이다. 현금자산관리는 이처럼 일정한 금액의 현금을 보유하여야 한다고 할 때 거기에 따르는 편익과 비용을 최적화를 추구하는 관리기능이다. 따라서 현금자산관리에는 다음과 같은 두 가지의 목표가 전제된다.

유동성과 수익성의 균형　현금자산의 유동성과 수익성을 최적수준으로 조화시키는 현금자산의 균형문제이다. 회사가 이러한 현금자산을 보유할 때 현금을 그대로 두지 않고 예금을 하여 일정한 이자수익을 얻는다. 그러나 현금을 언제든지 자유롭게 인출할 수 있어야 하므로 이러한 예금계좌는 낮은 이자율을 제공한다. 회사가 만약 정기예금 등 장기예금에 투자하면 높은 이자율을 보장받을 수 있지만 자금이 필요한 시기에 예금을 인출하려면 비용이 따르게 된다. 따라서 현금자산의 효율적 관리를 위한 목표는 현금자산의 유동성과 수익성을 최적수준으로 조화시키고 현금보유에 따른 기회비용을 최소화하는 일이다.

거래비용의 극소화　모든 회사가 현금자산을 다른 국가로 이동시킬 때는 수수료나 이전비용 등 일정한 거래비용(transaction cost)이 수반된다. 따라서 국제경영활동을 하는 기업의 경우 자금의 국제적 이전에 따른 거래비용을 최소화하는 것 역시 현금자산관리의 또 다른 목표라고 할 수 있다.

현금자산의 효율적 관리를 위한 이상과 같은 두 가지 목표를 달성하기 위한 기법으로서는 다음과 같이 집중화된 중앙자금관리와 네팅이 주로 활용된다.

집중화된 중앙자금관리 많은 해외자회사를 거느리고 있는 다국적기업의 경우 모든 해외자회사들이 각기 일정한 현금자산을 보유하는 방법 대신에 하나의 집중화된 현금보관소(centralized depositaries)를 통하여 예비현금을 집중적으로 통합 운영한다. 이렇게 통합된 현금보관소에 모든 현금을 집중함으로써 필요한 유동성을 통합적으로 확보하면서 각각의 자회사가 현금을 보유할 때보다도 더 높은 수익성을 확보할 수 있고 보다 글로벌한 관점에서의 통합적 효율을 누릴 수 있게 된다.

다자간 네팅 전 세계에 분포하고 있는 해외자회사들 간에 상호 빈번한 자금거래가 이루어지는 경우 개별자금거래가 이루어질 때마다 거래비용이 발생하여 전체 거래비용이 크게 증가되지만, 다국적기업의 본사와 자회사들 간의 자금거래에 대한 다자간 네팅(multilateral netting)이 이루어지는 경우 이들 자금거래의 상당한 부분을 상계함으로써 불필요한 자금이동 및 이에 따른 거래비용을 현저히 감소시킬 수 있게 된다.

(2) 국제자금이전관리

다국적기업의 본사와 자회사 간은 물론 자회사 상호간에도 일정한 자금이동이 필요하고 또한 이러한 자금이동을 효율적으로 활용하여 여러 가지 이익을 창출하기도 한다. 특히 다국적기업 본사가 해외에 투자한 자금을 회수하거나 해외자회사로부터 발생된 이윤을 본사로 이전시킬 경우 현지국과의 마찰을 회피하기 위하여 여러 가지 기술적 방법을 활용한다.

이러한 기술적 방법을 크게 나누어 보면 배당금·로열티 등 자회사가 본사로 송금하는 다양한 자금이전수단을 활용하는 방법과 다국적기업 내부거래에서 활용되는 이전가격을 조작방법 등이 있다.

다양한 자금이전수단의 활용 다국적기업의 기업 내에서 이루어지는 자금이전의 형태는 배당금·로열티·서비스사용료·이자 등 다양한 형태가 존재한다. 다국적기업 본사의 경우 이와 같은 자금이전수단을 효율적으로 활용하여 현지국이 과실송금을 제한하는 경우 이러한 규제를 회피할 수 있는 수단으로 활용하기도 하고 현지국에 지불해야 할 세금을 줄이거나 환율변동으로 인한 환위험을 줄이는 재무적 수단으로도 활용할 수 있다.

다국적기업은 이렇게 각각의 이전자금의 금액을 적절히 조절하여 여러 가지 재무적 이득을 얻을 수 있지만 다국적기업이 자금을 이전시키고자 하는 전체 자금을 이상과 같은 여러 가지 형태의 개별흐름으로 분리하여 이전하는 방법 그 자체가 가져오는 이점도 있다. 예컨대 배당금 등 어떤 개별항목의 크기가 너무 커져서 현지국의 감정을 상하게 하는 것을 예방할 수 있고, 자회사에 대하여 본사가 각종 수수료를 부과하여 본사와 자회사 간에 간접비

배분을 조정할 수도 있으며, 합작투자를 행한 현지파트너에 대하여 단순히 지분비율에 따라 보상하는 것과는 다른 기준의 보상을 행함으로써 얻게 되는 재무적 이득 등이 그것이다.

이전가격조작 이전가격조작(transfer pricing)이란 본사와 자회사 또는 자회사 상호간에 이동하는 재화·용역의 가격을 정상가격보다 높게 책정(over-pricing)하거나 낮게 책정(under-pricing)함으로써 자금이전을 조작하는 것이다. 이러한 이전가격조작은 세금부담 경감·환위험과 인플레이션위험 회피·현지국 시장지배력 확보 등 다양한 목표를 위하여 활용된다. 물론 이러한 이전가격조작은 정부당국의 개입·현지파트너와의 이해관계 등으로 제약을 받을 수 있고 인센티브시스템을 왜곡하거나 비윤리적 전례를 남기기도 한다. 이에 세계 각국 정부들은 다국적기업이 이러한 이전가격조작을 통하여 세금을 회피하는 것을 적극적으로 규제하려는 노력을 증대시키고 있다.

(3) 국제세금관리

모든 국가들은 서로 다른 조세제도와 세금체계를 운영하고 있어 서로 다른 법인세율을 적용하고 있다. 세계 여러 나라에서 기업활동을 행하고 있는 다국적기업의 경우 개별자회사들 각각의 세금극소화도 중요하지만 다국적기업 전체의 글로벌한 세금극대화가 더 중요한 전략적 목표가 된다. 따라서 다국적기업은 이러한 목표를 위하여 본사와 자사 간의 자금이전을 어떻게 조정해나갈 것인가가 매우 중요해진다. 글로벌한 차원에서의 세금극소화를 위하여 다국적기업이 활용하는 재무적 기법으로서는 위에서 설명한 자회사 송금액 조작이나 이전가격조작이 활용되지만 그 밖에도 다음과 같은 방법들이 활용되기도 한다.

조세피난처 활용 조세피난처(tax havens)란 외국자본을 유치하기 위해 소득에 대한 과세를 면제하거나 매우 낮은 세율을 적용하는 국가를 말하는데, 다국적기업은 그룹전체의 이익을 극대화시키기 위하여 조세피난처를 이익센터로 정하고 여기에 최대한 이익이 축적되도록 함으로써 세금을 극소화하는 노력을 행한다.[15] 물론 이와 같은 조세회피처의 활용이 확산됨에 따라 많은 국가들이 이들 조세피난처를 이용하는 것을 철저히 규제하려는 시도를 행하고 있어 이를 통한 조세회피의 가능성은 줄어들고 있다.

본사 대출 활용 본사 대출(fronting loan)이란, 본사가 해외자회사에 현금을 직접적으로 빌려주는 대신 본사가 국제적인 은행에 예금하고 그 은행은 동일한 금액을 현지자회사에 대출해주는 방법으로, 조세피난처에 소재하는 은행 등 금융중개자를 경유하여 본사와 자회사 간에 이루어지는 우회적인 대출을 말한다. 이러한 방법이 사용되는 이유는 두 가지이다. 첫

15 이러한 조세회피처의 유형을 보면 ① 조세를 전면적으로 면제하는 국가(Bahama, Bermuda, Cayman Islands 등)와, ② 과세는 하지만 세율이 극히 낮은 국가(British Virgin Islands, Netherlands Antilles 등), ③ 국내원천소득에는 과세하나 국외원천소득에는 면세하는 국가(Hongkong, Panama 등), ④ 한정된 범위 내에서 세제상 특전을 부여하는 국가(Ireland, Switzerland, Netherlands, Liechtenstein) 등이 있다.

째로는 현지국이 현지자회사의 본사에 대한 송금을 제한하는 경우 이러한 제제를 피해갈 수 있다는 것이고, 둘째로는 은행이 본사에 대한 예금이자와 자회사에 대한 대출이자를 서로 다르게 책정하여 운영함으로써 이를 통한 일정한 세금회피가 이루어질 수 있기 때문이다.

3. 환위험관리

3.1 환위험과 환노출

제7장 제4절(환율변동의 경제적 영향)을 통하여 학습한 바와 같이 환율변동은 그 나라 국민경제에 지대한 영향을 미치게 되지만 해외사업 활동을 행하는 개별기업에 대해서도 지대한 영향을 미치게 된다. 일반적으로 예상하지 못한 환율변동으로 인하여 발생되는 손익을 환위험(exchange risk)이라고 한다. 이러한 환위험은 흔히 환노출이라는 용어와 함께 사용되는데 이 용어는 대체로 '환위험에 놓여 있다'는 것을 의미한다.

환노출(exchange exposure)이란, 자국통화로 표시된 기업의 실질가치(자산·부채·수익·비용 등)가 예상치 못한 환율변동에 의하여 영향을 받게 될 가능성 내지 민감성(sensitivity)을 의미한다. 따라서 환위험은 환율변동성과 환노출 두 가지 요인에 의하여 결정된다(환위험=환율변동성×환노출). 그런데 이러한 환노출은 경제적 노출(economic exposure)과 회계적 노출(accounting exposure)로 구분되고 후자는 다시 환산노출(translation exposure)과 거래적 노출(transaction exposure)로 구분하는데 그 의미를 요약하면 다음과 같다.

환산노출(translation exposure) 외화 자산이나 부채 등을 자국통화로 표시하거나 특정 기준통화로 환산할 때 발생되는 환위험 가능성을 말한다. 오늘날과 같이 국제경영활동을 행하는 기업의 경우 국내 본사와 해외자사 간에 연결재무제표를 작성하게 되는데 이러한 과정에서 외화로 표시된 자산·부채·수익·비용 등을 자국 통화로 환산할 때 환율변동 때문에 재무상태나 경영성과가 변동될 가능성이 발생한다. 따라서 환산노출은 이미 지나간 행위에 환율변동효과가 반영되는 것으로서, 이로 인해 어떤 실질적 손익이 발생하는 것은 아니지만 장부상의 손익이 발생하게 되어 다국적기업의 경영성과를 평가하는 데에는 큰 영향을 미치게 된다.

거래적 노출(transaction exposure) 외화로 표시된 무역대금결제나 금융거래에서 예상치 못한 환율변동으로 인하여 환위험이 발생될 가능성을 말한다. 일반적으로 국제거래는 계약시점과 결제시점까지가 상당한 시일이 소요되므로 이 두 시점 사이에 예상치 못한 환율변동이 있게 되면 이에 따른 환위험 가능성이 발생하게 된다.

경제적 노출(economic exposure) 예상치 못한 환율변동으로 인하여 기업의 미래

그림 15-7 환노출의 유형

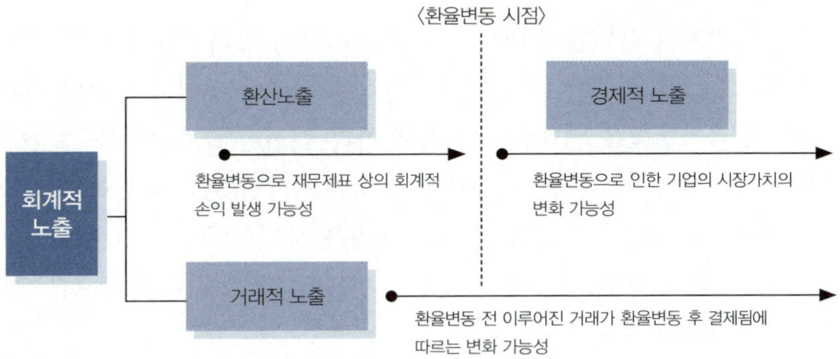

시장가치와 영업이익이 변화될 가능성을 말한다.[16] 위에서 설명한 2가지 환노출은 환율변동으로 인하여 발생한 노출액을 직접 측정하는데 대하여 경제적 노출은 미래의 현금흐름에 초점을 맞춘다는 점에서 서로 다르다. 또한 거래적 노출은 환율변동이 개별거래에 영향을 미치고 몇 주 또는 몇 달 이내에 해소될 수 있는 단기적 효과인데 비하여 경제적 노출은 환율변동이 미래의 가격·비용·매출에 영향을 미치는 장기적인 효과를 의미한다. 따라서 경제적 노출은 기업의 장기적 건전성 등 장기적인 경영관점에서 더 중요한 개념이 된다.

3.2 환위험관리의 체계적 과정

이상과 같은 환위험 가능성에 대하여 기업들은 미리 이를 예측하고 측정하며 이에 따른 손실(환차손)을 극소화하고 이익(환차익)을 극대화하는 관리가 필요해진다. 이처럼 환율변동에 따르는 환위험에 대하여 다양한 기법을 활용하여 위험을 극소화하고 기회를 극대화하는 것을 환위험관리라고 한다.

위에서 설명한 대로 환위험은 환율변동성과 환노출이라는 두 가지 요인에 의하여 결정되는데 이들 중 환율변동은 개별기업이 통제할 수 없는 외부요인임에 대하여 환노출은 개별기업이 통제할 수 있는 내부적 요인이라고 할 수 있다. 따라서 개별기업 차원에서 환위험을 줄이기 위해서는 환노출을 잘 측정하고 파악하여 이를 적절히 관리하는 다음과 같은 합리적이고 체계적인 과정이 필요하다.

환위험의 인식과 측정 우선 환위험의 성격·종류·크기·범위 등에 대한 명확한 인식이 이루어져야 하고 이를 바탕으로 환위험을 정확하고 신속하게 파악하고 측정하여야 하는데

16 기업의 최고경영자는 궁극적으로 자신이 경영하는 기업의 가치를 극대화하기 위해 노력한다. 기업의 가치는 그 기업의 영업활동을 통해서 실현되므로 결국 기업가치는 미래의 영업활동을 통하여 발생할 순 현금흐름(net cash flow)의 현재가치이다. 따라서 이러한 거래적 노출을 영업노출(operating exposure)이라고도 한다.

이를 위해서는 올바른 시장정보수집기능 및 분석기능이 갖추어져야 한다.

환위험 관리목표와 전략 이러한 과정을 통하여 환위험이 파악되면 이러한 정보와 장래의 영업환경을 고려하여 환위험에 대한 기본적인 목표와 관리전략이 수립되어야 한다. 예컨대 기업의 환차익을 극대화하는 적극적 관리전략을 채택할 것인가 아니면 단지 환차손을 극소화하는 소극적 관리전략을 채택할 것인가에 따라 적정한 노출수준을 결정하여야 한다. 전자의 전략을 채택하여 노출수준을 지나치게 높게 유지하면 환율이 불리해질 경우 손실이 커져 기업의 생존이 위협받을 수 있고, 후자의 전략을 채택하여 노출수준을 지나치게 낮게 유지하면 헤지(hedge)와 관련된 비용이 높아질 뿐만 아니라 환율이 유리해질 경우 얻을 수 있는 이익기회를 상실하기 때문이다.

적합한 관리기법의 통원 이 같은 환위험관리의 목표와 수준이 결정되면 각각의 목표와 환위험의 성격에 맞는 적절한 관리기법을 동원하는 관리전략을 실현하여야 한다. 각각의 관리기법에 따라 수반되는 관리비용과 효율성이 달라지므로 다양한 관리기법들을 비교 검토하여 가장 적합한 관리기법을 채택하여야 한다.

사후평가와 피드백 마지막으로 이러한 환위험관리 결과에 대한 종합적인 사후평가를 통하여 미래의 효율적인 환위험관리 전략과 기법을 수립하는 피드백(feed back) 노력도 이루어져야 한다.

3.3 환위험의 관리기법

Ⅰ 이처럼 환위험관리는 ① 환율변동성과 노출의 측정, ② 환위험관리 목표와 의사결정, ③ 관리기법의 선택과 실행 ④ 성과평가 및 피드백이라는 네 단계를 거치며 이루어지지만 이하에서는 이러한 단계들 중 환노출관리기법에 대한 기초적 개념을 소개하기로 한다. 그런데 이러한 환노출관리에는 다양한 종류의 기법들이 개발되어 사용되고 있는데 이러한 관리기법들을 그 성격에 따라서 구분해보면 다음과 같다.

재무적 기법 · 비재무적 기법 재무적 기법은 재무관리기능을 통하여 환위험을 관리하는 기법들을 말하고, 비재무적 기법이란 환노출의 원천 자체를 관리함으로써 환위험을 제거하거나 극소화하는 기법을 말한다. 일반적으로 환위험관리라고 하면 재무관리자의 고유기능으로 파악하는 경향이 있으나 재무관리부서 이외의 부서에서 환노출의 원천 자체를 관리함으로써 환위험을 극소화 할 수 있다.

예컨대 마케팅부서에서 환율변동을 고려한 가격결정·결제통화선택·시장선택·제품선택 등을 행하는 전략을 채택하거나, 생산관리부서에서 환율변동으로 인한 생산비변동을 고려한 원자재 및 부품 조달·요소투입비율 조정·해외생산공장 입지선정 등을 행하는 전략을 채택하는 경우 등이 그것이다. 이러한 의미에서 재무적 관리기법이란 마케팅관리자나 생산관리자들이 커버하지 못하는 환위험을 관리하는 기법이라고 할 수 있다.

내부적 기법 · 외부적 기법 위에서 설명한 재무적 기법은 다시 내부적 기법과 외부적 기법으로 구분된다. 내부적 기법(internal technique)이란 기업 내부에서 재무관리의 한 부분으로서 환위험을 관리하는 기법을 말하고, 외부적 기법(external technique)이란 기업 밖의 시장(외환시장 또는 국제금융시장)에서의 대응거래를 통하여 환위험을 관리하는 기법을 말한다.

이들 중 외부적 기법의 경우 수없이 다양한 기법들이 가능하고 특히 파생상품의 경우 상품 종류가 무한하다고 할 수 있을 정도이므로 이를 이용한 환위험관리기법도 수없이 많다. 내부적 관리기법 역시 그 종류가 매우 다양하고 계속 새로운 기법들이 개발되고 있어 그 내용을 모두 설명하기는 어렵지만, 일반적으로 널리 사용되어지는 대표적인 기법으로서 네팅(netting)·매칭(matching)·리딩(leading)과 래깅(lagging)·자산부채종합관리·포트폴리오·가격조정·결제통화선택·환차손준비금 등이 있는데 〈표 15-1〉이 보여주고 있다.

표 15-1 환위험관리의 내부적 재무기법

유 형	내 용
네팅(netting, 상계)	모사와 자사 간의 채권채무를 개별적으로 결제하지 않고 일정기간마다 채권채무를 상계하여 차액만을 결제하여 위험과 비용을 경감하는 기법
매칭(matching)	외화자금 흐름을 통화별·만기별로 가급적 일치시켜 외화자금 흐름의 불일치에서 발생하는 환위험을 원천적으로 관리하는 기법
리딩(leading)과 래깅(lagging)	환율변동에 대비하여 필요한 결제를 인위적으로 앞당기거나(leading) 지연(lagging) 시킴으로써 환위험을 관리하는 기법
자산부채종합관리(ALM)기법	환율전망에 따라 기업이 보유하고 있는 자산·부채의 포지션을 인위적으로 조정함으로써 환위험을 극소화시키는 기법
포트폴리오기법	투자증권의 다양화로 투자위험을 분산시켜 투자수익을 극대화하는 포트폴리오투자이론에 따라 외화자산과 부채를 여러 통화로 분산 보유하여 환위험을 관리하는 기법
가격조정(price adjustment)	거래상대방에 대하여 환율변동으로 인하여 예상되는 환차손의 전부 또는 일부 만큼 매매가격을 조정함으로써 환위험을 관리하는 기법
결제통화 선택	수출입의 대금결제를 어떤 통화로 표시할 것인가를 선택함으로써 환차손을 극소화하거나 환차익을 극대화 하는 기법
환차손 준비금	장래의 환차손 발생에 대비하여 영업이익 일부를 준비금으로 적립하고 실제로 환차손이 발생할 경우 이를 환차손에 충당하는 기법

2 이상과 같은 환위험 관리기법들이 위에서 설명한 세 가지 환노출에 대하여 각각 어떻게 활용되고 채택되는가를 살펴보면 다음과 같다.

환산노출 관리기법 환산노출을 관리하기 위해서는 주로 재무적 기법이 활용된다. 외부적 재무기법으로서는 파생상품을 이용한 헤징(hedging)이 있고, 내부적 재무기법으로서는 대차대조표 헤지기법이 주로 사용된다. 대차대조표 헤지란 다국적기업 전체의 연결재무제표상의 항목 중 환위험에 노출된 특정 통화표시 자산항목의 합계를 동일 통화표시 부채항목의 합계와 일치시키는 방법이다. 그러나 이러한 방법은, 대차대조표 상의 항목의 표시통화를 전환시킴으로써 환산노출의 관리는 될 수 있을지 모르지만 자금차입비용이나 영업활동의 효율성 측면에서 부담이 수반될 수도 있기 때문에 현실적으로 용이하지 않다.

거래적 노출 관리기법 환위험관리와 관련하여 주로 문제가 되는 것은 대체로 거래적 노출을 어떻게 관리하느냐의 문제이다. 거래적 노출 역시 주로 재무적 기법을 통하여 관리되지만 거래적 노출이 상대적으로 단기적으로 다루어야 할 환위험이므로 이를 관리하기 위한 기법은 환산노출 관리기법에 비하여 매우 다양한데 그 내용에 대해서는 위에서 설명한 바와 같다.

경제적 노출 관리기법 경제적 노출은 환율변동으로 인하여 발생되는 판매량·판매가격·원자재가격·자금조달 및 운용 등 기업의 전반적인 경제활동의 변동가능성을 의미하므로, 경제적 노출을 관리하는 목적은 예상치 못한 환율변동이 미래의 현금흐름에 미치는 영향을 유리하도록 관리하는 것이다. 따라서 환산노출이나 거래노출의 경우 재무적 기법을 통한 관리가 가능하였지만, 경제적 노출의 경우에는 기업의 장기적인 경쟁전략과 마케팅관리·생산관리와 같은 영업전략 등 비재무적 기법과 함께 다양한 재무적 기법이 효과적으로 연계되는 종합적인 대응전략이 세워져야 한다.[17]

많은 경우 국제경영활동을 하는 기업들이 환위험을 관리한다고 하였을 때 여러 가지 재무적 기법을 통하여 환산노출이나 거래적 노출을 관리하는 데에만 급급할 뿐 기업의 장기적인 경영성과에 큰 영향을 미칠 수 있는 경제적 노출에 대한 대처에는 상당히 소홀한 것이 사실인데 이러한 경제적 노출에 대해서도 전략적인 관리가 필요하다.

---

17 예컨대 ① 환율변동이 향후 국제시장에서의 가격경쟁에 미칠 영향을 고려하여 새로운 산업으로 진출하거나 기존산업으로부터 퇴출하는 등 보다 장기적인 관점에서 경쟁력을 고려하는 경영전략, ② 환율변동을 고려하여 시장선택·가격정책·제품개발 등을 행하는 마케팅전략, ③ 환율변동을 고려하여 원자재공급처·해외생산기지·생산성향상 등을 결정하는 생산관리전략, ④ 자회사를 전 세계 주요 지역에 골고루 배치시키는 입지전략 등 이른바 비재무적 기법이 재무적 기법과 함께 활용되는 종합적인 관리전략이 추구되어야 한다.

찾아보기

국문색인

ㄱ

ㅅ

ㅇ

ㅈ

ㅊ

ㅋ

ㅌ

ㅍ

ㅎ

영문색인

A

B

C

U

V

W

[공저자 소개]

노택환(盧宅煥)

영남대학교 상경대학 국제통상학부 교수
총장비서실장, 신문사주간, 학생처장 야강부 학장, 사회과학연구소장, 경영대학원장
미국 Washington State University(USA) 경제학과 객원교수
호주 Macquarie University(AUS) 경영대학원 객원교수
한국무역학회, 한국국제통상학회, 한국국제경제학회 운영이사
대구시사 편찬위원, 대구상의 100년사 편찬위원, 국가고시(관세직) 출제위원
저서: 무역학개론(박영사, 1985)(공저)
다국적기업의 해외직접투자이론(학문사, 1990)
기업의 합병 매수론(영남대 출판부, 1994)(공저)
국제통상의 이해(박영사, 2004)(공저)
국제통상정책론(박영사, 2008)
경제 경영 정보시스템의 이해(페가수스, 2008)(공저)
다국적기업 경제학(율곡출판사, 2012)
다국적기업의 경제적 영향과 정책(영남대 출판부, 2012)
국제통상론(박영사, 2014)
국제경제관계의 정치경제론(영남대 출판부, 2014)

김진삼(金鎭三)

영남대학교 상경대학 국제통상학부 교수
산경연구소장, 상경대학장, 교학부총장(현)
한국국제통상학회 부회장, 한국무역학회 회장/고문, 영상아카데미학회장
행정고시 출제위원
미국 University of Washington 객원교수
저서: 무역학개론(형설출판사, 1982)(공저)
국제무역의 이해(형설출판사, 1992)
무역법규(중외출판사, 1995)(공저)
국제통상의 이해(박영사, 2004)(공저)

조현정(曺賢正)

계명대학교 사회과학대학 국제통상학과 교수
산업경영연구소장, 국제학 통상학대학 학장, 신용협동조합(법인) 이사장
한국무역학회, 한국보험학회, 국제무역학회, Logos경영학회 이사
일본 모모야마 까꾸인대학 초빙교수
미국 Long Island Univ. 및 Southern Indiana Univ. 초빙교수
중국 연변과학기술대학 교수
저서: 해상보험론(법문사, 1992)(공저)
무역상무의 이론과 실제(두남, 2000)(공저)
전자결제론(계명대출판부, 2004)
국제통상의 이해(박영사, 2004)(공저)
글로벌 시대의 무역상무(계명대 출판부, 2010)
무역결제론(박영사, 3판 2010)

도해로 이해하는 무역실무(유원북스, 2013, 2014 개정판)
문답식 무역실무 도해 해설(유원북스, 2014)

서민교(徐敏敎)

대구대학교 무역학과 교수
한국국제경영관리학회, 한국인터넷전자상거래학회 회장 역임
저서: 국제경영(학현사, 2002)(공저)
전시마케팅(한울출판사, 2004)(공저)
국제통상의 이해(박영사, 2004)(공저)
글로벌경영(서울경제경영, 2013)(공저)
글로벌마케팅(이프레스, 2013)(공저)

제 2 판
국제통상의 이해

초판발행 2004년 9월 20일
제2판발행 2014년 12월 29일
중판발행 2023년 7월 31일

지은이 노택환 · 김진삼 · 조현정 · 서민교
펴낸이 안종만 · 안상준

편 집 김선민 · 우석진
기획/마케팅 박세기
표지디자인 홍실비아
제 작 고철민 · 조영환

펴낸곳 (주) 박영사
서울특별시 금천구 가산디지털2로 53, 210호(가산동, 한라시그마밸리)
등록 1959. 3. 11. 제300－1959－1호(倫)
전 화 02)733－6771
f a x 02)736－4818
e－mail pys@pybook.co.kr
homepage www.pybook.co.kr
ISBN 979-11-303-0153-2 93320

정 가 33,000 원